總體經濟學
Intermediate Macroeconomics

Robert J. Barro・Angus C. Chu・Guido Cozzi　著

王銘正　譯著

CENGAGE

Australia・Brazil・Mexico・Singapore・United Kingdom・United States

```
總體經濟學 /  Robert J. Barro, Angus C. Chu, Guido
   Cozzi 著；王銘正譯著. -- 初版. -- 臺北市：新加坡
   商聖智學習,  2018.03
      面；  公分
      譯自：Intermediate Macroeconomics
      ISBN  978-957-9282-05-5 (平裝)

    1. 總體經濟學

550                                           107002831
```

總體經濟學

© 2018 年，新加坡商聖智學習亞洲私人有限公司台灣分公司著作權所有。本書所有內容，未經本公司事前書面授權，不得以任何方式（包括儲存於資料庫或任何存取系統內）作全部或局部之翻印、仿製或轉載。

© 2018 Cengage Learning Asia Pte. Ltd.
Original: Intermediate Macroeconomics
　　　　By Robert J. Barro・Angus C. Chu・Guido Cozzi
　　　　ISBN: 9781473725096
　　　　© 2017 Cengage Learning
　　　　All rights reserved.

1 2 3 4 5 6 7 8 9 2 0 1 9 8

出 版 商	新加坡商聖智學習亞洲私人有限公司台灣分公司
	10448 臺北市中山區中山北路二段 129 號 3 樓之 1
	http://cengageasia.com
	電話：(02) 2581-6588　　傳真：(02) 2581-9118
原　　著	Robert J. Barro・Angus C. Chu・Guido Cozzi
譯　　著	王銘正
執行編輯	吳曉芳
印務管理	吳東霖
總 經 銷	台灣東華書局股份有限公司
	地址：100 臺北市中正區重慶南路一段 147 號 3 樓
	http://www.tunghua.com.tw
	郵撥：00064813
	電話：(02) 2311-4027
	傳真：(02) 2311-6615
出版日期	西元 2018 年 3 月　初版一刷

ISBN 978-957-9282-05-5

(18SMS0)

譯著者序

相較於市面上的總體經濟學教科書，本書(原著)的特色包括：

1. 大幅介紹相關的實證結果，以作為背景知識或用以驗證理論。背景知識的部分包括全球每人實質 GDP 及其成長率的分布、全球失業率、全球物價水準及其變動率、貧窮人口的全球分布…等等。理論驗證的部分包括 OECD 與歐洲國家其每人實質 GDP 及其成長率，以及主要總體經濟變數，如一般物價、失業率、資本利用率、利率、政府支出…等等，其循環型態(順循環或逆循環)。
2. 以強調個體經濟基礎與市場結清的均衡景氣循環模型 (equilibrium business-cycle model) 為解釋經濟波動現象的基本模型，並與其他模型(如凱因斯模型、新凱因斯模型等)的結果做比較，讓讀者能輕易了解這些模型的異同。
3. 詳細介紹經濟成長理論及其應用。
4. 以歐元區與英國的經濟表現為主要的解釋對象。
5. 說明如何以「連鎖法」(chain-linked) 計算實質 GDP。

以上的這些特色(特別是第 1 與第 2 點)彰顯本書與其他總體經濟學教科書的差異。

本書在譯著期間，承蒙中央大學經濟系馬慧娟與張雅琪兩位助教的諸多協助，在此致上最誠摯的謝意。

王銘正
於中央大學研究室

目　錄

譯著者序　　　　　　　　　　　　　　　　　　　　　　　　　　　i

第 1 篇　緒論　　　　　　　　　　　　　　　　　　　　　　　　1

第 1 章　總體經濟學簡介　　　　　　　　　　　　　　　　　　3

產出、失業與物價水準　　4

經濟模型　　9

第 2 章　國民所得會計帳：國內生產毛額與物價水準　　　　　17

名目與實質國內生產毛額　　17

GDP 的不同衡量角度──支出面、所得面與生產面　　22

物價水準　　30

第 2 篇　經濟成長　　　　　　　　　　　　　　　　　　　　　33

第 3 章　經濟成長簡介　　　　　　　　　　　　　　　　　　　35

經濟成長的實況　　36

經濟成長理論　　46

第 4 章　Solow 成長模型的應用　　　　　　　　　　　　　　　67

儲蓄率的變動　　67

技術水準的改變　　69

勞動投入和人口成長率的變動　　73

收斂　　77

Solow 模型的能與不能　　87

第 5 章　條件收斂與長期經濟成長　　　　　　　　　　　　　　93

現實世界的條件收斂　　93

長期經濟成長　　98

關於經濟成長我們知道什麼？　　113

第 3 篇　經濟波動　　117

第 6 章　無個體經濟基礎的總體經濟學　　119

IS-LM 模型　　119

IS-MP 模型　　125

IS-MP-PC 模型　　127

具個體經濟基礎的總體經濟學　　130

第 7 章　市場、價格、供給與需求　　131

總體經濟體系內的市場　　132

貨幣作為交易媒介　　135

市場與價格　　136

建構預算限制　　139

勞動與資本服務市場的結清　　146

第 8 章　消費、儲蓄與投資　　159

消費與儲蓄　　159

均衡下的消費、儲蓄與投資　　174

第 9 章　均衡景氣循環模型　　181

實質國內生產毛額的循環表現——衰退與繁榮　　181

均衡景氣循環模型　　184

讓理論與事實相符　　191

技術水準的暫時性變動　　195

勞動投入的變動　　197

第 10 章　資本利用與失業　　205

資本投入　　205

勞動力、就業與失業　　214

第 4 篇　貨幣與物價　　233

第 11 章　貨幣需求與物價水準　　235

貨幣的概念　235

貨幣需求　241

物價水準的決定因素　246

第 12 章　物價膨脹、貨幣成長與利率　　261

物價膨脹與貨幣成長的跨國資料　262

物價膨脹與利率　265

均衡景氣循環模型的物價膨脹　275

第 5 篇　政府部門　　293

第 13 章　政府支出　　295

政府支出資料　295

政府預算限制　300

公共生產　301

公共服務　302

家戶預算限制　302

政府購買的恆久變動　304

政府購買的暫時性變動　310

第 14 章　稅　　321

歐元區的政府收入　321

稅的種類　323

模型中的稅　324

以勞動所得稅融通政府購買的增加　333

移轉性支付　336

第 15 章　公債　339

英國的公債史　339

政府債券的特徵　340

預算限制與預算赤字　342

公債與家戶的預算限制　345

預算赤字的經濟效果　351

社會安全　360

公開市場操作　362

第 6 篇　貨幣與景氣循環　367

第 16 章　貨幣與景氣循環 I：價格錯誤認知模型　369

均衡景氣循環模型的貨幣影響　369

價格錯誤認知模型　370

法則對權衡　382

第 17 章　貨幣與景氣循環 II：僵固的物價與名目工資率　389

新凱因斯模型　389

貨幣與名目利率　400

凱因斯模型：僵固名目工資率　402

長期契約與僵固的名目工資率　406

第 7 篇　國際總體經濟學　411

第 18 章　商品與信用的世界市場　413

國際收支餘額　414

英國經常帳餘額的歷史　417

經常帳餘額的決定因素　421

貿易條件　431

國際貿易量　435

| 第 19 章 | 匯率 | 439 |

不同的貨幣與匯率　439

購買力平價　441

利率平價　449

固定匯率　453

浮動匯率　460

固定與浮動匯率制度的比較　461

參考文獻　465

索引　471

第 1 篇　緒論

第 1 章　總體經濟學簡介

第 2 章　國民所得會計帳：國內生產毛額與物價水準

第 1 章

總體經濟學簡介

　　總體經濟學探討一個經濟體系其整體或總合的表現。我們研究經濟體系其商品與服務的總產出水準是如何決定的，此一水準通常以實質國內生產毛額 (gross domestic product, GDP) 來衡量。我們分析 GDP 的主要項目：消費、毛投資 (民間部門新購買的資本財——設備與建築物)、政府對商品與服務的購買，以及商品與服務的出口淨額；我們也探究整體就業 (employment：在職者) 及整體失業 (unemployment：沒有工作且正在找工作者)。

　　以上這些項目跟商品或勞動的數量有關；我們也同時對跟這些數量相對應的價格有興趣。例如，我們會關切一個經濟體系所生產的商品與服務的價格水準，我們稱之為一般物價水準 (general price level)；我們也研究工資率 (wage rate)，其為勞動的價格；還有租用價格 (rental price)，其為資本財的使用價格；以及利率 (interest rate)，其為借款的成本與放款的報酬。當我們考慮不只一個經濟體系時，我們會探討匯率 (exchange rate)，其為某一種貨幣 (如歐元) 與另一種貨幣 (如英鎊) 之間的兌換比率。

　　我們將建立一個經濟模型，來探討各種數量與價格是如何決定的。我們可以用這個模型來看當技術、政府政策及其他變數變動時，這些數量與價格如何反應。例如，我們會研究貨幣政策，它牽涉到貨幣數量的決定與利率水準的設定；我們也會研究財政政策，它牽涉到政府支出、稅收與財政赤字。

　　整體經濟的表現與所有人息息相關，因為它會影響所得、工作機會與物價。因此，了解整體經濟是如何運作的，對我們相當重要——對政府政策制定者而言則更為重要。不過，只要看報就可以知道，總體經濟學並不是一個沒有爭議的科學領域。雖然總體經濟學家在很多議題上已有共識，例如，長期經濟成長的一些決定因素；但也在很多議題上有著不同意見，例如，經濟波動的成因與貨幣政策的短期效果。本書的主要目的，不僅是要傳遞已經建構完成的總體經濟知識，也要指出總體經濟學家尚未完全了解的層面。

產出、失業與物價水準

我們可以藉由檢視某些重要的總體經濟變數的歷史紀錄，而對總體經濟現象與問題有一些概觀。圖 1.1 顯示全世界在 1950–2014 年期間，商品與服務的總產出或總生產 (1950 年始有資料)。[1] 我們用**實質國內生產毛額** (real gross domestic product, real GDP) 來衡量一國境內的總合產出水準，而**實質世界生產毛額** (real gross world product, real GWP) 是全世界所有國家的實質國內生產毛額的總合。因此，**世界生產毛額** (GWP) 就是全球的 GDP。實質 GDP 是以基期年 (本例為 1990 年) 為準來衡量總產出水準。第 2 章會介紹**國民所得會計帳** (national-income accounting)，屆時會說明**實質國內生產毛額**的衡量細節。

圖 1.1 中實質 GWP 的**向上趨勢**，反映世界經濟體系的長期成長。圖 1.2 則顯示實質 GWP 在 1951–2014 年期間各年的成長率。一個計算第 t 年成長率的簡單方法是，先計算第 t 年與第 $t-1$ 年實質 GWP 之間的差，即 $Y_t - Y_{t-1}$，然後除以第 $t-1$ 年的實質 GWP，Y_{t-1}，亦即：

$$\text{第 } t \text{ 年實質 GWP 的成長率} = (Y_t - Y_{t-1})/Y_{t-1}$$

如果乘上 100，就可得到以百分比表示的實質 GWP 成長率。

在 1951–2014 年期間，實質 GWP 的平均年成長率為 3.9% (台灣在此期間實質 GDP 的平均年成長率為 7.7%)。此一成長率意味著圖 1.1 所顯示的實質 GWP，增長了超過 10 倍 (台灣增長超過 105 倍)。若我們將各年的實質 GWP 除以人口數，則可以得到每人實質 GWP，其平均年成長率為 2.2%；此一成長率等於實質 GWP 的平均年成長率 3.9%，減去人口的平均年成長率 1.7%。每人實質 GWP 的平均年成長率為 2.2%，意味著在 1950–2014 年期間，每人實質 GWP 增加 4 倍。台灣在 1951–2014 年期間，人口的平均年成長率為 1.8%，所以台灣在這段期間每人實質 GDP 的平均年成長率為 5.9% (= 7.7%−1.8%)；這意味著台灣在這段期間，每人實質 GDP 增加 34 倍。

圖 1.2 顯示各年的實質 GWP 的成長率，環繞在其平均值 3.9% 上下變動。這些變動稱為**經濟波動** (economic fluctuations)，有時也稱為**景氣循環** (business cycle)。[2] 實質 GWP 擴張到高點或高峰時，經濟體系正處於**繁榮** (boom) 或經濟擴張階段；當實質 GWP 跌落到低點或谷底時，經濟體系正處於**衰退** (recession) 或經濟收縮階

---

[1] DeLong (1998) 曾估算出公元前一百萬年到現在的部分年間的世界生產毛額。

[2] 「景氣循環」一詞可能會有誤導效果，因為它意味著經濟活動的起伏比實際資料所顯示的要來得規律。

圖 1.1　實質 GWP，1950–2014

本圖以比例 (對數) 刻度呈現實質世界生產毛額 (GWP)，數值單位為 1990 年的十億元國際幣 (international dollars)。[3]

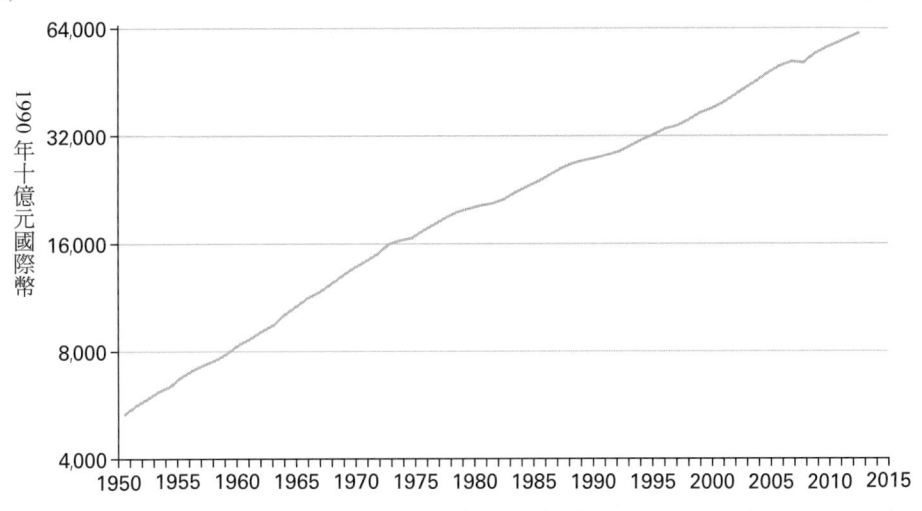

資料來源：Data until 2010 on real GWP per capita are from the Maddison Project Database. Data on world population are from the United Nations Population Database. Data from 2011 on real GWP are from the World Bank, International Comparison Program database.

段。國際貨幣基金用來定義衰退的一個條件是，每人年實質 GWP 下滑。有很多其他的方法可用來判定衰退期間；在第 9 章，我們會用一個更精緻的方法來判定一國的衰退期間。

從圖 1.3 可以看出，在 2008 年發生的**大衰退** (Great Recession) 讓每人實質 GWP 下滑 2%。圖 1.3 中成長率明顯下滑的年間還包括 1973 年的石油危機、1979 年的能源危機、1990 年的油價衝擊、1997 年的亞洲金融風暴，以及 2000 年的網路泡沫破滅。這些衝擊都造成全世界不同地區的重大衰退。

另一種判定衰退與繁榮的方法是看**失業率** (unemployment rate)——它為投身勞動市場的人當中沒有工作者所占的比例。圖 1.4 顯示全世界及一些國家在 1991–2013 年期間的年失業率。全世界這段期間的平均失業率為 6.1%，且在 5.4% 與 6.5% 之間溫和波動。不過，個別國家的平均失業率有很大的差異，且其波動程度較高。例如，法國的平均失業率高達 10%，而中國只有 4.4%；其他國家的平均失業率則介於其中：沙烏地阿拉伯 5.6%，英國 7.0%，美國 6.2%。台灣在上述期間

---

[3] 本圖使用比例刻度，因此縱軸上的每一單位都對應相同的實質 GDP 變動百分點。國際幣，一般又稱為 Geary-Khamis 幣，係根據此一假想貨幣的每一單位，給定任一時點，都跟美元在美國有相同的購買力這樣的概念建構而成。

圖 1.2 實質 GWP 成長率，1951–2014

本圖顯示實質 GWP 的年成長率，其為圖 1.1 中的實質 GWP 的年變動率。

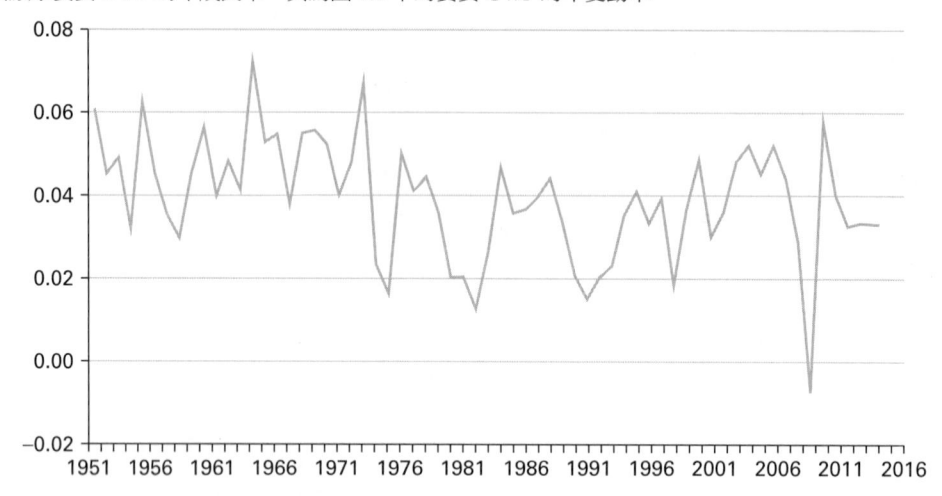

圖 1.3 每人實質 GWP 成長率，1951–2014

本圖顯示每人實質 GWP 的年成長率。

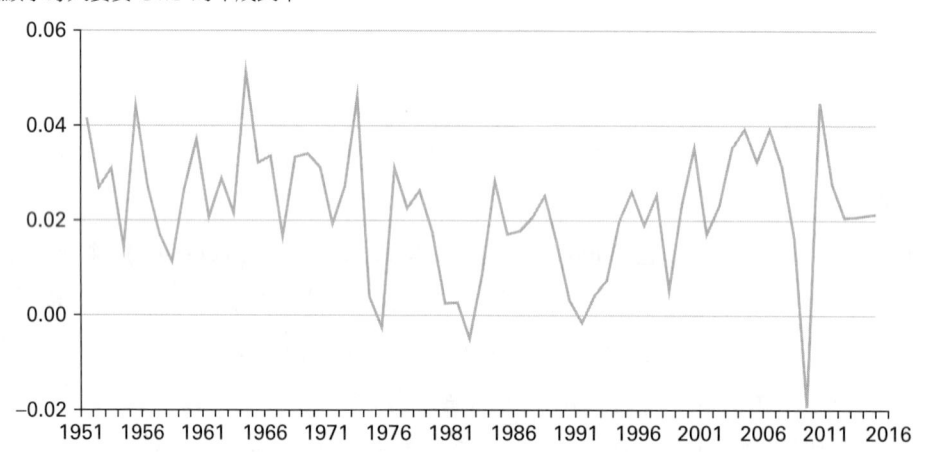

的簡單平均失業率為 3.5%。從圖 1.4 也可以看出，波動程度由高到低，依序為法國、英國、美國、沙烏地阿拉伯及中國。當經濟發生衰退時、失業率通常會竄高。一個例子是在 2008 年的大衰退，法國的失業率在一年之間從 7.4% 上升到 9.1%，英國從 5.4% 到 7.8%，美國從 5.9% 到 9.4%，台灣則從 2008 年 8 月的 4.1% 上升到 2009 年 8 月的 6.1%。

圖 1.5 顯示全世界及一些國家在 1991–2013 年期間以 GDP 平減指數衡量的物價水準 (第 2 章會詳細說明此一物價指數)。目前的重點是，GDP 平減指數是一個概括性的指數，它反映所有包括在國內生產毛額之項目的價格水準。從圖 1.5 可以

經濟學小舖

經濟大衰退

2008 年的全球大衰退主要源自於美國的次級房貸風暴 (subprime mortgage crisis)。在 2006–2007 年期間，美國房市泡沫破滅導致很多屋主無法償還他們的房貸；而這些屋主當中，又有不少是信用風險較高且信用歷史較差的次級房貸戶。他們的房貸被以抵押擔保證券 (mortgage-backed securities) 的形式銷到全世界，且被不少大型金融機構持有，因為它們的收益高於政府公債。當房貸戶開始違約而不償還房貸時，這些抵押擔保證券的價值崩跌，而使大型金融機構遭受巨大損失。最知名的例子是雷曼兄弟這家投資銀行於 2008 年宣布破產，而它的破產也造成金融市場的恐慌，從而波及很多美國和歐洲歷史悠久的銀行。此一金融危機也導致家戶減少支出且廠商減少投資，最後演變成全球大衰退。

看出，在上述期間，絕大多數國家的物價是持續上漲的；唯一的例外是沙烏地阿拉伯，她的物價有明顯的上下波動，例如，在 1997 年亞洲金融風暴及 2008 年大衰退時期，她的物價明顯下滑。

圖 1.6 顯示全世界及一些國家在 1991–2013 年期間的年**物價膨脹率** (inflation rate)，即物價變動率。一個簡單計算第 t 年的物價膨脹率的方法是，先算出第 t 年與第 $t-1$ 年之間的差，即 $P_t - P_{t-1}$，再除以第 $t-1$ 年的物價水準 P_{t-1}，亦即：

圖 1.4　全世界失業率，1991–2013

本圖顯示全世界及一些國家在 1991–2013 年期間的失業率。

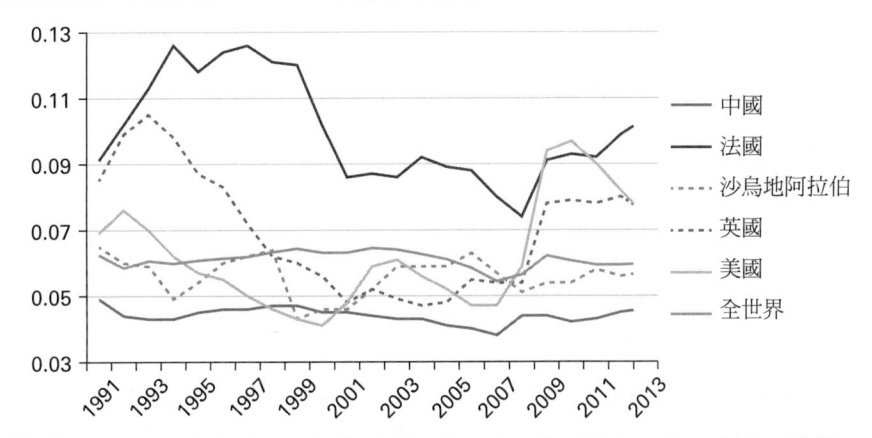

資料來源：Data on unemployment rates estimated by the International Labour Organization (ILO) are from the World Development Indicators. The ILO establishes international standards for labour statistics so that the ILO's data on unemployment rates can be compared between countries.

圖 1.5　全世界物價水準，1991–2013

本圖顯示全世界及一些國家在 1991–2013 年期間的 GDP 平減指數。該指數的 1991 年的值被設為 100。資料來自於 World Development Indicators。

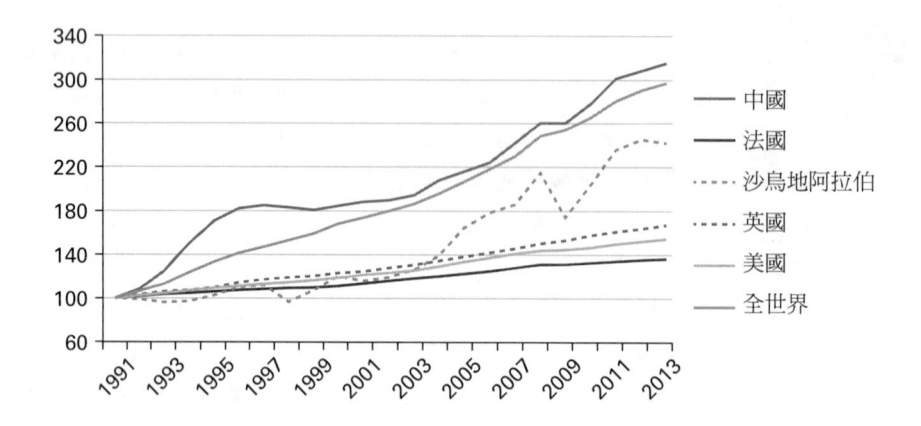

圖 1.6　全世界物價膨脹率，1991–2013

本圖顯示全世界及一些國家在 1991–2013 年期間依 GDP 平減指數所計算的物價膨脹率。

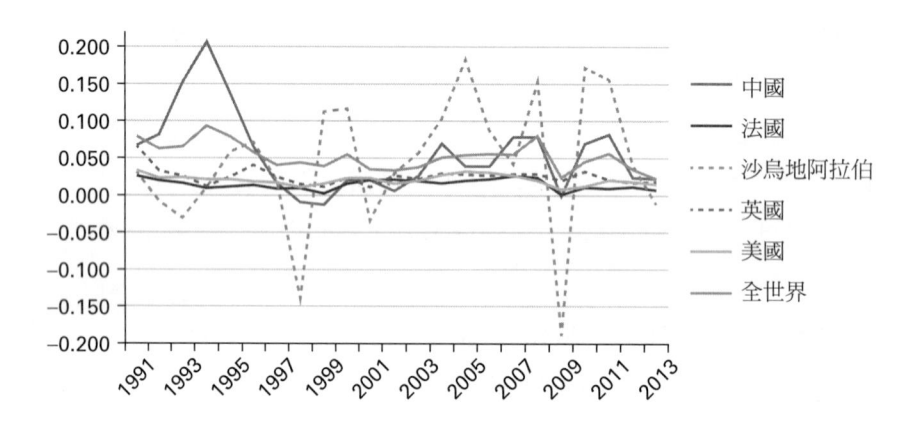

$$\text{第 } t \text{ 年的物價膨脹率} = (P_t - P_{t-1})/P_{t-1}$$

如果乘上 100，就可得到以百分比表示的年物價膨脹率。

從圖 1.6 可以看出，法國、英國與美國的物價膨脹率都大於零，且其平均物價膨脹率分別為 1.5%、2.5% 與 2.1%。相較之下，中國與沙烏地阿拉伯的平均物價膨脹率較高，分別為 5.5% 與 4.5%，且在 1997 年亞洲金融風暴及 2008 年大衰退時期，物價膨脹率都降為負值。台灣在 1991–2013 年期間的平均年物價膨脹率只有 0.24%。在 2008 年大衰退時期，台灣的物價膨脹率也降為負值；但在 1997 年亞洲金融風暴期間，物價還是上揚的。在往後的章節，我們會說明物價膨脹率跟貨幣機構及貨幣政策其特性之間的關係。

經濟模型

如前所述,我們想要了解重要的總體經濟變數 (如實質 GDP 與一般物價水準) 的決定因素。為達成這個目的,我們將建構一個總體經濟模型。模型可以是一群方程式或圖形,或一組構想。在本書,我們會用到這些工具——有時是方程式,但大多時候是圖形與構想。

經濟模型包括兩種變數:內生變數與外生變數。**內生變數** (endogenous variables) 是模型要解釋的變數。我們的總體經濟模型中的內生變數包括實質 GDP、投資、就業、一般物價水準、工資率與利率。

外生變數 (exogenous variables) 則是被模型視為給定,而沒有要解釋的變數。一個簡單的外生變數的例子是天候 (天候不是經濟模型可以解釋的)。在很多情況下,可用的技術也是外生的。對單一國家而言,外生變數包括商品 (如原油及小麥) 的世界價格,以及世界其他國家的所得水準。在很多情況下,我們會將政府政策當作外生變數——如跟貨幣數量有關的貨幣政策,以及跟政府的支出與稅收有關的財政政策。我們也將戰爭與和平視為外生變數,雖然它們對經濟有很大的影響。

模型的目的在於說明外生變數的變動如何影響內生變數,圖 1.7 描繪這個過程。在圖中,左邊的方塊為一群被視為給定的外生變數;模型告訴我們這些外生變數如何影響圖中右邊方塊內的一群內生變數。因此,我們可以用模型來預測外生變數的變動如何影響內生變數。

總體經濟學旨在說明實質 GDP 等總體經濟變數其水準如何決定。當我們要建構一個有用的總體經濟模型時會發現,納入分析個別家戶及廠商行為的個體經濟理論,是相當有助益的。此一個體經濟理論探討個人的消費與儲蓄的多寡、工時長短等等的決策。接著,我們加總所有個別的決定來建構總體經濟模型。此一基本的個體經濟分析稱為**個體經濟基礎** (microeconomic foundations)。

圖 1.7 經濟模型的運作原理

經濟模型包括外生變數、內生變數,以及它們之間關係的設定。透過經濟模型,經濟學家可以預測外生變數的變動如何影響內生變數。

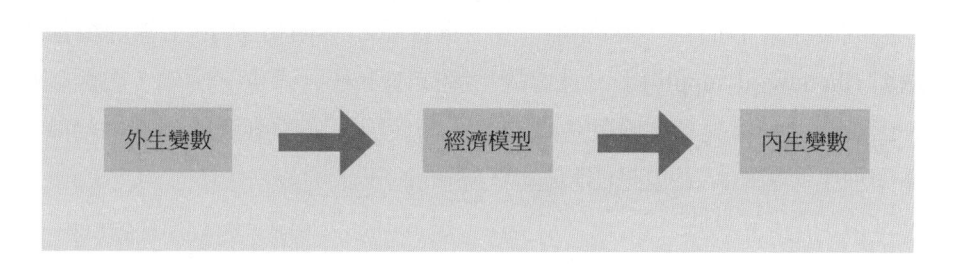

外生變數 → 經濟模型 → 內生變數

一個簡單的例子──咖啡市場

為了說明模型與市場的一般性概念,我們可以檢視像咖啡這樣單一商品的市場。我們的分析將聚焦在經濟學家所使用的三個基本工具:需求曲線、供給曲線與市場結清條件(需求量等於供給量)。

個人的咖啡需求量是他想要且有能力購買的數量。影響需求量的因素,包括咖啡的價格 (P_c)、消費者的所得,以及像茶之類的替代品的價格 (P_T)。因為在咖啡市場與茶市場,任一個人的需求量是可以忽略的,因此每一個人都可以忽略他的咖啡與茶的消費對 P_c 與 P_T 的影響;亦即,每一個人都是**價格接受者** (price taker),他只需決定在既有的 P_c 與 P_T 之下,他要購買的咖啡與茶的數量。經濟學家用**完全競爭** (perfect competition) 一詞來描述有很多的買者與賣者,且沒有任何一個買者或賣者對價格有明顯影響力的市場。

就一般家戶而言,其咖啡的需求量會隨咖啡價格 P_c 的上漲而減少〔此即**需求法則** (the law of demand)〕,也會隨所得的增加而增加,且會隨替代品價格 P_T 的上漲而增加。這些有關個別家戶的結果是個體經濟分析的例子。當我們加總所有的家戶,我們就可以將咖啡的總合需求量描述成總所得(記為 Y)與價格水準 (P_c 與 P_T) 的函數。我們可以藉由畫出一條市場**需求曲線** (demand curve),來顯示咖啡價格 P_c 對咖啡總需求量 Q_c^d 的影響。

圖 1.8 畫出咖啡的市場需求曲線。如前所述,P_c 的上漲會讓 Q_c^d 減少。這條需求曲線的位置對應某一總所得 Y 與茶價格 P_T 水準。給定 P_c 的任一水準,當總所得 Y 增加時,由於咖啡的需求量 Q_c^d 會增加,因此圖 1.8 中的需求曲線會往右移。給定 P_c 的任一水準,當茶價格 P_T 下跌時,由於咖啡的需求量 Q_c^d 會減少,因此需求曲線會往左移。

我們也需同時考慮個別的咖啡生產者的供給量,其為他想要且有能力供應的數量。咖啡供給量的影響因素包括咖啡的價格 P_c,以及增加產量的成本。同樣地,我們假設咖啡的供給者是咖啡價格 P_c 的接受者。這個假設可能會被質疑,因為某些咖啡廠商的規模很大,從而其行為可能會對 P_c 造成影響。但是,考慮進這個情況並不會改變我們對咖啡市場的基本分析結果。

就一般咖啡生產者而言,其咖啡的供給量會隨咖啡價格 P_c 的上漲而增加〔此即**供給法則** (the law of supply)〕,且會隨生產成本上升而減少。例如,巴西咖啡採收工人的工資率上升會提高咖啡的生產成本,而使巴西咖啡廠商的咖啡供給減少。這些有關個別生產者的結果也是個體經濟分析的例子。

圖 1.8　咖啡的需求曲線

根據需求法則，圖中的需求曲線是負斜率的。

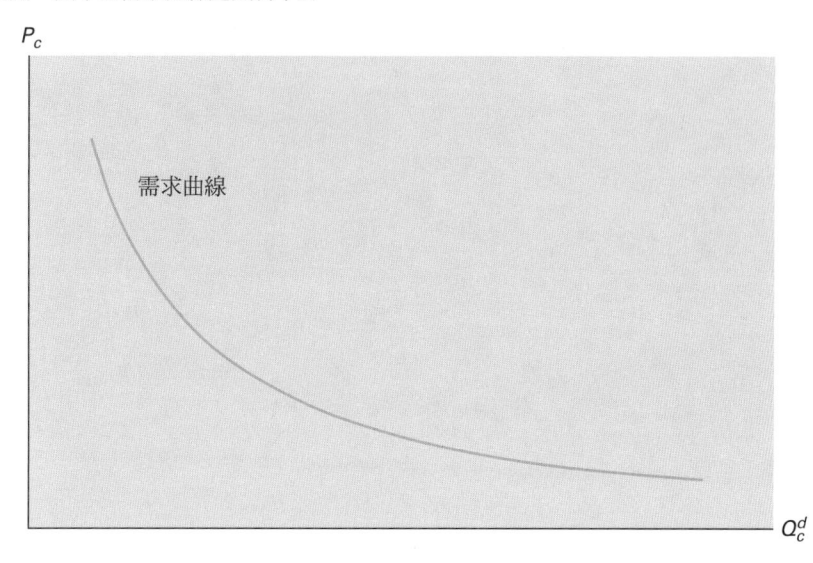

模型的擴展

用函數表示需求曲線與供給曲線

咖啡的市場需求可以寫成以下函數：

$$Q_c^d = D(P_c, Y, P_T)$$

函數 $D(\cdot)$ 意味著咖啡的需求量 Q_c^d 決定於 P_c、Y 與 P_T 這三個影響因素。我們假設函數 $D(\cdot)$ 具有的性質為 Q_c^d 會隨 P_c 的上漲而減少，也會隨 Y 的增加而增加，且會隨 P_T 的上漲而增加。圖 1.8 所畫的需求曲線其位置對應某一總所得 Y 與茶價格 P_T 水準。P_c 的變動會造成 Q_c^d 沿著需求曲線做線上的移動；而 Y 與 P_T 的變動則會造成整條需求曲線的移動。

咖啡的市場供給也是一個函數，可以寫成：

$$Q_c^s = S(P_c,\text{工資率})$$

我們假設函數 $S(\cdot)$ 具有的性質為，供給量 Q_c^s 會隨咖啡價格 P_c 的上漲而增加，且會隨工資率上升而減少。圖 1.9 所畫的供給曲線其位置對應某一工資率水準。P_c 的變動會造成 Q_c^s 沿著供給曲線做線上的移動；而工資率的變動則會造成整條供給曲線的移動。

圖 1.9　咖啡的供給曲線

根據供給法則，圖中的供給曲線是正斜率的。

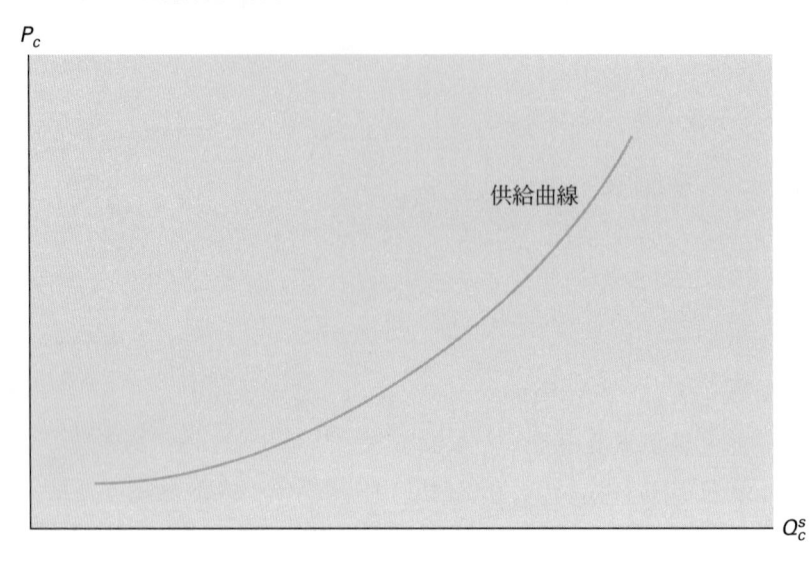

當我們加總所有的生產者，就可以得到咖啡的總合供給量。其中一個結果是 P_c 的上漲會增加咖啡的總供給量 Q_c^s。總供給量也會因採收工人的工資率上升而減少。

同樣地，如圖 1.9 所示，我們也可以畫出一條市場**供給曲線** (supply curve)，來顯示咖啡價格 P_c 對咖啡的總供給量 Q_c^s 的影響。如前所述，P_c 的上漲會使 Q_c^s 增

圖 1.10　咖啡市場的結清

咖啡市場在 $(P_c)^*$ 與 $(Q_c)^*$ 之處結清。此時，市場供給量等於需求量。

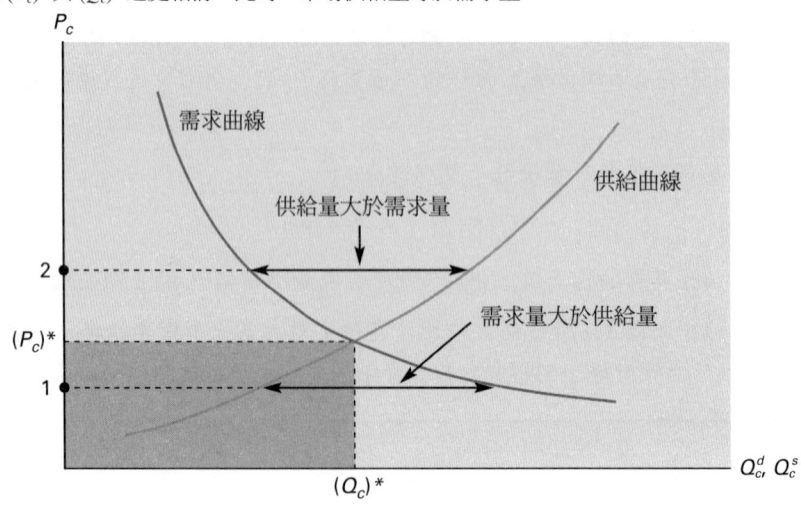

加。這條供給曲線的位置對應某一工資率水準。給定 P_c 的任一水準,當工資率上升時,由於咖啡的供給量 Q_c^s 會因生產成本增加而減少,因此圖 1.9 中的供給曲線會往左移。

圖 1.10 顯示咖啡市場結清的情形。我們假設咖啡價格 P_c 能調整到使供給量 Q_c^s 等於需求量 Q_c^d 的水準。圖中,市場的結清價格為 $(P_c)^*$,而對應的市場結清數量為 $(Q_c)^*$。

為什麼我們會假設咖啡價格 P_c 可以調整到結清市場的水準 $(P_c)^*$ 呢?考慮任何其他使供給量不等於需求量的價格水準,如圖 1.10 中的點 1。此時 P_c 小於 $(P_c)^*$,從而在這個偏低的價格水準之下,需求量 Q_c^d 會大於供給量 Q_c^s。在此情況下,某些咖啡的愛好者會無法購足他們所要的咖啡數量,從而我們可以想像,他們會願意出更高的價格來購買;這會讓市場價格 P_c 上漲,直到 $(P_c)^*$ 為止。

相反地,在圖 1.10 中點 2 的位置,P_c 高於 $(P_c)^*$,從而在這個偏高的價格水準之下,供給量 Q_c^s 會大於需求量 Q_c^d。在此情況下,某些咖啡生產者無法在這個價格之下,出售他們想要出售的數量,從而我們可以想像,一些生產成本較低的廠商會降價以出售更多的數量;這會讓市場價格 P_c 下跌,直到 $(P_c)^*$ 為止。

市場結清價格 $P_c = (P_c)^*$ 之所以特別,是因為此時咖啡的價格沒有上升或下降的壓力。就這層意義而言,市場結清價格是**均衡** (equilibrium) 價格。除非需求曲線或供給曲線移動,否則這個價格會保持不變。

我們可以將咖啡市場的市場結清分析想成一個說明咖啡市場如何運作的模型,這個模型的兩個內生變數為咖啡價格 P_c 與數量 Q_c。我們可以用圖 1.10 的市場結清分析來探討外生變數的變動如何影響內生變數。外生變數是那些足以移動咖啡的需求曲線或供給曲線的外在力量。就需求而言,我們考慮的兩個外生變數為所得 Y 與茶價格 P_T。[4] 就供給而言,我們考慮的外生變數是咖啡採收工人的工資率。

圖 1.11 顯示需求的增加如何影響咖啡市場。需求的增加可能是因為所得 Y 的增加或茶價格 P_T 的上漲。需求增加會使需求曲線往右移,從而在原先的市場結清價格 $(P_c)^*$ 之下,市場的需求量 Q_c^d 會大於供給量 Q_c^s。在此情況下,根據之前的說明,這會讓市場價格上升,直到新的市場結清價格 $(P_c)^{*\prime}$ 達成為止。此時,市場結清數量也會由原先的 $(Q_c)^*$ 增加為 $(Q_c)^{*\prime}$。因此,我們的咖啡市場模型預測,Y 或 P_T

---

[4] 如果我們將茶市場與整體經濟也納入考量,則茶價格 P_T 與所得也會是內生變數。此一更廣泛的分析稱為一般均衡理論 (general-equilibrium theory);亦即它同時考慮所有市場的結清。只考慮單一市場,如咖啡市場,是部分均衡分析 (partial-equilibrium analysis) 的一個例子。在此一分析,我們在其他市場的結果是給定的情況下,探討咖啡市場的結清。

的增加會使市場結清價格與數量上升。如圖 1.7 所描繪的，這個模型告訴我們外生變數的改變如何影響內生變數。

圖 1.12 顯示供給減少對咖啡市場的影響。供給的減少可能是因為產地 (如巴西與哥倫比亞) 其咖啡採收工人的工資率上升。供給減少使供給曲線往左移，從而在原先的市場結清價格 $(P_c)^*$ 之下，市場的需求量 Q_c^d 也會大於供給量 Q_c^s。在此情況下，根據之前的說明，這會讓市場價格上升，直到新的市場結清價格 $(P_c)^{*\prime}$ 達成為止。此時，市場結清數量則由原先的 $(Q_c)^*$ 減少為 $(Q_c)^{*\prime}$。因此，我們的咖啡市場模型預測，咖啡生產成本上升會使市場結清價格上升且市場結清數量下滑。

表 1.1 總結咖啡市場結清模型的結果。如圖 1.7 所描繪的，此一模型告訴我們外生變數的變動如何影響內生變數。

我們的總體經濟模型將使用這類的市場結清分析來預測外生變數的變動如何影響內生總體經濟變數。不過，我們不會探討像咖啡、茶之類的商品，而會考慮反映整個經濟體系產出 (即實質 GDP) 這樣一個複合商品其總合需求與總合供給。我們也會分析生產要素 (勞動與資本服務) 的供給與需求。

表 1.1　咖啡市場外生變數的變動對內生變數的影響

外生變數的變動	對 P_c 的影響	對 Q_c 的影響
所得 Y 增加	上升	上升
茶價格 P_T 上漲	上升	上升
工資率上升	上升	下降

可自由調整的價格與僵固的價格

當我們研究咖啡市場時，我們聚焦在市場結清條件。因此，當外生變數變動時，我們以此一變動如何改變市場結清價格與數量來進行預測。此一分析的基本假設是，咖啡的價格可以迅速調整到讓咖啡市場結清的水準，亦即讓需求量等於供給量。如前所述，咖啡價格會趨向市場結清價格；市場結清價格是唯一的均衡價格。

雖然大多數經濟學家都接受，在分析咖啡或其他類似的產品時，應聚焦於市場結清價格，但對於總體經濟學是否應聚焦於市場結清條件，則有不同的看法。尤其是，並不是所有的經濟學家都同意，在代表實質 GDP 的複合商品市場或勞動市場，我們只考慮市場結清的情況。就長期分析而言，經濟學家對於市場結清架構是了解經濟體系如何運作的最佳指南這一點是有共識的。因此，在第 3 至第 5 章，我們在研究長期經濟成長時，使用市場結清、均衡分析法。但在分析短期的經濟波動

圖 1.11 需求增加對咖啡市場的影響

所得 Y 的增加或茶價格 P_T 的上漲會使咖啡的需求增加，而使市場需求曲線往右移，從而市場結清價格會從原先的 $(P_c)^*$ 上漲為 $(P_c)^{*'}$，且市場結清數量也會由原先的 $(Q_c)^*$ 增加為 $(Q_c)^{*'}$。

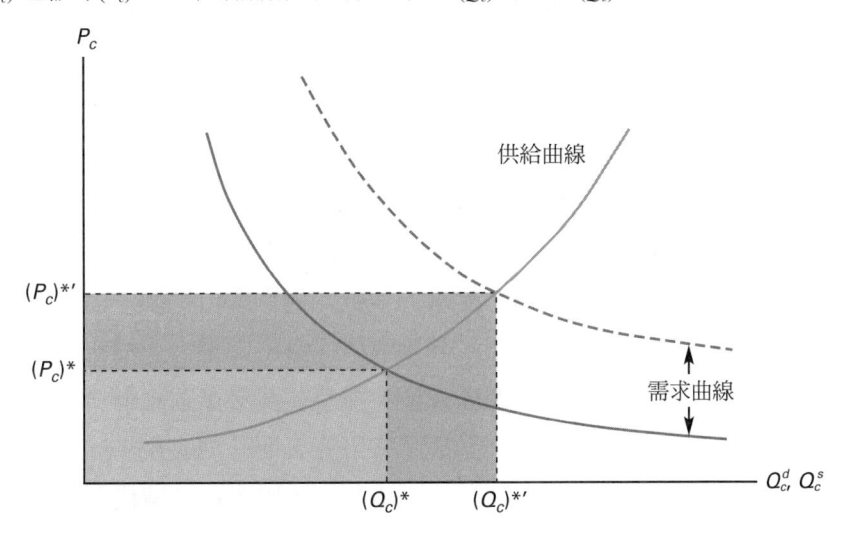

圖 1.12 供給減少對咖啡市場的影響

咖啡採收工人的工資率上升會使供給減少，而使供給曲線往左移，從而市場結清價格會從原先的 $(P_c)^*$ 上漲為 $(P_c)^{*'}$，市場結清數量則由原先的 $(Q_c)^*$ 減少為 $(Q_c)^{*'}$。

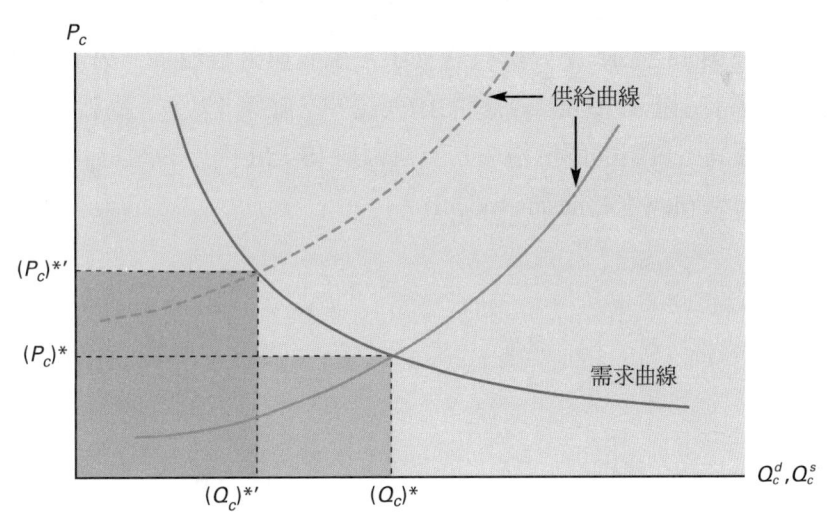

時，經濟學家對於市場結清模型能否提供有用的見解，則有很大的歧見。

著名的經濟學家凱因斯 (John Maynard Keynes)，在 1930 年代的**經濟大蕭條** (Great Depression) 之後著書主張勞動市場通常不會結清，通常處於**失衡** (disequilibrium) 狀態，即勞動的市場需求量不等於供給量的狀態。凱因斯特別強調

工資率是僵固的，且調整到使市場結清的速度相當慢。在第 6 章，我們將介紹立基於凱因斯見解的**凱因斯 IS-LM 模型** (Keynesian IS-LM model)。一些總體經濟學家則強調某些商品市場傾向於一直處在失衡狀態，其價格是僵固的，移動到讓市場結清的水準的速度相當慢。

其他經濟學家則認為，仰賴市場結清條件的均衡分析法，能夠提供我們研究短期經濟波動的最佳視野。這個分析法將大多數經濟學家使用於長期經濟成長的方法，應用於經濟的短期波動。他們認為工資與價格在短期可自由調整 (flexible)，從而總體經濟分析可以專注在市場結清的情況。如同我們對咖啡市場的分析 (摘錄於表 1.1)，此時我們就可以聚焦在外生變數的變動如何影響市場結清價格與數量。

有一點似乎很清楚，那就是除非我們以價格可自由調整、市場結清模型作為基準，否則我們無法了解或評估價格僵固模型。總體經濟學家同意經濟體系恆趨向市場結清狀態，這也就是為什麼這個架構被用來研究長期經濟成長。一個合理的推論是，不論對短期價格僵固其顯著性的最終判定為何，以市場結清模型來開展總體經濟分析是最好的嘗試。

我們在第 7 至第 11 章介紹經濟波動的基本市場結清模型，我們稱這個模型為**均衡景氣循環模型** (equilibrium business-cycle model，這是一個比經濟學文獻上常見的實質景氣循環模型涵蓋範圍更廣的用詞)。我們擴展這個模型，在第 12 章分析物價膨脹，在第 13 至 15 章分析政府支出、稅收與財政赤字。第 16 章則持續在市場結清架構下，引進對價格與工資的錯誤認知。在第 17 章，我們在均衡景氣循環模型中加進僵固工資與僵固價格，其為凱因斯 IS-LM 模型的印記；此一擴充模型稱為**新凱因斯模型** (new Keynesian model)。

第 2 章

國民所得會計帳：國內生產毛額與物價水準

在第 1 章，我們提到**國內生產毛額** (GDP) 和**物價水準**等總體經濟變數，但未明確定義它們。現在，藉由檢視國民所得會計帳，我們可確切了解它們的意義。在建構國民所得會計帳時，會出現很多具挑戰性的議題；不過，本章只說明基本概念。

名目與實質國內生產毛額

國內生產毛額分為名目與實質的。**名目 GDP (nominal GDP)** 衡量一個經濟體系在一段特定的期間內 (如一年)，其所生產的所有最終 (final) 商品與服務的貨幣價值。舉例來說，在 2014 年，歐元區的名目 GDP 為 €10.1 兆，台灣為新台幣 16.1 兆元。名目 GDP 是一個**流量變數** (flow variable)：它衡量一段期間內 (如一年)，最終商品與服務的貨幣價值。

我們一步一步地說明名目 GDP 的定義。「名目」意指在某一年內所生產的商品與服務其價值是以貨幣來衡量的。對大部分的商品與服務 (如鉛筆、汽車、理髮…等) 而言，其貨幣價值決定於其市場價格。

但一些商品與服務 (包括政府所提供的) 並沒有在市場上銷售。例如，政府並不出售其國防、司法和治安的服務；這些項目以其名目的生產成本計入名目 GDP。這樣的處理方式是有問題的，因為它意味著政府雇員的生產力不會隨時間改變。不過，在沒有市場價格可供參考的情況下，其他方法也不見得更精確。

另一個項目——自用住宅，其所提供的住屋服務的價值，是以如果屋主將房屋在市場出租，其所得來推估；我們稱它為自用住宅的**設算租用所得** (imputed rental income)。概念上，同樣的方法應該適用於消費者耐久財，如家戶的汽車、家具和電器用品，但實務上並不是如此，亦即 GDP 並不包括消費者耐久財的設算租用所得。[1] 至於政府所擁有的財產，國民所得帳的假設是其設算租用所得等於其被推估

---

[1] 廠商擁有的資本 (如廠房與機器) 因對商品與服務有所貢獻，因此，商品與服務的市場價格已涵蓋廠商資本的租用所得，也因此，GDP 並沒有包括廠商資本的租用所得。

的折舊。這個假設也是有問題的,但是沒有其他更好的方法。

所謂的**最終商品與服務** (final goods and services) 是指那些在一國境內被生產出來,但不在該國境內作為中間財的商品與服務。廠商在生產過程中會使用各式各樣的生產要素,其中,人力、機器設備、建築物與土地以外的投入就稱為**中間財** (intermediate goods),包括原物料、半成品與零組件等。簡單地說,一國所生產出來的財貨不是中間財就是最終財;它們的區別在於,如果一項財貨變成一國境內所生產的其他產品的一部分,或被耗盡(如電力),則該項財貨就是中間財,不然,就是最終財。GDP 只包括最終財的價值,這是因為中間財的價值已包含在最終財的價格中。如台灣境內生產的液晶面板如組裝成液晶電視機,那麼這一部分的面板就是中間財。我們在計算 GDP 時,為避免重複計算,只會計算液晶電視機這項最終商品的價值,而不會將面板的市場價值也計入。但如果台灣的面板廠商直接出口面板,那麼由於這些面板不在台灣作為液晶電視機的中間財,此時它們是最終商品,所以其出口值就計入台灣的 GDP。因此,一國的所有出口品,不管它在製造過程中是屬於上游、中游、還是下游,都通通計入一國的 GDP。

另外,如果面板廠商今年所生產出來的面板沒有銷售出去而變成存貨,那麼由於這一部分的面板並未作為液晶電視機的中間財且因為它們是今年生產出來的,所以,它們是最終商品且其價值也會計入今年的 GDP。因此,一國存貨價值的增加列為一國 GDP 的加項,而一國存貨價值的減少則列為一國 GDP 的減項。

交易成功的商品可能是以前生產的且已計入以前的 GDP,此時的交易值不應再計入當期的 GDP,不然就會重複計算。比方說,你以 10 萬元把你的中古車賣給你的朋友,這 10 萬元就不應計入今年的 GDP,因為你的這部車在以前出廠時已計入以前的 GDP。

名目 GDP 不僅決定於整體的物價水準,也決定於生產出來的產品數量,因此,即使名目 GDP 沒有變動,並不代表整體的物價與產出水準沒有變動。我們可以用表 2.1 來理解這一點。想像一個僅生產奶油和高爾夫球的簡單經濟體系。表中列出這兩種商品在 2016 年和 2017 年的假想產量及價格。在 2016 年,這個經濟體系生產 50 磅的奶油,且以每磅 €2 出售。因此,奶油 2016 年的價值為 €100。在 2016 年,這個經濟體系也生產 400 個高爾夫球,每個價格為 €1,因此,高爾夫球的總產值為 €400。2016 年的名目 GDP 為奶油和高爾夫球之產出的市場價值之和:€100 + €400 = €500。

標示為 2017a 和 2017b 的兩欄顯示 2017 年的價格和數量的兩種可能性。在 a 欄,兩種商品的價格均上漲:奶油每磅上漲至 €3.00 且高爾夫球每個上漲至

€1.10。在 b 欄，兩種商品的價格均下跌：奶油每磅下跌至 €1.50 且高爾夫球每個下跌至 €0.89。在 a 欄，兩種商品的數量均減少，至 40 磅奶油和 391 個高爾夫球。在 b 欄，兩種商品的數量均增加，至 70 磅奶油和 500 個高爾夫球。

我們所假設的數字，使得這兩種情況下的 2017 年名目 GDP 幾近相等。在 a 欄，名目 GDP 為 €120（奶油）和 €430（高爾夫球）之和，其為 €550。在 b 欄中，名目 GDP 為 €105（奶油）和 €445（高爾夫球）之和，亦為 €550。不過，兩種商品在 b 欄中的產量均高於 a 欄。因此，任何合理的實質 GDP 之衡量，應顯示 b 欄中的產出水準高於 a 欄。所以，相同的名目 GDP 可能會令人產生誤解，它們可能隱藏著非常不同的產出水準。

計算實質 GDP

經濟學家藉由建構實質 GDP，來剔除物價變動所造成的問題。直到最近，計

表 2.1　計算名目與實質 GDP：一個簡單的例子

	2016a	2016b	2017a	2017b
價格				
奶油	€2.00／每磅	€2.00／每磅	€3.00／每磅	€1.50／每磅
高爾夫球	€1.00／每個	€1.00／每個	€1.10／每個	€0.89／每個
數量				
奶油	50 磅	50 磅	40 磅	70 磅
高爾夫球	400 個	400 個	391 個	500 個
名目市場價值				
奶油	100.0	100.0	120.0	105.0
高爾夫球	400.0	400.0	430.1	445.0
名目 GDP	500.0	500.0	550.1	550.0
2016–2017 年之平均價格				
奶油	€2.50／每磅	€1.75／每磅	€2.50／每磅	€1.75／每磅
高爾夫球	€1.05／每個	€0.945／每個	€1.05／每個	€0.945／每個
以 2016–2017 年之平均物價衡量的市場價值				
奶油	125.0	87.5	100.0	122.5
高爾夫球	420.0	378.0	410.6	472.5
總值	545.0	465.5	510.6	595.0
對 2016 年之比	1.0	1.0	0.937	1.278
連鎖實質 GDP（基期為 2016 年）	500.0	500.0	468.5	639.0
隱含 GDP 平減指數（基期為 2016 年）	100	100	117	86

算實質 GDP 最常見的方法，是將每年各項商品的產量乘以其基期（例如 2010 年）的價格；加總所有的乘積後就得到該經濟體系的總合實質 GDP，稱為「以 2010 年價格計值的 GDP」（若基期為 2010 年）。這個結果，有時也稱為**固定價格 GDP (GDP in constant prices)**，因為我們用的價格（即基期 2010 年的價格）不會隨時間而變動。相對的，名目 GDP 有時稱為**當期價格 GDP (GDP in current prices)**，因為此時計算 GDP 所用的各項價格均為當年的水準。

因為基期（例如 2010 年）的價格不會隨時間變動，所以剛剛所提的方法提供衡量不同期間總產出水準的合理方式，亦即它提供了一個衡量實質 GDP 的合理方式。不過，這個方法的一個缺點在於，它以固定的基期（即 2010 年）的價格作為各個商品產出的權數。舉例來說，如果在 2010 年，一台個人電腦的價格比一張沙發來得高，則在 2017 年的實質 GDP 中，即使電腦比沙發便宜得多，但每部電腦（與在 2010 年生產的電腦有相同品質）仍會比沙發更有價值。更一般性地說，當商品的相對價格隨時間改變時，基期的權數就變得較不適用，從而主計單位每隔幾年就會調整基期。不過，一個稱為加權連鎖法的比較精確的解決方式，已被大多數國家採用，以得到更好的實質 GDP 的衡量結果。根據此法所計算出來的變數稱為**加權連鎖實質 GDP (chain-weighted real GDP)**。在媒體上報導的就是這加權連鎖值，本書亦將用它來衡量實質 GDP。[2]

我們可以再次用表 2.1 中的假想數值來說明加權連鎖法。這個方法要先計算各個商品在相鄰兩年（表中為 2016 年和 2017 年）的平均價格水準。例如，在 a 例中，奶油在 2016 年和 2017 年的平均價格為每磅 €2.5；在 b 例中，則為每磅 €1.75。

每一種商品在各年（表中為 2016 年和 2017 年）的產量，均乘以其在相鄰兩年的平均價格。例如，在 a 例中，奶油在 2016 年的產值，以 2016 和 2017 年的平均價格計算為 €125；若以 2016 年的價格（較低）計算，則為 €100。在同例中，奶油在 2017 年的產值若以平均價格計算為 €100；若以 2017 年的價格（較高）計算，則為 €120。

表 2.1 亦列出我們用平均價格所計算出來的各年總產值。例如，在 2016 年 a 例中，總值為 €545；若使用 2016 年的價格，則為 €500。在 2017 年 a 例中，總值為 €510.6；若使用 2017 年的價格，則是 €550.1。

接下來，我們計算這些總產值對 2016 年總產值的比值。在 2016 年的 a 與 b 兩

---

[2] 在本章最後的習題，有一題涉及用固定價格計算實質 GDP，並比較**固定價格實質 GDP** 與加權連鎖實質 GDP。

例中,比值均為 1.0。而 2017 年 a 例的比值為 0.937,b 例中為 1.278。

為了得到以 2016 年為基期的連鎖實質 GDP,我們將剛剛計算出來的比值乘以 2016 年的名目 GDP (€500)。因此,以 2016 年為基期的 2016 年的連鎖實質 GDP,在 a 與 b 兩例,均與名目 GDP 相同。而以 2016 年為基期的 2017 年連鎖實質 GDP,在 a 例為 €468.5,在 b 例中則為 €639。因此,儘管 a 與 b 兩例中的 2017 年名目 GDP 是相同的,但 b 例中的連鎖實質 GDP 明顯高於 a 例。這樣的結果是合理的,因為 b 例中的奶油和高爾夫球的產量均高於 a 例。

同樣的方法也適用於其他年份。例如,我們有了 2018 年的資料後,就可以計算 2018 年總產值對 2017 年總產值的比值。這些比值類似於表 2.1 中 2017 年對 2016 年的比值。接著,我們就可以呈現以 2016 年為基期的 2018 年的結果:我們將 2018 年對 2017 年的比值乘以 2017 年對 2016 年的比值,而得到 2018 年對 2016 年的比值。最後,我們將它乘以 2016 年的名目 GDP,就可以得到以 2016 年為基期的 2018 年加權連鎖實質 GDP。這個過程稱為**鏈結** (chain-linking)。如果我們重複這個過程,就可以得到單一基期的加權連鎖實質 GDP 的時間序列資料。

表 2.1 用以計算加權連鎖實質 GDP 的基期年為 2016。不過,使用連鎖法時,哪一年被當成基期並不重要。我們用單一基期只是為了確保每年的實質 GDP 是可以比較的 (任兩年,例如 2016 年和 2017 年,其加權連鎖實質 GDP 的比值,不管基期是哪一年,都是一樣的)。

我們可以用名目與加權連鎖實質 GDP 來建構一般物價水準指數。在表 2.1,2016 年為基期,我們就將 2016 年的物價水準定為「100」。這個數字是隨意定的,它方便各年物價水準的比較。

在 2017 年的 a 例中,名目 GDP 為 €550,而以 2016 年為基期的加權連鎖實質 GDP 為 €468.5。我們可以假想一個隱含的物價水準 (implicit price level),而用它將貨幣值 (名目 GDP 的 €550) 轉化成實質值 (實質 GDP 的 €468.5):

$$名目GDP / 隱含物價水準 = 實質GDP$$

如果我們重新移置上式中的項,可以得到:

$$隱含物價水準 = 名目GDP / 實質GDP$$

例如,就表 2.1 的 2017 年 a 例而言,我們可以得到:

$$隱含物價水準 = 550/468.5 = 1.17$$

相對地,就 2017 年 b 例而言:

$$隱含物價水準 = 550/639.0 = 0.86$$

1.17 和 0.86 意味著 a 例的物價水準高於 b 例的。如前所述，一般會將基期（我們的例子為 2016 年）的物價指數定為 100，從而 2017 年 a 例中的物價水準為 $1.17 \times 100 = 117$，而 b 例則為 $0.86 \times 100 = 86$，這些數值均呈現在表 2.1 中。這個物價指數一般稱之為隱含 GDP 平減指數 (implicit GDP deflator)，亦即這些數值是名目 GDP 轉化為實質 GDP 的隱含因子。

以實質 GDP 衡量福祉

儘管實質 GDP 揭露了一個經濟體系其整體的表現，但並不是一個衡量福祉的完美指標。從福祉的角度來看，實質 GDP 的缺點包括：

- 總合實質 GDP 並未考慮所得分配的變化。
- 實質 GDP 的計算，排除了大多數非市場商品與服務。被排除的包括「地下經濟」中合法與非法的交易，以及人們在家中所進行的服務。舉例來說，如果僱用保姆照顧小孩，或把小孩送到托兒所，則這些服務是計入實質 GDP 的；但如果自行照料，其服務是不計入實質 GDP 的。
- 實質 GDP 並未考慮休閒時間的價值。
- 除非汙染會影響產品的市場價值，否則實質 GDP 不考慮環境的損害，如空氣和水的品質。

儘管有這些缺點，實質 GDP 仍然可以告訴我們一個經濟體系其生活水準如何隨時間演變；它同時也可以讓我們比較不同國家的生活水準。實質 GDP 不僅幫助我們了解短期的經濟波動，也幫助我們了解長期的經濟發展。

GDP的不同衡量角度──支出面、所得面與生產面

我們可以從三個不同的角度來看待國內生產毛額 (GDP)。首先，我們可以將它視為家戶、企業、政府與外國人對本國境內所生產的（最終）商品與服務的支出。其次，我們可以計算，在國內生產商品與服務所賺取的所得（如受僱人員報酬、租金、公司利潤…等等）。最後，我們可以依產業別（如農業、工業與服務業）來衡量國內商品與服務的生產。重要的一點是，這三個方法所得到的名目 GDP 和實質 GDP 都相等。為了解這點，我們由支出面的類別開始，一個一個來討論。

由支出面衡量 GDP

國民所得會計帳根據購買的主體，將 GDP 分成四個部門。這四個部門是家戶、企業、各級政府與外國人。本節主要以英國為例進行說明，但也會討論一些

其他國家的資料。表 2.2 顯示英國 2012 年支出面的分類資料。第一欄列出各項支出的當期值，第二欄則列出它們占名目 GDP 的百分比。英國 2012 的名目 GDP 為 £16,554 億，該年以 2011 年為基期的實質 GDP 為 £16,283 億。

1. **家戶消費支出**。家戶為消費的目的，對商品與服務的購買支出稱為**家戶消費支出** (household consumption expenditure)。這個變數和 GDP 一樣，都是流量的概念。就已開發國家而言，此項支出通常占 GDP 一半以上，例如，在表 2.2 中，英國 2012 年的名目家戶消費支出為 £10,725 億，占名目 GDP £16,554 億的 64.8%。在 2012 年，中國的該項占比為 36.7%，法國為 55.5%，德國為 56.0%，沙烏地阿拉伯為 28.5%，南非為 60.5%，美國為 68.6%，而台灣為 54.7%。

國民所得帳區分很快會用完的消費財 (如牙膏和各種服務) 之購買支出，與會使用一段長時間的消費財之購買支出。前者稱為**消費者非耐久財與服務** (consumer non-durables and services)，而後項則稱為**消費者準耐久財與耐久財** (consumer durables semi-durables and durables)。消費者準耐久財 (如衣服) 相較消

表 2.2　2012 年英國國內生產毛額之支出組成

支出類別	十億英鎊	占名目 GDP 之百分比
國內生產毛額	1,655.4	100.0
家戶消費支出	1,072.5	64.8
耐久財	96.5	5.8
準耐久財	106.6	6.4
非耐久財	248.9	15.0
服務	562.7	34.0
對家戶服務之民間非營利機構加調整項*	57.8	3.5
國內投資毛額	273.4	16.5
民營企業	147.4	8.9
家戶	72.4	4.4
政府	49.0	3.0
存貨變動**	4.6	0.3
政府消費支出	343.9	20.8
集體財貨	127.8	7.7
個別財貨	216.1	13.1
商品與服務的出口淨額	−34.5	−2.1
出口	500.7	30.2
進口	535.2	32.3

資料來源：United Kingdom National Accounts, The Blue Book, 2014 edition.
* 調整項源自於英國本國居民在國外的消費與外國在英居民在英國的消費。
** 包括貴重財貨 (如珠寶、貴金屬、藝術品與古物) 之取得價值減去處分價值。

費者耐久財 (如汽車與家具)，其使用壽命較短且價格較低。重點是消費者耐久財會在一段長時間中提供持續的服務；例如，汽車可以被車主使用很多年，或轉賣或出租給其他駕駛人。由表 2.2 可知，在 2012 年，英國的非耐久財與服務的名目支出占家戶消費支出的 75%，耐久財與準耐久財合占 20%，而對家戶提供服務的非營利機構 (如教會、工會與政黨) 則合占剩下的 5%。

2. **國內投資毛額**。GDP 的第二個主要項目是**國內投資毛額** (gross domestic investment)，又稱為固定資本形成毛額 (gross fixed capital formation)。投資和家戶消費支出一樣是流量變數。其中的民營企業投資為國內廠商對新資本財 (如廠房與機器設備) 的購買支出。這些資本財為耐久財，可連續多年作為生產投入。因此，這些財貨和我們前面所提到的消費者耐久財相類似。而個人所購買的新建住宅 (可視為終極的消費者耐久財) 被列為家戶投資，而非家戶消費支出。最後，這個項目還列入政府投資，它包括基礎建設的公共支出。

    國內投資毛額還包括企業商品存貨 (inventories) 的淨變動。在 2012 年，英國此一項目的金額相當小，只有 £46 億。如表 2.2 所示，在 2012 年，英國的名目國內投資毛額為 £2,734 億，占名目 GDP 的 16.5%；此一比例，中國為 48.7%，法國為 22.7%，德國為 19.2%，沙烏地阿拉伯為 26.3%，南非為 20.1%，美國為 19.2%，而台灣為 22.5%。因此，就絕大多數國家而言，國內投資毛額小於家戶消費支出，但中國是例外，其國內投資毛額約占 GDP 的半數。

    國民所得會計帳所稱的投資是指對新資本財 (如建築物與機器設備) 的購買支出，和一般日常用語中所謂的投資有不同的意義；在日常對話中，投資意指金融資產 (如股票、債券、房地產…等等) 的配置。當經濟學家談到企業投資時，他們指的是企業對新資本財的購買支出。

    另一個跟投資有關的重點是**折舊** (depreciation)。資本財的存量是建築物與機器設備等資本財在某一時點的餘量，所以資本存量為一個**存量變數** (stock variable)。因為資本財會隨時間而耗損或折舊，因此毛投資中的一部分被用來替代舊資本中折舊的部分。折舊是一個流量變數，其為財貨在每年所折耗的貨幣價值。

    國內投資毛額和折舊之間的差，稱為國內投資淨額 (net private domestic investment)，其為實體資本財存量價值的淨變動。GDP 包括國內民間部門投資毛額。如果我們以淨投資取代毛投資 (經由扣除折舊)，則 GDP 亦同步扣除折舊。GDP 和折舊之間的差額稱為國內生產淨額 (net domestic product, NDP)。NDP 為一個有用的概念，因為它反映了一國扣除補充資本財的耗損或折舊後的產值。

3. **政府對商品與服務的購買支出**。GDP 的第三個組成項目為政府對商品與服務的

購買支出。這個項目為政府的消費支出(如軍職人員與公立學校教師的薪資)。如表 2.2 所示,這個項目下分集體財貨與個別財貨。集體財貨,如國防與治安,嘉惠整個社會;而個別財貨,如社會服務、健康照護與教育,主要嘉惠個人。政府部門包括各級政府,不管是中央還是地方。再者,政府對商品與服務的購買並不包括移轉支出,如公務員退休金與福利支出(如老農津貼)。由於政府的這些移轉支出並未涉及對當期生產的商品與服務的支付,因此這些支出並未出現在 GDP 中。如表 2.2 所示,在 2012 年,英國的政府的消費支出為 £3,439 億,占名目 GDP 的 20.8%;此一比例,中國為 13.7%,法國為 23.8%,德國為 19.0%,沙烏地阿拉伯為 20.0%,南非為 19.9%,美國為 15.8%,而台灣為 15.3%。

4. **出口與進口**。某些國內生產的商品與服務會出口到國外。在計算一個經濟體系的國內總產出 (GDP) 時,除了國內的購買支出外,也須加上這些商品與服務的**出口** (exports)。外國人所生產的一些商品與服務也會進口到本國,供家戶、企業和政府使用。在計算一個經濟體系的總產出 (GDP) 時,這些商品與服務的**進口** (imports) 必須從國內的購買支出中扣除。此一國外項目以**出口淨額** (net exports) 出現在 GDP,出口淨額即外國人對本國產品的支出(出口)與本國居民對外國產品的支出(進口)之差額。出口淨額可能大於零,也可能小於零。如表 2.2 所示,在 2012 年,英國的名目出口金額為 £5,007 億(名目 GDP 的 30.2%),名目進口金額為 £5,352 億(名目 GDP 的 32.3%),從而英國的名目出口淨額為 −£345 億,占名目 GDP 的 −2.1%。在 2012 年,就出口占 GDP 的比例而言,中國為 26.8%,法國為 28.1%,德國為 45.9%,沙烏地阿拉伯為 54.5%,南非為 29.7%,美國為 13.6%,而台灣為 70.4%。就進口占 GDP 的比例而言,中國為 24.0%,法國為 30.1%,德國為 40.0%,沙烏地阿拉伯為 29.3%,南非為 31.0%,美國為 17.1%,而台灣為 63.0%。

　　經濟學家通常會使用省略出口淨額的理論模型。這樣的模型適用於**封閉經濟體系** (closed economy),因為該體系與世界其他各國均無貿易往來。相對地,如果一個經濟體系和其他各國有貿易上的聯繫,則稱為**開放經濟體系** (open economy)。使用封閉經濟體系模型的原因包括:

- 可以簡化分析。
- 全世界整體而言是一個封閉的經濟體系,因此,我們必須以封閉經濟體系的分析來評估世界經濟。

　　在第 18 章,我們會考慮國際貿易;但在這章之前,我們會一直依循總體經濟學的封閉經濟體系的傳統。

由所得面衡量 GDP

另外一個衡量 GDP 的方法是加總不同生產要素所賺取的所得。這個概念稱為**國內所得毛額** (gross domestic income, GDI)。為清楚了解所得與產出之間的關係，讓我們想像一個只有兩家廠商的簡單封閉體系。其中一家為麵粉廠，僅使用勞動來生產麵粉；另一家為麵包店，使用麵粉和勞動來生產麵包。麵包是僅有的最終財，且麵粉為唯一的中間財，它在生產最終財(麵包)的過程中被完全用罄。為簡化分析，我們不考慮資本投入(如廠房及機器)。

表 2.3 呈現這兩家廠商的損益表。這個經濟體系的名目 GDP 為最終財(麵包)的價值 £600。這個金額也同時是麵包店的收益。麵包店的成本和利潤可細分為麵粉成本 £350、勞動成本(支付給麵包店的工人) £200 及利潤 £50(麵包店老闆的)。對麵粉廠而言，£350 的收益中有 £250 支付給勞工(麵粉廠的工人)，剩下的 £100 為利潤(麵粉廠老闆的)。GDI 等於勞動總所得 £450 加上總利潤 £150 而為 £600。因此，在此一簡單的經濟體系中，GDI 等於 GDP。

我們在第一節曾提到，在計算 GDP 時，為避免重複計算，只會考慮最終財的價值，而不會將中間財的市場價值也計入。因此，在此例，GDP 為麵包這項最終財的價值 £600，這 £600 已經考慮了麵粉這項中間財的成本──£350。如果我們將麵粉銷售額 £350，加上麵包的銷售額 £600，就會重複計算麵粉的貢獻。換句話說，麵包店所提供的**附加價值** (value added) 僅 £250，即銷售額 £600 減去購買麵粉的支出 £350。由於我們假設麵粉廠不使用中間財，因此其所創造的附加價值為 £350。把麵粉廠所創造的附加價值 £350，加上麵包店的 £250，就可得到 GDP──£600，因此，GDP 等於所有部門之附加價值的總和。由於 GDI 等於 GDP，因此 GDI 也等於所有部門之附加價值的總和。

表 2.3　計算國民所得的假想資料

收益的種類	數量 £	成本或利潤的種類	數量 £
麵包店 (生產最終財)			
麵包銷售	£600	勞動	200
		麵粉	350
		利潤	50
		總成本及利潤	600
麵粉廠 (生產中間財)			
麵粉銷售	£350	勞動	250
		利潤	100
		總成本及利潤	350

表 2.4 呈現英國 2012 年國內所得毛額的細項。其國內所得毛額為 £16,554 億，這也是名目 GDP 的金額。雖然，計算 GDI 的方法在概念上與表 2.3 相同，但英國經濟體系還包括其他種類的所得。在英國國內所得毛額當中，最大的部分為受僱人員報酬，共 £8,494 億，占總額的 51.3%。這個項目類似於表 2.3 中的勞動所得。

表 2.4　英國 2012 年國內所得毛額細項

所得種類	十億英鎊	占 GDI 的百分比
國內所得毛額 (GDI)	1,655.4	100.0
受僱人員報酬	849.4	51.3
營業盈餘：		
民營企業	347.5	21.0
家戶	125.8	7.6
中央政府與公營企業	34.7	2.1
混合所得	96.6	5.8
對生產與進口的課稅收入	213.9	12.9
減：補貼	(12.6)	(0.8)

資料來源：United Kingdom National Accounts, The Blue Book, 2014 edition.

在表 2.4 的英國國內所得毛額中，有一些部分代表歸於資本的報酬。這些並未出現在表 2.3 中，因為我們假設麵包店和麵粉廠並未使用資本設備 (如機器) 進行生產。在英國的國民所得會計帳中，資本所得包括民營企業、家戶，以及中央政府與公營企業的營業盈餘 (operating surplus)；其金額為 £5,080 億，占 GDI 的 30.7%。

英國 2012 年的**國民所得** (national income) 還包括 £966 億 (占總額的 5.8%) 的混合所得 (mixed income)。這項所得代表對自僱人員 (包括非公司型態的企業) 的支付，也代表對勞動與資本的混合支付。儘管經濟學家已經估算出該項所得的總額，但仍無法區分資本和勞動的個別貢獻。

由於政府對生產所課的稅〔包括銷售稅、貨物稅與附加價值稅 (VAT)[3]〕，包括在商品的市場價格中，因此這些稅也會包括在由商品市場價格所計算的 GDP 中。這些稅收也是政府收入的一部分，因此這些稅收以政府部門的所得計入 GDI 中。補貼是由政府支付給生產者的，就像是負的生產稅一樣，因此，補貼為 GDI 的減項。在 2012 年，英國的生產稅扣除補貼後為 £2,013 億，占 GDI 的 12%。

GDI 與國民所得的差異

在表 2.3 的簡單經濟體系中，GDI 和國民所得是相等的。在實務上，GDI 和國

---

[3] 附加價值稅在很多國家是重要的稅項，但一些國家 (如美國) 並無此稅。

民所得的差異來自兩個主要項目：涉及世界其他各國的收入與支付，以及資本存量的折舊。以下分別討論。

英國 GDP 是指在英國境內生產的商品與服務的價值，它也等於 GDI。英國的國民所得則是居於英國境內的所有部門所獲取的所得。GDI 和國民所得之間差異的一個來源是英國居民自國外賺取的所得；其主要項目為英國居民所持有的國外資本 (資產) 所產生的所得。第二項是英國居民在國外工作所賺取的勞動所得。相對於英國的國外要素所得的是，英國對國外生產要素的支付，包括支付給外國人所持有的英國資本 (資產) 的報酬和在英國境內工作的外國勞工的酬勞。英國來自世界各國的要素收入與對世界各國要素的支付的差稱為**國外要素所得淨額** (net factor income from abroad)；如表 2.5 所示，英國 2012 年的此一淨額為 –£53 億。把此一淨額加上 GDI 的 £16,554 億，可得到**國民所得毛額** (gross national income, GNI)，其為 £16,501 億。GNI 為英國生產要素的總所得，不論該生產要素用於國內還是國外。

英國 GDI 包括國內固定資本存量的折舊。折舊不構成任何生產要素的所得，它會從企業收入毛額中被扣除，以計算公司利潤或業主所得。若我們從 GNI 中扣除估計的折舊值 £2,187 億，我們可得英國 2012 年的**國民所得淨額** (net national income, NNI) 為 £14,314 億。

表 2.5 英國 2012 年 GDI 與國民所得之間的關係

產出或所得的類別	十億英鎊
國內所得毛額 (GDI)	1655.4
加：國外要素所得淨額	(5.3)
等於：國民所得毛額 (GNI)	1650.1
減：資本存量之折舊	(218.7)
等於：國民所得淨額 (NNI)	1431.4

資料來源：United Kingdom National Accounts, The Blue Book, 2014 edition.

由生產面衡量 GDP

我們也可以將 GDP 依各創造所得的生產部門予以拆解。表 2.6 顯示英國在 2012 年的分項資料。英國 2012 年的名目 GDP 為 £16,554 億，其為 £14,759 億的**附加價值毛額** (gross value added, GVA) 與 £1,795 億的產出淨稅收之和。表 2.6 顯示 £14,759 億的名目 GVA 分成：農業的 0.7%、營造業的 6.0%、生產部門的 14.5%，以及服務部門的 78.8%。服務部門的 78.8% 包括政府、健康照護與教育業的 19.1%，專業與商業服務業的 11.9%，不動產的 11.3%，批發與零售業的 11.0%，以及金融保險業的 8.1%。

在已開發國家，服務業通常是最大的部門，一些開發中國家也是如此。例如，中國的 GVA，農業占 10.4%、營造業占 7.1%、生產部門占 39.8%，服務部門占 42.7%。法國的 GVA，農業占 1.9%、營造業占 6.1%、生產部門占 13.8%，服務部門占 78.2%。德國的 GVA，農業占 0.9%、營造業占 4.5%、生產部門占 26.1%，服務部門占 68.4%。南非的 GVA，農業占 2.4%、營造業占 3.8%、生產部門占 26.0%，服務部門占 67.9%。美國的 GVA，農業占 1.2%、營造業占 3.6%、生產部門占 16.5%，服務部門占 78.7%。不過，沙烏地阿拉伯的最大部門是生產部門；其 GVA，農業占 1.8%、營造業占 4.3%、生產部門占 58.6%，服務部門占 35.3%。

季節調整

英國的 GDP 及其細項資料，都是季資料。這些季資料讓我們可以用季為單位來研究經濟波動。但這些原始資料有一個問題，即它們含有因季節性因素所造成的

表 2.6　英國 2012 年各部門的 GDP

生產部門	十億英鎊	占 GVA 之百分比
農業	10.0	0.7
營造業	88.7	6.0
生產		
製造業	146.9	10.0
礦業	29.3	2.0
公用事業	37.0	2.5
服務		
居住與食品服務業	43.3	2.9
金融保險業	119.8	8.1
政府、健康照護與教育業	281.9	19.1
資訊業	92.2	6.2
專業與商業服務業	175.8	11.9
運輸倉儲業	62.1	4.2
不動產業	167.3	11.3
批發與零售業	162.0	11.0
其他服務業	59.7	4.0
附加價值毛額 (GVA)	1475.9	100.0
加：對產出的加值稅	113.9	
加：對產出的其他稅	72.7	
減：對產出的補貼	(7.2)	
國內生產毛額 (GDP)	1655.4	

資料來源：United Kingdom National Accounts, The Blue Book, 2014 edition.

大幅系統性的變化。就英國而言，其實質 GDP 通常在一個曆年內逐季增加，而在第四季 (10-12 月) 達到高峰；然後在下一曆年的第一季 (1-3 月) 大幅滑落，再從第二季反彈到第四季。

實質 GDP 和其他總體經濟變數的季節性波動，反映氣候和假期的影響 (特別是耶誕節和暑假)。在大部分的情況下，我們要用國民所得帳的資料，來研究季節性因素之外，那些造成經濟波動的其他因素。為此，典型的季節性變化會從實質 GDP 及其細項資料中濾除。經此調整的變數稱為**季節調整資料** (seasonally adjusted data)。新聞媒體所報導和大部分總體經濟學分析所使用的國民所得帳資料，都是這種經季節調整後的資料。本書在分析經濟波動時，使用季節調整後的季資料。

季節調整也應用在新聞媒體所報導和經濟學分析所使用的許多月資料，包括就業與失業、勞動所得、工業產出、零售業銷售金額，以及消費者物價指數。當我們討論這些變數時，指的也是季節調整後的資料。

物價水準

我們已經討論過連鎖實質 GDP 的計算如何產生隱含 GDP 價格平減指數，此一指數反映一國境內所生產的最終商品與服務的整體物價水準。我們也可以用這個方法來計算各個 GDP 組成項目其隱含價格平減指數。例如，我們有民間消費支出的平減指數，有國內民間部門毛投資的平減指數…等等。除了這些隱含價格指數之外，也有衡量一般家戶所購買的商品與服務之價格水準的**消費者物價指數** (consumer price index, CPI)。

在英國，國家統計室 (Office for National Statistics, ONS) 計算 CPI 及**零售物價指數** (retail price index, RPI)。這兩個物價指數每個月都調查超過 650 項代表性商品與服務的價格。不過，根據 RPI 所計算的物價膨脹率通常會高於根據 CPI 所計算的，其原因包括：第一，這兩個物價指數所涵蓋的商品與服務的項目不同。RPI 包括自有房屋成本、議會稅、建築保險與房屋折舊等項目，而 CPI 沒有。CPI 則包括大學住宿費、外國學生大學學費、投信與股票經紀商收費等項目，而 RPI 沒有。第二，這兩個物價指數有不同的目標族群。CPI 涵蓋所有家戶與外國人在英國的境內支出，而 RPI 則除排頂端所得家戶及一些領養老金者的支出。最後，這兩個物價指數利用不同的公式計算，因而產生不同的物價膨脹率；這稱為公式效果 (formula effect)；細節請參閱以下第二個經濟學小舖。在 2013 年，ONS 因 RPI 不符國際標準，而宣布不再將它列為官方統計，但仍繼續計算該指數。

經濟學小舖

消費者物價指數的問題

消費者物價指數提供了家戶所購買的商品與服務之價格水準的月資料。它受到很大的重視，部分的原因來自於有些公共及私人契約會依 CPI 來調整其名目支付額。[4] 很多經濟學家認為，CPI 的成長率會高估物價膨脹率，從而依 CPI 自動調整的支付金額會超過維持實質支付不變的水準。當然，這樣的說法會引發爭議，因為任何修補措施勢必會對實質移轉支出、實質稅收…等等造成顯著的影響。CPI 的成長率會高估物價膨脹率的一個原因是替代偏誤 (substitution bias)。其概念為，當供給狀況改變時，各種商品與服務的相對價格會跟著變動，從而家戶會改變其消費組合，多購買變得比較便宜的商品與服務。然而，由於 CPI 的權重在一段期間內是固定的，所以 CPI 無法賦予已經在一般家戶的支出中變得更重要的較便宜財貨更大的權數。這個問題在概念上容易解決，只要改用前述用以計算隱含 GDP 平減指數的加權連鎖法即可。由於權數隨著時間持續改變，所以 GDP 平減指數沒有替代偏誤的問題。另外一個比較具挑戰性的問題（不僅是 CPI，隱含 GDP 平減指數也同樣要面對），涉及品質的改變。儘管統計當局已設法衡量品質的改善，但其改善幅度仍然常被低估。因此，一部分 CPI 的上升應視為，是為了要獲得更好的品質所增加的支出，而不應視為生活成本的增加。因此，如果可以完整考量品質的改善，則物價膨脹率就會降低。有一些財貨的品質改善已經被考量，像是汽車、電腦、房屋及電視機…等等。一些衡量品質變動的有趣建議，已被提議應用於醫療領域，該領域挽救生命或增進生活品質的技術進步所引發的費用增加常被視為物價膨脹。另外一個問題，且是各種物價指數均會面臨的，是未考慮因新產品的引進所造成的有效價格 (effective price) 水準的下降。舉例來說，當個人電腦和 DVD 光碟機出現時，即使消費者的貨幣所得不變，但他可以過得更好（儘管新商品初登場時會「很貴」）。同樣的想法，也可應用到新處方用藥的發明，即使這些藥的價格在開始時「很高」。有用的新產品的發明會提升家戶的實質所得，或相當於降低有效價格水準。因此，適當地考慮新產品會降低平均物價膨脹率。若新產品的影響能被適當地考量，那麼經濟體系的實質經濟成長會看起來更強勁。

---

[4] 就台灣而言，綜合所得稅之課稅級距金額、免稅額、標準扣除額、薪資所得特別扣除額、身心障礙特別扣除額等，以及遺產稅、贈與稅之免稅額的調整，都是以消費者物價指數的一定漲幅為調整依據。另外，依照勞保條例第 65 條之 4 規定，於中央主計機關發布之消費者物價指數累計成長率達 5% 時，才會依該成長率調高年金給付金額。

經濟學小舖

零售物價指數的問題

英國的 RPI 始自 1947 年，且自 1956 年起是英國官方的消費者物價指標，直到它被 CPI 取代為止。自 1996 年起，歐盟各國將 CPI 作為一致的消費者物價指數。在 2003 年，英格蘭銀行用 CPI 的 2% 取代 RPI 的 2.5% 作為其物價膨脹的目標；其原因為 RPI 物價膨脹率通常高估實際的物價膨脹率，且平均而言，比 CPI 物價膨脹率高出約 0.9 個百分點。此一差異主要源自於 CPI 與 RPI 使用不同的計算公式。CPI 立基於所謂的 Jevons 指數，它採價格的幾何平均；而 RPI 立基於所謂的 Carli 指數，它採價格的算術平均。數學上，依 Carli 指數所算出的物價水準與物價膨脹率都高於依 Jevons 指數的。在 2013 年，由於 Carli 指數不符物價指數的國際標準，ONS 宣布不再將 RPI 列為官方統計。

習題

A. 複習題

1. 定義名目和實質 GDP。它們是流量還是存量變數？說明為何名目 GDP 和實質 GDP 之間的差異很重要。
2. 利用表 2.1 計算以 2016 年為基期的 2017 年**固定價格**實質 GDP，並與表 2.1 中的加權連鎖實質 GDP 作比較。
3. 定義隱含物價平減指數。此概念由何而來？它如何聯繫名目與實質 GDP？
4. 我們從支出面、所得面和生產面等不同的角度衡量過 GDP。這些方法其基本的差異為何？為什麼它們最後會得到相同的 GDP 總值？
5. GDI 與 GNI 其基本的差異為何？

B. 討論題

6. 表 2.5 顯示英國其 2012 年 GDP 和其他所得之間的關係。選定任一國家，複製此表。
7. 下載任一國家其 CPI 與 GDP 平減指數的資料，並比較由這兩個物價指數所計算的物價膨脹率。
8. 由福祉的角度來看，實質 GDP 的缺點為何？你有沒有任何修正 GDP 計算內容的實際建議，以讓它成為一個較佳的福利指標？

第 2 篇　經濟成長

第 3 章　經濟成長簡介
第 4 章　Solow 成長模型的應用
第 5 章　條件收斂與長期經濟成長

第 3 章

經濟成長簡介

在 2014 年，歐盟以 2014 年國際幣衡量的每人國內生產毛額 (GDP) 為 $36,699。此一高水準意味著一個典型的歐洲人享有比較高的生活水準 (standard of living)，它反映消費的商品與服務的數量和品質。大部分的家庭有他們自己的房子、至少一部汽車、多部電視機，至少有高中的教育水準且通常讀到大學，健康水準約等於在出生時的預期壽命為 80 歲。如此高的生活水準也見於其他先進國家，如澳洲、加拿大、日本、紐西蘭、新加坡、南韓和美國。

其他大部分國家的居民則不如這個水準。例如，墨西哥以 2014 年國際幣衡量的每人 GDP 為 $17,950，印度為 $5,808，而奈及利亞 (非洲人口最多的國家) 為 $6,054。較低的每人實質 GDP 意味著較低的生活水準。典型的墨西居民有足夠食物、住所和基本的健康照護，但無法達到大部分富國居民所享用的消費財種類和品質；而典型的奈及利亞人則必須擔心營養和居住問題，且面對低於 52 歲的預期壽命。

每人實質 GDP 較低的國家如何追上富國所享有的高水準？唯一的答案是，要能在夠長的一段時間 (像 20 年或 40 年) 內，維持高經濟成長率 (rate of economic growth)，即每人實質 GDP 的增加率。表 3.1 說明此點，該表顯示中國在 2011–2036 年期間，在不同的每人實質 GDP 成長率之下，其每人實質 GDP 在 2036 年時的水準。中國每人實質 GDP 的每年成長率須為 6.3% (就 25 年而言，這是相當高的成就)，才能在 2036 年達到美國與其他富國在 2011 年的水準。因此，持續 20 年或更長時間的經濟成長率的差異，會讓以每人實質 GDP 衡量的生活水準有顯著的差別。

所有國家都可受惠於持續的經濟成長。因此，一個普遍性的問題是，我們 (或我們的政府) 能做什麼以提高經濟成長率？這個問題的重要性讓經濟學家 Robert Lucas (1988) 問道：「印度政府是否可以採取某些行動讓印度的經濟能像印尼或埃及那樣地成長？如果有，那到底是什麼？如果沒有，則『印度的本質』(nature of India) 為何，而有如此的結果？這類問題對人類福祉的影響令人相當驚愕：一個人一旦開

始思考這些問題,就難以再思考別的了。」(頁5)[1] 這類問題點出了各國為發展提升經濟成長之政策所面臨的挑戰。這個挑戰觸發了我們在本章及以後兩章的內容。

我們先介紹與經濟成長相關的實際情況:首先是自1960年以來,很多國家的成長經驗;其次為一些富國的經驗。這些觀察所得到的型態,是我們為設計促進經濟成長政策所需理解的。為獲致這些理解,我們建構一個經濟成長模型,稱為Solow模型。在第4章和第5章,我們擴展這個模型並看這些擴展與經濟成長的型態和Lucas的政策挑戰之間的關聯。

表 3.1　經濟成長和中國 2036 年的每人實質 GDP*

每人實質 GDP 的成長率 (2011–2036)	每人實質 GDP,2036 (以 2005 年為基期)
每年 2%	14,670
每年 5%	31,060
每年 10%	108,420

* 中國 2011 年的每人實質 GDP 為 $8,900。我們計算其 2036 年的每人實質 GDP 的方法如下:先對 2011 年的每人實質 GDP 取自然對數值,即 ln (8,900) = 9.094。再將年數,即 25,乘以成長率;例如,如果成長率為每年 2%,則為 25 × 0.02 = 0.50。將此值加上 9.094,可得 9.594;然後取 9.594 的自然指數值,可得表中的 14,670。

經濟成長的實況

全世界的經濟成長,1960 至 2011

我們以比較國際間的生活水準 (以每人實質 GDP 衡量) 作為研究經濟成長的起點。在圖 3.1 中,橫軸為每人實質 GDP (以 2005 年的國際幣計算),縱軸為在 2011 年時,每一個每人實質 GDP 之級距的國家數。圖中共有 160 個國家,且代表性國家 (或經濟體) 標示於各長條之上。

圖中所得最高的國家是盧森堡,其每人實質 GDP 為 $79,300,是排名第 7 的美國 (其每人實質 GDP 為 $42,700) 的近兩倍。一般而言,排名前面的是俗稱富國俱樂部的經濟合作發展組織 (Organisation for Economic Cooperation and Development, OECD) 的長期成員國。這個領先群包括大部分的西歐國家、愛沙尼亞、斯洛維尼

---

[1] 當 Lucas 在 1980 年代中期寫下這段話時,印度經濟已有一段期間成長得比埃及與印尼來得緩慢。從 1960 到 1980 年,埃及的每人實質 GDP 的每年成長率為 2.5%,印尼為 3.5%,而印度為 1.6%。不過,從 1980 到 2011 年,印度的經濟表現優於印尼:埃及的每人實質 GDP 的每年成長率為 5.5%,印尼為 3.0%,而印度為 4.1%。因此,印度政府可能已經回應了 Lucas 的質疑。

亞、斯洛伐克、美國、加拿大、澳洲、紐西蘭、智利、以色列、南韓和日本。整體而言，在 2011 年，最富有的 25 個經濟體中，有 21 個是 OECD 的成員。其他 4 個分別是澳門 (第 2)、新加坡 (第 3)、香港 (第 5)、及台灣 (第 19)。

在圖 3.1 中，最窮的國家是剛果 (金夏沙)，其每人實質 GDP 為 $406 (以 2005 年的國際幣計算)。因此，在 2011 年，最富有的國家 (盧森堡) 其每人實質 GDP 是最窮國家的 195 倍。如果我們因盧森堡的人口太少而不考慮，且代以美國的話，則美國的每人實質 GDP 為剛果的 105 倍。

經濟學家使用**貧窮** (poverty) 一詞來描述低生活水準。一個人或家庭如果處於貧窮，則難以獲得生活基本所需 (食物、衣服、住所及健康)，且只能幻想擁有汽車和電視機。貧窮反映個人和家庭的低實質所得。根據聯合國和世界銀行等國際組織定義，如果一個人在 2011 年的年所得低於 $460 (以 2005 年的價格計算) 的話，就是生活於貧窮之中。這 $460 的數值，是根據 1980 年代的一個眾所周知的標準，即每人每天 $1 的貧窮線，所做的修正。因此，我們可以將每年 $460 視為每天 $1 的貧窮標準。

圖 3.1　全世界 2011 年每人實質 GDP 的分布

本圖顯示在 2011 年，160 個國家 (或經濟體) 其每人實質國內生產毛額 (GDP) 的分布。橫軸為以 2005 年美元衡量的每人實質 GDP，且以比例刻度呈現。各個級距的每人實質 GDP，均標示代表性國家。

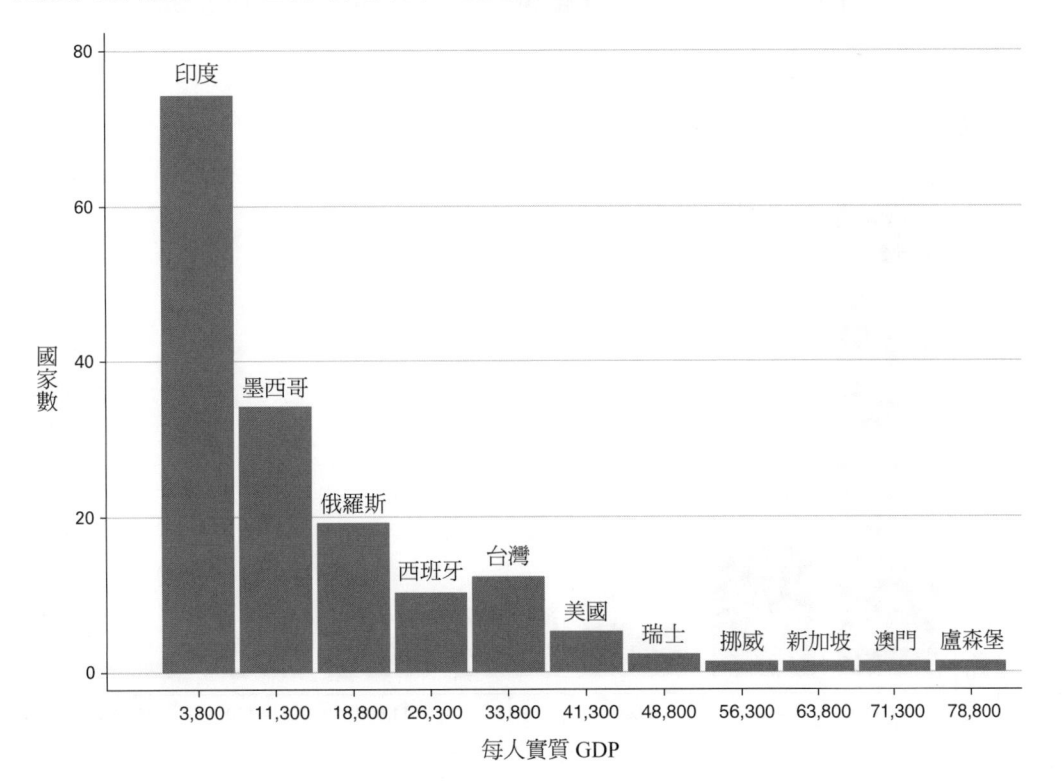

一國其生活於貧窮之中的人口數決定於兩個因素,一是該國所得在其國民之間的分配情況;例如,其總所得可能分配得非常平均,也可能極少部分的人獲取大部分的所得。另一則是該國的平均實質所得水準,可以用每人實質 GDP 來代表。如果此一平均值很低,那麼即使所得分配很平均,其一般民眾還是會貧窮過活。

現實中,第二個因素 (一國的每人實質 GDP) 是決定多少人生活於貧窮中的最重要的因素。每人實質 GDP 很低的國家,通常其大部分人口生活於貧窮之中。圖 3.1 中的資料告訴我們,在 2011 年,世界上的貧窮國家主要集中於下撒哈拉非洲:25 個每人實質所得最低的國家,竟然有 23 個位於這個區域;另外 2 個國家則是薩爾瓦多 (倒數第 11) 和尼泊爾 (第 19)。

富國,像 OECD 的成員國,在 2011 年之所以富有,是因為她們的每人實質 GDP 持續增加了一段很長的時間。相反地,在 2011 年的窮國 (特別是位於下撒哈拉非洲),其每人實質 GDP 並未持續成長。事實上,這些窮國當中,有很多國家其經濟成長率是負的,從而其每人實質 GDP 隨時間減少。

為衡量經濟成長,我們須比較 2011 年與早些年的每人實質 GDP 水準。圖 3.2

圖 3.2 全世界 1960 年每人實質 GDP 的分布

本圖顯示在 1960 年,107 個國家 (或經濟體) 其每人實質國內生產毛額 (GDP) 的分布。橫軸為以 2005 年美元衡量的每人實質 GDP,且以比例刻度呈現。各個級距的每人實質 GDP,均標示代表性國家。

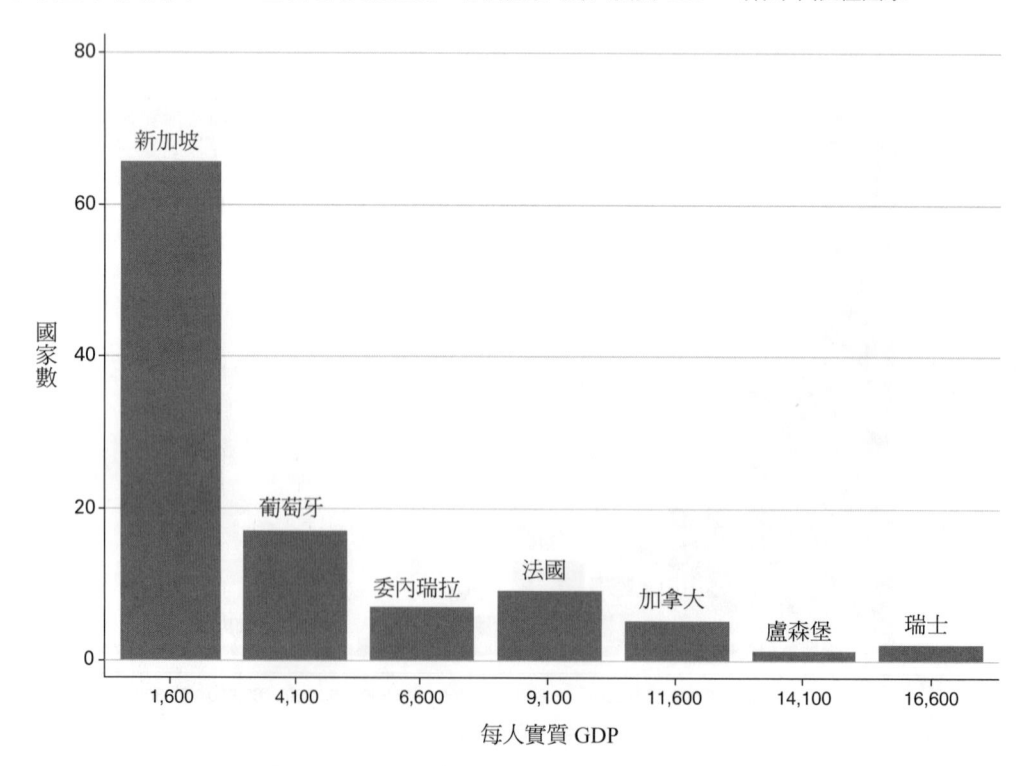

顯示全世界在 1960 年的每人實質 GDP 的分布。這個圖類似於圖 3.1，橫軸為每人實質 GDP (仍以 2005 年的國際幣計算)，縱軸為在 1960 年時，每一個每人實質 GDP 之級距的國家數。受限於資料的取得問題，圖中只有 107 個國家；代表性國家 (或經濟體) 仍標示於各長條之上。

在 1960 年，瑞士以每人實質 GDP $17,200 位居全球之冠，而第二為挪威的 $16,700。前 25 名仍是 OECD 長期成員國的天下，25 個最富有的國家中有 22 個是 OECD 的成員國。與 2011 年相較，在 1960 年沒有任何亞洲國家位居前 25 名。而一些在 1960 年位居領先群的拉丁美洲國家 (如烏拉圭和委內瑞拉)，在 2011 年時都已不在；有同樣情況的國家還包括千里達島與多巴哥島 (Trinidad and Tobago)，以及巴貝多 (Barbados)。在 1960 年，千里達島與多巴哥島名列第 31，巴貝多名列第 33。

在 1960 年，每人實質 GDP 最低的國家主要為下撒哈拉非洲的情形，沒有 2011 年來得嚴重。1960 年最窮的國家是波札那，為 $390；但 25 個每人實質 GDP 最低的國家，「僅」有 18 個位於下撒哈拉非洲，另有 5 個位於亞洲，包括巴基斯坦、泰國、尼泊爾、印度和印尼，剩下的兩個國家是埃及 (倒數第 6) 和薩爾瓦多 (倒數第 11)。在接下來的 40 年，這 7 個非洲以外的國家大多成長得相當快速，而足以脫離最窮名單。事實上，在 1960–2011 年期間，亞洲國家的高度成長和下撒哈拉非洲的低度成長，是形塑 2011 年世界生活水準樣貌的重要事件。在下節，我們會討論這些發展如何影響世界的貧窮。

在 1960 年，最富有的國家 (瑞士) 其每人實質 GDP，是最貧窮國家 (波札那) 的 44 倍。這個差距比 2011 年的來得小，在 2011 年，美國的每人實質 GDP 是剛果 (金夏沙) 的 105 倍。

如果我們比較各國在 2011 年和 1960 年的每人實質 GDP 的水準，就可以計算出在這 51 年間各國每人實質 GDP 的成長率。[2] 圖 3.3 顯示 107 個有資料的國家其成長率的分布。該圖的橫軸為每人實質 GDP 在 1960–2011 年期間的平均年成長率，縱軸則為每個成長率下的國家數目。

這 107 個國家在 1960–2011 年期間，每人實質 GDP 的平均年成長率為 2.2%。成長最快的國家是波札那，為 7.1%。在這段期間，許多成長快速的國家是位於東亞地區 (在最快的 12 個中，有 7 個是來自這個區域)。在前 20 名的亞洲國家包括中國、香港、日本 (主要因為 1970 年代初期前的快速成長)、馬來西亞、新加坡、

---

[2] 一國在 1960–2011 年這段 51 年期間其每人實質 GDP 的年平均成長率為：(1/51)* log (2011 每人實質 GDP/1960 每人實質 GDP)，log 為自然對數。

南韓、台灣和泰國。在前 20 名的 OECD 國家則包括愛爾蘭與葡萄牙。其餘的國家為波札那、加彭與赤道幾內亞 (下撒哈拉非洲的耀眼之星)、塞浦路斯、羅馬尼亞、埃及、突尼西亞、伊朗、馬爾他與阿根廷。

在 1960–2011 年期間，經濟成長表現得最差的 20 個國家中，有 17 個位在下撒哈拉非洲區域，其餘三個的國家為：牙買加 (每年 0.3%)、孟加拉 (0.6%) 和宏都拉斯 (0.8%)。在那 17 個非洲國家中，有 7 個的每人實質 GDP 之成長率為負的，其中最差的是剛果 (金夏沙) 的每年 −2.1%。因此，這些非洲國家其 2011 年的每人實質 GDP 水準偏低，其原因在於她們在 1960 年的水準就很低 (這些國家大部分在 1960 年前後獨立)，且在 1960–2011 年期間的成長率也很差。在 2011 年，特別貧窮的國家 (特別是位於下撒哈拉非洲的國家) 之所以貧窮，主要是因為自 1960 年起，其經濟成長率很低或甚至是負的。因此，我們接下來要了解為什麼這些國家的經濟無法高度成長，特別是一些在 1960 年跟她們有相同境況的國家在那之後已開

圖 3.3　全世界 1960–2011 年每人實質 GDP 成長率的分布

本圖顯示在 1960–2011 年期間，107 個國家 (或經濟體) 其每人實質 GDP 之成長率的分布。各個級距的成長率，均標示代表性國家。未加權的 (unweighted) 平均年成長率為 2.2%。

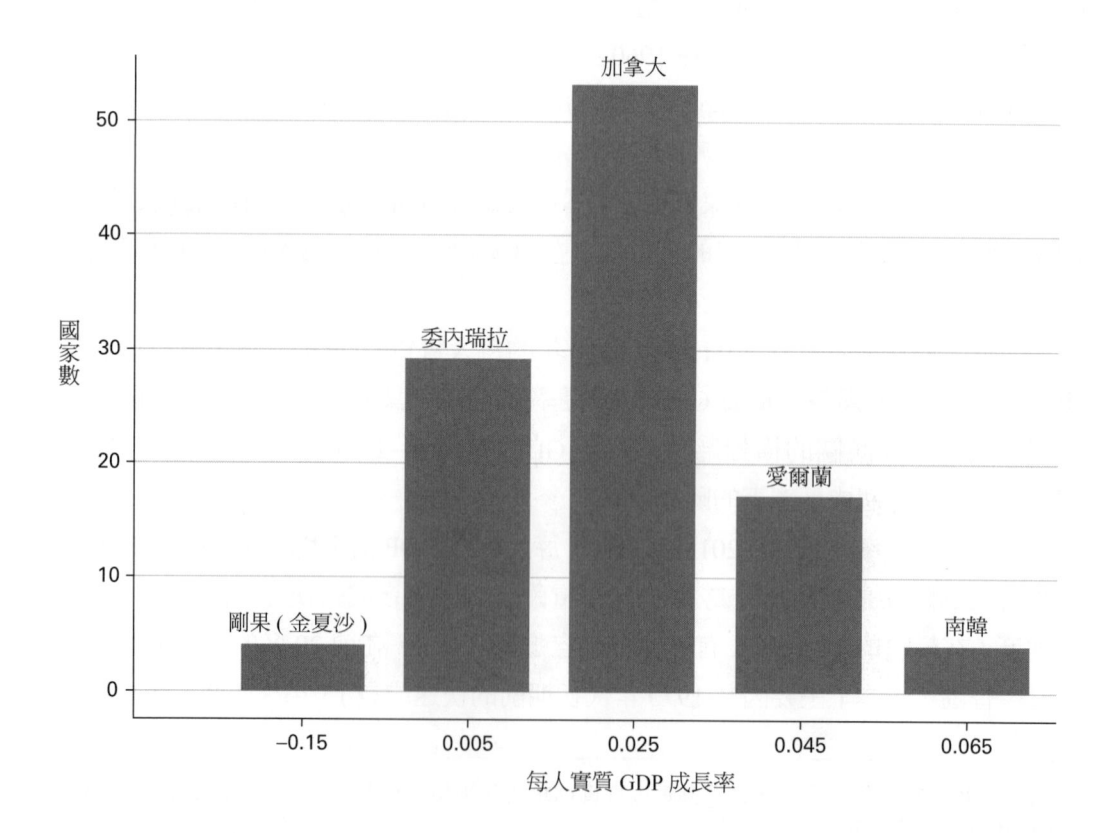

始成長。[3]

我們同時也知道，一群東亞國家在 1960–2011 年期間其經濟高度成長。此一強勁成長讓這些國家的每人實質 GDP 得以從 1960 年的低水平，增加到 2011 年的高水準。為了解此一變化，我們須了解為什麼這些國家的經濟可以高度成長。

就 OECD 國家而言，其 2011 年的每人實質 GDP 水準高，除了是因為她們在 1960–2011 年期間成長外，還因為她們在 1960 年時就已經很富有了。因此，我們會在本章稍後看一些 OECD 國家的歷史資料，以對這些國家的長期發展有一些概念。

世界貧窮與所得不均

我們提過，可以用最低可接受的實質所得水準來定義貧窮；例如，世界銀行的每天 $1 的標準 (以 2005 年的價格計算等同每年 $460)。**不均 (inequality)** 一詞有時與貧窮互通，但事實上它們有不一樣的涵義。不均描述在某一特定時點，一個國家或全世界的所得分配不平均的狀態。一個常見的衡量所得不均度的指標，是一國最窮的 20% 之人口，其所得占全國所得的百分比。如果所得是平均地分配，那麼這個數值是 20%；如果其值低於 20% 愈多，那麼所得分配就愈不平均。同樣地，我們也可以計算一國最富有的 20% 之人口，其所得占全國所得的百分比；其值超過 20% 愈多，就表示所得分配愈不平均。

事實上，所得分配一點也不平均。以 100 個國家在 2010 年前後的資料來看，最窮的 20% 人口之所得，平均而言占 6.7%，而最富有的 20%，則占了 45%。這兩個百分比，就美國而言，分別為 5.0% 和 46%，英國是 7.1% 和 42%，德國是 8.0% 和 39.3%，台灣是 6.5% 和 40.2%，而巴西則是 3.2% 和 58.3% (一個所得很不平均的國家)。

給定每人平均所得，那麼所得不均度決定了低於一天 $1 貧窮線的人口百分比。除非平均實質所得很低，不然，所得不均度愈高就意味著處在貧窮線以下的人口占比就愈高。不過，當平均實質所得改變時 (例如，每人實質 GDP 增加)，則不均與貧窮會有不一樣的變化。

為了解為什麼，假設每人的實質所得均倍增。在此情況下，所得不均度不會改變 (例如，所得倍增前，最窮的 20% 人口，擁有 6% 的總所得；在倍增之後，仍為 6%)。相較之下，當每人實質所得均倍增時，貧窮的情形可能獲得大幅的改善，因

---

[3] 很多位於下撒哈拉非洲的國家其經濟已加速成長，不單波札那與赤道幾內亞其成長率位居那 107 個國家的第 1 與第 2 名，加彭與維德角 (Cape Verde) 的平均年成長率也都超過 3%。

為會有更多人的所得超過每日 $1 的標準。如果我們認為個人福祉主要是受其實質所得的影響，而不是受和其他人相比的相對所得的影響，那麼用貧窮來衡量福祉，顯然比用不均來得更有意義。

Pinkovskiy and Sala-i-Martin (2009) 的研究顯示，1970–2006 年期間的經濟成長大幅改善世界貧窮。根據他們的估計，全世界低於每日 $1 貧窮線的人口，由 1970 年的 967 百萬人 (占當年人口的 27%) 減少到 2006 年的 350 百萬人 (占當年人口的 5%)。[4] 圖 3.4 顯示這些改變。(a) 圖呈現在 1970 年不同所得水準的世界人口的分布；橫軸以比例刻度畫出實質所得，而縱軸為人口數。標示 $1 的垂直線，對應於每日 $1 的貧窮線的所得水準。[5] 位於最上方曲線底下及貧窮線左方的區域代表全世界的貧窮人口。為了找出世界人口中，所得低於每日 $1 的人口所占的比例，我們算這一區域的面積與最上方的曲線所涵蓋的區域之面積的比值，其值為 27%。

1970–2006 年期間的全世界經濟成長，使得分布由圖 3.4 (a) 變成圖 3.4 (b)。比較這兩圖可知，全世界的所得分配曲線已經向右移動，這是因為大部分世界人口有了較高的實質所得。全世界 2006 年所得低於每日 $1 貧窮線的人口比例為 5%，已遠低於 1970 年的 27%。貧窮比例急遽下降，顯示在這 30 年間經濟成長所帶來的戲劇性進展。

圖中亦同時顯示世界上的一些區域在 1970–2006 年期間的變化。就貧窮而言，最大的改變發生在中國和印度；在 2006 年，這兩國合計幾乎占世界人口的 40%。在 1970 年，很多低於每日 $1 貧窮線的人口居住在中國、印度和其他亞洲國家；東亞貧窮人口占全世界的 53%，南亞占 15%。不過，圖 3.4 (a) 與圖 3.4 (b) 顯示，從 1970 到 2006 年，東亞和南亞的所得分配曲線大幅右移。這個變動反映出亞洲國家經濟的強勁成長，特別是 1970 年代末期以後的中國和 1980 年代中期以後的印度。因此，到了 2006 年，東亞貧窮人口占全世界的比例只剩 7%，南亞剩 11%。

我們也知道最近數十年來，下撒哈拉非洲的經濟成長率非常低，因此，貧窮人口暴增。在 1970 年，下撒哈拉非洲的貧窮人口占全世界貧窮人口的 12%，但到了 2006 年，卻增加到 68%。因此，貧窮已經從主要為亞洲的問題，變成了主要為非洲的問題。如果一些非洲經濟體最近的強勁成長能夠持續，則有助於緩和此一問題。

如果看的是世界不均度的變化，則結果更為複雜。我們可以把變化拆成兩個部

---

[4] 生活於貧窮的人口比例稱為 **貧窮率** (*poverty rate*)，而生活於貧窮的人口數稱為 **貧窮數** (*poverty headcount*)。儘管全世界的人口在 1970–2000 年期間大幅增加，但由於貧窮率的急遽下滑，所以全世界的貧窮數減少了。

[5] 對應 $312 與 $554 的兩條垂直線，分別代表 Pinkovskiy and Sala-i-Martin (2009) 與世界銀行以 2006 年價格估算的每日 $1 貧窮線。

圖 3.4　(a) 全世界 1970 年貧窮人口的分布；(b) 全世界 2006 年貧窮人口的分布

圖 3.4 (a) 為 1970 年的情形，圖 3.4 (b) 為 2006 年的情形。兩圖的橫軸均為以比例刻度標示的以 2006 年國際幣計值的實質所得，而縱軸為人口數。圖中最上方的曲線可由縱軸看出全世界在每個所得水準之下的人口數。標示為每日 $1 的垂直線為對應每日 $1 貧窮線的每年實質所得 (以 2006 年價格計算為每年 $312)。圖中亦顯示一些區域的所得分配：東亞 (標為 EA)、東歐 (EEU)、前蘇聯 (FSU)、非 OECD 高所得國家 (HNOECD)、拉丁美洲 (Latam)、中東與北非 (MENA)、南亞 (SA)，以及下撒哈拉非洲 (SSA)。最上方曲線所顯示的全世界人口總數為個別國家人口數的垂直加總。

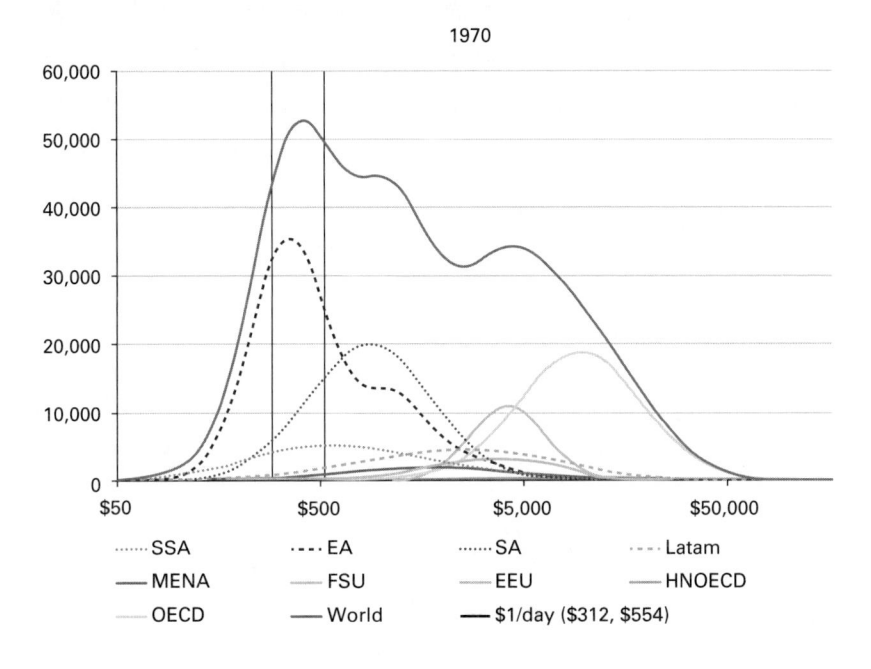

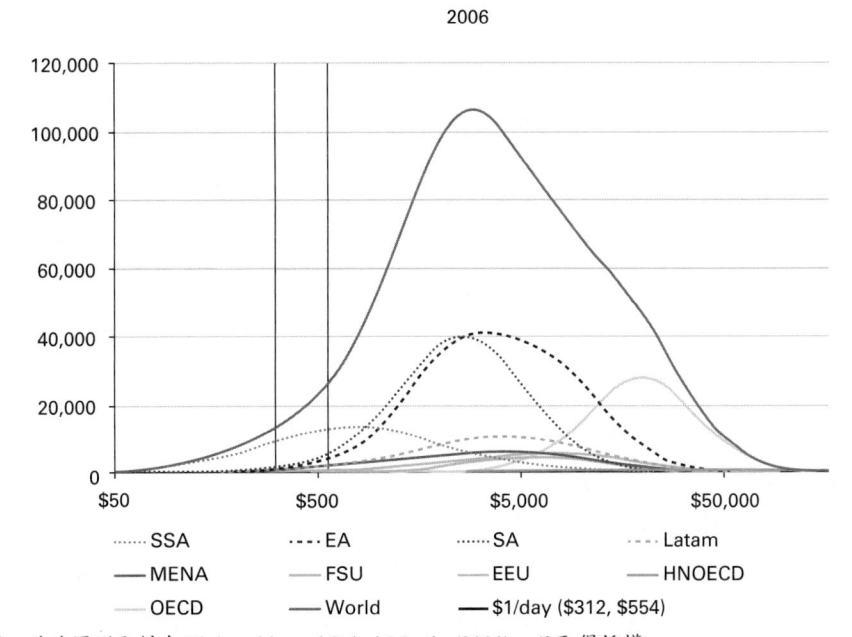

資料來源：這些圖形取材自 Pinkovskiy and Sala-i-Martin (2009)，且取得授權。

分，一是一國境內的變動，二是國際間的變動。從 1970 到 2006 年，很多大型國家（如美國、英國和中國），其國內的不均度上升。不過，Pinkovskiy and Sala-i-Martin 指出這些一國境內的變動對整個世界的不均度僅有微幅的影響。

第二個因素是國際間平均所得的分散程度。由圖 3.1 和圖 3.2，我們知道最高每人實質所得 (集中在 OECD 國家) 對最低的 (主要在下撒哈拉非洲區域) 的比值，從 1960 到 2011 年是上升的。但世界所得分配的不均度還涉及人口數目，而非國家的數目，從而我們必須給人口多的國家比較大的權數。人口多的國家，如中國和印度，其所得的改變對世界所得分配不均度所造成的影響比小國的來得大。由於在 1970 年，中國和印度的平均實質所得很低，因此她們在 1970–2011 年期間的強勁經濟成長，對降低世界所得的不均度有很大的助益。結果，這個因素的影響力超過其他因素，而造成同一期間世界所得不均度的下降。

富國的長期成長

我們提過，在最近幾年，富國的每人實質 GDP 高的主因為這些國家在 1960 年就已經有很高的每人實質 GDP。因此，為了解這些國家的繁榮，我們必須回溯到比 1960 年更早的時期。

我們從美國開始討論起，因為美國的歷史資料完整可信。如果回溯到一個世紀多以前，我們可以發現，在 1850 年 (可取得的可信跨國資料之第一年)，美國的每人實質 GDP 為 $1,850 (以 1990 年的價格衡量)。因此，2011 年的每人實質 GDP $42,700 為 1850 年的 23 倍。每人實質 GDP 增加 (即一個典型的個人其實質所得增加) 23 倍，意味著生活水準有很大的差異。在 2011 年，和 1850 年不同的是，一個典型的美國家庭不只擁有一個舒適的住所、豐足的食物和衣服，也擁有很多在 1850 年無法想像的東西：汽車、電視機、電話、個人電腦和網際網路。同時，與 161 年前相比，教育水準更高，預期壽命明顯變長，且更高比例的人口住在城市。

美國在 1850 年和 2011 年期間，每人實質 GDP 的平均年成長率為 1.9%。這個成長率並不顯眼，它比圖 3.3 中 107 個國家在 1960–2011 年期間的平均值 2.2% 還來得低。而且，它跟某些東亞與非洲國家在 1960–2011 年所達成的每年超過 6% 的成長相較，更形見絀。儘管如此，美國每年 1.9% 的成長率，持續了如此長的時間，足以讓美國在 2011 年名列世界前十富國之林。

如果美國自 1850 年起的每人實質 GDP 之平均年成長率遠高於或遠低於 1.9%，那麼美國 2011 年的生活水準就會和實際的有很大的不同。如果經濟成長率是 1.0%，那麼 2011 年的每人實質 GDP 會是 $9,255，僅僅是 1850 年的 5 倍。在此

情況下，一個典型的美國家庭，雖還能享有足夠的食物和健康照護，但不會有舒適的住所和汽車，也不會有很多令人愉悅的消費財，教育水準也會比較低。但如果經濟成長率是 3%，則 2011 年每人實質 GDP 會是 $231,600，是 1850 年的 125 倍。$231,600 的每人實質 GDP 意味著一個典型的家庭會有一個豪宅、幾部好車，可以支付昂貴的私校教育和健康照護⋯等等。

同樣的方法也適用 OECD 的其他國家，她們有很多都已經和美國一樣富裕或比美國更富裕。這些國家之所以富裕，是因為她們的每人實質 GDP 以溫和的每年約 2% 的速度成長了一段很長的時間。

雖然每人實質 GDP 在超過一個世紀的平均年成長率為 2%，但各年的成長率並不是固定的。為了解這一點，看一下表 3.2 之中，包括美國在內的 21 個 OECD 國家，在各期間的成長率。該表顯示在 1800–2010 年期間，這 21 個國家每 30 年未加權的每人實質 GDP 的平均成長率。在這 210 年，平均年成長率為 1.4%，但沒有明顯的趨勢。不過，1920 年之後的平均成長率略高，為每年 2.2%。

每人實質 GDP 的平均年成長率由 1950–1980 年的 3.4%，降到 1980–2010 年的 1.7% 之現象，有時稱為**生產力減緩** (productivity slowdown)。衡量生產力的指標 (如每人產出及每位勞工產出)，在 1980–2010 年期間，並未成長得如之前 30 年那樣快速。不過，1980–2010 年的平均年成長率 1.7%，仍高於自 1800 年以來的平均年成長率 1.4%。因此，1950–1980 年的高成長率 (特別是 1950–1970 年)，可能是個例外。另外，1980–2010 年期間的低成長率，嚴重受到始自 2008 年衝擊美國與

表 3.2 OECD 國家的長期經濟成長

期間	每人實質 GDP 成長率 (每年 %)	國家數
1800–1830	0.1	5
1820–1850	1.0	13
1850–1880	1.2	20
1860–1890	1.2	18
1890–1920	1.0	20
1920–1950	1.5	20
1950–1980	3.4	21
1980–2010	1.7	21

說明：資料來自於 the Angus Maddison Project described in Bolt and van Zanden (2014)。21 個國家分別為：澳洲、奧地利、比利時、加拿大、丹麥、芬蘭、法國、德國、希臘、義大利、愛爾蘭、日本、荷蘭、紐西蘭、挪威、葡萄牙、西班牙、瑞典、瑞士、英國和美國。成長率為可取得資料的國家未加權的平均值。早期的資料僅限於部分國家。

歐洲之經濟危機的影響。根據表 3.2 的數字，可以得到的合理猜測為，未來的每人實質 GDP 之成長率的平均值，會接近每年 2%。

世界經濟成長的型態

在看資料時，我們觀察到經濟成長的一些重要型態。首先，有些國家 (像東亞的國家) 在 1960–2011 年期間快速成長，從而在這 51 年當中，其每人實質 GDP 的水準大幅提升。其次，在同一期間，一些國家 (特別是位於下撒哈拉非洲區域的國家) 成長得很慢，甚至負成長，而使其 2011 年的每人實質 GDP 水準低。第三，美國和其他 OECD 國家在 2011 年擁有高水準的每人實質 GDP，主要是因為她們以一個溫和的成長率 (約為每年 2%) 持續成長一世紀或更久。

這些觀察誘發了我們想回答的關於經濟成長的問題：

- 什麼因素讓某些國家在某一段時間內 (如 1960–2011 年) 快速成長，而其他國家只緩慢成長？特別是，為什麼東亞國家表現得比下撒哈拉非洲國家來得好很多？
- OECD 成員國其每人實質 GDP 以每年約 2% 的成長率持續成長一個世紀或更久，是如何做到的？
- 政策制定者可以做些什麼來提升每人實質 GDP 的成長率？

這些問題的答案有助於提升未來世代的生活水準。以下我們將討論的經濟成長理論，可以讓我們跟答案更接近。

經濟成長理論

我們將建立一個經濟成長模型來幫助我們了解從國際資料所發現的型態。我們由討論**生產函數**開始，它告訴我們商品與服務是如何被生產出來的。

生產函數

我們藉由討論一國的技術和生產要素 (或稱要素投入) 如何決定其商品與服務的產出 (以實質 GDP 衡量)，來開始我們對經濟成長的理論研究。產出與技術和生產要素數量之間的關係，稱為**生產函數** (production function)。

我們將建立一個簡單的模型，包含兩種要素投入：**資本存量** (capital stock)，K，和**勞動** (labor)，L。在這個模型，資本具有實體，像企業所用的機器和建築物。一個更完整的模型會包括**人力資本** (human capital)，它反映勞工的知識與技能水準，而這個水準決定於教育、訓練、醫療照護、營養和衛生…等等因素。在我

們的簡化模型，勞動投入的數量 L，是同質勞工每年的工作總時數；亦即，我們假設，在任一給定的時點，每位勞工都有相同的技能。為了方便，我們通常把 L 當成**勞動力** (labor force) 或勞工人數。如果我們將每位勞工每年的工作時數想成一樣，那麼，L 跟勞動力或勞工人數就幾乎是同義的。

我們用 A 來代表**技術水準** (technology level)。給定要素投入 K 和 L，A 的提高會增加產出；亦即，一個技術比較先進的經濟體系有比較高的整體**生產力** (productivity)。較高的生產力意味著，給定要素投入數量，產出會比較高。

數學上，我們將生產函數寫成：

> 關鍵方程式 (生產函數)：
> $$Y = A \cdot F(K, L) \tag{3.1}$$

一個可以看出生產函數中的變數 (技術水準 A，與資本和勞動數量，K 和 L) 如何影響產出 Y 的方法是，讓這三個變數中的兩個固定，然後變動另一個變數。觀察此一方程式，我們發現 Y 和 A 呈比例變動。因此，如果 A 倍增而 K 和 L 都不變，則 Y 必定也會倍增。

給定技術水準 A，函數 $F(K, L)$ 決定了資本和勞動數量的增加，對產出 Y 的影響。我們假設增加的生產要素是具生產力的，因此，給定 A 和 L，K 的增加 (即新增的 K) 會使 Y 增加。同樣地，給定 A 和 K，L 的增加也會使 Y 增加。

K 的微幅增加所造成的 Y 的增量，稱為**資本邊際產出** (marginal product of capital)，以下縮寫為 MPK。MPK 告訴我們，當 A 和 L 不變時，K 增加 1 單位之後，Y 會增加的數量。L 的微幅增加所造成的 Y 的增量，則稱為**勞動邊際產出** (marginal product of labor, MPL)。MPL 告訴我們，當 A 和 K 都不變時，L 增加 1 單位之後，Y 會增加的數量。我們假設這兩個邊際產出，MPK 和 MPL，都大於零。

圖 3.5 畫出當資本投入 K 增加時，Y 如何變動。這個圖就是式 (3.1) 生產函數 $A \cdot F(K, L)$ 的曲線。此曲線的特別處在於，我們讓 A 和 L 的值不變。因此，此曲線顯示，當 A 和 L 不變時，K 的增加如何影響 Y。

圖 3.5 中的曲線通過原點，因為我們假設當資本存量 K 為零時，產出水準 Y 亦為零。曲線上任一點的斜率就是資本的邊際產出，即 K 的微幅增加，所造成的 Y 的增量。由於我們假設資本邊際產出 MPK 恆大於零，因此曲線的斜率恆為正。我們也假設斜率隨著 K 的增加而變小。生產函數曲線之所以有這種形狀，是因為我們假設給定 A 和 L，MPK 隨著 K 的增加而變小。此一性質稱為**資本邊際產出遞減** (diminishing marginal product of capital)。舉例來說，當 K 較小時，如圖中的 a 點，

圖 3.5　以資本投入表示的生產函數

圖中曲線顯示資本投入 K 對產出 Y 的影響。我們讓技術水準 A 和勞動投入量 L 固定，因此，曲線上任一點的斜率即為資本邊際產出 MPK。這個斜率會隨 K 的增加而變小，這是因為資本邊際產出遞減。因此，a 點的切線較 b 點的來得陡。

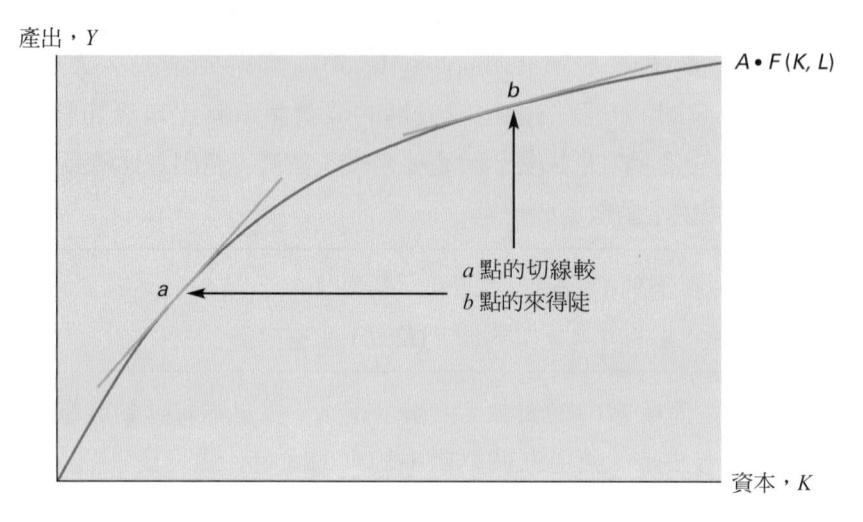

增加 1 單位的 K 可能每年增加 0.1 單位的 Y；但當 K 較大時，如圖中的 b 點，增加 1 單位的 K 可能每年只增加 0.05 單位的 Y。

圖 3.6 顯示產出 Y 是勞動投入 L 的函數時的曲線，這個圖也是式 (3.1) 生產函數 $A \cdot F(K, L)$ 的曲線。此時的特別之處在於 A 和 K 的數值固定。此曲線顯示，當 A 和 K 固定時，L 的增加如何影響 Y。圖中曲線通過原點，因為我們假設當 L 是零時，Y 也是零。曲線上任何一點的正斜率等於勞動邊際產出 MPL。當 L 增加時，曲線會愈平坦，也就是給定 A 和 K，MPL 會隨 L 的增加而下降；亦即我們假設**勞動邊際產出遞減** (diminishing marginal product of labor)。舉例來說，當 L 較低時，如圖中 a 點，L 增加 1 單位每年會增加 0.1 單位的 Y；但當 L 較高時，如圖中 b 點，L 增加 1 單位，每年只會增加 0.05 單位的 Y。

我們的另外一個假設是，就兩個要素投入 K 和 L 而言，式 (3.1) 的生產函數具**固定規模報酬** (constant returns to scale) 的性質。其概念是，如果我們倍增投入的規模 (即倍增 K 和 L)，那麼產出 Y 也會倍增。例如，有一個企業起初有 5 部機器 (K = 5) 和 5 個勞工 (L = 5)。給定該企業的技術水準 A，每年的產出水準 Y 為 100。現在假設 K 和 L 都倍增，從而該企業現有 K = 10 部機器和 L = 10 個勞工。技術水準仍和以前一樣。根據我們的固定規模報酬的假設，Y 現在是每年 200。

更廣泛地說，如果生產函數具固定規模報酬，則將兩個要素投入 K 和 L，同乘以一個正數，會讓產出 Y 也乘以該正數。所以，如果我們將式 (3.1) 中的 K 和 L 同

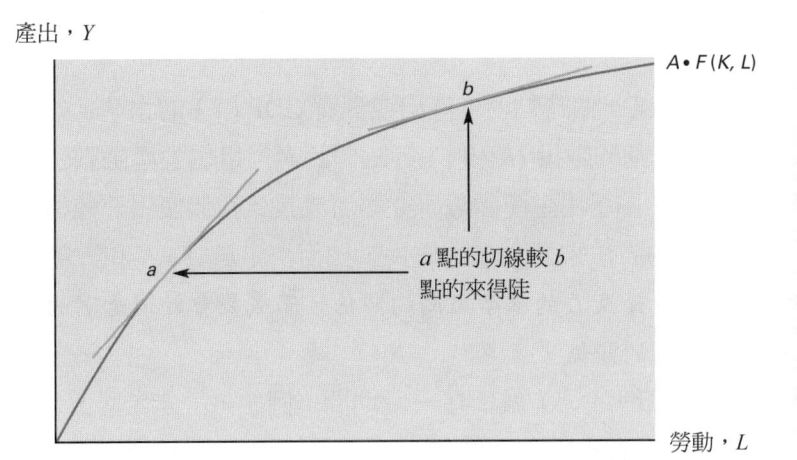

圖 3.6 以勞動投入表示的生產函數

圖中曲線顯示勞動投入 L 對產出 Y 的影響。我們令技術水準 A 和資本投入量 K 為固定。因此，曲線上任一點的斜率即為勞動邊際產出 MPL。這個斜率會隨 L 的增加而變小，這是因為勞動邊際產出遞減。因此，a 點的切線較 b 點的來得陡。

圖 3.7 每位勞工的產出對每位勞工的資本

此一表示生產函數的方法是針對每位勞工的資本，$k = K/L$，畫出每位勞工的產出，$y = Y/L$。我們固定技術水準 A。此一曲線在任何一點上的斜率為資本邊際產出，MPK。當 k 增加時斜率會變小，這是因為資本邊際產出遞減。因此，a 點的切線較 b 點的來得陡。

乘以 $1/L$，則 Y 也要乘以 $1/L$，而得到

$$Y/L = A \cdot F(K/L, L/L)$$

等號右邊的 L/L 恰為 1（一個常數），因此可以忽略。將生產函數寫成這樣，就可看到每位勞工的產出 Y/L，決定於技術水準 A 和每位勞工的資本使用量 K/L。為讓此一性質更清楚，我們定義 $y \equiv Y/L$ 為每位勞工的產出水準，$k \equiv K/L$ 為每位勞工的資本量，並定義新函數 f，連結 y 和 k：

$$y = A \cdot f(k) \tag{3.2}$$

圖 3.7 繪出給定技術水準 A，每位勞工產出 y 對每位勞工資本 k 的曲線。這條曲線看起來和圖 3.5 的曲線是一樣的。圖 3.7 中曲線的斜率告訴我們更多資本對產出的影響，即此斜率衡量資本邊際產出 MPK，且資本邊際產出隨每位勞工的資本 k 之增加而減少。

成長會計

式 (3.1) 的生產函數說明在某一個時點上，產出或實質 GDP (Y) 的水準，如何決定於技術水準 (A)、資本和勞動的數量 (K 和 L) 等三個因素。這個生產函數也同時是我們探討經濟成長的起點。為了用生產函數研究經濟成長，我們使用一種稱為**成長會計** (growth accounting) 的方法來探討 Y 的成長，如何決定於 A、K 和 L 的成長。**生產函數是 Y 的水準和 A、K 及 L 的水準之間的關係，而成長會計則是 Y 的成長率和 A、K 及 L 的成長率之間的關係**。

為了開始對成長會計的分析，令 ΔY 表示在一段期間 (例如，一年) 內，Y 的變動量 (Δ 為希臘字母中，大寫的 delta，通常用以表示一個變數的變動量)。那麼，Y 在該期間的成長率就是 $\Delta Y/Y$。例如，如果 $Y = 100$ 且在未來一年內 $\Delta Y = 1$，則 Y 在這一年的成長率為 $\Delta Y/Y = 1\%$，同樣地，如果我們分別用 ΔA、ΔK、ΔL 來表示技術、資本和勞動的變動量，則這些變數的成長率分別為 $\Delta A/A$、$\Delta K/K$ 和 $\Delta L/L$。

我們下一個工作是要明確解釋 $\Delta A/A$、$\Delta K/K$ 和 $\Delta L/L$ 如何對實質 GDP 的成長率 $\Delta Y/Y$ 產生貢獻。先談技術的貢獻。由式 (3.1) 的生產函數

$$Y = A \cdot F(K, L) \tag{3.1}$$

我們可以看出，如果 K 和 L 不變，則 Y 會以和 A 一樣的成長率成長。例如，如果 $\Delta A/A = 1\%$，而 K 和 L 固定不變，則 $\Delta Y/Y = 1\%$。即使 K 和 L 變動，式 (3.1) 告訴我們，如果 A 的成長率比較高，那麼 Y 的成長率也會比較高。給定資本和勞動的成長率，$\Delta K/K$ 和 $\Delta L/L$，如果 $\Delta A/A$ 每年提高 1%，那麼 $\Delta Y/Y$ 每年也會提高 1%。

接著考慮資本和勞動的成長對實質 GDP 成長的貢獻。為更精確，假設資本的成長對實質 GDP 成長的貢獻為 $\alpha \cdot \Delta K/K$，其中 α (希臘字母，alpha) 大於零。同樣地，假設勞動的成長對實質 GDP 成長的貢獻為 $\beta \cdot \Delta L/L$，其中 β (希臘字母，beta) 亦大於零。在此情況下，我們可以將實質 GDP 的成長率寫成：

$$\Delta Y/Y = \Delta A/A + \alpha \cdot (\Delta K/K) + \beta \cdot (\Delta L/L) \tag{3.3}$$

也就是實質 GDP 的成長率 ($\Delta Y/Y$)，等於技術成長率 ($\Delta A/A$) 加上來自資本成長的貢獻 ($\alpha \cdot \Delta K/K$) 和來自勞動成長的貢獻 ($\beta \cdot \Delta L/L$)。由於在式 (3.1) 的生產函數中，Y 與 A 成比例關係，因此式 (3.3) 中的 $\Delta A/A$ 其係數為 1。

為探討資本和勞動成長率 ($\Delta K/K$ 和 $\Delta L/L$) 的影響，此刻，我們先忽略技術的成長，即令 $\Delta A/A = 0$。如果 $\Delta K/K$ 和 $\Delta L/L$ 是相同的，譬如說每年 1%，那麼固定規模報酬的條件告訴我們，實質 GDP 的成長率 ($\Delta Y/Y$) 也是每年 1%。由式 (3.3) 可以看

出，如果 $\Delta K/K$ 和 $\Delta L/L$ 都各等於 1，那麼 $\Delta Y/Y$ 必等於 $\alpha + \beta$。因此，我們會得到

$$\alpha + \beta = 1$$

固定規模報酬的條件，意味著 α 和 β 之和為 1。

由於係數 α 和 β 之和為 1，且均大於零，因此，α 和 β 均小於 1，也就是它們滿足

$$0 < \alpha < 1$$

且

$$0 < \beta < 1$$

如果 $\Delta K/K = 1\%$ 且 $\Delta L/L = 0$，則由式 (3.3) 可知，$\Delta Y/Y$ 等於 α，亦即如果 L 固定而 K 成長，那麼 Y 的成長率會低於 K 的成長率 (因為 $\alpha < 1$)。同樣地，如果 $\Delta L/L = 1\%$ 且 $\Delta K/K = 0$，則由式 (3.3) 可知，$\Delta Y/Y$ 等於 β，亦即如果 K 固定而 L 成長，則 Y 的成長率會低於 L 的成長率 (因為 $\beta < 1$)。

在第 2 章，我們學到如果忽略國外要素所得淨額，那麼經濟體系的實質總所得等於實質 GDP (Y)，減去資本存量的折舊。如果資本的折舊很小，那麼本章附錄 A 證明，係數 α 約等於資本所得占經濟體系實質總所得的份額。例如，如果 $\alpha = \frac{1}{3}$ (一個常被假設的資本所得份額的數值)，則當資本成長率 ($\Delta K/K$) 為 1% 時，實質 GDP 的成長率 ($\Delta Y/Y$) 為 $\frac{1}{3}\%$。

同樣地，在本章附錄 A 所考慮的條件下，β 約等於勞動所得占經濟體系實質所得的份額。例如，如果 $\beta = \frac{2}{3}$ (一個常被假設的勞動所得的份額)，則當勞動成長率 ($\Delta L/L$) 為 1% 時，$\Delta Y/Y$ 為 $\frac{2}{3}\%$。

將 α 和 β 解釋成資本和勞動在實質總所得的份額，符合 $\alpha + \beta = 1$ 的結果，亦即我們有

$$\text{資本所得份額} + \text{勞動所得份額} = 1$$

$$\alpha + \beta = 1$$

因此，資本和勞動的報酬恰能耗盡經濟體系內所有的實質所得。

由 $\alpha + \beta = 1$ 可得 $\beta = 1 - \alpha$，從而式 (3.3) 可改寫成：

關鍵方程式 (成長會計公式)：

$$\Delta Y/Y = \Delta A/A + \alpha \cdot (\Delta K/K) + (1-\alpha) \cdot (\Delta L/L) \tag{3.4}$$

式 (3.4) 告訴我們，實質 GDP 的成長率 ($\Delta Y/Y$) 可以分解成技術成長率 ($\Delta A/A$)，和資本及勞動成長率的加權平均值〔$\alpha \cdot \Delta K/K$ 和 $(1-\alpha) \cdot \Delta L/L$〕。資本成長率的權數

為 α (相當於資本的所得份額)，而勞動成長率的權數為 $1-\alpha$ (相當於勞動的所得份額)。

我們可以藉由假設係數 α (即資本的所得份額) 固定來簡化分析；亦即我們假設此一係數並不隨經濟體系的成長而改變。所得份額的不變性，在現實世界中並不必然成立，但對美國和其他很多國家而言，它是一個合理的假設。在本章附錄 C，我們會證明 α 的不變性，在一個常被假設的生產函數形式 $[A \cdot F(K, L)]$ 中，是成立的。

Solow 成長模型

由式 (3.4) 的成長會計我們學到，實質 GDP 的成長率 ($\Delta Y/Y$)，決定於技術成長率 ($\Delta A/A$) 與資本和勞動成長率 ($\Delta K/K$ 及 $\Delta L/L$) 的加權平均。為由成長會計進到經濟成長理論，我們必須解釋技術、資本和勞動的成長率。我們藉由建構 **Solow 成長模型** (Solow growth model) 來開始此一解釋。

Solow 模型做了某些簡化的假設。首先，勞動投入 (L) 等於勞動力 (即在勞動市場的人口數)，亦即此一模型不考慮失業 (勞動投入等於勞動力)，所有的勞動力都被僱用。不過，我們也可以假設失業率為一定數，不必然為零。例如，如果有 96% 的勞動力總被僱用，則勞動投入為勞動力的某一固定比例，且以跟勞動力成長率相同的速度成長。

勞動力 (L) 和人口的關係為：

$$勞動力\ (L) = (勞動力 / 人口) \cdot 人口$$

勞動力對人口的比值為**勞動參與率** (labor-force participation rate)。OECD 國家最近幾年的勞動參與率接近 50%。以 2013 年的德國為例，平民勞動力 (42.6 百萬) 和軍職人員 (165,000) 之和占總人口的 52%。[6] Solow 模型的第二個假設是，勞動參與率不會隨時間改變。在此情況下，上式告訴我們勞動投入 (L) 的成長率等於人口成長率。

第三，該模型不考慮政府，因此，沒有稅收、公共支出、政府債務或貨幣。第四，該模型假設經濟體系是封閉的，亦即沒有商品與服務或金融資產的國際交易。

為開展 Solow 模型的分析，讓我們再看一次成長會計式：

$$\Delta Y/Y = \Delta A/A + \alpha \cdot (\Delta K/K) + (1-\alpha) \cdot (\Delta L/L) \tag{3.4}$$

---

[6] 美國的勞動參與率有不同的定義，其為平民勞動力之於平民非機構人口的比值；平民非機構人口為軍人及囚犯以外的 16 歲及以上的成人人口。

經濟學小舖

Solow 成長模型的智慧源頭

Solow 模型是麻省理工學院 (MIT) 的經濟學家 Robert Solow 在 1950 年代所提出來的。這個研究最後讓他因「對經濟成長理論的貢獻」，在 1987 年獲得諾貝爾獎。Solow 模型在 1960 年代被擴展，特別是 David Cass (1965) 和 Tjalling Koopmans (1965) 等人，最後成為所謂的新古典成長模型 (neoclassical growth model)。Solow 模型和 1960 年代的擴展，其實從數學家 Frank Ramsey 在 1920 年代的理論成果就可以預見了，因此，這個成長模型也稱為 Ramsey 模型 (Ramsey model)。令人遺憾的是，Ramsey 非常短暫但閃亮的學術生涯於 1930 年結束，當年他以 26 歲辭世。

我們先聚焦在 K 和 L 這兩種投入的成長，而忽略技術水準 (A) 的改變，亦即我們假設 $\Delta A/A = 0$。如此一來，成長會計式簡化成：

$$\Delta Y/Y = \alpha \cdot (\Delta K/K) + (1-\alpha) \cdot (\Delta L/L) \tag{3.5}$$

因此，在此一版本的 Solow 模型，實質 GDP 的成長率 $\Delta Y/Y$，為資本和勞動成長率 ($\Delta K/K$ 和 $\Delta L/L$) 的加權平均。

我們將會發現聚焦在每位勞工實質 GDP ($y = Y/L$)，要比聚焦在實質 GDP 水準 (Y) 來得有用。如果 Y 不變，則 L 的成長意味著 y 會隨時間而減少；亦即在 Y 不變時，勞工數每年成長 1% 意味著 y 每年下滑 1%。我們有以下更一般化的公式：

$$\Delta y/y = \Delta Y/Y - \Delta L/L$$

每位勞工實質GDP成長率 = 實質GDP成長率 – 勞工數成長率 (3.6)

同理，每位勞工資本的成長率 ($\Delta k/k$)，等於資本成長率 ($\Delta K/K$) 減勞工數的成長率：

$$\Delta k/k = \Delta K/K - \Delta L/L$$

每位勞工資本成長率 = 資本成長率 – 勞工數成長率 (3.7)

因此，給定 $\Delta K/K$，愈高的 $\Delta L/L$ 意味著，隨時間的經過，每位勞工所能使用的資本愈少。

如果我們將式 (3.5) 等號右邊的項目移項，可得：

$$\Delta Y/Y = \alpha \cdot (\Delta K/K) - \alpha \cdot (\Delta L/L) + \Delta L/L$$

然後，將等號右邊的 $\Delta L/L$ 移到等號左邊，並將等號右邊所餘的兩項合併，提出

α,可得:

$$\Delta Y/Y - \Delta L/L = \alpha \cdot (\Delta K/K - \Delta L/L)$$

由式 (3.6) 可知,上式等號的左邊是每位勞工實質 GDP 的成長率 ($\Delta y/y$);而由式 (3.7) 可知,上式等號右邊的括弧內為每位勞工資本的成長率 ($\Delta k/k$)。因此,一個重要的結果是,每位勞工實質 GDP 的成長率,僅決定於每位勞工資本的成長率:

$$\Delta y/y = \alpha \cdot (\Delta k/k) \tag{3.8}$$

由式 (3.8) 可知,只要決定每位勞工資本的成長率,就可分析每位勞工實質 GDP 的成長率。此外,由式 (3.7) 可知,$\Delta k/k$ 為資本成長率 ($\Delta K/K$) 和勞動成長率 ($\Delta L/L$) 的差。我們接下來先討論 $\Delta K/K$,再討論 $\Delta L/L$。

資本存量的成長率

資本存量的變動 (ΔK),將決定於經濟體系的**儲蓄** (saving),即所得未被消費掉的部分。在第 8 章,我們會從個別家戶的最適選擇來分析儲蓄行為。在此,為簡化分析,我們使用 Solow 的假設,即每個家戶會將其實質所得以 s 的固定比例進行儲蓄且以 $1-s$ 的固定比例用於消費 (C)。

就整個經濟體系而言,由第 2 章有關國民所得會計帳的說明可知,國民所得等於國內生產淨額 (NDP),亦即 GDP 減去資本存量的折舊。在我們的模型,國民所得分為由勞工所賺取的勞動所得和由資本主所賺取的資本所得。不過,所有的所得最終會流向家戶,因為家戶既扮演勞工的角色,也扮演資本所有者 (或企業所有者) 的角色。我們假設儲蓄僅受家戶總所得的影響,而不受總所得如何畫分為勞動所得和資本所得的影響。

折舊因資本會隨時間耗損而發生。建築物需要修繕、機器會毀壞,而交通工具需要新零件。我們假設所有形式的資本都有相同且固定的折舊率 δ (希臘字母,delta)。因此流量 δK,即為每年資本耗損或消失的數量。現實中,δ 的值決定於資本或機器的種類,但一個合理的平均值為每年 5%。例如,資本存量 (K) 是 100 部機器,而 $\delta = 5\%$,則折舊為每年 5 部機器。

經濟體系的實質國民所得等於實質 NDP,即實質 GDP (Y) 減去折舊 (δK)。以下,我們將國民所得簡稱為所得。如果家戶將所有所得的一個比例 (s) 儲蓄起來,則經濟體系的實質總儲蓄為:

$$實質儲蓄 = s \cdot (Y - \delta K)$$
$$實質儲蓄 = (儲蓄率) \cdot (實質所得)$$

由於家戶的實質所得 $(Y-\delta K)$ 不是用於消費 (C)，就是成為實質儲蓄 $[s\cdot(Y-\delta K)]$，因此，

$$Y-\delta K = C + s\cdot(Y-\delta K)$$
$$\textbf{實質所得} = \textbf{消費} + \textbf{實質儲蓄} \tag{3.9}$$

在一個沒有政府的封閉體系，實質 GDP (Y) 如果不是用於消費，就是用於投資，亦即該體系所生產出來的商品與服務僅有兩種用途：消費和對資本財的支出或**毛投資** (gross investment, I)。因此，我們有：

$$Y = C + I$$
$$\textbf{實質 GDP} = \textbf{消費} + \textbf{毛投資}$$

如果我們將等號兩邊各減折舊 (δK)，則可得

$$Y-\delta K = C + (I-\delta K)$$
$$\textbf{實質 NDP} = \textbf{消費} + \textbf{淨投資} \tag{3.10}$$

在等號的右邊，我們將**淨投資** (net investment) 定義為，毛投資 (I) 扣除投資當中必須用於彌補既存資本的折舊 (δK) 後所剩的部分。

式 (3.9) 和 (3.10) 有相同的變數出現在等號的左邊 (因為實質國民所得等於 NDP)。因此，兩式的等號右邊會相等：

$$C + s\cdot(Y-\delta K) = C + I - \delta K$$

如果我們將等號兩邊的變數 C 消去，則可得實質儲蓄和淨投資之間的一個關鍵等式：

$$s\cdot(Y-\delta K) = I - \delta K$$
$$\textbf{實質儲蓄} = \textbf{淨投資} \tag{3.11}$$

資本存量的變動等於毛投資 (I)，即新購的資本財，扣除既存資本的折舊：

$$\Delta K = I - \delta K$$
$$\textbf{資本存量的變動} = \textbf{毛投資} - \textbf{折舊}$$
$$\textbf{資本存量的變動} = \textbf{淨投資}$$

由式 (3.11) 與上式可得：

$$\Delta K = s\cdot(Y-\delta K)$$
$$\textbf{資本存量的變動} = \textbf{實質儲蓄} \tag{3.12}$$

如果將式 (3.12) 兩邊同除以 K，就可得到我們正在找的資本存量成長率的公式：

$$\Delta K/K = s \cdot Y/K - s\delta \tag{3.13}$$

$\Delta K/K$ 為需用於決定每位勞工資本成長率的兩個部分之一：

$$\Delta k/k = \Delta K/K - \Delta L/L \tag{3.7}$$

我們接下來討論第二部分，勞動的成長率：$\Delta L/L$。

勞動成長率

給定我們前面的假設 (固定的勞動參與率和固定的失業率)，勞動的成長率 $\Delta L/L$ 就等於人口成長率。因此，現在我們考慮**人口成長** (population growth)。

各國的人口成長率不一，而且會隨時間改變。從 1960 到 1975 年，全世界的人口成長率約為每年 2%；從那之後，開始下降，且自 2010 年起，下降到 1.2%。在很多西歐國家，人口成長率從 1960 年代的 1% 左右，下降到 1990 年代中期起的低於 0.5%。在中國跟印度，人口成長率從 1960 年代的超過 2% 左右，分別下降到最近的 0.5% 與 1.3%。雖然很多低所得國家其人口成長率仍高於 2%，但人口成長率隨時間而下降是世界性的趨勢。

在這個模型，我們假設人口以一個固定的比率 n 成長，且 n 為一正數 ($n > 0$)。此刻，我們並不想嘗試在模型中解釋人口成長率，亦即，我們視 n 為外

圖 3.8 勞動投入的時間路徑

勞動投入 (L) 在時間 0 時為 $L(0)$。勞動投入隨人口以固定速率 n 成長。在比例刻度之下，L 的時間路徑是一直線。

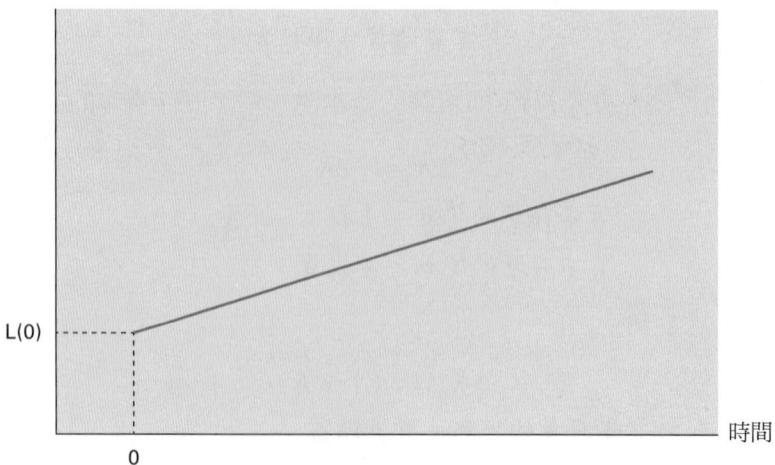

生的。如圖 3.8 所示,我們假設勞動 (L) 在初始年 (標示為 0) 的數量是 L(0)。而勞動的成長率 (ΔL/L) 等於外生的人口成長率 (n),因此

$$\Delta L/L = n \tag{3.14}$$

由於 n 是常數,因此在圖 3.8 中,L 的時間路徑是一直線 (縱軸為比例刻度)。

每位勞工資本與實質 GDP 的成長率

我們將式 (3.13) 中的資本成長率 (ΔK/K) 和式 (3.14) 中的勞動成長率 (ΔL/L),一起代入式 (3.7),以得到每位勞工資本的成長率 (Δk/k):

$$\Delta k/k = \Delta K/K - \Delta L/L$$
$$\Delta k/k = s \cdot (Y/K) - s\delta - n \tag{3.15}$$

式 (3.15) 為 Solow 成長模型的關鍵結果。基於這條方程式的重要性,我們一項一項來討論。在等號左邊,每位勞工資本的成長率是以年為單位。例如,Δk/k 的值為每年 0.02,意味著每位勞工資本以每年 2% 的速度成長。

式 (3.15) 中等號右邊的各項,是每位勞工資本成長率的決定因素,因此這些項目也是以年為單位。就 s·(Y/K) 而言,其為儲蓄率 (s) 和 Y/K 的乘積。儲蓄率 (s) 是一個純數,即一個沒有時間或財貨單位的數目。例如,如果 s = 0.2,則表示家戶儲存其所得的 20%。而 Y/K,為每單位資本的產出,稱為**資本平均產出** (average product of capital)。Y 是一個流量變數,表示成每年多少數量的財貨;K 是存量變數,表示成多少數量的財貨。因此,資本平均產出的單位是:

每年財貨／財貨＝每年

由於 s 是純數,因此 s·(Y/K) 和 Y/K 有相同的單位,且跟 Δk/k 的單位一樣,都是每年。

式 (3.15) 中等號右邊其餘各項的單位也是每年。sδ 為純數 s 和 δ 的乘積,其單位為每年。人口成長率 (n) 的單位也是每年。

我們將發現,如果將資本平均產出 (Y/K),以每位勞工實質 GDP (y) 和每位勞工資本 (k) 來表示,會很有用。它們的關係為:

$$Y/K = \frac{Y/L}{K/L} \text{ 或}$$

$$Y/K = \frac{y}{k}$$

如果將這個結果代入式 (3.15)，就可以得到 Solow 模型的核心關係式：

關鍵方程式 (Solow 成長模型)：
$$\Delta k/k = s \cdot (y/k) - s\delta - n \qquad (3.16)$$

最後，一旦我們從式 (3.16) 知道每位勞工資本 (k) 的成長率，就可以用式 (3.8) 來決定每位勞工實質 GDP 的成長率：

$$\Delta y/y = \alpha \cdot (\Delta k/k)$$
$$\Delta y/y = \alpha \cdot [s \cdot (y/k) - s\delta - n] \qquad (3.17)$$

如果資本份額係數 (α) 固定，我們就可以由式 (3.16) 的每位勞工資本成長率 ($\Delta k/k$) 得到式 (3.17) 中的每位勞工實質 GDP 的成長率 ($\Delta y/y$)。由於勞工數的成長率和人口一樣均為 n，因此 $\Delta y/y$ 即等於每人實質 GDP 的成長率。

演變與恆定狀態

Solow 模型的關鍵在式 (3.16)，該式決定每位勞工資本的成長率 ($\Delta k/k$)。這個方程式顯示，$\Delta k/k$ 決定於儲蓄率 (s)、折舊率 (δ)、人口成長率 (n) 和資本平均產出 (y/k)。我們已假設 s、δ 和 n 為常數，因此，$\Delta k/k$ 會隨時間變動的唯一理由是資本平均產出 (y/k) 發生變動。我們現在就討論每位勞工資本 (k) 如何影響資本平均產出。我們將會發現 k 隨時間變動，會導致 y/k 的變動，進而導致 $\Delta k/k$ 的變動。

我們之前曾提過資本邊際產出 (MPK)，其為實質 GDP 的變動 (ΔY) 之於資本變動 (ΔK) 的比值。幾何上來說，如圖 3.7 所示，邊際產出為生產函數的斜率。我們將該圖重繪於圖 3.9。在這個新繪的曲線上，我們要計算資本平均產出 (y/k)，即 y (縱軸變數) 對 k (橫軸變數) 的比值。此一比值等於由原點連到生產函數上之直線的斜率。圖中顯示這樣的兩條直線，一條由原點到 a 點，另一條由原點到 b 點。前一條對應到每位勞工資本 k_a，後一條則對應到較大的每位勞工資本 k_b。圖中曲線顯示資本平均產出 (y/k) 隨著每位勞工資本 (k) 的增加而減少，就像由 k_a 到 k_b。此一**資本平均產出遞減** (diminishing average product of capital) 的現象，類似於我們前面討論過的資本邊際產出遞減。

我們可以藉由以每位勞工資本 (k) 為橫軸，畫出式 (3.16) 等號右邊的各項，以圖示式 (3.16) 如何決定每位勞工資本的成長率 ($\Delta k/k$)。第一項 ($s \cdot y/k$) 的重要性質就是剛剛才導出的：資本平均產出 (y/k) 隨 k 的增加而減少。因此，如圖 3.10 所示，$s \cdot (y/k)$ 為一負斜率的曲線。

式 (3.16) 等號右邊剩下的各項可以寫成 $-(s\delta + n)$。$(s\delta + n)$ 這一項在圖 3.10 中為一條水平線。由於式 (3.16) 中的 $s\delta + n$ 帶有一個負號,所以我們必須由 $s \cdot (y/k)$ 曲線的高度扣除水平線的高度來決定 $\Delta k/k$。

為了要研究每位勞工資本成長率 ($\Delta k/k$) 如何隨時間變動,我們要知道該經濟體系其每位勞工資本的初始值,即在第 0 年時的水準。假設該經濟體系第 0 年時的資本存量為 $K(0)$。由於初始的勞動量為 $L(0)$,因此初始的每人資本為:

$$k(0) = K(0)/L(0)$$

回想一下,以每位勞工形式表示的生產函數為:

$$y = A \cdot f(k) \qquad (3.2)$$

因此,每人實質 GDP 的初始值為:

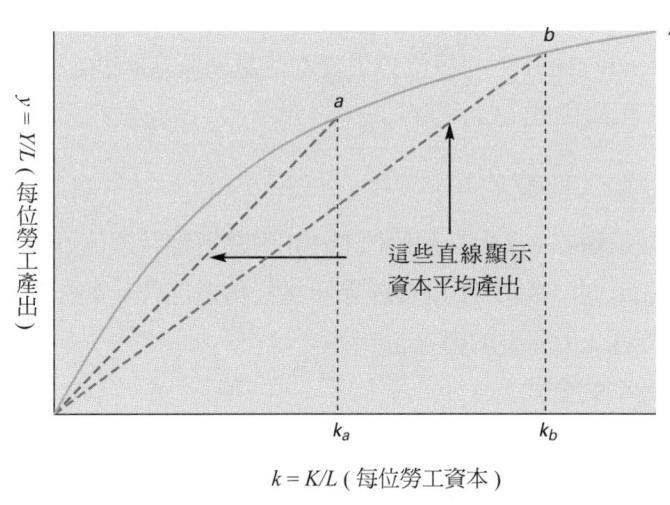

圖 3.9　資本平均產出

圖中曲線 (如同圖 3.7 的曲線) 顯示,每位勞工產出 ($y = Y/L$) 如何隨每位勞工資本 ($k = K/L$) 變動而變動的生產函數。由原點到生產函數之直線的斜率,即為在相對應的 k 值之下的資本平均產出 (y/k)。給定技術水準 (A),隨 k 的增加,資本平均產出會下降,如圖中深色虛線 (由原點到 a 點) 的斜率比淺色虛線 (由原點到 b 點) 的斜率來得大。因此,生產函數具資本平均產出遞減的性質。

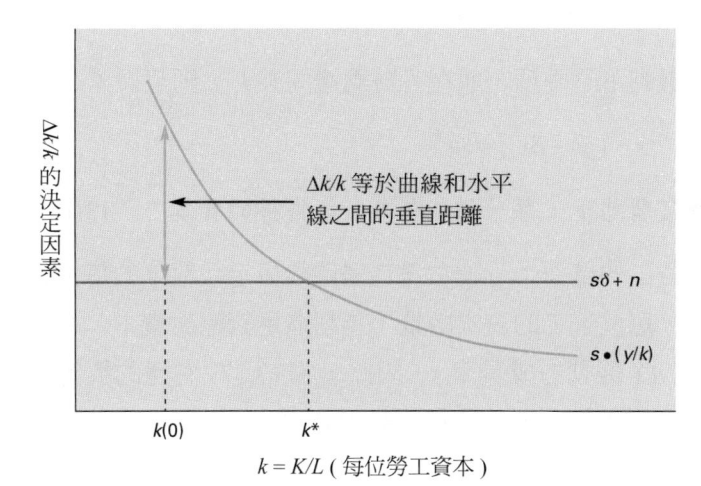

圖 3.10　Solow 模型中每位勞工資本成長率的決定因素

技術水準 (A) 為固定。縱軸衡量式 (3.16) 等號右邊兩項決定每位勞工資本成長率 ($\Delta k/k$) 的因素,$s \cdot (y/k)$ 與 $s\delta + n$。$\Delta k/k$ 等於負斜率曲線 $[s \cdot (y/k)]$ 和水平線 ($s\delta + n$) 之間的垂直距離。在恆定狀態下,兩線相交,此時,$k = k^*$,且 $\Delta k/k = 0$。我們假設初始的每位勞工資本存量 $k(0)$ 小於 k^*。當 $k = k(0)$ 時,$\Delta k/k$ 大於零,且等於箭頭所顯示的垂直距離。

$$y(0) = Y(0)/L(0)$$
$$y(0) = A \cdot f[k(0)]$$

在圖3.10中,每位勞工資本的成長率 ($\Delta k/k$) 為曲線 $s \cdot (y/k)$ 和水平線 $s\delta + n$ 之間的垂直距離〔參閱式 (3.16)〕。我們假設,當 $k = k(0)$ 時,曲線位於垂直線之上。在此情況下,一開始,每位勞工資本會成長,亦即 $\Delta k/k$ 大於零,其值為圖中箭頭所標示的垂直距離。正的成長率,意味每位勞工資本 (k) 隨時間增加,亦即圖3.10中的 k 會往右移動。而曲線和水平線之間的垂直距離會隨時間而拉近。由於這個距離等於 $\Delta k/k$,因此,每位勞工資本的成長率會隨時間而降低。這個結果是Solow模型的一個重要性質。

最終,隨著每位勞工資本 (k) 的增加,圖3.10中的 $s \cdot (y/k)$ 曲線和 $s\delta + n$ 水平線的差距會縮小;當 k 愈逼近橫軸的 k^* 時,前述的差距也愈接近 0。當 $k = k^*$ 時,$\Delta k/k = 0$,屆時 k 不會再往右移,因為 $\Delta k/k = 0$,且 k 會一直停留在 k^*。因為這個原因,我們稱 k^* 為**恆定狀態** (steady state) 下的每位勞工資本存量。恆定狀態之下相對應的每位勞工實質 GDP (y^*),可以由式 (3.2) 得到:

$$y^* = f(k^*)$$

上述結果告訴我們,每位勞工資本 (k) 由其初始值 [$k(0)$] 到其恆定狀態值 (k^*),是有一條**傳遞路徑** (transition path) 的。圖3.11以實線顯示這條傳遞路徑。k 由 $k(0)$ 開始,隨時間而增加,最後會接近 k^* (圖中的虛線)。

回想一下每位勞工資本成長率的公式為

$$\Delta k/k = s \cdot (y/k) - s\delta - n \qquad (3.16)$$

在恆定狀態時,$\Delta k/k$ 等於零。因此式 (3.16) 等號右邊之值在恆定狀態下,也必為零:

$$s \cdot (y^*/k^*) - s\delta - n = 0$$

如果將 n 移到右方,且合併左邊剩下的兩項,並在等號兩邊同乘 k^*,則可得:

$$s \cdot (y^* - \delta k^*) = nk^*$$

恆定狀態之每位勞工儲蓄 = 恆定狀態下,每一個新勞工所能獲得的資本 (3.17)

等號左邊為恆定狀態下,每位勞工的儲蓄;等號右邊為提供給恆定狀態下的每位新勞工的資本。k^* 為恆定狀態時,每位勞工的資本數量。為創造足夠的新資本,廠商的每位勞工投資量須為 k^* 乘以 n (勞動力成長率)。因此,式 (3.17) 右邊的恆定狀態下每位勞工投資 (nk^*),等於左方恆定狀態下的每位勞工儲蓄。

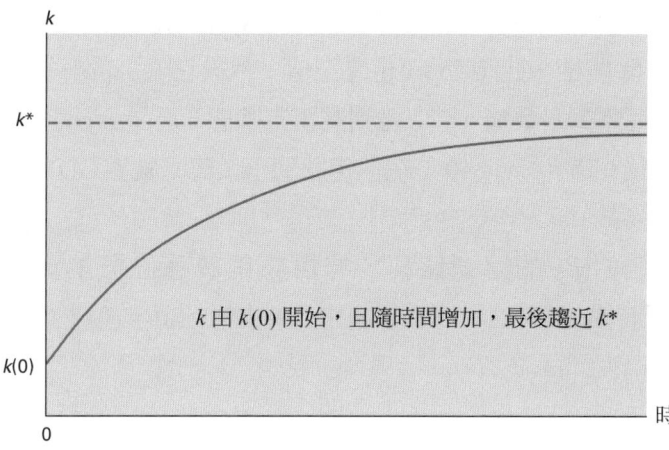

圖 3.11　每位勞工資本的傳遞路徑

在圖 3.10 所描述的 Solow 模型，每位勞工資本 (k) 由 $k(0)$ 開始，且隨時間增加。k 的成長率隨時間降低，因此 k 會慢慢地趨近其恆定狀態值 (k^*)。圖中實線即為由 $k(0)$ 到 k^* 的傳遞路徑，而虛線標示恆定狀態值，k^*。

以上分析讓我們可以把 Solow 模型中經濟成長的過程想成兩個階段。第一個階段為由每位勞工資本的初始值 $k(0)$，傳遞到恆定狀態值 k^* 的過程。此一傳遞路徑即為圖 3.11 中的實線。在傳遞過程中，每位勞工資本的成長率 $\Delta k/k$ 大於零，但逐漸向零遞減。在第二階段中，經濟體系處於恆定狀態，反映在圖 3.11 中的虛線；此時 $\Delta k/k = 0$。

我們的目標是要決定每位勞工實質 GDP (及每人實質 GDP)，$\Delta y/y$，如何隨時間變動，現在可以達成這個目標了，因為 $\Delta y/y$ 等於每位勞工資本成長率 $\Delta k/k$ 乘以 α，而 α 為一個常數，且 $0 < \alpha < 1$：

$$\Delta y/y = \alpha \cdot (\Delta k/k) \tag{3.8}$$

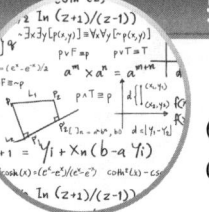

數學時間

我們已經從圖 3.10 知道如何得出恆定狀態下的每位勞工資本 (k^*)。我們也可以用代數算出 k^*。如果我們令式 (3.16) 中的 $\Delta k/k = 0$，則該式等號右邊一定等於零，即：

$$s \cdot (y^*/k^*) - s\delta - n = 0$$

如果將此式除以 s，就可以得恆定狀態下的資本平均產出為：

$$y^*/k^* = \delta + n/s \tag{3.18}$$

如果將 y^* 代以式 (3.2) 中的 $A \cdot f(k^*)$，則恆定狀態的每位勞工資本 (k^*) 必須滿足

$$A \cdot f(k^*)/k^* = \delta + n/s \tag{3.19}$$

在下一章，我們進一步探討 Solow 模型時，此一關於 k^* 的代數結果，會很有幫助。

所以，只要將 $\Delta k/k$ 乘上 α，則所有有關 $\Delta k/k$ 的結果皆適用於 $\Delta y/y$。特別是，由圖 3.10 中每位勞工資本的初始值 $k(0)$ 開始，此時 $\Delta y/y$ 也是正值，然後它隨每位勞工資本 (k) 與每人實質 GDP (y) 增加而下降，最後，當 k 達到其恆定狀態 k^* 時，$\Delta y/y$ 降為到 0。〔因為式 (3.8) 隱含當 $\Delta k/k = 0$ 時，$\Delta y/y = 0$〕在恆定狀態下，每人實質 GDP (y) 等於其恆定狀態值，y^*。

在圖 3.11 中，每位勞工資本 (k) 的傳遞路徑，亦可應用於每位勞工實質 GDP (y)。亦即，圖中實線也同時描述每位勞工實質 GDP (y) 由初始值 $y(0)$，傳遞到其恆定狀態值 y^* 的過程。

總結

我們藉由成長對生活水準之重要性的觀察，開始對經濟成長的研究。我們現在已經建立起 Solow 成長模型，而且也準備好用它來了解經濟變數如何影響成長。在下一章，我們將開始應用 Solow 模型。

習題

A. 複習題

1. 說明為什麼每位勞工資本 k 的增加，會降低每位勞工資本的成長率 $\Delta k/k$。說明此一結果與遞減的資本生產力之間的關係。
2. 正的儲蓄率，$s > 0$，是否意味著每位勞工產出 y 和每位勞工資本 k 在長期會成長？試說明之。
3. 什麼是生產函數？它用什麼方式呈現要素投入和產出水準之間的關係？
4. 正的儲蓄率 $s > 0$，是否意味著每位勞工資本 k 會隨時間增加？參考式 (3.16) 說明之。
5. 說明資本平均產出與邊際產出的概念。這兩者的差異為何？平均產出是否恆大於邊際產出。

B. 討論題

6. 資本生產力不遞減的成長

    假設生產函數為 $Y = AK$（所謂的 AK 模型）。

    a. 式 (3.16) 中的每位勞工資本成長率 $\Delta k/k$ 會如何變化？圖 3.10 中的 $s \cdot (y/k)$ 曲線又會如何改變？

    b. 每位勞工資本和產出成長率，$\Delta k/k$ 和 $\Delta y/y$，分別為何？這些成長率是否大於零？在傳遞過程中，這些成長率是否下降？

c. 說明你的答案和資本生產力遞減的關係。生產力遞減的現象不成立，是否合理？

7. Cobb-Douglas 生產函數下的成長

假設生產函數具 Cobb-Douglas 形式：$Y = A \cdot F(K, L) = AK^{\alpha}L^{1-\alpha}$，其中 $0 < \alpha < 1$。

a. 在恆定狀態下，根據式 (3.16)，$\Delta k/k$ 等於零。使用這個條件和上述的生產函數，得出恆定狀態下，每位勞工資本和產出，k^* 和 y^*，的公式。

b. 令每位勞工消費為 $c = C/L$。恆定狀態下，每位勞工消費 c^* 為何？

c. 使用式 (3.16)，得出每位勞工資本成長率 $\Delta k/k$ 的公式。說明在傳遞過程中，$\Delta k/k$ 是否會隨 k 的增加而下降？在傳遞過程中，每位勞工產出的成長率 $\Delta y/y$，會有什麼變化？

8. 固定規模報酬

我們假設生產函數 $A \cdot F(K, L)$ 具固定規模報酬的性質，也就是，如果我們將生產要素 K 和 L，都乘以一個正數，則產出 Y 也會乘以同一個正數。證明這個條件意味著我們可以將生產函數寫成像式 (3.2) 一樣：

$$y = A \cdot f(k)$$

其中 $y = Y/L$ 且 $k = K/L$。

9. 恆定狀態下每位勞工資本之決定

考慮由圖 3.10 所決定的恆定狀態下每位勞工資本 k^*。說明當以下事件個別發生時，k^* 會如何變動？

a. 儲蓄率 s 增加。

b. 技術水準 A 提升。

c. 折舊率 δ 增加。

d. 人口成長率 n 上升。

10. Cobb-Dougals 生產函數

在本章附錄中所討論的 Cobb-Douglas 生產函數，可表示成：

$$Y = AK^{\alpha}L^{1-\alpha}$$

其中 $0 < \alpha < 1$。

a. 定義 A、K 和 L。

b. Y 和 A 呈比例關係的意義為何？

c. 資本邊際產出 (MPK) 或勞動邊際產出 (MPL) 大於零的意義為何？證明在 Cobb-Douglas 生產函數之下，這些邊際產出均為正值。

d. 資本邊際產出 (MPK) 或勞動邊際產出 (MPL) 遞減的意義為何？證明在 Cobb-Douglas 生產函數之下，這些邊際產出均遞減。

e. Cobb-Douglas 生產函數是否滿足固定規模報酬的性質？試說明之。

附錄

本附錄共分三個部分。附錄 A 推導式 (3.4) 中的成長會計式。附錄 B 說明如何用成長會計式來分析生產力成長。附錄 C 則討論一個常用的生產函數形式，即一般習稱的 Cobb-Douglas 生產函數。

附錄 A：成長會計式

成長會計式為：

$$\Delta Y/Y = \Delta A/A + \alpha \cdot (\Delta K/K) + (1-\alpha) \cdot (\Delta L/L) \tag{3.4}$$

我們在此推導此式，並導出係數 α 的公式。

生產函數為：

$$Y = A \cdot F(K, L) \tag{3.1}$$

此一形式的方程式告訴我們，給定 K 和 L，若技術成長率 $\Delta A/A$ 每年增加 1%，則實質 GDP 成長率 ($\Delta Y/Y$) 也會每年增加 1%。

現在考慮當 A 和 L 固定時，K 的變動所造成的影響。當 A 和 L 不變時，如果 K 增加了 ΔK，則實質 GDP 的增量等於 ΔK 乘以資本邊際產出 (MPK)：

$$\Delta Y = MPK \cdot \Delta K$$

將等號兩邊同除以 Y，可得到 Y 的成長率：

$$\Delta Y/Y = (MPK/Y) \cdot \Delta K$$

然後，將等號右邊先乘 K，再除 K，可得：

$$\Delta Y/Y = \left(\frac{MPK \cdot K}{Y}\right) \cdot (\Delta K/K)$$

此式說明當 A 和 L 保持不變，而 K 成長時，$\Delta Y/Y$ 會如何變動。即使 A 和 L 都變動了，此式仍可說明 $\Delta K/K$ 對 $\Delta Y/Y$ 的貢獻，亦即將 $\Delta K/K$ 乘以 $(MPK \cdot K)/Y$，便得到 $\Delta K/K$ 對 $\Delta Y/Y$ 的貢獻。因此，式 (3.4) 中的係數 α 為：

$$\alpha = (MPK \cdot K)/Y \tag{3.20}$$

在一個競爭的經濟體系中，資本邊際產出 (MPK) 等於支付給每單位資本的實質租用價格 (我們將在第 7 章中推導這個結果)。在此情況下，$MPK \cdot K$ 等於支付給資本主的實質租用報酬總額。因此，α 為：

$$\alpha = (MPK \cdot K)/Y$$

$$\alpha = \text{資本的實質租用報酬} / \text{實質 GDP}$$

如果資本存量的折舊為零，則實質租用報酬就會等於資本的實質所得，且實質 GDP 等於經濟體系的實質總所得 (即實質國民所得)。在此情況下，式 (3.20) 意味著 α 等於**資本的所得份額** (*capital share of income*)。在一般情況下，資本存量的折舊必須從實質租用報酬和

實質 GDP 中扣除，以計算實質所得。在此情況下，資本的所得份額會小於 α。不論哪個情形，資本的實質租用報酬會小於實質 GDP，因此 $0 < \alpha < 1$。

接下來考慮勞動投入成長對實質 GDP 成長的貢獻。如果 A 和 K 固定，且 L 增加 ΔL，則實質 GDP 的增加等於 ΔL 乘以勞動邊際產出：

$$\Delta Y = MPL \cdot \Delta L$$

將等號兩邊同除以 Y，可得：

$$\Delta Y/Y = (MPL/Y) \cdot \Delta L$$

然後，將等號右邊先乘 L，再除 L，可得：

$$\Delta Y/Y = \left(\frac{MPL \cdot L}{Y}\right) \cdot (\Delta L/L)$$

因此，$\Delta L/L$ 對 $\Delta Y/Y$ 的貢獻為 $\Delta L/L$ 乘上 $(MPL \cdot L)/Y$，也因此，式 (3.4) 中的係數 $1-\alpha$ 為：

$$1-\alpha = (MPL \cdot L)/Y \tag{3.21}$$

在一個競爭的經濟體系，勞動邊際產出 MPL 等於實質工資率 (我們會在第 7 章推導這個結果)。因此，$MPL \cdot L$ 等於勞動的實質工資總收入。如果資本存量的折舊為零，則實質 GDP (Y) 等於實質總所得。在此情況下，式 (3.21) 意味著 $1-\alpha$ 等於**勞動的所得份額** (*labour share of income*)。在一般情況下，由於實質總所得會小於 Y，因此，勞動的所得份額會大於 $1-\alpha$。

附錄 B：Solow 殘差

我們知道技術進步率 $\Delta A/A$ 對實質 GDP 的成長率 $\Delta Y/Y$ 會有貢獻。由於技術水準 A 無法直接觀察，因此我們需要從國民所得帳的資料去找衡量它的其他方法。一個常用的方法是將成長會計的公式，即式 (3.4)，移項而改寫成：

$$\Delta A/A = \Delta Y/Y - \alpha \cdot (\Delta K/K) - (1-\alpha) \cdot (\Delta L/L)$$

$$A \text{ 的成長率} = \text{實質 GDP 的成長率} - \text{資本和勞動的貢獻} \tag{3.22}$$

等號右邊的各項，均可從國民所得帳的資料衡量。因此，我們可以用這個方程式來衡量等號的左邊，即技術進步率 $\Delta A/A$。

式 (3.4) 和 (3.22) 中的 $\Delta A/A$，通常稱為**總要素生產力成長** (total factor productivity growth) 或 **TFP 成長** (TFP growth)。這個概念來自 Robert Solow (1957)，因此通常也稱為 **Solow 殘差** (Solow residual)。這用詞之所以產生，是因為由式 (3.22) 可知，$\Delta A/A$ 等於實質 GDP 的成長率 ($\Delta Y/Y$)，扣除資本的變動對成長的貢獻〔即 $\alpha \cdot (\Delta K/K)$〕，再扣除勞動的變動對成長的貢獻〔即 $(1-\alpha) \cdot (\Delta L/L)$〕之後，所殘餘的部分。經濟學家已計算出不同國家在不同期間的 Solow 殘差。

附錄 C：Cobb-Douglas 生產函數

在我們對 Solow 模型的分析中，假設 α（如果折舊可被忽略，此即資本的所得份額）為固定，亦即 α 並不隨著每位勞工資本 (k) 的變動而變動。在以下的特殊型態的生產函數，這個假設是有效的：

$$Y = A \cdot F(K, L)$$
$$Y = AK^{\alpha}L^{1-\alpha} \tag{3.23}$$

在上式，常數 α 為資本 K 的指數，而 $1-\alpha$ 為勞動 L 的指數。我們假設 α 是一個分數，因此 $0 < \alpha < 1$。此一形式的生產函數，已經被經濟學家用於很多理論和實證的研究中。

式 (3.23) 的函數稱為 Cobb-Douglas 生產函數 (Cobb-Douglas production function)，這是以美國經濟學家暨參議員 Paul Douglas 命名，顯然他和一位名為 Cobb 的數學家共事過。很明顯地，Cobb-Douglas 生產函數滿足固定規模報酬（只要看 K 和 L 都各乘以 2 之後，Y 有什麼變動就可以了解）。表示成每位勞工實質 GDP 和資本 (y 和 k)，Cobb-Douglas 生產函數為：

$$\begin{aligned} y &= Y/L \\ &= AK^{\alpha}L^{1-\alpha} \cdot (1/L) \\ &= AK^{\alpha}L^{1-\alpha} \cdot L^{-1} \\ &= AK^{\alpha}L^{-\alpha} \\ &= A \cdot (K/L)^{\alpha} \\ y &= Ak^{\alpha} \end{aligned} \tag{3.24}$$

我們可以用微積分證明，式 (3.23) 的 Cobb-Douglas 生產函數中出現的指數 α，滿足式 (3.20)：

$$\alpha = (MPK \cdot K)/Y \tag{3.20}$$

為證明此一結果，先回想一下，MPK 為 A 和 L 固定下，K 的變動對 Y 的影響。給定 A 和 L，求 $Y = AK^{\alpha}L^{1-\alpha}$ 對 K 的導數，可得：

$$\begin{aligned} MPK &= dY/dK \\ &= \alpha AK^{\alpha-1}L^{1-\alpha} \\ &= \alpha AK^{\alpha}K^{-1}L^{1-\alpha} \\ &= \alpha AK^{\alpha}L^{1-\alpha} \cdot (1/K) \\ &= \alpha \cdot (Y/K) \end{aligned}$$

因此，

$$(MPK \cdot K)/Y = [\alpha \cdot (Y/K) \cdot K]/Y = \alpha$$

就跟式 (3.20) 一樣。

第 4 章

Solow 成長模型的應用

我們既已建立 Solow 成長模型,就可以用它來看各種經濟變動對經濟成長的長短期影響。我們先探討儲蓄率、技術水準、勞動投入水準,和人口成長率的變動,然後再探討收斂性 (convergence),即窮國追上富國的趨勢。

式 (3.16) 顯示 Solow 模型的每位勞工資本的成長率 ($\Delta k/k$)。我們將這關鍵方程式重寫於此:

$$\Delta k/k = s \cdot (y/k) - s\delta - n \tag{4.1}$$

其中,k 是每位勞工資本,y 是每位勞工實質國內生產毛額 (實質 GDP),y/k 為資本平均產出,s 為儲蓄率,δ 是折舊率,n 為人口成長率。我們假設,除了 y/k 之外,等號右邊的其他變數都為常數。我們發現,在傳遞到恆定狀態的過程中,k 的增加會造成 y/k 的下降,從而 $\Delta k/k$ 也下降。在恆定狀態下,k 為常數,從而 y/k 也是常數;而 $\Delta k/k$ 不但是常數而且等於零。

式 (3.2) 為以每位勞工形式的寫成而生產函數,我們將該式再寫於此:

$$y = A \cdot f(k) \tag{4.2}$$

如果將式 (4.2) 中的 y 代入式 (4.1),我們可以將基本的 Solow 方程式改寫成:

$$\Delta k/k = sA \cdot f(k)/k - s\delta - n \tag{4.3}$$

到目前為止,我們一直假設儲蓄率 (s)、技術水準 (A),和人口成長率 (n) 都是固定的。現在,我們允許 s、A 和 n 都是可以變動的。我們也將考慮勞動投入水準 (L) 的變動。我們會分析這些變動對 Solow 模型的傳遞過程與恆定狀態造成什麼影響;前者可以想成它代表短期影響,而後者代表長期影響。

儲蓄率的變動

為了解儲蓄率 (s) 的不同會如何影響經濟成長,我們可以比較高儲蓄率的國家 (如新加坡、南韓,或一些東亞國家) 跟低儲蓄率的國家 (如大部分的下撒哈拉非

洲或拉丁美洲國家)。儲蓄率之所以會不同,部分來自於政府政策的不同,部分來自於文化的差異。重點是儲蓄率在每個社會跟每個時點都不同。

圖 4.1 延伸圖 3.9 中的 Solow 模型,考慮兩個儲蓄率,s_1 和 s_2,其中 s_2 大於 s_1。不同的儲蓄率形成出不同的 $s \cdot (y/k)$ 曲線,而 s_2 所對應的曲線位於 s_1 所對應的曲線之上方。每位勞工資本的成長率 $(\Delta k/k)$,等於 $s \cdot (y/k)$ 曲線和水平線 $s\delta + n$ 的垂直距離。水平線現在也有兩條,一條對應 s_1,另一條則對應 s_2。但水平線的移動,其實是比較次要的。因此,從圖 4.1 可以得知,在任一每位勞工資本 (k) 水準下,儲蓄率 s_2 所對應的 $\Delta k/k$ 都比 s_1 的來得高。[1] 例如,在 k 等於 $k(0)$ 時,$\Delta k/k$ 在儲蓄率 s_2 之下,要比在 s_1 之下來得高 (我們假設不管是 s_1 或 s_2,$\Delta k/k$ 都大於零)。

不論是哪一個儲蓄率,每位勞工資本成長率 $\Delta k/k$ 會隨每位勞工資本 k 的增加而下降。若儲蓄率是 s_1,則當 k 到達圖 4.1 中的 k_1^* 時,$\Delta k/k$ 等於零。但是在 k_1^* 時,如果儲蓄率高一點 (比方說是 s_2),那麼 $\Delta k/k$ 還是會比零大。如果儲蓄率為 s_2,那麼每位勞工資本會持續增加,而超過 k_1^*,直到達到比較高的恆定狀態值 k_2^* 為止。當儲蓄率為 s_2 時,由於每位勞工資本比較高,因此每位勞工實質 GDP 也會比較高,亦即 $y_2^* > y_1^*$。

總而言之,儲蓄率的上升在短期內會提高每位勞工資本成長率。在傳遞過程中,這個成長率會一直保持較高水準。但在長期,不管儲蓄率為何,每位勞工資本成長率都一樣等於零。在長期,或稱恆定狀態,較高的儲蓄率只會帶來較高的每位勞工資本恆定狀態值,而非成長率的改變 (它仍為零)。

數學時間

我們可以從式 (3.19) 中的恆定狀態條件,得出每位勞工資本之恆定狀態值 (k^*)。我們把該式重寫於此:

$$A \cdot f(k^*)/k^* = \delta + n/s \tag{4.4}$$

s 的上升會使等號右邊的值降低,因此等號左邊的資本平均產出恆定狀態值 $A \cdot f(k^*)/k^*$ 也必須降低。從圖 3.8 可知,如果 A 固定,則平均資本產出的降低需要每位勞工資本 (k) 的增加。因此,s 的上升會使 k^* 增加。

---

[1] 只要 $y/k > \delta$,亦即只要每位勞工實質 GDP (y) 大於每位勞工折舊 δk,$s \cdot (y/k)$ 曲線的上升幅度就會大於 $s\delta + n$ 線的。因此,我們只要確定淨國內產出大於零即可,而這是必然的。

圖 4.1　Solow 模型中儲蓄率上升的影響

此圖來自於圖 3.9，畫出儲蓄率 s_1 和 s_2 下的 $s \cdot (y/k)$ 曲線，而 s_2 大於 s_1。同樣地，水平線 $s\delta + n$ 也是依儲蓄率 s_1 和 s_2 所繪。當儲蓄率比較高時，在任一 k 值下，每位勞工資本成長率，$\Delta k/k$，也會比較高。例如，當 k 等於 $k(0)$ 且儲蓄率為 s_1 時，$\Delta k/k$ 等於較短的箭頭所示的垂直距離。當儲蓄率為 s_2 時，$\Delta k/k$ 等於較長的箭頭所示的垂直距離。在恆定狀態下，不管儲蓄率為何，$\Delta k/k$ 必為零。比較高的儲蓄率會產生比較高的每位勞工資本之恆定狀態值，亦即，k_2^* 大於 k_1^*。

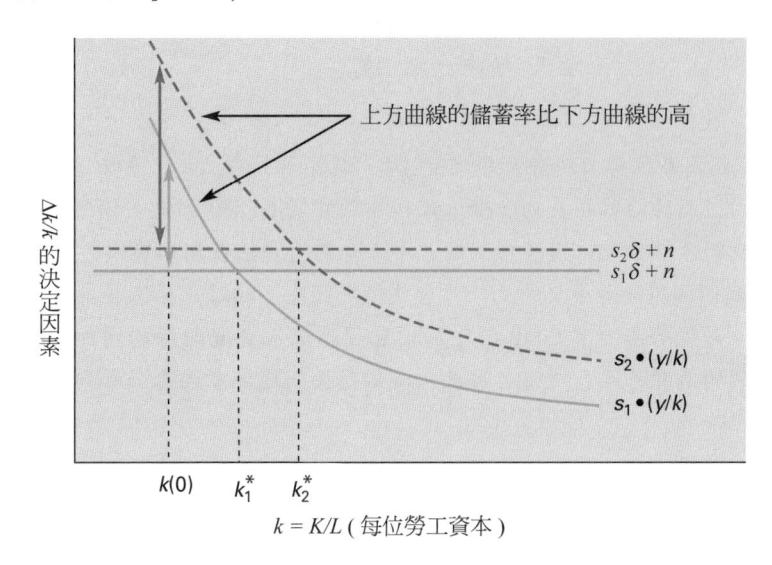

David Cass (1965) 和 Tjalling Koopmans (1965) 在 1960 年代中期對 Solow 模型做了很重要的擴展，允許家戶選擇儲蓄率 (s)。如果要研究此一選擇，我們需要家戶如何決定不同時點消費水準的個體經濟分析。我們把此一分析延後到第 8 章。

技術水準的改變

到現在為止，我們一直假設技術水準 (A) 是固定的。但在現實中，技術水準會隨時間和區域而有所不同。技術隨時間而改進的例子，包括電力、汽車、電腦和網際網路。至於區域上的差異，先進經濟體系 (如美國和西歐) 的技術水準當然要比落後國家來得高。為評估不同的技術水準的影響，我們現在開始考慮在 Solow 模型中，技術水準 (A) 變動所造成的影響。

每位勞工資本的成長率為：

$$\Delta k/k = sA \cdot f(k)/k - s\delta - n \tag{4.3}$$

其中，$A \cdot f(k)/k$ 是資本平均產出，y/k。給定 k，比較高的 A 意味著比較高的 y/k。

模型的擴展

Solow 模型中的消費

回想一下,實質所得等於實質國內生產淨額,$Y-\delta K$,而它又等於消費 C,和儲蓄 $s \cdot (Y-\delta K)$ 之和。因此,以每位勞工的數量表示的話,我們有:

$$y - \delta k = c + s \cdot (y - \delta k)$$

其中,c 為每位勞工消費。給定 $y-\delta k$,儲蓄率 s 的上升,意味著 c 必須減少。不過,由於比較高的儲蓄在長期會帶來比較高的實質 GDP,因此,消費在長期可能增加。在此,我們探討 Solow 模型中,儲蓄率上升對消費的長期影響。

我們知道儲蓄率 s 的上升,會使恆定狀態下的每位勞工資本和實質 GDP (k^* 和 y^*) 增加。每位勞工實質 GDP 的增加則會帶來個人實質所得的增加。不過,人們在意的是他們的消費,而非所得。因此,我們想要知道儲蓄率上升如何影響恆定狀態下的每人消費。

每人消費為:

$$每人消費 = 每位勞工消費 \times (勞工數 / 人口數)$$

勞工數對總人口數之比為勞動參與率,我們已假設它為常數。因此,每人消費和每位勞工消費 c 的變動方向永遠相同。這個結果意味著,我們只須專注於 c 就可以了解每人消費的變化。

由於消費等於實質所得中未被儲蓄的部分,且每位勞工的儲蓄在恆定狀態下為 $s \cdot (y^* - \delta k^*)$,因此,我們有:

$$c^* = y^* - \delta k^* - s \cdot (y^* - \delta k^*) \tag{4.5}$$

其 c^* 為 c 在恆定狀態下的值。由第 3 章的式 (3.17),我們也知道,恆定狀態下的每位勞工儲蓄,恰足以提供新勞工一樣的資本量 (k^*):

$$s \cdot (y^* - \delta k^*) = nk^* \tag{3.17}$$

因此,我們可以把式 (4.5) 右邊的 $s \cdot (y^* - \delta k^*)$ 代以 nk^* 而得到:

$$c^* = y^* - \delta k^* - nk^* \tag{4.6}$$

我們知道儲蓄率 s 的上升會增加 k^*,例如增加的數量為 Δk^*。根據式 (4.6),c^* 的變動為:

$$\Delta c^* = \Delta y^* - (\delta + n) \cdot \Delta k^*$$

由於 Δy^* 必定等於 Δk^* 乘以邊際資本產出 (MPK),因此

$$\Delta y^* = MPK \cdot \Delta k^*$$

所以,如果將 Δy^* 代以 $MPK \cdot \Delta k^*$,則可得 c^* 的變動為:

$$\Delta c^* = MPK \cdot \Delta k^* - (\delta + n) \cdot \Delta k^*$$

$$\Delta c^* = (MPK - \delta - n) \cdot \Delta k^* \tag{4.7}$$

由式 (4.7) 可知，如果 MPK 大於 $\delta + n$，則 Δc^* 會大於零。MPK $-\delta$ 稱為淨資本邊際產出，即 MPK 減去折舊。此項為增加一單位資本的報酬率。因此，式 (4.7) 告訴我們，只要資本的報酬率 (MPK$-\delta$) 大於人口成長率 n，那麼，恆定狀態下的每位勞工消費 (c^*)，會隨每位勞工資本的恆定狀態值 (k^*) 的增加而增加。資本報酬率的典型估計值約為 10%，而人口成長率則約 0–2%。因此，在一般情況下，Δc^* 會大於零。[2]

雖然儲蓄率 s 對恆定狀態下的每位勞工消費 c^* 和每人消費具有正向影響，但這不意味著一般個人，會因為儲蓄更多，而變得更好。為了達到更高水準的恆定狀態下每位勞工資本 k^*，家戶在達到恆定狀態前的傳遞過程中，必須儲蓄更多。因此，每人消費水準，在傳遞過程中的某一段時間會減少。所以，短期每人消費與長期每人消費之間存在一個取捨的關係──要增加長期消費，必須減少短期消費。一般個人會因多儲蓄而變得更好或更差，決定於兩個因素：首先是短期內所減少的消費與長期所增加的消費之比較。其次是消費者對於延後消費的耐性有多高。

---

[2] 根據 Caselli and Feyrer (2007) 的估計，窮國的資本邊際產出約為 7%，而富國約為 8%。

圖 4.2 比較兩個技術水準 A_1 和 A_2 下的每位勞工資本的成長率，其中 A_2 大於 A_1。每一個技術水準對應一條不同的 $s \cdot (y/k) = sA \cdot f(k)/k$ 曲線。對應於高技術水準 A_2 的那條，位於另一條之上。這兩條曲線的位置與圖 4.1 中，兩個不同儲蓄率 (s) 所對應的那兩條曲線之位置相似。因此，分析 A 的改變所造成的影響，也相似於 s 的改變。

在圖 4.2 中，在初始每位勞工資本為 $k(0)$ 時，每位勞工資本的成長率 ($\Delta k/k$) 在技術水準較高時 (A_2)，會比技術水準較低時 (A_1)，來得高。在這兩種情況下，$\Delta k/k$ 都會隨時間而下降。技術水準較低時，當每位勞工資本 k 到達其恆定狀態值 k_1^* 時，$\Delta k/k$ 會降為零；但技術水準較高時，k 會超越 k_1^* 而繼續增加到比較高的恆定狀態值 k_2^*。因此，A 的增加，會使傳遞過程的 $\Delta k/k$ 上升；但在長期，$\Delta k/k$ 仍會降為零，且 k_2^* 會大於 k_1^*。

技術水準 A 的提升，之所以能提高每位勞工實質 GDP 的恆定狀態值，有兩個原因。首先，給定每位勞工資本 (k)，A 的提升會提高每位勞工實質 GDP (y)。其次，當 A 比較高時，恆定狀態下的每位勞工資本 (k^*) 也會比較高。因為這兩個原因，A 的提升會使 y^* 增加。

圖 4.2　Solow 模型中技術水準提升的影響

此圖來自於圖 3.9，畫出技術水準 A_1 和 A_2 下的 $s \cdot (y/k) = sA \cdot f(k)/k$ 曲線，而 A_2 大於 A_1。當技術水準比較高時，在任一 k 值下，每位勞工資本成長率，$\Delta k/k$，也會比較高。例如，當 k 等於 $k(0)$ 且技術水準為 A_1 時，$\Delta k/k$ 等於較短的箭頭所示的垂直距離。當技術水準為 A_2 時，$\Delta k/k$ 等於較長的箭頭所示的垂直距離。在恆定狀態下，不管技術水準為何，$\Delta k/k$ 必為零。比較高的技術水準會產生比較高的每位勞工資本之恆定狀態值，亦即，k_2^* 大於 k_1^*。

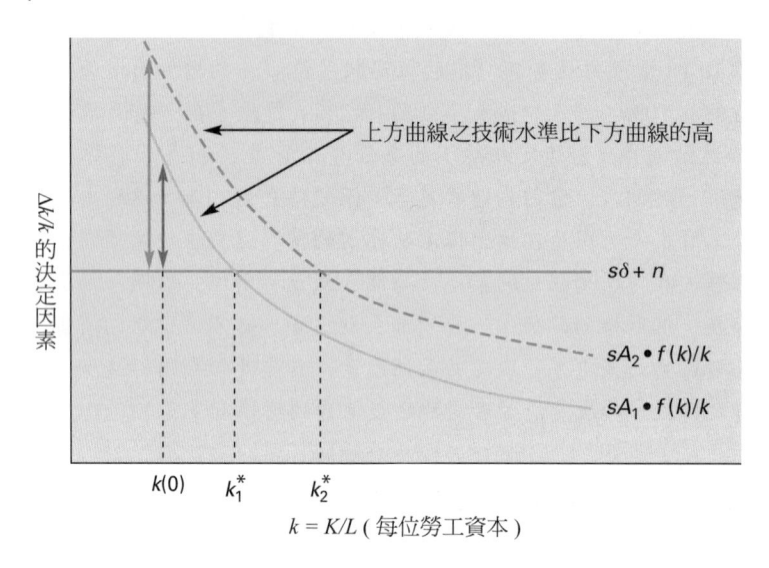

數學時間

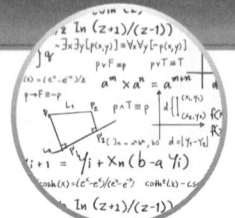

我們可以由以前用過的條件

$$A \cdot f(k^*)/k^* = \delta + n/s \tag{4.4}$$

用代數推導 A 對 k^* 的影響。A 的提升並不改變等號右邊的值，因此，等號右邊的恆定狀態下每位勞工資本 k^*，必須調整到讓恆定狀態下的資本平均產出 $A \cdot f(k^*)/k^*$ 維持不變。既然 A 的提升會使平均產出增加，那麼 k^* 的調整就必須要能降低平均產出。由圖 3.8 可知，資本平均產出要能降低，則 k^* 需增加。因此，A 的提升會使 k^* 增加。

總之，在短期，技術水準 (A) 的提升，會使每位勞工資本的成長率和每位勞工實質 GDP 的成長率都上升。在傳遞過程中，這些成長率都會有比較高的水準。在長期，不論技術水準為何，每位勞工資本和實質 GDP 的成長率都等於零。在長期，即恆定狀態下，較高的技術水準會帶來較高的每位勞工資本和實質 GDP 的恆定狀態值 (k^* 和 y^*)，但不會影響成長率 (仍保持為零)。

勞動投入和人口成長率的變動

我們可以考慮兩種型態的勞動投入 (L) 的變動。首先，當勞動力的規模在某一時點突然變動時，L 就會跟著變動。其次，人口成長率的改變也會影響長期的勞動量。我們先討論 L 只變動一次的情形。

勞動投入的變動

勞動投入 (L) 的變動，可能來自勞動力的變動。例如，勞動力可能因為流行性傳染病而急速減少。最早期的例子是十四世紀中期的鼠疫或稱黑死病；據估計，有 20% 的歐洲人口因此喪生。非洲的 AIDS 傳染病以及最近爆發的伊波拉病毒可能造成的死亡，堪可比擬。在這些例子中，實體資本並未變動，但每位勞工資本 $k(0) = K(0)/L(0)$ 卻因為 $L(0)$ 的下降而增加。

戰爭造成的死亡，是勞動力減少的另一個原因。但因為戰爭也同樣會摧毀實體資本，所以其對每位勞工資本的影響，須視情況而定。移民也可能造成勞動力變動。最近的一個例子是自 1950 年起，來自敘利亞、伊拉克、阿富汗，及其他飽受戰爭摧殘的國家其難民大量湧入歐洲。另一個例子是 1970 年代中期，許多居住在非洲殖民地的葡萄牙公民，大規模回流。當這些殖民地一個一個獨立時，很多居民就回到葡萄牙；而此一回流潮，使得葡萄牙的國內人口增加了 10%。最後，是 1990 年代的以色列，約有 1,000,000 個蘇俄猶太裔的移民，約占以色列 1990 年人口的 20%。

圖 4.3 勞動投入水準的增加

在第 0 年，勞動投入由 $L(0)$ 跳到 $L(0)'$；但人口成長率 n 不變。

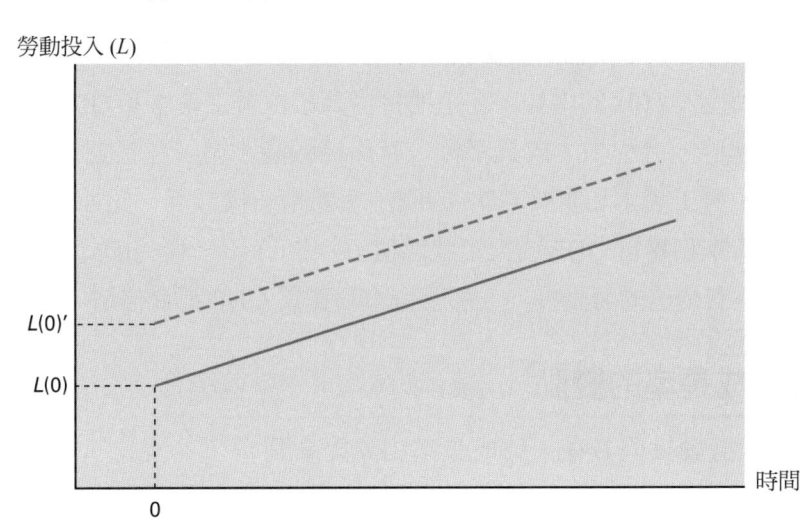

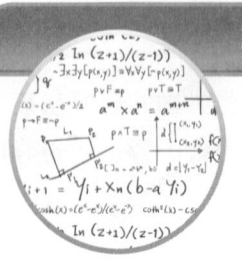

> **數學時間**
>
> 我們可以再一次運用以下的條件：
> $$A \cdot f(k^*)/k^* = \delta + n/s \qquad (4.4)$$
> 用代數推導出恆定狀態下的結果。在式中，A、s、n 和 δ 均為常數，且勞動投入的水準 L 並未出現在式中。因此，每位勞工資本的恆定狀態值 k^* 並不會因為 L 的變動而變動。

圖 3.8 顯示勞動投入 (L) 的路徑，由 $L(0)$ 開始，而以固定的比率 (n) 成長。在圖 4.3，我們假設，勞動投入的初始水準由 $L(0)$ 增加到 $L(0)'$，但 n 不變。因此，我們所考慮的是每一年的勞動投入 (L) 呈等比例的增加。由於初始資本存量 $K(0)$ 並沒有變動，因此，$L(0)$ 的增加會降低初始每位勞工資本存量，$k(0) = K(0)/L(0)$。

圖 4.4 說明勞動投入水準的增加所造成的影響。初始勞動投入由 $L(0)$ 增加到 $L(0)'$，使得初始的每位勞工資本由 $k(0)$ 降低到 $k(0)'$。不過，重點是曲線 $s \cdot (y/k)$ 和水平線 $s\delta + n$ 都沒有變動。$k(0)$ 的減少，會提高初始平均資本產出 y/k（參閱圖 3.9），而使得 $s \cdot (y/k)$ 的位置沿著不變的曲線上升。結果，每位勞工資本成長率 ($\Delta k/k$) 一開始就會提高。我們可以從圖 4.4 了解這個結果，因為 $s \cdot (y/k)$ 曲線和 $s\delta + n$ 水平線之間的垂直距離，在 $k(0)'$ 下（較長的箭頭所示）比在 $k(0)$ 下（較短的箭頭所示）來得大。在邁向恆定狀態的傳遞過程中，$\Delta k/k$ 會保持較高的水準；但 $\Delta k/k$ 仍會以逐漸減少的態勢趨向其長期值 (0)。而且，不論勞動投入由 $L(0)'$ 或 $L(0)$ 開始，每位勞工資本的恆定狀態值 (k^*) 都是一樣的。因此，如果 $L(0)'$ 為 $L(0)$ 的兩倍，那麼資本 (K) 的長期水準也會倍增（從而每位勞工資本的恆定狀態值維持相同）。既然 k^* 不變，那麼每位勞工實質 GDP 的恆定狀態值 (y^*) 也不會變。在長期，如果一個經濟體系有兩倍的勞動投入，她就會有兩倍的實質 GDP (Y)。

總之，勞動投入 $L(0)$ 的增加，在短期會提高每位勞工資本和 GDP 的成長率。在傳遞到恆定狀態的過程中，成長率會一直保持較高水準。在長期，不管 $L(0)$ 的水準為何，每位勞工資本和實質 GDP 的成長率都是一樣為零。此外，在任何 L 之下，每位勞工資本和實質 GDP 的恆定狀態值 (k^* 和 y^*) 都一樣。因此，在長期，如果一個經濟體系有兩倍的勞動投入，那麼資本和實質 GDP 都會倍增。

人口成長率的變動

圖 4.5 顯示勞動投入 L 在人口成長率由 n 提高到 n' 下的變化。現在，我們假

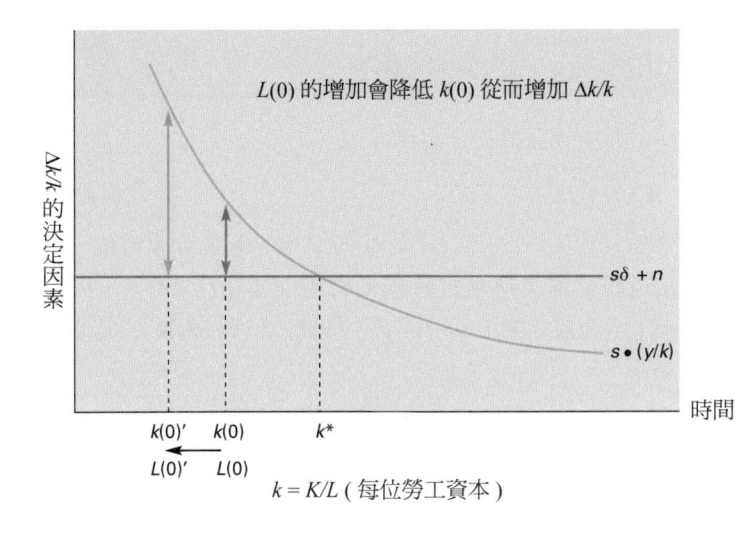

第 4 章 Solow 成長模型的應用 75

圖 4.4 Solow 模型中勞動投入增加的影響

此圖來自於圖 3.10。如果勞動投入的初始值由 $L(0)$ 增加到 $L(0)'$，則初始每位勞工資本會從 $k(0) = K(0)/L(0)$，減少到 $k(0)' = K(0)/L(0)'$。因此，一開始，每位勞工資本的成長率 ($\Delta k/k$) 會增加。對應於 $k(0)'$ 的箭頭所顯示的垂直距離大於對應於 $k(0)$ 的。就 $L(0)$ 的兩個值而言，每位勞工資本的恆定狀態值 (k^*) 是一樣的。

設初始人口數不變，因此勞動投入的初始值 $L(0)$ 也不變，從而初始每位勞工資本 $k(0)$ 也不變。

在圖 4.6，較高的人口成長率對應到較高的水平線 $s\delta + n$。回想一下，每位勞工資本的成長率 $\Delta k/k$ 等於 $s \cdot (y/k)$ 曲線和 $s\delta + n$ 線之間的垂直距離。因此，當人口成長率是 n'，而非 n 時，$\Delta k/k$ 在任何每位勞工資本 k 之下都會低一點。此一結果，也可從每位勞工資本成長率的公式看得出來：

$$\Delta k/k = sA \cdot f(k)/k - s\delta - n \tag{4.3}$$

給定 k，比較高的 n 會使 $\Delta k/k$ 降低，其理由是，有較大部分的儲蓄，現在用於提供資本給增加的勞動力 L。

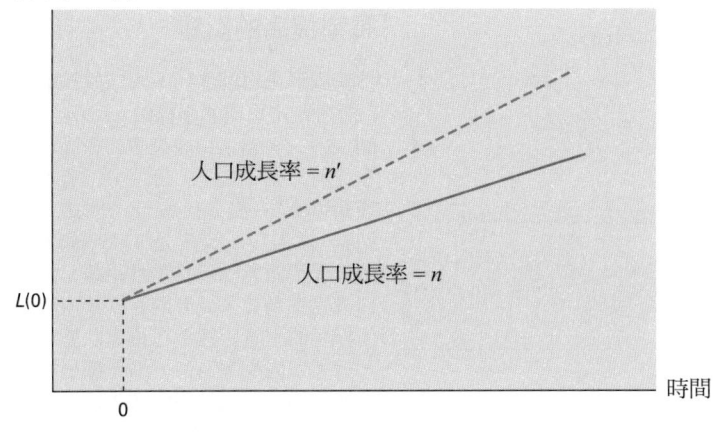

圖 4.5 人口成長率提高

在第 0 年時，人口成長率由 n 提高到 n'，但初始的勞動投入水準 $L(0)$ 並未變動。

數學時間

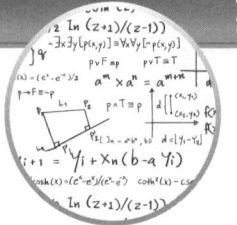

一如以往，我們可以由以下的條件：

$$A \cdot f(k^*)/k^* = \delta + n/s \qquad (4.4)$$

用代數推導 n 對 k^* 的影響。n 的提高會增加等號右方的值。因此，等號左邊的資本平均產出的恆定狀態值 $A \cdot f(k^*)/k^* = y^*/k^*$ 必須增加。因為資本平均產出遞減 (參見圖 3.9)，$A \cdot f(k^*)/k^* = y^*/k^*$ 要增加需要 k^* 的減少。因此，n 的提高會造成 k^* 的減少。

不論是圖 4.6 中的哪一個人口成長率，當每位勞工資本自 $k(0)$ 開始增加後，每位勞工資本成長率 $\Delta k/k$ 都會下降。當人口成長率是 n' 時，$\Delta k/k$ 會在 k 達到恆定狀態值 $(k^*)'$ 時成為零。但如果人口成長率比較低，例如說是 n，那麼在 $(k^*)'$ 時，$\Delta k/k$ 仍大於零。因此，如果人口成長率為 n，則每位勞工資本 k 會在超過 $(k^*)'$ 之後，持續增加，直到達到其恆定狀態值 k^* 〔大於 $(k^*)'$〕為止。

圖 4.6 顯示，在初始每位勞工資本 $k(0)$ 下，人口成長率由 n 提高到 n' 會降低每位勞工資本的成長率 $\Delta k/k$，從而每位勞工實質 GDP 的成長率 $\Delta y/y$ 也會下降。因此，在短期，n 的提高會降低 $\Delta k/k$ 及 $\Delta y/y$。在傳遞到恆定狀態的過程中，成長率都會比較低。不論 n 值為何，在恆定狀態下，每位勞工資本和每位勞工實質 GDP (k^* 和 y^*) 都較低，但 $\Delta k/k$ 和 $\Delta y/y$ 的成長率都維持為零。雖是如此，n 的變動仍會影響恆定狀態下，資本和實質 GDP 的成長率 ($\Delta K/K$ 和 $\Delta Y/Y$)。如果 n 每年提高 1%，則 $\Delta K/K$ 和 $\Delta Y/Y$ 的恆定狀態值每年也都各增加 1%。

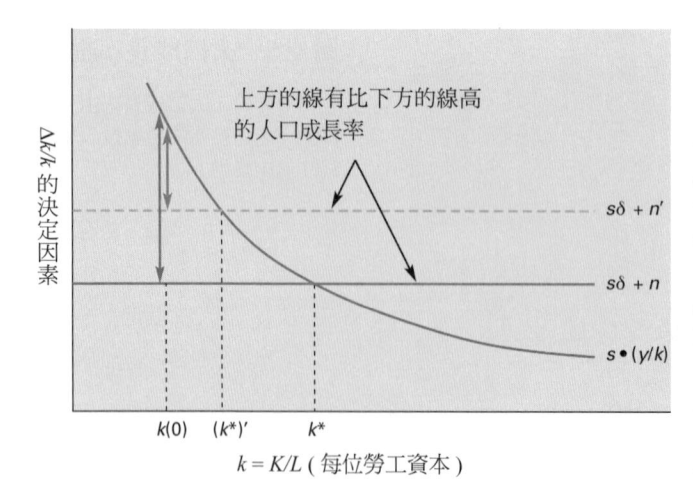

圖 4.6 Solow 模型中人口成長率提高的影響

這個圖形來自圖 3.10。人口成長率由 n 提高到 n' 會讓水平線由 $s\delta + n$ 上升到 $s\delta + n'$。當人口成長率比較高時，在任何一個 k 之下，每位勞工資本的成長率 $\Delta k/k$ 都會比較低。例如，在 $k(0)$，當人口成長率是 n 時，$\Delta k/k$ 等於較長箭頭所標示的垂直距離。當人口成長率為 n'，$\Delta k/k$ 則等於較短箭頭所標示的垂直距離。在恆定狀態下，不論人口成長率為何，$\Delta k/k$ 都是零。比較高的人口成長率會造成比較低的每位勞工資本恆定狀態值，亦即 $(k^*)'$ 會小於 k^*。

由圖 4.6 可以看出，折舊率 δ 的上升對恆定狀態之每位勞工資本的影響，和人口成長率 n 的提高所造成的影響一樣。此結論係根據式 (4.3) 中 $s\delta + n$ 的增加可以來自 n 的提高，也可以來自 δ 的上升。如同 n 的提高，在短期，δ 的上升會降低每位勞工資本和實質 GDP 的成長率。在恆定狀態之下，δ 的上升會降低每位勞工資本和實質 GDP，k^* 和 y^*，但 $\Delta k/k$ 和 $\Delta y/y$ 仍都為零，不受影響。[3]

收斂

經濟成長的一個重要問題是，窮國跟富國之間的差距能否收斂，或窮國能否追上富國？是否存在一個系統性的趨勢，使得低所得國家，像非洲的國家，能追上富有的 OECD 國家？我們會先看 Solow 模型怎麼討論**收斂** (convergence)，以便回答這個問題。然後，我們會再看 Solow 模型是否能解釋現實世界中的收斂情況。

Solow 模型中的收斂

為了研究收斂，我們聚焦在每位勞工資本 k 由初始值 $k(0)$ 趨向恆定狀態值 k^* 的傳遞過程。由圖 3.11 可以看出，在傳遞過程中，k^* 像是 k 的目標，或磁鐵。因此，收斂分析的一個重要部分是 k^* 是如何決定的。我們已經探討過儲蓄率 s、技術水準 A、人口成長率 n、折舊率 δ 和初始勞動投入 $L(0)$ 如何影響 k^*。我們將這些結果以一個 k^* 的函數表示：

$$k^* = k^*[\underset{(+)}{s}, \underset{(+)}{A}, \underset{(-)}{n}, \underset{(-)}{\delta}, \underset{(0)}{L(0)}] \tag{4.7}$$

每一個變數下方的正負號標示其對 k^* 的影響方向。因此式 (4.7) 顯示 k^* 隨 s 和 A 增加，隨 n 和 δ 減少，但不受勞動投入水準 $L(0)$ 的影響。表 4.1 收錄這些結果。

為將 Solow 模型應用到收斂，我們必須討論一個以上的經濟體系。在做此一擴展時，我們假設這些經濟體系彼此獨立。特別是，她們並不從事商品與服務或金融資產的國際交易；換句話說，我們仍把每一個經濟體系都想成是封閉的。

想像有兩個經濟體，1 和 2，假設她們初始的每位勞工資本分別為 $k(0)_1$ 和 $k(0)_2$，且 $k(0)_1$ 小於 $k(0)_2$。這兩個經濟體有相同生產函數，$y = A \cdot f(k)$。因此，經濟體 2 在初始時較為先進，因為其擁有較高的每位勞工資本和實質 GDP[$k(0)$ 和 $y(0)$]。假設表 4.1 中那些決定 k^* 的變數，這兩個經濟體有相同的數值，因此，她們

---

[3] n 的提高和 δ 的上升的一項差異是，n 的提高會使恆定狀態下，資本和實質 GDP 的成長率 [$(\Delta K/K)^*$ 和 $(\Delta Y/Y)^*$] 提升，但 δ 的上升不會。

有相同的每位勞工資本恆定狀態值 k^*。

表 4.1 對每位勞工資本恆定狀態值 k^* 的影響

此一變數增加	對 k^* 的影響
儲蓄率，s	增加
技術水準，A	增加
折舊率，δ	減少
人口成長率，n	減少
勞動力水準，$L(0)$	沒有影響

說明：右邊欄位顯示左邊欄位中的變數其值增加，對恆定狀態下資本勞動比 k^* 的影響。這些結果得自式 (4.7)。

我們把這個情形繪於圖 4.7，此圖是由圖 3.10 修改而來。這兩個經濟體的唯一差別是其中一個由 $k(0)_1$ 開始，另一則由 $k(0)_2$ 開始。因此，k 的傳遞路徑之差異只決定於兩者初始值的差異。圖 4.7 顯示，曲線 $s \cdot (y/k)$ 和 $s\delta + n$ 之間的垂直距離，在 $k(0)_1$ 時比在 $k(0)_2$ 時還要大；亦即，$k(0)_1$ 所對應的箭頭其所標示的距離大於 $k(0)_2$。因此，經濟體 1 在開始時，其每位勞工資本的成長率比經濟體 2 來得高。由於經濟體 1 的 k 成長得較快，因此，k_1 會隨時間向 k_2 收斂。

圖 4.8 顯示經濟體 1 和 2 之每位勞工資本 k 的個別傳遞路徑。$k(0)_1$ 雖小於 $k(0)_2$，但 k_1 會逐漸逼近 k_2，且 k_1 和 k_2 都會趨向 k^*。因此，就 k 的水準而言，經濟體 1 會向經濟體 2 收斂。

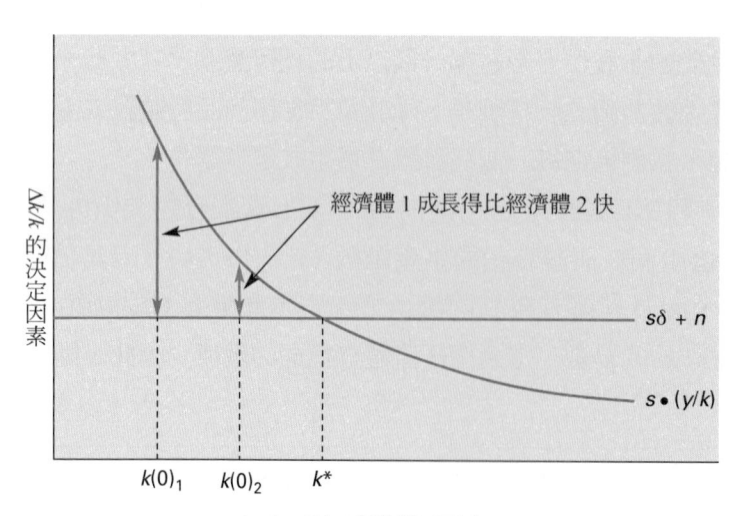

圖 4.7 Solow 模型中的收斂

此圖來自圖 3.10。經濟體 1 的初始每位勞工資本較經濟體 2 的來得低，亦即 $k(0)_1$ 小於 $k(0)_2$。經濟體 1 在開始時會成長得比較快，因為 $s \cdot (y/k)$ 曲線和 $s\delta + n$ 線之間的垂直距離在 $k(0)_1$ 時比在 $k(0)_2$ 時來得大；亦即，$k(0)_1$ 所對應的箭頭其所標示的距離大於 $k(0)_2$。因此，k_1 會隨時間向 k_2 收斂。

模型的擴展

內生人口生長

我們的分析將人口成長率 n 視為外生，亦即其水準不是模型本身要決定的。不過，自 Thomas Malthus (1798) 的著作之後，經濟學家已主張人口成長會對經濟變數有所反應。Malthus 為英國經濟學家，在 1798 年寫下《人口論》一書。他主張每人實質所得的提高會使預期壽命延長 (主要藉著更好的營養和衛生設備及醫療照護的改善)，而使人口成長率上升。Malthus 也認為，比較高的所得會帶來比較高的生育率。他認為只要每人實質所得超過最低生存水準 (subsistence level) (即維持生命基本需求所需的開支) 時，出生率就會提高。

我們可以把 Malthus 關於人口成長的想法融入 Solow 模型。在圖 3.10，給定人口成長率 n，經濟體系會趨向恆定狀態下的每位勞工資本 k^*，及對應的每位勞工實質 NDP，$y^* = A \cdot f(k^*) - \delta k^*$，它也等於每位勞工實質國民所得。因此，每人實質所得為：

每人實質所得 = (每位勞工實質 NDP) × (勞工數 / 人口)

等號右邊的最後一項為勞動參與率，我們假設它是固定的。

Malthus 認為當家戶的每人實質所得上升到最低生存水準之上時，人口成長率就會增加。圖 4.6 顯示人口成長率上升的影響，此一變動會降低恆定狀態下的每位勞工資本和實質 GDP。根據 Malthus 的說法，這個過程會一直持續下去，直到每人實質所得的恆定狀態值降到最低生存水準。

Malthus 對於每人實質所得和預期壽命之間關係的看法是合理的。跨國資料顯示，每人實質 GDP 愈高，預期壽命也會愈高。不過，Malthus 對於生育率的看法似乎並不合理。至少 1960 年以後的跨國資料顯示，即使有較高每人實質 GDP 的國家其預期壽命較高，但每人實質所得愈高，生育率反而愈低。

我們可以修正 Solow 的模型，來涵蓋 Malthus 其人口成長是內生的想法。不過，不同於 Malthus 的是，我們應該假設每位勞工資本 k (從而每人實質 GDP)，對人口成長率 n 會有負向影響。

每位勞工資本成長率的條件為：

$$\Delta k/k = sA \cdot f(k)/k - s\delta - n \tag{4.3}$$

在傳遞到恆定狀態的過程中，k 的增加會降低資本平均產出 y/k，及每位勞工資本成長率 Δk/k。現在，我們多了 k 的增加會降低 n 的假設。n 的降低會使 Δk/k 增加，而抵銷因資本平均產出降低所造成的影響。所以，人口成長率的持續下降，是富裕社會能夠維持每位勞工資本和實質 GDP 長時間成長的原因之一。

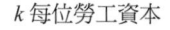

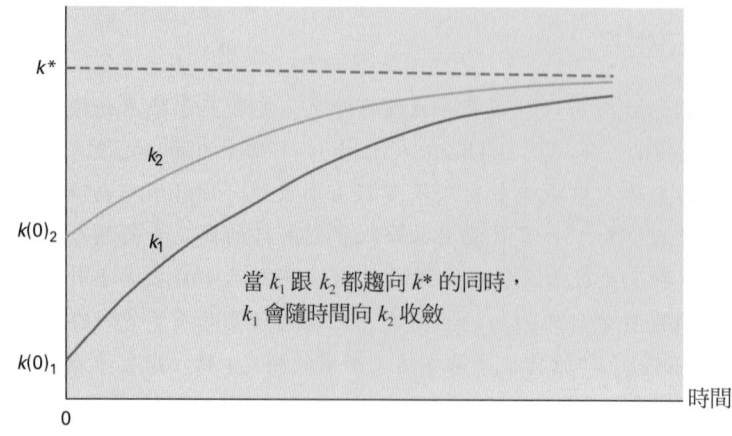

圖 4.8 兩經濟體系的收斂與傳遞路徑

經濟體 1 由每位勞工資本 $k(0)_1$ 開始，經濟體 2 則由 $k(0)_2$ 開始，且 $k(0)_1$ 小於 $k(0)_2$。如圖中虛線所示，這兩個經濟體有相同的每位勞工資本恆定狀態值 k^*。這兩個經濟體的 k 都隨時間趨向 k^*。不過，經濟體 1 的 k 成長得比較快，因為 $k(0)_1$ 小於 $k(0)_2$（參見圖 4.7）。因此，k_1 會隨時間向 k_2 收斂。

我們也可用每位勞工實質 GDP (y) 來表達這個結果。根據生產函數，每位勞工資本 (k) 決定 y：

$$y = A \cdot f(k) \tag{4.2}$$

由於經濟體 1 的每位勞工資本初始值 $k(0)$ 比較低，所以她的每位勞工實質 GDP 也會比較低，亦即 $y(0)_1$ 小於 $y(0)_2$。每位勞工實質 GDP 的成長率與每位勞工資本成長率的關係見於式 (3.8)，我們將它重寫於此：

$$\Delta y/y = \alpha \cdot (\Delta k/k) \tag{4.8}$$

其中 α 為資本份額係數（我們假設兩個經濟體的 α 相等）。在圖 4.7 中，我們已指出在一開始，經濟體 1 的 $\Delta k/k$ 比經濟體 2 高，因此，經濟體 1 的 $\Delta y/y$ 一開始也會比較高，從而經濟體 1 的每位勞工實質 GDP (y) 會隨時間向經濟體 2 的每位勞工實質 GDP 收斂。這兩個經濟體系的 y 的傳遞路徑，就像圖 4.8 中的 k 的傳遞路徑。

總之，Solow 模型認為貧窮的經濟體（每位勞工資本和每位勞工實質 GDP 較低）會比富裕的經濟體成長得更快，理由是資本平均產出 (y/k) 是遞減的。貧窮的經濟體，像圖 4.7 中的經濟體 1，有高資本平均產出 (y/k) 的優勢。此一高平均產出，可用來解釋為什麼她的每位勞工資本和實質 GDP 的成長率，會比初始時較為先進的經濟體（即經濟體 2）來得高。因此，Solow 模型預測，就每位勞工資本和實質 GDP 而言，貧窮經濟體會隨著時間向富裕經濟體收斂。

關於收斂的實際情況

收斂預測的主要問題，在於它跟一整群國家的資料相互矛盾。在圖 3.3，我們已經看到 1960–2011 年期間的每人實質 GDP 的成長率。為能把 Solow 模型應用在這些資料，我們必須把每位勞工的數量轉換為每人的數量。每人實質 GDP 的公式為：

每人實質 GDP = 每位勞工實質 GDP．（勞工數 / 人口數）

勞工數與人口數的比值為勞動參與率，我們已假設它為常數。例如，如果此一比值大約 1/2，如近期的 OECD 國家資料所顯示的，那麼每人實質 GDP 約為每位勞工實質 GDP 的 1/2。

經由這樣的轉換，我們可知 Solow 模型預測每人實質 GDP 會收斂。特別是，這個模型預測，較低水準的每人實質 GDP 會持續有較高的成長率。

圖 4.9 使用圖 3.3 中各國的資料，畫出 1960–2011 年的每人實質 GDP 成長率對 1960 年每人實質 GDP 水準的圖形。如果 Solow 模型所預測的收斂是正確的，那麼我們就會發現，每人實質 GDP 低的國家有高成長率，而每人實質 GDP 高的國家有低成長率的結果；但是，資料卻很難認定出有這樣的結果。事實上，如果有的話，那是成長率有隨實質每人 GDP 水準增加而增加的輕微傾向。

圖 4.9 所涵蓋的國家非常廣，包括世界上最富裕和最貧窮的經濟體。如果把我們的觀察限縮在有相似經濟和社會特徵的經濟體，那麼 Solow 模型的收斂預測就比較符合資料。圖 4.10 相較於圖 4.9，除了其樣本僅限於 34 個 OECD 國家中有 1960 年資料的 28 個外，其他是一樣的。在這個有限的樣本中，1960 年每人實質 GDP 較低的國家，平均而言，其 1960–2011 年期間的成長率的確較高。這樣的型態特別反映出一些早期較窮的 OECD 國家（如希臘、愛爾蘭、葡萄牙和西班牙）趕上較富裕國家的現象。

圖 4.11 顯示同質性更高的經濟體之間更明確的收斂型態。圖中的國家為 2015 年歐盟的 19 個成員國。圖 4.11 畫出這 19 個國家其 1960–2011 年的每人實質 GDP 成長率對 1960 年每人實質 GDP 水準。此圖顯示，一開始較窮的歐盟國家比一開始較富裕的國家成長來得快的明顯趨勢。

圖 4.9 到圖 4.11 告訴我們，相似經濟體系傾向會收斂，而不一樣的經濟體其每人實質 GDP 水準與成長率並沒有關係。因此，收斂情形最明顯的發生在同一區域內的先進經濟體之間（圖 4.11），其次是富裕國家之間（圖 4.10），最弱的（其實，根本沒有）則是全世界所有國家之間（圖 4.9）。

圖 4.9 成長率對每人實質 GDP 的水準 (一大群國家)

橫軸顯示 107 個國家在 1960 年時的每人實質 GDP (以 2005 年的美元計值)，且以比例刻度呈現。縱軸為每個國家在 1960–2011 年期間每人實質 GDP 的成長率。圖中直線提供每人實質 GDP 成長率 (縱軸變數) 與每人實質 GDP 水準 (橫軸) 之關係的最佳配適。儘管這條線的斜率微微向上，但就統計而言，其斜率與零的差異是可忽略的。因此，成長率和每人實質 GDP 水準沒有什麼關係，也因此，這一整群國家並沒有呈現收斂現象。

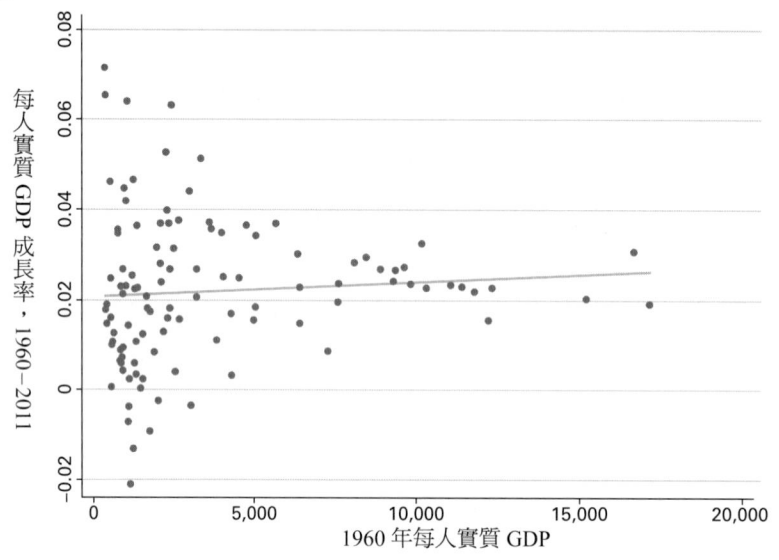

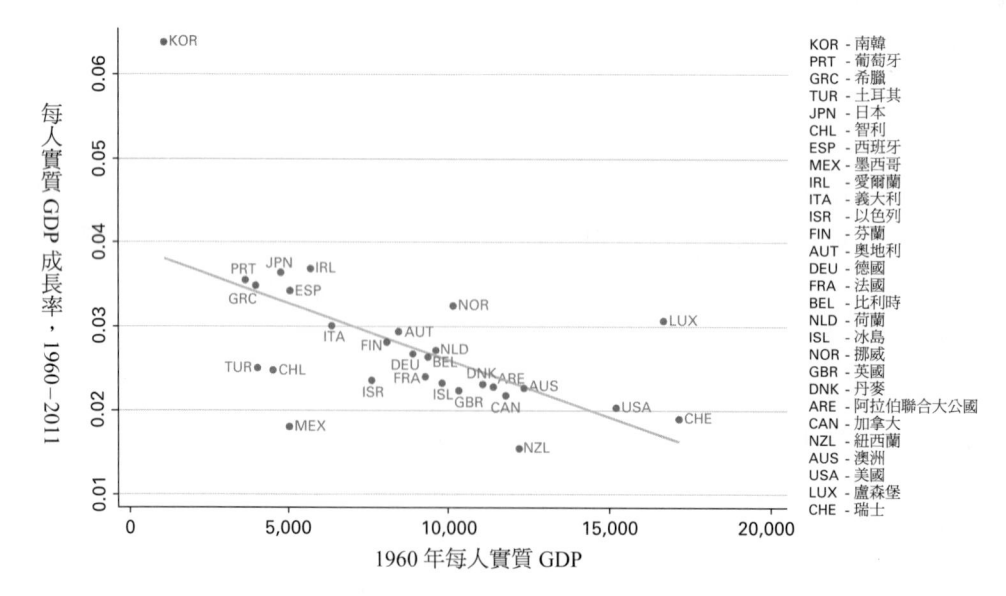

圖 4.10 OECD 國家的每人實質 GDP 水準和成長率

橫軸顯示 34 個 OECD 國家中有 1960 年資料的 28 個國家的 1960 年實質每人所得 (以 2005 年的美元計值)，且以比例刻度呈現，各國以縮寫標示。縱軸為每個國家在 1960–2011 年期間每人實質 GDP 的成長率。圖中直線提供每人實質 GDP 成長率 (縱軸變數) 與每人實質 GDP 水準 (橫軸) 之關係的最佳配適。這條線很明顯地是負斜率的，亦即 1960 年每人實質 GDP 較低的國家，其 1960–2011 年期間的成長率的確較高。因此，這群 OECD 國家呈現收斂現象。

KOR - 南韓
PRT - 葡萄牙
GRC - 希臘
TUR - 土耳其
JPN - 日本
CHL - 智利
ESP - 西班牙
MEX - 墨西哥
IRL - 愛爾蘭
ITA - 義大利
ISR - 以色列
FIN - 芬蘭
AUT - 奧地利
DEU - 德國
FRA - 法國
BEL - 比利時
NLD - 荷蘭
ISL - 冰島
NOR - 挪威
GBR - 英國
DNK - 丹麥
ARE - 阿拉伯聯合大公國
CAN - 加拿大
NZL - 紐西蘭
AUS - 澳洲
USA - 美國
LUX - 盧森堡
CHE - 瑞士

圖 4.11　歐洲國家的每人實質 GDP 水準和成長率

橫軸顯示歐盟的 19 個成員國的 1960 年實質每人所得。縱軸為每個國家在 1960–2011 年期間每人實質所得的成長率。圖中直線提供每人實質 GDP 成長率 (縱軸變數) 與每人實質 GDP 水準 (橫軸) 之關係的最佳配適。這條線很明顯地是負斜率的，亦即 1960 年每人實質 GDP 較低的國家，其 1960–2011 年期間的成長率的確較高。因此，這群歐盟成員國呈現收斂現象。

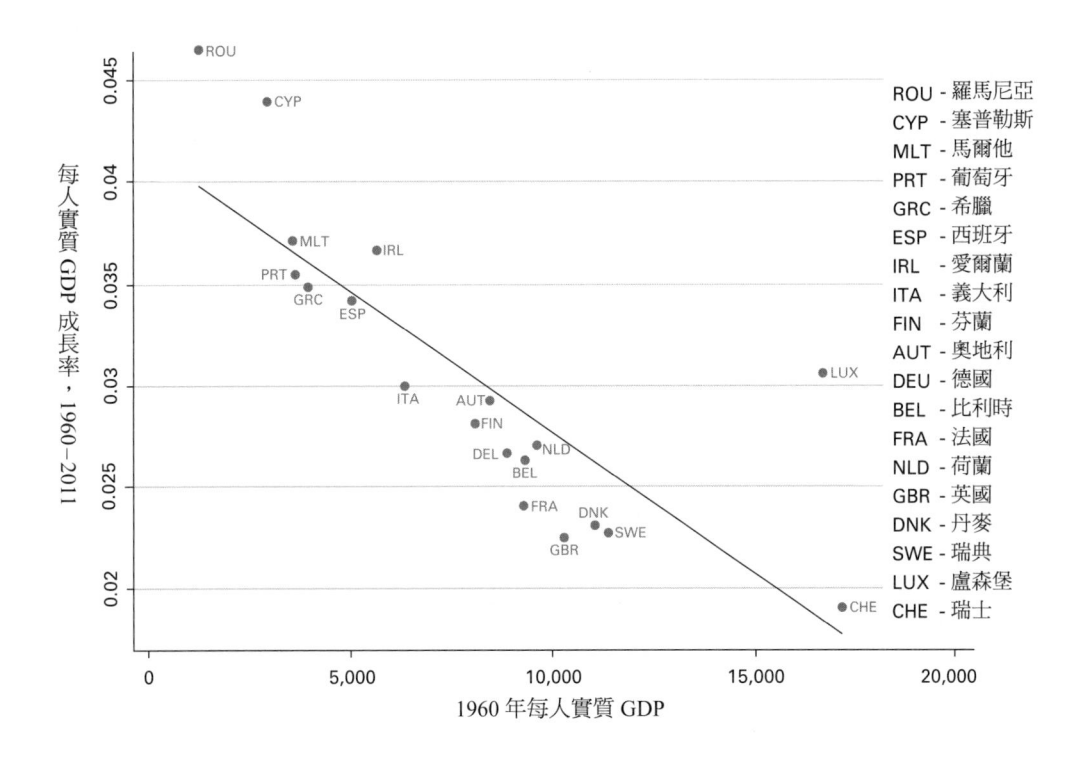

ROU - 羅馬尼亞
CYP - 塞普勒斯
MLT - 馬爾他
PRT - 葡萄牙
GRC - 希臘
ESP - 西班牙
IRL - 愛爾蘭
ITA - 義大利
FIN - 芬蘭
AUT - 奧地利
DEU - 德國
BEL - 比利時
FRA - 法國
NLD - 荷蘭
GBR - 英國
DNK - 丹麥
SWE - 瑞典
LUX - 盧森堡
CHE - 瑞士

Solow 模型中的條件收斂

Solow 模型所預測的收斂，看起來可以解釋相似經濟體之間的成長型態，但當我們檢視彼此不相似的一群經濟體時，它的預測是不準的。這個發現是否意味著這個模型是有瑕疵的？是否有任何的改變可以改善其預測？

為了找出缺點並嘗試修正它，讓我們再一次檢視 Solow 模型。Solow 模型的一個關鍵假設是，各經濟體恆定狀態下的每位勞工資本 k^* 的決定因子都一樣。對於相似經濟體，這個假設當然合理；但就一群在經濟、政治和社會等層面的特色相差很大的國家而言，這個假設並不合理，特別是對考慮進全世界所有國家的圖 4.9 的樣本而言。為解釋為什麼這群國家沒有收斂現象，我們必須允許個別國家有其個別的恆定狀態值 k^*。

假設國家之間，在某些決定 k^* 的因素〔參見式 (4.7) 和表 4.1〕，是有差異的。例

如，k^* 會因儲蓄率 s、技術水準 A 或人口成長率 n 的不同而有所不同。[4] 圖 4.12 修改圖 4.7，以顯示儲蓄率的差異如何影響收斂。經濟體 1 的儲蓄率為 s_1，而經濟體 2 則有比較高的儲蓄率 s_2。和圖 4.7 一樣的是，我們假設經濟體 1 有較低的初始每位勞工資本，亦即 $k(0)_1$ 小於 $k(0)_2$。回想一下，每位勞工資本成長率 $\Delta k/k$ 等於 $s \cdot (y/k)$ 曲線和 $s\delta + n$ 線之間的垂直距離。由圖 4.12 我們很難確定，一開始到底是經濟體 1 的 $s \cdot (y/k)$ 和 $s\delta + n$ 之間的垂直距離比較大還是經濟體 2 的比較大。較低的每位勞工資本 $k(0)$，固然會使這個距離在經濟體 1 比較大，但較低的儲蓄率 s，則會使這個距離較小。在圖形中，這兩個力量大致一樣，而使得一開始這兩個經濟體的 $\Delta k/k$ 大約相等。亦即經濟體 1 對應 $k(0)_1$ 的箭頭其所標示的距離大約等於經濟體 2 對應 $k(0)_2$ 的箭頭所標示的。因此，貧窮的經濟體，即經濟體 1，並不必然向富裕的經濟體，即經濟體 2，收斂。

為得到圖 4.12 的結果，我們必須假設低 $k(0)$ 的經濟體，即經濟體 1，有比較低的儲蓄率 s。這個假設是合理的，因為 s 比較低的經濟體有比較低的每位勞工資本恆定狀態 k^*。在長期，經濟體系的每位勞工資本 k，會接近其恆定狀態值 k^*。因此，在任何一個時點，例如第 0 期，非常有可能儲蓄率 s 較低的國家，$k(0)$ 也較低，亦即經濟體 1 的 $k(0)$ 有可能比經濟體 2 的來得低。因此，我們所假設的型態，即低儲蓄率伴隨低 $k(0)$，在實際上是有可能發生的。

如果我們考慮其他造成每位勞工資本恆定狀態值 k^* 有所差異的原因，也會有同樣的結論。假設這兩個經濟體有相同的儲蓄率，但經濟體 1 的技術水準 A 比經濟體 2 來得低。在此情況下，兩條 $s \cdot (y/k)$ 曲線和圖 4.12 所畫的很相似。[5] 因此，在一開始，經濟體 1 的 $s \cdot (y/k)$ 曲線和 $s\delta + n$ 線之間的垂直距離比經濟體 2 的大還是小，並不確定。較低的每位勞工資本 $k(0)$，使得經濟體 1 的該垂直距離較大，但較低的 A 則使這個距離較小。一如以往，這兩個力量有可能大致一樣，從而這兩個經濟體一開始的 $\Delta k/k$ 大約相同。因此，貧窮經濟體，即經濟體 1，並不必然向富裕經濟體，即經濟體 2，收斂。

為獲致這個結果，我們必須假設，一開始每位勞工資本 $k(0)$ 較低的經濟體（經濟體 1）其技術水準 A 較低。這個假設是合理的，因為 A 比較低的經濟體系，其每位勞工資本的恆定狀態值 k^* 也較低。因此，有可能在第 0 期，經濟體 1 的 $k(0)$ 比經濟體 2 的來得低。

---

[4] 不同國家的人口與勞動力水準可能有很大的差異，但勞動投入水準，以 $L(0)$ 代表，並不會影響 k^*。不同國家的折舊率 δ 可能不會有系統性的差異。

[5] 在此情況下，不像圖 4.12，兩國的 $s\delta + n$ 線是一樣的。

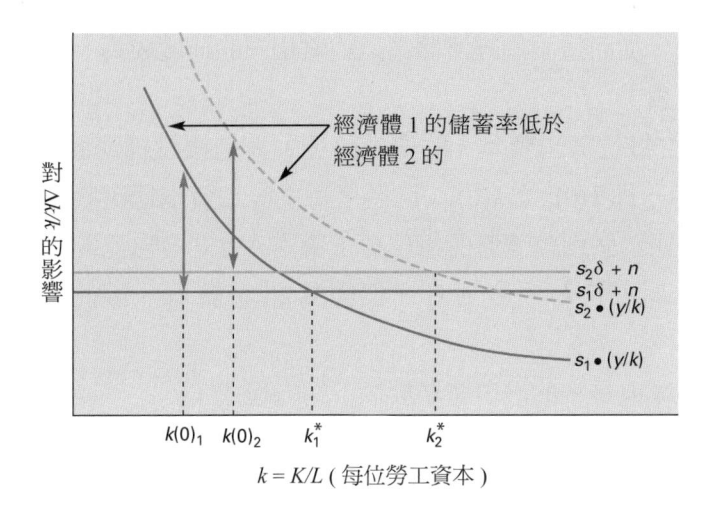

圖 4.12　Solow 模型的收斂性不成立：儲蓄率的差異

如同圖 4.7，經濟體 1 的初始每位勞工資本較經濟體 2 的來得低，即 $k(0)_1$ 小於 $k(0)_2$。不過，我們現在假設經濟體 1 的儲蓄率較低，即 s_1 小於 s_2。這兩個經濟體有相同的技術水準 A，和人口成長率 n。因此，k_1^* 小於 k_2^*。在此情況下，我們無法確定哪一個經濟體一開始成長得較快。$k(0)_1$ 所對應的箭頭其距離相較於 $k(0)_2$ 的，可能較大，也可能較小。

　　如果我們考慮人口成長率的差異，也會得到相同的結論。在圖 4.13，兩個經濟體有相同的儲蓄率和技術水準，但經濟體 1 有比較高的人口成長率 n。因此，經濟體 1 的 $s\delta + n$ 線會比較高。但一開始，究竟是經濟體 1 的 $s \cdot (y/k)$ 曲線與 $s\delta + n$ 線之間的垂直距離比較大，還是經濟體 2 的，也一樣難確定。經濟體 1 的每位勞工資本 $k(0)$ 低，讓前述垂直距離比較大，但人口成長率高則會縮小該距離。而一如其他情形，這兩個力量可能大致一樣，而使得一開始這兩個經濟體系的 $\Delta k/k$ 大約相同，即 $k(0)_1$ 所對應的箭頭其距離與 $k(0)_2$ 的大約相同。因此，再一次地，經濟體 1 不必然向經濟體 2 收斂。

　　為了獲致這個結論，我們必須假設，一開始每位勞工資本較低的經濟體（經濟體 1），有較高的人口成長率 n。這個假設是合理的，因為 n 比較高的經濟體，會有比較低的每位勞工資本恆定狀態值 k^*。因此，再一次地，有可能在第 0 期，經濟體 1 的 $k(0)$ 比經濟體 2 的來得低。

　　我們現在將前面三個情形的結論加以一般化。在任一情形下，經濟體 1 有一個特徵（可能是低儲蓄率 s、低技術水準 A，或高人口成長率 n），使其每位勞工資本之恆定狀態值 k^* 較低。給定初始每位勞工資本 $k(0)$，上述的每一個特徵都傾向讓經濟體 1 的初始成長率低於經濟體 2 的。我們可以由圖 4.12 和圖 4.13 看到這些結果。給定 $k(0)$，如果 s 和 A 愈低或 n 愈高，則 $s \cdot (y/k)$ 曲線和 $s\delta + n$ 線之間的垂直距離就愈小。

　　既然經濟體 1 有較低的 k^*，因此也可能有較低的每位勞工資本初始值 $k(0)$。$k(0)$ 較低讓經濟體 1 一開始可能成長得比經濟體 2 快，此即圖 4.7 所顯示的收斂的力量。究竟經濟體 1 成長得比經濟體 2 快還是慢，決定於這兩個力量相互抵銷後的結果。在經濟體 1，較低的 $k(0)$ 會導致較快的成長，但較低的 k^* 會導致成長較

緩。有可能這兩個力量約略一樣,從而這兩個經濟體系以約略相同的速度成長。因此,我們不見得會看到收斂的現象。

圖 4.14 顯示這兩個經濟體之每位勞工資本 k 的傳遞路徑。我們假設經濟體 1 有比較低的每位勞工資本初始值,即 $k(0)_1$ 小 $k(0)_2$,同時,每位勞工資本恆定狀態值也較低,即 k_1^* 小於 k_2^*。圖形顯示個別經濟體的每位勞工資本 k 會向其自己的恆定狀態值 k^* 收斂,即 k_1 收斂到 k_1^*,且 k_2 收斂到 k_2^*。但因為 k_1^* 小於 k_2^*,因此 k_1 不會向 k_2 收斂。

我們可將我們對每位勞工資本成長率的發現總結於以下的方程式:

關鍵方程式 (Solow 模型中的條件收斂):

$$\Delta k/k = \varphi[\underset{(-)}{k(0)}, \underset{(+)}{k^*}] \tag{4.9}$$

每位勞工資本成長率 = 每位勞工資本的初始值和恆定狀態值的函數

函數 φ 指出 $\Delta k/k$ 如何決定於每位勞工的初始資本 $k(0)$ 和每位勞工恆定狀態下的資本 k^*。給定 k^*,$k(0)$ 之下的負號表示,$k(0)$ 的減少會使 $\Delta k/k$ 提高。k^* 之下的正號則意味著,給定 $k(0)$,k^* 的增加會使 $\Delta k/k$ 提高。

我們可以用式 (4.3) 中每位勞工資本成長率的角度,來說明式 (4.9) 中的效果:

$$\Delta k/k = sA \cdot f(k)/k - s\delta - n \tag{4.3}$$

式 (4.9) 中 $k(0)$ 的負向影響對應於式 (4.3) 中,較低的初始資本平均產出 $A \cdot f(k)/k$。式 (4.9) 中 k^* 的正向影響對應於式 (4.3) 中,較高的儲蓄率 s,或較高的技術水準 A,或較低的人口成長率 n。

式 (4.9) 中的一個重要結果是,$k(0)$ 對成長率的負向影響是有條件的,該條件為 k^* 是給定的。這種型態稱為**條件收斂** (conditional convergence),即較低的 $k(0)$ 是否會伴隨較高的 $\Delta k/k$,決定於 k^*。相較之下,不管任何情況 (如不管 k^* 的大小),$k(0)$ 愈低則 $\Delta k/k$ 愈高的預測,稱為**絕對收斂** (absolute convergence)。

回想一下,在圖 4.9,我們並未在一整群國家中發現絕對收斂。由式 (4.9),我們可以用 Solow 模型來解釋為什麼在這群互異的國家之間沒有收斂的現象。假設在這些國家中,有某些國家具有低儲蓄率、低技術水準,或高人口成長率,因此有較低的每位勞工資本恆定狀態值 k^*。在長期,每位勞工資本 k 會接近 k^*。因此,當我們看第 0 期時 (例如,1960 年) 通常會發現,較低水準的 $k(0)$ 會伴隨較小值的 k^*。而較低水準的 $k(0)$ 雖會使每位勞工資本成長率 $\Delta k/k$ 較高,但低水準的 k^*,則會降低 $\Delta k/k$。因此,資料就可能顯示 $k(0)$ 和 $\Delta k/k$ 的關係並不大。這個樣貌和我們在圖 4.9 中所發現的每人實質 GDP 的水準和成長率之間的關係是一致的。

圖 4.13　Solow 模型的收斂性不成立：人口成長率的差異

如同圖 4.12 一樣，經濟體 1 的初始每位勞工資本比經濟體 2 來得低，即 $k(0)_1$ 小於 $k(0)_2$。現在，我們假設兩個經濟體系有相同的儲蓄率 s 和技術水準 A，但經濟體 1 的人口成長率 n 較高，即 n_1 大於 n_2。因此，如同圖 4.12，k_1^* 小於 k_2^*。我們無法確定哪一個經濟體一開始成長得較快。$k(0)_1$ 所對應的箭頭其距離相較於 $k(0)_2$ 的，可能較大，也可能較小。

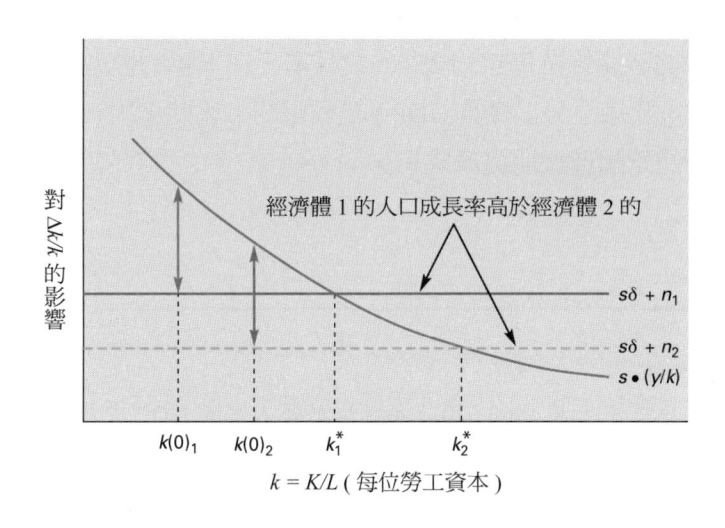

圖 4.14　兩經濟體之收斂性不成立和傳遞路徑

如同圖 4.12 和圖 4.13，經濟體系 1 有比較低的每位勞工資本初始值，即 $k(0)_1$ 比 $k(0)_2$ 低，且每位勞工資本恆定狀態值也較低，即 k_1^*（較低的虛線所示）小於 k_2^*（較高的虛線所示）。兩經濟體的每位勞工資本隨時間向其自己的恆定狀態值收斂，即 k_1 向 k_1^* 收斂，且 k_2 向 k_2^* 收斂。但因為 k_1^* 小於 k_2^*，因此 k_1 不會向 k_2 收斂。

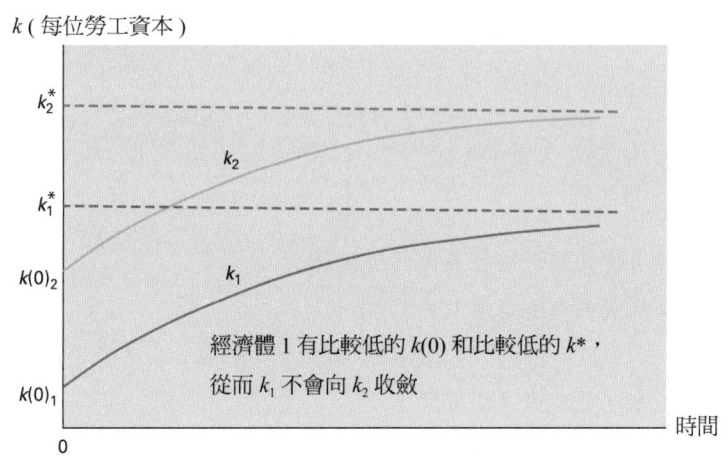

Solow 模型的能與不能

當我們剛開始討論收斂時，我們觀察到一整群國家之間，並不存在絕對收斂的

現象，如圖 4.9 所示。這是 Solow 模型的失靈之處。但稍後，我們發現把模型擴展到考慮條件收斂後，就可以解釋這個明顯的失靈。在下一章，我們會說明，條件收斂會讓我們了解世界經濟成長的許多其他特徵。

儘管 Solow 模型有很多優點，但我們仍應知道有什麼是這模型所不能解釋的。最重要的是，它無法解釋每人實質 GDP 在長期如何成長，例如，很多先進國家，在超過一個世紀的時間維持每年約 2% 的成長率。在本章的模型，在長期，每位勞工資本（從而每人及每位勞工實質 GDP）是固定的。因此，下一章的一個重要目標是將模型擴展到能夠解釋長期經濟成長。

習題

A. 複習題

1. 圖 4.9 中的 107 個國家，其 1960–2011 年期間的每人實質 GDP 成長率和 1960 年的每人實質 GDP 水準之間，沒有什麼關係。此一發現，是否和 Solow 經濟成長模型有所衝突？此一問題和條件收斂概念之間的關係為何？
2. **收斂**一詞的意義為何？絕對收斂和條件收斂有何不同？
3. 如果勞動投入的初始水準 $L(0)$ 倍增，為何恆定狀態下的資本存量 K 也會倍增？亦即圖 4.4 意味著恆定狀態下的每位勞工資本 k^* 並不會變動。此一結果與生產函數的固定規模報酬性質的關係為何？
4. 人口成長率 $n > 0$，在長期會帶來產出的成長嗎？它是否會在長期上帶來每位勞工產出的成長？

B. 討論題

5. 人口成長率的變動

   假設人口成長率 n 會隨經濟的發展而有所變動。

   a. 每位勞工資本 k 的成長率決定於下式：

   $$\Delta k/k = s \cdot (y/k) - s\delta - n \tag{4.1}$$

   如果 n 不再是常數，此式是否仍成立？

   b. 假設 n 隨經濟的發展而下降，亦即富裕國家的人口成長率比貧窮國家來得低，則這個假設會如何影響與收斂相關的各項結論？

   c. 相反地，如果假設 n 隨經濟的發展而上升，也就是富裕國家的人口成長率比貧窮國家來得高，則這個假設會如何影響與收斂相關的各項結論？

d. 以上的 b 和 c 兩種情況，哪一個比較符合現實？以 Malthus 的內生人口成長的觀點說明之。

6. 儲蓄率的變動

假設儲蓄率會隨經濟的發展而有所變動。

a. 每位勞工資本 k 的成長率決定於下式：

$$\Delta k/k = s \cdot (y/k) - s\delta - n \tag{4.1}$$

如果 s 不再是常數，此式是否仍成立？

b. 假設 s 隨經濟的發展而上升，亦即富裕國家的儲蓄率比貧窮國家來得高，則這個假設會如何影響與收斂相關的各項結論？

c. 相反地，如果假設 s 隨經濟的發展而下降，亦即富裕國家的儲蓄率比貧窮國家來得低，則這個假設會如何影響與收斂相關的各項結論？

d. 以上 b 和 c 的兩種情況，哪一個比較符合現實？說明之。

附錄

收斂速度

本附錄討論 Solow 模型中的收斂速度有多快。下方的圖 4.15 修改自圖 4.4。水平線為 $s\delta + n$，且每位勞工資本由 $k(0)$ 開始。儲蓄曲線 $s \cdot (y/k)^I$ 為實線。每位勞工資本成長率 $\Delta k/k$ 等於 $s \cdot (y/k)^I$ 曲線和 $s\delta + n$ 線之間的垂直距離。

如前面所強調的，在 Solow 模型中，收斂的原因是平均資本產出 y/k 遞減。回想一下，此一平均產出為：

$$y/k = A \cdot f(k)/k$$

平均產出隨 k 的增加而下滑的趨勢，是 $s \cdot (y/k)^I$ 曲線呈負斜率的原因。收斂發生的速度有多快決定於曲線的斜率，而斜率決定於函數 $f(k)/k$ 的形式。

為了解 $s \cdot (y/k)$ 曲線的斜率所扮演的角色，圖 4.15 以虛線畫出第二條儲蓄曲線 $s \cdot (y/k)^{II}$。和第一條曲線相較，第二條曲線有相同的儲蓄率 s，和技術水準 A，但有不同的 $f(k)/k$ 函數形式。不同的函數形式意味著，曲線 II 上的 k 和 y/k 之間的關係不同於曲線 I 的。明確地說，在任何一個 k 之下，第二條曲線較第一條曲來得平坦，亦即在第二種情況，平均資本產出 y/k 隨 k 遞減的速度，比第一種情況緩和。

為了易於比較，我們刻意讓兩條儲蓄曲線與 $s\delta + n$ 線交於同一點。因此，在這兩種情況，恆定狀態下的每位勞工資本 k^* 是相同的。在每位勞工初始資本 $k(0)$ 下，第一種情況的儲蓄曲線和 $s\delta + n$ 之間的垂直距離，比第二種情況來得大。在圖形上，第一種情況下的距

離以較長的箭頭標示,而第二種情況,則以較短的箭頭標示。因此,在 $k(0)$ 時,第一種情況的 $\Delta k/k$ 比較大。成長率愈高,意味著 k 向其恆定狀態值 k^* 收斂的速度愈快。因此,當平均資本產出隨 k 下降的速度愈快,收斂的速度也就愈快。

圖 4.15 收斂速度的決定

此圖修改自圖 4.4。第一條儲蓄曲線,$s \cdot (y/k)^I$,和以前的一樣。第二條儲蓄曲線 $s \cdot (y/k)^{II}$,則不像第一條那麼陡。其原因是,在第二種情況下,平均資本產出 y/k 隨 k 下降的速度較慢。在 $k(0)$ 時,$s \cdot (y/k)$ 曲線和 $s\delta + n$ 線之間的垂直距離,在第一種情況下(較長的箭頭所示),比在第二種情況下(較短的箭頭所示)來得大。因此,第一種情況下的初始 $\Delta k/k$ 比較高,從而收斂到恆定狀態的速度也比較快。結論是當平均資本產出隨 k 下降的速度愈快,收斂的速度也愈快。

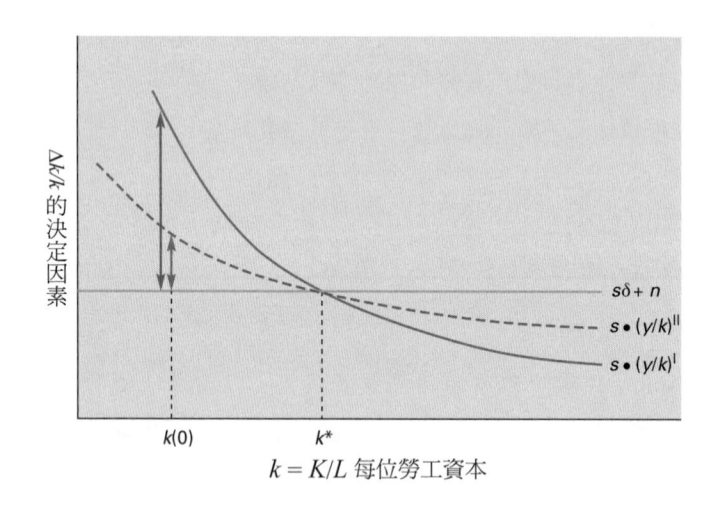

給定技術水準 A,平均資本產出 y/k 和 k 的關係決定於函數 $f(k)/k$ 的形式。以第 3 章附錄 C 中所介紹的 Cobb-Douglas 生產函數 $f(k) = k^\alpha$ 為例。在此情況下,平均資本產出為:

$$y/k = A \cdot f(k)/k$$
$$= Ak^\alpha / k$$
$$= Ak^\alpha \cdot k^{-1}$$
$$= Ak^{(\alpha-1)}$$
$$y/k = Ak^{-(1-\alpha)} \tag{4.10}$$

由於 $0 < \alpha < 1$,因此平均資本產出 y/k,隨 k 的增加而下降。α 的值決定 y/k 隨 k 的增加而下降的速度有多快。如果 α 接近於 1,則式 (4.10) 告訴我們,y/k 隨 k 的增加而下降的速度很慢(如圖 4.15 中的曲線 II)。如果 α 接近於零,則 y/k 隨 k 的增加而下降的速度就很快(如曲線 I)。一般說來,如果 α 愈小,則 y/k 隨 k 的增加而下滑的速度愈快。

為對收斂速度有一個量化的概念,考慮 $\alpha = 0.5$ 的中間情況。此時,平均資本產出為

$$y/k = Ak^{-(1/2)}$$
$$y/k = A/\sqrt{k}$$

亦即平均資本產出隨 k 的平方根而下降。

回想一下 k 的成長率為

$$\Delta k/k = s \cdot (y/k) - s\delta - n \tag{4.1}$$

如果把 $y/k = A/\sqrt{k}$ 代入，則可得

$$\Delta k/k = sA/\sqrt{k} - s\delta - n \tag{4.11}$$

如果我們給予儲蓄率 s、技術水準 A、折舊率 δ、人口成長率 n 和每位勞工初始資本 $k(0)$ 這些變數一些特定的數值，我們就可以用式 (4.11) 來計算 k 的時間路徑。根據式 (4.11)，我們知道 $k(0)$，就可以決定下一個時點的 k，$k(1)$。知道 $k(1)$ 之後，我們又可用式 (4.11) 來計算 $k(2)$。如此反覆操作，我們可以算出任何時間 t 之下的 $k(t)$。

表 4.2 顯示 $k(t)$ 路徑的解。在計算過程中，假設每位勞工初始資本 $k(0)$，為其恆定狀態值 k^* 的一半。表中顯示 k/k^* 和 y/y^* 每 5 年的值。如表所示，要使 k 和 k^* 一開始的差距減少一半，大約需要 25 年（即約一個世代）。類似於物理學上的放射性衰減，我們可以將與恆定狀態值之間的差距收斂到一半所需的時間稱為**半衰期**。由於 k/k^* 由 0.5 開始，且其收斂過程的半衰期為 25 年，因此 25 年後這個比值會達到 0.75，50 年後則是 0.875。因此，儘管每位勞工資本 k 會向 k^* 收斂，但 Solow 模型預測這個過程要花費一段很長的時間。同樣的數值結果也可以應用在每位勞工實質 GDP (y) 調整到恆定狀態水準 y^* 的過程。

如果 α 大於 0.5，那麼平均資本產出 y/k 隨 k 的增加而下降的速度會慢一點，從而向恆定狀態收斂的速度較慢，因此半衰期會超過 25 年。相反地，如果 α 小於 0.5，則 y/k 隨 k 的增加而減少的速度會較快，從而向恆定狀態收斂的速度會較快。在此情況下，半衰期會小於 25 年。

由 Solow 模型計算收斂速度和半衰期的做法，已經衍生很多有趣的應用。其中之一是應用於 1990 年的兩德統一。模型預測，由前共產東德所形成的貧窮德東地區僅會緩慢地向富裕的德西收斂（在 1990 年，德東的每人 GDP 約為德西的 1/3）。這個對每人實質 GDP 緩慢收斂的預測符合德國 1990 年代的資料。

表 4.2　Solow 模型中的傳遞路徑

年	k/k^*	y/y^*
0	0.50	0.71
5	0.56	0.75
10	0.61	0.78
15	0.66	0.81
20	0.71	0.84
25	0.74	0.86
30	0.78	0.88
35	0.81	0.90
40	0.83	0.91
45	0.86	0.93
50	0.88	0.94

說明：本表顯示 Solow 模型對每位勞工資本 (k) 和每位勞工實質 GDP (y) 的解，其結果以對恆定狀態值的比率，k/k^* 和 y/y^*，來表示。k 和 y 的傳遞表現是根據式 (4.11)，該式假設 $y = A \cdot \sqrt{k}$。計算假設 k/k^* 由 0.5 開始，且 $n = 0.01$，$\delta = 0.05$。s、A 和 $L(0)$ 的值並不影響結果；k/k^* 的初始值也不影響收斂速度。

第 5 章

條件收斂與長期經濟成長

在第 3 與第 4 章兩章,我們建立並擴展 Solow 的經濟成長模型。該模型短期分析中最重要的結果是,趨向恆定狀態的傳遞過程中的收斂性。我們在本章的第一部分,說明如何用這些結果來了解世界經濟成長的型態。

在第 4 章的最後,我們指出 Solow 模型最大的缺點在於它無法解釋長期的經濟成長。在恆定狀態下,每位勞工實質 GDP 的成長率為零。在本章的第二部分,我們會擴展這個模型以分析長期成長。

現實世界的條件收斂

我們已知 Solow 模型預測經濟體之間的每位勞工資本 (k) 會收斂。我們將此一結論摘要於以下的每位勞工資本成長率 $\Delta k/k$ 的方程式:

$$\Delta k/k = \varphi[\underset{(-)}{k(0)}, \underset{(+)}{k^*}] \tag{4.9}$$

其中,k^* 為 k 的恆定狀態值。給定 k^*,愈小的 $k(0)$ 伴隨愈高的 $\Delta k/k$。因此,就 k 而言,此一模型具收斂性。但這個收斂性,是有條件的,它決定於影響 k^* 的變數。給定 $k(0)$,k^* 的增加會提高 $\Delta k/k$。

生產函數連結每位勞工實質 GDP (y) 與每位勞工資本 (k):

$$y = A \cdot f(k) \tag{4.2}$$

我們可以在式 (4.9) 中,以式 (4.2) 的 $\Delta y/y$ 代替 $\Delta k/k$,以 $y(0)$ 代替 $k(0)$,以 y^* 代替 k^*,而得到:

> 關鍵方程式 (每位勞工實質 GDP 的條件收斂):
> $$\Delta y/y = \varphi[\underset{(-)}{y(0)}, \underset{(+)}{y^*}]$$
> **每位勞工實質GDP的成長率 = 每位勞工初始與恆定狀態實質GDP的函數** (5.1)

式 (5.1) 將 Solow 模型的每位勞工實質 GDP 成長率 ($\Delta y/y$),寫為每位勞工初始

實質GDP [y(0)] 與每位勞工恆定狀態實質GDP (y^*) 的函數。給定 y^*，y(0) 的增加會降低 $\Delta y/y$；給定的 y(0)，y^* 的增加會提高 $\Delta y/y$。這個關係展現了收斂性，因為貧窮經濟體〔有比較低的 y(0)〕，會有比較高的成長率 ($\Delta y/y$)。但這個收斂性，是有條件的，它決定於影響 y^* 的變數。

在第 4 章的討論中，我們聚焦在影響每位勞工恆定狀態資本與所得 (k^* 與 y^*) 的三個變數：儲蓄率 s、技術水準 A 與人口成長率 n。經濟學家已經擴展 Solow 模型，考慮進其他會影響 k^* 與 y^* 的變數。在這些變數當中，有些變數的變動其影響就類似技術水準 A 提高。較高的 A 的一個重要特質是它會提高生產力，即在給定的資本與勞動投入下，實質 GDP 會增加。很多其他不全然與生產技術有關的變數，也會影響生產力。這些變數對經濟成長的影響非常類似 A 的變動所造成的結果。

生產力決定於市場效率水準就是其中一例。經濟體系可透過解除政府管制的限制、降低稅率、促進競爭 (可能透過反托拉斯法) 來提升市場效率。另一個讓市場運作更好的方法是，政府允許自由的商品與服務的國際貿易 (第 18 章會討論)。這種國際間的開放，使得各國均能專業化生產其具自然優勢的商品與服務。因此，國際開放程度愈高，世界生產力也愈高。另外，一個國家的法律與政治體制也會影響其生產力。如果政府能更有效地執行財產權政策，司法體系能夠運作得更完善，官僚貪汙能夠減少，那麼，生產力都可以提高。

近期對經濟成長影響因素的研究

近期的研究用式 (5.1) 的條件收斂方程式作為架構，分析各國經濟成長的決定因素。其想法是要衡量一組能影響一國其每位勞工恆定狀態實質 GDP (y^*) 的變數。式 (5.1) 告訴我們兩件事。首先，如果讓 y^* 固定 (即令所有影響 y^* 的變數固定)，那麼每位勞工實質 GDP 的成長率 ($\Delta y/y$) 會有收斂現象；亦即，給定 y^*，y(0) 愈低，$\Delta y/y$ 會愈高。其次，給定 y(0)，任何變數如果能讓 y^* 增加或降低，就同時會讓 $\Delta y/y$ 增加或降低。實務上，由於很難精準衡量勞工的人數，因此，大部分的研究以每人實質 GDP，而非以每位勞工實質 GDP，來衡量 y。

圖 5.1 呈現每人實質 GDP 成長率與水準值之間關係的實證結果，所使用的資料是一整群國家的資料，而且基本上與圖 4.9 中的國家是一樣的。[1] 不過，由於我

---

[1] 一個新的特點是資料涵蓋 1965 至 2010 年的不同期間。一國 1965 年的每人實質 GDP 與其 1965 至 1975 年的每人實質 GDP 平均年成長率配對，1975 年的每人實質 GDP 與其 1975 至 1985 年的每人實質 GDP 平均年成長率配對，依此類推。在圖 4.9，一國 1960 年的每人實質 GDP 與其 1960 至 2011 年的每人實質 GDP 平均年成長率配對，因此，每一國在該圖只出現一次。

們假設所有影響每位勞工恆定狀態 GDP (y^*) 的變數都固定，因此兩圖看起來很不一樣。在其他變數固定的假設下，收斂現象就變得明顯多了。隨著低每人實質 GDP 而來的是高每人實質 GDP 成長率，而隨高每人實質 GDP 而來的是低每人實質 GDP 成長率。因此，這一整群國家的確呈現條件收斂的現象。

圖 5.1 中的關係之所以成立，在於我們假設影響 y^* 的變數固定。這些變數包括：

- 儲蓄率的衡量。
- 典型女性的生育率 (影響人口成長率)。
- 維持法律與民主規範的主觀評價。
- 政府規模，以政府的消費支出占 GDP 的百分比來衡量。
- 國際開放程度，以出口與進口的總值來衡量。
- 貿易條件 (出口商品物價對進口商品物價的比值) 的變動。
- 對教育與健康投資的衡量。
- 平均物價膨脹率，此為總體經濟政策的一個指標。

圖 5.1　每人實質 GDP 成長率對水準值：一群國家的條件收斂

橫軸為以 2005 年美元衡量的每人實質 GDP。資料包括 1965 年的 57 個國家，1975 年的 62 個國家，1985 年的 65 個國家 (樣本的選擇是根據資料的可取得性)。縱軸為相對應的每人實質 GDP 平均年成長率 (分別是 1965–1975 年、1975–1985、1985–1995 年、1995–2005 與 2005–2010 年)。每一個成長率都已濾除正文中所提各項變數的估計影響 (因此，可將這些影響視為固定)。實線提供每人實質 GDP 成長率 (縱軸變數) 與每人實質 GDP 水準值 (橫軸變數) 的最佳線性配適。這條線很明顯的是負斜率的，因此，一旦我們讓其他變數維持不變，那麼，每人實質 GDP 愈低，每人實質 GDP 的成長率會愈高。這個關係稱為「條件收斂」。

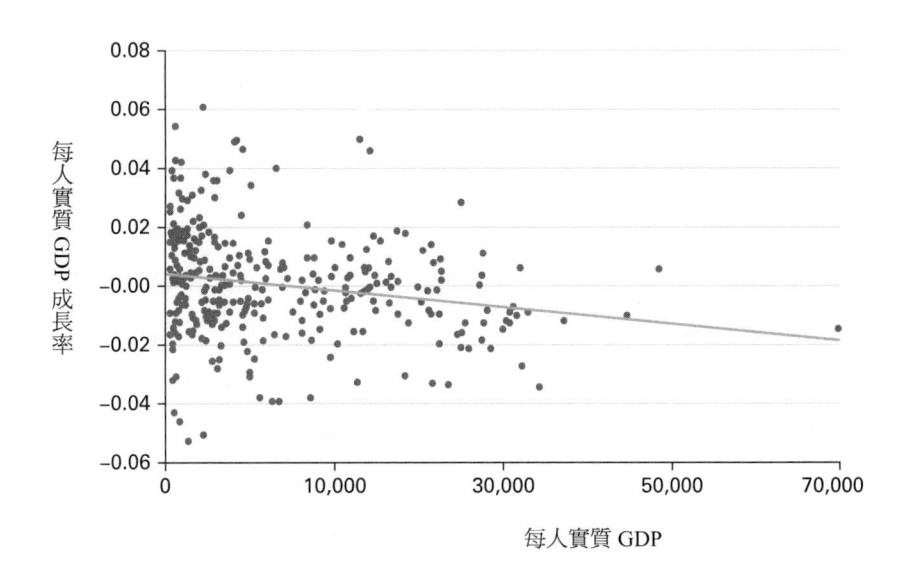

我們要考慮這些變數的原因之一是為了要凸顯出如圖 5.1 所示的條件收斂。然而，同樣重要的是，我們想研究這些變數如何影響經濟成長。研究結果顯示，每人實質 GDP 成長率會因下列原因而提高：較高的儲蓄率、較低的生育率、較佳的法律體系、較小的政府消費支出、較高的國際開放程度、貿易條件的改善、較高品質與較多數量的教育、較佳的健康水準，與較低的物價膨脹。

自 1990 年代早期開始，關於經濟成長決定因素的研究就一直很活躍。此一研究考慮進很多其他會影響經濟成長的變數。這些被考慮到的變數包括銀行業與金融市場的範圍、所得不均的程度、官員貪汙的程度、殖民或法律的源頭所扮演的角色，與宗教參與及信仰的強度。最近一份由 Acemoglu, Naidu, Restrepo and Robinson (2015) 所進行的實證研究顯示，民主對每人實質 GDP 具正向影響。在下一個「經濟學小舖」中，我們討論其他兩個重要變數：制度與人力資本。

雖然這些實證結果提升我們對經濟成長決定因素的了解，但我們的知識仍不完整。首先，經濟學家僅離析出部分影響經濟成長的變數；困難之處主要是因為資料。例如，政府管制與課稅所造成的扭曲很難量化，司法與政治制度的一些層面很難衡量。另一個困難是影響經濟成長的變數相當多，想用有限的資料把所有的影響都分離出來幾乎是不可能的。再者，我們通常也很難確定某一個變數，到底是它影響經濟成長，還是被經濟成長所影響；例如，法制的維護、對教育與健康的投資水準。實務上，因果關係的兩個方向都很重要。

條件收斂的例子

翻開歷史，我們可以發現條件收斂的例子。當二次世界大戰結束時，很多國家的經濟體系都被摧毀了。城市被剷平，工廠被炸毀，而且農地都變戰場。在 1946 年，日本、德國、法國與其他歐洲國家，都苦於實體資本大幅減少；人力資本也大幅減少，但實體資本的減少幅度更大。在我們的模型，這些事件導致每位勞工初始資本與實質 GDP 水準〔$k(0)$ 與 $y(0)$〕都降低了。但這些國家都有一些有利於經濟快速復甦的特質，包括足以培育堅實人力資本的衛生與教育環境、可以鼓勵市場與貿易活動的良好司法與政治傳統。這些有利的特質意味著高水準的每位勞工恆定狀態資本與實質 GDP (k^* 與 y^*)，從而，式 (5.1) 的條件收斂式會預測，這些國家在第二次世界大戰之後，每人實質 GDP 會有高成長率，而這個預測符合事實。

條件收斂的另一個例子是，在 1960 年代，很多東亞國家 (像新加坡與南韓) 都很窮，因此每位勞工初始資本與實質 GDP〔$k(0)$ 與 $y(0)$〕都很低。然而，這些國家，也都有良好的司法體系、令人滿意的教育及健康計畫，且國際貿易的開放程度

經濟學小舖

制度對人力資本

最近一份由 Acemoglu, Gallego and Robinson (2014) 所進行的實證研究，探討人力資本與制度對長期經濟成長的相對重要性。他們檢視制度的品質〔以世界銀行所建構的法律規範指數 (rule-of-law index) 衡量〕如何影響不同國家的所得水準。為避免反因果 (reverse causality，亦即較高所得國家可以負擔得起較好的制度)，他們以早期殖民者的死亡率作為過去與現在制度的外生決定因素〔亦即工具變數 (intrumental variable)〕，且發現制度對長期經濟成長具顯著影響。[2] 當制度因素未受控制時，人力資本也對長期經濟成長具顯著影響；但當制度與人力資本其歷史決定因素被適當控制時，人力資本就變得沒有影響。這些結果意味著制度是長期經濟成長的重要成因，且其影響透過很多管道，包括人力資本累積。

---

[2] 根據 Acemoglu, Johnson and Robinson (2001)，早期殖民者的死亡率是前殖民地其過去與現在制度品質的重要決定因素。他們主張，疾病環境良好的地區會誘使早期歐洲殖民者建立有利於經濟發展的制度，而疾病環境不良的地區則會誘使殖民者建立有利於資源榨取的制度。這些制度可以持續到現在。

高，從而其恆定狀態值 k^* 與 y^* 也高。因此，我們預測她們在 1960–2000 年期間，每人實質 GDP 會有高成長率。

典型的下撒哈拉非洲國家在 1960 年代也相當貧窮，亦即其每位勞工資本與實質 GDP〔$k(0)$ 與 $y(0)$〕都很低。因此，從絕對收斂的角度來講，我們會預測非洲的每人實質 GDP 的成長率會很高。但事實上，在 1960–2000 年期間，該地區的成長率是全世界最低的。條件收斂可以解釋這個結果。因為非洲國家的司法與政治體系的功能不彰、教育與健康醫療體系薄弱、人口成長率又高，而且政府貪汙嚴重，從而其恆定狀態值 (k^* 與 y^*) 也都低。因此，在初始值與恆定狀態值接近的情況下，很多下撒哈拉非洲國家的經濟無法成長。

由這些例子可以看出，條件收斂的概念讓我們可以了解很多不一樣的經濟成長經驗。這個概念幫助我們了解第二次世界大戰之後，富裕國家每人實質 GDP 的成長率，及 1960–2000 年期間，東亞與下撒哈拉非洲國家的情形。更一般性地說，條件收斂的概念幫助我們解釋，自 1960 年之後，一大群國家經濟成長率的差異現象。

長期經濟成長

到目前為止,Solow 模型並未能解釋,每位勞工資本與實質 GDP (k 與 y) 在長期是如何成長的。在這個模型中,這些變數在長期會固定於其個別的恆定狀態值,k^* 與 y^*。因此,這個模型無法解釋,西歐、美國與其他目前富裕的國家如何在超過一個世紀的期間內,維持每人實質 GDP 每年約 2% 的成長率,而非洲只有 0.8%。

我們現在考慮 Solow 模型的擴展,以解釋每位勞工資本與實質 GDP (k 與 y) 的長期成長。我們從資本平均產出 (y/k) 不隨 k 的增加而減少的模型開始,接著,我們考慮技術水準 (A) 持續成長的技術進步。我們先考慮 A 以外生的方式成長的模型,然後,我們考慮技術進步是模型內可以解釋的模型,即內生成長模型。我們也將考慮技術擴散,即一國的技術水準 (A) 藉由模仿其他國家的先進技術而提升。

資本平均產出固定的模型

在 Solow 模型,資本平均產出 y/k 遞減,在經濟體系趨向恆定狀態的傳遞過程中,扮演重要的角色。當每位勞工資本 k 增加時,y/k 的減少會降低每位勞工資本的成長率 $\Delta k/k$;最終,這個經濟體會接近一個恆定狀態,屆時,k 達到一個固定值 k^*,且 $\Delta k/k$ 為零。如果 y/k 並未隨 k 的增加而下降,則結論將有所不同。我們現在考慮一個當 k 增加時,y/k 並不會改變的模型。我們想要知道這個模型是否能解釋每人資本與實質 GDP 的長期成長。

回想一下,在 Solow 模型中,每位勞工資本 k 的成長率為:

$$\Delta k/k = s \cdot (y/k) - s\delta - n \tag{4.1}$$

現在先再考慮一下原來的假設:資本平均產出 (y/k) 隨 k 的增加而減少。如果資本指的是像機器與建築物之類的實體資本,那麼資本平均產出就很有可能遞減。如果企業不斷地擴充其機器與建築物,而不增僱任何勞工,我那麼,們可以預期邊際與平均資本產出會不斷地下降。事實上,如果勞動投入不增加,那麼我們可以預期資本的邊際產出最終會趨近於零。如果沒有人手可以操作新增的機器,那麼這部機器的邊際產出為零。

另一個觀點是,我們可以更廣義地定義資本,讓它包括藉由正式教育、在職訓練與增進健康所形成的人力資本。人力資本具有生產力,且此一資本可以因投資而增加,因此人力資本類似於機器與建築物。我們也可進一步包括**基礎設施資本** (infrastructure capital),這類資本通常是政府所擁有,以提供運輸、電力與水等服務。

如果我們以這種廣義的角度來看資本,那麼資本的平均與邊際產出隨每位勞工

資本 (k) 的增加而下降的趨勢就不那麼明顯，且可能不會發生；也就是說，如果我們倍增的不只是機器與建築物，也包括人力資本與基礎設施資本，那麼實質 GDP 也可能倍增。這裡，維持固定的，除了技術水準 (A) 之外，就只有低技能勞動 (L) 的數量。如果低技能勞動不是生產的關鍵投入，那麼資本的平均與邊際產出就有可能不會隨資本的累積而下降。

為了解這個更動所造成的結果，我們考慮資本為包括人力與基礎設施資本的廣義資本的模型，且其為生產過程中唯一的要素投入。因此，我們不考慮之前的生產函數：

$$y = A \cdot f(k) \tag{4.2}$$

而改用：

$$y = Ak \tag{5.2}$$

式 (5.2) 為式 (4.2) 的特殊形式：$f(k) = k$。這個新模型稱為 *Ak 模型* (*Ak* model)。

在 *Ak* 模型中，資本平均產出為常數。如果將式 (5.2) 的兩邊都除以每位勞工資本 k，會得到：

$$y/k = A \tag{5.3}$$

因此，資本平均產出等於技術水準 A。(邊際資本產出亦等於 A) 如果將 $y/k = A$ 代入式 (4.1)，可得 k 的成長率為：

$$\Delta k/k = sA - s\delta - n \tag{5.4}$$

我們可以用一個類似於圖 3.10 的圖，來探討在 *Ak* 模型中，每位勞工資本的成長率是如何決定的。圖 5.2 中的一個新的特點是 $s \cdot (y/k) = sA$ 這一項並不是負斜率的，而是對應 sA 的一條水平線。另一條水平線，對應 $s\delta + n$，則跟以前一樣。跟以前一樣的還有，$\Delta k/k$ 等於這兩條線之間的垂直距離。不過，現在這個距離是常數，並不隨 k 遞減。

由圖 5.2 可以得到兩個重要結論。首先，如圖及式 (5.4) 所示，每位勞工資本的長期成長率 $\Delta k/k$，不再是零，而是大於零，且等於 $sA - s\delta - n$。在 sA 大於 $s\delta + n$ 的假設下，成長率會大於零。這個結果，在儲蓄率 (s) 與技術水準 (A) 愈高時，或人口成長率 (n) 與折舊率 (δ) 愈低時，愈有可能成立。

如果如圖 5.2 所假設的，sA 大於 $s\delta + n$，那麼每人資本 (k) 就會持續以 $sA - s\delta - n$ 的速率成長。同時，由於 $y = Ak$，因此，每位勞工實質 GDP (y)，也會以同樣的速率持續成長。在此情況下，較高的儲蓄率 (s)，或較高的技術水準 (A)，會提高每位勞工資本與實質 GDP 的長期成長率 ($\Delta k/k$ 與 $\Delta y/y$)。相反地，較高的

人口成長率 (n)，或較高的折舊率 (δ)，則會降低 Δk/k 與 Δy/y 的長期值。在標準的 Solow 模型，Δk/k 與 Δy/y 在恆定狀態下為零，因此不受 s、A、δ 與 n 的影響。之所以會有這種不同結果，是因為標準的模型假設資本平均產出 y/k 遞減。

由圖 5.2 與式 (5.4) 所得到的第二個重要結論是，收斂不存在。每位勞工資本與實質 GDP 的成長率 (Δk/k 與 Δy/y) 不會因每位勞工資本與實質 GDP (k 與 y) 的增加而改變。因此，貧窮的經濟體 (有較低的 k 與 y)，並不會比富裕的經濟體成長得快。

經濟學家已經發展出資本平均產出並不因資本的累積而變動的更複雜模型。某些模型會區分人力與非人力資本，並引入教育部門來生產人力資本。不過，大部分的模型都有兩個基本的缺點。首先，沒有收斂的預測就是一個大問題，因為從跨國資料中，我們確實觀察到條件收斂，因此，我們不能滿足於一個預測沒有條件收斂的成長模型。第二，即使廣義的資本包括人力與基礎設施資本，但資本的平均與邊際產出最終還是會因資本的累積而遞減。如果我們再考慮資本平均產出遞減，那麼僅靠累積資本，每位勞工資本與實質 GDP 就無法長期持續成長。因此，我們轉向另一個對長期經濟成長的解釋：技術進步。

圖 5.2　資本平均產出固定下的經濟成長

此圖修正圖 3.10，讓資本平均產出 (y/k) 固定。在這個 Ak 模型，y/k 等於技術水準 (A)，因此，s · (y/k) 曲線變成一條水平線 sA。如果，如圖所示，sA 大於 sδ + n，那麼每位勞工資本成長率 Δk/k 是一個正的常數，且等於這兩條水平線之間的垂直距離；此一距離，以箭頭標示。

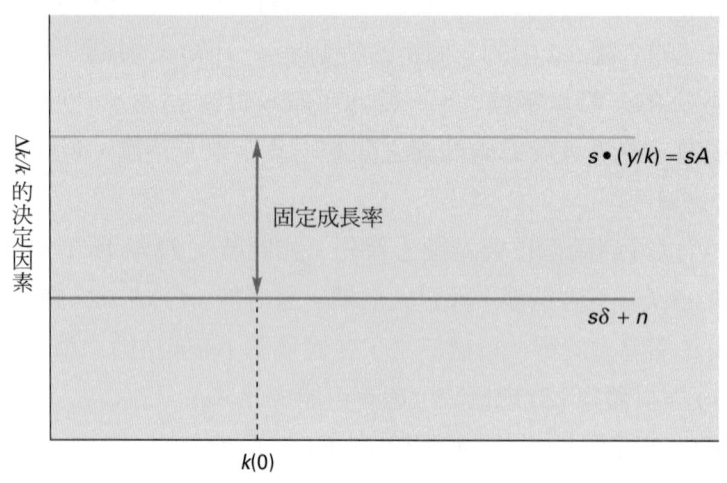

外生的技術進步

在第 4 章，我們討論過技術水準 (A) 一次性提升的影響。這個變動會提高在傳遞到恆定狀態的過程中，每位勞工資本與實質 GDP 的成長率 ($\Delta k/k$ 與 $\Delta y/y$)。但這個經濟體仍然會接近恆定狀態，屆時 $\Delta k/k$ 與 $\Delta y/y$ 都為零，從而我們無法以 A 一次性的提升，來解釋 k 與 y 的長期成長。因此，我們要考慮 A 的持續提升。這種技術改善的規律過程，稱為**技術進步** (technological progress)。

Solow 曾將他的成長模型，擴展到考慮技術進步，但他並未嘗試解釋此一進步的來源。他假設技術進步就是發生了，然後探討其對經濟成長的影響。換句話說，他假設**外生的技術進步** (exogenous technological progress)，亦即模型並未解釋技術為何會進步。如果大部分的技術進步來自運氣，明確地說，如果技術進步並不決定於企業 (包括非營利性組織，如大學院校)、勞工與政府有意圖的努力，那麼，這個假設是合理的。在本節，我們依循 Solow，假設技術水準 (A)，以固定速率 g 外生地成長：

$$\Delta A/A = g$$

在稍後一節，我們討論**內生成長理論** (endogenous growth theory)，嘗試在模型內解釋技術進步率。

恆定狀態成長率

第 3 章曾提到成長會計方程式：

$$\Delta Y/Y = \Delta A/A + \alpha \cdot (\Delta K/K) + (1-\alpha) \cdot (\Delta L/L) \tag{3.4}$$

其中，Y 是實質 GDP，K 是資本存量，L 是勞動投入。如果代入 $\Delta A/A = g$，與 $\Delta L/L = n$ (人口成長率)，可得：

$$\Delta Y/Y = g + \alpha \cdot (\Delta K/K) + (1-\alpha) \cdot n \tag{5.5}$$

回想一下，每位勞工實質 GDP 成長率 ($\Delta y/y$) 為：

$$\Delta y/y = \Delta Y/Y - \Delta L/L \tag{3.6}$$

由於 $\Delta L/L = n$，因此，

$$\Delta y/y = \Delta Y/Y - n \tag{5.6}$$

如果將式 (5.5) 的 $\Delta Y/Y$ 代入，可得：

$$\Delta y/y = g + \alpha \cdot (\Delta K/K) + (1-\alpha) \cdot n - n$$
$$= g + \alpha \cdot (\Delta K/K) + n - \alpha n - n$$
$$= g + \alpha \cdot (\Delta K/K - n)$$

每位勞工資本成長率 ($\Delta k/k$) 為：

$$\Delta k/k = \Delta K/K - \Delta L/L \tag{3.7}$$

由於 $\Delta L/L = n$，因此，

$$\Delta k/k = \Delta K/K - n \tag{5.7}$$

如果將 $\Delta y/y$ 算式中的 $\Delta K/K - n$，代以 $\Delta k/k$，則得：

$$\Delta y/y = g + \alpha \cdot (\Delta k/k) \tag{5.8}$$

因此，每位勞工實質 GDP 之所以成長，是因為技術進步 (g) 與每位勞工資本成長 ($\Delta k/k$)。

每位勞工資本成長率 ($\Delta k/k$) 則仍然如在 Solow 模型中，由下式決定：

$$\Delta k/k = sA \cdot f(k)/k - s\delta - n \tag{4.3}$$

如果將 $\Delta k/k$ 的這個表達方式代入式 (5.8)，可得：

> 關鍵方程式 (技術進步下的每位勞工實質 GDP 成長率)：
> $$\Delta y/y = g + \alpha \cdot [sA \cdot f(k)/k - s\delta - n] \tag{5.9}$$

在我們前面的分析中，A 是固定的，因此 k 的增加會導致資本平均產出 $y/k = A \cdot f(k)/k$ 的下降。因此，在長期，經濟體系會接近恆定狀態，屆時，資本平均產出會小到足以使式 (4.3) 中的 $\Delta k/k$ 等於零。因此，如果 $g = 0$，那麼式 (5.8) 與式 (5.9) 中的 $\Delta y/y$ 亦等於零。

現在不一樣的是，給定 k，A 的提升會提高資本平均產出 $y/k = A \cdot f(k)/k$，從而 k 增加對 y/k 所造成的負影響，會被 A 提升所造成的正影響所抵銷。經濟體系會邁向這兩個力量平衡的情況，也就是在長期，k 會以一個固定速率增加，且 y/k 不變。我們稱這種情況為**恆定狀態成長** (steady-state growth)。

由於資本平均產出 (y/k) 在恆定狀態成長下不會變動，從而這個比值的分子 y，必須與分母 k 以相同速率成長。因此，我們有：

$$(\Delta y/y)^* = (\Delta k/k)^* \tag{5.10}$$

其中，星號標示在恆定狀態成長下的值。

由式 (5.10) 可知，每位勞工資本與實質 GDP (k 與 y) 在恆定狀態成長下，是以相同速率成長。我們現在要決定這個恆定狀態成長率的值。式 (5.8) 意味著在恆定狀態成長下：

$$(\Delta y/y)^* = g + \alpha \cdot (\Delta k/k)^* \tag{5.11}$$

利用式 (5.10)，可將上式等號右邊的 $(\Delta k/k)^*$ 代以 $(\Delta y/y)^*$，而得：

$$(\Delta y/y)^* = g + \alpha \cdot (\Delta y/y)^*$$

如果將 $\alpha \cdot (\Delta y/y)^*$ 由右邊移到左邊，則：

$$(\Delta y/y)^* - \alpha \cdot (\Delta y/y)^* = g$$

合併等號左邊各項後，可得：

$$(1-\alpha) \cdot (\Delta y/y)^* = g$$

如果在兩邊都除以 $(1-\alpha)$，就可以得到每位勞工實質 GDP 的恆定狀態成長率為：

關鍵方程式 (技術進步下的恆定狀態成長率)：
$$(\Delta y/y)^* = g/(1-\alpha) \tag{5.12}$$

由於 $0 < \alpha < 1$，式 (5.12) 告訴我們，每位勞工實質 GDP 的恆定狀態成長率 $(\Delta y/y)^*$，大於技術進步率 g。舉例來說，如果 $\alpha = 1/2$，則：

$$(\Delta y/y)^* = 2g$$

因此，當 $\alpha = 1/2$ 時，$(\Delta y/y)^*$ 恰為技術進步率 (g) 的 2 倍。

由式 (5.11) 可知，每位勞工實質 GDP 的成長率 $[(\Delta y/y)^*]$ 之所以會大於 g，是因為 $(\Delta y/y)^*$ 為 g 與每位勞工資本恆定狀態成長率 $[(\Delta k/k)^*]$ 之和，且 $(\Delta k/k)^*$ 大於零。由式 (5.10)，我們知道 k 與 y 的恆定狀態成長率是一樣的：

$$(\Delta k/k)^* = (\Delta y/y)^*$$

因此，式 (5.12) 意味著：

$$(\Delta k/k)^* = g/(1-\alpha) \tag{5.13}$$

式 (5.12) 與 (5.13) 的重要發現是，外生的技術進步率 $(\Delta A/A = g)$ 讓每位勞工實質 GDP 與資本 (y 與 k) 在長期有 $g/(1-\alpha)$ 的成長率。技術進步抵銷了因為 k 的增加使資本平均產出 (y/k) 下降的趨勢，因此，帶來 k 與 y 的長期成長。

回想一下，我們前面提到，西歐、美國與其他目前富裕的國家在超過一個世紀的期間內，維持每人實質 GDP 每年約 2% 的成長率。為了在 Solow 模型中解釋這個長期成長的現象，我們必須要檢視模型對恆定狀態成長的預測。

既然模型中的勞動參與率是固定的，因此，每人實質 GDP 的成長率等於每位勞工實質 GDP 的成長率。因此，為了得到每年大約 2% 的每人實質 GDP 的長期成長率，我們需要讓式 (5.12) 中的每位勞工實質 GDP 恆定狀態成長率 $g/(1-\alpha)$ 約等於

2%。如果我們將 α 視為資本所得份額,得其值介於 1/3 與 1/2 之間,那麼 g 所需的值約比每年 1% 略高一些。換句話說,如果每年約有 1% 的外生技術進步,那麼 Solow 模型所預測的每人實質 GDP 的長期成長率符合先進國家所觀察到的長期成長率。

恆定狀態儲蓄

我們現在考慮技術進步如何影響恆定狀態儲蓄。每位勞工資本成長率 $\Delta k/k$ 為

$$\Delta k/k = s \cdot (y/k) - s\delta - n \tag{4.1}$$

在恆定狀態成長下,我們可以根據式 (5.13) 將 $\Delta k/k$ 代以 $g/(1-\alpha)$,而得到:

$$g/(1-\alpha) = s \cdot (y/k) - s\delta - n$$

經由移項及合併可以得到:

$$s \cdot [(y/k) - \delta] = n + g/(1-\alpha)$$

如果遍乘以 k,可以得到恆定狀態成長下的每位勞工儲蓄,$s \cdot (y - \delta k)$:

在恆定狀態成長下: $s \cdot (y - \delta k) = nk + [g/(1-\alpha)] \cdot k \tag{5.14}$

當 $g = 0$ 時,每位勞工恆定狀態儲蓄等於 nk,它被用來滿足新增勞動力所需使用的資本。當 g 大於零時,恆定狀態儲蓄還包括 $[g/(1-\alpha)] \cdot k$。由於 $g/(1-\alpha)$ 等於每位勞工資本的恆定狀態成長率 $\Delta k/k$〔見式 (5.13)〕,因此,

$$[g/(1-\alpha)] \cdot k = (\Delta k/k) \cdot k$$
$$= \Delta k$$

所以,這一項是每位勞工儲蓄中,用來滿足每位勞工恆定狀態資本的增量。

傳遞路徑與收斂

在圖 3.11 中,我們分析在沒有技術進步的 Solow 模型中,每位勞工資本 (k) 的傳遞路徑。我們發現 k 會逐漸趨近其恆定狀態值 (k^*)。因此,k^* 是 k 趨近的標的。考慮外生技術進步的模型仍然有 k 的傳遞路徑。不過,我們必須把 k^* 視為一個移動標的,而非一個固定的點,亦即 k^* 會隨著時間在一條恆定狀態路徑上移動。

在恆定狀態成長下,式 (5.13) 顯示,每位勞工資本的增加速率為 $(\Delta k/k)^* = g/(1-\alpha)$。因此,每位勞工資本 ($k$) 在恆定狀態時會隨時間變動,它以 $g/(1-\alpha)$ 的速率成長。我們現在把 k^* 定義為 k 在恆定狀態的路徑上,每一個時點的值。我們只需記住當 g 大於零時,k^* 會隨時間增加。

圖 5.3　每位勞工資本在包含技術進步的 Solow 模型中的傳遞路徑

在含有技術進步率為 g 的 Solow 模型中，每位勞工恆定狀態資本的水準 (k^*) 並非是固定的。k^* 會隨時間沿著恆定狀態路徑 (如虛線所示) 增加。〔由於縱軸為比例刻度，因此此一虛線意味著，k^* 循恆定狀態路徑，以固定速率 $g/(1-\alpha)$ 成長。〕在傳遞過程中，每位勞工資本 (k)，由 $k(0)$ 開始，隨時間沿著實線增加，並逐漸趨近 k^* 線〔我們假設 $k(0)$ 落於 k^* 線之下〕。

k (每位勞工資本)

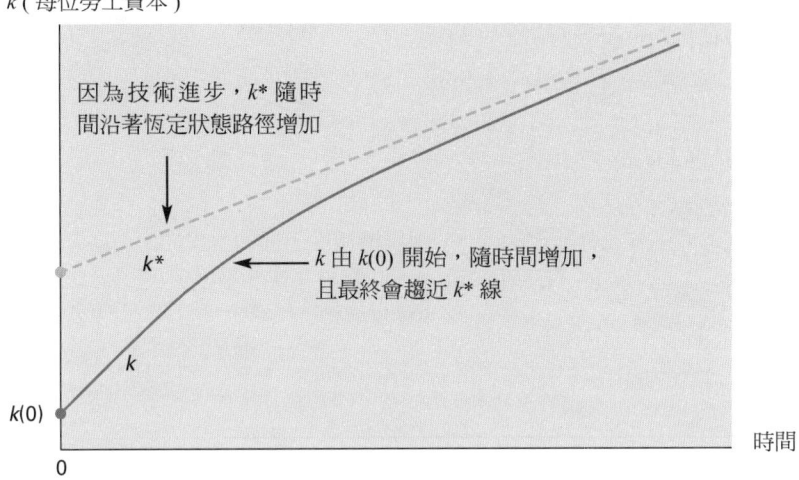

因為技術進步，k^* 隨時間沿著恆定狀態路徑增加

k^*

k 由 $k(0)$ 開始，隨時間增加，且最終會趨近 k^* 線

k

$k(0)$

時間

每位勞工資本 (k) 一開始仍有初始值 $k(0)$。這個模型仍然有 k 由 $k(0)$ 移動到其恆定狀態路徑的傳遞過程。不過，這條恆定狀態路徑不能用一個固定點來表示，而是如圖 5.3 是由一條標示為 k^* 的虛線來表示。這條線有正斜率，因為在恆定狀態下，每位勞工資本會持續增加。如圖所示，k 由 $k(0)$ 開始，且隨著時間循實線增加，逐漸向其移動標的 k^* 靠近。

在恆定狀態路徑上，$k = k^*$ 以速率 $g/(1-\alpha)$ 成長〔參見式 (5.13)〕。因此，為使 k 能像圖 5.3 中所顯示的趨近 k^*，k 的成長率 $\Delta k/k$ 必須大於 k^* 的成長率，$g/(1-\alpha)$，否則 k 就無法在傳遞過程中追上其移動標的 k^*。

k 在傳遞過程中的表現，可以告訴我們經濟體之間的收斂情形。一如以往，收斂性決定於不同的經濟體之間有相同或不同的恆定狀態。圖 5.4 所呈現的情形是兩個經濟體有相同的恆定狀態路徑 k^*。經濟體 1 由每位勞工資本 $k(0)_1$ 開始，而經濟體 2 由比較高的每位勞工資本 $k(0)_2$ 開始。圖形顯示 k_1 與 k_2 均向其恆定狀態路徑 k^* 收斂，但 k_1 也同時向 k_2 收斂。因此，在傳遞到恆定狀態路徑的過程中，經濟體 1 的每位勞工資本成長率 ($\Delta k/k$)，會高於經濟體 2 的。換句話說，如果這兩個經濟體有相同的恆定狀態路徑，那麼絕對收斂成立；較貧窮的經濟體，即其 $k(0)$ 較低，會有較高的 $\Delta k/k$。這些結果與圖 4.8 中沒有技術進步 (即 $g = 0$) 時的結果相類似。

圖 5.4　在包含技術進步的 Solow 模型中兩個經濟體的收斂與傳遞路徑

如同圖 5.3，每位勞工恆定狀態資本 (k^*) 會隨時間且循虛線所代表的恆定狀態路徑成長。第一個經濟體從 $k(0)_1$ 開始，而第二個經濟體由更高的 $k(0)_2$ 開始。在傳遞過程中，兩經濟體的每位勞工資本 k_1 或 k_2 會逐漸向共同的恆定狀態路徑 k^* 趨近。較低的實線所代表的第一個經濟體，其每位勞工資本成長率 ($\Delta k/k$) 會高於較高的實線所代表的第二個經濟體，從而 k_1 會向 k_2 收斂。因此，絕對收斂成立。

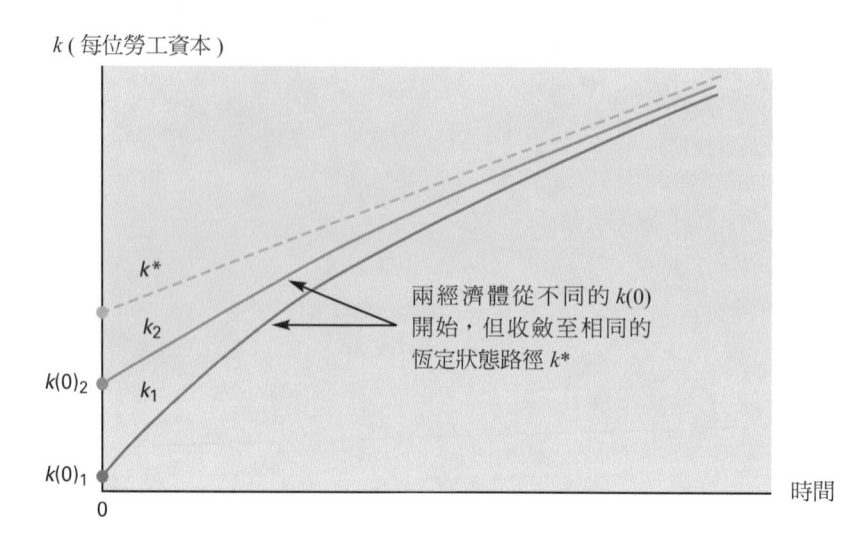

圖 5.5 所考慮的情形則是兩個經濟體有不同的恆定狀態路徑 k^*。我們假設經濟體 1 不僅有較低的 $k(0)$，同時也有較低的 k^*。我們在第 4 章討論過為什麼 k^* 較低的經濟體，一般說來，在任何時點，如第 0 日，會有比較低的 k。這個圖顯示，任一經濟體會隨時間向其自身的恆定狀態路徑收斂：k_1 向 k_1^*，且 k_2 向 k_2^*。由於 $k(0)_1$ 小於 $k(0)_2$，且 k_1^* 小於 k_2^*，所以我們不能確定在傳遞過程中，哪一個經濟體會有比較高的每位勞工資本成長率 ($\Delta k/k$)。在經濟體 1，較低的 $k(0)$ 使 $\Delta k/k$ 高一些，但較低的 k^*，則使 $\Delta k/k$ 低一些。因此，絕對收斂不一定會成立。不過，條件收斂仍然適用；如果我們保持恆定狀態路徑 (k^*) 不變，則愈低的 $k(0)$，就會在傳遞過程中，帶來愈高的每位勞工資本成長率 ($\Delta k/k$)。

我們以每位勞工資本 (k) 的變動來說明所有跟收斂有關的結果。不過，只要我們利用生產函數 $y = A \cdot f(k)$，那麼，這些結果都可以適用於每位勞工實質 GDP (y)。因此，我們可以用圖 5.4 與圖 5.5，來評估經濟體之間每位勞工實質 GDP 的收斂性。

內生成長理論

加入外生的技術進步之後讓 Solow 模型可以解釋在資料中所觀察到的每人實質

圖 5.5　在包含技術進步的 Solow 模型中兩個經濟體的傳遞路徑與收斂不成立

如同在圖 5.4 中，第一個經濟體由 $k(0)_1$ 開始，而第二個經濟體由較高的 $k(0)_2$ 開始。不過，經濟體 1 的每位勞工資本恆定狀態路徑比較低，亦即虛線 k_1^* 落於虛線 k_2^* 之下。在傳遞過程中，k_1 與 k_2 逐漸趨近其自己的恆定狀態路徑 k_1^* 與 k_2^*。但是，經濟體 1 的每位勞工資本成長率 ($\Delta k/k$) 不一定大於經濟體 2 的。因此，較低的實線所代表的 k_1 不一定會向較高的實線所代表的 k_2 收斂。所以，絕對收斂不見得成立。

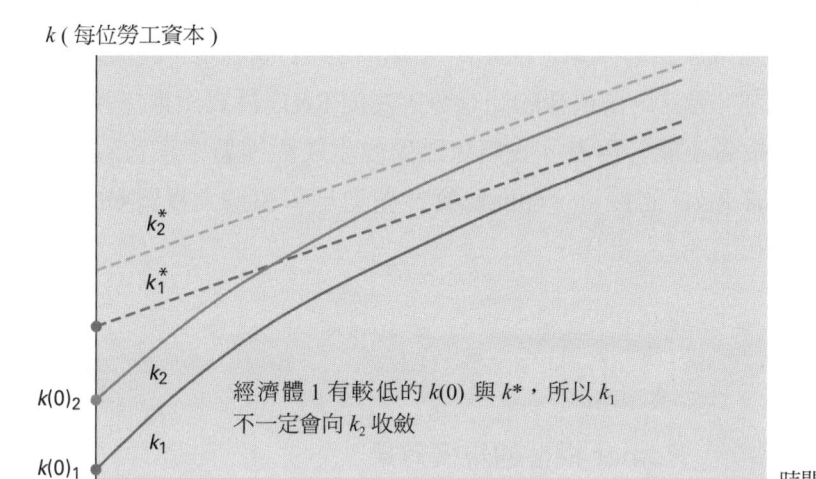

GDP 的長期成長率。不過，很多經濟學家都批評模型這種避重就輕的處理方式；亦即技術進步是憑空發生的，模型並未加以解釋。因為這個原因，在 1980 年代末期與 1990 年代初期，以 Paul Romer 為首的一群經濟學家嘗試將模型擴展以解釋為什麼技術進步會發生。由 Romer 與其他經濟學家所發展的模型稱為**內生成長理論**，因為，首先，模型可以解釋技術進步率；其次，如同 Solow 模型，技術進步會帶來每位勞工實質 GDP 與資本的長期成長。

大部分內生成長模型聚焦於**研究發展** (research and development，或R&D) 的投資。資料顯示，很多國家花費占其產出不小比例的R&D支出。根據OECD資料庫，在2012年，以色列的R&D支出占其GDP的比例為4.2%，美國為2.8%，歐盟為1.9%，土耳其為0.9%，南非為0.8%。成功的R&D計畫，導致新產品的發現、更佳的產品或更好的生產方式。在Solow模型，我們可以將這些研發的成功視為技術水準 (A) 的提升。不過，對照於外生技術進步的Solow模型，現在A的成長率可以在模型內加以解釋。

為說明 Solow 模型與 Paul Romer (1990) 所建構的模型之間的差異，我們寫出 Romer 模型的關鍵方程式：$\Delta A/A = g(R\&D)$。在 Romer 模型，A 的成長率不再是參數，而是 R&D 投資支出的函數 $g(R\&D)$。R&D 這個變數通常以從事 R&D 工作的科學家和工程師的人數來代表。換句話說，從事 R&D 工作的科學家和工程師人數

愈多的國家，其技術進步率愈高。不過，將資源由生產移向 R&D 可能導致產出在短期內減少，直到技術提升到足以代替由生產移出的資源之水準。為說明此點，我們定義 L_Y 為生產勞工數且 L_R 為 R&D 勞工數。然後，我們可以將式 (3.1) 的生產函數改寫成 $Y = A \cdot F(K, L_Y)$。勞動的資源限制式變成 $L = L_Y + L_R$，它意味著，給定 L，L_R 的增加會導致 L_Y 的減少。雖然 L_R 的增加會導致更高的技術進步率 $g(L_R)$，但 L_Y 的減少會造成產出的減少。因此，一個很自然的問題是，經濟體系的 R&D 水準是如何決定的。另外一個重要的問題是，為何 R&D 投資能維持經濟體系的長期成長，但資本投資不能。再者，我們可以用內生成長模型來了解政府政策和其他變數，如何影響 R&D 的投資，從而影響技術進步率和每人實質 GDP 的長期成長率。我們接下來討論這些問題。

模型的擴展

Romer 模型的規模效果

Romer 模型的主要特點是規模效果。規模效果意味著經濟體系的技術成長率隨從事 R&D 工作的科學家和工程師人數的增加而提高。不過，Charles Jones (1995) 的實證研究不支持 Romer 模型此一技術成長率提高的理論預測，且將 $\Delta A/A = g(L_R)$ 修改成影響長期 $\Delta A/A$ 的因素是 R&D 的成長率，而非水準。例如，假設 $\Delta A = \theta L_R$，參數 $\theta > 0$ 代表從事 R&D 工作的科學家和工程師其生產力。在此情況下，技術成長率為 $\Delta A/A = \theta L_R/A$，從而在長期，$\Delta A/A = \Delta L_R/L_R$。換句話說，在 Jones 的模型裡，技術的長期成長率決定於 R&D 科學家和工程師人數的成長率，而非人數水準。

Romer 模型詳述 R&D 投資與技術提升 (以 A 的增加來表示) 之間的關係。雖然發明來自於研究，但研究的成果無法確定。例如，當研究新藥品、電腦設計與其他原創的產品或製程時，研究者事先並無法知道成功的機率。這種不確定在基礎研究上，比在既存產品與生產方法的改善上更大。不過，一般而言，R&D 投資的數量愈大可以預期技術水準 (A) 的提升幅度會愈大。因此，為有更高的技術進步幅度，創新者必須被賦予提高其 R&D 支出的誘因。以民營企業而言，誘因來自於更高的預期利潤。政府可藉由研究補貼來影響利潤動機。而有些研究是由非營利性機構，如大學院校，來完成。政府亦可直接簽訂研究計畫，像在國防工業及太空計畫。

> ### 經濟學小舖
>
> #### R&D 稅賦誘因
>
> 近期 OECD 對 R&D 稅賦誘因的研究顯示，提供 R&D 稅賦誘因的國家隨時間增加。在 1995 年，只有 12 個 OECD 國家提供 R&D 稅賦誘因，現在則超過 20 個。其他國家，如巴西、中國、印度、新加坡與南非亦提供優渥的 R&D 稅賦誘因。這些稅賦誘因通常以給與企業稅賦減免的形式出現。稅賦減免分為量基 (volume-based) 減免與量增 (incremental) 減免。量基減免適用於所有合格的 R&D 支出，而量增減免則只適用於那些超過基準金額的 R&D 支出。根據 OECD，大多數國家採用較易執行的量基減免。

R&D 的投資從很多角度來看，很像實體資本的投資。R&D 的支出對應於實體資本的投資支出，而技術水準 (A) 則對應於資本存量 (K)。不過，技術進步與資本存量增加之間有兩個非常重要的不同點。一是與報酬遞減有關，一是與所有權有關。

一個關鍵問題是，R&D 的投資是否也適用報酬遞減。明確地說，當技術水準 A 成長後，為讓 A 進一步增加的 R&D 支出是否會變貴？如果會，則 R&D 出現報酬遞減，從而要以 R&D 投資來支撐技術進步與每位勞工實質 GDP 的長期成長可能行不通。如果不會，則 R&D 投資就有可能支撐技術進步與每位勞工實質 GDP 的長期成長。

為了解所有權在技術與資本存量之間的差異，我們可以把技術水準 A 想成是如何使用要素投入 K 與 L 來生產商品 Y 的概念，而把資本存量想成是機器或廠房。如果 A 代表概念，那麼所有的生產者可以同時使用這個概念。當生產者 1 使用這個概念以創造商品與服務時，生產者 2 可以在同一個時間使用同一概念以創造不同的商品與服務。以物理角度來看，概念是一種**非互斥財** (non-rival good)，亦即不管多少生產者同時使用這個概念，都不會降低其他生產使用它的程度。非互斥性概念的例子包括微積分中的數學公式、藥品的化學配方、電腦軟體的程式碼及歌曲的音符。非互斥概念的一個重點是，一旦它被發明了，那麼將它分享給所有可能的使用者才是有效率的。

資本存量與概念存量不同。如果一家企業使用一台機器生產，則物理上，其他企業就不可能在同一時間使用同一機器生產。這個性質也應用在勞動投入與其他大部分的商品與服務。經濟學家稱此為**互斥財** (rival good)。

如果所有的概念一旦發現之後，就可以免費地使用，則利潤導向的企業就不會

花費太多的資源創造發明。舉例來說，新藥品其化學配方的發明，通常需要大量的 R&D 支出。如果開發成功的藥品配方被廣泛散播，且所有的廠商都可以免費使用這些配方，那麼發明的公司就沒有辦法回收其研究支出，從而只會有少量 R&D；如果 R&D 主要靠利潤導向的私人企業，而非政府，則技術進步也會變慢。

利潤導向的企業，只有在它們能保留它們所發明的概念的所有權時才會投資 R&D。這類所有權被稱為**智慧財產權** (intellectual property rights)。在某些領域，智慧財產權的施行牽涉到**專利權** (patent) (通常是 17 到 20 年) 或**版權** (copyright) (通常是至作者身亡後 50 年)。對藥品、軟體、書籍、音樂與電影而言，這類的法律保障特別重要。

很多基礎發明，並沒有專利權保障，部分是因為法律的限制，部分是因為對概念範疇的定義有現實考量。例如，牛頓其微積分的數學創新並沒有專利保護、Solow 對於其成長模型也沒有財產權、Henry Ford 也無法排除他人使用裝配線的概念。更新近的例子是豐田汽車對於其及時存貨管理並沒有所有權。及時存貨管理要求零組件需要被用於生產時，才由供應商送達，而非將零組件作為存貨來儲備。其他的汽車製造商、戴爾電腦與其他許多公司複製這個概念來降低它們的存貨成本。

在很多情況下，企業並未就其新發明申請專利權保護。有些時候是因為核准過程的花費太高，更多的時候是因為企業不想揭露為獲得專利權所需的資訊。這些資訊即使在取得專利權後，仍有助於其競爭對手。如果不靠正式的專利權保護，那麼，維持智慧財產權的主要方法就是保持秘密，以及在一個新領域中先占先贏的優勢。

在 Romer 的模型，發明者對其發明擁有永遠的獨占權。不過，這個財產權的極端現象，對 Romer 的主要結論而言，並非必要。其基本的想法是，有某種形式的智慧財產權可以保證成功的發明者可以從他的新發明中獲得報酬。

Romer 模型區別發明對社會的報酬與對私人的報酬，即對發明者的私人報償。私人報酬大於零是因為智慧財產權，但社會報酬通常超過私人報酬。例如，電晶體或微晶片的發明所帶來的社會效益，遠大於發明者與發明企業所獲得的報酬。因為這個原因，所以從社會整體的角度來看，用於 R&D 的資源偏少，從而技術進步率也偏低。此一論點通常用於合理化政府對創新行為 (特別是基礎研究) 的補貼。不過政府補貼也會引發一些問題，包括選擇補貼對象時的政治運作，以及為支付補貼而提高政府收入的必要性。

Romer 將技術等同於概念，且假設創造新概念所得到的報酬，並不會隨技術的進步而減少。他的理由是可能成為好概念的數目是無限的，所以，未被開發的概念數量，並不會因更多的東西被發現而耗竭。因此，我們可以假設創造概念的報酬是

固定的。這個假設會跟由固定的技術進步率驅動而使恆定狀態每位勞工實質 GDP 的成長率固定相符。也就是說，其結果會像技術水準 (A) 成長率 g 為外生的 Solow 模型一樣。

在 Romer 的模型，R&D 投資是由利潤導向的企業進行，因此，其技術進步率決定於新發現所帶來的私人報酬。此一報酬的高低決定於一些因素：

- 如果 R&D 的成本較低，則 R&D 投資的私人報酬就會比較高。部分成本決定於政府的政策。如果政府補貼 R&D，那麼成本就會比較低。如果為了獲得政府的核准 (如新藥品) 或滿足政府的規定所需的支出很大時，則成本就會比較高。
- 創新成功所帶來的報酬，決定於它可以提高多少銷售收入或降低多少生產成本。一個考量是成功的創新所能擴展的市場規模。市場愈大 (包括國內與國外的市場)，愈能鼓勵 R&D。
- 如果智慧財產權對新發明的使用的保護愈完整且持續期間愈長，那麼私人報酬愈高。在很多情況下，這些財產權在國內獲得的保護比在國際間好。另一個考量是成功的創新有多容易被國內及國外的競爭對手所模仿。愈容易模仿，則智慧財產權對創新的保護愈小，從而 R&D 投資的動機也會愈小。

上述因素的任何變動都會影響技術進步率，從而影響經濟體系的每位勞工實質 GDP 的恆定狀態成長率。這些影響似於 Solow 模型中，外生技術進步率 g 的變動所造成的影響。

先進國家對 R&D 的支出最多。她們擁有最多的科學家與工程師，也擁有最多的專利權 (印度是個例外，身為一個窮國，但卻有很多電腦軟體方面的創新)。R&D 會集中在富國的原因之一是其擁有支持研究的互補資源，包括大量的高技能勞工與強健的教育機構。對富國而言，國內市場的規模大也很重要。不過，一個小國只要她能夠透過國際貿易與其他市場妥善連結，且智慧財產權在其他國家也受到尊重，她也能成功創新。舉例來說，瑞典與芬蘭已分別成為製藥業與通訊業的領導者。

在本章一開始，我們討論到收斂與經濟成長其他層面的跨國實證研究。這些實證發現與包含外生技術進步的 Solow 模型相符。到目前為止，少有對內生成長模型的跨國實證研究。不過，有一份研究發現，R&D 投資支出愈多的國家，通常也擁有較高的每人實質 GDP 成長率。

> **經濟學小舖**
>
> **創新在中國第十三期五年計畫中的重要性**
>
> 中國自 1953 年起即開始採行五年計畫來發展社會與經濟的藍圖。這些計畫由各級政府擬定與執行。中央政府的五年計畫由國家發展與改革委員會擬定，且揭櫫經濟成長率等經濟目標，以及健康照護與教育等社會發展目標。這些目標是政府官員在未來五年期間的施政方針。最近一期的五年計畫是從 2016 到 2020 年。此一第十三期五年計畫的一項主要目標是藉由支持創新與 R&D，將經濟成長的引擎導向經濟創新。此一政策與本章所描述的經濟成長理論相符：在長期，經濟成長來自於技術進步，而技術進步由經濟體系中的 R&D 與創新水準內生決定。

技術擴散

就世界整體而言，提升技術水準 (A) 的唯一方法，就是要有某些國家發現某些新的東西。不過，就個別國家或生產者而言，是有可能透過模仿或改造其他人的創新，來提升該國或該生產者的技術水準 (A)。例如，首部蒸汽機在技術擴散至歐洲還有其他地區之前是由英國發明的。同樣地，手機在技術擴散至全世界各地之前是由美國發明的。在非洲，手機要比電話來得普及，而常被稱為「手機限定」("mobile only") 洲。

技術擴散 (diffusion of technology) 一詞描述一國技術被其他國家模仿與改造的現象。就低所得國家而言，如果要改進生產方法及引入新的且更佳的產品，模仿與改造顯然比發明來得便宜。因此，低所得國家通常會專注在技術擴散上，以提升其技術水準。

企業用很多方法來模仿先進技術。先進國家的跨國公司，可以在其國外子公司使用先進技術。子公司所在國的企業家，可以從外國所擁有的產品與製程中學習。這種技術擴散的管道，對香港與模里西斯 (位於非洲東岸外海的一個經濟上很成功的海島) 的紡織業而言，非常重要。

有時候，技術的轉移是經由觀察與分析進口品而發生的。例如，一項商品的進口者可以藉由分解該商品 (經由「逆向工程」"reverse engineering")，推測該商品如何被生產出來。國外公司也會授權或出售其製程給國內企業。例如，蘋果公司主要授權富士康 (鴻海集團旗下位在中國的電子合約製造公司) 生產 iPhone。還有，一

國的國民可能在先進國家的企業工作或大學留學,然後將學得的技術帶回國內。

技術擴散是讓窮國向富國收斂的另一個機制。低所得國家之所以貧窮,是因為她們欠缺接近先進技術的管道。因此,這些國家可藉由模仿先進國家的技術,讓經濟快速成長。不過,隨著模仿的持續進行,成功的難度與成本會愈來愈高。模仿成本的遞增就像 Solow 模型中,資本平均產出 (y/k) 的遞減。因此,技術追隨國的成長率會下降,且其每位勞工實質 GDP 的水準會向先進國家的水準收斂。

研究顯示,開發中國家 (如一些東亞國家) 的技術擴散率,與其跟富國的貿易量、其教育水準,和司法與政治體系的健全程度成正向關係。因此,這些特質有助於解釋自 1960 年代以來,東亞地區的高經濟成長率。

經濟學小舖

蒸汽機:技術擴散的實例

Nuvolari, Verspagen and von Tunzelmann (2011) 一文探討十八世紀蒸汽技術在英國各地擴散的情況。根據他們的資料,首部蒸汽機由 Thomas Newcomen 發明,且可能於 1710 年安裝於 Cornwall,而直到 1760–1764 年才安裝於 Fife、Lanark 與 Stirling 等地。其他國家安裝 Newcomen 蒸汽機的時間大約在十八世紀的初葉與中葉。蒸汽機跨國擴散的時間延宕程度決定於當地供需因素,包括煤炭價格、供水情況、紡織廠家數…等等。有趣的是 Newcomen 蒸汽機的擴散也決定於當地的蒸汽工程技能水準,因為 Newcomen 蒸汽機是由當地製造商安裝的。相較之下,由 James Watt 發明的蒸汽機其擴散不需仰賴在地的蒸汽工程技能,因為它們主要由「唯一一家擁有專門技術的公司安裝」。

關於經濟成長我們知道什麼?

我們在第 3 章以 Solow 成長模型開啟對經濟成長的研究。這個模型的第一個層面是每位勞工資本與實質 GDP 會由其初始值趨向其恆定狀態值。第二個層面則是恆定狀態。在第 3 章與第 4 章,每位勞工資本與實質 GDP 在恆定狀態下並不會成長;但本章加入技術進步後,每位勞工資本與實質 GDP 在恆定狀態下仍會成長。

在第 4 章,我們用 Solow 模型預測,因儲蓄率、技術水準、勞動力規模與人口成長率變動,所造成的短期與長期影響。模型的傳遞層面預測收斂結果,亦即窮國會比富國成長得快,而最終會追上富國。儘管這個預測與觀察一整群國家的結果不符,但一個修正的觀念 (條件收斂) 與資料相當契合。條件收斂允許因儲蓄率、技

術水準與人口成長率的差異,而有不同的恆定狀態位置。在擴展的模型中,恆定狀態位置的不同可能反映其他的變數,包括司法與政治體制、國際貿易開放程度,與教育及健康照護計畫的效率。

在本章,我們說明條件收斂的概念可以解釋歷史上許多經濟成長的型態。我們了解為何某些飽受戰火蹂躪的 OECD 國家,在二次世界大戰之後能快速成長。我們也能解釋,為什麼在 1960–2000 年期間,大部分東亞國家能快速成長,但大部分的下撒哈拉非洲國家,如果不是成長緩慢,就是根本沒有成長。

基本的 Solow 模型並無法解釋每人實質 GDP 的長期成長,而這卻是西歐、美國與其他先進國家超過一個世紀以上的成長型態。如果我們假設外生的技術進步率約為每年 1%,那麼這個模型確實能解釋每年約 2% 的長期每人成長率。內生成長模型則仰賴 R&D 投資為技術進步的來源。這些模型預測智慧財產權、研究補貼與其他變數會如何影響技術進步率,進而影響每人實質 GDP 的長期成長率。

技術擴散是低所得國家提升其技術水準的主要方法。技術擴散有助於解釋窮國向富國收斂的現象,但無法解釋整個世界的技術進步。

儘管我們對經濟成長了解很多,但仍有許多尚待解釋。例如,對於會造成國家之間恆定狀態位置差異的變數,經濟學家僅能離析出一些而已。以長期的角度看,我們仍未能確定技術進步的來源。特別是,我們無法堅定地說明,影響 R&D 投資誘因的政府政策如何改變一國或整個世界的長期經濟成長。因此,儘管我們已經學到很多,但仍有更多要學的。

習題

A. 複習題

1. 大多數下撒哈拉沙漠的非洲國家,在 1960–2000 年期間低度成長,但在同一期間,東亞國家則高度成長。條件收斂的概念如何解釋這些現象?

2. 假設技術水準 (A) 以 $g > 0$ 的比率外生地成長。產出水準 (Y) 在長期是否會成長?而每位勞工產出 (Y/L) 在長期是否會成長?

B. 討論題

3. 收斂與所得離散 (較難)

考慮一組滿足絕對收斂的經濟體,亦即貧窮的經濟體比富有的經濟體成長得快。

a. 此一收斂的性質是否意味著,各經濟體之間的每人所得離散程度 (即所得不均度) 會隨時間而縮小?(此題與 Galton 謬誤有關,Galton 將此一概念應用於一群人的身高與

其他各項特徵的分配上。如果父母的身高高於平均水準,則其子女的身高也傾向高於平均水準,但比其父母來得矮,亦即朝均值反轉,此一效果類似於絕對收斂的概念。因此,朝均值反轉的可能性是否意味著人口之間的身高分配會隨時間而縮窄?答案為否,你應說明理由)。

b. 在圖 4.9,我們發現,在 1960–2011 年期間,一大群國家之間並沒有絕對收斂的現象;但就圖 5.1 中的國家而言,條件收斂成立。自 1960 到 2011 年,這些國家的每人實質 GDP 的離散程度呈現溫和,但持續擴大的趨勢。你如何解釋此一型態?

附錄

包含外生技術進步的 Solow 模型其恆定狀態路徑

我們現在要推導包含外生技術進步的模型其恆定狀態的路徑 (k^*)。這條路徑繪於圖 5.3。本附錄說明代數的推導。

每位勞工資本成長率為:

$$\Delta k/k = s \cdot (y/k) - s\delta - n \tag{4.1}$$

因此,在恆定狀態路徑上,成長率為:

$$(\Delta k/k)^* = s \cdot (y/k)^* - s\delta - n \tag{5.15}$$

其中,$(y/k)^*$ 是恆定狀態成長路徑上,不會變動的資本平均產出。我們也知道,在恆定狀態成長下,k 的成長率為:

$$(\Delta k/k)^* = g/(1-\alpha) \tag{5.13}$$

因此,如果我們將式 (5.15) 左邊的 $(\Delta k/k)^*$ 代以 $g/(1-\alpha)$,就會得到:

$$g/(1-\alpha) = s \cdot (y/k)^* - s\delta - n$$

移項並整理後可得:

$$s \cdot (y/k)^* = s\delta + n + g/(1-\alpha)$$

然後遍除 s,我們就得到恆定狀態資本平均產出的公式:

$$(y/k)^* = \delta + (1/s) \cdot [n + g/(1-\alpha)] \tag{5.16}$$

上式等號右邊為常數。因此,這個結果證實資本平均產出 $(y/k)^*$ 在恆定狀態成長下不會改變。

既然生產函數為:

$$y = A \cdot f(k)$$

我們可以將資本平均產出 (y/k) 寫成:

$$y/k = A \cdot f(k)/k$$

因此,如果我們將 k^* 定義為在恆定狀態成長下,隨時間變動的 k 值,那麼資本平均產出在恆定狀態下為:

$$(y/k)^* = A \cdot f(k^*)/k^* \tag{5.17}$$

式 (5.16) 與式 (5.17) 給我們 $(y/k)^*$ 的兩種表示方式。因此,兩式的等號右邊必須相等:

$$A \cdot f(k)^*/k^* = \delta + (1/s) \cdot [n + g/(1-\alpha)] \tag{5.18}$$

此式等號右邊為常數,而左邊的技術水準 A 則有成長率 g。因此,如果我們能夠設定生產函數 f 的形式,那麼就可以用式 (5.18) 來決定恆定狀態路徑 k^*。

假設生產函數 $f(k)$ 具 Cobb-Douglas 形式,即:

$$y = Ak^\alpha \tag{3.24}$$

我們在第 3 章的附錄 C 已討論此式。在此情況下,

$$A \cdot f(k)/k = Ak\alpha/k$$
$$= Ak^\alpha k^{-1}$$
$$= Ak^{\alpha-1}$$
$$A \cdot f(k)/k = Ak^{-(1-\alpha)}$$

將上式代入式 (5.18),可得:

$$A \cdot (k^*)^{-(1-\alpha)} = \delta + (1/s) \cdot [n + g/(1-\alpha)]$$

上式經移項並整理後,可得:

$$(k^*)^{1-\alpha} = \frac{sA}{[s\delta + n + g/(1-\alpha)]} \tag{5.19}$$

在等號右方,除了 A 之外,其他項都不會隨時間變動。如果 A 是常數,則 k^* 也是常數,如同沒有技術進步 ($g = 0$) 下的 Solow 模型。如果 A 的成長率為 g,則式 (5.19) 意味著 k^* 的成長率為 $g/(1-\alpha)$,此與式 (5.13) 的結果相符。

第 3 篇　經濟波動

第 6 章　無個體經濟基礎的總體經濟學

第 7 章　市場、價格、供給與需求

第 8 章　消費、儲蓄與投資

第 9 章　均衡景氣循環模型

第 10 章　資本利用與失業

第 6 章

無個體經濟基礎的總體經濟學

　　在第 7 到第 10 章，我們會發展出一個完整的個體經濟架構，並運用這些個體經濟基礎發展出均衡景氣循環模型，再用這個模型探究經濟波動的起因。此一了解總體經濟的方法，自 1980 年代中期起已成為總體經濟研究的重心。在我們學習此一現代的總體經濟學方法之前，本章先介紹很多總體經濟學教科書會詳述的另一種方法，其為凱因斯經濟學 (Keynesian economics)。

　　凱因斯經濟學源自於凱因斯的著作。他在 1936 年出版了他相當著名的一本書：**就業、利息與貨幣的一般理論** (*The General Theory of Employment, Interest and Money*)。在凱因斯之前，總體經濟學的主流是聚焦在經濟體系的總合供給 (aggregate supply) 的古典經濟學 (classical economics)。根據古典經濟學，經濟衰退是產能減少所造成的。不過，凱因斯主張，經濟大蕭條 (Great Depression) 是總合需求 (aggregate demand) 減少所造成的，且政府可以透過財政與貨幣政策來刺激經濟。

　　凱因斯的一些想法總結於 IS-LM 模型 (IS-LM model)。在本章，我們先介紹 IS-LM 模型的一個簡單版本，然後再做兩種擴展，並用它們探討財政與貨幣政策的效果。

　　值得一提的是，現代的新凱因斯經濟學 (New Keynesian economics) 藉由消費者與廠商在面對名目價格僵固時，所做的跨期最適選擇與極大化利潤，賦予 IS-LM 模型個體基礎。不過，這些新發展是研究所的學習課題，不在本書的範圍，也因此，我們在進行 IS-LM 分析時不會提到個體基礎。

IS-LM 模型

　　IS-LM 模型包括兩部分：IS (曲) 線與 LM (曲) 線。IS 線為**投資－儲蓄線** (investment-saving curve)，代表商品市場的均衡狀態。就封閉體系而言，此一均衡狀態可以用以下的商品市場均衡式來表示：

經濟學小舖

大蕭條

在 1930 年代的經濟大蕭條期間,很多國家陷入經濟活動嚴重下滑的困境。從 1920 年代末到 1930 年代初期,全世界的 GDP 下滑 15%。大蕭條對全世界的絕大多數國家帶來災難性的後果,有些國家的失業率還高達 30% 以上。在大多數的國家,大蕭條始自 1929 年,直到 1930 年代末期才結束。大蕭條一開始發生在美國,其股市在 1929 年 10 月崩盤。在 10 月 28 與 29 兩天,道瓊工業指數 (Dow Jones Industrial Index) 就下跌超過 20%。大蕭條的起因有幾種說法:有些人主張是因為大規模的信心不足造成消費與投資劇減,而導致總合需求大幅減少;有些人則主張是因為緊縮性貨幣政策 (亦即貨幣供給減少) 惡化了尋常經濟衰退的衝擊,而演變成經濟蕭條。凱因斯針對大蕭條提出增加政府支出來刺激經濟的處方。實際上,當時的美國羅斯福總統也大幅增加政府支出,而幫助了美國經濟的復甦。

$$Y = C + I + G \tag{6.1}$$

其中,等號左邊的 Y 為經濟體系其商品與服務的產出,代表商品市場的供給;等號右邊的 C 為民間消費,I 為民間投資,G 為政府 (購買) 支出,這三者構成商品市場的需求。我們假設民間消費是可支配所得 ($Y-T$) 的增函數,T 為政府的淨收入 (等於稅收減去對家戶的移轉性支付)。換句話說,當家戶有更多的可支配所得,他們會消費更多的商品與服務。我們也假設民間投資 (I) 是**實質利率** (real interest rate, r) 的減函數;實質利率決定投資的借款成本。換句話說,當投資的借款成本愈低時,廠商的投資支出會愈大。最後,我們假設政府支出 (G) 與政府淨收入 (T,以下簡稱稅收) 是外生的政策變數,其水準單由政府決定。在此情況下,

IS 線為:

$$Y = \underset{(+)}{C(Y-T)} + \underset{(-)}{I(r)} + G \tag{6.2}$$

雖然民間消費與可支配所得之間關係以及民間投資與實質利率之間關係的假設是特設性的 (*ad hoc*),但它們可以從消費者與廠商的最適化行為中推導出來。

為簡化分析,我們假設消費函數是線性的:$C(Y-T) = c \cdot (Y-T)$;參數 $c < 1$,它是**邊際消費傾向** (marginal propensity to consume),衡量當可支配所得增加一單位時,民間消費的增量。將消費函數代入上式,可得:

$$Y = [\underset{(-)}{I(r)} + G - cT]/(1-c) \tag{6.3}$$

圖 6.1 IS 線

IS 線顯示讓商品市場達成均衡的各種 (Y, r) 組合，亦即下列條件成立：$Y = C(Y-T) + I(r) + G$

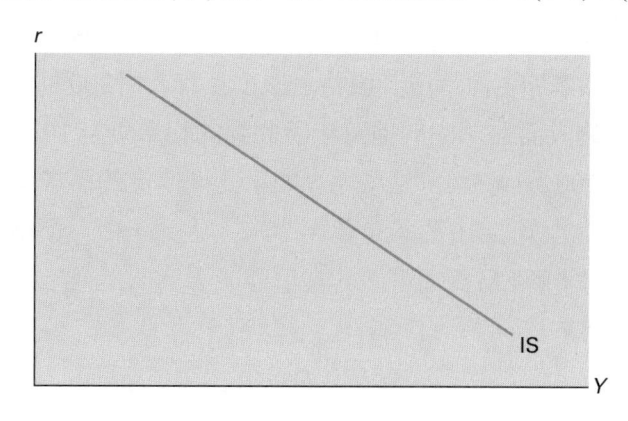

上式描述可讓商品市場達成均衡的產出水準 (Y) 與實質利率 (r) 的各種組合。

給定投資函數 $I(r)$ 是實質利率 (r) 的減函數，則 IS 線，如圖 6.1 所示，是一條負斜率的線。IS 線背後的直覺是，當實質利率上升時，民間投資量會降低，而造成經濟體系的產出減少。

IS-LM 模型之所以被視為無個體基礎的總體經濟模型的一個主要原因是，商品的總合供給被假設成被動地跟隨總合需求。舉例來說，如果家戶因對未來所得更有信心而增加現在的消費，或廠商因樂觀的「動物情緒」("animal spitits") 瀰漫而增加投資支出，或政府支出外生地增加，那麼，式 (6.2) 中的 IS 線會隱含 Y 會因而增加：廠商會生產更多的商品來滿足所有新增的需求。相反地，如果需求突然減少，產出也會跟著突然減少：廠商會減產，而導致經濟收縮。

此一理論並沒有告訴我們，為何總合需求增加不會造成一般物價上漲，且總合需求減少不會造成一般物價緊縮。因此，此一理論的一個根本假設是，廠商總是會有閒置的產能，且經濟體系總是會有足夠的未利用資源 (特別是勞動與資本)，可讓廠商在商品需求增加之後可以馬上增產。在經濟衰退時，這可能做得到。所以，經濟衰退可能是 IS 線的最好舞台。

LM 線為**流動性 – 貨幣線** (liquidity-money curve)，代表貨幣市場的均衡狀態，且描述流動性偏好理論 (theory of liquidity preference)。此一理論試圖解釋為何家戶其部分財富為非生利資產，如貨幣 (包括通貨、支票存款等)，而非較高收益資產，如債券 (像國庫券等)。貨幣是流動性最高的資產，但沒有利息；生利資產雖可賺利息，但流動性低於貨幣。LM 線試圖以一簡單且制式的方式來解釋家戶可能複雜的資產組合決策。因此，我們可以說，在凱因斯理論理，LM 線也代表一個包含諸多標的金融市場 (特別是債券市場) 的均衡狀態。在第 7 章，我們會詳細說明

債券市場。簡單地說，債券讓發行單位(政府或重要廠商)負支付利息與本金的法律責任。假設你買了一張面額100萬元的政府債券，年利率為10%，且沒有到期日〔此一債券稱為永久債券 (perpetuity)〕，則政府每年需付你10萬元的利息。假設政府債券的需求突然增加，而造成其價格上漲，且有人用200萬元買了你手上那一張永久債券。就買的人而言，由於他每年所收到的利息仍為10萬元，因此他所享有的利率為10萬／200萬＝5%。相反地，如果此一債券的需求減少，而使價格降為50萬元，則利率會上升為10萬／50萬＝20%。因此，債券價格與利率呈反向關係。此一反向關係對了解LM線而言，非常重要。

LM線可以表示成：

$$M^s/P = D(Y, i) \atop \quad\;\;(+)(-)$$ (6.4)

M^s 為貨幣供給水準，假設由貨幣當局外生決定；P 為一般物價水準。因此，M^s/P 為**實質貨幣供給** (real money supply)，其意為，給定一般物價水準，M^s 所能購買的商品與服務的數量。$D(Y, i)$ 為**實質貨幣需求** (real money demand)，它反映家戶想要持有的貨幣的實質數量決定於所得 (Y) 與**名目利率** (nominal interest rate, i)。當所得增加時，家戶會消費更多的商品與服務，所以會想要持有更多的貨幣，以完成更多的交易。名目利率上升會使家戶持有貨幣的機會成本提高，從而使貨幣需求減少。這是因為當家戶持有貨幣時，他們放棄了將貨幣轉為其他生利資產的機會。再者，貨幣的實質價值(亦即貨幣所能購買的商品與服務的數量)會因物價膨脹 (inflation) 而降低，因此，相對於債券，持有貨幣的成本決定於名目利率 (i)，而非實質利率 (r)。

在**一般理論**裡，凱因斯考慮勞動市場的工資僵固性〔亦即**僵固的名目工資率** (sticky nominal wage rates)〕。為簡化分析，我們假設一般物價 (P) 在短期是固定的，也就是我們考慮物價僵固性〔亦即**僵固的物價** (sticky prices)〕。在此假設下，短期的物價變動率為零。實質利率 (r，即以商品為單位的報酬率) 為名目利率 (i，即以貨幣為單位的報酬率) 與物價膨脹率的差 (即商品價格的變動率，以 π 表示)。著名的費雪方程式 (Fisher equation，以經濟學家 Irvin Fisher 命名) 即 $r = i - \pi$，我們會在第12章再詳細說明。零物價膨脹率的假設意味著在短期 $r = i$，從而，LM線可以改寫成：

$$M^s/P = D(Y, r) \atop \quad\;\;(+)(-)$$ (6.5)

給定實質貨幣供給 (M^s/P)，上式描述可讓貨幣市場達成均衡的產出水準 (Y) 與實質

利率 (r) 的各種組合。如圖 6.2 所示，LM 線是正斜率的。LM 線背後的直覺是，因所得增加而增加的貨幣需求，必須由較高的實質利率所減少的貨幣需求抵銷。

當貨幣市場沒有達成均衡時，債券價格會變動，而導致名目利率 (i) 及實質利率 (r) 的變動。舉例來說，給定所得水準 (Y)，LM 線下方的點都意味著 i 與 r 太低，從而式 (6.4) 與式 (6.5) 的右邊會大於左邊；這意味著貨幣市場有超額需求，從而債券市場有超額供給：有超額供給會使債券價格下跌，從而使利率上升 (兩者呈反向變動)，直到經濟體系又重回 LM 線。反之，LM 線上方的點都意味著利率太高，從而貨幣市場會有超額供給，且債券市場會有超額需求，因此，債券價格會上升，且利率會下跌。

根據此一理論，因為金融市場的運行要比商品市場快很多，所以利率會迅速調整，而讓經濟體系總位在 LM 線上。實務上，當廠商面對商品的超額需求或供給時，可能需要數週或數月的時間去調整它們的生產計畫、勞工僱用決策⋯等等。而貨幣／債券市場存在超額供／需時，僅需數分鐘的反應，就可重回均衡。

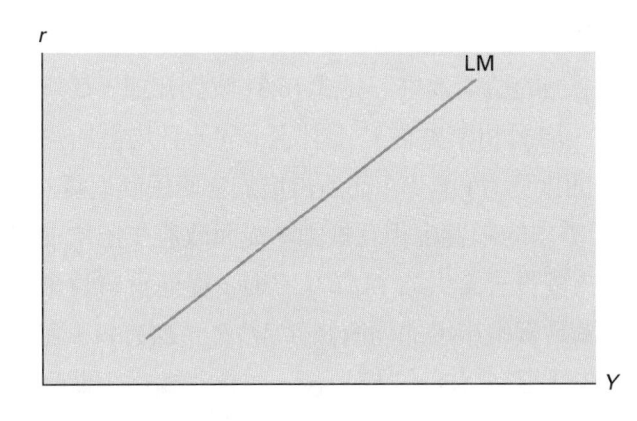

圖 6.2　LM 線

LM 線顯示讓貨幣市場達成均衡的各種 (Y, r) 組合，亦即下列條件成立：$M^s/P = D(Y, r)$。

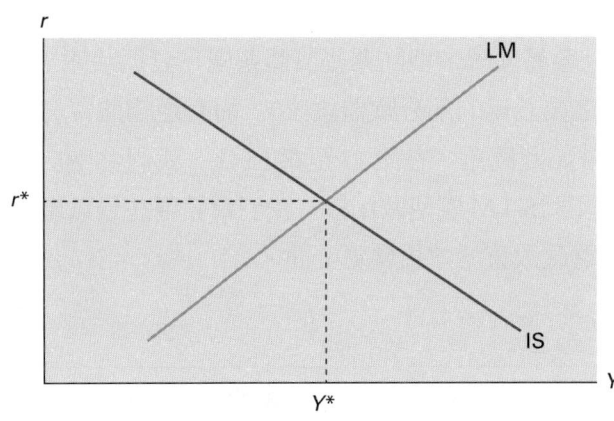

圖 6.3　IS-LM 線

IS 線與 LM 線的交點顯示經濟體系的均衡所得水準 Y^* 與均衡利率水準 r^*。

圖 6.3 顯示，IS-LM 模型的均衡位於 IS 線與 LM 線的交點，此點代表商品市場與貨幣市場同時達成均衡。均衡的所得水準與利率水準分別為 Y^* 與 r^*。在下一節，我們將用 IS-LM 模型探討財政與貨幣政策對總體經濟的影響。

根據此一理論，經濟體系會趨向 (Y^*, r^*) 的均衡點。當商品市場有超額需求時，廠商會增產，而使就業與資本利用率上升。相反地，當商品市場有超額供給時，廠商會減產，會減僱勞工且降低資本利用率。這些調整會持續到商品市場重新回到均衡為止。

同樣地，當貨幣市場有超額需求時，家戶會賣債券以增持貨幣。不過，由於貨幣供給量不變，因此，不可能所有的家戶都賣債券而沒有家戶買；也因此，總合效果為債券價格下跌且利率上升。相反地，當貨幣市場有超額供給時，家戶會買債券以減持貨幣，而造成債券價格上漲且利率下跌。

總結來說，根據此一理論，經濟體系的產出會調整至讓式 (6.3) (此式定義 IS 線) 成立為止；而利率會調整至讓式 (6.4) (此式定義 LM 線) 成立為止。因此，為預測經濟體系的變化，我們將只聚焦在 IS 線與 LM 線的交點。

IS-LM 模型的財政政策

接下來我們探討政府支出 (G) 增加的短期效果。從式 (6.3) 我們知道，G 增加會使 IS 線右移，從而如圖 6.4 所示，均衡利率會從 r^* 上升至 $(r^*)'$，且均衡所得會從 Y^* 增加至 $(Y^*)'$。利率上升會使民間投資 (I) 減少，而所得增加會使民間消費 (C) 增加。[1] 所得增加與利率上升對貨幣需求的影響會相互抵銷，從而政府支出增加對貨幣需求的影響是中立的。這是因為實質貨幣供給 (M^s/P) 不變，從而實質貨幣需求 $[D(Y, r)]$ 也必須維持不變，才能滿足貨幣市場的均衡條件 $M^s/P = D(Y, r)$。在長期，還會有進一步的調整；但我們在介紹完 AD-AS 模型後，才會討論從短期到長期的調整過程。

雖然以上的分析結論合乎直覺且容易理解，但除非經濟體系處在衰退狀態 (如 1929–1938 年的美國，以及 2009 年之後五年的部分歐盟國家)，而有足夠閒置的勞動與資本，否則財政政策的效果不會如此簡單。在第 13 至第 15 章，我們會用均衡景氣循環模型探討財政政策效果，並跟 IS-LM 模型做比較。我們會發現在景氣循環模型 (包含接近充分就業的期間)，財政政策的效果會更全面。

---

[1] 耐久財消費可能也決定於利率。如果我們假設民間消費隨利率上升而減少，則政府支出增加對民間消費的影響不確定。

圖 6.4　IS-LM 模型中政府支出增加的效果

政府支出 (G) 增加會使 IS 線右移，而造成均衡利率從 r^* 上升至 $(r^*)'$，且均衡所得從 Y^* 增加至 $(Y^*)'$。

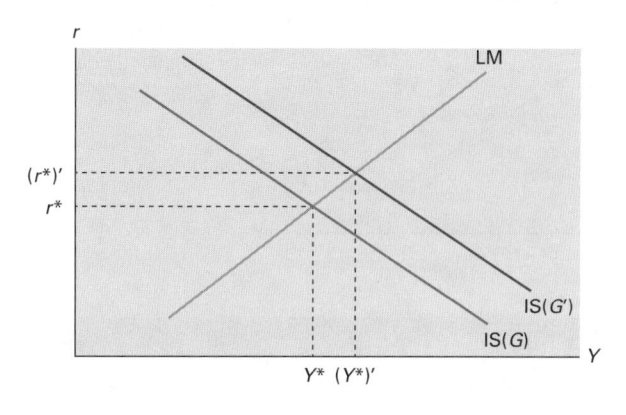

IS-LM 模型的投資者情緒

除了財政政策之外，我們也可以用 IS-LM 模型探討**投資者情緒** (investor sentiment) 發生變化的總體經濟意涵。我們可以將投資函數設定成 $I(r,\varepsilon)$，其中，ε 為反映投資者情緒的參數。給定實質利率 (r)，當 ε 上升時，投資會增加。在此情況下，當投資者的情緒轉好時 (亦即 ε 上升)，IS 線會右移，而造成均衡利率上升，且均衡所得增加；其效果跟圖 6.4 所畫的一樣。相反地，當投資者的情緒轉差時 (亦即 ε 下降)，IS 線會左移，而造成均衡利率下降，且均衡所得減少。

IS-LM 模型的貨幣政策

我們現在探討貨幣供給 (M^s) 增加的影響。從式 (6.5) 我們知道，給定物價水準 (P)，貨幣供給 (M^s) 增加最終會導致貨幣需求 [$D(Y, r)$] 增加，而這需透過所得 (Y) 增加，且/或利率 (r) 下降。因此，貨幣供給 (M^s) 增加，如圖 6.5 所示，會使 LM 線右移，而造成均衡利率從 r^* 下降至 $(r^*)'$，而均衡所得則從 Y^* 增加至 $(Y^*)'$。利率降低會刺激投資，而所得增加會刺激消費。所得增加與利率降低都會使貨幣需求增加，而讓貨幣供需再度相等。

IS-MP 模型

對 IS-LM 模型的一個常見的批評是，中央銀行在執行貨幣政策時通常設定利率目標，而非貨幣供給水準目標。舉例來說，當英格蘭銀行的貨幣政策委員會開會 (一年十二次) 討論貨幣政策時，該委員會設定英格蘭銀行基準利率 (Bank of

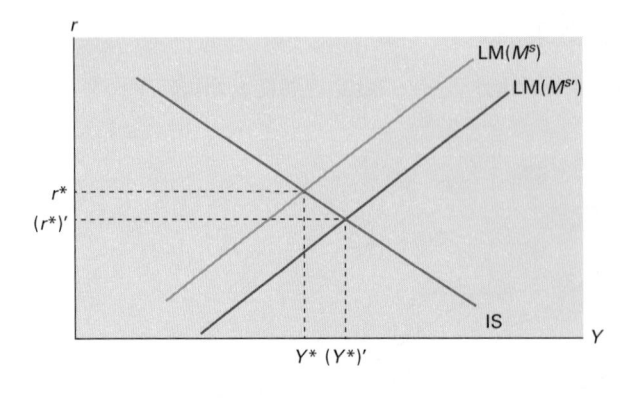

圖 6.5　IS-LM 模型中貨幣供給增加的效果

貨幣供給 (M^s) 增加會使 LM 線右移，而造成均衡利率從 r^* 下降至 $(r^*)'$，而均衡所得則從 Y^* 增加至 $(Y^*)'$。

經濟學小舖

流動性陷阱

在 LM 線上，名目利率不能降到零，因為這意味著債券價格會太高。當名目利率接近零時，家戶會因為害怕債券價格隨時會跌而不敢買債券。因為此一「投機」("speculative") 動機，所以當利率接近零時，家戶會願意持有任何數量的貨幣；此一情況稱為「流動性陷阱」("liquidity trap")，且意味著傳統的貨幣政策無效，如圖 6.6 所示。在流動性陷阱中，LM 線在當利率接近零的部分會是水平的，因為利率低到讓個人願意接受資產組合中任何多出的流動性。在此情況下，貨幣供給的改變對產出不會有任何影響。一些評論家說，最近歐盟的極低利率意味著歐盟已陷入流動性陷阱，從而可以解釋為何在歐洲中央銀行注入大量新貨幣到歐盟後，歐盟經濟仍未見起色。根據凱因斯的看法，在流動性陷阱中，只有擴張性財政政策幫得上忙；證諸美國的「財政刺激」("fiscal stimulus") 的正面效果，以及歐盟經濟在 2011–2012 年因欠缺擴張性財政政策而陷入「雙重衰退」("double-dip recession")，凱因斯的看法似乎得到證實。

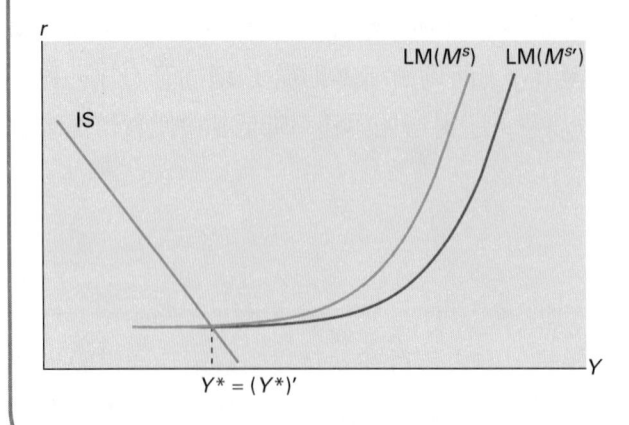

圖 6.6　在流動性陷阱中貨幣供給增加的效果

雖然貨幣供給 (M^s) 增加使 LM 線右移，但產出水準並未變動，因為兩線的交點仍停留在 LM 線的水平部分。

England Base Rate)，其為英國的官方利率。我們可以藉由用貨幣政策 (MP) 法則線取代 LM 線來包含此一做法。一個簡單的 MP 法則是貨幣當局外生地設定名目利率 (i)。然後，我們短期物價膨脹率為零的假設意味著貨幣當局也可以影響實質利率。因此，我們設定一個非常簡單的 MP 法則如下：

$$r = \bar{r} \qquad (6.6)$$

在式 (6.6) 中，$\bar{r}$ 是貨幣當局所選定的利率目標。IS 線仍跟式 (6.3) 中的一樣。

圖 6.7 畫出 IS-MP 模型的均衡以及利率目標 $\bar{r}$ 降低的效果。$\bar{r}$ 降低使 MP 線下移，而造成均衡所得從 Y^* 增加至 $(Y^*)'$。利率降低刺激了投資 (I)，而使產出 (Y) 增加；產出增加使所得增加，而刺激了消費 (C)。這些效果與 IS-LM 模型中的貨幣供給增加的效果一樣。

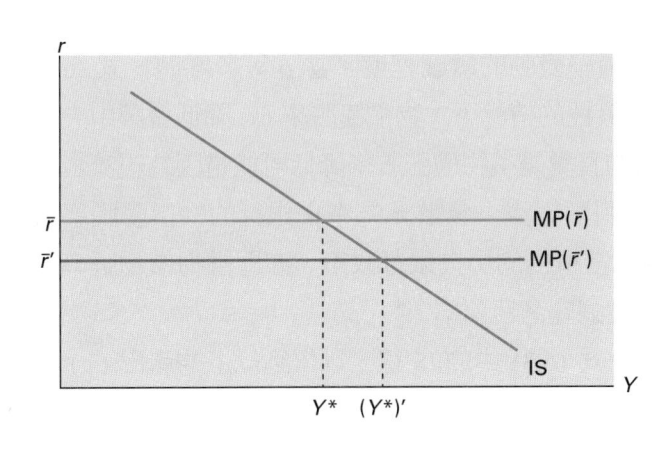

圖 6.7 在 IS-MP 模型中利率目標降低的效果

$\bar{r}$ 降低使 MP 線下移，而造成均衡所得從 Y^* 增加至 $(Y^*)'$。

IS-MP-PC模型

到目前為止，我們假設一般物價水準是完全固定的，從而短期的物價膨脹率為零；這是非常極端的假設。某種程度的物價僵固並不必然意味著整體物價水準是完全固定的。因此，僵固的物價並不意味著零物價膨脹率。在本節，我們藉由將菲力浦曲線 (Phillips curve) 引進 IS-MP 模型，來探討物價膨脹的變動。而此一新的模型，IS-MP-PC 模型，通常稱為**三方程式凱因斯模型** (three-equation Keynesian model)。

此一模型中的菲力浦曲線 (以經濟學家 William Phillips 命名) 陳述物價膨脹率

(π) 與產出水準 (Y) 之間的正向關係。[2] 此一關係是立基於當經濟繁榮時通常物價膨脹率高，而經濟衰退時通常物價膨脹率低的觀察。我們可以將此一版本的菲力浦曲線設定成：

$$\pi = \pi^e + \theta \cdot (Y - \bar{Y}) \tag{6.7}$$

參數 $\theta > 0$ 決定物價膨脹率 (π) 對產出 (Y) 變動的敏感程度。$\bar{Y}$ 為由經濟成長率所決定的長期產出水準。由於這是一個短期模型，因此我們將 $\bar{Y}$ 視為給定的。變數 π^e 為預期的物價膨脹率。有很多方式設定預期，在此，我們考慮一種簡單的方式：外插式預期 (extrapolative expectations)。在外插式預期下，廠商與家戶預期今年的物價膨脹率與去年的一樣，亦即 $\pi^e = \pi_{t-1}$，π_{t-1} 為去年的物價膨脹率。

為讓物價膨脹可以影響產出，我們需要一個更具一般性的貨幣政策法則。在此，我們將此一更一般性的 MP 法則設定成：

$$r = \bar{r} + \rho \cdot (\pi - \bar{\pi}) \tag{6.8}$$

參數 $\rho > 0$ 決定利率對物價膨脹率變動的敏感程度。當 ρ 等於零時，式 (6.8) 即式 (6.6)。在 ρ 大於零此一更具一般性的情況下，物價膨脹率 (π) 降低會讓中央銀行調降利率。此一政策反應其背後的直覺是：物價膨脹率降低可能是因為經濟表現不佳，所以中央銀行需調降利率來刺激經濟。參數 $\bar{\pi}$ 為中央銀行的物價膨脹率目標。[3] 注意，我們在這裡假設一個相當積極的中央銀行政策，亦即當物價膨脹率上升時，中央銀行以超過一對一的幅度調升名目利率。[4]

我們現在將上式的 MP 曲線代入式 (6.3) 中的 IS 線，以得到以下的產出 (Y) 與物價膨脹率 (π) 之間的負向關係：

$$Y = \{I[\underset{(-)}{\bar{r} + \rho \cdot (\pi - \bar{\pi})}] + G - cT\}/(1-c) \tag{6.9}$$

直覺上，物價膨脹率上升會讓中央銀行調高利率，從而抑制投資及產出。式 (6.9) 本質上為一描述物價膨脹與產出之間負向關係的總合需求 (AD) 曲線。而菲力浦曲線可以解釋成為一描述物價膨脹與產出之間正向關係的總合供給 (AS) 曲線：

$$\pi = \pi_{t-1} + \theta \cdot (Y - \bar{Y}) \tag{6.10}$$

---

[2] 在菲力浦 1958 年的文章中，他確認英國的失業與名目工資變動率 (即工資膨脹率) 之間的負向關係。給定失業與產出之間的負向關聯，失業與物價膨脹率之間的負向關係，意味著產出與物價膨脹率之間存在正向關係。

[3] 具體而言，$\bar{\pi}$ 是當均衡利率 r 等於 $\bar{r}$ 時的物價膨脹率目標。

[4] 如果當物價膨脹率上升時，中央銀行沒有調升名目利率，則根據之前提到的費雪方程式 $r = i - \pi$，物價膨脹率上升會自動讓實質利率下降。

圖 6.8 在 AD-AS 的圖形裡畫出 IS-MP-PC 模型。

如果中央銀行採行反物價膨脹 (disinflation) 政策〔亦即調降物價膨脹率目標 ($\bar{\pi}$)〕，則如圖6.9所示，$\bar{\pi}$ 的降低會使AD線下移。直覺上，$\bar{\pi}$ 的降低讓中央銀行需以調高利率應對 (亦即反物價膨脹要求利率上升)，而在短期抑制投資與產出。

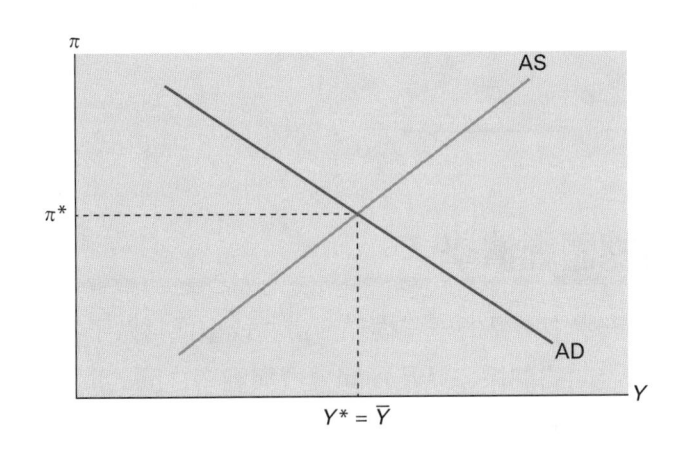

圖 6.8　AD-AS 圖形

AD 線與 AS 線的交點顯示經濟體系的短期均衡產出與物價膨脹率水準。

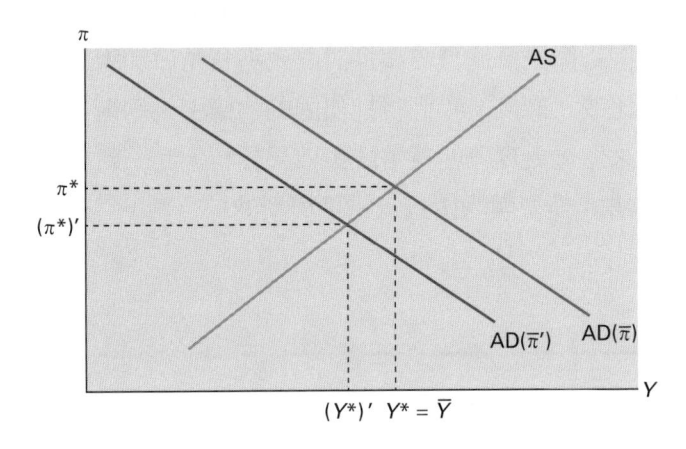

圖 6.9 反物價膨脹的短期效果

$\bar{\pi}$ 的降低會使 AD 線下移，而導致短期均衡產出與物價膨脹率水準的下滑。

經過一期之後，均衡物價膨脹率的下降導致物價膨脹預期 ($\pi^e = \pi_{t-1}$) 的降低，進而造成 AS 線下移。AS 線此一下移導致物價膨脹率進一步降低，但也造成產出的增加。在兩期之後，物價膨脹率的下降導致物價膨脹預期再度降低，從而使 AS 線再度下移。此一過程會持續下去，直到產出回到長期水準 ($\bar{Y}$，繪於圖 6.10)。當 $Y = \bar{Y}$ 時，物價膨脹率也穩定下來。雖然反物價膨脹政策對產出的長期效果是中立的，但會造成產出在短期暫時的減少。

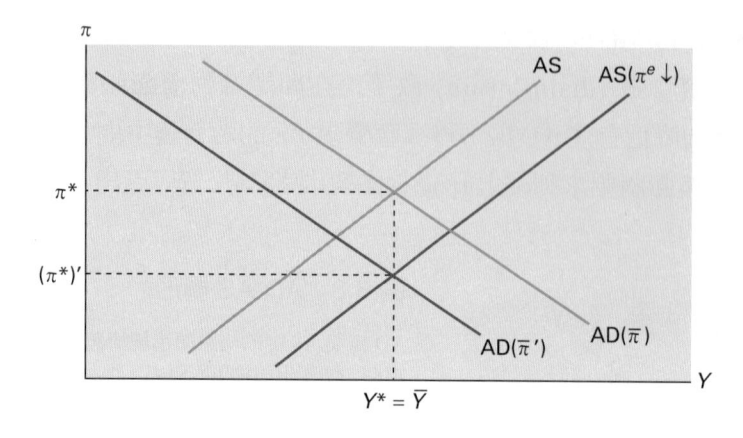

圖 6.10 反物價膨脹的長期效果

$\pi^e = \pi_{t-1}$ 的降低會使 AS 線下移，直到產出回到長期水準。

具個體經濟基礎的總體經濟學

我們在本章介紹了在凱因斯經濟學中常見的一些模型。這些模型通常做了特設性的假設，例如，民間消費與所得之間的關係，以及民間投資與利率之間的關係；這些關係是被假設的，而不是從家戶與廠商的最適化理性行為推導出來的。在下一章，我們開始發展從最適化行為推導出來的總體經濟模型，而這些最適化行為是有個體經濟基礎的。然後我們將用這個均衡景氣循環模型探討財政與貨幣政策對總體經濟的影響，並將結果與本章的做比較。最後，我們將把僵固的物價引入均衡景氣循環模型，以發展新凱因斯模型，來進行更實際的貨幣政策效果分析。此一新凱因斯模型通常被視為凱因斯學派的 IS-LM 模型與均衡景氣循環模型的綜合體。

習題

A. 複習題

1. 用 IS-LM 模型說明稅收 (T) 增加對利率、產出、消費與投資的影響。
2. 假設 IS-LM 模型中，物價膨脹率 π 為正數且是外生的。在此情況下，LM 線變成：$M^s/P = D(Y, r + \pi)$。用此一 IS-LM 模型說明物價膨脹率 (π) 的外生上升對利率、產出、消費與投資的影響。
3. 用 IS-MP 模型說明政府支出 (G) 增加對利率、產出、消費與投資的影響。
4. 用 IS-MP-PC 模型說明利率目標 ($\bar{r}$) 上升對物價膨脹率與產出的短期與長期的影響。
5. 用 IS-MP-PC 模型說明長期所得水準 ($\bar{Y}$) 增加對物價膨脹率與產出的短期與長期的影響。

第 7 章

市場、價格、供給與需求

人們非常關心經濟是在擴張還是收縮中。在繁榮時，即實質 GDP 增加時，消費和投資會比較強勁，就業會增加，且失業會降低。相反地，在衰退時，即實質 GDP 減少時，消費、投資和就業都較弱，失業也會增加。在衰退時，人們會發現很難找到好工作，失去工作的勞工比找到的多。無法保住或找到一份好工作可能會讓尋職者及其家庭陷入困境。

在本書的這一篇，我們主要的目標是要了解這些經濟波動，亦即實質 GDP 在繁榮時的增加和在衰退時的減少。這些波動通常發生的時間比較短，如一年或二年。相對地，第 3 章到第 5 章所談的經濟成長，專注在長期：5-10 年，甚至 20-30 年或更長。

為建立一個經濟波動模型，我們由模型的個體經濟基礎著手。這些基礎描述個別的消費者和生產者如何做選擇。在本章，我們專注於勞動和資本服務市場。在第 8 章，我們把分析擴展到消費和儲蓄。

個體經濟選擇的一個例子是勞工對工作多久的選擇；另一個例子是生產者僱用多少勞工的選擇。在這些決策中，勞工及生產者都將其所面對的價格視為給定。其中的一個價格是**實質工資率**，它衡量一個勞工工作一小時所能購買的商品的數量。

在我們的模型中，一個關鍵的假設是有很多的勞工、消費者和生產者，以至於他們對影響他們決策的價格沒有任何影響。舉勞動市場為例。假設在決定勞動供給量時，每一個勞工將實質工資率視為給定；同樣地，在決定勞動需求量時，每一個生產者也視實質工資率為給定。因此，個別的供給量和需求量是在市場價格給定下所做的決定。經濟學家認為這種假設在完全競爭下是成立的。在完全競爭下，每一個市場參與者都可以依市場價格，賣出或買進任何他或她想要的數量；亦即每個參與者小到他們的需求量或供給量的變動，對市場價格的影響是可以忽略的。

當我們把個體的選擇加總後，就可以得到市場的供給和需求函數。以勞動市場為例，如圖 7.1 所示，勞動的市場供給量 (L^s) 隨實質工資 (w/P) 的增加而增加，從而 L^s 為正斜率的曲線。勞動的市場需求量 (L^d) 則隨 w/P 的增加而減少，從而 L^d

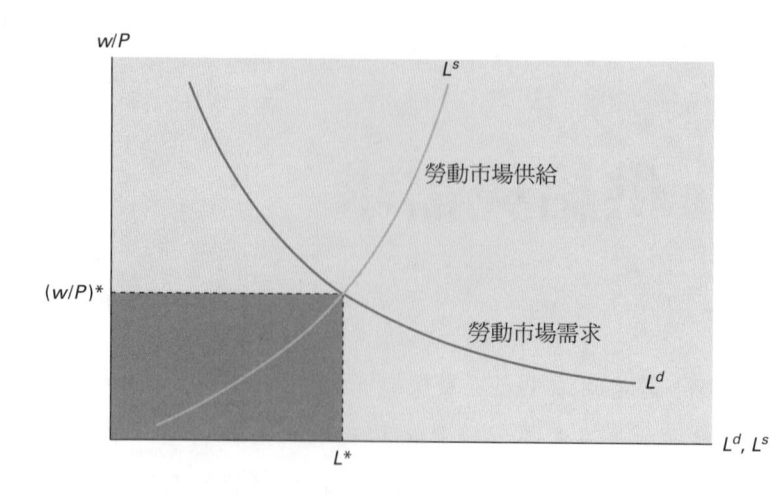

圖 7.1　市場結清的一個例子：勞動市場

此圖透過勞動市場呈現市場如何結清的一個簡單例子。勞動需求曲線 (L^d) 為負斜率曲線，而勞動供給曲線 (L^s) 為正斜率曲線。兩條曲線的交點為市場均衡點，其所對應的實質工資率為 $(w/P)^*$。在此一實質工資率下，市場結清了，且市場結清之勞動數量為 L^*。

為負斜率的曲線。

一旦我們知道市場的需求和供給函數，我們就要考慮這些函數如何決定經濟體系內的數量和價格。我們的決定方式，仰賴**市場結清條件** (market-clearing conditions)。在圖 7.1 的例子中，勞動的市場供給和需求均決定於實質工資率 (w/P)。我們假設 w/P 會調整到使勞動市場結清的水準，亦即，使勞動市場的需求量等於供給量。如圖 7.1 所示，結清市場的實質工資率為縱軸上的 $(w/P)^*$，而結清市場的勞動數量則是橫軸上的 L^*。

有了這個關於市場的概念後，我們就可以開始建立總體經濟模型的個體經濟基礎。我們先說明模型中各個市場的結構。

總體經濟體系內的市場

我們的總體經濟模型包括一些有交易發生的市場。在本節，我們描述每個市場的參與者與其交易的商品與服務。

為簡化起見，我們假設整個經濟體系的所有功能都由家戶完成。每一個家戶都經營一個家庭企業，使用勞動 L 和資本 (K)，透過第 3 章所介紹的生產函數生產商品 Y：

$$Y = A \cdot F(K, L) \tag{3.1}$$

比較接近實際的情況是，商品的生產由大公司或小企業進行。不過，私人企業最終仍為家戶所擁有，很有可能是透過**股票市場** (stock market) 交易來的股份；當我們把企業視為家戶的一部分時，就可以避免企業所有權結構的複雜性。既然最後的總體經濟結果是一樣的，這樣的簡化是值得做的。

商品市場

在現實世界中,典型的家戶只消費它所參與生產的一小部商品。通常,一個人只參與生產一種或少數幾種商品,並從這些商品的銷售或從提供勞務幫助這些商品的生產,獲取所得。然後,這個人再把所得花費在一組商品上。不過,如果我們要呈現商品的多樣性,那麼,模型就會變得太複雜了。

我們就很簡單地想像家戶在一個**商品市場** (goods market) 出售它們所生產的所有商品,然後再從這個市場買回它們所想要的數量。家戶購買商品的一個原因是為了**消費**。另一個原因是要增加具資本形式 (如機器和建築物) 的財貨的存量;此一購買行為稱為**投資**。

勞動市場

家戶在**勞動市場** (labor market) 提供勞動。為簡化分析,我們假設供給量 (L^s) 是一個常數,不過我們會在第9章放寬這個假設。如同先前各章,勞動是以每人每年工時數的流量來衡量。例如,如果一個人每年工作52週,每週40小時,那麼其一年工時的流量為2,080小時。

家戶,作為家庭企業的管理者,其在勞動市場的需求量為 L^d。其所需求的勞動作為商品生產的投入。每一個家戶在我們的經濟體系內扮演兩種角色。當扮演第一種角色時,家戶提供勞動,就像一個由購買勞動的人所僱用的員工。當扮演第二種角色時,家戶需求勞動,就像一個僱用出售勞動的人的老闆。

租用市場

接下來,我們討論用於生產的資本投入。家戶擁有資本存量 (K)。任一家戶都可以從商品市場購買財貨以增加其資本存量,也可以在商品市場出售其財貨以降低其資本存量。我們可以把這些交易想成是家戶轉賣其使用過的資本財。例如,家戶可能出售其使用過的汽車或房屋,而這些都具資本財的形式。在我們的模型,家戶經營企業,因此,我們也可以想像,家戶可能出售其使用過的機器或整個工廠。

資本存量 (K) 是以財貨為衡量單位,例如,多少輛汽車或多少台機器。概念上,我們可以區分資本財的存量和資本服務的流量。舉例來說,假設家戶擁有一台機器;而如果這台機器每年運作52週,每週5天,每天8小時,那麼這台機器每年就被使用了2,080小時。此一機器的每年工時 (為流量變數) 2,080,為其所提供的資本服務的數量。這個流量類似於以每人每年工時衡量的勞動服務流量。

為簡化分析,我們簡單地假設,每單位資本 (例如,一台機器) 每年被使用的

小時數固定，也許就是2,080。在此情況下，資本服務的流量是資本存量的固定倍數，例如，每台機器代表每年2,080機器工時，從而如果我們像式 (3.1) 那樣，把資本存量 (K) 寫成生產函數的投入，就不會有問題。此一存量，實際上代表資本服務的流量，且這個流量是資本存量的固定倍數。既然倍數是固定的 (如2,080)，我們就不需要明確地寫在生產函數 $F(K, L)$ 之內。

雖然家戶擁有某一數量的資本 (如一台機器)，但並不一定要把此一資本用於其自身的商品的生產上，而可以將它租給另一個家戶，讓它把此一資本作為生產的投入。例如，一個家戶可能把它的房屋或汽車出租給另一個家戶。在我們的模型，我們將租用的概念應用到所有種類的資本，包括機器和設備。

為簡化分析，我們假設每一個家戶都將其所擁有的資本，全部在**租用市場** (rental market) 上出租。因此，如果一個家戶擁有一部機器，它會在租用市場出租這機器全部的資本服務 (例如每年 2,080 機器小時)。在現實中，格上租車公司就是一例，它擁有很多汽車，而且把它們全部出租給使用者。我們模型的一個重要的假設是，家戶不會讓其所擁有的資本閒置，因此，會在租用市場將其資本全部出租。

我們可以把被提供到租用市場的資本數量想成資本服務的供給量 (K^s)，就好像勞動市場的供給量 (L^s) 一樣。既然我們已經假設家戶將其所有的資本出租，因此，$K^s = K$。嚴格地說，我們應該將它乘以 2,080，以將資本存量 (機器的數量) 轉換為資本服務數量 (每年機器工時)。不過，由於 2,080 是一個常數，因此我們可以忽略它。資本服務的供給是固定的假設，類似於勞動供給是固定的假設；同樣地，我們會在第 10 章放寬這個假設。

到目前為止，我們假設家戶會出租它們所擁有的全部資本。不過，作為家庭企業的管理者，家戶也會使用資本服務來生產商品。為了取得此一資本投入，家戶必須從租用市場承租。從租用市場租到的資本數量類似於從勞動市場所購買或需求的勞動數量 (L^d)。因此，我們將從租用市場租到的資本，想成資本服務的需求 (K^d)。

注意，我們假設家戶把它們所擁有的資本全部出租 ($K^s=K$)，然後再租回 K^d 的數量。如果 K^s 大於 K^d，我們也可以想成家戶保留 K^d 這麼多數量的資本，作為生產商品之用，然後把剩餘的資本 (K^s-K^d) 出租。同理，如果 K^s 小於 K^d，我們也可以想成家戶將其擁有的資本全部投入商品的生產，且租用不足的部分 (K^d-K^s)。在這些不同的假設下，結果仍然會是一樣的。因此，家戶把它們所擁有的資本全部出租 ($K^s=K$)，然後再租回 K^d 數量的假設，會使分析變得方便。

債券市場

我們最後要提的市場是家戶借入或貸出的市場。借入的家戶是從其他的家戶獲得貸款，而貸出的家戶則是提供貸款給其他的家戶。在現實世界中，這種借入與貸出通常是透過金融機構 (如銀行)。不過，就如同我們忽略私人企業一般，就簡單地假設家戶彼此之間直接完成借貸。

我們假設貸出的家戶會收到一張紙 (一張契約)，上面載明貸款的條件。我們把這張紙稱為**債券**，而這個家戶完成借入或貸出的市場稱為**債券市場** (bond market)。債券的持有者，即貸方，對於借方所欠的債務有請求權。

貨幣作為交易媒介

家戶在商品市場中買賣商品，在勞動市場中買賣勞動，在租用市場中買賣資本服務，在債券市場買賣債券。我們假設這些市場的交易使用一種單一形式的**交易媒介** (medium of exchange)。一般而言，交易媒介是一種東西，人們之所以持有它並不是因為它本身的緣故，而是因為它可以很快地換得其他的東西 (如商品與服

經濟學小舖

共同貨幣

歷史上，大多數政府都會發行自己的貨幣。不過，現在有一個國家相互結盟以分享共同貨幣 (common currency) 的趨勢，即一些國家使用同一種貨幣的趨勢。這種結盟稱為貨幣同盟 (currency union)。自 1999–2001 年之後，貨幣同盟最重要的例子是歐元，它由歐洲中央銀行發行，且是歐元區的官方貨幣。歐元區包括歐盟 28 個成員國中的 19 個國家：奧地利、比利時、塞普勒斯、愛沙尼亞、芬蘭、法國、德國、希臘、愛爾蘭、義大利、拉脫維亞、立陶宛、盧森堡、馬爾他、荷蘭、葡萄牙、斯洛伐克、斯洛維尼亞和西班牙。儘管英國、丹麥和瑞典已經拒絕加入，但一些其他歐洲國家正考慮採用歐元。

一些小型國家則已加入貨幣同盟一段時間；例子包括：14 個非洲國家使用 CFA 法郎 (過去釘住法國法郎，現在則釘住歐元)，7 個加勒比海國家在東加勒比海貨幣區 (ECCA) 使用加勒比海元 (釘住美元)。現有 (或過去曾有) 的提議則包括東北亞新貨幣同盟 (中國大陸、日本和南韓)、南非洲及西非洲、波斯灣區、中美洲及澳紐。此外，有一些小國則使用大國的貨幣，像巴拿馬、厄瓜多爾、百慕達、列支敦斯登、盧森堡和聖馬利諾。

務)。在我們的模型,這種交易媒介稱為**貨幣** (money)。歷史上,貨幣有許多種形式,包括貴金屬,如黃金與白銀,有時則是珠子或貝殼。不過,在我們的模型,我們假設貨幣就只是一張紙,類似於政府所印製的**通貨** (currency)。

貨幣的表示單位是任意給定的,像「歐元」;例如,某一家戶有100歐元。歐元的金額是**名目的** (nominal)。因此,100歐元是這個家戶的通貨以名目單位所表示的價值。通貨的一個重要性質是它不會生息;亦即,如果一個家戶有 €100,並把它放在床墊底下,那麼在一週後及一年後,仍然只是 €100 (如果沒有遺失的話)。相較之下,債券是生息的。我們用 M 標示家戶所持有的貨幣數量。加總所有家戶所持有的貨幣數量,就等於經濟體系內貨幣的總合數量。目前,我們假設此一貨幣總合數量是給定的常數。因此,所有家戶的貨幣總持有量最終一定等於此一常數。

市場與價格

我們模型內的主要總體經濟變數,是由在不同市場進行交易的家戶其彼此之間的互動所決定的。我們接下來詳細討論每一個市場。

商品市場

我們假設只有一種商品,可用於消費或投資。商品市場是家戶以貨幣進行買賣商品的地方。此一市場的價格 (以 P 標示),表示為了換取一單位商品所須支付的貨幣數量。我們稱 P 為**物價水準** (price level)。現實世界中的一種物價水準是我們在第 2 章所討論過的消費者物價指數 (CPI)。CPI 衡量購買一籃子的代表性商品與服務的名目成本。[1] 另一種物價水準是國內生產毛額平減指數 (GDP 平減指數),它反映經濟體系的所有最終商品與服務的價格水準。在我們這個只有一種商品的模型,物價水準 P 既是 CPI,也是 GDP 平減指數。我們先暫時假設沒有物價膨脹,亦即假設 P 不會隨時間變動。

家戶每年根據以下的生產函數生產商品 Y:

$$Y = A \cdot F(K, L) \tag{3.1}$$

由於所有的商品都在商品市場上銷售,變數 Y 也同時代表每年在商品市場上買賣的商品的數量,而 PY 則是商品市場每年交易的總金額。

就賣方而言,物價水準 P 是出售每單位商品所能獲得的貨幣數量;就買方而

---

[1] 更精確地說,CPI 衡量某一特定年分 (如 2016 年) 一籃子的代表性商品與服務其名目成本,之於基期年 (如 2015 年) 一籃子的代表性商品與服務其名目成本的相對水準。

言，P 則是購買每單位商品所要支付的貨幣數量。既然 P 元可購買 1 單位的商品，那麼 1 元就可購買 $1/P$ 單位的商品。因此，$1/P$ 代表每 1 元的購買力，亦即以它所能購買的商品的數量來衡量的價值。同理，M 元所能購買到的商品數量為：

$$(M) \cdot (1/P) = M/P$$

因此，M 是貨幣以元所表示的價值，而 M/P 則是此一貨幣以它所能購買的商品數量衡量的價值。像 M/P 這樣以商品數量表示的項目稱為**實質項目** (real terms)，而像 M 這樣以元表示的項目稱為名目項目。舉例來說，如果某一家戶有 €100 的貨幣，而物價水準為 5，則那 €100 的實質價值為：

$$100/5 = 20$$

亦即該家戶可以用 €100 的貨幣購買 20 單位的商品。因此，100 是該家戶所持貨幣的名目價值，而 20 則是該貨幣以其能購買的商品數量所衡量的實質價值。換句話說，每一元的貨幣可購買 1/5 單位的商品，1/5 即每一元的實質價值。

勞動市場

家戶在勞動市場上以**名目工資率** (nominal wage rate, w) 買賣勞動。由於我們是以每年工時為單位來衡量勞動 (L)，所以工資率 (w) 為以元表示的每小時工作所得。家戶每年購買 L^d 的勞動量並支付 wL^d 的名目金額，然後將此一勞動作為生產的投入。家戶每年出售 L^s 的勞動量，而獲取 wL^s 的名目工資所得。

實質工資率 (real wage rate) 為 w/P。此一實質工資率為勞動供給者所收到的，同時也是勞動需求者所支付的，以商品數量表示的每小時酬勞。例如，如果貨幣工資率為每小時 $w = $ €10，而物價水準為 $P = 5$，則實質工資率為

$$w/P = 10/5 = 2$$

此一實質工資率意味著每小時 €10 的名目工資率可以購買 2 單位的商品。由於人們在意的是他們所獲得的商品數量，因此家戶在做決策時，考量的是實質工資率 (w/P)，而不是名目工資率 (w)。

租用市場

在租用市場，家戶將其資本 (K) 以**名目租用價格** (nominal rental price, R) 出租以換取貨幣。R 是每單位資本以每年多少元表示的價格。例如，如果 $R = $ 每年 €100，那麼任一家戶將其所擁有的資本在租用市場上出租，每單位資本 (如一台機器或一部汽車) 每年都可以獲得 €100。

租用 K^d 這麼多資本的家戶，每年需支付 RK^d 的金額，始能將資本作為生產的投入；而出租 K^s 這麼多資本的家戶，每年可獲取 RK^s 的名目租用所得。

實質租用價格 (real rental price) 為 R/P。此一實質租用價格為資本供給者所收到的，同時也是資本需求者所支付的，以商品數量表示的每單位資本每年的報酬。例如，如果貨幣租用價格為 $R =$ €100，而物價水準為 $P = 5$，則實質租用價格是：

$$R/P = 100/5 = 20$$

此一實質租用價格意味著每年 €100 的名目租用價格可以購買 20 單位的商品。同樣地，由於人們在意的是他們所獲得的商品數量，因此家戶在做決策時，考量的是實質租用價格 (R/P)，而不是名目租用價格 (R)。

債券市場

我們的模型有一個很簡單的債券市場，家戶在其中進行借貸。例如，家戶可以貸款給其他想要買車子、房子、機器或廠房的家戶。**債券** (bond) 就是一張載明貸款條件的契約。

債券可以是一張借據，上面載明家戶 a 對債券持有者的欠款。一開始，可能是家戶 b 借錢給家戶 a。不過，我們假設家戶 b 可以在債券市場將債券出售給另一個家戶，如家戶 c，那麼家戶 c 就成為債券持有者，從而家戶 c 就變成家戶 a 的債權人。

我們把債券的單位定義為借款者必須償還 €1 給每單位債券的持有者。€1 即是每一債券的**本金** (principal)。本金為貸款的原始金額。

為簡化分析，我們假設所有債券的**到期日** (maturity) 非常短。到期日意指借款者必須償付本金的時間。在任一時點上，債券的發行人，即借款者，必須以固定的本金 €1 買回債券；亦即，借款者可以經由償付 €1 給債券持有者來終止貸款。同樣地，債券持有者必須在任何時點將債券歸還給發行者以換回 €1；亦即，持有者可以經由索回 €1 的本金來終止貸款。

這些假設並不切實際。以學生貸款為例，貸放者（可能是一家銀行）必須要等到未來的若干年後，才能要求償還，亦即期限較長。同樣地，購屋貸款也有比較長的期限，雖然借入者通常可以在任何時間償還本金。儘管有這些與現實世界不符的地方，我們的到期日非常短的假設，可以讓我們用簡單的方法掌握利率最重要的一些層面。

我們假設，只要債券沒有到期也沒有註銷，那麼借款者保證支付持有者每單位債券每年 €i 的利息。變數 i 就是利率，它是利息支出 (€i) 對本金 (€1) 的比率。利率 i 會隨時間而變動。

舉例來說，某家戶借入 €1,000，因此，未償還的本金為 €1,000。假設利率 i 為每年 5%。在此情況下，每年利息支出為

$$\text{利息支出} = \text{利率} \cdot \text{本金}$$
$$€50 = 5\% \cdot €1,000$$

就債券持有者而言，利率 i 決定了貸款的每年報酬；就債券的發行人而言，i 決定了借款的每年成本。

一個複雜的地方是借款者是在今天收到錢，例如 €1,000，但在未來才支付利息，例如，一年 €50。如果物價水準 P 改變了，也就是說如果物價膨脹率不是零，那麼今日的 €1 與明日的 €1 的實質價值必不相等。因此，當我們在第 12 章討論物價膨脹時，就必須區分兩個利率的概念——**名目利率**與**實質利率**。不過，目前我們先不擔心這件事，因為物價膨脹率為零。

為簡化分析，我們假設，不論是哪一個家戶所發行的，所有的債券都是一樣的。特別是我們忽略發行者無法支付利息和本金的風險上的差異。一種風險是，借款者以拒絕付款或逃避的方式來倒帳。既然我們不考慮這些風險，那麼所有的債券都會有相同的利率，否則，利率較低的債券不會有人買。既然所有的債券都一樣，那麼只有在所有債券的利率都相同時，借款者和貸出者才會配對成功。

令 B 代表家戶所持有的債券的名目總數。對個別的家戶來說，這個值可能大於零，也可能小於零 (就淨發行者而言)。由於家戶所借到的任何一塊錢，一定是另一家戶所貸出的，因此，貸出者所持有的債券總正數必與借款者所持有的債券總負數完全相稱，也因此，當我們加總所有的家戶時，所有 B 的總和必恆為零。

最後，我們考慮債券的價格。一單位的債券定義為 €1 的本金，因此，所有債券的名目**發行**價格必恆為每單位 €1。不過，如我們在上一章所說明的，債券**交易**價格與利率呈反向變動關係，因此，債券交易價格就不一定是 €1。

建構預算限制

在上述四個市場中所決定的數量和價格會決定家戶的所得。家戶所得來自於管理家庭企業、工資、資本服務的租金與利息。這個所得流量是家戶的**資金來源** (sources of funds)。家戶用這些資金購買商品或增加它們資產 (即**儲蓄**)。對於商品與資產的購買即是家戶的**資金用途** (uses of funds)。重點是資金來源的總額必等於資金用途的總額。此一相等關係稱為家戶的**預算限制** (budget constraint)，此即本章要推導的。在第 8 章，我們會運用預算限制來了解家戶如何選擇消費與儲蓄。

所得

我們先考慮家戶所得。家戶有四種形式的所得：來自家庭企業的利潤、工資所得、租金所得與利息所得。我們一一考慮。

利潤

家戶可以從它們的企業活動中賺取利潤 (profit)，即收益超過成本的部分。當家戶使用勞動量 (L^d) 與資本量 (K^d) 作為生產投入時，所能生產的商品數量 Y 由生產函數決定：

$$Y = A \cdot F(K^d, L^d) \tag{7.1}$$

由於所有的商品以物價水準 P 出售，因此，每年銷售的名目收益為 PY。

家戶每年支付給勞動投入的金額為 wL^d，給資本投入的為 RK^d。銷售的收入與給勞動和資本的支付之間的差額，就是家戶經營家庭企業每年能得到的名目利潤。此一名目利潤以 Π 表示，為：

利潤 = 銷售收入 − 工資與租金支付

$$\Pi = PY - (wL^d + RK^d)$$

如果將 Y 代以 $A \cdot F(K^d, L^d)$，則得：

$$\Pi = PA \cdot F(K^d, L^d) - (wL^d + RK^d) \tag{7.2}$$

這個等式很有用，因為它顯示利潤 Π 如何決定於家戶的企業決策，即資本與勞動投入 (K^d 與 L^d) 之需求量的決策。

工資所得

如果家戶在勞動市場的勞動供給量為 L^s，則每年獲得的名目工資所得為 wL^s。如前所述，我們現在先假設勞動供給量固定為 L，那麼，名目工資所得就是 wL。

租金所得

如果家戶在租用市場上的資本供給量為 K^s，則每年獲得的名目租金所得為 RK^s。由於家戶會將所有的資本 (K) 在租用市場出租，因此，$K^s = K$，從而名目的租金所得為 RK。

如同在第 3 章，我們假設資本折舊率為 δ，因此，每年會有 δK 的資本消失。每年失去的資本其貨幣價值為 $P \cdot \delta K$。因此，來自資本所有權的名目租金所得淨額為：

名目租金所得淨額 = 名目租金所得 − 折舊值
$$= RK - \delta PK$$

我們想要計算家戶由其所擁有的資本所得到的報酬率。我們先將上式等號右邊第一項各乘除 P，可得：

$$\text{名目租金所得淨額} = (R/P) \cdot PK - \delta PK$$

再接下來，合併等號右邊的兩項，可得：

$$\text{名目租金所得淨額} = (R/P - \delta) \cdot PK \tag{7.3}$$

等號右邊將名目租金所得淨額寫成 $R/P - \delta$ 與 PK 兩項的乘積。第二項 (PK) 為家戶所擁有的資本其貨幣價值；而第一項 ($R/P - \delta$) 為以資本形式擁有的每一元其報酬率。因此，擁有資本的報酬率為實質租金價格 R/P，減去折舊率 δ：

$$\text{擁有資本的報酬率} = R/P - \delta \tag{7.4}$$

利息所得

如果家戶其名目債券的持有數為 B，則其每年的名目利息所得流量為 iB。債券持有者 (當 B 大於零時) 的利息所得大於零，而債券發行者 (當 B 小於零時) 的利息所得小於零。也就是說，債券的發行者，即對其他人負有債務的人，必須支付利息而非獲取利息。由於就整體經濟而言，B 等於零，因此，我們知道利息所得總額為零。支付給債券持有者 (即貸出者) 的金額剛剛好等於債券發行者 (即借款者) 所支付的金額。

總所得

我們可以把這四類所得加總，而得到家戶每年的名目總所得：

$$\text{家戶名目所得} = \text{名目利潤} + \text{名目工資所得}$$
$$+ \text{名目租金所得淨額} + \text{名目利息所得}$$

如果我們把名目利潤代以 Π〔由式 (7.2)〕，名目工資所得代以 wL，名目租金所得淨額代以 $(R/P - \delta) \cdot PK$〔由式 (7.3)〕，及名目利息所得代以 iB，則可以得到：

$$\text{家戶名目所得} = \Pi + wL + (R/P - \delta) \cdot PK + iB \tag{7.5}$$

消費

到目前為止，我們討論了家戶所得。現在我們考慮家戶對商品的支出。家戶每

年消費的商品數量為 C。既然物價水準為 P，那麼家戶每年的名目消費支出為：

$$家戶名目消費 = PC$$

資產

接下來我們研究家戶的所得和支出和其資產的關係。家戶持有三種形式的資產：貨幣 (M)、債券 (B) 與資本所有權 (K)。貨幣不生利息，每一張債券每年有 iB 的利息，資本所有權的每年報酬率為 $R/P-\delta$〔由式 (7.4)〕。我們假設家戶可以隨心所欲地把資產分配在這三種形式上；亦即在任何一個時點，家戶可以把貨幣換成債券，也可以把貨幣以物價 P 換成資本。家戶什麼時候會選擇同時持有這三種形式的資產？

如果利率 i 大於零，則債券就比貨幣吸引人。不過，家戶會為了方便交易而持有一些貨幣，因為貨幣是交易的媒介，例如用貨幣來買賣商品與勞動。相較之下，債券並不適用於商品與勞動的交易。通常，債券持有者要先賣掉債券，換得貨幣，才能購買商品或勞動。貨幣在交易過程中的特殊角色驅使家戶有正的**貨幣需求**。我們將貨幣需求的研究延後到第 11 章。現在，我們假設家戶的名目貨幣持有量維持不變。我們用符號 Δ 來表示隨時間的變動，則：

$$\Delta M = 0$$

舉例來說，平均而言，家戶可能要持有 €200 以支應雜貨、汽油與其他商品的花費。特定家戶所持有的貨幣數量可能隨時間變動，有時增加到超過 €200，有時則滑落到 €200 以下。不過，如果每個家戶所持有的平均貨幣數量為 €200，那麼，在任一時點上，所有家戶所持有的貨幣總量就不會有太大的變動。我們假設所有家戶所持有的貨幣總量其變動 (ΔM) 為零。

當考慮以債券或資本的形式持有資產時，家戶會比較債券的報酬率 (即利率 i) 與資本所有權的報酬率 (即 $R/P-\delta$)。如果這兩個報酬率不同，則家戶會願意同時持有這兩種形式的資產嗎？如果不同的是報酬率以外的其他特質，家戶可能會願意同時持有兩者。在現實世界中，最重要的不同是報酬的風險性。某些債券，如財政狀況良好的政府其短期債券，就幾乎是沒有倒帳風險的。[2] 資本持有的形式，像空中巴士公司的股權，其報酬並不確定，因此，如要吸引人們來持有它，通常它要支付高於 (比方說) 德國國庫券利率的預期報酬率。

---

[2] 這些債券的持有人幾乎可以確定在未來會拿到全額的本利和。不過，本利和的實質價值並不確定，因為未來的物價水準是無法事先知曉的，亦即物價膨脹率是不確定的。因此，即使是這些債券，也還是會有實質報酬不確定的風險，除非其本利和與物價膨脹連動。

為簡化分析，我們不考慮債券或資本其報酬的風險，亦即我們假設對家戶的資產持有而言，除了報酬率之外，債券與資本是一樣的。因此，如果債券有比較高的報酬率，則家戶就不會持有資本。相反地，如果資本提供比較高的報酬率，則家戶就會想要多借錢，以增持資本。既然經濟體系的資本存量大於零但小於無窮大，這兩個報酬率必須相等。這個條件是：

> 關鍵方程式：
> $$\text{債券的報酬率} = \text{資本所有權的報酬率}$$
> $$i = R/P - \delta \tag{7.6}$$

如果我們用這個結果，把式 (7.5) 的家戶名目所得方程式中的 $R/P - \delta$ 代以 i，我們得到：

$$\text{家戶名目所得} = \Pi + wL + i \cdot (B + PK) \tag{7.7}$$

最後一項顯示，以債券或資本所有權的形式持有資產，每年所得到的報酬率相等，同為利率 i。

模型的擴展

允許資本所有權的風險溢酬

藉由允許資本所有權的報酬率 $(R/P - \delta)$ 可以不同於債券利率 (i)，可以讓我們的模型更實際一點。我們可以將這兩個報酬率之間的關係寫成：

$$R/P - \delta = i + \text{風險溢酬}$$
$$\text{資本報酬率} = \text{利率} + \text{資本的風險溢酬}$$

因此，**風險溢酬** (risk premium) 是資本的預期報酬率 (像是持有公司股權的預期報酬率) 超過幾近無風險資產 (像德國國庫券) 的預期報酬率的部分。風險溢酬必須大於零，以吸引家戶持有風險較高的資產。如果風險溢酬是固定的，則考慮風險溢酬並不會影響我們的分析。允許風險溢酬隨時間變動會讓分析更有趣，但也更困難。風險溢酬會變動的原因包括：第一，對資本風險的認知發生變化；第二：家戶改變其吸收風險的意願；第三，金融市場或司法體系的創新讓家戶得以降低其資產與所得的整體風險。

家戶預算限制

我們現在用與家戶所得相關的結果來建立家戶的預算限制。這個限制連結家戶的資產變動與所得流量。

在某個時點，家戶所持有的資產形式包括貨幣、債券與資本所有權：

$$資產的名目價值 = M + B + PK$$

我們把**名目儲蓄** (nominal saving) 定義為資產名目價值隨時間的變動。因此，如果我們以符號 Δ 來表示隨時間而發生的改變，我們有：

$$名目儲蓄 = \Delta(名目資產)$$
$$= \Delta M + \Delta B + P \cdot \Delta K$$

根據 $\Delta M = 0$ 的假設，我們得到：

$$名目儲蓄 = \Delta B + P \cdot \Delta K \tag{7.8}$$

因此，家戶的儲蓄等於其所持有的債券與資本的名目價值的變量。

家戶的名目儲蓄決定於其名目所得與消費。如果所得大於消費，則其差異就會被儲蓄起來，成為資產。如果其所得小於消費，則名目儲蓄小於零，且會造成名目資產的減損。因此，我們有：

$$名目儲蓄 = 名目所得 - 名目消費$$

如果我們代以式 (7.7) 中的名目所得，並將名目消費代以 PC，則可得：

$$名目儲蓄 = \Pi + wL + i \cdot (B + PK) - PC \tag{7.9}$$

式 (7.8) 與 (7.9) 是名目儲蓄的兩個表示方式，因此，兩式的右邊要相等：

$$\Delta B + P \cdot \Delta K = \Pi + wL + i \cdot (B + PK) - PC \tag{7.10}$$

如果我們重新整理式 (7.10)，把名目消費 PC 移到左邊，則得：

> 關鍵方程式 (以名目項表示的家戶預算限制)：
>
> $$PC + \Delta B + P \cdot \Delta K = \Pi + wL + i \cdot (B + PK)$$
> $$名目消費 + 名目儲蓄 = 名目所得 \tag{7.11}$$

等號右邊為名目總所得 $\Pi + wL + i \cdot (B + PK)$。式 (7.11) 說明家戶的名目消費 ($PC$) 與名目儲蓄 ($\Delta B + P \cdot \Delta K$) 受限於其名目總所得。因此，式 (7.11) 即是**以名目項表示的家戶預算限制** (household budget constraint in nominal terms)。

如果把式 (7.11) 中各項均除以物價水準 P，就可以得到以實質項目表示的家戶預算限制：

關鍵方程式 (以實質項表示的家戶預算限制)：

$$C + (1/P) \cdot \Delta B + \Delta K = \Pi/P + (w/P) \cdot L + i \cdot (B/P + K)$$

消費 + 實質儲蓄 = 實質所得 (7.12)

這個方程式是**以實質項表示的家戶預算限制** (household budget constraint in real terms)。右邊為家戶的實質總所得 $\Pi/P + (w/P) \cdot L + i \cdot (B/P + K)$；左邊則是消費 C 與資產實質價值的變動 $(1/P) \cdot \Delta B + \Delta K$。我們稱資產實質價值的變動為**實質儲蓄** (real saving)。式 (7.11) 等號左邊的名目儲蓄 $\Delta B + P \cdot \Delta K$，就是資產名目價值的變動。對照於此，式 (7.12) 等號左邊的實質儲蓄 $(1/P) \cdot \Delta B + \Delta K$ 就是資產實質價值的變動。

圖 7.2 以圖形顯示家戶預算限制，即式 (7.12)。假設某家戶有一給定的實質總所得，$\Pi/P + (w/P) \cdot L + i \cdot (B/P + K)$，如等式的右邊。預算限制式說明，用於家戶的消費 (C) 與實質儲蓄 $[(1/P) \cdot \Delta B + \Delta K]$ 受限於實質總所得。一個可能是家戶的實質儲蓄為零，因此，C 等於實質總所得。這個選擇對應於橫軸上的點 1；在其上，C 等於實質總所得。另一個可能是家戶的 C 為零，從而實質儲蓄等於實質總所得。這個選擇對應於縱軸上的點 2；在其上，實質儲蓄等於實質總所得。更一般的情況是，家戶會選擇中間的某一個點，像點 3；在其上，C 與實質儲蓄都大於零。全部的可能選擇顯示於圖中負斜率的直線。這條線稱為**預算線** (budget line)。式 (7.12) 的預算限制告訴我們，沿著預算線，每增加 1 單位的 C，會造成實質儲蓄減少一單位。因此，預算線的斜率為 -1。

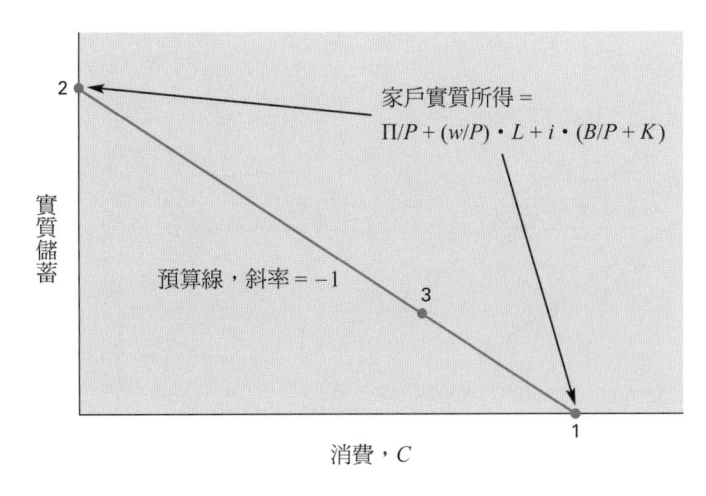

圖 7.2　家戶的預算限制

家戶有一給定的實質總所得，$\Pi/P + (w/P) \cdot L + i \cdot (B/P + K)$。此一總額必須分配於消費 ($C$) 與實質儲蓄 $[(1/P) \cdot \Delta B + \Delta K]$。因此，如果實質儲蓄為零，則 C 等於實質總所得，如橫軸上的點 1。如果 C 為零，則實質儲蓄率等於實質總所得，如縱軸上的點 2。式 (7.12) 的預算限制允許家戶沿著預算線 (即圖中直線)，選擇任何消費與實質儲蓄的組合，像點 3。預算線的斜率為 -1，從而在這條線上，一單位消費的減少對應於 1 單位實質儲蓄的增加。

勞動與資本服務市場的結清

在求得家戶預算限制之後,我們就可以考慮家戶如何做選擇。我們從考慮家庭企業的決策開始;這些決策決定了勞動與資本服務的需求。一旦知道這些需求,我們就可以研究勞動與資本服務市場的結清。

利潤最大化

家戶所要做的兩項企業決策是勞動需求量與資本服務需求量,L^d 與 K^d。這些決策影響商品的產量與在商品市場上的銷售量,$A \cdot F(K^d, L^d)$,從而名目利潤為

$$\Pi = PA \cdot F(K^d, L^d) - wL^d - RK^d \tag{7.2}$$

為計算實質利潤,可以將式 (7.2) 遍除以物價水準 P,而得到:

$$\Pi/P = A \cdot F(K^d, L^d) - (w/P) \cdot L^d - (R/P) \cdot K^d$$

實質利潤 = 產出 − 實質工資支出 − 實質租金支出 $\tag{7.13}$

由式 (7.12) 的家戶預算限制的右邊可知,實質利潤 (Π/P) 的提高,會增加家戶實質所得。圖 7.3 顯示實質所得的增加如何影響家戶。實質所得的提高會使預算線由實線外移到虛線。相較於實線的預算線,虛線的預算線讓家戶可以在任何給定的

圖 7.3　實質所得增加對家戶預算限制的影響

如果家戶的實質所得 $[\Pi/P + (w/P) \cdot L + i \cdot (B/P + K)]$ 增加,那麼預算線會從實線外移到虛線。因此,在圖形中,(實質所得)' 大於實質所得。與實線相比,虛線允許家戶在任何給定的實質儲蓄 $[(1/P) \cdot \Delta B + \Delta K]$ 之下,有更多的消費 (C)。由於家戶喜歡更多的消費,所以它們也會喜歡更多的實質所得。

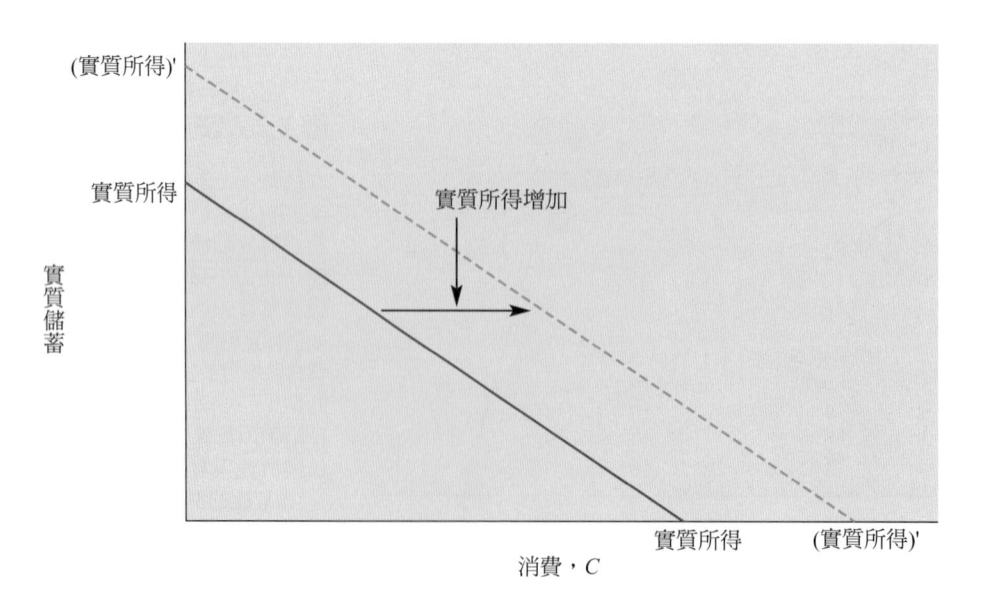

實質儲蓄 [(1/P)·ΔB + ΔK] 之下，選擇更高的消費 (C)。因此，只要家戶喜歡更多的消費，它們就會喜歡更多的實質所得。此一結果告訴我們，作為家庭企業管理者的家戶，會追求最高的實質利潤 (Π/P)；亦即家戶會選擇它們對勞動與資本服務的需求，L^d 與 K^d，來極大化式 (7.13) 中的 Π/P。

我們假設個別家戶視勞動的實質工資率 (w/P) 與資本的實質租用價格 (R/P) 均為給定。如前所述，這些都是競爭市場的標準假設，亦即任一個別家戶小到對市場價格起不了任何影響。在此情況下，每一個家戶都可以依當前的實質工資率 (w/P)，買賣任何它想要交易的勞動數量，同時可以依當前的實質租用價格 (R/P)，租用任何它想要交易的資本數量。因此，給定的 w/P 與 R/P，家戶對勞動與資本服務的需求量，L^d 與 K^d，是使實質利潤 (Π/P) 極大化的數量。

勞動市場

我們現在考慮勞動的需求與供給。然後我們會從勞動市場的市場結清條件，即勞動需求量等於勞動供給量，決定實質工資率 (w/P)。

勞動需求

勞動需求 L^d 來自於利潤極大化的目標。在式 (7.13)，考慮增加一單位勞動投入 (L^d) 對實質利潤 (Π/P) 的影響。由等號右邊的第一項可知，勞動投入 (L^d) 的增加會使產出 [$A·F(K^d, L^d)$] 增加，從而提高在商品市場上的銷售。由第 3 章可知，增加一單位 L^d 之後，所提高的產出為勞動邊際產出 (MPL)。同時，L^d 的增加也會提高等號右邊的第二項，即實質工資支出 [(w/P)·L^d]。給定實質工資率 (w/P)，增加一單位的 L^d 會使得此一支出增加 w/P。因此，增加一單位 L^d 對實質利潤變動的總效果為：

$$\Delta(\Pi/P) = \Delta[A \cdot F(K^d, L^d)] - (w/P)$$
$$= MPL - w/P$$

實質利潤的變動 = 勞動邊際產出 − 實質工資率

由第 3 章可知，MPL 決定於勞動投入的數量 (L^d)。當 L^d 增加時，MPL 會下降。這個關係呈現在圖 7.4 中的負斜率曲線。這條曲線適用於技術水準 (A) 與資本投入 (K^d) 均為固定時。

假設家戶選擇一個較低的勞動投入，如圖 7.4 中的 L_1，此時，邊際勞動產出 MPL_1 大於 w/P。在此情況下，額外增加一單位的 L^d 會提高實質利潤 (Π/P)。其理由是，增加的產出為 MPL_1，大於因此而必須增加的實質工資支出 w/P。不過，隨

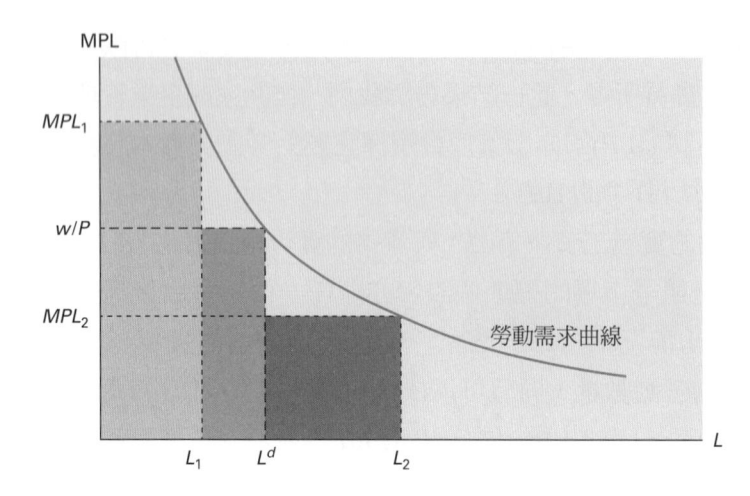

圖 7.4 勞動需求

給定的技術水準 (A) 與資本投入 (K^d)，勞動邊際產出 (MPL)，隨勞動投入 (L) 的增加而減少。因此，如圖中曲線，縱軸的 MPL 隨橫軸的 L 之增加而下降。家戶在 MPL 等於實質工資率 w/P 之處，選擇勞動投入量 (L^d)。在低一點的勞動投入，如 L_1，MPL_1 大於 w/P；而在高一點的勞動投入，如 L_2，MPL_2 小於 w/P。如果 w/P 下降，則 L^d 會增加。

L^d 的增加，MPL 會下降，且終會降到跟 w/P 一樣的水準。如果家戶繼續增加 L^d，像圖中的 L_2，那麼 MPL 就會滑落到 w/P 的下方。在此情況下，L^d 的進一步增加會降低 Π/P。因此，為極大化實質利潤，家戶的選擇應落在 MPL 等於 w/P 之處。

給定縱軸上的某一個實質工資率 (w/P)，圖 7.4 的曲線顯示在橫軸對應的勞動需求數量 (L^d)。由該曲線可看出 w/P 的下降會提高 L^d。因此，勞動需求曲線就像圖 7.1 所畫的那樣，是一條負斜率的曲線。

如圖 7.4 所示，每一家戶決定其勞動需求 (L^d)。當我們加總所有家戶時，我們會得到一條勞動市場需求曲線，它的樣子會與圖中所畫的一樣，即實質工資率 w/P 的下降會提高勞動市場的需求量 (L^d)。

勞動供給

我們假設每個家戶在勞動市場上供給固定數量的勞動，因此，勞動市場的供給 (L^s) 為給定的數量 L。實際上，勞動供給量決定於實質工資率 (w/P)，如我們在圖 7.1 所畫的正斜率的勞動供給曲線。不過，在第 9 章之前，我們將忽略 w/P 對 L^s 的影響。

勞動市場的結清

由圖 7.4 得知，市場勞動需求 (L^d) 是實質工資率 (w/P) 的減函數。我們將它重繪於圖 7.5。市場勞動供給 (L^s)，則假設為固定的 L。我們將此一固定的勞動供給顯示為對應 L 的一條垂直線。現在我們可以從勞動市場的市場結清條件，決定出 w/P 的均衡值。明確地說，我們假設勞動總需求量 L^d 等於勞動總供給量 L 決定均衡的 w/P，亦即 w/P 的市場結清值對應於圖 7.5 中 L^d 曲線與 L 垂直線的交點。w/P

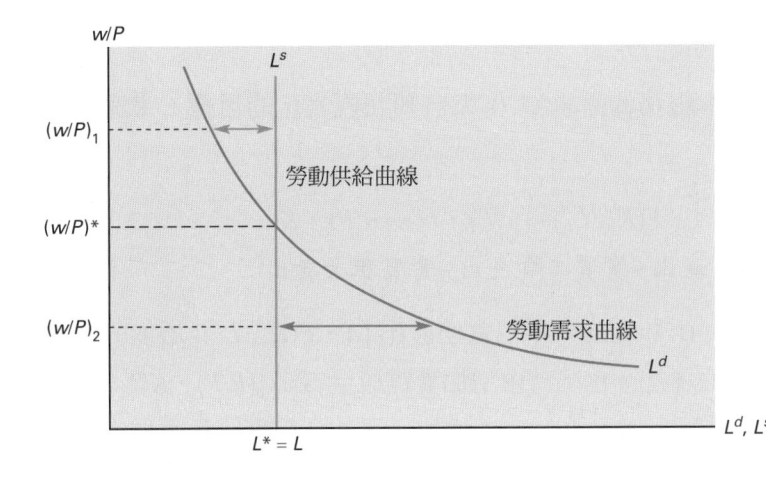

圖 7.5 勞動市場的結清

負斜率的勞動需求曲線 L^d 來自圖 7.4。我們假設勞動供給 L^s 固定於 L。市場結清的實質工資率為 $(w/P)^*$。市場結清的勞動投入數量為 $L^* = L$。在較高的實質工資率，如 $(w/P)_1$，勞動供給量超過勞動需求量，其差額顯示於圖中較高的箭頭。在較低的實質工資率，如 $(w/P)_2$，勞動供給量小於勞動需求量，其差額顯示於圖中較低的箭頭。

的市場結清值標示為縱軸的 $(w/P)^*$，其所對應的結清市場之勞動投入量 L^*，等於橫軸上的 L。

L^d 等於 L 意味著，結清市場的實質工資率 $[(w/P)^*]$，等於勞動邊際產出 MPL：

$$(w/P)^* = MPL\,(在\,L\,上取值) \tag{7.14}$$

此時的 MPL 是指在圖 7.4 中，勞動邊際產出對應勞動數量為 L 時的值。[3]

為什麼我們要假設勞動市場結清呢？因為只有在市場結清的狀態下，實質工資率才會維持穩定。如果 w/P 低於 $(w/P)^*$，如圖 7.5 的 $(w/P)_2$，那麼，勞動總需求量就會超過勞動總供給量，其差額如圖中較低的箭頭所示。此時，勞動需求者會以提高 w/P 來競僱稀少的勞工。[4] 相反地，如果 w/P 高於 $(w/P)^*$，如圖 7.5 中的 $(w/P)_1$，那麼，勞動總需求量會低於勞動總供給量，其差額如圖中較高的箭頭所示。在此情況下，較急切的勞動供給者會以降低 w/P 來爭取稀少的工作。在均衡時，$(w/P)^*$ 結清了市場，亦即，它讓勞動總供給量 (L) 等於勞動總需求量 (L^d)。

資本服務市場

我們現在考慮資本服務的需求與供給。我們會由資本服務市場的市場結清條件，即資本服務的市場需求量等於供給量，決定均衡的實質租用價格 (R/P)。

---

[3] 圖 7.4 中的 MPL 對應某一資本存量 (K)。當 K 變動時，圖 7.5 中的勞動需求曲線，從而 $(w/P)^*$，也會跟著變動。

[4] 此一說法意味著勞動市場的參與者直接調整實質工資率 (w/P)。不過，如果物價水準 (P) 是給定的，且勞動市場的參與者調整的是名目工資率 (w)，則結果還是一樣。

資本服務的需求

就跟勞動需求一樣，資本服務的需求 (K^d) 來自利潤極大化的目標。家庭企業的實質利潤為：

$$\Pi/P = A \cdot F(K^d, L^d) - (w/P) \cdot L^d - (R/P) \cdot K^d$$

實質利潤 = 產出 – 實質工資支出 – 實質租金支出 (7.13)

由第 3 章我們知道，資本投入 (K^d) 增加一單位會使產出 [$A \cdot F(K^d, L^d)$] 增加的數量為資本邊際產出 (MPK)。K^d 的增加，也同時會增加實質租金支出 [$(R/P) \cdot K^d$]，即等號右邊的最後一項。給定實質租用價格 R/P，K^d 增加一單位會使實質租金支出增加 R/P 的數量。因此，增加一單位 K^d 對實質利潤變動的總效果為：

$$\Delta(\Pi/P) = \Delta[A \cdot F(K^d, L^d)] - R/P$$
$$= MPL - R/P$$

實質利潤的變動 = 資本邊際產出 – 實質租用價格

由第 3 章我們知道，MPK 決定於資本投入的數量，K^d。當 K^d 增加時，MPK 會減少。這個關係顯示在圖 7.6 中負斜率的曲線。這條曲線適用於給定的技術水準 (A) 與勞動投入 (L^d)。

假設家戶選了一個低水準的資本投入量，如圖 7.6 中的 K_1；此時，資本邊際產出 MPK_1 大於 R/P。在此情況下，額外增加一單位的 K^d 會使實質利潤 (Π/P) 增加。其理由是額外增加的產出為 MPK_1 大於額外增加的實質租金支出 R/P。不過，隨著 K^d 增加，MPK 會降低，且終會降到跟 R/P 一樣的水準。如果家戶持續增加 K^d，如圖中的 K_2，則 MPK 會滑落到 R/P 之下。在此情況下，K^d 的增加會使 Π/P 下降。因此，為極大化實質利潤，家戶必須停駐在 MPK 等於 R/P 的點上。

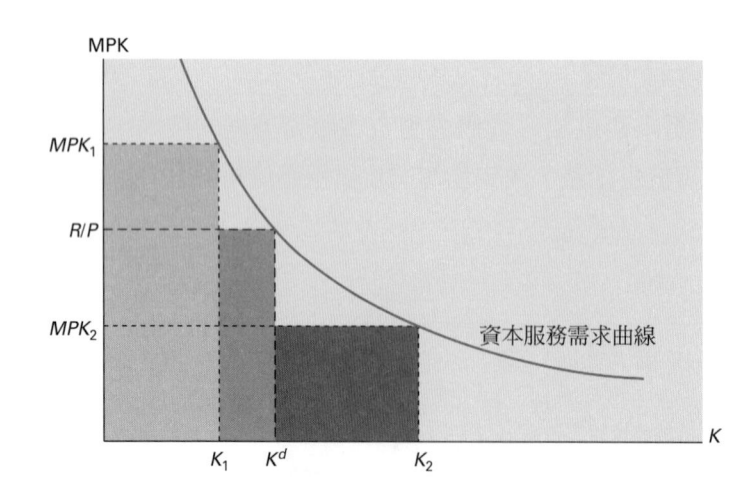

圖 7.6　資本服務的需求

給定技術水準 (A) 與勞動投入 (L^d)，資本邊際產出 MPK 隨資本投入的增加而降低。因此，如圖中曲線，縱軸的 MPK 隨橫軸的 K 的增加而減少。家戶所選的資本投入 (K^d)，位於 MPK 等於實質租用價格處。相較之下，當資本投入較少時，如 K_1，MPK_1 會大於 R/P；當資本投入較高時，如 K_2，MPK_2 會小於 R/P。如果 R/P 減少，則 K^d 會增加。

給定縱軸的一個租用價格 (R/P)，圖 7.6 的曲線顯示橫軸上所對應的資本服務需求量 (K^d)。我們可以看到 R/P 的降低會使 K^d 增加。因此，資本服務需求曲線就像圖 7.6 所畫的那樣，是一條負斜率的曲線。

如圖 7.6 所示，每一家戶決定其資本服務需求 (K^d)。當我們加總所有家戶時，我們會得到一條資本服務市場需求曲線，它的樣子會與圖中所畫的一樣，即實實質租用價格 (R/P) 的降低會提高資本服務市場的需求量 (K^d)。

資本服務的供給

就整個經濟體系而言，總合資本數量 (K)，是由過去的投資流量所決定的；也就是說，在短期，經濟體系有固定存量的房屋、汽車、機器與廠房。資本存量為家戶所擁有，而且所有來自此一存量的服務均提供到租用市場。因此，在短期，資本服務市場供給量 (K^s) 等於 K。

資本服務市場的結清

由圖 7.6 所決定的資本服務之市場需求 (K^d) 為實質租用價格 (R/P) 之負斜率函數。我們將這條曲線重繪於圖 7.7。資本服務的市場供給 (K^s) 為常數 K。我們把這個固定的資本服務供給畫成對應 K 的垂直線。如同在勞動市場一樣，我們假設 R/P 的均衡值結清了市場，亦即使資本服務的總供給量 (K) 等於總需求量 (K^d)。這個 R/P 的市場結清值對應於圖 7.7 中，K^d 曲線與對應 K 的垂直線之交點。R/P 的市場結清值，在縱軸標示為 $(R/P)^*$；相對應的資本服務之市場結清數量 K^* 等於橫軸上的 K。

K 與 K^d 相等意味著市場結清的實質租用價格 $(R/P)^*$ 等於資本邊際產出 MPK：

$$(R/P)^* = MPK\ (在K上取值) \tag{7.15}$$

此時的 MPK 是指在圖 7.7 中，資本邊際產出對應資本數量為 K 時的值。[5]

我們可以再次問為什麼我們要假設市場結清。同樣地，只有在市場結清的狀態下，實質租用價格才會維持穩定。如果 R/P 低於 $(R/P)^*$，如圖 7.7 縱軸上的 $(R/P)_2$ 時，資本服務的總需求量超過總供給量，其差額如較低的箭頭所示。在此情況下，資本服務的需求者，會經由提高 R/P 來競僱稀少資本。相反地，如果 R/P 高於 $(R/P)^*$，如圖 7.7 縱軸上的 $(R/P)_1$，則資本服務的總需求量小於總供給量，其差額如較高的箭頭所示。在此情況下，資本服務的供給者會以降低 R/P 來爭取被僱用的機

---

[5] 圖 7.6 中的 MPK 對應某一勞動投入 (L)。當 L 變動時，圖 7.7 中的資本需求曲線，從而 $(R/P)^*$，也會跟著變動。

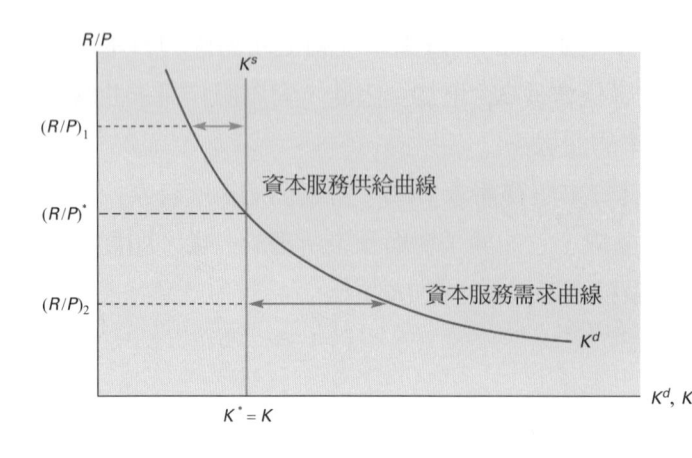

圖 7.7　資本服務市場的結清

負斜率的資本服務需求曲線 K^d 來自圖 7.6。資本服務的供給為固定的 K。結清市場的實質租用價格為 $(R/P)^*$，結清市場的資本服務數量為 $K^* = K$。在較高的實質用價格，如 $(R/P)_1$，資本服務的供給量 $K^s = K$ 超過需求量 K^d，其超過的數量如較高的箭頭所示。在較低的實質租用價格，如 $(R/P)_2$，資本服務的供給量 $K^s = K$ 少於需求量，其差距如較低的箭頭所示。

會。在均衡時，$(R/P)^*$ 會結清市場，亦即讓資本服務的總供給量 (K)，等於總需求量 (K^d)。

利率

結清市場的實質租用價格，可以讓我們決定利率 i。我們先前發現 i 等於擁有資本的報酬率：

$$i = R/P - \delta$$
$$\text{債券報酬率} = \text{資本所有權報酬率} \tag{7.6}$$

因此，如果把 R/P 代以式 (7.15) 中 $(R/P)^*$ 的公式，可以得到：

關鍵方程式 (均衡利率)：
$$i = MPK\,(\text{在}\,K\,\text{上取值}) - \delta \tag{7.16}$$

因此，R/P 一旦決定了，i 也跟著決定。

這個結果很重要，它說明了除非某些事情改變了 MPK，否則利率 (i) 不會改變。給定技術水準 (A)，MPK 決定於資本服務 (K) 與勞動 (L) 投入。在我們現在的假設下，K 與 L 是固定的，從而 i 也是固定的。在現實世界中，利率 (i) 通常有很大的波動。因此，為了與現實相符，我們必須擴展我們的模型以允許 MPK 的變動。在第 9 章與第 10 章，我們會介紹 MPK 變動及利率 (i) 變動的原因。

均衡利潤

我們由利潤極大化的目標，導出家戶的勞動與資本服務的需求，L^d 與 K^d。作為企業管理者的家戶會選擇 L^d 與 K^d 使實質利潤 (Π/P) 盡可能地高。現在我們考慮

當勞動與租用市場結清之後，家戶所得到的 Π/P 的水準。

當勞動與租用市場結清時，$L^d = L$ 且 $K^d = K$。由式 (7.13) 可得實質利潤為：

$$\Pi/P = A \cdot F(K, L) - (w/P) \cdot L - (R/P) \cdot K \tag{7.17}$$

由於勞動與租用市場結清，從式 (7.14) 與 (7.15)，我們也有：

$$w/P = MPL$$

$$R/P = MPK$$

其中，MPL 與 MPK 是在給定的 L 與 K 之下取值。如果我們把這些等式代入式 (7.17) 中的 w/P 與 R/P，我們有：

$$\Pi/P = A \cdot F(K, L) - MPL \cdot L - MPK \cdot K \tag{7.18}$$

在附錄中，我們導出式 (7.18) 的右邊為零；亦即當 w/P 與 R/P 滿足勞動與資本服務市場的結清條件時，實質利潤 (Π/P) 最後會是零。這也意味著實質 GDP，即 $A \cdot F(K, L)$，剛好夠支付給兩種生產因素──$(w/P) \cdot L$ 給勞動，且 $(R/P) \cdot K$ 給資本服務。產出等於這些要素所得的總額，且全部的所得流向勞動或資本，沒有利潤的份。

這似乎很矛盾：作為企業管理者的家戶選擇勞動與資本服務的投入 (L^d 與 K^d) 來極大化利潤；不過，當 w/P 與 R/P 滿足市場結清條件時，所得到的實質利潤 (Π/P) 卻是零，亦即家戶所能得到的最大實質利潤為零。在「經濟學小舖」的專欄中，我們說明會計上所衡量的利潤包括部分的資本租金支出，因此傾向大於零。

從經濟學角度看，我們模型中的利潤最後會是零的理由，在於利潤代表家戶管理企業所得的報酬。我們假設所有的家戶在企業管理上一樣好，且管理的過程根本不費力，因此，在均衡時，管理企業獲得的補償為零 (利潤為零)。

另一點是家戶作為企業所有者，是企業利潤的**剩餘主張者** (*residual claimants*)，亦即，利潤所得是銷售收入扣除要素投入 (勞動與資本) 的成本之後的剩餘。在我們的模型，利潤沒有風險，因此在均衡時，它確定為零。實際上，利潤涉及跟銷售收入和成本相關的不確定。在大部分的情況下，平均利潤會大於零，以補償企業被限定為剩餘主張者的風險。

總結

我們設定我們的總體經濟模型的市場結構及個體經濟基礎。我們以描述經濟體系的四個市場 (商品、勞動、資本租用與債券) 作為起點。前三個市場的名目價格

> ### 經濟學小舖
>
> #### 經濟利潤對會計利潤
>
> 我們對利潤的定義跟標準的會計定義是不同的。不同的原因在於對資本的租金支出的處理方法。例如，假設家戶(或更實際一點，企業)擁有資本並使用資本以生產商品。在此情況下，家戶對於其用於生產的資本並沒有支付明顯的租金，其租金支出是隱藏的——家戶應該想成對其所擁有與使用的資本，支付租金給它自己。這些隱藏的租金支出代表，如果家戶將其資本出租給其他生產者所能獲取的所得。因此，當家戶使用自己所擁有的資本來生產商品時，其所放棄的租金收入，應被視為是一種成本(稱為內隱成本，implicit costs，其為機會成本的一部分)。
>
> 不過，包括國民所得帳在內的標準會計處理，並未將大部分的隱藏性租金支出視為成本。[6] 因此，一般會計所衡量的租金支出會低估經濟學所認定的租金支出。由於在式 (7.17) 中，租金支出是實質利潤 (Π/P) 的一個減項，因此，從經濟學的角度看，會計處理方法會高估實質利潤。在均衡時，既然經濟利潤為零，那麼，會計利潤會大於零。
>
> ---
>
> [6] 在會計實務，如果企業借錢購買資本財，則通常會將企業對債務的利息支出當作成本。因此，代表債務融通 (debt-financed) 之資本其租金費用的利息支出，被列為會計利潤的減項；但如果是企業的自有資本，則不會有此一減項。企業的自有資本來自股份(公司股票)的發行或保留盈餘 (retained earnings，即公司未發給股東的稅後利潤)。

為物價水準 P、工資率 w，與租用價格 R。短期債券價格固定為 €1，不過，利率 i 可以變動。我們可以把 i 想成是信用的價格。我們說明了在各個市場中的供給與需求如何決定家戶來自工資、資產報酬與利潤的所得。

我們詳細討論勞動與資本服務市場。作為家庭企業的管理者，家戶決定其勞動與資本服務的需求，L^d 與 K^d。在每一個家戶視實質工資率 (w/P) 與實質租用價格 (R/P) 為給定的假設之下，我們由利潤極大化目標導出要素需求。我們也假設勞動供給 L^s 固定在 L，資本服務供給 (K^s) 固定在 K。

由勞動市場我們發現，結清市場的實質工資率 $[(w/P)^*]$ 等於勞動邊際產出 (MPL)。由資本服務市場我們發現，結清市場的實質租金價格 $[(R/P)^*]$ 等於資本邊際產出 (MPK)。這兩個邊際產出 (MPL 與 MPK) 都分別在給定的 L 與 K 之上取值。我們也說明結清市場的實質租用價格 $[(R/P)^*]$ 決定利率 (i)。

本章的結果將提供我們的經濟波動模型的不可或缺的礎石。在下一章，我們把分析延伸到消費、儲蓄與投資。然後，在第 9 章與第 10 章，我們說明如何運用這個模型來解釋現實世界中，經濟波動的特點。

習題

A. 複習題

1. 實質租用價格 (R/P) 的上漲，如何影響資本服務的需求量 (K^d)？資本邊際產出 (MPK) 遞減的假設扮演何種角色？
2. 實質工資率 (w/P) 的上升，如何影響勞動的需求量 (L^d)？勞動邊際產出 (MPL) 遞減的假設扮演何種角色？
3. 為何家戶只對消費、所得與像債券之類的資產其實質價值感興趣？當消費、所得與資產的名目價值都倍增，且物價水準 (P) 亦倍增時，家戶會有什麼樣的感受？
4. 推導圖 7.2 中的預算線。此線顯示了什麼？
5. 區分家戶初始的資產部位與該部位的變動。如果某一家戶有負儲蓄，那麼該家戶是否必然有負的債券部位，而為一個借款者？

B. 討論題

6. 利率期限結構 (term structure)

　　假設經濟體系有 1 年與 2 年到期的貼現債券 (discount bonds，下面的第 8 題會討論)。令 i_t^1 為在第 t 年年初發行的 1 年期債券的利率，i_{t+1}^1 為在第 $t+1$ 年年初發行的 1 年期債券的利率，i_t^2 為第 t 年年初所發行的 2 年期債券的年利率。我們可以將 i_t^1 視為當前的短期利率，而將 i_t^2 視為當前的長期利率。

　a. 假設在第 t 年的年初，每個人知道的不僅是 i_t^1 與 i_t^2，也知道下一年的 1 年期債券利率 i_{t+1}^1。i_t^2 與 i_t^1 及 i_{t+1}^1 之間的關係必將為何？以貸出者與借款者的動機來說明答案。

　b. 如果 $i_{t+1}^1 > i_t^1$，那麼長期利率 i_t^2 與短期利率 i_t^1 之間的關係為何？本題的答案是關於利率期限結構的重要結果。

　c. 如果我們更實際一點地假設，在第 t 年時，並無法確知未來的一年期債券利率 i_{t+1}^1，那麼結果會有什麼不同？

7. 金融中介

　　考慮信用市場中的金融中介機構，如銀行。此一中介機構向某些家戶借款，並將之貸放給其他家戶 (家戶貸放給銀行的款項，即其存款帳戶的餘款)。

　a. 金融中介的存在是否會影響貸款總量為零的結論？

b. 金融中介對向其借款者所收取的利率與支付給向其放款者的利率各為何？為什麼這兩個利率之間必定有差距？

c. 你可否提出幾個理由，說明金融中介的存在可能對經濟體系是有幫助的？

8. 貼現債券

在我們的模型，債券的期限接近零，它們僅根據當期利率 (i) 支付利息。我們現在考慮另一種債券——貼現債券。此一類型的資產沒有明確的利息給付，而是在未來的某一確定日支付本金，比方說 €1,000。1 年期的貼現債券會在發行滿一年時支付本金。令 P 為本金 €1,000 的 1 年期貼現債券的現在價格。

a. P 會大於還是小於 €1,000？

b. 這些貼現債券的年利率為何？

c. 如果 P 提高，那麼這些債券的利率會有什麼變化？

d. 假設這些債券並非在一年後支付 €1,000，而是在兩年後。那麼，這些 2 年期貼現債券的每年利率為何？

附錄

產出等於實質要素所得與利潤等於零

本附錄將說明，當資本與勞動分別以其邊際產出計價時，支付給資本與勞動的實質總所得等於產出或實質 GDP，從而利潤為零。這些結果用微積分來說明會很簡單。

實質 GDP (Y) 的生產函數為：

$$Y = A \cdot F(K, L) \tag{3.1}$$

在第 3 章，我們假設生產函數在資本與勞動 (K 與 L) 上滿足固定規模報酬。所以，如果將 K 與 L 同乘以 $1/L$，則 Y 也要乘以 $1/L$：

$$Y/L = A \cdot F(K/L, 1)$$

因此，每單位勞動產出 (Y/L) 只決定於每單位勞動的資本，K/L。如果將等號兩邊同乘以 L，可以得到生產函數的另一種形式：

$$Y = AL \cdot F(K/L, 1) \tag{7.19}$$

我們可以用微積分，由式 (7.19) 計算 MPK。MPK 為 A 與 L 固定下，Y 對 K 的導函數：

$$MPK = AL \cdot F_1 \cdot (1/L)$$

其中 F_1 為函數 F 對其第一個變數項 K/L 的導函數。如果我們消去 L 與 $(1/L)$，則得：

$$MPK = AF_1 \tag{7.20}$$

MPL 是在固定 A 與 K 之下，Y 對 L 的導函數。式 (7.19) 對 L 微分可得：

$$MPL = A \cdot F(K/L, 1) + AL \cdot F_1 \cdot (-K/L^2) \tag{7.21}$$

$$MPL = A \cdot F(K/L, 1) - A \cdot (K/L) \cdot F_1$$

如果要素投入以其邊際產出計價，亦即 $w/P = MPL$ 且 $R/P = MPK$，則我們可以用式 (7.20) 與 (7.21) 來計算勞動與資本的總支付：

$$(w/P) \cdot L + (R/P) \cdot K = MPL \cdot L + MPK \cdot K$$
$$= [A \cdot F(K/L, 1) - A \cdot (K/L) \cdot F_1] \cdot L + (A F_1) \cdot K$$
$$= AL \cdot F(K/L, 1) - \cancel{AK \cdot F_1} + \cancel{AK \cdot F_1}$$
$$= AL \cdot F(K/L, 1)$$

式 (7.19) 告訴我們上式右邊最後一項等於實質 GDP (Y)，即等於 $A \cdot F(K, L)$。因此，我們已經證明：

$$(w/P) \cdot L + (R/P) \cdot K = A \cdot F(K, L) \tag{7.22}$$

因此，對勞動與資本的實質總支付，$(w/P) \cdot L + (R/P) \cdot K$，等於實質 GDP，$A \cdot F(K, L)$。[7]

回想一下，實質利潤可以寫成

$$\Pi/P = A \cdot F(K, L) - (w/P) \cdot L - (R/P) \cdot K \tag{7.17}$$

因此，式 (7.22) 的結果證明，在均衡時，Π/P 等於零，如同正文所宣稱的。

---

[7] 此一結果稱為 Euler 定理。

第 8 章

消費、儲蓄與投資

上一章介紹我們的總體經濟模型中的四個市場：商品、勞動、資本服務與債券。我們將家戶所得連結到這四個市場的價格與數量。我們藉由考慮家戶作為家庭企業的管理者如何決定其對勞動與資本服務的需求，來開展這個模型的個體經濟基礎。然後我們檢視勞動與資本服務市場的結清。給定勞動與資本的數量 (L 與 K)，這些市場結清條件決定了實質工資率 (w/P)、資本的實質租用價格 (R/P)，與利率 (i)。

在本章，我們把對家戶的個體經濟分析，擴展到消費與儲蓄的選擇。然後我們會用這些結果來決定整體經濟體系的消費、儲蓄與投資水準。這些結果會構成均衡景氣循環模型的基礎。在第 9 章與第 10 章，我們會用該模型分析總體經濟的波動。

消費與儲蓄

在本節，我們研究個別家戶對消費 (C) 的選擇，在做這個決策的同時，家戶也同時決定要儲蓄多少。

我們由第 7 章式 (7.12) 的家戶預算限制開始：

$$C + (1/P) \cdot \Delta B + \Delta K = \Pi/P + (w/P) \cdot L + i \cdot (B/P + K) \tag{7.12}$$

在第 7 章，我們說明了，當勞動與資本服務市場結清時，實質利潤 (Π/P) 等於零。因此，我們可以令 $\Pi/P = 0$ 而得到一個簡單形式的家戶預算限制：

$$C + (1/P) \cdot \Delta B + \Delta K = (w/P) \cdot L + i \cdot (B/P + K)$$
消費 + 實質儲蓄 = 實質所得 \tag{8.1}

回想一下，$(1/P) \cdot \Delta B + \Delta K$ 這一項代表實質儲蓄，即家戶所持有的資產，債券 (B) 與資本所有權 (K)，其實質價值的變動。實質所得由實質工資所得 [$(w/P) \cdot L$] 與實質資產所得 [$i \cdot (B/P + K)$] 所構成。

我們想要探討家戶如何選擇消費與實質儲蓄。如同第 7 章，我們假設，個別家戶在做這些選擇時，將實質工資率 (w/P) 視為給定。這是一個標準的完全競爭市場假設，亦即個別家戶太小而不足以對 w/P 造成影響。現在，我們進一步假設，家戶

也將利率 (*i*) 視為給定。這也是一個完全競爭市場的標準假設，亦即個別家戶太小而不足以對 *i* 造成影響。在這個假設下，每一個家戶都可以依現行的利率，借入或貸出它想要的數量。家戶可以經由發行利率為 *i* 的債券借款；家戶也可以買進利率為 *i* 的債券進行放貸。

假設每一家戶有給定的勞動 *L* 與實質資產 (*B*/*P* + *K*)。給定實質工資率 (*w*/*P*) 與利率 (*i*)，家戶的實質總所得決定於式 (8.1) 等號右邊的各項。

在實質所得給定的情況之下，家戶唯一的選擇是將此一所得分配在消費 (*C*) 與實質儲蓄 (1/*P*・Δ*B* + Δ*K*)。式 (8.1) 的家戶預算限制，限制了等號左邊的消費與實質儲蓄的總額。家戶當然希望消費與實質儲蓄都多一點，但這個欲望，無法在所得給定的情況之下得到滿足。

圖 8.1 (類似於第 7 章的圖 7.2) 顯示家戶在式 (8.1) 的預算限制下可選擇的消費 (*C*) 與實質儲蓄 (1/*P*・Δ*B* + Δ*K*) 的組合。一個選擇是讓實質儲蓄為零，*C* 等於實質總所得。這個選擇對應於橫軸上的點 1；在其上，*C* 等於實質總所得。另一個選擇則是讓 *C* 等於零，因此實質儲蓄等於實質總所得。這個選擇對應於縱軸上的點 2；在其上，實質儲蓄等於實質總所得。比較典型的情形是，家戶會選擇中間的點；在其上，*C* 與實質儲蓄都大於零。例如，家戶可能選擇圖中的點 3。

在圖 8.1，負斜率的預算線顯示出所有的可能組合。式 (8.1) 的預算限制告訴我們，在預算線上，商品的消費每增加一單位，實質儲蓄就對應地減少一單位，因此，預算線的斜率為 −1。重要的是，如果家戶要多消費一單位，它就必須放棄一單位的實質儲蓄。

到目前為止，我們只考慮在某一個時點，家戶在消費與儲蓄之間的選擇。但儲蓄是為了增加未來的資產，而這會提高未來的消費，因此，家戶在今天消費與今天儲蓄之間的選擇，本質上，是家戶在今天消費與明天消費之間的選擇。所謂的今天與明天，我們指的是今天消費應被視為是長期計畫的一部分。這個長期的計畫，可能是一生的，甚至更長，長到考慮小孩的福利。主要的概念是，為了解消費與儲蓄之間的選擇，我們必須研究家戶在不同時點上的消費選擇。

式 (8.1) 的家戶預算限制應用在每一個時點上。今天的預算限制與明天的預算限制之間的連結，來自今天的實質儲蓄 [(1/*P*)・Δ*B* + Δ*K*]，對明天的實質資產 (*B*/*P* + *K*) 所造成的影響。我們只須考慮兩期，就可在這個連結的探究中，學到很多東西。具體一點，我們可以把第 1 期想成今年，而把 2 期想成明年。一旦我們了解兩期的架構，我們就能將模型擴展到多年期的消費與儲蓄的決定。

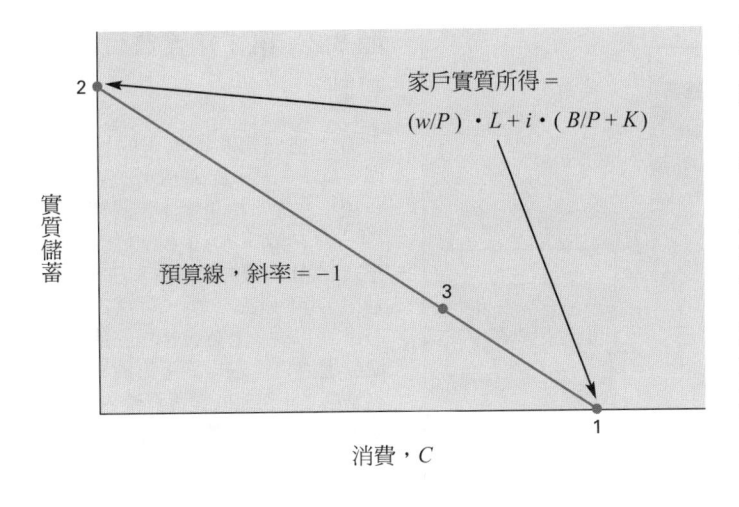

圖 8.1 家戶預算限制

家戶有給定的實質總所得，$(w/P) \cdot L + i \cdot (B/P + K)$，這個總額會被分配到消費 ($C$) 與實質儲蓄 $[(1/P) \cdot \Delta B + \Delta K]$。因此，如果實質儲蓄為零，則 C 等於實質總所得，如橫軸上的點 1 所示；如果 C 是零，則實質儲蓄等於實質總所得，如縱軸上的點 2 所示。式 (8.1) 的預算限制意味著家戶可以在預算線 (如圖中直線) 上，選擇任何消費與實質儲蓄的組合，如點 3。預算線的斜率為 −1。在這條線上，一單位消費的減少，會使實質儲蓄增加一單位。

兩年的消費

由式 (8.1)，我們可以把今年或第 1 年的預算限制寫成：

$$C_1 + (B_1/P + K_1) - (B_0/P + K_0) = (w/P)_1 \cdot L + i_0 \cdot (B_0/P + K_0)$$

第 1 年的消費 + 第 1 年的實質儲蓄 = 第 1 年的實質所得 (8.2)

在等號左邊，C_1 是第 1 年的消費，B_1/P 與 K_1 則是第 1 年期末所持有的資產數量。B_0/P 與 K_0 則是前一年，即第 0 年，年底所持有的資產數量，也是第 1 年**年初**所持有的數量。因此，$(B_1/P + K_1) - (B_0/P + K_0)$ 是第 1 年的實質資產的變動量，也就是實質儲蓄。

在式 (8.2) 的右邊，第 1 年的實質工資率為 $(w/P)_1$，從而該年的實質工資所得為 $(w/P)_1 \cdot L$。由於我們假設勞動 L 是固定的，所以不標示年別。在第 0 年年底所持有的資產其利率為 i_0，因此第 1 年的實質資產所得為 $i_0 \cdot (B_0/P + K_0)$。把實質工資所得加上實質資產所得，我們就得到等號右邊的第 1 年實質總所得。

式 (8.2) 為第 1 年的預算限制。同樣形式的預算限制可適用於第 2 年：

$$C_2 + (B_2/P + K_2) - (B_1/P + K_1) = (w/P)_2 \cdot L + i_1 \cdot (B_1/P + K_1)$$

第 2 年的消費 + 第 2 年的實質儲蓄 = 第 2 年的實質所得 (8.3)

我們下一個工作是把式 (8.2) 與 (8.3) 的預算限制加以整合，來描述家戶在今年消費 (C_1) 與明年消費 (C_2) 之間的選擇。兩條預算限制都包括在第 1 年年末所持有的資產，即 $B_1/P + K_1$。由式 (8.2) 可得：

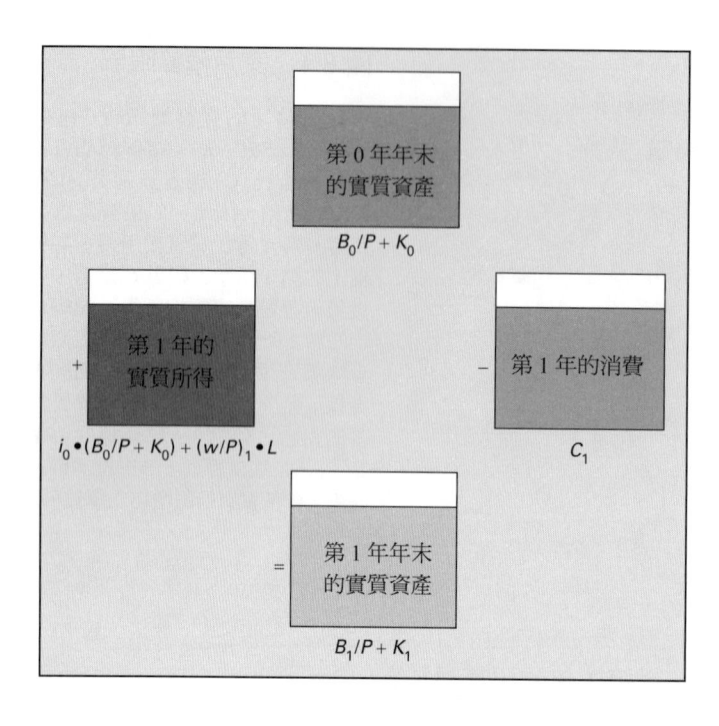

圖 8.2　第 1 年實質資產的變動

上方方格為第 0 年年末的實質資產，$B_0/P + K_0$，即式 (8.4) 右邊的第一項。左邊方格是第 1 年的實質所得，$i_0 \cdot (B_0/P + K_0) + (w/P)_1 \cdot L$，對應式 (8.4) 右邊的第二項。右邊方格是第 1 年的消費，C_1，對應式 (8.4) 右邊第三項。上方方格加左邊方格減右邊方格可以得到下方的方格，它是第 1 年年末的實質資產，$B_1/P + K_1$，即式 (8.4) 等號左邊那一項。

$$B_1/P + K_1 = (B_0/P + K_0) + [i_0 \cdot (B_0/P + K_0) + (w/P)_1 \cdot L] - C_1$$

第 1 年年末實質資產 = 第 0 年年末實質資產 + 第 1 年實質所得 − 第 1 年消費　(8.4)

圖 8.2 圖示此一關係。上方的方格是第 0 期期末的實質資產，$B_0/P + K_0$，即式 (8.4) 右邊的第一項。左邊的方格是第 1 年的實質所得，$i_0 \cdot (B_0/P + K_0) + (w/P)_1 \cdot L$，即式 (8.4) 右邊的第二項。右邊的方格是第 1 年的消費，C_1，即右邊的最後一項。上方方格加左邊方格減右邊方格可以得到下方的方格，它是第 1 年期末的實質資產，$B_1/P + K_1$，即式 (8.4) 等號左邊那一項。

同樣的分析適用第 2 年。類似式 (8.4) 的是：

$$B_2/P + K_2 = [B_1/P + K_1] + [i_1 \cdot (B_1/P + K_1) + (w/P)_2 \cdot L] - C_2$$

第 2 年期末實質資產 = 第 1 年期末實質資產 + 第 2 年實質所得 − 第 2 年消費　(8.5)

圖 8.3，類似於圖 8.2，圖示此一關係。

回到式 (8.4)，我們可以合併等號右邊與 $B_0/P + K_0$ 相關的兩項而得到：

$$B_1/P + K_1 = (1 + i_0) \cdot (B_0/P + K_0) + (w/P)_1 \cdot L - C_1 \quad (8.6)$$

注意，我們將等號右邊的 $B_0/P + K_0$ 乘上 $1 + i_0$，其中 "1" 代表第 0 年資產的本金，而 "i_0" 代表對這些資產的利息支出。

在式 (8.6) 的等號右邊，如果家戶減少一單位第 1 年的消費，那麼在等號左邊的第 1 年期末的資產，$B_1/P + K_1$，會增加一單位。以圖 8.2 來看，如果我們從右邊

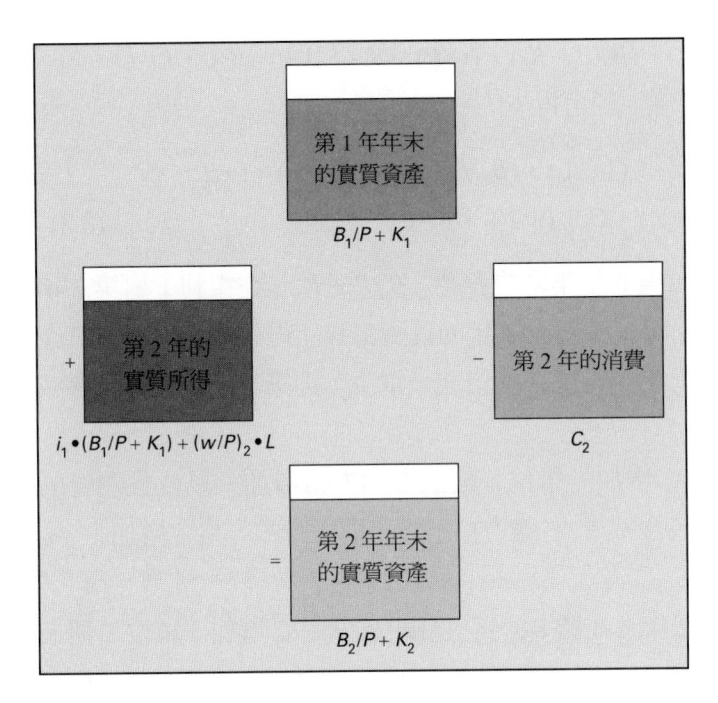

圖 8.3　第 2 年實質資產的變動

上方方格是第一年年末的實質資產，$B_1/P + K_1$，即式 (8.5) 等號右邊的第一項。左邊方格是第二年的實質所得，$i_1 \cdot (B_1/P + K_1) + (w/P)_2 \cdot L$，對應式 (8.5) 右邊的第二項。右邊方格是第二年的消費，對應式 (8.5) 等號右邊的第三項。上方方格加左邊方格減右邊方格可以得到下方的方格，它是第 2 年年末的實質資產，$B_2/P + K_2$，即式 (8.5) 等號左邊那一項。

方格拿走一單位的商品且不去動上方與左邊的方格，則由於右邊方格帶有負號，因此，從方格中拿走一單位意味著會有多出的一單位留在下方的方格，即 $B_1/P + K_1$ 中。

如果我們把式 (8.5) 的第 2 年預算限制中跟 $B_1/P + K_1$ 相關的兩項合併，則可得：

$$B_2/P + K_2 = (1 + i_1) \cdot (B_1/P + K_1) + (w/P)_2 \cdot L - C_2 \tag{8.7}$$

除了每個變數都更新一年之外，這種寫法跟式 (8.6) 是一樣的。注意到等號的右邊，如果第 1 年年末所持有的資產，$B_1/P + K_1$，較高，則家戶可以增加第 2 年的消費，C_2。由圖 8.3 來看，如果 $B_1/P + K_1$ 增加一單位，則我們不單加了一單位到上方方格 (其內有第 1 年年末的資產)，也加了 i 單位到左邊方格 (其內包括第 1 年年末資產所賺取的利息所得)；這也意味著右邊方格中的第 2 年的消費，C_2，可以增加 $1 + i$ 單位，而不會影響下方方格，其為第 2 年年末所持有的資產，$B_2/P + K_2$。

接下來我們建立今年消費與明年消費 (C_1 與 C_2) 之間的連結。由式 (8.6) 與圖 8.2 可知，C_1 減少一單位，可使家戶在第 1 年年末的資產 ($B_1/P + K_1$) 增加一單位。同時由式 (8.7) 與圖 8.3 可知，$B_1/P + K_1$ 增加一單位，可讓 C_2 增加 $1 + i_1$ 單位。因此，如果 C_1 減少一單位，則家戶的 C_2 就會增加 $1 + i_1$ 單位。此外，家戶可以不必改變帶進第三年的實質資產，$B_2/P + K_2$ (即圖 8.3 的下方方格)，就可以在 C_1 與 C_2 之間做轉換。

為得到完整的兩年期預算限制，我們先把式 (8.7) 等號右邊的 $B_1/P + K_1$ 代以式 (8.6) 等號的右邊，可以得到：

$$B_2/P + K_2 = (1 + i_1) \cdot [(1 + i_0) \cdot (B_0/P + K_0) + (w/P)_1 \cdot L - C_1] + (w/P)_2 \cdot L - C_2$$

如果將 $1 + i_1$ 乘入中括號內的各項,則可得:

$$B_2/P + K_2 = (1 + i_1) \cdot (1 + i_0) \cdot (B_0/P + K_0) + (1 + i_1) \cdot (w/P)_1 \cdot L$$
$$- (1 + i_1) \cdot C_1 + (w/P)_2 \cdot L - C_2 \qquad (8.8)$$

注意,等號右邊的第一項為第 0 年年末的資產,$B_0/P + K_0$,在複利下對第 2 年年末資產,$B_2/P + K_2$,的貢獻。第二項為第 1 年的實資工資所得對第 2 年年末資產的貢獻。第三項意味著如果第 1 年的消費 (C_1) 增加一單位,則第 2 年年末資產會減少 $1 + i_1$ 單位。

在圖 8.2 中,如果 $B_0/P + K_0$ 增加一單位,則上方的方格增加一單位且左邊的方格增加 i_0 單位。因此,如果包含 C_1 的右邊方格不變,則下方的方格會增加 $1 + i_0$ 單位。

同樣的計算可以應用到第 2 年。在圖 8.3 中,如果 $B_1/P + K_1$ 增加一單位,則上方方格增加一單位且左邊方格增加 i_1 單位。因此,如果包括 C_2 的右邊方格不變,則下方方格會增加 $1 + i_1$ 單位。如果我們把這些結果與第 1 年的結果放在一起,我們會發現,每單位第 0 年年末資產,如果被持有兩年,則最終會有 $(1 + i_1) \cdot (1 + i_0)$ 單位的資產。這個利率項就是式 (8.8) 等號右邊,乘上 $B_0/P + K_0$ 的項目。

同樣地,家戶可以將其第 1 年的工資所得 $(w/P)_1 \cdot L$ 儲蓄起來,而可以在第 1 年年末有更多的資產,且這些資產每單位在第 2 年年末會變成 $1 + i_1$ 單位。因此,在式 (8.8) 中,$(w/P)_1 \cdot L$ 要乘上 $1 + i_1$。對照之下,工資所得 $(w/P)_2 \cdot L$ 並未乘上任何與利率相關的項,因為家戶收到這筆所得太晚了,以至於不能在第 2 年獲取任何資產報酬。

就消費而言,在式 (8.6) 中,第 1 年的消費 C_1 出現的方式,除了是帶負號之外,跟第 1 年實質工資所得 $(w/P)_1 \cdot L$ 一樣。其原因在於實質儲蓄為實質所得與消費的差額,因此,在式 (8.8) 中,C_1 與 $(w/P)_1 \cdot L$ 一樣都乘上 $1 + i_1$。同樣地,第 2 年的消費 C_2 在式 (8.7) 中出現的方式,除了負號之外,跟第 2 年的實質工資所得 $(w/P)_2 \cdot L$ 一樣。因此,在式 (8.8),C_2 與 $(w/P)_2 \cdot L$ 一樣,並未乘上任何利率項。

如果將式 (8.8) 中各項除以 $(1 + i_1)$,並將與消費有關的項,全部放到等號左邊,則可得:

> **關鍵方程式 (兩年期家戶預算限制):**
>
> $$C_1 + C_2/(1 + i_1) = (1 + i_0) \cdot (B_0/P + K_0) + (w/P)_1 \cdot L$$
> $$+ (w/P)_2 \cdot L/(1 + i_1) - (B_2/P + K_2)/(1 + i_1) \qquad (8.9)$$

這個結果是合併第 1 年與第 2 年的預算限制，式 (8.2) 與式 (8.3)，而來的。因此，我們將式 (8.9) 稱為**兩年期預算限制** (two-year budget constraint)。

注意一下式 (8.9) 等號右邊的工資所得 $(w/P)_1 \cdot L$ 與 $(w/P)_2 \cdot L$。我們並未將這兩項直接合併而是先將 $(w/P)_2 \cdot L$ 除以 $1 + i_1$ 之後才與 $(w/P)_1 \cdot L$ 相加。同樣地，在等號左邊，我們對 C_2 做了相同的調整，然後才與 C_1 相加。為了解這些調整，我們要先說明**現值** (present value) 的概念。

現值

如果利率 i_1 大於零，那麼第 1 年所持有的 €1 的資產，在第 2 年會變成大於 €1。因此，在第 1 年所收到或花費的 €1，在第 2 年時，會大於 €1。或反過來想，在第 2 年所收到或花費的金錢必須**折現** (discounted)，才能跟第 1 年的金錢相比。折現的一般概念是，晚收到的錢不如早收到的錢那麼有價值。在這裡，我們將折現的概念應用到第 1 年與第 2 年的比較。

為具體說明，假設利率 $i = 5\%$ (每年)。如果家戶在第 1 年有 €100 的所得，但計畫一年之後，即第 2 年才支出這筆所得，則家戶可以在第 1 年的開始購買 €100 的債券，而在第 2 年的開始有 €105。因此，第 1 年所獲得的 €100，與第 2 年所收到的 €105 有同樣的價值；也就是，第 2 年的 €105 必須折現成，為了要在第 2 年獲得 €105，第 1 年所必須有的所得。這個所得水準可由解出下列方程式而得：

$$\text{第 1 年所需所得} \times (1 + 5\%) = €105$$

因此，第 1 年所需所得為 €105/1.05 = €100。

我們可以將 5% 代以 i_1，從而第 2 年的所得必須要除以 $1 + i_1$ 才能得到其在第 1 年的對等金額。因此，如果在第 2 年所獲得的工資所得為 $(w/P)_2 \cdot L$，那麼其現值 (或第 1 年的價值) 為 $(w/P)_2 \cdot L/(1 + i_1)$。$1 + i_1$ 這項就是經濟學家所稱的**折現因子** (discount factor) 的一個例子。如果以此因子來折現，即除以 $1 + i_1$，我們可以得到第 2 年所得的現值。如果我們討論第 2 年以後的情形，則每一年都有一個不一樣的折現因子。

式 (8.9) 的兩年期預算限制顯示，第 2 年的工資所得先表示為現值 $(w/P)_2 \cdot L/(1 + i_1)$ 之後，才與第 1 年的所得 $(w/P)_1 \cdot L$ 相加。其總和 $(w/P)_1 \cdot L + (w/P)_2 \cdot L/(1 + i_1)$ 是第 1 年與第 2 年工資所得的總現值。同樣地，第 2 年的消費先寫成現值 $C_2/(1 + i_1)$ 之後，才與第 1 年的消費 C_1 相加。其總和 $C_1 + C_2/(1 + i_1)$ 是第 1 年與第 2 年消費的總現值。

接下來我們分析家戶在第 1 年與第 2 年要消費多少的選擇。這些選擇必須受式

(8.9) 的兩年期預算限制所約束；但家戶在決定可能的 C_1 與 C_2 的組合時，仍然有很大的選擇空間。在滿足兩年期預算限制的 C_1 與 C_2 的所有組合中，我們要找出家戶最喜歡的那一個。

消費選擇：所得效果

為了解消費的選擇，我們必須考慮家戶對不同時點的消費的**偏好**。偏好指的是家戶對於消費的時間路徑根據滿足程度而做的排序。經濟學家用**效用** (utility) 一詞作為滿足或幸福的同義字。[1] 給定式 (8.9) 的預算限制，我們假設家戶會選擇消費的時間路徑 (在本例中即 C_1 與 C_2)，來極大化其效用。

在其他條件不變下，我們假設當 C_1 或 C_2 (或其他任何一年的消費) 增加時，效用就會增加。我們更進一步假設，家戶不喜歡消費水準有太大的波動。例如，家戶會偏好 C_1 與 C_2 都等於 100，而非讓 C_1 等於零，而 C_2 等於 200。此一偏好讓家戶即使在所得水準波動時，仍想要**平滑化消費** (smooth consumption)。所謂平滑化，是指家戶所計畫的不同年間的消費水準 (如 C_1 與 C_2) 會彼此接近，而不會有很大的差距。

接下來是一些明顯的消費平滑化的例子。假設有一個人得到一筆預期外的所得，如中樂透。一般的反應是把這筆意外之財分散到各期消費，而非一口氣全花光。同樣地，由於人們會預期當他們退休時，他們的所得會大幅減少，因此他們會事先儲蓄，以避免退休之後消費水準會大幅下降。

為了解家戶如何選擇 C_1 與 C_2，讓我們回到兩年期預算限制：

$$C_1 + C_2/(1 + i_1) = (1 + i_0) \cdot (B_0/P + K_0) + [(w/P)_1 \cdot L \\ + (w/P)_2 \cdot L/(1 + i_1)] - (B_2/P + K_2)/(1 + i_1)$$

消費現值 = 初始資產價值 + 工資所得現值 – 第 2 年年末資產現值 (8.9)

右邊的第一項，$(1 + i_0) \cdot (B_0/P + K_0)$，是初始資產在第 1 年的價值，第二項，$[(w/P)_1 \cdot L + (w/P)_2 \cdot L/(1 + i_1)]$，是第 1 年與第 2 年工資所得的現值。這兩項構成家戶這兩年消費的資金來源。我們用 V 來代表這兩項的和，亦即：

$$V = (1 + i_0) \cdot (B_0/P + K_0) + (w/P)_1 \cdot L + (w/P)_2 \cdot L/(1 + i_1)$$

資金來源的現值 = 初始資產價值 + 工資所得現值 (8.10)

將 V 代回式 (8.9)，可以得到：

---

[1] 效用函數 (utility function) 一詞表示消費的時間路徑 (在本例為 C_1 與 C_2) 與所獲取效用之間的關係。

$$C_1 + C_2/(1 + i_1) = V - (B_2/P + K_2)/(1 + i_1)$$
消費現值＝資金來源現值－第2年年末資產現值 (8.11)

式 (8.11) 右邊最後一項，$(B_2/P + K_2)/(1 + i_1)$，是在第 2 年年末所持有的實質資產的現值。這些資產有助於支付第三年及其後各年的消費。但現在，我們假設這一項是固定的。也就是當我們分析家戶對 C_1 與 C_2 的選擇時，假設家戶提供第三年及其後各年的資產是固定的。這個簡化的假設，讓我們在只研究 C_1 與 C_2 的選擇時，可以只進行兩期的分析。

假設資金來源的現值 (V) 因初始資產 ($B_0/P + K_0$) 或工資所得 $(w/P)_1 \cdot L$ 與 $(w/P)_2 \cdot L$ 的增加而增加。由於我們假設 $(B_2/P + K_2)/(1 + i_1)$ 這一項是固定的，因此，式 (8.11) 告訴我們，總消費的現值，$C_1 + C_2/(1 + i_1)$，必須與 V 同幅增加。再者，家戶喜歡兩年的消費有相似的水準，因此，我們預測 C_1 與 C_2 的增幅會接近。這種因初始資產或工資所得的增加，所造成的消費增加稱為**所得效果** (income effects)。因此，資金來源現值 (V) 的增加會造成這兩年的消費 (C_1 與 C_2) 都提高。

消費選擇：跨期替代效果

我們剛剛所探討的所得效果，告訴我們所有的消費水準，例如 C_1 與 C_2，對初始資產與工資所得的變動的反應。另外一個重要決策是，兩年消費之間的相對水準。我們已經假設家戶喜歡有相似的 C_1 與 C_2 的水準，但這個偏好並非是絕對的。我們接下來說明，利率 i_1 的變動會影響兩年消費之間的相對水準。

再次考慮兩年期預算限制：

$$C_1 + C_2/(1 + i_1) = V - (B_2/P + K_2)/(1 + i_1)$$
消費現值＝資金來源現值－第2年年末資產現值 (8.11)

左邊為消費現值，$C_1 + C_2/(1 + i_1)$。它顯示在與 C_1 相加之前，C_2 必須先用 $1 + i_1$ 來折現。折現意味著一單位 C_2 比一單位 C_1 來得便宜些。其理由是，如果家戶將第 1 年的消費延後到第 2 年，那就可以在第 1 年年末持有更多的資產 (或更少的負債)。根據式 (8.7)，每一單位資產會在第 2 年時變成 $1 + i_1$ 單位，因此減少一單位 C_1，可帶來 $1 + i_1$ 單位的 C_2 的增加。

舉例來說，假設你正考慮今年夏天去度假。如果利率 $i_1 = 10\%$，你可能願意把假期延後到明年夏天。假期延後的報酬是，多出 10% 的錢可以花，而有一個更好的假期。

我們也可以用這個例子來看家戶對利率上升的反應。如果利率上升到 $i_1 =$

20%,那麼等待的報酬就增加了(延後假期,會讓你多20%的錢可以花用)。因此,我們的預測是當利率 (i_1) 上升時,假期就愈有可能被延後,從而,第1年的消費 (C_1) 減少了,且第2年的消費 (C_2) 增加了。

由於利率 (i_1) 的上升,會降低 C_2 相對於 C_1 的成本;亦即,i 愈高,延後消費的報償愈高。因此,家戶對利率 (i_1) 上升所做的反應是減少 C_1 且增加 C_2。經濟學稱這種反應為**跨期替代效果** (intertemporal-substitution effect)。所謂跨期是指**不同時間之間的替代**;家戶將消費由某一時點,如第 1 年,移到另一時點,如第 2 年。在「數字會說話:消費跨期替代的實證證據」的專欄中,描述了跨期替代效果強度的實證估計。

雖然我們是用不同年之間的消費來分析跨期替代效果,但在所得不變之下,消費的變動意味著儲蓄的變動,因此,消費的跨期分析也可以用來探討利率對家戶儲蓄的影響。

回到第 1 年的家戶預算限制:

$$C_1 + (B_1/P + K_1) - (B_0/P + K_0) = (w/P)_1 \cdot L + i_0 \cdot (B_0/P + K_0)$$

第1年消費 + 第1年實質儲蓄 = 第1年實質所得 (8.2)

由跨期替代效果,我們知道,利率 (i_1) 的提高會誘使家戶延後消費,因此左邊的今年消費 (C_1) 會減少。由於式 (8.2) 右邊的第 1 年實質所得,$(w/P)_1 \cdot L + i_0 (B_0/P + K_0)$,是給定的,因此 C_1 的減少意味著第 1 年實質儲蓄,$(B_1/P + K_1) - (B_0/P + K_0)$,的增加;亦即,當利率上升時,跨期替代效果誘使家戶多儲蓄一點。

到目前為止,我們對利率的分析是不完整的。我們只考慮跨期替代效果,但還沒考慮利率的變動是否也會有所得效果。

數字會說話

消費跨期替代的實證證據

跨期替代效果預測,較高的利率誘會發家戶降低現在消費之於未來消費的水準,但不同實證研究所得到的跨期替代效果的大小卻有很大的不同。如 Robert Hall (1989) 所說的,要從總合消費資料中,濾析出跨期替代效果是很難的。Havránek (2015) 針對文獻上 169 份實證研究所做的綜合分析 (meta-analysis) 發現,利率提高一個百分點,會讓總合消費每年增加約三分之一個百分點。此一發現支持了跨期替代效果,因為較高的消費成長率意味著現在消費之於未來消費的水準較低。

來自利率變動的所得效果

我們可以藉由檢視家戶第 2 年的預算限制來了解利率 (i_1) 所造成的所得效果：

$$C_2 + (B_2/P + K_2) - (B_1/P + K_1) = (w/P)_2 \cdot L + i_1 \cdot (B_1/P + K_1)$$

第 2 年消費 + 第 2 年實質儲蓄 = 第 2 年實質所得 (8.3)

來自 i_1 的所得效果可以從 $i_1 \cdot (B_1/P + K_1)$ 這項看出，它是資產在第 2 年帶來的所得。我們可以把這一項分拆成兩個部分：$i_1 \cdot (B_1/P)$ 與 $i_1 K_1$。

先考慮債券的利息所得，$i_1 \cdot (B_1/P)$。此一利息所得對債券持有者 (貸出者) 而言，是大於零的，因為 B_1/P 大於零。但這一項對債券發行者 (借入者) 而言，是小於零的，因為 B_1/P 小於零。因此，對債券持有者而言，i_1 的上升造成的所得效果為正，但對債券發行者而言，所得效果為負，因為給定債券數量 B_1/P，現在利息支出增加了。不過，從經濟體系整體來看，貸出與借入必須平衡，任何未清償的債券就必然有一個持有者與一個發行者。因此，就平均家戶 (average household) 而言，B_1/P 必定為零，從而，對該家戶而言，$i_1 \cdot (B_1/P)$ 帶來的所得效果為零。

家戶同時也持有資本所有權形式的資產，而式 (8.3) 中 $i_1 K_1$ 的部分，代表在第 2 年這些資產所賺取的利息所得。對整個經濟體系而言，資本存量 K，當然大於零，從而平均家戶所特有的資本所有權 (K_1) 是大於零的。因此，當我們考慮 $i_1 K_1$ 這一項時，i_1 上升的所得效果為正。

將這些結果放在一起，總合來說，來自 i_1 上升的所得效果包括 $i_1 \cdot (B_1/P)$ 的零效果與 $i_1 K_1$ 的正效果，從而 i_1 上升的總所得效果為正。

合併所得與替代效果

在很多情況下，經濟變動會涉及所得與替代效果。以利率 i_1 的上升，對第 1 年消費 (C_1) 所造成的影響為例，跨期替代效果誘使家戶降低 C_1。不過，i_1 的上升同時也有正的所得效果，這會誘使家戶增加 C_1。因此，i_1 的上升對 C_1 所造成的總效果是不確定的。如果跨期替代效果大於所得效果，則第 1 年的消費 (C_1) 會減少；相反的話，則增加。在下一節，我們將用**多年期預算限制** (*multiyear budget constraint*) 來評估所得效果的強度。在某些情況下，這個分析有助於我們判定到底是所得效果強還是替代效果強。

圖 8.4 顯示利率 i_1 的變動所造成的跨期替代效果與所得效果。上半部顯示跨期替代效果的預測，i_1 的上升會使第 1 年的消費，C_1，減少，從而使第 1 年的實質儲蓄，$(B_1/P + K_1) - (B_0/P + K_0)$，增加。如果 i_1 下降，則跨期替代效果的影響方向剛好

相反。下半部則顯示所得效果永遠會抵銷跨期替代效果。例如，當 i_1 上升時，所得效果預測 C_1 會增加，從而實質儲蓄，$(B_1/P + K_1) - (B_0/P + K_0)$，會減少。

圖 8.4　利率對消費與儲蓄的影響

如果第 1 年的利率 (i_1) 上升，則跨期替代效果預測第 1 年的消費，C_1，會減少，且第 1 年的實質儲蓄，$(B_1/P + K_1) - (B_0/P + K_0)$，會增加。如果 i_1 下降，則這些跨期替代效果的影響方向剛好相反；而所得效果會永遠抵銷跨期替代效果。例如，如果 i_1 上升，則所得效果預測第 1 年的消費，C_1，會增加，且實質儲蓄，$(B_1/P + K_1) - (B_0/P + K_0)$，會減少。

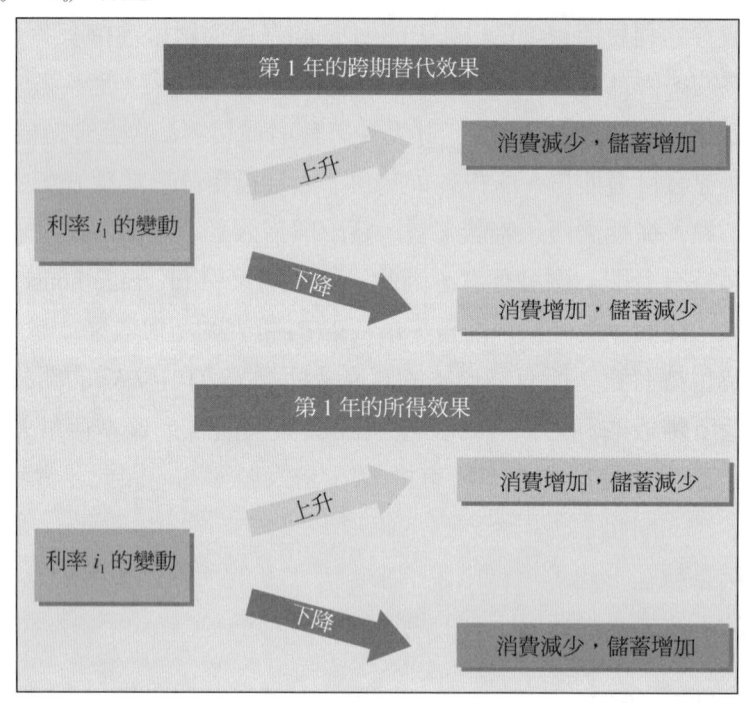

```
           第 1 年的跨期替代效果
                    上升 →  消費減少，儲蓄增加
利率 i₁ 的變動
                    下降 →  消費增加，儲蓄減少

           第 1 年的所得效果
                    上升 →  消費增加，儲蓄減少
利率 i₁ 的變動
                    下降 →  消費減少，儲蓄增加
```

多年期消費

我們現在擴展家戶預算限制到包括很多年的消費，我們由兩年期預算限制開始：

$$C_1 + C_2/(1 + i_1) = (1 + i_0) \cdot (B_0/P + K_0) + (w/P)_1 \cdot L$$
$$+ (w/P)_2 \cdot L/(1 + i_1) - (B_2/P + K_2)/(1 + i_1)$$

消費現值 = 初始資產價值 + 工資所得現值 − 第 2 年年末資產現值　　(8.9)

我們現在要放寬之前家戶不能改變第 2 年年末所持有的資產現值的簡化假設，亦即式 (8.9) 中，$(B_2/P + K_2)/(1 + i_1)$ 不能改變的假設。這項資產事實上並不是固定的。$(B_2/P + K_2)$ 的改變意味著家戶以更多或更少的資產供第三年或以後消費之用。為了

解 $(B_2/P + K_2)$ 的選擇，我們必須考慮未來各年的消費與所得。附錄詳細地說明此一擴展。在此，我們提供一個直覺的分析。

式 (8.9) 左邊是第 1 年與第 2 年消費的現值。當我們考慮很多年時，左邊變成是這些多年期消費的現值。第一個應該加入的項目是第三年消費的現值，其為 $C_3/[(1 + i_1) \cdot (1 + i_2)]$。根據我們之前對現值概念的說明，$C_3$ 其現值的折現因子為 $(1 + i_1) \cdot (1 + i_2)$；所以我們將 C_3 除以 $(1 + i_1) \cdot (1 + i_2)$。

如果我們持續加入未來各年，最終會得到一個所有消費的現值總和：

所有消費的現值總和 $= C_1 + C_2/(1 + i_1) + C_3/[(1 + i_1) \cdot (1 + i_2)] + \cdots$

省略符號 (…) 意指，我們包括了 C_4、C_5…等等的現值。多年期預算限制會把此一所有消費的現值總和置於其左邊。相較之下，式 (8.9) 只包括第 1 年與第 2 年的現值。

式 (8.9) 的右邊包括初始資產的第 1 年價值，$(1 + i_0) \cdot (B_0/P + K_0)$。這一項也會出現在多年期的設定中。不過，式 (8.9) 只包括第 1 年與第 2 年工資所得的現值。當我們考慮到很多年時，我們最終要有這些年的工資所得現值。類似於消費，我們最終有：

所有工資所得的現值總和
$$= (w/P)_1 \cdot L + (w/P)_2 \cdot L/(1 + i_1) + (w/P)_3 \cdot L/[(1 + i_1) \cdot (1 + i_2)] + \cdots$$

再次地，省略符號意指我們包括了 $(w/P)_4 \cdot L$、$(w/P)_5 \cdot L$…等等的現值。就同一年而言，工資所得的折現因子與消費的折現因子是一樣的。

最後一點是式 (8.9) 右邊包括第 2 年年末持有資產的現值，$(B_2/P + K_2)/(1 + i_1)$。當我們考慮多年期時，這一項變成是在遙遠的未來所持有資產的現值。根據計算現值的折現概念，我們可以安心地忽略這一項 (參閱附錄的討論)。因此，**多年期預算限制** (multiyear budget constraint) 為：

關鍵方程式 (多年期預算限制)：
$C_1 + C_2/(1 + i_1) + C_3/[(1 + i_1) \cdot (1 + i_2)] + \cdots = (1 + i_0) \cdot (B_0/P + K_0) + (w/P)_1 \cdot L$
$\qquad + (w/P)_2 \cdot L/(1 + i_1) + (w/P)_3 \cdot L/[(1 + i_1) \cdot (1 + i_2)] + \cdots$

所有消費的現值總和 = 初始資產價值
+ 所有工資所得的現值總和 (8.12)

多年期預算限制之所以有用，在於它可以讓我們比較暫時性與恆常性所得變動的影響。如果是一個暫時性變動，例如第 1 年工資所得 $(w/P)_1 \cdot L$ 增加一單位，而初始資產 $(B_0/P + K_0)$ 與其他各年的工資所得，$(w/P)_2 \cdot L$、$(w/P)_3 \cdot L$…等等，同時

保持不變。一個例子是勞工收到且預期不會再有的獎金。家戶滿足式 (8.12) 多年期預算限制的一個可能做法是把所有額外的所得都花費在第 1 年的消費 (C_1)。不過，家戶傾向不以這種方式反應，因為它們希望每年的消費水準接近。因此，我們預期家戶對 $(w/P)_1 \cdot L$ 增加的反應為讓每一期的消費，C_1、C_2、C_3…等等都增加相似的數量。這樣的反應意味著，任何一年的消費，如第 1 年，不能增加太多。因此，如果 $(w/P)_1 \cdot L$ 增加一單位，則我們預測 C_1 的增加會遠小於一單位。換句話說，如果額外的所得是暫時性的，那麼第 1 年的額外一單位所得，對第 1 年的**消費傾向** (propensity to consume) 的影響是很小的。

這個結果也可以用儲蓄來說明。再看一次家戶第 1 年的預算限制：

$$C_1 + (B_1/P + K_1) - (B_0/P + K_0) = (w/P)_1 \cdot L + i_0 \cdot (B_0/P + K_0)$$
$$\text{第 1 年消費} + \text{第 1 年實質儲蓄} = \text{第 1 年實質所得} \tag{8.2}$$

當等號右邊增加一單位時，等號左邊 C_1 的增加會遠小於一單位，從而等號左邊的第 1 年實質儲蓄，$(B_1/P + K_1) - (B_0/P + K_0)$，會增加幾乎 1 個單位。也就是說，如果第 1 年所得額外增加的一單位是暫時性的，則第 1 年的**儲蓄傾向** (propensity to save)會幾乎等於 1。儲蓄會增加這麼多，是為了讓未來各年計畫的消費跟第 1 年的消費有相近的增幅。

接下來考慮一個對照的情況：工資所得恆常地提高，即 $(w/P)_1 \cdot L$、$(w/P)_2 \cdot L$、$(w/P)_3 \cdot L$…等等都增加一單位。一個例子是工資的增加被勞工預期為是恆常性的。根據式 (8.12) 的多年期預算限制，家戶的可能反應是把每年的消費都提高一單位；每一個 C_t ($t = 1, 2, 3…$) 的增加，都對應於每一個 $(w/P)_t \cdot L$ 的增加。更進一步地說，我們預測家戶會以這種方式反應，是因為這樣的做法與家戶追求每年消費水準接近的欲望相一致。因此，當額外的所得是恆常性的，那麼，我們預測源自第 1 年額外一單位所得的消費傾向會相當高，高到接近 1。

至於儲蓄的反應，我們可以再看一次式 (8.2) 的第 1 年預算限制。如果等號右邊的 $(w/P)_1 \cdot L$ 增加一單位，且左邊的 C_1 也增加約一個單位，那麼第 1 年的實質儲蓄 $[(B_1/P + K_1) - (B_0/P + K_0)]$ 的變動會很小或根本沒有變動。換句話說，如果額外的所得是恆常性的，那麼源自第 1 年額外一單位所得的儲蓄傾向是很小的。在此情況下，儲蓄之所以沒甚麼改變，是因為家戶不需要額外的資產讓未來計畫的消費增加。這些增加可以由未來較高的工資所得，$(w/P)_2 \cdot L$、$(w/P)_3 \cdot L$…等等，來支應。

以上關於暫時性的與恆常性的所得變動的分析結果，呼應 Milton Friedman 有名的觀念──**恆常所得** (permanent income)。它的概念是消費決定於長期的平均所得

(他稱為恆常所得)，而不是當期所得。如果所得的變動是暫時性的，那麼恆常所得與消費的變動會相對地小。因此，如同我們的分析，源自臨時所得的消費傾向是很小的。以下的「數字會說話」的專欄討論消費傾向的實證證據。

我們也可以評估預期的未來所得改變所造成的影響。多年期預算限制為：

$$C_1 + C_2/(1 + i_1) + C_3/[(1 + i_1) \cdot (1 + i_2)] + \cdots$$
$$= (1 + i_0) \cdot (B_0/P + K_0) + (w/P)_1 \cdot L + (w/P)_2 \cdot L/(1 + i_1)$$
$$+ (w/P)_3 \cdot L/[(1 + i_1) \cdot (1 + i_2)] + \cdots$$

所有消費的現值總和 = 初始資產價值 + 所有工資所得的現值總和　　(8.12)

假設，一開始實質工資所得 $(w/P)_t \cdot L$ ($t = 1, 2\cdots$) 都一樣。不過，如果在第 1 年，家戶知道從下一年起，所得將會有恆常的增加，從而預期的未來工資所得，如 $(w/P)_2 \cdot L$、$(w/P)_3 \cdot L\cdots$ 等等，都會增加。家戶也可能在第 1 年知道它在未來會繼承一筆財產或得到保險年金給付。

當家戶預期其未來所得會增加時，其反應是每一年的消費，C_1、$C_2\cdots$ 等等，會

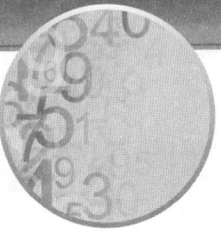

數字會說話

消費傾向的實證證據

經濟學家已發現所得恆常變動下的消費傾向比暫時變動下的大很多的強固證據。某些最明顯的證據來自人們收到從天而降的意外所得的特別情況。

一個例子是在 1957–1958 年期間，以色列公民收到來自德國一次性的整筆補償性支付。這個款項很大，大約等於一個平均家庭的年所得。典型的家庭在收到補償的那一年，消費支出大約增加所收到款項的 20%。不過，這些消費支出包括消費者耐久財。這種商品通常會存續很多年，因此有一部分應被認為是儲蓄而非消費。因此，真正的消費傾向應低於 20%。

另一個例子則是在 1950 年，美國二次世界大戰的退伍軍人收到預料外且一次性的壽險紅利，其金額為 $175，大約是當時一個平均家庭年所得的 4%。在當時，消費支出大約增加該意外財的 35%，不過，由於消費支出包括消費者耐久財，所以真正的消費傾向應低於 35%。

更多對消費者行為的研究顯示，所得恆常變動下的消費傾向不只很大而且接近 1。相較之下，所得暫時變動下的消費傾向大約是 20%–30%。雖然此一對所得暫時變動的反應大於我們理論所預期的，但重點是消費對所得恆常變動的反應遠超過對暫時變動的反應。

有約略相同的增幅。尤其是，第 1 年的消費 C_1 會增加，即使是所得仍未增加。

考慮一種情況，其中所得由第 2 年開始每年都增加一單位，即 $(w/P)_2 \cdot L$、$(w/P)_3 \cdot L$…等等都增加一單位。由於勞動所得的增加在第 1 年就已被預期到，因此我們預測 C_1、C_2、C_3…等等約略會有等額的增加。因此，雖然第 2 年的勞動所得比第 1 年高，即 $(w/P)_2 \cdot L$ 大於 $(w/P)_1 \cdot L$，但我們並不預測第 2 年工資所得的增加會讓第 2 年消費之於第 1 年消費的相對水準增加；亦即，我們預測 C_1 與 C_2 會差不多。我們會得到這個結果是因為從第 1 年到第 2 年的所得增加已被預期到且已反應在較高的 C_1 上。重要的預測是，當所得的增加早就被預期到時，那麼當所得真的增加時，家戶的消費並不會有進一步的反應。在「數字會說話」的專欄，我們討論此一命題的證據。

均衡下的消費、儲蓄與投資

我們現在要用我們對單一家戶其消費與儲蓄選擇的分析，來探討消費與儲蓄的總合數量。這個分析也可以讓我們探討投資的總合數量。本節結束後，我們就奠下探討經濟波動的基礎。我們對這個主題的分析，將從第 9 章開始。

我們已經討論過家戶如何將其實質所得分配到消費與實質儲蓄。現在，我們要

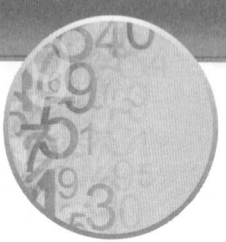

數字會說話

消費對預期到的所得變動的反應

在我們的模型，家戶的消費不會對在先前就已經預期到的所得變動有反應。為了在實證上評估這個預測，我們必須要濾析出家戶能事先預期到的所得變動。這個假說的最具說服力的檢定涉及在所得變動是可明確預期的特殊情況下，個人消費的反應。Jappelli and Pistaferri (2010) 做了相關的文獻回顧。整體而言，實證證據跟消費不會對所有可預期的所得變動有反應的命題並不相符。不過，差距並不大，且主要發生在涉及的所得相對較小的情況。Browning and Collado (2001) 主張，當被預期的所得變動較大時，消費者的反應與理論的預測比較一致；當被預期的所得變動較小時，消費者的反應與理論的預測就比較不一致。他們用西班牙的家戶資料，比較兩組勞工的消費型態。一組是每個月領相同一樣的薪水，另一組會在六月與十二月領到額外的獎金，這些獎金的金額大且可預期。他們發現，這兩組勞工的消費型態並無差別。因此，他們的結論是「可預期到的所得變動並不會造成支出型態的變動。」

找出消費與實質儲蓄的總量；亦即，如同第 7 章一樣，我們從個體經濟基礎 (即個別家戶的行為) 出發，藉由市場結清條件，探討總合變數。

再度考慮在某一時點的預算限制：

$$C + (1/P) \cdot \Delta B + \Delta K = (w/P) \cdot L + i \cdot (B/P + K)$$
消費 + 實質儲蓄 = 實質所得 (8.1)

如果將資產的實質所得 $i \cdot (B/P + K)$ 分成 $i \cdot (B/P)$ 及 iK 兩個部分，我們會得到以下的預算限制：

$$C + (1/P) \cdot \Delta B + \Delta K = (w/P) \cdot L + i \cdot (B/P) + iK$$

由第 7 章，我們知道利率 i 決定於

$$i = (R/P - \delta)$$
債券報酬率 = 資本所有權的報酬率 (7.6)

如果將預算限制中 iK 項裡的 i 代以 $(R/P - \delta)$，我們會得到：

$$C + (1/P) \cdot \Delta B + \Delta K = (w/P) \cdot L + i \cdot (B/P) + (R/P) \cdot K - \delta K$$

由於這條等式適用每一個家戶，因此它也適用加總所有家戶後的情況，亦即，這個等式也適用總合變數。不過，我們知道，以整體家戶來看，債券總數量 B 必須為零；也就是，當債券市場結清時，全部家戶所持有的債券餘額為零。在任何時點，$B = 0$ 的條件，也意味著總合債券持有量的改變，ΔB，必定為零。如果我們把 $B = 0$ 與 $\Delta B = 0$ 代入上式，總合的家戶預算限制將變成：

$$C + \Delta K = (w/P) \cdot L + (R/P) \cdot K - \delta K$$

由第 7 章，我們知道，當勞動與租用市場結清時，要素的總報酬，即勞動的 $(w/P) \cdot L$ 加上資本的 $(R/P) \cdot K$，會等於實質國內生產毛額 (實質 GDP，Y) (參閱第 7 章附錄)。如果將等式中的 $(w/P) \cdot L + (R/P) \cdot K$ 代以 Y，則總合家戶預算限制變成：

> 關鍵方程式 (家戶預算限制的總合形式)：
> $$C + \Delta K = Y - \delta K$$
> **消費 + 淨投資 = 實質GDP − 折舊**
> **= 實質國內生產淨額** (8.13)

回想一下，實質國內生產毛額是由生產函數 $Y = A \cdot F(K, L)$ 所決定。因此，給定技術水準 (A)，式 (8.13) 等號的右邊，實質國內生產淨額 ($Y - \delta K$)，是由 K 與 L 的給定值決定的。因此等號的左邊意味著，這個經濟體系的淨投資 (ΔK)，是由家戶的

消費選擇 (C) 所決定。給定國內生產淨額，消費 C 增加一單位，意味著淨投資 ΔK 減少一單位。在第 9 章，我們將探討，給定利率 i 等於資本報酬率 $R/P-\delta$，家戶會選擇消費多少 C。C 的選擇會透過式 (8.13) 決定 ΔK。

當債券市場結清時，淨投資 (ΔK) 會等於全經濟體系的實質儲蓄。對個別家戶而言，實質儲蓄等於 $(1/P) \cdot \Delta B + \Delta K$，即包括債券與資本持有的資產其實質價值的變動。不過，就整個經濟體系而言，$\Delta B = 0$，且實質儲蓄等於 ΔK。

總結

我們已擴展第 7 章模型中的個體經濟基礎，討論家戶對消費與儲蓄的選擇。儲蓄的唯一目的在於增加資產，以增加未來的消費。因此，家戶在今天消費與今天儲蓄之間的選擇，本質上就是家戶對今天消費與明天消費的選擇。

透過這個角度，我們以所得效果與跨期替代效果來分析消費。較高的初始資產，或較高的當期或未來實質工資所得，會經由所得效果，增加每一年的消費。今天較高的利率會誘引消費者減少今天的消費；經由這個管道，較高的利率會使當前的儲蓄增加。不過，較高的利率也同時有正的所得效果；它會讓今天的消費增加，但儲蓄減少。因此，利率對今天儲蓄的整體效果並不確定。

我們區分了工資所得的恆常變動與暫時變動。恆常變動下的消費傾向比較高，且儲蓄傾向比較低。相較之下，暫時變動下的消費傾向比較低，且儲蓄傾向比較高。

經由加總家戶的預算限制及使用市場結清條件，我們可以決定整體經濟的消費、儲蓄與投資水準。在下一章，我們將說明，透過所得與跨期替代效果，我們可以導出總合消費。淨投資為實質國內生產淨額與消費的差額。如果資本 K 與勞動 L 的數量為給定，那麼實質國內生產淨額就決定了，從而這個模型就可以決定消費與淨投資的總合水準。

習題

A. 複習題

1. 討論下列事件，對今年消費 (C_1) 所造成的影響：
   a. 利率 i_1 的上升。
   b. 實質工資所得 $[(w/P) \cdot L]$ 恆常性地增加。
   c. 現在實質工資所得 $[(w/P)_1 \cdot L]$ 增加，但未來實質工資所得沒有改變。

d. 未來每一期的實質工資所得，$(w/P)_t \cdot L$，其中 $t = 2, 3\cdots$，都增加。

e. 一筆一次性的意外之財，讓初始資產 $[(B_0/P + K_0)]$ 增加。

2. 源自額外一單位所得的消費傾向小於或等於 1 的決定因素為何？此一傾向可能大於 1 嗎？

3. 推導家戶如式 (8.9) 的兩年期預算限制式。根據此一限制式，如果家戶減少一單位的第 1 年消費 (C_1)，則第 2 年消費 (C_2) 會增加多少呢？(假設限制式中的其他各項都不變。)

4. 說明在計算現值時，如何對不同年的所得與消費給予不同的權數。為什麼一單位的現在所得要比一單位的未來所得更有價值？為什麼一單位的未來消費要比一單位的現在消費更便宜？

B. 討論題

5. 所得效果

再度考慮式 (8.12) 的家戶多年期預算限制式。以下事件所造成的所得效果為何？

a. 對持有正的初始名目債券 (B_0) 的家戶，物價水準 (P) 上升。如果 B_0 為零或為負呢？

b. 每一年的年利率 i_t 都增加 1% (假設 $B_0 = 0$)。

6. 恆常所得

恆常所得的概念意味著消費決定於長期平均所得，而非當期所得。我們可以將恆常所得定義為一個假想的固定所得，該所得的現值等同於家戶多年期預算限制式右邊的資金來源：

$$C_1 + C_2/(1 + i_1) + C_3/[(1 + i_1) \cdot (1 + i_2)] + \cdots = (1 + i_0) \cdot (B_0/P + K_0)$$
$$+ (w/P)_1 \cdot L + (w/P)_2 \cdot L/(1 + i_1) + (w/P)_3 \cdot L/[(1 + i_1) \cdot (1 + i_2)] + \cdots \quad (8.12)$$

a. 用式 (8.12) 得出恆常所得在第 1 年取值 (evaluated in year 1) 的公式。

b. 源自恆常所得的消費傾向為何？

c. 如果消費 C_t，$t = 1, 2\cdots$，不隨時間變動，則恆常所得的值為何？

附錄

多年期預算限制與計畫時間長度

我們在這裡說明如何計算跨越許多年的家戶預算限制。當只考慮兩年時，預算限制為：

$$C_1 + C_2/(1 + i_1) = (1 + i_0) \cdot (B_0/P + K_0) + (w/P)_1 \cdot L$$
$$+ (w/P)_2 \cdot L/(1 + i_1) - (B_2/P + K_2)/(1 + i_1) \quad (8.9)$$

為擴展到很多年，我們由三年開始。

第 2 年年末持有的實質資產為：

$$(B_2/P + K_2) = (1 + i_1) \cdot (B_1/P + K_1) + (w/P)_2 \cdot L - C_2 \tag{8.5}$$

只要把每一項都更新一年，第三年年末持有的實質資產可由同樣的公式決定：

$$(B_3/P + K_3) = (1 + i_2) \cdot (B_2/P + K_2) + (w/P)_3 \cdot L - C_3 \tag{8.14}$$

我們先前曾發現，可以把第 2 年年末持有的實質資產表示為：

$$(B_2/P + K_2) = (1 + i_1) \cdot (1 + i_0) \cdot (B_0/P + K_0) + (1 + i_1) \cdot (w/P)_1 \cdot L$$
$$- (1 + i_1) \cdot C_1 + (w/P)_2 \cdot L - C_2 \tag{8.8}$$

如果我們把式 (8.14) 等號右邊的 $(B_2/P + K_2)$，代以式 (8.8) 的右邊，則得：

$$(B_3/P + K_3) = (1 + i_2) \cdot [(1 + i_1) \cdot (1 + i_0) \cdot (B_0/P + K_0) + (1 + i_1) \cdot (w/P)_1 \cdot L$$
$$- (1 + i_1) \cdot C_1 + (w/P)_2 \cdot L - C_2] + (w/P)_3 \cdot L - C_3$$

如果把 $1 + i_2$ 乘入中括號內的各項，可得：

$$(B_3/P + K_3) = (1 + i_2) \cdot (1 + i_1) \cdot (1 + i_0) \cdot (B_0/P + K_0)$$
$$+ (1 + i_2) \cdot (1 + i_1) \cdot (w/P)_1 \cdot L - (1 + i_2) \cdot (1 + i_1) \cdot C_1$$
$$+ (1 + i_2) \cdot (w/P)_2 \cdot L - (1 + i_2) \cdot C_2 + (w/P)_3 \cdot L - C_3 \tag{8.15}$$

由上式可知利率扮演重要角色。初始實質資產 $(B_0/P + K_0)$ 現在會連續三年累積利息，直到第三年年末，因此，在式 (8.15) 的右邊，它要乘上 $(1 + i_2) \cdot (1 + i_1) \cdot (1 + i_0)$。第 1 年的實質工資 $(w/P)_1 \cdot L$，則累積兩年的利息，因此，乘上 $(1 + i_2) \cdot (1 + i_1)$。其他的實質所得與消費的項目，在式中以類似的方式呈現。

如果我們把式 (8.15) 中的各項遍除以 $(1 + i_2) \cdot (1 + i_1)$ 且重新整理，並將消費有關的各項放在左邊，就可得到三年期預算限制：

$$C_1 + C_2/(1 + i_1) + C_3/[(1 + i_1) \cdot (1 + i_2)] = (1 + i_0) \cdot (B_0/P + K_0) + (w/P)_1 \cdot L + (w/P)_2 \cdot L/(1 + i_1)$$
$$+ (w/P)_3 \cdot L/[(1 + i_1) \cdot (1 + i_2)] - (B_3/P + K_3)/[(1 + i_1) \cdot (1 + i_2)] \tag{8.16}$$

上式將式 (8.9) 的兩年期預算限制擴充到三年。式 (8.16) 中的每一項都是現值 (或第 1 年的值)。現在的預算限制包括第三年的實質工資所得與消費，$(w/P)_3 \cdot L$ 與 C_3，且這些數量是以連續兩年的利息積累折現，即以 $(1 + i_1) \cdot (1 + i_2)$ 折現。在第三年年末所持有的實質資產 $(B_3/P + K_3)$，現在出現在等號右邊且也以 $(1 + i_1) \cdot (1 + i_2)$ 折現。

我們現在已經知道如何導出任何年數下的預算限制。每一次我們多加一年時，就帶進該年的實質所得與消費。我們也同時帶入在新的一年年末所持有的實質資產，且消去在前面一年年末所持有的實質資產。所有的新項目都被折現以反映第 1 年到它那一年所積累的利息。例如，如果我們考慮到第 j 年，而 j 大於 3，我們會有以下 j 年期的預算限制：

$$C_1 + C_2/(1 + i_1) + C_3/[(1 + i_1) \cdot (1 + i_2)] + \cdots$$
$$+ C_j/[(1 + i_1) \cdot (1 + i_2) \cdot \cdots \cdot (1 + i_{j-1})] = (1 + i_0) \cdot (B_0/P + K_0)$$
$$+ (w/P)_1 \cdot L + (w/P)_2 \cdot L/(1 + i_1) + (w/P)_3 \cdot L/[(1 + i_1) \cdot (1 + i_2)]$$
$$+ \cdots + (w/P)_j \cdot L/[(1 + i_1) \cdot (1 + i_2) \cdot \cdots \cdot (1 + i_{j-1})]$$
$$-(B_j/P + K_j)/[(1 + i_1) \cdot (1 + i_2) \cdot \cdots \cdot (1 + i_{j-1})] \tag{8.17}$$

我們想要用式 (8.17) 來了解家戶如何選擇第 1 年的消費 (C_1)。家戶現在是將此一選擇視為考慮到第 j 年為止的未來消費與實質所得的長期計畫的一部分。透過 j 年期預算限制，當期的選擇會受到這些未來價值的影響。我們可以把 "j" 想成**計畫時間長度** (planning horizon)，即家戶計畫其消費與儲蓄選擇所跨過的年數。

一個典型的家戶在做決策時，所考慮的時間長度有多長呢？經濟學家通常假設典型的家戶其計畫年數很長，但有限。例如，**生命循環模型** (life-cycle models) 的年數 j 代表個人其預期的餘命。如果人們不關心他們死後所發生的一切，那麼就沒有理由在第 j 年以後持有任何資產，從而，在他們的計畫中，會把式 (8.17) 中的最終資產存量 ($B_j/P + K_j$) 設定為零，也就是，每一個人都計畫在他死後，沒有任何資產遺留下來。

要定義單獨一個人的預期餘命，從而其計畫時間長度，比較簡單，但對於有配偶跟小孩的個人而言，合適的計畫年限就比較不明顯。當一個人關心他的配偶與小孩時，其計畫的時間長度就會超過他的預期餘命，且家戶會關心其小孩未來的實質所得與消費。再者，小孩也會在意他們未來的小孩 (如果有的話)。在此情況下，沒有明顯的標準可定義合宜的計畫時間長度。

我們也可以考慮**無限的時間長度** (infinite horizon)，而非**有限的時間長度** (finite horizon)；也就是計畫的期數 j 無限地延伸 (沒有盡頭)。有兩個好理由支持這樣的假設：

- 首先，通常家戶會關心其未來世代的成員──子女、孫子女…等等──直到無限的未來。
- 其次，在數學上，無限期數反而比較好處理。

如果我們考慮無限的時間長度，那就容許式 (8.17) 中的 j 變成無窮大。在此情況下，就沒有最後一年 j，從而不必擔心等號右邊的最後一項，該項涉及 ($B_j/P + K_j$) [2]。因此，正文中的式 (8.12) 就是**無限期預算限制** (infinite-horizon budget constraint)，亦即適用於無限的計畫時間長度的預算限制：

$$C_1 + C_2/(1 + i_1) + C_3/[(1 + i_1) \cdot (1 + i_2)] + \cdots = (1 + i_0) \cdot (B_0/P + K_0)$$
$$+ (w/P)_1 \cdot L + (w/P)_2 \cdot L/(1 + i_1) + (w/P)_3 \cdot L/[(1 + i_1) \cdot (1 + i_2)] + \cdots \tag{8.12}$$

省略符號意味著上式包括所有的 C_t 與 $(w/P)_t \cdot L$，$t = 1, 2\cdots$，直到無限。

---

[2] 由於 ($B_j/P + K_j$) 需用 $(1 + i_1) \cdot (1 + i_2) \cdot \cdots \cdot (1 + i_{j-1})$ 折現以求得現值，所以當 j 很大時，($B_j/P + K_j$) 這項的現值是可忽略的。

第 9 章

均衡景氣循環模型

本章用第 7 章和第 8 章所發展出來的架構，研究短期經濟波動（又稱景氣循環，business cycles）。景氣循環包括實質國內生產毛額 (real GDP) 的擴張與收縮。實質 GDP 擴張的期間（即繁榮），通常會伴隨著其他總體經濟活動的增溫，如消費、投資與就業，並伴隨著失業率的下降。相反地，在收縮期間（即衰退），通常可以見到消費、投資與就業的減少，以及失業率的上升。

經濟體系的總產出（實質 GDP）是經濟體系在擴張或收縮階段的關鍵指標。因此，為了解經濟波動的本質，我們先檢視歐元區自 1999 年歐元誕生之後，其實質 GDP 的表現。

實質國內生產毛額的循環表現——衰退與繁榮

圖 9.1 中的曲線顯示歐元區從 1999.1（1999 年的第一季）到 2015.2（2015 年的第二季），其實質 GDP 的季資料。圖 9.1 的實質 GDP 曲線其走勢反映兩股力量。首先，從 1999 到 2015 年，實質 GDP 基本上呈現向上的走勢或**趨勢** (trend)。這種趨勢反映其長期經濟成長，即第 3 至第 5 章的主題。其次，實質 GDP 存在環繞其趨勢的短期波動；這些經濟波動源自於景氣循環，亦即源自於繁榮與衰退。

因此，實質 GDP 包括兩個部分：

$$\text{實質GDP} = \text{實質GDP的趨勢} + \text{實質GDP的循環部分} \tag{9.1}$$

接下來，我們先估計趨勢的部分。一個對趨勢的良好衡量要能用相當平滑的曲線配適實質 GDP 的資料。在圖 9.2，較平滑的曲線是**實質 GDP 趨勢** (trend real GDP) 線，環繞該曲線的是實際的實質 GDP 曲線。

一旦我們知道實質 GDP 趨勢，如圖 9.2 中較平滑的曲線，就可以計算實際與趨勢之間的差距。重新整理式 (9.1) 中的各項，可得：

$$\text{實質GDP的循環部分} = \text{實質GDP} - \text{實質GDP趨勢} \tag{9.2}$$

我們將實質 GDP 與它的趨勢之間的差距稱為**實質 GDP 的循環部分** (cyclical part of

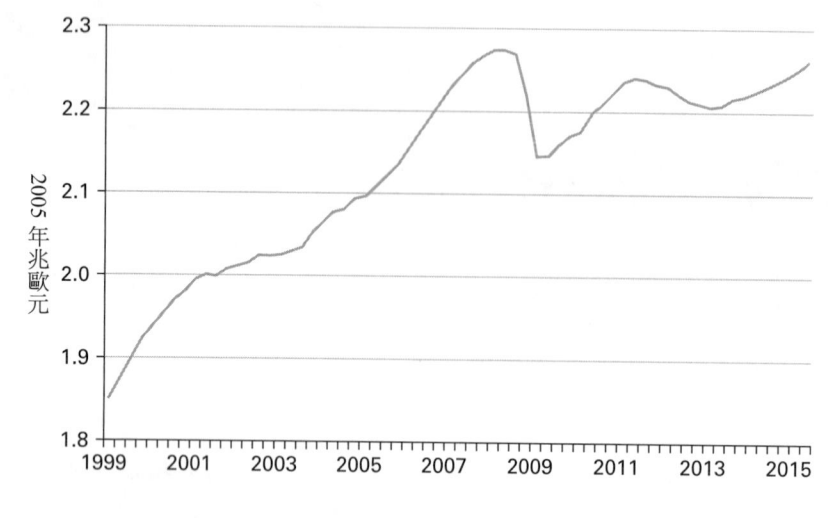

圖9.1 歐元區實質GDP，1999–2015

圖中曲線顯示歐元區從 1999.1 到 2015.2 的實質 GDP。資料為經季節調整的季資料，且以基期 (2005) 的歐元衡量。

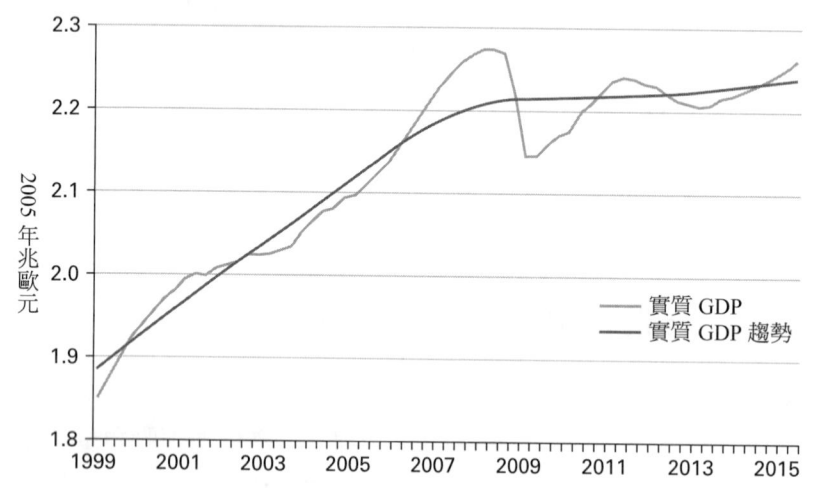

圖9.2 計算歐元區實質GDP的趨勢，1999–2015

較平滑的曲線是實質 GDP 趨勢線，環繞該曲線的是實際的實質 GDP 曲線 (來自圖 9.1)。趨勢線反映長期經濟成長。

real GDP)，因為這部分來自景氣循環，亦即來自短期的經濟波動。

圖 9.2 所顯示的歐元區從 1999 到 2015 年其實質 GDP 最重要的特點是，它基本上呈現向上的趨勢。實際上，我們並不容易從這個圖形辨識出所有的循環部分，亦即實質 GDP 與它的趨勢之間差距的部分。在往後的各圖中，我們會把循環部分放大以便得到一個較清楚的圖像。不過，我們應該記住，實質 GDP 的趨勢值，才是決定歐元區的一個典型個人其現在的與 10 年前或更早之前的生活水準會有不同的主要因素。因此，就長期的角度看，經濟成長比經濟波動來得重要。

雖然經濟波動與長期趨勢比較起來通常很小，但經濟波動確實會影響代表性個人的福祉。例如，在衰退時，由於實質所得較低、消費較少，且有可能會失去工作，所以經濟個體會受到傷害。新聞媒體討論的焦點大部分放在波動而非趨勢。這可能是因為趨勢反映長期力量，而這些力量通常都不是新聞；而波動反映的是構成新聞的最新事件。再者，把經濟波動，特別是正在發生中的衰退，歸咎於當時的執政團

圖 9.3　歐元區實質 GDP 的循環部分，1999–2015

圖中曲線畫出實質 GDP (亦即圖 9.2 中較不平滑的曲線) 與其趨勢 (亦即圖 9.2 中較平滑的線) 的差距。所得到的序列，亦即實質 GDP 的循環部分，顯示實質 GDP 偏離其趨勢的情況。此一循環部分是以比例方式衡量；例如 0.02 意味著實質 GDP 高過趨勢值 2%，而 –0.02，則意味著實質 GDP 低於趨勢值 2%。

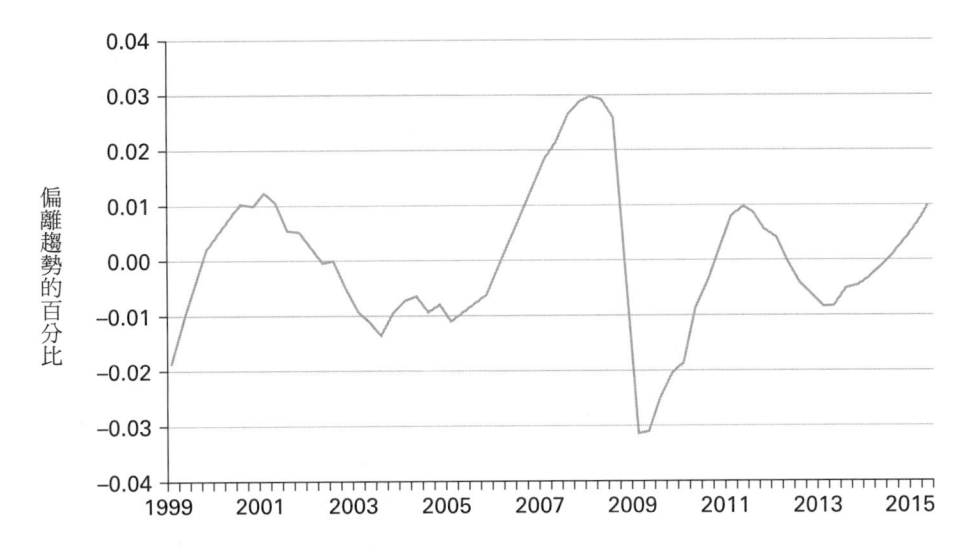

隊，也比較簡單 (儘管通常是錯的)；要追究長期經濟成長的責任歸屬也比較困難。

圖 9.3 顯示實質 GDP 的循環部分被放大以後的圖像。此一循環部分是圖 9.2 中，實質 GDP 與其趨勢值之間的差距。藉由改變縱軸的刻度，我們可以由圖 9.3 更清楚看出實質 GDP 何時高於或低於其趨勢值。

實質 GDP 其循環部分的變化可用來測量經濟波動的幅度。我們使用一個稱為**標準差** (standard deviation) 的統計量來測量。在圖 9.3，實質 GDP 的循環部分其標準差為 1.3%。這個值意味著，在 1999–2015 年期間，歐元區實質 GDP 的典型波動範圍是在趨勢值上下各 1.3% 之間。[1]

經濟衰退的一般性特徵是，一段時間內的經濟活動較為低落，衡量指標是實質 GDP 與其他總體經濟變數。我們所使用的經濟衰退的操作型定義是實質 GDP 的循環部分為負值且至少達到 1.5% 的期間。根據這項定義，歐元區就曾在 2009–2010 年期間發生過經濟衰退。在 2009 年，歐元區的實質 GDP 比趨勢值低了約 3%。

判定歐元區的衰退何時開始、何時結束的半官方機構是經濟政策研究中心 (CEPR)。CEPR 對衰退的定義是「經濟活動水準明顯的下滑，遍及歐元區經濟體，通常可看到實質 GDP、就業與歐元區整體經濟活動的其他衡量指標，連續兩季或以上呈現負成長」。

---

[1] 如果一個變數呈現常態分配 (實質 GDP 的循環部分通常呈現這樣的分配)，則該變數約有 65% 的時間會落在平均數上下一個標準差之間，且約有 95% 的時間會落在平均數上下兩個標準差之間。

均衡景氣循環模型

概念

為把經濟波動加以模型化，我們先假設這些波動反映對經濟體系的**衝擊** (shocks)。一個例子是技術水準 (A) 發生變動。當 A 變動時，會先影響第 3 章式 (3.1) 的生產函數：

$$Y = A \cdot F(K, L) \tag{9.3}$$

A 的提升意味著經濟體系的生產力提升，亦即給定資本與勞動 (K 與 L)，經濟體系可以生產更多的 Y。相反地，A 的降低意味著經濟體系的生產力下降。在本章，我們聚焦在 A 的變動對經濟波動所造成的影響。

我們稱我們的模型為**均衡景氣循環模型** (equilibrium business-cycle model，EBC 模型)，因為它使用均衡條件來判定衝擊會如何影響實質 GDP (Y) 與其他總體經濟變數，如消費 (C)、投資 (I) 與勞動投入量 (L)。本模型假設，勞動市場與資本服務市場的供給與需求函數，符合第 7 章與第 8 章所介紹的個體經濟基礎。給定這些函數，關鍵的均衡條件就是這些市場必須結清；例如，勞動總供給量等於總需求量，資本服務的總供給量等於總需求量。在第 17 章，我們會考慮市場沒有結清下的模型。

均衡景氣循環的一個著名的例子，是由 2004 年諾貝爾獎得主 Finn Kydland and Edward Prescott (1982) 所發展出來的**實質景氣循環模型** (real business-cycle model，RBC 模型)。RBC 模型用跟我們一樣的均衡條件，但強調來自技術水準 (A) 的衝擊。因此，本章所介紹的均衡景氣循環模型就是一個實質景氣循環模型。不過，在後續的章節中，我們會將此一模型一般化以包括不同型態的衝擊；例如，第 16 章會考慮貨幣面 (而非實質面) 的干擾。由於我們的基本方法都一樣，所以我們用比較廣義的名稱，亦即均衡景氣循環模型，來概括這些擴展與本章的模型。

我們的模型會預測實質 GDP 與其他總體經濟變數的波動型態。在導出這些預測之後，我們會將它們與總體經濟資料做比較。由於在本章，我們聚焦在技術水準 (A) 的衝擊，因此，只有在 A 的變動可以是正向，也可以是負向時，本模型才有可能運作得好。正向的衝擊帶來繁榮，而負向的衝擊帶來衰退。

如果把 A 視為技術水準，那麼 A 提升的例子包括新產品或新生產方法的發現。我們在第 5 章討論技術進步時，所舉的例子包括：電力系統、電晶體、電腦及網路的發明與改造。不過，很多微小的發明也能創造出像圖 9.3 中的經濟繁榮。

如果把 A 視為技術水準，就很難想像 A 會降低；畢竟，生產者通常不會忘記先

前的技術進步。不過，我們在第5章討論Solow成長模型時，曾提到有些事件雖與技術無關，但其對生產力與經濟體系的影響跟技術水準的變動一樣。再者，這些事件可能是正向的，也可能是負向的(造成A的降低)。

類似於技術水準 (A) 變動的事件，包括司法與政治體制的變革、競爭程度的改變與國際貿易量的波動。而類似於A降低的不利影響，則包括作物歉收、戰爭的蹂躪、天災及罷工。

我們的經濟波動分析對A採廣義的觀點，以包括上述的例子。在此情況下，A的變動有些時候是正向的，有些時候則是負向的。不過，把A稱為「技術水準」有其便利之處。

在本章所發展出來的均衡景氣循環模型中，我們將經濟波動解釋為經濟體系對技術水準 (A) 的衝擊所產生的短期反應。其分析之所以是短期的，主要是因為我們假設資本存量 (K) 是固定的。換句話說，在我們的模型裡，衰退或繁榮的持續期間相對較短，不會長到讓機器與建築物 (亦即包括於K的財貨) 其存量有顯著的變動。相較之下，在第3至5章的經濟成長的長期分析中，K的變動是整個故事的重心。

模型

接下來我們討論技術水準 (A) 變動的短期影響。實質 GDP (Y) 由以下的生產函數決定：

$$Y = A \cdot F(K, L) \tag{9.3}$$

除了讓短期內的資本存量 (K) 固定之外，我們也先假設勞動投入 (L) 是固定的。在此情況下，Y 的變動就完全來自於 A 的變動。當 A 增加時，Y 也增加；而當 A 減少時，Y 也減少。本章稍後，我們會允許 L 在短期內變動，以讓模型更貼近現實。在第 10 章，我們會進一步擴展模型，考慮資本利用率的變動。

實際上，A 的很多變動是無法被觀察到的，亦即我們無法辨識出哪些影響經濟體系生產力的變數已發生變動。問題在於，如果我們任意地對那些無法觀察到的變動做出假設，那麼我們的模型很容易就可以配適出像圖 9.3 中的實質 GDP 的變動；但它並沒有真正解釋到經濟波動。在以下的專欄，我們討論 EBC 模型與凱因斯模型在經濟波動成因上的差異。

本模型的真正挑戰是要預測在經濟波動中，其他的總體經濟變數如何隨實質 GDP 的變動而變動。例如，我們想知道，本模型對繁榮與衰退時期的消費與投資的變動有什麼樣的預測。同樣地，我們也想了解實質工資率、資本的實質租用價格與利率的表現。稍後，當我們放棄 L 為固定的假設時，我們就可以看失業與就業的

模型的擴展

在 EBC 模型中加入需求衝擊

如上所述,我們將在 EBC 模型中探討源自技術水準 (A) 受到衝擊所引發的經濟波動;我們稱這些衝擊為供給衝擊 (supply shocks),因為這些衝擊一開始是透過生產函數影響經濟體系的供給面。相較之下,第 6 章所提到的凱因斯模型,通常聚焦在需求衝擊 (demand shocks),如投資人情緒的變化與貨幣面的干擾。我們稱這些衝擊為需求衝擊,因為這些衝擊一開始是透過總合需求 (AD) 曲線影響經濟體系的需求面。在第 16 章與第 17 章,我們將擴展 EBC 模型,以考慮貨幣面干擾這樣的需求衝擊對總體經濟的影響。

表現。整個想法是,先由均衡景氣循環模型對實質 GDP 與其他總體經濟變數之間的關係做出預測,然後將這些預測與實際的資料比對,以結果是否正確來檢定我們的模型。我們現在就開始總體經濟變數的分析。

勞動邊際產出與實質工資率

由式 (9.3) 的生產函數,我們得知,給定資本與勞動投入 (K 與 L),技術水準 (A) 的提升會使勞動邊際產出 (MPL) 增加。在圖 9.4,我們顯示此一影響;我們考慮兩個技術水準,A 與 A',其中 A' 大於 A。我們假設資本存量固定在 K。下方的負斜率曲線,顯示當技術水準為 A 時,MPL 如何隨 L 變動。圖中的縱軸變數為實質工資率,w/P,橫軸變數為勞動需求量,L^d。上方的負斜率的曲線則顯示當技術水準是 A' 時的 MPL。不論 L 為何,上方曲線的 MPL 都比下方的要高。因此,在任一給定的實質工資率 (w/P) 下,橫軸上的勞動需求量,$(L^d)'$,大於 L^d。

圖 9.5 的兩條勞動需求曲線來自圖 9.4。我們假設勞動供給量固定在橫軸的 L 上;亦即勞動供給曲線為對應 L 的一條垂直線。

如果技術水準為 A,則勞動需求曲線為圖 9.5 中,下方的負斜率曲線。因此,當實質工資率 w/P,等於縱軸的市場結清值 $(w/P)^*$ 時,勞動市場就會結清,亦即勞動需求量會等於勞動供給量。此時,實質工資率 $(w/P)^*$ 等於勞動投入為 L 下的勞動邊際產出 (MPL)(技術水準與資本存量分別固定為 A 與 K)。

如果技術水準提升到 A',則勞動需求曲線為圖 9.5 上方的負斜率曲線。此時,結清市場的實質工資率等於 $[(w/P)^*]'$。由於在給定的 L 之下,上方曲線的 MPL 比下方的大,因此,結清市場的實質工資率也較高,亦即 $[(w/P)^*]'$ 高於 $(w/P)^*$。

理解這個結果的一個方法是,在初始的實質工資率 $(w/P)^*$ 之下,MPL 的提升會使勞動需求量 $(L^d)'$ 超過被固定在 L 的勞動供給量。因此,雇主,亦即身兼企業

圖 9.4 技術水準提升對勞動需求的影響

當技術水準為 A 時,MPL 曲線(即勞動需求曲線)為下方的 MPL (A) 曲線。當實質工資率為縱軸的 w/P 時,勞動需求量為橫軸的 L^d。當技術水準提升為 A' 時,在任何勞動投入下,此時的 MPL 均比 A 之下的要高,從而 MPL 曲線為上方的 MPL (A') 曲線。當技術水準為 A' 且實質工資率為 w/P 時,勞動需求量為 $(L^d)'$,大於 L^d。

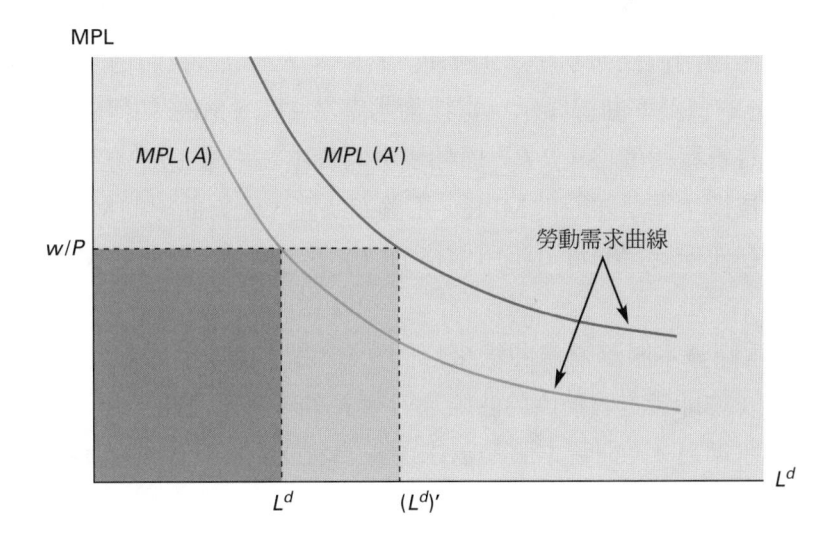

圖 9.5 技術水準提升對實質工資率的影響

勞動供給曲線為對應 L 的一條垂直線。當技術水準為 A 時,MPL 曲線(即勞動需求曲線)為下方的 MPL (A) 曲線。此時,結清市場的實質工資率為縱軸的 $(w/P)^*$。如圖 9.4,技術水準 A' 比 A 來得高,因此,MPL 曲線為上方的 MPL (A') 曲線。此時,結清市場的實質工資率為 $[(w/P)^*]'$,高於 $(w/P)^*$。

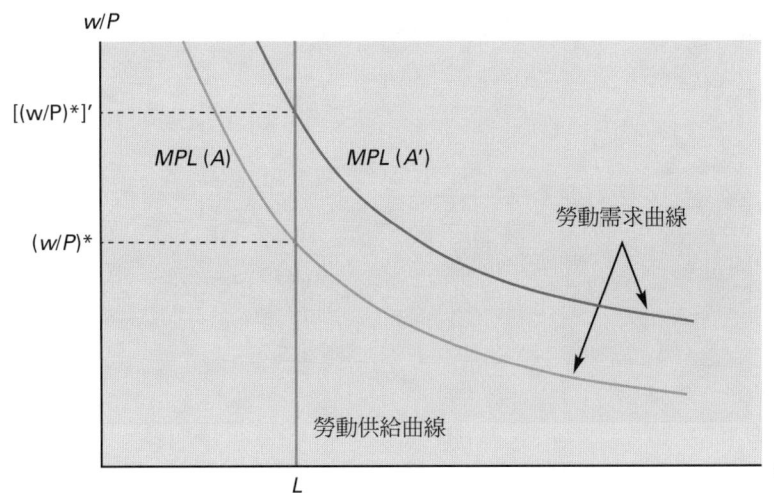

188 總體經濟學

經營者角色的家戶，會彼此競爭稀少的勞動，而使實質工資率上升到 $[(w/P)^*]'$。

因此，技術水準 (A) 的提升，會提高實質工資率 w/P，從而本模型預測，當經濟體系因 A 的提升使實質 GDP 增加而繁榮時，w/P 也相對較高。相反地，衰退時會有相對較低的 w/P。

資本邊際產出、實質租用價格與利率

由式 (9.3) 的生產函數，我們知道，給定資本與勞動投入 (K 與 L)，技術水準 (A) 的提升會使資本邊際產出(MPK)增加。圖 9.6 呈現 MPK 提升後的情況。在圖中，我們再次考慮兩個技術水準，A 與 A'，其中 A' 大於 A。我們仍然假設勞動投入固定在 L。下方的負斜率曲線顯示，當技術水準為 A 時，MPK 如何隨 K 變動。圖中的縱軸變數為實質租用價格，R/P，橫軸變數為資本需求量，K^d。上方的負斜率的曲線則顯示當技術水準是 A' 時的 MPK。不論 K 為何，上方曲線的 MPK 都比下方的要高。因此，在任一給定的實質租用價格 (R/P) 下，橫軸上的資本需求量，$(K^d)'$，大於 K^d。

圖 9.7 的兩條資本服務需求曲線來自圖 9.6。我們假設資本服務的供給量固定在橫軸的 K 上；亦即資本服務供給曲線為對應 K 的一條垂直線。

如果技術水準為 A，則資本服務需求曲線為圖 9.7 中，下方的負斜率曲線。因

圖 9.6 技術水準提升對資本服務需求的影響

當技術水準為 A 時，MPK 曲線 (即資本服務需求曲線) 為下方的 MPK (A) 曲線。當實質租用價格為縱軸的 R/P 時，資本服務需求量為橫軸的 K^d。當技術水準提升為 A' 時，在任何資本投入下，此時的 MPK 均比 A 之下的要高，從而 MPK 曲線為上方的 MPK (A') 曲線。當技術水準為 A' 且實質租用價格為 R/P 時，資本服務需求量為 $(K^d)'$，大於 K^d。

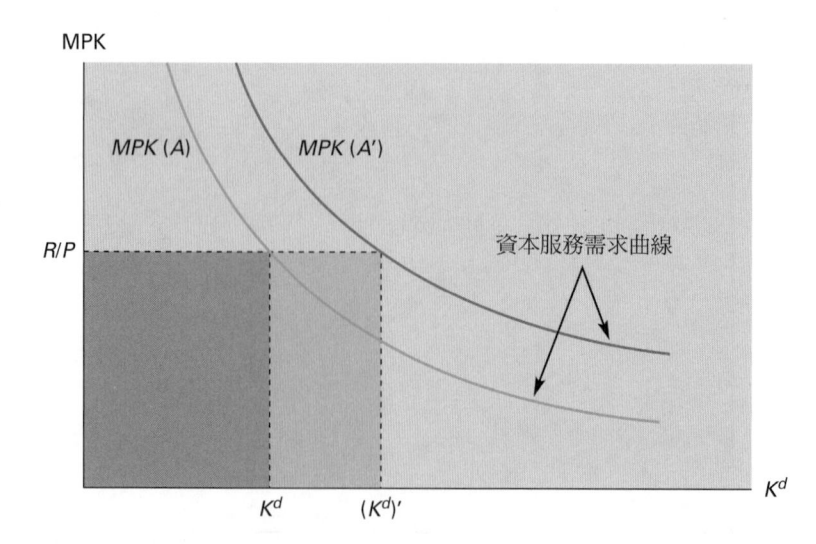

此，當實質租用價格 R/P，等於縱軸的市場結清值 $(R/P)^*$ 時，資本服務市場就會結清，亦即資本服務需求量會等於資本服務供給量。此時，實質租用價格 $(R/P)^*$ 等於資本存量為 K 下的資本邊際產出 (MPK)(技術水準與勞動投入分別固定為 A 與 L)。

如果技術水準提升到 A'，則資本服務需求曲線為圖 9.7 上方的負斜率曲線。此時，結清市場的實質租用價格等於 $[(R/P)^*]'$。由於在給定的 L 之下，上方曲線的 MPK 比下方的大，因此，結清市場的實質租用價格也較高，亦即 $[(R/P)^*]'$ 高於 $(R/P)^*$。

因此，技術水準 (A) 的提升，會提高實質租用價格 R/P，從而本模型預測，當經濟體系因 A 的提升使實質 GDP 增加而繁榮時，R/P 也相對較高。相反地，衰退時會有相對較低的 R/P。

回想一下，在第 7 章的分析中，我們得到利率為：

$$i = R/P - \delta$$

債券的利率＝資本所有權的報酬率 (7.6)

由圖 9.7 我們知道，當資本服務市場結清時，實質租用價格 (R/P) 等於在給定的資本與勞動 (K 與 L) 下的資本邊際產出 (MPK)。因此，實質利率可改寫為

$$i = MPK (在給定的 K 與 L 上取值) - \delta \tag{9.4}$$

給定資本與勞動 (K 與 L)，技術水準的提升會增加資本邊際產出 (MPK)。因

圖 9.7　技術水準提升對實質租用價格的影響

資本服務供給曲線為對應 K 的一條垂直線。當技術水準為 A 時，MPK 曲線 (即資本服務需求曲線) 為下方的 MPK (A) 曲線。此時，結清市場的實質租用價格為縱軸的 $(R/P)^*$。如圖 9.6，技術水準 A' 比 A 來得高，因此，MPK 曲線為上方的 MPK (A') 曲線。此時，結清市場的實質租用價格為 $[(R/P)^*]'$，高於 $(R/P)^*$。

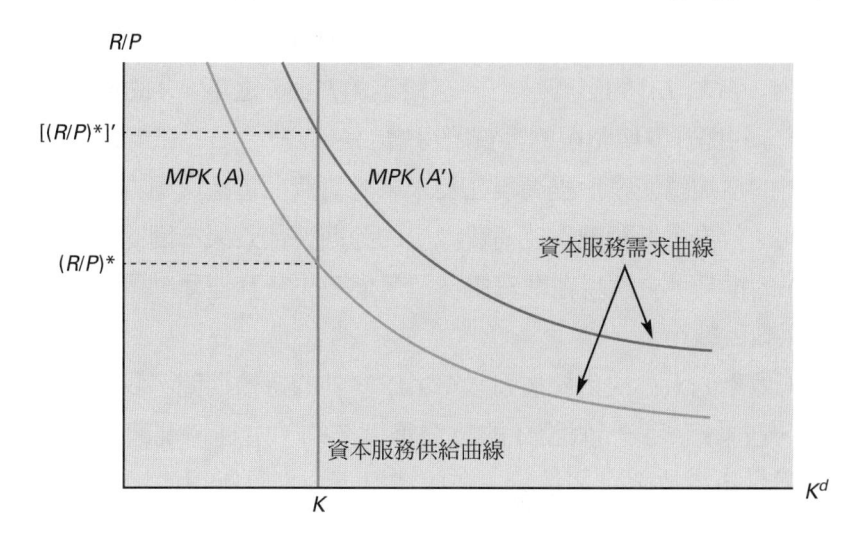

此,根據式 (9.4),可知利率 i 會隨技術水準的提升而上升。因此,本模型預測,在經濟繁榮時,利率會比較高,而衰退時,利率會比較低。

消費、儲蓄與投資

現在我們要用第 8 章的個體經濟分析,來決定家戶的消費與儲蓄水準。技術水準 (A) 的提升,會使利率 i 上升,而較高的利率則誘使家戶將當前的消費由現在延後到未來 (跨期替代效果)。基於此,我們預測,技術水準 (A) 的提升會使當期消費減少。不過,這樣的分析仍不完整,因為我們沒有考慮所得效果。

回想一下第 8 章所提到的家戶預算限制:

$$C + (1/P) \cdot \Delta B + \Delta K = (w/P) \cdot L + i \cdot (B/P + K)$$
$$\text{消費} + \text{實質儲蓄} = \text{實質所得} \tag{8.1}$$

A 的提升會使工資所得增加,因為 w/P 上升,且 L 不變。A 的提升也會使資產所得增加,因為 i 上升了,且 B/P 不變 (其總合量恆為零),而 K 在短期內也不會改變。因此,A 的提升會使家戶整體的實質所得增加。

另外一個了解整體所得效果的方法是用第 8 章中,當債券、勞動與資本服務市場均結清下的總合家戶預算限制:

$$C + \Delta K = Y - \delta K$$
$$\text{消費} + \text{淨投資} = \text{實質 GDP} - \text{折舊}$$
$$= \text{實質國內生產淨} \tag{8.13}$$

如果將式 (9.3) 的生產函數 $Y = A \cdot F(K, L)$ 代入,則我們可得:

$$C + \Delta K = A \cdot F(K, L) - \delta K \tag{9.5}$$

由於折舊 δK 在短期內是固定的,所以 A 的變動所造成的所得效果集中在其對實質 GDP $[Y = A \cdot F(K, L)]$ 的影響。由於在給定的 K 與 L 之下,A 的增加會提升實質 GDP,因此,A 的提升會使整體的實質所得增加。

實質所得的增加誘使家戶提高現在及未來的消費。這種反應亦即我們所習知的所得效果。此一效果會抵銷讓現在消費減少的跨期替代效果。因此,我們並不確定技術水準 (A) 的提升,會讓現在消費變多還是變更少。其淨變動決定於所得效果與跨期替代效果孰大孰小。

由於所得效果的大小決定於技術水準 (A) 變動的持續期間,我們可以藉此強化我們的預測。在本節,我們假設 A 的改變是恆久的。這種情況適用於技術進步,因為生產者通常不會放棄這些進步。在此情況下,實質所得的增加通常也是恆久

的。所以，我們考慮的是第 8 章所提到的實質所得每年約有相同增量的情況。在此情況下，源自所得增加的消費傾向會接近 1。因此，如果 A 的提升使實質 GDP，$Y = A \cdot F(K, L)$，增加 1 單位，則就所得效果而言，當期消費 (C) 大約增加 1 單位。

為計算對當期消費的總效果，我們必須同時考慮所得效果 (消費的增加，大約等於實質 GDP 的增加) 與跨期替代效果 (使當期消費減少)。對跨期替代效果的數值估計顯示，其影響較剛剛所提的所得效果小。因此，如果 A 的提升是恆久的，則當期消費會增加。不過，只要跨期替代效果存在，那麼當期消費的增加就會小於實質 GDP 的增加。

在式 (8.1)，由於等號左邊 C 的變動幅度，小於等號右邊實質所得的，亦即小於實質 GDP (Y) 的，因此，左邊的家戶實質儲蓄會增加。換句話說，家戶實質所得增加的一部分作為消費，而另一部則作為實質儲蓄。

在式 (8.13) 的總合家戶預算限制中，已知當期消費 (C) 是增加的，但小於實質 GDP (Y) 的增加。因此，淨投資 (ΔK) 會增加；亦即實質 GDP 的增加，部分顯示在 C 的增加，部分則顯示在 ΔK 的增加。由於淨投資 (ΔK) 等於實質儲蓄，因此，這個結果與前面實質儲蓄會增加的結論是一致的。

讓理論與事實相符

關於總體經濟變數如何隨實質 GDP 的波動而波動，我們的均衡實質景氣循環模型做了一些預測。現在，我們要檢驗這些對於消費、投資、實質工資率、資本的實質租用價格與利率所做的預測。我們將聚焦在歐元區的資料。

消費與投資

我們可以用國民所得帳的消費者實質支出來衡量消費 (C)。在 1999–2015 年期間，平均而言，這項支出占歐元區 GDP 的 56%。我們以圖 9.3 計算實質 GDP 其循環部分的方法，計算實質消費者支出的循環部分。其結果為圖 9.8 中的淺色曲線。同時，我們將圖 9.3 中實質 GDP 循環部分的曲線，複製為圖 9.8 中的深色曲線。

從圖 9.8，我們有二項重要發現。首先，實質消費者支出與實質 GDP 有相同的波動方向。[2] 當一個變數的波動與實質 GDP 的波動同向時，像實質消費者支出這樣，我們就稱這個變數是**順循環的** (procyclical)。順循環變數與景氣循環移動的方向相同；亦即在繁榮時，其值高過趨勢值，而在衰退時，其值低於趨勢值〔如果一

---

[2] 從 1999.1 到 2015.2，歐元區實質消費者支出的循環部分跟實質 GDP 的循環部分其相關係數為 0.94。

圖 9.8　歐元區實質 GDP 與消費者支出的循環部分

深色曲線顯示實質 GDP 與其趨勢值之間的差異；淺色曲線顯示實質消費者支出與其趨勢值之間的差異。這些差異以百分比的方式衡量。GDP 與消費者支出的資料為季資料並經季節調整。實質消費者支出為順循環，亦即它的波動與實質 GDP 的波動同向，但幅度較小。

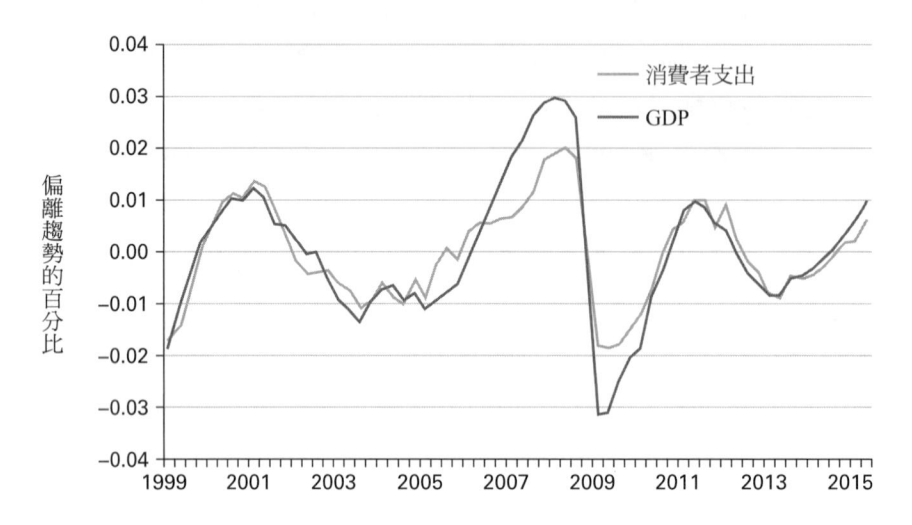

個變數的波動與實質 GDP 的波動反向時，則稱它是*逆循環的* (countercyclical)。如果一個變數在景氣循環中的走勢沒有特定的方向，則稱它是*非循環的* (acyclical)〕。其次，以百分比而言，實質消費者支出的波動幅度比實質 GDP 的小。從 1999.1 到 2015.2，實質消費者支出循環部分的標準差為 0.9%，而實質 GDP 循環部分則是 1.3%。因此，以百分比來看，不論是繁榮還是衰退，實質消費者支出的波動幅度都比實質 GDP 來得小。

我們可以用國民所得帳中的實質國內民間毛投資來衡量毛投資 (I)。從 1999.1 到 2015.2，平均而言，這項支出占歐元區 GDP 的 20%。我們再次用圖 9.3 計算實質 GDP 其循環部分的方法，計算實質民間投資的循環部分。其結果為圖 9.9 中淺色曲線。這條曲線顯示實質投資與其趨勢值之間差異的百分比。實質 GDP 的循環部分仍是深色曲線。

圖 9.9 的一個發現是，實質毛投資與實質消費者支出一樣是順循環的，亦即它跟實質 GDP 同向波動。[3] 因此，在繁榮時，投資高於其趨勢值；在衰退時，則低於其趨勢值。另一發現則是，以百分比而言，實質毛投資的波動幅度大於實質 GDP 的。以循環部分的標準差而言，毛投資的值是 3.3%，而實質 GDP 的值則是 1.3%。因此，以百分比而言，不論繁榮或衰退，實質毛投資的波動幅度都大於實質 GDP 的。投資如此地波動，意味著它在實質 GDP 波動中所占的重要性遠超過人

---

[3] 從 1999.1 到 2015.2，歐元區實質國內民間毛投資的循環部分跟實質 GDP 的循環部分其相關係數為 0.95。

圖 9.9　歐元區實質 GDP 與投資的循環部分

深色曲線顯示實質 GDP 與其趨勢值之間的差異；淺色曲線顯示實質民間毛投資與其趨勢值之間的差異。這些差異以百分比的方式衡量。GDP 與投資的資料為季資料並經季節調整。實質毛投資為順循環，亦即它跟實質 GDP 同向波動，但幅度較大。

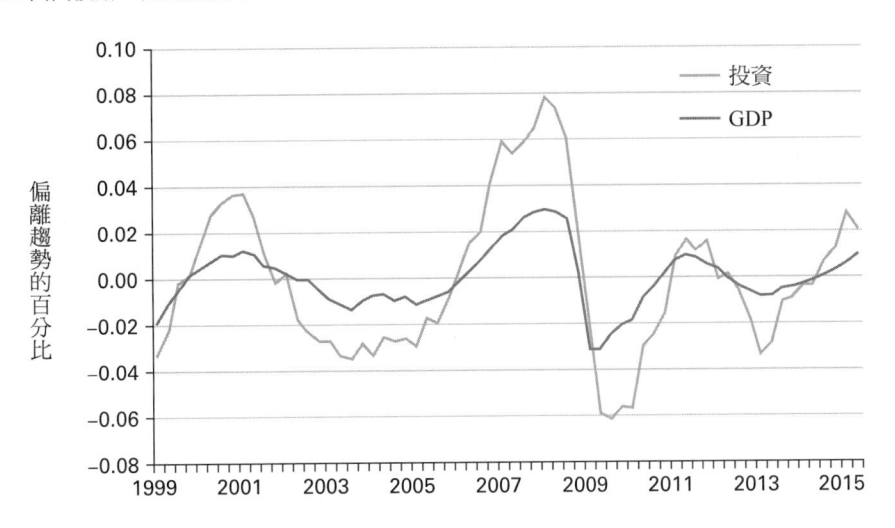

們根據它在 GDP 中所占百分比 (20%) 所形成的預期。

回到模型，技術水準 (A) 的恆久變動所造成的影響，與圖 9.8 與圖 9.9 所發現的一些實證型態相符。明確地說，A 的提升使實質 GDP 增加，而引發經濟繁榮；這些增加的量，部分顯現在消費的增加，部分顯現在投資的增加。相反地，A 的降低會引發衰退；此時，實質 GDP、消費與投資都減少。

本模型是否能解釋為什麼投資的波動幅度遠大於消費的呢？因為技術水準 (A) 的改變是恆久的，因此，所得效果很強，也因此，消費的變動量約等於實質 GDP 的變動量。不過，我們也同時發現 A 的提升會帶動利率的上漲，從而降低當期消費並提升當期實質儲蓄。這個效果意味著，在繁榮時，消費增加的百分比低於實質 GDP 的。同樣地，在衰退時，消費減少的百分比低於實質 GDP 的。因此，為了讓模型的預測符合實際觀察到的事實 (亦即消費波動的幅度小於實質 GDP 的事實)，就必須靠來自利率的跨期替代效果。不過，問題是實證研究發現，利率對消費與儲蓄的跨期替代效果其實不大。因此，我們必須找其他的理由來解釋為什麼消費波動的幅度小於實質 GDP 的。我們在下一節會討論一個重要的理由，即技術水準 (A) 的變動有一部分是暫時性的。

實質工資率

本模型預測實質工資率 (w/P)，在繁榮時會比較高，而在衰退時會比較低。

名目工資率的一個好的衡量指標是民間部門勞工的平均工資與薪資 (wages and salaries)。我們可以用名目薪資除以物價水準 (如國內生產毛額平減指數) 來衡量實質工資率 (w/P)。

我們用圖9.3計算實質GDP其循環部分的方法，計算實質工資率 (w/P) 的循環部分。其結果為圖9.10中淺色曲線。這條曲線顯示w/P與其趨勢值之間差異的百分比。實質GDP的循環部分仍是深色曲線。我們可以看到實質工資率偏向是順循環的 (亦即它跟實質GDP同向波動)。此一發現與模型的預測相符；不過，其順循環的程度並不大。[4] 我們的模型預測實質工資率是高度順循環的，因為我們到目前為止假設勞動供給是固定的 (即勞動供給曲線是垂直的)。如果勞動供給曲線是水平的，則勞動需求曲線的移動並不會影響均衡實質工資率。在此情況下，實質工資率是非循環的。因此，實質工資率的順循環的程度決定於勞動供給曲線的斜率。在本章後面，我們會擴展模型，考慮正斜率的勞動供給曲線。

實質租用價格

本模型預測資本的實質租用價格 (R/P)，在繁榮時會比較高，在衰退時則會比

圖 9.10　歐元區實質 GDP 與實質工資率的循環部分

深色曲線顯示實質 GDP 與其趨勢值之間的差異；淺色曲線顯示實質工資率與其趨勢值之間的差異。這些差異以百分比的方式衡量。實質工資率是由工資與薪資（資料始自 2000.1）除以勞工就業人數，再除以 GDP 平減指數計算而得。GDP 與工資率的資料為季資料，並經季節調整。實質工資率是順循環的，亦即它跟實質 GDP 同向波動，不過，不像實質 GDP 有那麼大的波動。

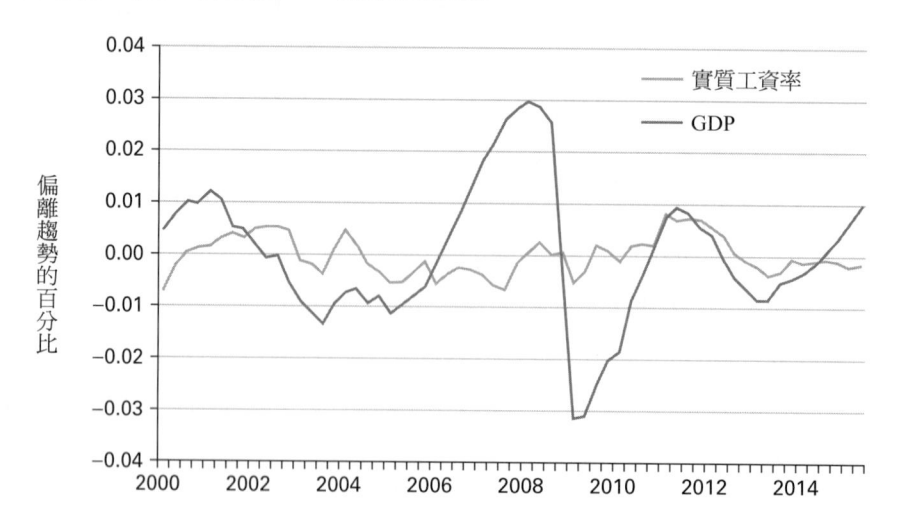

---

[4] 從 1999.1 到 2015.2，歐元區實質工資率的循環部分跟實質 GDP 的循環部分其相關係數為 0.13。

較低。檢定這個命題的主要困難在於整體經濟的租用價格很難衡量，因為資本的大部分形式，如公司的建築物與設備，都不是租來的。這類型的資本通常都是由所有者在使用，這就等同企業將資本租給它自己；不過，我們無法觀察到這類資本的隱含租用價格。因為沒有更好的資料，所以我們簡單用國民所得帳中的營業盈餘 (operating surplus，即資本所得)，除以資本存量的實質價值 (該資料為 2000 到 2013 年的年資料)，所得到的每單位資本的實質資本所得，作為實質租用價格的代理變數。圖 9.11 中淺色曲線為此一資本租用價格 R/P 的循環部分。這條曲線顯示 R/P 與其趨勢值之間差異的百分比。實質 GDP 的循環部分仍是深色曲線。我們可以看到 R/P 是順循環的 (亦即在繁榮時高於趨勢值，在衰退時則低於趨勢值)。[5] 此一發現與模型的預測相符。

利率

本模型預測在繁榮時，利率 (i) 會比較高，衰退時則比較低。不過，為了完整的了解，我們需區分名目利率與實質利率。我們會在第 12 章討論物價膨脹。

技術水準的暫時性變動

在上述模型中，所有技術水準 (A) 的變動都是恆久的。這個假設固然對技術進

圖 9.11 歐元區實質 GDP 與實質租用價格的循環部分

深色曲線顯示實質 GDP 與其趨勢值之間以百分比表示的差異；淺色曲線顯示實質租用價格與其趨勢值之間的差異。實質租用價格是順循環的，亦即它跟實質 GDP 同向波動。

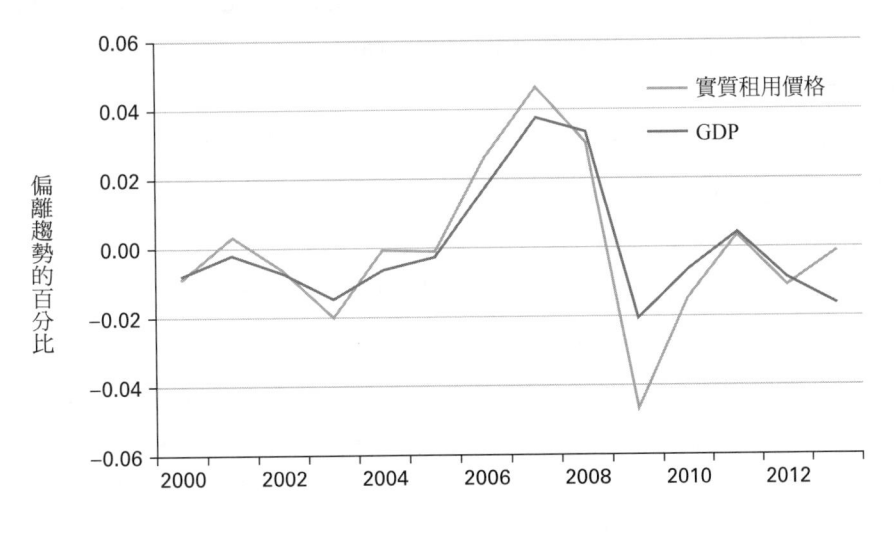

---

[5] 從 1999 到 2013 年，歐元區實質資本租用價格的循環部分跟實質 GDP 的循環部分其相關係數為 0.92。

步而言是合理的，不過，對像農作物歉收或一般罷工所造成的 A 的降低而言，其變動是暫時的。為能考慮這些情況，我們現在假設 A 的變動是暫時的，且只持續一年。

對技術水準 (A) 的假設的改變，並不影響我們大部分的分析結果。如果 A 為暫時性的提升，則給定 K 與 L，實質 GDP，$A \cdot F(K, L)$，還是會增加。像以前一樣，資本邊際產出 (MPK) 與利率 i 也都會增加。由利率上升所帶來的跨期替代效果，仍讓家戶減少當期消費 (C) 且增加當期實質儲蓄。

不過，就所得效果而言，會有一些新的結果。在我們前面所討論的技術水準 (A) 恆久性提升的情況，所得效果讓消費的增量約等於實質 GDP 的增量，且超過反向的跨期替代效果所造成的消費的減少，因此，當期消費會增加。

如果技術水準 (A) 的提升是暫時性的，那麼所得效果就會比較弱。在此情況下，當期消費可能增加，也可能減少。但不論如何，當期消費的增量不再接近實質 GDP 的增量。

再一次考慮當債券、勞動與資本服務市場都結清時的總合預算限制：

$$C + \Delta K = Y - \delta K$$

消費 + 淨投資 = 實質 GDP − 折舊

$$= 實質國內生產淨額 \qquad (8.13)$$

現在實質 GDP，$Y = A \cdot F(K, L)$ 增加了，而消費 (C) 可能增加也可能減少，但變動幅度都不大。因此，淨投資 ΔK 的增量很可能接近實質 GDP 的增量，甚至超過它。因此，本模型預測，在繁榮時，會有高水準的實質 GDP 與投資；不過，消費頂多微幅增加。同理，當衰退時，會有低水準的 GDP 與投資；不過，消費只會微幅減少。

這些預測與資料不符，因為消費很明顯是順循環的。當繁榮時，它會高於趨勢值；當衰退時，它會低於趨勢值。因此，如果經濟衝擊完全來自技術水準 (A) 的暫時性的變動，則本模型就無法解釋消費的表現。結論是我們不能完全以 A 的暫時性的變動作為經濟波動的主要來源。不過，如果 A 的改變不是完全恆久，也不是純粹暫時，則本模型的預測會比較接近事實。

再一次考慮消費的波動百分比相較實質 GDP 的來得小的實證結果。如果我們假設技術水準 (A) 的變動是恆久的，那麼只有在跨期替代效果對消費的影響夠顯著時，本模型才能解釋消費的波動為何較小。不過，如果 A 的變動不是完全恆久，那麼我們就有另外一個理由來解釋為什麼消費的波動比實質 GDP 的來得小。如果 A 的變動會維持一段很長的時間，但非永遠，則所得效果還是會很強；不過，此時的所得效果並沒有強到足以讓消費的增量接近實質 GDP 的增量。在此情況下，即

使跨期替代效果對消費的影響有限,消費波動的百分比仍會小於實質 GDP 的。此一推論意味著當 A 受到的衝擊是持久但非恆久時,模型的預測會更符合事實。實質景氣循環模型所假設的技術衝擊就是這一類的。

勞動投入的變動

到目前為止,本模型最大的缺點在於它無法解釋經濟波動過程中勞動投入的表現。以就業人口或總工時 (total hours worked) 來衡量的勞動投入,L,在景氣循環中是會變動的。我們稍後會詳述,L 是順循環的,亦即在繁榮時比較高,在衰退時比較低。

為能預測勞動投入的此一表現,我們現在將模型擴展到讓勞動供給,L^s,是可變動的。此一延伸之所以重要是因為:首先,它讓我們可以解釋勞動投入 (L) 的短期波動;其次,實質 GDP 的變動除了反映技術水準 (A) 變動的直接效果外,也反映 L 的變動。我們先要擴展模型的個體經濟基礎,以考慮可變動的 L^s。然後,我們使用均衡景氣循環模型來評估在經濟波動過程中,勞動投入 L 的走勢。

勞動供給

我們先從第 8 章式 (8.1) 的家戶預算限制的修正形式開始:

$$C + (1/P) \cdot \Delta B + \Delta K = (w/P) \cdot L^s + i \cdot (B/P + K)$$
$$\text{消費} + \text{實質儲蓄} = \text{實質所得} \qquad (9.6)$$

等號左邊是消費 (C) 與實質儲蓄 ($(1/P) \cdot \Delta B + \Delta K$) 的總和。等號右邊為家戶實質所得,其為實質勞動所得 $(w/P) \cdot L^s$ 與實質資產所得 $i \cdot (B/P + K)$ 的和。跟以前不一樣的是,我們將 L 代以勞動供給量 L^s,以考慮可變動的勞動供給。

由於每個家戶每年的時間都是固定的,所以當勞動供給 L^s 愈高時,休閒的時間就愈少。從家戶的角度來看,L^s 愈高可能是家庭中有工作的成員其每年工作時數增加,也可能是有更多成員在工作。以後者而言,勞動供給的增加會顯現在勞動參與率的提升。不論是哪一種情況,勞動供給的增加都意味著家庭的休閒時間減少了。

我們已假設家戶喜歡多消費 (C)。現在我們假設家戶也喜歡多一點的休閒時間;換句話說,家戶不喜歡以勞動供給量 (L^s) 表示的工作付出。

就跟消費及儲蓄一樣,L^s 的選擇也涉及替代效果與所得效果。我們先說明**休閒與消費的替代效果**。

休閒與消費的替代效果

考慮式 (9.6) 的家戶預算限制。等號右邊包括實質工資率 w/P 與利率 i，兩者都被家戶視為給定的。如果等號右邊的實質資產 B/P + K 及左邊的實質儲蓄 (1/P)·ΔB + ΔK 都是固定的，則家戶可以藉由增加或減少勞動供給量 L^s，來提升或降低實質工資所得，(w/P)·L^s。在此情況下，實質工資所得愈高（愈低），消費（C）也會愈高（愈低）。換句話說，如果家戶選擇額外多工作一小時，亦即減少一小時的休閒，那麼實質所得會增加 w/P，從而消費可以增加 w/P 單位。因此，家戶可以藉由減少一小時的休閒來讓消費增加 w/P 單位。

如果實質工資率 w/P 上升了，則對家戶有利，因為家戶每額外多工作一小時所能增加的消費量變多了。既然對家戶有利，我們預測家戶會因 w/P 的提升而多工作。另一個理解這個結果的方法是，w/P 愈高的話，休閒相對消費就愈貴：w/P 就是家戶為增加額外一小時的休閒所必須放棄的消費量，亦即額外一小時休閒的機會成本是消費減少 w/P 單位。因此。w/P 的上升會促使家戶放棄變貴的休閒時間，而增加變便宜的消費；此即實質工資率 w/P 上升對休閒與消費的替代效果。所以，當實質工資率 w/P 愈高時，勞動供給量 L^s 也會愈高。

勞動供給的所得效果

一如以往，我們也必須考慮所得效果。再次考慮式 (9.6) 的家戶預算限制：

$$(C) + (1/P) \cdot \Delta B + \Delta K = \boxed{(w/P) \cdot L^s} + i \cdot (B/P + K)$$

消費 + 實質儲蓄 = 實質所得 (9.6)

由陰影的項目可以看出，實質工資率 w/P 的變動會有所得效果。給定勞動供給 L^s，w/P 愈高意味著實質工資所得 $\boxed{(w/P) \cdot L^s}$ 愈高。我們的預測是家戶會把多賺的所得花在消費與休閒時間上。因此，w/P 愈高會使勞動供給量 L^s 愈低。我們已知 w/P 上升的替代效果是 L^s 會增加，所以 w/P 上升的最終效果並不明確。如果替代效果大過所得效果，則實質工資率 w/P 的上升會使 L^s 增加。

到底是所得效果大還是替代效果大？我們在第 8 章發現，所得效果的強度決定於所得的改變是恆久的還是暫時的。為了解其道理，考慮第 8 章式 (8.12) 的多年期預算限制的修正形式：

$$C_1 + C_2/(1 + i_1) + C_3/[(1 + i_1) \cdot (1 + i_2)] + \cdots$$
$$= (1 + i_0) \cdot (B_0/P + K_0) + (w/P)_1 \cdot L^s_1 + (w/P)_2 \cdot L^s_2/(1 + i_1)$$
$$+ (w/P)_3 \cdot L^s_3/[(1 + i_1) \cdot (1 + i_2)] + \cdots$$

消費現值總和 = 初始資產價值 + 工資所得現值總和 (9.7)

式 (9.7) 與式 (8.12) 不同之處在於我們將固定的勞動數量 L，代以每一年的勞動供給量 L_t^s，其中 $t = 1, 2 \cdots$。

當我們在第 8 章探討對消費的所得效果時，我們發現家戶對實質工資率上升的反應是每年消費更多；亦即，對每年消費的所得效果是正的。但當實質工資率的變動是恆久的時候，亦即 $(w/P)_2$、$(w/P)_3\cdots$ 等等都變動而非只有 $(w/P)_1$ 變動時，所得效果會大很多。

同樣的推理適用於勞動供給。實質工資率恆久的上升會造成比較大的所得效果。因此，當 $(w/P)_1$ 與未來的實質工資率 $(w/P)_2$、$(w/P)_3\cdots$ 等等都上升時，我們並無法確定第一年的勞動供給量 L_1^s 到底是增加還是減少。因為讓勞動供給減少的所得效果可能大過也可能小於讓勞動供給增加的替代效果。

相較之下，如果第一年實質工資率 $(w/P)_1$ 的上升是暫時性的，則所得效果會比較小。在此情況下，所得效果很可能比替代效果小。因此，第一年實質工資率 $(w/P)_1$ 暫時性的上升〔亦即$(w/P)_2$、$(w/P)_3\cdots$ 等等都不改變〕會使第一年的勞動供給量 L_1^s 增加。

對勞動供給的跨期替代效果

在第 8 章，我們發現利率 (i) 的變動會對消費造成跨期替代效果。我們現在探討對勞動供給的跨期替代效果。我們先考慮來自利率的效果，然後再探討來自實質工資率跨時變動的新效果。

再一次，多年期的預算限制為：

$$C_1 + C_2/(1 + i_1) + C_3/[(1 + i_1) \cdot (1 + i_2)] + \cdots = (1 + i_0) \cdot (B_0/P + K_0)$$
$$+ (w/P)_1 \cdot L_1^s + (w/P)_2 \cdot L_2^s/(1 + i_1) + (w/P)_3 \cdot L_3^s/[(1 + i_1) \cdot (1 + i_2)] + \cdots \quad (9.7)$$

等號左邊陰影的部分顯示第一年利率 i_1 的上升，使得第二年的消費 (C_2) 相對第一年的消費 (C_1) 變便宜了。因此 i_1 的上升，會讓 C_1 減少且讓 C_2 增加；換句話說，家戶用變便宜的未來消費代替變貴的現在消費。

式 (9.7) 中等號右邊陰影的部分顯示，在與第一年的實質工資所得，$(w/P)_1 \cdot L_1^s$，相加之前，第二年的實質工資所得，$(w/P)_2 \cdot L_2^s$，必須用 $1 + i_1$ 折現以得到現值。如果利率 i_1 上升了，那麼每單位的第二年實質工資所得 $(w/P)_2 \cdot L_2^s$ 的現值，相對於每單位的第一年實質工資所得會變得較沒價值。因此，我們預測家戶會增加 L_1^s 且降低 L_2^s。這就是利率 i_1 上升對勞動供給的跨期替代效果，亦即較高的利率會使現在的勞動供給增加，且使未來的勞動供給減少。

另外一個檢視這個結果的方法是經由休閒時間。較高的利率 (i_1) 讓未來的消費與休閒時間的現值變得更便宜，因此家戶會以較便宜的未來消費與休閒時間代替較貴的現在消費與休閒時間。

實質工資率跨時的變動也會有跨期替代效果。假設原來每年的實質工資率都相等，亦即 $(w/P)_1 = (w/P)_2 = \cdots$。現在假設第一年的實質工資率 $(w/P)_1$ 下降，而未來的實質工資率 $(w/P)_2$、$(w/P)_3\cdots$ 都沒有改變。這個變動讓工人在實質工資率暫時降低時（亦即第一年），減少勞動供給，且在未來各年增加勞動供給。因此，由於跨期替代效果，第一年的實質工資率 $(w/P)_1$ 降低會使第一年的勞動供給量減少。我們也可以說，當實質工資率暫時降低時，當期休閒時間就變得相對地便宜了；換句話說，在實質工資率暫時降低的那段期間，就是度假的好時間。

在以下「數字會說話」的專欄，摘錄了對勞動供給的跨期替代效果的實證結果。這些結果說明，勞動供給量對利率與實質工資率的跨時變動的反應如我們模型的預期。

勞動投入的波動

我們要把新的勞動供給分析併入我們的均衡景氣循環模型。不過，在我們進行這個擴展之前，先看看我們所要解釋的資料。

勞動投入的循環表現：實證上的

圖 9.12 中的淺色曲線顯示就業的循環部分。這條曲線顯示就業與其趨勢值之間差異的百分比。實質 GDP 的循環部分仍是深色曲線。我們可以看到就業是順循環的：不論在繁榮或衰退，其移動方向均與實質 GDP 相同。[6] 亦即在繁榮時高於趨勢值，在衰退時則低於趨勢值。就業的波動幅度小於實質 GDP 的：其循環部分的標準差為 0.7%，而實質 GDP 的標準差為 1.3%。因此，不論在繁榮或衰退，就業以百分比表示的波動幅度小於實質 GDP 的。

勞動投入的循環行為：理論

我們現在考慮勞動投入可變動的均衡景氣循環模型。我們仍然假設經濟波動反映對技術水準 (A) 的衝擊。這些衝擊會持續很久，但不是恆久的。

圖 9.13 顯示技術水準 (A) 的提升如何影響勞動市場。兩條負斜率的勞動需求曲線均來自圖 9.4。下方的曲線顯示在初始的技術水準為 A 時的勞動市場需求曲線 L^d，而且一如以往，這條曲線是負斜率的，因為實質工資率 w/P 的下降會使勞動需

---

[6] 從 1999.1 到 2015.2 年，歐元區就業的循環部分跟實質 GDP 的循環部分其相關係數為 0.73。

數字會說話

對勞動供給的跨期替代的實證結果

George Alogoskoufis (1987a) 從英國 1950 到 1982 年的家戶資料發現，實質工資率的預期成長率每年上升一個百分點，會使每年的就業成長率增加 0.4 個百分點。因此，當勞工預期未來的實質工資率要比現在的高的時候，會推遲就業。他也發現，年利率上升一個百分點，會讓每年就業成長降低 0.2 個百分點。因此，當利率上升時，就業會提前。Alogoskoufis (1987b) 從美國 1948 到 1982 年的家戶資料發現更強的替代效果：實質工資率的預期成長率每年上升一個百分點，會使每年的就業成長率增加約 1.0 個百分點；利率上升一個百分點，會讓每年就業成長降低 0.6 個百分點。

不過，Alogoskoufis 的研究卻無法證實每個勞工的工作時數會因實質工資率或利率的變動而有所變動。這是令人訝異的結果，因為我們會預期當實質工資率**暫時**上升時，勞工會增加工作時數，包括超時工作與週末加班。Casey Mulligan (1995) 則認為，Alogoskoufis 所使用的資料很難探知實質工資率的跨時變動所引發的跨期替代效果。其中一個問題是，就一般時期來說，家戶不容易確認當期的實質工資率是暫時上升或降低。所以，Mulligan 只看那些實質工資率的上升很明顯是暫時的不尋常事件，且發現實質工資率暫時上升 10% 會使每週平均工時增加超過 20%。因此，有別於 Alogoskoufis，Mulligan 發現勞工的工作時數，對暫時性的高實質工資率有明顯的反應。

求量增加。而上方的負斜率曲線則是技術水準較高 (A') 時的勞動需求曲線。

圖 9.13 也顯示一條正斜率的勞動供給 L^s 曲線。這條曲線之所以為正斜率，是因為我們假設當期實質工資率 (w/P) 上升的替代效果大於所得效果。我們前面提過，當 w/P 的變動不是恆久的時候，正斜率的曲線較為適用。這條曲線 L^s 適用於兩個不同的技術水準，亦即我們假設在任一給定的 w/P 之下，勞動供給曲線並不會因技術水準由 A 上升到 A' 而有所移動。這個假設並非完全精確，因為忽略了利率會因技術水準的上升而上升，而對 L^s 會造成影響。不過，即使把利率的影響考慮進來，也不會改變我們的主要結論。

從圖 9.13 我們得到兩個重要的結論。首先，一如以往，縱軸上的實質工資率會從 $(w/P)^*$ 上升到 $[(w/P)^*]'$。其次，橫軸上的總合勞動投入會由 L^* 上升到 $(L^*)'$。第二個效果是新的，它源自勞動供給曲線 L^s 是正斜率的。如果較高的當期實質工資率 (w/P) 誘發比較多的勞動供給量，那麼技術水準的提升，會使勞動投入 (L) 增加。因此，本模型跟圖 9.12 的觀察結果相符，也就是在經濟波動中，勞動投入與實質 GDP 同向變動。

圖 9.12　歐元區實質 GDP 與就業的循環部分

深色曲線顯示實質 GDP 與其趨勢值之間的差異；淺色曲線顯示就業與其趨勢值之間的差異。這些差異以百分比表示。GDP 與就業的資料為季資料，並經季節調整。就業是順循環的，亦即它跟實質 GDP 同向波動，不過，不像實質 GDP 有那麼大的波動。

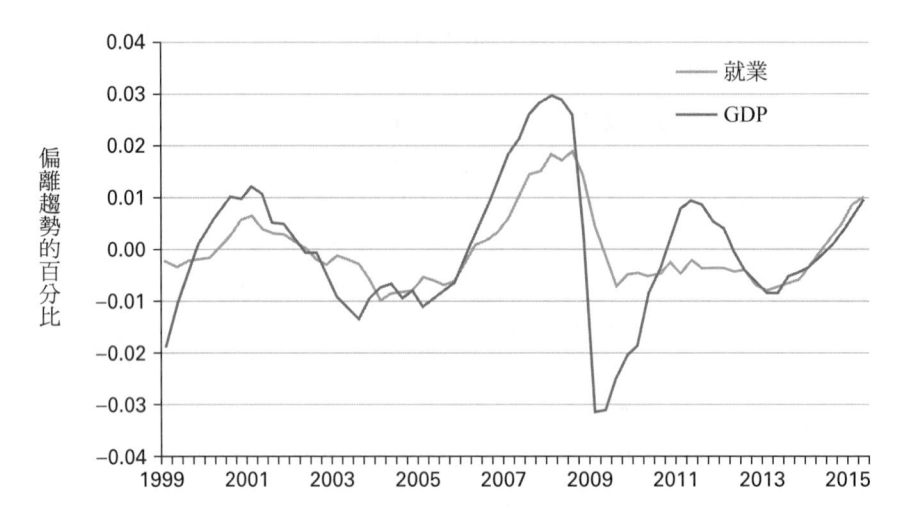

勞動投入的增加也對實質 GDP [$Y = A \cdot F(K, L)$] 的增加有所貢獻。因此，實質 GDP 的增加，部分來自於較高技術水準 (A) 的直接效果，部分來自於勞動投入的增加。

勞動生產力的循環表現

另外一個重要的總體經濟變數是勞動生產力。大眾媒體所使用的勞動生產力的定義是勞動平均產出，亦即實質 GDP (Y) 對勞動投入 (L) 的比值。在均衡景氣循環模型，這個定義之下的勞動生產力是順循環的，亦即在繁榮時較高，而在衰退時較低。其原因在於，平均勞動產出 (Y/L)，一般而言是與勞動邊際產出 (MPL) 同向移動的。而我們已經知道，在勞動市場結清時，等於實質工資率 (w/P) 的 MPL 是順循環的。

為計算勞動生產力，我們可以由就業量或總工時來衡量勞動投入 (L)。衡量勞動生產力 (Y/L) 的第一個方法就是每位勞工的實質 GDP，而第二個是每一工時的實質 GDP。在這兩種衡量方法之下，勞動生產力都是順循環的。本模型符合此一勞動生產力的特質。不過，更詳細的分析顯示，每一工時的實質 GDP 其順循環的程度不如模型所預測的那麼高。

總結

均衡景氣循環模型在相當程度上可以符合我們所觀察到的經濟波動。其關鍵性

圖 9.13　勞動市場的結清

在技術水準為 A 時，勞動需求曲線是標示為 $L^d(A)$ 的曲線，是為對實質工資率 w/P 的負斜率曲線。在比較高的技術水準 A' 之下，勞動需求曲線是標示為 $L^d(A')$ 的曲線；給定任何的 w/P，其位置都比較高。這兩曲線繪自圖 9.4。勞動供給則是標示為 L^s 的曲線，其斜率為正，因為我們假設 w/P 變動所造成的替代效果大於所得效果。當技術水準由 A 上升到 A' 時，會讓均衡的實質工資率由 $(w/P)^*$ 上升到 $[(w/P)^*]'$，且讓均衡的勞動投入量由 L^* 上升到 $(L^*)'$。

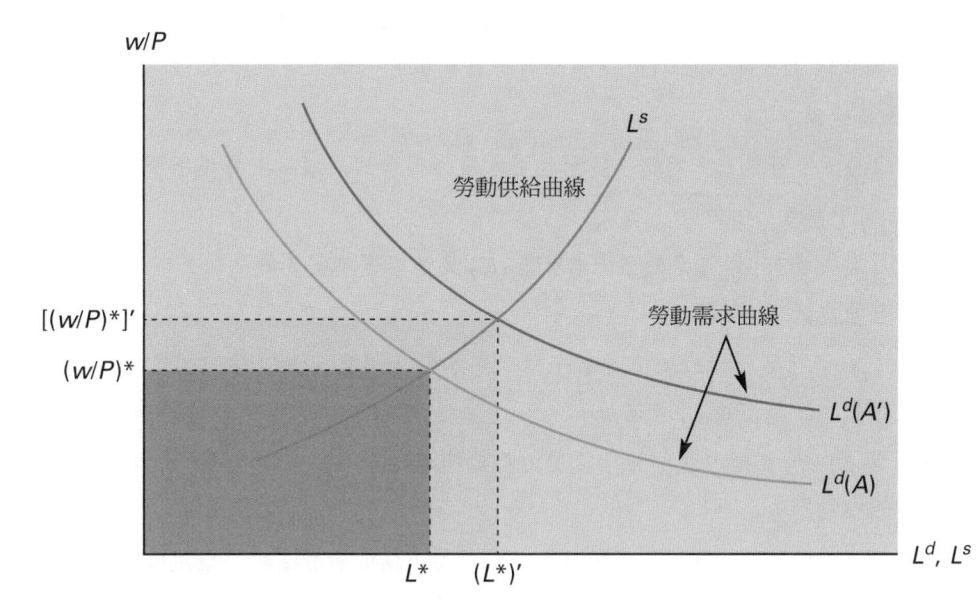

的假設是經濟波動來自於持久，但非恆久的技術水準 (A) 的變動。我們可以將對 A 的衝擊解釋成影響經濟體系生產力的各種實質干擾。利用這些類型的衝擊，模型得以解釋為什麼消費、投資、實質工資率與資本的實質租用價格都是順循環的。本模型同時也可以解釋為什麼投資的波動百分比會大於消費的。

在勞動供給可變動之下，本模型可以解釋就業量與總工時的順循環表現。這些結果依靠勞動供給對實質工資率的正向反應。此一反應適用於實質工資率的替代效果大於所得效果的情況。勞動投入的循環變動也對實質 GDP 在繁榮時的增加及在衰退時的下滑都有貢獻。

習題

A. 複習題

1. 討論下列變動對第 1 年的勞動供給量，L_1^s，的影響：
   a. 利率 i_1 的上升。
   b. 實質工資率 w/P 恆久的上升。

c. 實質工資率 w/P 暫時性的上升。

d. 一筆只出現一次，讓初始實質資產 ($B_0/P + K_0$) 增加的意外之財。

B. 討論題

2. 工作意願改變

假設家戶的偏好有所變動，使得家戶希望每年多工作、多消費。

a. 用類似圖 9.13 的圖形，說明此一變動對勞動市場的影響。勞動投入 (L) 與實質工資率 (w/P) 如何變動？

b. 用類似圖 9.7 的圖形，說明此一變動對資本服務市場的影響。實質租用價格 (R/P) 與利率 (i) 如何變動？

c. 消費 (C) 與投資 (I) 如何變動？資本存量 (K) 又如何隨時間變動？

3. 計畫儲蓄發生變動

假設家戶的偏好有所變動，使得家戶希望在本期多消費、少儲蓄；也就是給定利率與本期及未來所得，當期消費 C_1 會增加。

a. 用類似圖 9.13 的圖形，說明此一變動對勞動市場的影響。勞動投入 (L) 與實質工資率 (w/P) 如何變動？

b. 用類似圖 9.7 的圖形，說明此一變動對資本服務市場的影響。實質租用價格 (R/P) 與利率 (i) 如何變動？

c. 消費 (C) 與投資 (I) 如何變動？資本存量 (K) 又如何隨時間變動？

4. 資本存量變動

假設資本存量 (K) 因為自然災害或戰爭，而出現一次性的減少，同時假設人口總數不變。

a. 用類似圖 9.7 的圖形，說明此一變動對資本服務市場的影響。實質租用價格 (R/P) 與利率 (i) 如何變動？

b. 用類似圖 9.13 的圖形，說明此一變動對勞動市場的影響。勞動投入 (L) 與實質工資率 (w/P) 如何變動？

c. 產出 (Y) 與消費 (C) 如何變動？投資 (I) 呢？資本存量 (K) 又如何隨時間變動？

5. 人口變化

假設由於疾病的蔓延或突然的人口外移，使得人口總數出現一次性的減少。

a. 用類似圖 9.13 的圖形，說明此一變動對勞動市場的影響。勞動投入 (L) 與實質工資率 (w/P) 如何變動？

b. 用類似圖 9.7 的圖形，說明此一變動對資本服務市場的影響。實質租用價格 (R/P) 與利率 (i) 如何變動？

c. 產出 (Y) 與消費 (C) 如何變動？投資 (I) 呢？資本存量 (K) 又如何隨時間變動？

第 10 章

資本利用與失業

　　第 9 章的均衡景氣循環模型解釋了經濟波動的一些特質；不過，仍有一個重要的缺點，那就是兩種要素投入，資本與勞動，永遠被完全僱用。本章藉由可變動的資本利用率與可變動的勞動就業率來補救上述缺點。

　　就資本存量 (K) 而言，我們允許資本服務的供給在短期是可變動的。此一擴展可以解釋為什麼資本利用率是小於 100% 的，且在繁榮時相對較高，在衰退時相對較低。此一資本利用率型態有助於我們了解實質國內生產毛額 (實質 GDP) 的波動。

　　同樣地，該模型無法解釋為什麼勞動力不是全部就業，也就是，它無法解釋失業。為解釋失業率的水準及其變動，我們擴展模型，允許勞工可以搜尋好的工作，而且雇主可以搜尋有生產力的勞工。此一工作配對的過程可以解釋失業與缺工的存在及變化。我們可以解釋為什麼失業率在繁榮時會較低，在衰退時會較高，而有助於我們了解勞動投入與實質 GDP 的波動。

資本投入

　　在第 9 章，我們假設家戶將其所有的資本存量 (K) 供應到租用市場，故資本服務的供給，K^s，就是圖 9.7 中對應 K 的垂直線。實質租用價格，R/P，會調整到讓資本服務的需求量 K^d 等於供給量 K^s 的水準，從而所有的資本存量 (K) 都完全用於生產；換句話說，**資本利用率** (capital utilization rate)，即資本存量被用於生產的比率，始終都是 100%。

　　我們現在要把模型的個體經濟基礎加以擴展，考慮可變動的資本利用率，即可變動的資本服務供給。然後，我們把**市場結清法** (market-clearing approach) 應用於租用市場，以探討資本服務量的決定。

　　直到目前，我們並未區分資本存量 (K) 與用於生產的資本服務的數量。我們可以把 K 想成是機器的數量，並假設每部機器每年被使用的小時數固定。例如，如果企業每年 52 週、每週 5 天、每天 8 小時般地使用機器，則每部機器的每年機器

工時為 2,080 小時。在此情況下，以每年機器工時衡量的資本服務為資本存量的固定倍數，即 2,080。

但實務上，資本使用率是會變動的。如果企業每天操作其機器 16 小時，即在週間以 8 小時為一班，且兩班輪值地操作，那麼每部機器的每年機器工時為 4,160，而非 2,080。當然，如果連週末也運轉的話，企業可以進一步提高利用率。

令變數 κ (希臘字母 kappa) 代表資本存量 (K) 的利用率。如果我們以每年的小時數衡量 κ，而 K 是機器的數量 (即其存量)，那麼 κ 與 K 的乘積，即 κK，代表資本服務流量。κK 的單位是：

$$\text{每年小時數} \times \text{機器數量} = \text{每年機器工時}$$

我們現在修正式 (3.1) 的生產函數，將資本存量 K，代以資本服務量 κK：

> 關鍵方程式 (資本利用可變動的生產函數)：
> $$Y = A \cdot F(\kappa K, L) \tag{10.1}$$

給定 K，κK 會隨利用率 κ 增加。因此，給定技術水準 A、資本存量 K 與勞動投入 L，κ 的增加會提高實質 GDP (Y)。我們的假設是，產出只受每年資本服務數量 κK 的影響，不管這個服務量有多少來自利用率 κ，有多少來自機器數量 K。在此假設下，16 部機器每天一起運作 8 小時的生產力與 8 部機器每天一起運作 16 小時是一樣的。

資本服務需求

在第 7 章，我們以資本服務需求 K^d 作為生產的投入之一。身為家族企業管理者的家戶選擇 K^d 來極大化實質利潤，即：

$$\Pi/P = A \cdot F(K^d, L^d) - (w/P) \cdot L^d - (R/P) \cdot K^d \tag{7.13}$$

Π/P 的極大化帶來資本邊際產出 MPK 等於實質資本租用價格 R/P 的等式。R/P 的增加會使資本服務的需求量 (K^d) 減少，如圖 7.6 中的負斜率曲線所示。

現在，我們將式 (7.13) 中的 K^d 代以資本服務量 κK：

$$\Pi/P = A \cdot F[(\kappa K)^d, L^d] - (w/P) \cdot L^d - (R/P) \cdot \kappa K^d \tag{10.2}$$

實質租用價格 R/P，現在以每單位資本服務來衡量；亦即，由於 κK 的單位為每年機器工時，所以 R/P 的單位為每機器工時的產出數量。

跟以前一樣，家戶選擇資本服務的需求量，現在表為 κK^d，來極大化實質利潤 Π/P。此一極大化隱含 MPK 等於實質租用價格 R/P。MPK 現在是指額外一機器工時

圖 10.1 資本服務需求

給定技術水準 A 與勞動投入 L，縱軸的資本服務邊際產出 MPK，隨著橫軸的資本服務數量 κK 的增加而減少。給定實質租用價格 R/P，家戶選擇資本服務數量，$(\kappa K)^d$，讓它對應的 MPK 等於 R/P。

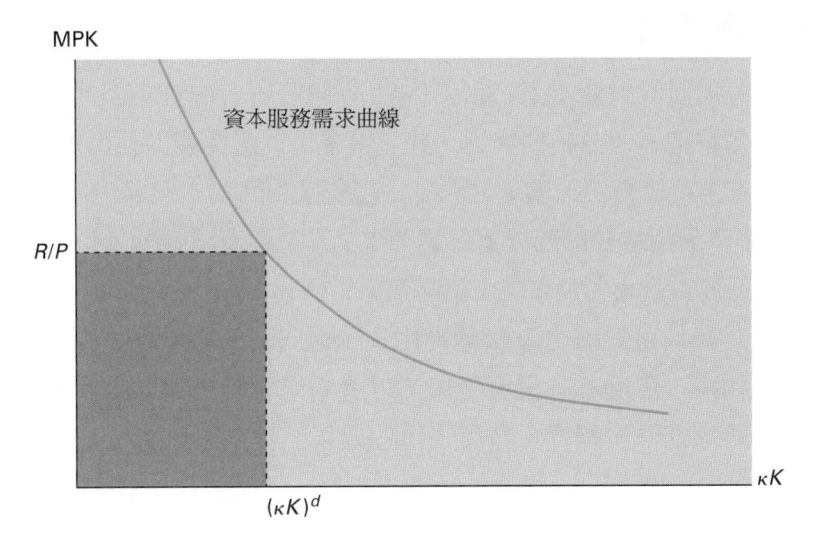

的資本服務所能增加的產出數量。此一情況下的資本服務需求曲線 $(\kappa K)^d$，仍然類似圖 7.6 中的曲線。我們將此一需求以圖 10.1 中負斜率的曲線表示。

假設技術水準由 A 提升到 A'。在任一給定的 κK 之下，此一變動使得 MPK 提高了。在圖 10.2，此一變動讓 MPK 曲線由左方的 $MPK(A)$ 右移至 $MPK(A')$。給定

圖 10.2 技術水準提升對資本服務需求的影響

當技術水準是 A 時，MPK 曲線是標示為 $MPK(A)$ 的左方曲線。在實質租用價格為 R/P 時，資本服務的需求量為 $(\kappa K)^d$。技術水準由 A 提升到 A'，讓 MPK 曲線由左方的 $MPK(A)$ 右移至 $MPK(A')$。當技術水準是 A' 且實質租用價格為 R/P 時，資本服務的需求量為 $[(\kappa K)^d]'$，該值大於 $(\kappa K)^d$。

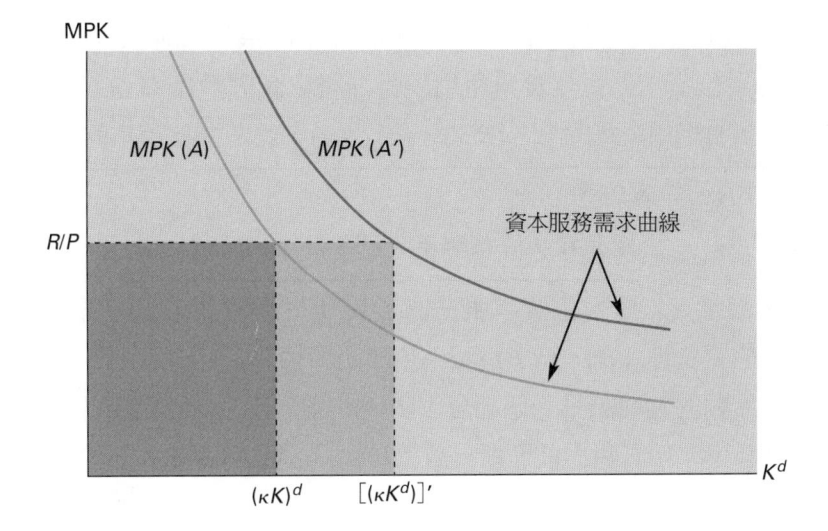

實質租用價格 R/P，資本服務的需求量從 κK^d 增加到 $[(\kappa K)^d]'$。這個結果與圖 9.6 的結果類似；當時，並未考慮可變動的資本利用率。

資本服務供給

在第 9 章，我們假設資本主 (即家戶)，將他們所有的資本 K 都供應到租用市場。現在，我們要把這個分析擴展到允許資本主可以選擇資本利用率 (κ)。給定資本存量 K，資本主可以藉由改變 κ，來提供或多或少的資本服務。κ 的最高可能值是每年 8,736 小時，相當於每部機器每週開工 7 天，每天運做 24 小時。為什麼資本主會選擇一個低於其最大可能值的 κ 值呢？

選擇低於其最大可能值之 κ 值的理由之一是，κ 的增加會提高折舊率。機器如果被密集地使用，那麼其耗損會更快。再者，當 κ 增加時，維修的時間也減少了，這會讓折舊率進一步提高。為反映這些效果，我們可以將折舊率寫為 κ 的遞增函數：

$$\delta = \delta(\kappa)$$

擁有資本的人選擇利用率 κ 來極大化其提供資本服務所能獲得的實質所得淨額：

提供資本服務的實質所得淨額 = 實質租用報酬 − 折舊
$$= (R/P) \cdot \kappa K - \delta(\kappa) \cdot K$$

如果提出變數 K，則可得：

提供資本服務的實質所得淨額 $= K \cdot [(R/P) \cdot \kappa - \delta(\kappa)]$ (10.3)

因此，實質所得淨額等於所擁有的資本 K 乘以 $(R/P) \cdot \kappa - \delta(\kappa)$。$(R/P) \cdot \kappa$ 是每機器工時的實質租用報酬 R/P 與每部機器每年的機器工時 κ 的乘積。因此，$(R/P) \cdot \kappa$ 是每單位資本的每年實質租用所得。將它減去折舊率 $\delta(\kappa)$，我們就得到每單位資本的實質租用所得淨額，$(R/P) \cdot \kappa - \delta(\kappa)$。此即持有資本的報酬率：

> 關鍵方程式 (資本報酬率)：
>
> **擁有資本的報酬率** $= (R/P) \cdot \kappa - \delta(\kappa)$ (10.4)

給定資本存量 K，極大化資本服務的實質所得淨額就等於是極大化式 (10.4) 中，擁有資本的實質淨報酬，$(R/P) \cdot \kappa - \delta(\kappa)$。圖 10.3 把此一報酬的兩項分別繪成兩條線。通過原點的直線為第一個部分，$(R/P) \cdot \kappa$，此線以原點為端點，以實質租用價格 R/P 為斜率。如同我們前面所分析的，每一個家戶視 R/P 為給定。

圖 10.3　選擇資本利用率

由原點繪起的直線是每單位資本的實質租用所得，$(R/P) \cdot \kappa$。凸向橫軸的曲線是折舊率 $\delta(\kappa)$，它是資本利用率 κ 的增函數，且其切線的斜率隨 κ 遞增。通過原點的直線與曲線之間的距離，即為式 (10.4) 中擁有資本的報酬率，$(R/P) \cdot \kappa - \delta(\kappa)$。資本主選擇 κ 值來極大化此一垂直距離，該值為橫軸上的 $\kappa = \kappa^*$。

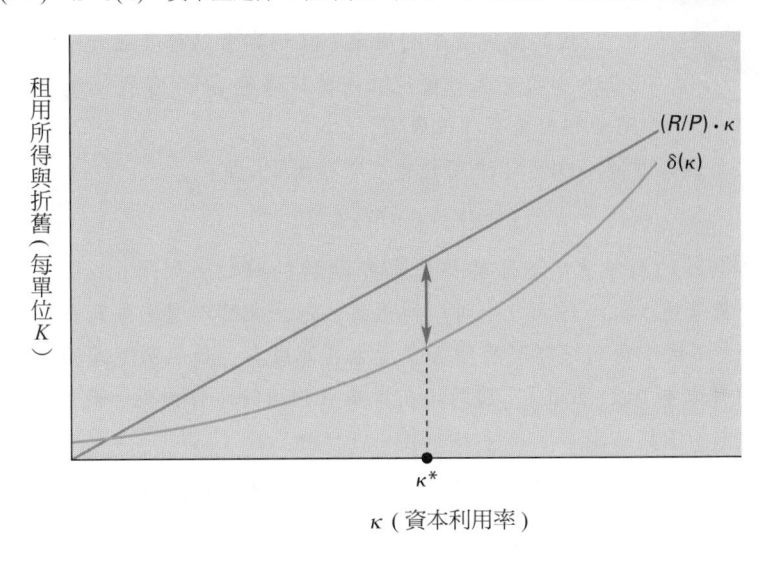

在式 (10.4)，擁有資本之報酬率的第二部分是負的折舊率 $\delta(\kappa)$。在圖 10.3，對應 $\delta(\kappa)$ 的曲線凸向橫軸。我們假設當 κ 為 0 時，$\delta(\kappa)$ 仍大於 0，也就是即使資本閒置時，仍會有折舊 (可能會鏽蝕)。其次，當 κ 增加時，$\delta(\kappa)$ 也提高了，因此 κ 愈高，折舊率 $\delta(\kappa)$ 也愈高。此外，曲線 $\delta(\kappa)$ 其切線的斜率隨 κ 遞增。

式 (10.4) 中所顯示的擁有資本之報酬率，呈現在圖 10.3 中直線與曲線之間的垂直距離。資本主 (即家戶) 選擇資本利用率 κ，來極大化此一距離。在 $\kappa = \kappa^*$ 時，兩條線之間的垂直距離最大。κ^* 會小於其最大可能值 8,736。資本主會避免此一極端的資本利用率，因為它會引發資本存量的快速折舊。以下的「經濟學小舖」專欄討論資本主選擇低於 100% 的資本利用率的其他理由。

接下來我們說明實質租用價格 (R/P) 的變動會如何影響資本利用率 κ^*。假設實質租用價格由 R/P 上漲到 $(R/P)'$。在 R/P 之下，每單位資本的實質租用所得，$(R/P) \cdot \kappa$，為圖 10.4 中以原點為端點的下方直線。在比較高的實質租用價格 $(R/P)'$ 之下，每單位資本的實質租用所得，$(R/P)' \cdot \kappa$，為上方直線，這條線比下方直線來得陡。折舊曲線 $\delta(\kappa)$ 仍是圖 10.3 中凸向橫軸的曲線。因為 $\delta(\kappa)$ 並不受 R/P 的影響，所以這條曲線不會移動。

當實質租用價格為 R/P 時，家戶所選的資本利用率，κ^*，極大化下方直線與折舊曲線之間的垂直距離。當實質租用價格上漲到 $(R/P)'$ 時，家戶會選擇較高的利用

經濟學小舖

多班與加班運轉

我們發現資本利用率 (κ) 通常會低於其最大可能值,即每年 8,736 小時。此一發現立基於折舊率 $\delta(\kappa)$ 會隨 κ 遞增。資本不被完全利用還有其他原因。

我們之前假設實質 GDP (Y) 決定於資本服務 κK,即:

$$Y = A \cdot F(\kappa K, L) \tag{10.1}$$

其中,K 為機器的數量,κ 是每部機器每年運轉的時數。如果由 $\kappa = 2,080$ 小時開始,亦即企業每週 5 天、每天 8 小時運轉機器,則企業可以透過每天多班或在週末開工來提高 κ。不過,每週運轉時數增加會產生其他成本,如照明所需的電力。這些成本稱為**使用者成本** (user costs),它們只在資本被利用時才會出現。我們應從式 (10.2) 的實質利潤中扣除這些成本,而得:

$$\Pi/P = A \cdot F[(\kappa K^d), L^d] - (w/P) \cdot L^d - (R/P) \cdot (\kappa K^d) - 資本的使用者成本$$

這些隨 κ 增加而增加的使用者成本可以解釋為什麼機器不會全時運轉;亦即企業寧可讓 100 台機器每天運轉 12 小時,而不會讓 50 台機器每天運轉 24 小時。

再者,為了提高 κ,企業通常必須利用較不便利的時間來運轉機器,如晚上與週末。一般說來,在這些時間生產,成本會比一般的工作時間來得高。這是因為夜班與加班的工資率較高;而需其他企業搭配的服務,如原料供應與運送,在這些時段也可能無法配合(離峰電費費率與交通流量較低是這些時段的好處)。因此,非正常工作時間內的運轉成本較高,是企業資本利用率低於其最大可能值的另一個理由。

率 (κ^*)',來極大化資本的報酬率。因此,當實質租用價格上漲時,家戶會提高資本利用率;這是因為雖然 κ 的增加會提高折舊率 $\delta(\kappa)$,不過,實質租用價格的提高,讓家戶值得去提高 κ。

市場結清與資本利用

在第 9 章,我們討論過技術水準 (A) 的提升對實質 GDP、勞動投入與其他變數的影響。現在我們要討論它對資本利用率 (κ) 與資本服務量 (κK) 的影響。

圖 10.5 包括資本服務的需求與供給。縱軸為實質租用價格,R/P,而橫軸顯示資本服務的市場需求與供給。兩條負斜率的需求曲線來自圖 10.2。其中,下方曲線對應技術水準 A,而上方曲線對應較高的技術水準 A'。技術水準的提升會提高資本服務的市場需求,$(\kappa K)^d$。

圖 10.4　實質租用價格提高對資本利用率的影響

凸向橫軸的曲線是來自圖 10.3 的折舊率曲線 $\delta(\kappa)$。以原點為端點的兩條線均代表每單位資本的實質租用所得。當實質租用價格為 R/P 時，其為下方直線；當實質租用價格為 $(R/P)'$ 時，其為上方直線。在 R/P 時，資本主會選擇資本利用率 κ^* 以極大化租用所得線與折舊曲線之間的垂直距離。在 $(R/P)'$ 時，則選擇較高的利用率 $(\kappa^*)'$ 來極大化此一距離。因此，R/P 的上升會提高資本利用率。

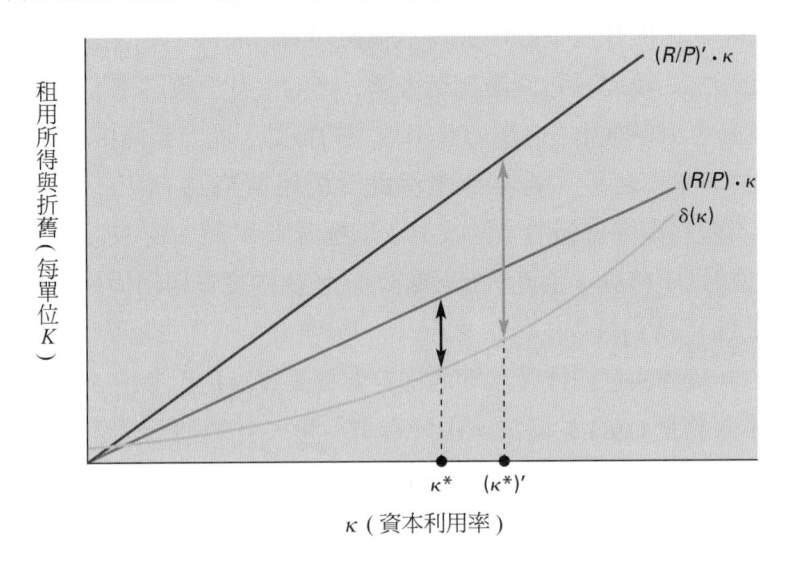

圖 10.5　資本服務市場的結清

當技術水準為 A 時，資本服務的市場需求是標示為 $(\kappa K)^d (A)$ 的負斜率曲線。當技術水準為較高的 A' 時，資本服務需求是標示為 $(\kappa K)^d (A')$ 的負斜率曲線；在任何給定的 R/P 之下，它都高 $(\kappa K)^d (A)$ 曲線。這些線都繪自圖 10.2。資本服務的供給曲線，$(\kappa K)^s$，是正斜率的，因為 R/P 的上升會提高資本利用率 κ（如圖 10.4）。因此，技術水準由 A 提升到 A' 會使結清市場的實質租用價格由 $(R/P)^*$ 增加到 $[(R/P)^*]'$，且使資本服務的數量由 $(\kappa K)^*$ 增加到 $[(\kappa K)^*]'$。由於資本存量 K 是固定的，資本服務的增加反映出利用率由 κ^* 上升到 $(\kappa^*)'$，如圖 10.4 所示。

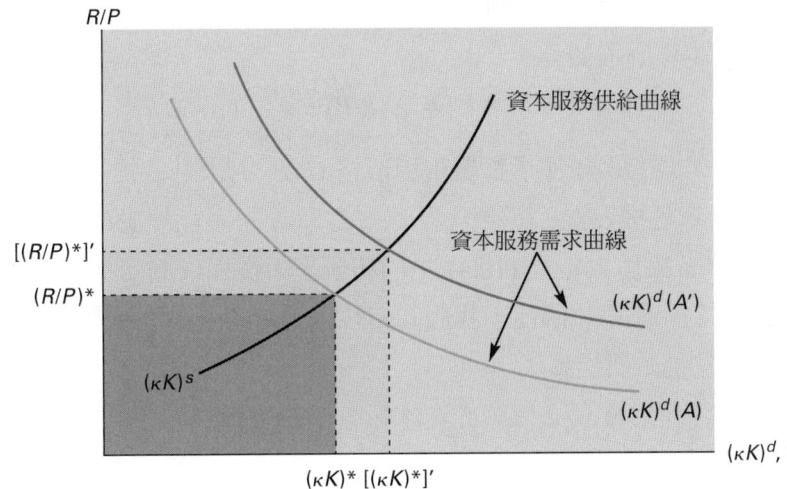

圖 10.5 的正斜率供給曲線來自圖 10.4。供給曲線為正斜率是因為實質租用價格 (R/P) 的提高誘發更高的資本利用率 (κ)。給定資本存量 K，κ 的增加會提高資本服務的供給量 $(\kappa K)^s$。

圖 10.4 顯示，給定 R/P，技術水準 (A) 並不會影響資本利用率 (κ) 的選擇。因此，在圖 10.5，A 的提升並不會移動資本服務的供給曲線。A 的提升最終會使資本服務的供給量增加。不過，這個增加是透過 R/P 的上升使資本主提供資本服務的報酬提高；也就是，A 的提升造成供給曲線線上的移動，而非整條供給曲線的移動。)

在技術水準為 A 之下，圖 10.5 顯示實質租用價格為 $(R/P)^*$ 且資本服務量為 $(\kappa K)^*$ 時，資本服務市場會結清。當技術水準提升到 A' 時，資本服務需求曲線會右移，而供給曲線則不移動。因此，市場結清於較高的實質租用價格 $[(R/P)^*]'$ 與較大的資本服務數量 $[(\kappa K)^*]'$。

在第 9 章，我們注意到技術水準的提升會提高實質租用價格 R/P。圖 10.5 中的新影響是資本服務量 (κK) 的增加。由於資本存量 K 在短期內是固定的，所以資本服務的增加是反映利用率由 κ^* 增加到 $(\kappa^*)'$ 的結果。因此，在繁榮時，即較高的 A 使得實質 GDP 提高時，會有相對較高的資本利用率；而在衰退時，即較低的 A 使得實質 GDP 降低時，資本利用率也相對較低。

回想一下，生產函數是；

$$Y = A \cdot F(\kappa K, L) \tag{10.1}$$

我們現在有三個理由解釋為什麼實質 GDP 在繁榮時增加而在衰退時減少。首先，技術水準 (A) 的高低，會使實質 GDP 呈同向變動。其次，如第 9 章所討論的，A 的高低會使 L 呈同向變動。第三，是剛剛所說明的，即 A 的高低也會使資本利用率 (κ) 及資本服務量 (κK) 呈同向變動。

回想一下，資本報酬率為：

$$\text{擁有資本的報酬率} = (R/P) \cdot \kappa - \delta(\kappa) \tag{10.4}$$

給定資本利用率 κ，式 (10.4) 顯示實質租用價格 (R/P) 的上升會提高擁有資本的報酬率。我們在第 9 章曾提及此一結果，不過，當時 κ 是不能變動的。現在，我們知道，家戶會選擇 κ 來極大化式 (10.4) 中的報酬率，從而 κ 會因 R/P 的上升而提高，進而提高資本的報酬率。因此，我們的結論與第 9 章一樣：擁有資本的報酬率會因技術水準 (A) 的提升而提高。

債券的報酬率 (利率 i) 仍必須等於資本所有權的報酬率。在第 7 章，這個條件是：

$$i = R/P - \delta \tag{7.6}$$

債券的報酬率 = 資本所有權的報酬率

不過,現在我們要用式 (10.4) 來衡量資本所有權的報酬率,因此:

$$i = (R/P) \cdot \kappa - \delta(\kappa) \tag{10.5}$$

債券的報酬率 = 資本所有權的報酬率

我們發現技術水準 (A) 的提升會提高擁有資本的報酬率,即提高式 (10.5) 中等號右邊的值,從而利率 i 會上升,就跟第 9 章一樣。因此,在這個模型,利率還是順循環的。

產能利用的循環表現

為了檢定我們的資本利用率 (κ) 是順循環的預測,可以用產能利用率的資料。製造業的營業趨勢調查 (Business Tendency Surveys for Manufacturing) 蒐集歐元區的產能利用率資料。從 1999.1 到 2013.4,產能利用率的平均值為 81%,範圍介於 69% 到 85%。

圖 10.6 中淺色曲線顯示產能利用率偏離其趨勢的情況 (繪製方法與用於繪製圖 9.2 是一樣的)。深色曲線則顯示實質 GDP 偏離其趨勢的情況。產能利用率很明顯是順循環的。[1] 此率在繁榮時高於其趨勢值,在衰退時則低於其趨勢值。因此,這

圖 10.6　歐元區實質 GDP 與產能利用的循環表現

深色曲線顯示實質 GDP 偏離其趨勢的情況;淺色曲線顯示產能利用率偏離其趨勢的情況。這些資料從 1999.1 到 2013.4。不論是實質 GDP 還是產能利用的資料都是季資料且經季節調整。產能利用率是順循環的,它與實質 GDP 的波動方向一致,但幅度較大。

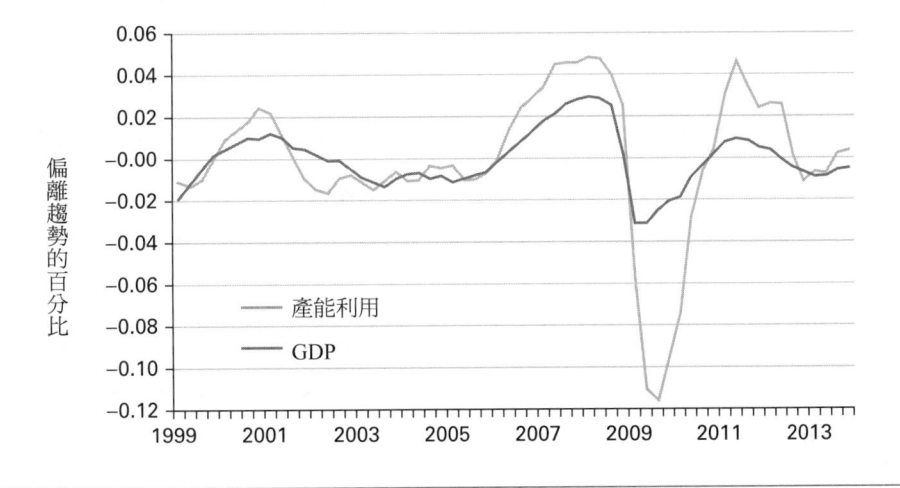

---

[1] 從 1999.1 到 2013.4,歐元區產能利用率的循環部分跟實質 GDP 的循環部分的相關係數為 0.86。

個模型對於資本利用率之循環表現所做的預測與產能利用率的資料相符。

勞動力、就業與失業

我們現在探討勞動投入 (L) 的波動與勞動力、就業與每位勞工工時其變動之間的關聯。首先，我們先看一下歐元區資料所呈現的實證型態。然後，我們擴展均衡景氣循環模型以說明一些難以解釋的現象，特別是就業率的波動。

基本概念與實證型態

歐元區的資料顯示勞動投入 (L) 是順循環的，亦即，在經濟波動中，它與實質 GDP 同向變動。舉例來說，在圖 9.12，我們以就業 (有工作的人數) 來衡量 L。在 1999 到 2015 年之間，此一概念的 L 是強烈順循環的，就業的循環部分與實質 GDP 的循環部分之相關係數為 0.73。

在第 9 章，我們藉由引進可變動的勞動供給，讓 L 可以變動。為得到正確的循環型態，我們讓勞動供給量 (L^s) 對實質工資率 (w/P) 呈正向反應；亦即在經濟繁榮時，高 w/P 誘使家戶增加 L^s，且此一反應讓 L 可以增加。

不過，我們的分析並未明確指出 L 的變動是來自於勞動力的移動，還是來自於就業率的改變，還是來自於每位勞工工時的變動。我們暫不考慮每個勞工其工時的變動。如此一來，每一個工作每年都只需工作標準時數，從而總工時的變動完全來自於就業的變動，亦即有工作的人數的變動。給定實質工資率 (w/P)，此一情況下的勞動力供給量 (L^s) 是有工作的人口數。這個概念下的勞動力供給符合歐洲統計 (Eurostat) 所衡量的民間勞動力，即有工作的人數與自稱在找工作的人數之總和。給定 w/P，我們可以把勞動需求量 (L^d) 想成雇主想要填滿的工作機會數目。

在市場結清的設定之下，勞動供給量 (L^s) 等於勞動需求量 (L^d) 決定實質工資率 (w/P)。因此，結清市場的就業量 (L) 等於勞動力 (L^s)，也等於雇主想要填滿的工作機會數 (L^d)。不過，真實的世界與此一設定有兩個很大的差異。首先，勞動力經常大於就業，這兩者的差異等於失業人口數。其次，雇主想要填滿的工作機會總數經常大於就業，這二者之間的差異等於工作空缺 (vacancies) 數。

勞動市場之供給面的一個重要變數是失業率 (unemployment rate)，即失業人口占勞動力的百分比。相對地，就業率 (employment rate) 是就業人口占勞動力的百分比。如果令 u 為失業率，則：

$$u = 失業人口 / 勞動力$$
$$= (勞動力 - 就業人口) / 勞動力$$
$$= 1 - 就業人口 / 勞動力$$
$$= 1 - 就業率$$

從而,移項可得:

$$就業率 = 1 - u$$

在勞動市場的需求面,**缺工率** (vacancy rate) 是工作空缺數對雇主所提供的所有工作總數之比。從雇主的角度看,就業率是就業數對雇主所提供的所有工作總數之比。市場需求面比較不常被強調的原因之一是,工作空缺的資料不如失業的資料那麼精確。一般而言,經濟學家必須仰賴報紙的**事求人廣告** (help-wanted advertising) 所提供的不完整訊息。不過,最近 Eurostat 對工作空缺的衡量有很大的改進。

從勞動供給面來看,我們可以把就業想成:

$$就業 = 勞動力 \cdot (就業 / 勞動力)$$
$$= 勞動力 \cdot 就業率$$
$$= 勞動力 \cdot (1 - u)$$

我們以前的分析假設失業率 u 為 0,因此,就業的變動等於勞動力的變動。現在,就業的變動也可能來自 u 的變動。

由圖 9.12 可以看出,就業的波動幅度雖然小於實質 GDP 的,但也不小。在 1999–2015 年期間,就業的循環部分之標準差是 0.7%,而實質 GDP 則是 1.3%。此外,這兩個循環部分是強烈正相關的,相關係數為 0.73,所以就業很明顯是順循環的。

圖 10.7 與圖 10.8 顯示決定就業的兩個變數,勞動力與就業率 $1-u$,對歐元區在 1999–2015 年期間其就業水準變動的影響。圖 10.7 顯示勞動力相對地穩定。在 1999–2015 年期間,其循環部分的標準差為 0.3%,而其與實質 GDP 的循環部分的相關係數近乎零。[2] 相較之下,圖 10.8 中的就業率的波動幅度就比較大,其循環部分的標準差為 0.6%,且與實質 GDP 的循環部分高度相關,相關係數達 0.82。因此,就業的順循環變動跟就業率變動的相關程度高於跟勞動力變動的相關程度。這個發現意味著,我們先前把焦點放在勞動力(將它視為勞動供給)波動的分析,錯

---

[2] 從 1999.1 到 2015.2,歐元區勞動力的循環部分跟實質 GDP 的循環部分的相關係數為 –0.02。

失某些重要的東西。

圖 10.7 與圖 10.8 考慮決定就業的兩個變數，勞動力與就業率 $1-u$。我們也可以考慮每位勞工工時數的變動。我們有以下的等式：

$$總工時 = 就業量 \times 每位勞工工時$$

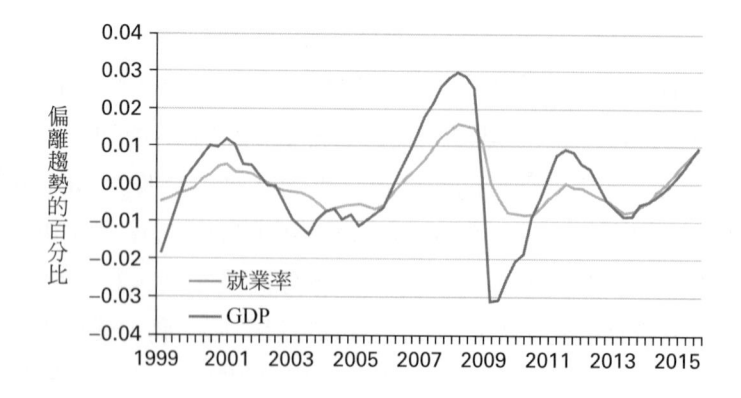

圖 10.7　歐元區實質 GDP 與勞動力的循環表現

深色曲線顯示實質 GDP 偏離其趨勢的情況；淺色曲線顯示勞動力偏離其趨勢的情況。民間勞動力為就業與尋職人口的總和，其資料來自 Eurostat (http://ec.europa.eu/eurostat/data/database)。實質 GDP 與勞動力的資料都是季資料，且經季節調整。平均而言，勞動力是非順循環的，且其波動比實質 GDP 小。

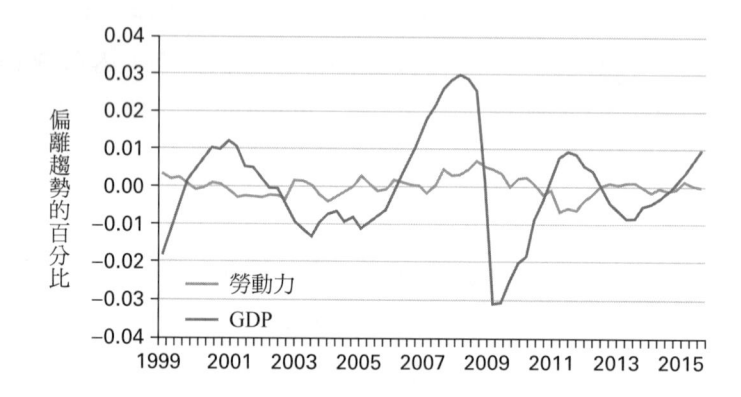

圖 10.8　歐元區實質 GDP 與就業率的循環表現

深色曲線顯示實質 GDP 偏離其趨勢的情況；淺色曲線顯示就業率偏離其趨勢的情況。就業率是就業人口對勞動力的比值。就業與勞動力的資料來自 Eurostat。實質 GDP 與就業的資料都是季資料且經季節調節。就業率是強烈順循環的，它跟實質 GDP 呈同向波動。

圖 10.9　歐元區實質 GDP 與每週平均工時的循環表現

深色曲線顯示實質 GDP 偏離其趨勢的情況；淺色曲線顯示每週平均工時偏離其趨勢的情況。每週工時的資料是來自 Eurostat。實質 GDP 與每週工時的資料都是季資料且經季節調整。每週平均工時是順循環的，它跟實質 GDP 呈同向波動，但波動幅度較小。

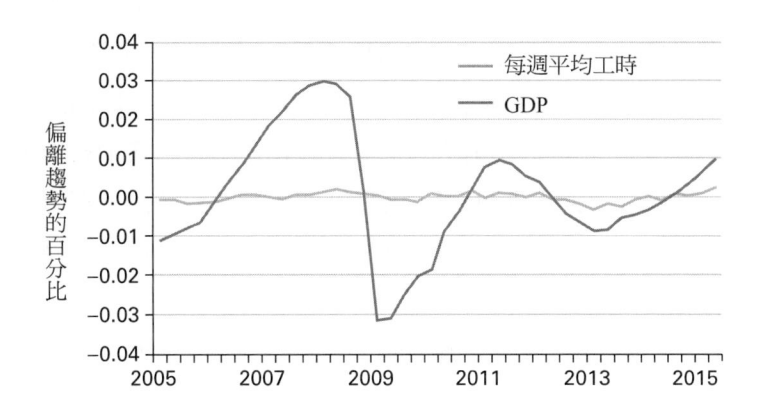

圖 10.9 顯示另一個變數，即每位勞工工時。在 2005–2015 年期間，每位勞工工時的循環部分的標準差為 0.1%，且與實質 GDP 循環部分的相關係數為 0.46。因此，就解釋總工時的整體順循環程度而言，每位勞工工時的重要性比就業率低，但比勞動力高。

由第 9 章的均衡景氣循環模型，大概就足以了解勞動力與每位勞工工時的波動。我們透過實質工資率 (w/P) 的調整，讓勞動供給量 (L^s) 等於勞動需求量 (L^d)。不過，這個方法留下一個未解釋的最重要因素，即就業率的波動，或失業率的波動。

為解釋失業與工作空缺，我們必須在勞動市場的運作中引進一些「摩擦」。也就是，我們必須要能解釋為什麼某些沒有工作的勞動力人口，必須花一些時間才能找到工作，以及為什麼有空缺的企業要花一些時間才能填補它們。因此，失業與工作空缺的關鍵在於人們搜尋工作及企業搜尋勞工的過程。

我們之前在討論勞動市場時，將所有的勞工與所有的工作都視為同質的。不過，在現實世界中，勞工與企業的搜尋過程無法被忽略。因此，為了讓分析更為實際，我們必須允許勞工與工作存在差異。然後，我們可以把勞動市場的運作視為促成工作與勞工之間良好配對的過程。由於工作與勞工存在差異，所以配對過程是困難且耗時的，失業與空缺是這過程的一部分。

我們在下一節擴展均衡景氣循環模型以包括一個簡單的工作配對模型。此一擴展有兩個主要目的。首先，我們要解釋為什麼失業水準與空缺水準都大於零。其次，我們要了解失業與空缺如何隨時間波動，特別是，為什麼就業率是順循環且失

業率是逆循環的。

尋職模型

假設一個名叫 Hillary 的人，她剛進入勞動力而且尚未就業。Hillary 可能是剛從學校畢業的社會新鮮人，也可能是重返職場的家庭主婦。假設 Hillary 搜尋職缺的方法是參加廠商的面試。每家廠商都會面試求職者，以評估他們是否適任。廠商會根據評估的結果推估求職者其可能的邊際產出 (MPL)。為簡化分析，我們假設廠商提供給 Hillary 的實質工資率為 w/P，它等於推估的邊際產出；再假設每個工作都要求標準的每週工時。在此情況下，w/P 決定了受僱者的實質所得，它等於 w/P 與每週工時的乘積。

Hillary 則要決定是否接受廠商所提供的實質工資率，w/P。她的替代選擇是保持失業，並且繼續搜尋。我們假設勞工接受工作後就不再繼續搜尋。這個假設是合理的，因為常換工作對勞工不利，且失業時，搜尋工作比較容易。

如果往後所能獲得的工資會超過原來的，那麼多搜尋是值得的。因此，回絕廠商所提供的工作的代價，是放棄該工作所能賺取的所得。如果此一所得小於失業時的有效實質所得，則 Hillary 會選擇保持失業。我們以 ω 表示失業時的有效實質所得，它包括來自政府的**失業保險** (unemployment insurance) 給付，以及 Hillary 把不工作的時間花在其他地方所獲得的價值。

在評估廠商所提供的工作機會時，Hillary 會把它拿來跟其他的機會做比較。在做這一比較之前，Hillary 考量她的教育水準、工作經驗…等等條件，心中有一個可能的工資報價 (wage offer) 的分配。我們假設一份工作是否夠誘人全在於實質工資率。如果我們把模型擴展到考慮工作地點與工作條件，主要的結果並不會受到影響。

圖 10.10 顯示典型的工資報價分配曲線。橫軸上的每一個實質工資率 w/P，都對應縱軸上接受該工資報價的機率。如曲線所示，報價通常落於 w/P 的中間區域。不過，勞工也有可能得到工資報價非常高 (即分配的右尾) 或非常低的工作，只是兩者的機率都很小。

圖 10.10 標示失業所能得到的有效實質所得 ω。Hillary 會回絕任何工資報價低於 ω 的工作機會。ω 位於圖中工資報價分配的左尾。這意味著大部分的工資報價都會高於 ω。給定 ω，Hillary 的關鍵決策是要不要接受一個高於 ω 的實質工資率 (w/P)。

她可能會回絕大於 ω 的實質工資率 (w/P)，以保留獲得更高的工資的機會。不

圖 10.10　實質工資報價的分配

曲線顯示獲得不同實質工資 (w/P) 報價的機率。曲線上的點其位置愈高，意味著獲得其所對應的工資報價之機率愈大。橫軸的 ω 是失業時能獲得的實質有效工資，(w/P)' 則是實質保留工資。任何能提供實質工資報價大於 (w/P)' 的工作機會會被接受，否則就會被回絕。

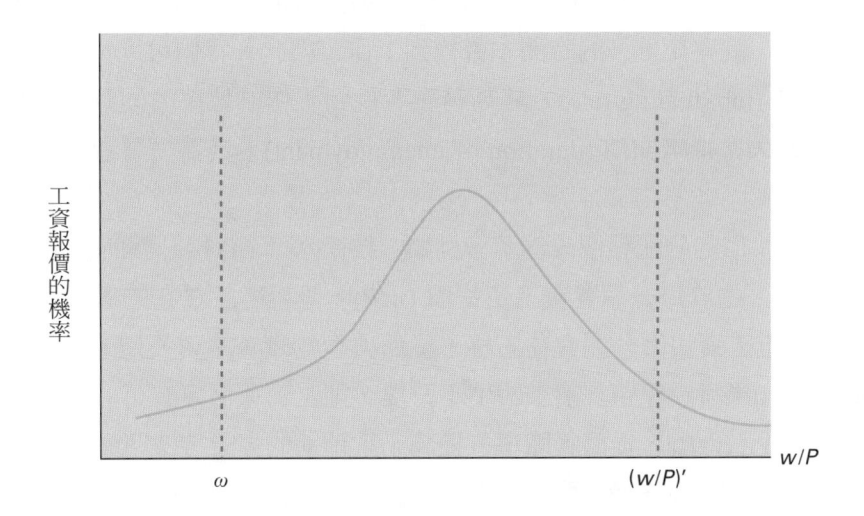

過，這是一個取捨問題，因為她如果不工作，她就要放棄去工作所能賺到的實質所得。考慮這些因素之後，會得到一個經濟學家所稱的**實質保留工資** (reservation real wage)，標示為 (w/P)'。低於 (w/P)' 的工資報價會被回絕，而高於 (w/P)' 的則會被接受。如果 Hillary 的 (w/P)' 比較高，那她可能得失業好一陣子，繼續找工作。相反地，比較低的 (w/P)' 意味著失業的時間比較短。不過，(w/P)' 比較低也意味著 Hillary 最後找到的工作，很有可能工資不高。

最適實質保留工資 (w/P)'，決定於圖 10.10 之工資報價的分配型態、失業時的有效實質所得 ω，以及一份工作的預期持續期間。就我們的目的而言，我們並不需要詳述最適 (w/P)' 是如何決定的。我們可以藉由描述我們的分析所得到的重要性質而獲致主要結果。

由於某些工資報價 Hillary 是無法接受的，即那些 (w/P) < (w/P)' 的報價，因此，她通常要花時間才能找到一個她可以接受的工作。在還沒找到之前，她算是失業人口。由於可以找到最佳工作的訊息並不完整，因此，失業會大於零。

失業時的實質有效工資 (ω) 增加會讓 Hillary 提高她接受工作的標準，也就是 (w/P)' 會增加。如果 Hillary 可能面對的實質工資報價比 ω 高不了多少，則這個效果會比較強。例如，失業保險給付的提高會讓 ω 增加，如果此一給付高過一般的工資報價時，則失業保險給付的提高對 (w/P)' 的影響會比較大。美國的失業保險給付並不高，因此給付金額的小幅增加，對於一個典型的尋職者而言，並不會產生重

大的影響。相較之下，像法國與德國，她們有比較慷慨的失業保險計畫，因此給付的提高對一般的 $(w/P)'$ 會有較大的衝擊。

給定圖 10.10 的工資報價分配，ω 的增加會讓 $(w/P)'$ 增加，因此 $(w/P) < (w/P)'$ 更有可能發生，也因此，更有可能回絕工作機會。所以，當 ω 增加時，像 Hillary 這樣的尋職者，就會花更多的時間才會找到工作。因此，我們可以預測，ω 的增加會降低**獲職率** (job-finding rate)，其為尋職者找到工作的比率。同時，ω 的增加，會拉長預期的**失業持續期間** (duration of unemployment)，其為失業者處在失業狀態的時間長度。

假設工資報價的分配整個改善了。例如，技術水準 (A) 提升讓所有勞工的 MPL 都增加了 10%。由於每一個實質工資報價 (w/P)，等於勞工潛在的邊際產出，所以圖 10.10 的實質工資報價分配會往右移，從而典型的實質工資報價 (w/P) 也會增加 10%。此時，如果實質保留工資 $(w/P)'$ 不改變，則工資報價更有可能落於可接受的區域，即 $(w/P) > (w/P)'$，從而獲職率會提高，且預期的失業持續期會縮短。

不過，較佳的工資報價分配，通常也會讓實質保留工資 $(w/P)'$ 提高。因此，像 Hillary 這樣的尋職者，如果預期實質工資報價的分配條件的改善會持續很久，則會提高 $(w/P)'$，即變得比較挑剔。例如，技術水準恆久的改善會對實質工資報價有長期的影響。在此情況下，$(w/P)'$ 會提高。$(w/P)'$ 的提高，對獲職率的影響跟我們剛剛預測的增加正好相反。在所有實質工資報價都增加 10% 的情況下，只有在 $(w/P)'$ 的增加小於 10% 時，獲職率才會提高。

有二個理由可以解釋，為什麼實質保留工資 $(w/P)'$ 的提高比例會小於典型的實質工資報價 (w/P) 的提高比例。首先，如果勞工 MPL 的增加並非恆久的，那麼未來實質工資報價的提高比例會小於當期的。在此一情況下，$(w/P)'$ 的提高比例會低於 w/P 的。

其次，即使實質工資報價的改善是恆久的，但如果失業時的實質有效所得 (ω) 沒有改變，則 $(w/P)'$ 的提高比例仍會小於典型的實質工資報價 (w/P) 的。為了解其原因，我們比較以下的三個情況。

- 情況 1 是原先的情況：實質工資率報價 (w/P) 的分配為圖 10.10 的分配，失業時的實質有效所得為 ω。
- 情況 2 是新的情況：典型的實質工資報價 (w/P) 恆久地提高 10%，不過，ω 不變。
- 情況 3 是假設的情況：典型的實質工資報價 w/P 及 ω 都恆久地提高 10%。

比較情況 1 與情況 3：唯一的差別是在情況 3，每一個變數都提高 10%。因此，在衡量接受與回絕的利弊之後，合理的（事實上，也是最適的）結果是尋職者會在情

況 3 下，把實質保留工資 $(w/P)'$ 調高 10%，從而在這兩種情況下，尋職者所面對的可接受的工資報價之機率是一樣的。因此，這兩種情況下的獲職率是相等的。

現在，比較情況 2 與情況 3。唯一的差別是在情況 3，失業所能得到的實質有效所得 (ω) 提高了 10%，從而尋職者的實質保留工資 $(w/P)'$，在情況 3 時會比在情況 2 時來得高，從而獲職會較低。

現在，把以上結果放在一起。情況 3 與情況 1 有相同的獲職率，且情況 2 的獲職率比情況 3 來得高。因此，情況 2 的獲職率比情況 1 要高，從而，如我們所宣稱的，在失業的實質有效所得 (ω) 不變下，實質工資報價 (w/P) 的恆久改善，會提高獲職率。

在我們的模型，實質工資報價的提高可能來自技術水準 (A) 的提升。不過，在一個有更多考量的模型，技術的變化可能會讓某些生產技能過時。例如，電燈降低火把工人的產出價值，汽車降低馬蹄鐵匠的產出價值。因此，技術變化會降低技能過時的勞工其 MPL，從而他們所面對的實質工資報價也跟著下降。不過，就整個經濟體系而言，技術進步會提高 MPL 的價值，從而提高典型的尋職者其所面對的實質工資報價。

廠商的搜尋

直到目前為止，我們對廠商在勞工與工作的配對過程中的所做所為，採取一個不切實際的觀點。廠商收到求職函，然後以求職者可能的 MPL 來評價他們，最後再提出與求職者邊際產出相等的實質工資報價 (w/P)。在現實世界，廠商其實可以藉由事求人的廣告，明確說明對求職者之教育水準與工作經驗的要求，以及薪資的範圍。這樣的廣告可以適切篩選出較佳的應徵者，讓勞工與工作之間的配對可以更快更好。

雖然在一個健全的勞動市場中，廠商的搜尋是很重要的，不過，加入此一搜尋並不會改變我們的主要結論。尤其是：

- 勞工還是得花時間尋職，因此預期的失業持續期間與工作空缺持續期間都會大於零。
- 勞工失業時的實質有效所得 (ω) 的增加，會降低獲職率並提高預期的失業持續期間。
- 正向的生產力衝擊會提高獲職率，並降低預期的失業持續期間。

離職

勞工搜尋高實質工資報價的工作,且廠商搜尋具高生產力的勞工。雖然勞工與廠商會儘可能有效率地評價對方,不過,稍後他們通常都會發現錯了。雇主可能發現勞工的生產力不如預期,或勞工可能發現他並不喜歡這份工作。當工作配對的績效,遠低於它一開始的預期時,廠商就有解僱勞工的動機,而勞工也有辭職的動機。

即使廠商與勞工在一開始都正確地評估對方,但離職也可能因環境改變而發生。例如,對廠商生產函數的不利衝擊可能降低勞工的 MPL,而導致解僱。再者,如果我們能區分不同廠商所生產的商品,則市場對廠商其產品需求的減少,也會有類似的影響;亦即勞工其 MPL 的價值,會因為每單位產出的價值下跌而降低。例如,鐵匠的實體邊際產出可能沒有變動,但汽車降低了馬蹄鐵的價值。

勞工也會面臨環境的改變,例如,家庭狀況、就學、地理位置、退休,與工作展望。這些改變有些突如其來,有些則是可預測的。重點是這些改變會讓勞工辭職。

工作配對牢不牢固,相當程度決定於一開始的配對有多成功。如果配對一開始是雙方勉強接受的,那麼生產條件或勞工周遭環境小小的改變,都足以讓配對的雙方彼此都不再具有吸引力。離職也可能因為一開始就知道那是一個暫時性的工作。如農業或體育館所僱用的季節性勞工,或英國皇家郵局的暫時性工作 (每年聖誕節前,郵局有很高的需求)。

所以,離職的發生有不同的原因。針對不同的勞工群體,我們可以找出**離職率** (job-separation rate),即工作配對解離的比率,其決定因素。例如,難以評價的無經驗勞工,或比較容易經歷家庭規模或工作偏好改變的年輕人,他們的離職率會比較高。如果一個產業經常遭遇技術或產品需求的衝擊,其離職率也會比較高。

如果沒有離職,沒有新的人加入勞動力,且沒有新的工作,則搜尋過程最終會消除失業與工作空缺。但離職、新的求職者與新工作意味著失業與空缺會永遠存在。我們以一個簡單的例子說明此點。

離職、獲職與自然失業率

在圖 10.11,標示為 L 的方塊代表就業人口,而標示為 U 的方塊代表失業人口。為簡化起見,假設勞動力 $L + U$ 並不隨時間而改變。以了解經濟波動而言,勞動力固定的假設是可以接受的,因為在實證上,勞動力的變動只占勞動投入短期變動的一小部分。

圖 10.11　就業與失業之間的移動

在本例，每個月有 3% 的就業人口 (L) 會失去工作，且有 50% 的失業人口 (U) 會找到工作。就業的淨變動數，ΔL，為 $0.5 \cdot U - 0.03 \cdot L$。失業的變動數，$\Delta U$，為負的 ΔL。

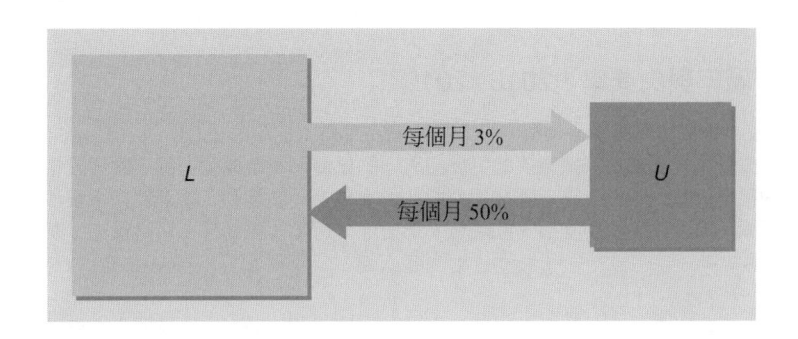

在每一期，譬如說一個月，有些就業人口會離職。在圖 10.11，由 L 指向 U 的箭頭代表每月離職的人數。由於勞動力是固定的，因此，所有失去工作的人都是由 L 類移向 U 類。我們暫時忽略很多離職勞工會馬上找到工作，而不曾失業過的事實。

離職率是一季內的離職總數對民間就業的比值。從 2010 到 2015 年，歐元區平均每季的離職率為 2.3%。圖 10.12 顯示從 2010 到 2015 年，歐元區離職率的變動。圖 10.12 中的下方曲線顯示從 2010 到 2015 年，離職率的變動幅度不大，每季只介於 2.1% 到 2.5% 之間。特別是，在 2011 到 2013 年期間，離職率只微幅變動。相較之下，圖 10.12 中的上方曲線顯示失業率從 2011 年的 8.8% 攀升到 2013 年的 10.8% 的高峰。因此，這些資料，雖然只有短短的幾年，意味著離職率的變動與經濟波動可能沒有很強的關聯。

故事的另一面是人們找到工作的速率。在圖 10.11，由 U 指向 L 的箭頭，代表失業者在一個月內找到工作的人數。當然，這並非完全符合實際，因為我們忽略了勞動力的移出與移入。在經濟衰退時，有些失業者也許會對工作的展望變得悲觀，而離開勞動市場。我們將他們稱為**怯志勞工** (discouraged workers)。不過，我們也忽略讓人們在衰退時加強工作搜尋的相反力量。例如，當一個人失去工作時，他(她)的配偶可能會加入勞動市場。如前所述，在勞動投入的短期波動中，勞動力的波動只占很小的一部分。因此，勞動力為固定的假設應是可接受的。

我們可以再度用 Eurostat 的資料來衡量獲職率。為了衡量獲職率，我們必須把找到工作的人數跟搜尋工作的人數相比，即與失業人數 U 相比。因此，我們有：

$$\text{獲職率} = \text{每月新僱用人數}/U$$

根據此一定義，Eurostat 的勞動力調查報告顯示，從 2010 到 2015 年，每季的平均獲職率為 19.6%，亦即約有五分之一的失業者在一季之內找到工作；相反地，有 2.3% 的就業者離職。因此，有龐大的人流移出與移入就業。

圖 10.12　離職率與失業率，2010–2015

圖形涵蓋 Eurostat 的勞動力調查報告的資料期間 (http://ec.europa.eu/eurostat/data/database)。上方曲線為失業率；下方曲線為離職率，其為每季離職人數對就業人口的比值。為跟勞動力固定的假設相符，我們忽略了資料中勞動力的移出與移入。歐元區有離職率資料的國家包括：奧地利、塞浦路斯、愛沙尼亞、芬蘭、法國、希臘、愛爾蘭、義大利、拉脫維亞、立陶宛、馬爾他、荷蘭、葡萄牙、斯洛伐克、斯洛維尼亞與西班牙。

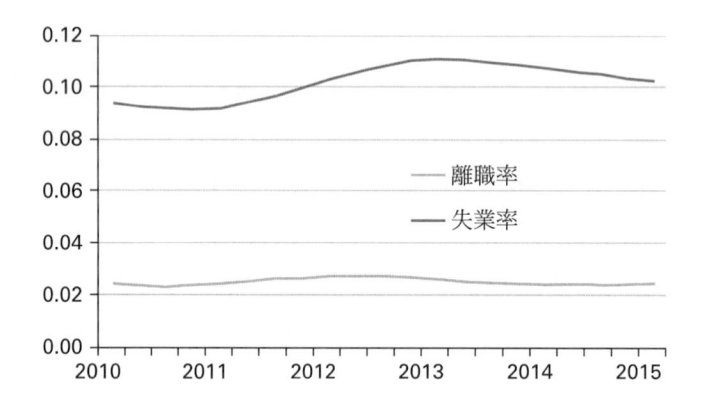

圖 10.13　獲職率與失業率，2010–2015

圖形涵蓋 Eurostat 的勞動力調查報告的資料期間 (http://ec.europa.eu/eurostat/data/database)。上方曲線為失業率；下方曲線為獲職率，其為每季新僱人數 (只來自失業) 對失業人數的比值。為跟勞動力固定的假設相符，我們忽略了資料中勞動力的移出與移入。歐元區有獲職率資料的國家包括：奧地利、塞浦路斯、愛沙尼亞、芬蘭、法國、希臘、愛爾蘭、義大利、拉脫維亞、立陶宛、馬爾他、荷蘭、葡萄牙、斯洛伐克、斯洛維尼亞與西班牙。

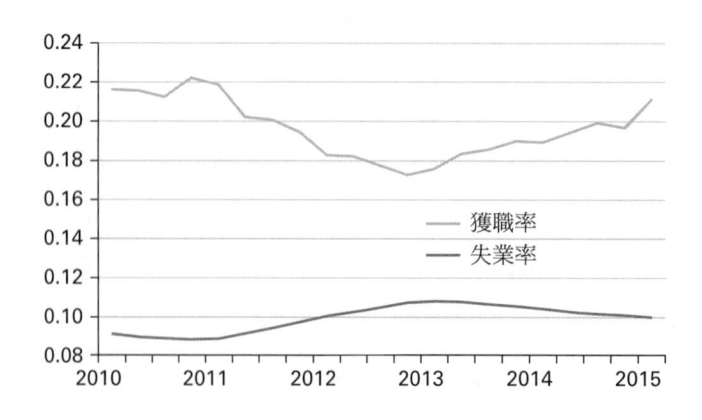

圖10.13中的上方曲線顯示從2010到2015年，歐元區獲職率的變化。跟下方的失業率曲線相比，我們可以發現獲職率與失業率相互映照。獲職率從2011年高峰的22.3%下滑至2013年低點的17.3%，然後再一路反彈至2015年；而失業率的走勢正好相反。因此，資料明顯顯示，當失業率上升時，獲職率下降（且當失業率下降時，獲職率上升）。

離職率與就職率決定了就業人數與失業人數的動態演變。我們以離職率與就職率的一些特定數值為例說明。假設離職率如圖10.11所示為每月0.03，而就職率為0.5。我們暫時假設這些比率是固定的。這個假設對離職率較為恰當，但對獲職率較為不當，因為獲職率在衰退時會低於平均值，而在繁榮時會高於平均值。

表10.1假設勞動力固定在150百萬人。假設這個經濟體系第一個月的失業率 u 為10%，且這時發生衰退。就業 L 的初始值為135百萬人，失業 U 則是15百萬人。

我們可以藉由離職與獲職的變化，得出就業與失業的時間路徑。在第一個月，135百萬的就業人口中，有3%的人，即4百萬人失去工作；在同一個月，15百萬的失業人口中，有50%的人，即7.5百萬人找到工作。因此，在這個月內，就業淨增加3.5百萬人，從而失業人口減少了3.5百萬，而使失業率下降到第二個月月初的7.7%。

表10.1　就業與失業的動態演變

	月初			月間			
月次	就業人口 (L)（百萬）	失業人口 (U)（百萬）	失業率 (u)	失去工作人數（百萬）	找到工作人數（百萬）	L的變動 (ΔL)（百萬）	U的變動 (ΔU)（百萬）
1	135.0	15.0	0.100	4.0	7.5	3.5	−3.5
2	138.5	11.5	0.077	4.2	5.8	1.6	−1.6
3	140.1	9.9	0.066	4.2	5.0	0.8	−0.8
4	140.9	9.1	0.061	4.2	4.6	0.4	−0.4
5	141.3	8.7	0.058	4.2	4.4	0.2	−0.2
6	141.5	8.5	0.057	4.2	4.2	0.0	0.0
∞	141.5	8.5	0.057	4.2	4.2	0.0	0.0

註：這個例子假設，經濟體系一開始的就業人數 (L) 為135百萬，失業人數 (U) 為15百萬。勞動力，$L+U$，固定為150百萬。失業率為 $u=U/(L+U)=U/150$。如圖10.11所示，每個月有3%的就業人口會失去工作，而有50%的失業人口會找到工作。就業的淨變動數 ΔL 為 $0.5 \cdot U - 0.03 \cdot L$；失業的淨變動數為 ΔL 的負值。當 L 達到141.5百萬人，且 U 達到8.5百萬人時，ΔL 與 ΔU 都等於0，從而自然失業率為 $u^n = 8.5/150 = 5.7\%$。

在第二個月，由於就業人口的增加，所以離職人數也增加了；不過，幅度不大，只有 4.2 百萬人。另外，由於失業人口減少了，所以找到工作的人數也下降到 5.8 百萬人。因此，在第二個月，就業淨增加了 1.6 百萬人，失業則減少了 1.6 百萬人；此時，失業率降到 6.6%。

此一過程會一直持續到離職與獲職人數相等為止。在我們例子，經濟體系會在第 6 個月接近此一平衡狀態；屆時，就業人口是 141.5 百萬人，而失業人口是 8.5 百萬人，對應的失業率是 5.7%。因此，**自然失業率** (natural unemployment rate) 是 5.7%。給定離職率與獲職率，所謂「自然」，是指經濟體系會自動地趨向這個值。

這個模型雖然並非完全符合現實，不過，仍帶出跟失業率有關的一些重點。首先，雖然失業率最終會持穩於其自然率水準，不過，仍有大量的工作轉換發生。在這個模型，當失業率等於其 5.7% 的自然水準時，每個月失去與找到工作的人數仍各約有 4 百萬人。這些工作上的大量流出與流入，是一個流動的勞動市場其運作上很自然的一部分。

其次，影響就業與失業演變的關鍵在於離職率與獲職率。在我們的例子，這兩個比率分別被固定為 3% 與 50%。我們前面的討論曾說明，這些比率的大小決定於勞工的特質與工作的特性。例如，勞工的年齡與工作經驗、失業時的實質有效所得 (ω)，以及產業供需條件的波動，都會影響這些比率。另外，經濟體系其整體生產力的變動，如技術水準 (A) 受到衝擊，也會影響離職率與獲職率。

我們現在要將模型一般化，以凸顯離職率與獲職率的角色。令 σ (希臘字母 sigma) 為離職率，而 φ (希臘字母 phi) 為獲職率。就業人數一個月內的變動數，ΔL，為：

$$\Delta L = \varphi U - \sigma L$$
$$= 獲職數 - 離職數 \tag{10.6}$$

第一項，φU，是在一個月內，失業人口中找到工作的人數；第二項，σL，是在一個月內，就業人口中失去工作的人數 (我們假設找到工作的人至少會被僱用一個月，而失去工作的人，至少要花一個月才會找到新的工作)。

式 (10.6) 意味著如果找到工作的人數，φU，大於離職的人數，σL，那麼就業 (L) 會增加，而失業 (U) 會減少；反之，L 會減少，而 U 會增加。接下來，我們要決定 L 與 U 的長期水準，亦即 $\Delta L = 0$ 下的水準。由式 (10.6) 可知，當 $\Delta L = 0$ 時，獲職數等於離職數：

$$\varphi U = \sigma L$$
$$獲職數 = 離職數$$

為找到長期的 L 與 U，我們利用前面所提的勞動力 (L + U) 固定為 150 百萬的假設，把 L = 150−U 代入前式，可得：

$$\varphi U = \sigma \cdot (150-U)$$

合併帶有 U 的兩項，並移到等號左邊，可得：

$$U \cdot (\varphi + \sigma) = 150 \cdot \sigma$$

因此，長期的失業人數為：

$$U = 150 \cdot \sigma/(\varphi + \sigma)$$

從而自然失業率 $u^n = U/150$ 可表為：

> 關鍵方程式 (自然失業率)：
> $$u^n = \sigma/(\varphi + \sigma) \tag{10.7}$$

式 (10.7) 顯示，離職率 σ 愈高，則自然失業率 u^n 愈高；獲職率 φ 愈高，則 u^n 愈低。舉例來說，失業時的實質有效所得 ω 增加，會降低 φ，而使 u^n 提高。所以，愈是慷慨的失業保險方案，愈會提高長期失業率。另外，網際網路可提升工作配對的效率，從而可提高 φ。所以，網際網路會降低 u^n。

經濟波動、就業與失業

我們現在把工作搜尋模型合併到均衡景氣循環模型，以了解在衰退與繁榮時，就業與失業如何變動。仍舊跟以前一樣，我們假設經濟波動來自於對技術水準 (A) 的衝擊。如同表 10.1，勞動力固定為 150 百萬，離職率 (σ) 為每月 0.03，獲職率 (φ) 為每月 0.50。就業 (L) 的初始值為 141.5 百萬，失業 (U) 為 8.5 百萬，而失業率 (u) 為 5.7%。

假設發生了對技術水準 (A) 的不利衝擊，使得典型勞工的勞動邊際產出下降。獲職率 (φ) 會下降，因為相對於失業所能得到的實質所得 ω，市場機會現在變差了 (可能是暫時的)。圖 10.13 顯示，獲職率在衰退時的下滑，以量而言非常顯著，因此，我們假設 φ 由每月 0.50 下降到 0.40。

圖 10.12 顯示，經濟由繁榮到衰退，再到復甦的過程中，離職率並沒有太大的變化，因此我們假設 σ 固定為每月 0.03。

表 10.2 顯示獲職率 (φ) 的降低，使得就業 (L) 緩慢地下滑，而失業 (U) 則緩慢地上升。在第一個月，獲職數降低到 3.4 百萬，雖然這是一個很大的數字，但仍少於失去工作的人數 4.2 百萬。因此，在這個月內 L 下降了 0.8 百萬，U 則增加了 0.8

百萬。這個過程會一直持續到第五個月，此時，就業的減少已經累積到 1.8 百萬，且失業率 (u) 達到 6.9%。

表 10.2 假設在第五個月時，獲職率回復到其正常值 0.5。就業 (L) 與失業 (U) 會反映這個改變而慢慢地回復到它們的長期水準。由於現在 φ 與 σ 的值與表 10.1 中的值一樣，所以經濟體系會接近其長期的位置—— L = 141.5 百萬且 U = 8.5 百萬。到了第九個月，L 與 U 都已經非常接近它們的長期水準，而失業率 (u) 也接近其自然率 5.7%。

雖然表 10.2 的例子並不完全符合現實，不過，它帶出了幾個與現實世界衰退有關的特質。首先，當經濟衰退時，就業會緩慢減少且失業會緩慢增加。其次，即使經濟已經開始復甦，就業與失業仍需一段時間才會回到衰退前的水準。第三，即使經濟在衰退，每個月仍會有很多的工作機會，只是數量小於失去工作的人數。

表 10.2　衰退期間的就業與失業的動態演變

	月初			月間			
月次	就業人口 (L)(百萬)	失業人口 (U)(百萬)	失業率 (u)	獲職率 (φ)(月)	失去工作人數(百萬)	找到工作人數(百萬)	L的改變 (ΔL)(百萬)
1	141.5	8.5	0.057	0.40	4.2	3.4	−0.8
2	140.7	9.3	0.062	0.40	4.2	3.7	−0.5
3	140.2	9.8	0.065	0.40	4.2	3.9	−0.3
4	139.9	10.1	0.067	0.40	4.2	4.0	−0.2
5	139.7	10.3	0.069	0.50	4.2	5.2	1.0
6	140.7	9.3	0.062	0.50	4.2	4.6	0.4
7	141.1	8.9	0.059	0.50	4.2	4.4	0.2
8	141.3	8.7	0.058	0.50	4.2	4.4	0.2
9	141.5	8.5	0.057	0.50	4.2	4.2	0.0
∞	141.5	8.5	0.057	0.50	4.2	4.2	0.0

註：在本例，勞動力固定為 150 百萬。經濟體系的初始位置是表 10.1 中的長期值，即就業 (L) 為 141.5 百萬人，失業 (U) 為 8.5 百萬人，且失業率 (u) 為 5.7%。這些值對應於每月 0.03 的離職率 (σ) 與 0.50 的獲職率 (φ)。衰退開始於第一個月，假設 φ 因此而下降到 0.40，但 σ 仍是 0.03，沒有改變。這些值使得 L 緩慢地減少，U 緩慢地上升。我們假設在第五個月，φ 回到 0.50。這個改變使 L 慢慢地回到 141.5 百萬，而 U 則慢慢地回到 8.5 百萬。

工作空缺

我們可以擴展模型以考慮工作空缺。假設廠商對潛在勞工其 MPL 之值有一些概念，且對於要誘使一個典型且適任的應徵者能夠接受工作所需的實質工資率 (w/P)，也有一些概念。最後，公告工作機會與面試應徵者須支付成本。在這些考量之下，廠商決定要提供多少工作機會。

就我們的目的而言，我們不需要討論工作機會模型的細節，我們只需注意這個模型所揭露的一些重要特質。其中之一是，如果廠商預期勞動邊際產出 (MPL) 的價值未來會提高，則廠商所提供的工作機會就會增加。第二個結果是，讓勞工接受工作的實質工資率 (w/P) 的上升，會降低工作機會數。最後，公告工作機會與應徵處理程序的成本的降低 (例如，因為網際網路的興起)，會提高工作機會數。

假設技術水準 (A) 的提升，使得 MPL 提高了。給定實質工資率 (w/P)，廠商會提供更多的工作機會，從而，工作空缺增加了。相反地，不利的衝擊會使工作空缺減少。因此，我們預測空缺數是順循環的：在繁榮時偏高，在衰退時偏低。

在圖 10.14，淺色曲線顯示在 2009–2015 年期間，工作空缺的循環部分。畫出此線的方法與圖 9.3 畫出實質 GDP 循環部分的方法一樣。深色曲線則是實質 GDP 的循環部分。主要的發現是工作空缺數是順循環的，這跟模型的預測一樣；工作空缺循環部分與實質 GDP 循環部分的相關係數為 0.82。

工作空缺數的順循環型態，有助於解釋為什麼獲職率在繁榮時較高，而在衰退時較低。在我們先前的分析，尋職者在繁榮時，由於實質工資率 (W/P) 的上升，所以更可能接受工作。工作空缺的增加，會強化此一反應，因為工作機會愈多，勞工就愈容易找到適合的工作。因此，在繁榮時，獲職率之所以提高，部分是因為工資報價變高，部分是因為比較容易找到好工作。相反地，在衰退時，獲職率會降低，因為酬勞變差且好工作比較難找。

由圖 10.8 可知，就業率是順循環的，從而失業率是逆循環的。因此，空缺與

圖 10.14　歐元區實質 GDP 與工作空缺的循環表現

深色曲線顯示實質 GDP 偏離其趨勢的情況，而淺色曲線顯示工作空缺數偏離其趨勢的情況。歐元區有工作空缺資料的國家只有：愛沙尼亞、德國、拉脫維亞、立陶宛、盧森堡、荷蘭、葡萄牙、斯洛伐克與斯洛維尼亞。實質 GDP 與工作空缺的資料均為季資料，且經季節調整。工作空缺數是順循環的，它跟實質 GDP 呈同向變動，但幅度更大。

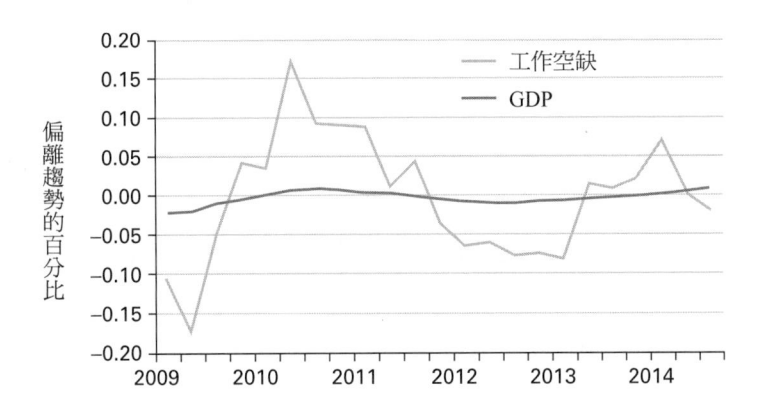

失業呈反向變動。圖 10.15 以點狀圖來描述歐元區在 2009–2015 年期間，失業率與空缺數兩者循環部分之間的關係。這個圖稱為 *Beveridge 曲線*，以英國經濟學家 William Beveridge 命名。

圖 10.15 的橫軸顯示失業率 (u) 的循環部分，縱軸顯示工作空缺數的循環部分。圖中直線很明顯是負斜率的，兩序列的相關係數為 –0.61。因此，資料證實，低失業率伴隨大量的空缺，而高失業率伴隨少量的空缺。

圖 10.15　失業率與工作空缺數：Beveridge 曲線

橫軸為失業率與其趨勢值之間的差異。除了差一個負號之外，這個變數與圖 10.8 中就業率與其趨勢值之間的差異是一樣的。縱軸是工作空缺數偏離其趨勢的百分比 (來自圖 10.14)。圖中所用資料是 2009.4 到 2015.2 之間經季節調整的季資料。

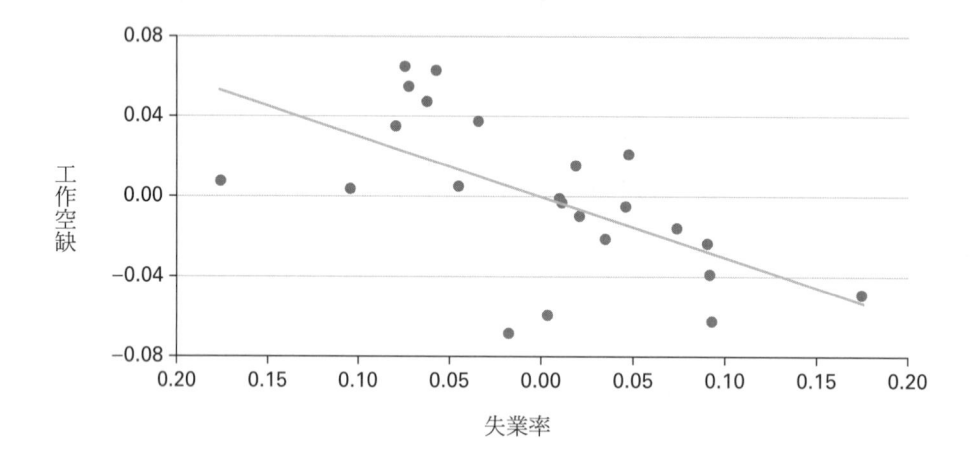

總結

我們一開始先擴展均衡景氣循環模型以考慮可變動的資本利用率，從而可以考慮短期可變動的資本服務供給。此一擴展預測了資本利用率為順循環的，即繁榮時較高，而衰退時較低。產能利用的資料與此一預測相符。

在歐元區的資料中，以總工時衡量的勞動投入是強烈順循環的。總工時可以拆解成三個成分：勞動力、就業率 (勞動力中有工作者所占的比例)，與每位勞工平均工時。在這三者中，影響工時波動最重要的是就業率。平均工時的變動是第二重要的，勞動力的變動則居末。我們在第 9 章的分析適用於三個成分中的後兩個，但無法解釋最重要的部分，即就業率的波動。

本章也將均衡景氣循環模型加以擴展，允許勞工搜尋好工作且雇主搜尋有生產力的勞工。此一擴展，可用以解釋為什麼失業率會大於零，亦即為什麼就業率

會小於 100%。此一分析也說明，為什麼失業率會是逆循環的，而就業率會是順循環的。此外，本模型預測工作空缺率與失業率呈反向變動，亦即工作空缺是順循環的。總之，擴展後的均衡景氣循環模型，讓我們對為什麼勞動投入在繁榮時較高，在衰退時較低，有了更好的了解。

經濟學小舖

季節性波動

我們的分析將經濟波動視為來自技術水準 (A) 受到衝擊之後的結果。除了技術變動的衝擊之外，像農作物歉收及罷工所造成的影響與 A 的變動所造成的影響很類似。此外，季節性變動也很像技術變遷。

如第 2 章所提的，經濟學家通常用季節調整後的資料來研究經濟波動。季節調整可以消除一個變數，如實質 GDP，從冬季 (第一季) 到春季 (第二季)…等等的名目變動。以未經調整的資料來看，實質 GDP 每年都會在第四季達到高峰。此一季節之間的系統性型態，並不會出現在經季節調整後的數字當中。

Robert Barsky 與 Jeffrey Miron (1989) 曾研究過未經季節調整的數字。他們發現，數量變數的季節性波動，不論是實質 GDP、消費、投資、就業與失業，都遠大於典型的衰退與繁榮中的變動。在 1948–1985 年期間，實質 GDP 的季波動中有超過 80% 反映季節性的因素；就失業率而言，超過 60% (Barsky & Miron, 1989, Table 1)。再者，實質 GDP 與其主要組成以及實質 GDP 與就業之間共移 (co-movement) 的季節性型態，看起來非常類似於經濟波動中的型態 (同上一篇文獻, Table 2)。例如，以季節性型態來看，投資與消費都跟實質 GDP 同向移動，且投資的波動幅度遠大於消費的。J. Joseph Beaulieu 與 Jeffrey Miron (1992) 的研究顯示，以上關於美國的結論，也適用於其他 25 個工業化或準工業化國家。

季節性波動反映出氣候與假期的影響。我們可以把其中的某些影響想成是技術的變動，例如，冬季對營造業的不利衝擊。有些影響則相當於家戶偏好的改變，像聖誕節對消費者需求的有利影響，或像暑假對勞動供給的不利影響。季節性波動的幅度顯示，在短期，這些干擾可以在數量上造成重大變動；也就是說，季節性波動的證據削弱某些經濟學家所宣稱的，對技術與偏好的衝擊沒有大到足以解釋繁榮與衰退的波動幅度的主張。

習題

A. 複習題

1. 何謂自然失業率，u^n？為什麼失業率，u，會不等於 u^n？u^n 會隨時間改變嗎？

2. 一旦一個尋職者與一家廠商形成工作配對後，什麼原因會讓他們在以後選擇結束此一配對？列出一些會影響離職率的因素？

3. 假設一個尋職者獲得一個工作機會，其實質工資報價，w/P，超過他/她在失業時的實質有效所得，ω。有什麼原因，會讓他/她回絕此一機會？

4. 用圖 10.4 討論資本利用率，κ。當下列事項發生時，κ 會如何變動？

    a. 實質租用價格，R/P，上升。

    b. 在每一個 κ 之下，折舊率 $\delta(\kappa)$ 提高。

5. 說明資本服務量如何決定於資本存量，K，與資本利用率，κ。為什麼式 (10.4) 代表資本報酬率？

6. 失業率的定義為何？由於它並不包括「非勞動力」，是否會低估真正的失業率？有無任何原因會讓公布的失業率高估真正的失業率？

B. 討論題

7. 獲職率、離職率與失業率的動態演變

    假設勞動力固定為 100 百萬人，其中 92 百萬人最初是有工作的，而另外 8 百萬人則處於失業。假設離職率為每月 2%，而獲職率為每月 40%。列出失業與就業的時間路徑。自然失業率為何？

8. 勞動力的循環表現

    圖 10.7 顯示勞動力為非順循環的。根據理論基礎，你對其型態有何預測？(提示：先想一下人們在衰退時，會離開勞動力，即不再找工作的動機是什麼？有無任何動機，會使人們在衰退時，進入勞動市場？)

9. 工作空缺

    假設經濟波動視來自技術水準 (A) 受到衝擊。你對工作空缺的循環表現的預測為何？工作空缺波動與失業率波動之間的關係為何？你的答案與圖 10.15 的 Beveridge 曲線有何關係？

10. 獲職率

    討論下列事件對獲職率與預期的失業持續期間長度的影響：

    a. 失業保險給付提高。

    b. 失業保險的給付期間延長。

    c. 勞工與工作機會配對成功的機率提高，如網際網路的普及。

第 4 篇　貨幣與物價

第 11 章　貨幣需求與物價水準

第 12 章　物價膨脹、貨幣成長與利率

第 11 章

貨幣需求與物價水準

我們的模型有三種資產：貨幣、債券及資本所有權。到目前為止，我們還沒有分析家戶持有多少貨幣或其持有量如何隨時間改變。我們在進行第 7 至 10 章的分析時，假設每一個家戶持有固定數量的貨幣 (M)。現在，我們要擴展模型的個體經濟基礎，以解釋為什麼家戶會將其資產的一部分，以貨幣的形式持有；亦即我們要解釋**貨幣需求** (demand for money)。所謂貨幣需求，是指家戶決定持有的貨幣數量，其為物價水準 (P)、利率 (i) 與其他變數的函數。

如同第 7 章，我們假設貨幣是經濟體系內唯一的交易媒介。家戶在商品市場以貨幣交換商品，在勞動市場以貨幣交換勞動，在租用市場以貨幣交換資本服務，在債券市場以貨幣交換債券。家戶並非直接以商品交換商品〔稱為**以物易物** (barter)〕、以債券交換商品…等等。

貨幣的概念

我們模型中的貨幣相當於政府所發行的紙鈔。例如，貨幣可以是英格蘭銀行所發行的英鎊紙鈔、歐洲中央銀行所發行的歐元紙鈔，以及世界上其他政府所發行的近 170 種其他形式的紙鈔。這些紙鈔稱為**強制貨幣** (fiat money)，因為其價值來自政府的法令，而非其本身的**固有價值** (intrinsic value)。在早期社會，使用比較多的是**商品貨幣** (commodity money)，如黃金與銀幣，其本身具有固有價值。這些錢幣都是有價值的，因為它們內含黃金或白銀。在下一個專欄，我們討論在戰俘營所使用的另一種商品貨幣——香菸。在我們的模型，貨幣沒有固有價值，它就只是政府所發行的一張紙而已。因此，我們不必考慮以具固有價值的商品作為貨幣所耗用的資源。

如果我們把貨幣想成是政府發行的紙鈔，就有一些理由可以解釋為什麼貨幣能以經濟體系的交易媒介，占有優勢地位。首先，政府可以設立法律的限制，以阻止民間組織 (像微軟公司) 自行發行小額、帶息，且方便被當成通貨的債券。其次，

經濟學小舖

戰俘營裡的貨幣

R. A. Radford (1945) 描述他在二次世界大戰時，在一個德軍戰俘營所經歷的經濟體系。他觀察到香菸變成主要的交易媒介，很多商品被用來交換香菸，然後再用香菸來購買其他商品。此外，大部分的價格是以香菸計價的，例如，每一配額的糖蜜 (糖漿的一種) 值四支香菸。

Radford 注意到香菸有幾個跟貨幣一樣吸引人的特質：「同質，相當耐久，且適用大小交易」。跟其他商品貨幣一樣，用香菸作為交易媒介的缺點是資源成本；也就是作為貨幣的同時，香菸就不能抽了，更糟的是，隨時間經過，它的品質可能會變差。

Radford 也討論引入紙幣作為另一個交易媒介的嘗試。此一貨幣是由營中餐廳所發行且可用來兌換某一固定數量的食物。不過，此一紙幣所保證的食物價值其可信度出現了問題，所以香菸仍然是最主要的交易媒介。Radford 的故事給了一個有趣的啟示，那就是在任何經濟體系，即便是戰俘營，交易媒介是很重要的。

政府也可能頒布法令，強制使用其發行的貨幣，例如，歐元是「所有政府與民間債務的**法定貨幣** (legal tender)」。

另外一個考量是，建立一個可信賴且又便利的貨幣體系所需的成本。這些成本包括防制偽鈔、舊鈔回收、不同面額鈔券之間的轉換意願…等等。由於這些成本，貨幣的利息會低於債券。事實上，由於對流通中的貨幣支付利息是相當不方便的，因此通貨的利率通常為零；也就是說，如果一個人持有 €1 而且不遺失的話，那他在未來也就只有這 €1。

我們可以將我們對貨幣的抽象概念與常見的貨幣存量的衡量相連結。理論架構中的貨幣非常接近社會大眾所持有的通貨。在現實世界中，社會大眾所持有的通貨不等於**通貨發行額** (total currency in circulation)；後者還包括銀行與其他存款機構的庫存現金。通貨發行額並不包括中央銀行所持有的通貨。另一個須作的區別是通貨發行額與**強力貨幣** (high-powered money)；後者等於通貨發行額加上銀行及其他存款機構在中央銀行的存款。強力貨幣的另一個名稱是**貨幣基數** (monetary base)。接下來，我們會先討論美元，其為全世界最主要的準備通貨 (reserve currency)，然後再討論一些國家的其他通貨。

在 2015 年 12 月，美國民眾所持有的通貨，經季節調整後為 $13,380 億，約為名目國內生產毛額 (GDP) 的 7.4%。換算下來，平均每一個美國居民所持有的通貨

經濟學小舖

通貨跑去哪裡了？

在 2015 年 12 月，平均每一個美國居民所持有的通貨約 $4,200。[1] 為了解此一驚人的金額，讓我們先看當時的一些數字。

當時的通貨，包括紙鈔與硬幣，有 78% 是百元大鈔，因此，大部分的通貨可能不是用於普通交易。由於鈔票是不記名的，所以在非法交易中，如毒品交易，有其吸引力。現金交易也有助於逃漏稅。不過，美國的通貨中因這些目的而持有的金額並無法確定。

比較確定的是國外所持有的美元金額，這些美元通常是以百元面額的方式持有。外國人之所以喜歡以美元儲存價值並作為交易的媒介，是因為美元的價值很穩定，且可以很快地用來交易商品或其他資產。此外，現金交易通常可以躲避政府的稽查；當政府非常專制時，這種隱密性就特別吸引人。在政治和經濟比較混亂的國家，其人民對美元的需求也比較高。由聯邦準備銀行和美國財政部聯手的一項研究指出，在美國 2002 年的通貨發行額中，有 55 至 60% 為外國所持有。

以地理區位來劃分的話，有 25% 在拉丁美洲 (其中，阿根廷的需求是最高的)，20% 在中東及非洲，15% 在亞洲，40% 在歐洲 (其中，俄羅斯和其他前蘇聯的成員國其需求特別高)。另外，據聯邦準備銀行的經濟學家 Ruth Judson 估計，在美國 2011 年的通貨發行額中，有近 50% 為外國所持有。

---

[1] 根據我國中央銀行的統計資料，在 2015 年年底，在台灣地區流通的通貨金額 (亦即所謂的通貨淨額) 應該有新台幣 15,654 億元。若以 2,300 萬人口 (包括嬰兒) 計算，則平均每個人的口袋裡和枕頭下放的鈔票跟銅板應該約有 68,000 元。

約 $4,200；這不是一般美國人皮夾裡會擺的金額。在前面的專欄，我們提到美國大部分的通貨是 $100 的鈔票，而且很多是外國，而不是美國居民所持有的。

貨幣一詞通常指的是**貨幣總計數** (monetary aggregate)，其包含的項目比通貨更多。貨幣總計數是一組被定義為貨幣的金融資產其名目存量的總和。最常看到的定義是 M1，包括常被用作交易媒介的資產。它在社會大眾所持有的通貨之外，再加上銀行及其他金融機構的**支票存款** (checkable deposits) 餘額。支票存款是可經由開立支票來提領的金融機構的存款。在 2015 年 12 月，美國的支票存款 (包括旅行支票) 的總金額為 $17,440 億，等同名目 GDP 的 9.6%。[2] 因此 M1，即通貨與支票存款

---

[2] 支票存款的標準定義包括由銀行及其他存款機構所發行的旅行支票。在 2015 年 12 月，其他旅行支票總額為 26 億美元，在 M1 中單獨列項，並不包括在支票存款中。我們的支票存款則包括所有的旅行支票，跟標準定義不同。

表 11.1　通貨對名目 GDP 的比值

國別	1960	1980	2000	2012
澳洲	0.054	0.036	0.041	0.037
奧地利	0.119	0.078	0.071	–
比利時	0.220	0.110	0.054	–
加拿大	0.046	0.034	0.034	0.032
中國	–	–	0.072	0.086
丹麥	0.068	0.032	0.029	0.034
歐元區	–	–	–	0.095
芬蘭	0.036	0.025	0.025	–
法國	0.133	0.052	0.035	–
德國	0.072	0.062	0.070	–
希臘	0.103	0.130	–	–
愛爾蘭	0.117	0.077	0.052	–
義大利	–	0.070	0.066	–
日本	0.069	0.072	0.121	0.187
荷蘭	0.125	0.064	0.047	–
紐西蘭	0.061	0.025	0.019	–
挪威	0.112	0.060	0.030	–
葡萄牙	0.177	0.131	0.057	–
南韓	0.059	0.049	0.034	0.037
西班牙	0.120	0.083	0.099	–
瑞典	0.090	0.064	0.043	0.025
瑞士	0.197	0.141	0.093	0.092
英國	0.081	0.044	0.025	–
美國	0.056	0.042	0.059	0.065

註：本表先顯示到 2000 年時社會大眾持有的通貨對名目 GDP 的比值。2000 年之後的可得資料反映通貨發行額對名目 GDP 的比值。資料來自國際貨幣基金的 *International Financial Statistics*。瑞士的資料來自瑞士國家銀行。

之合，為 $30,820 億，等同名目 GDP 的 17%。M1 中，有 43% 是通貨，57% 是支票存款 (包括旅行支票)。在早期，M1 中通貨所占的比率小很多，而有相當大的比率是支票存款。例如，在 1960 年時，通貨僅占 M1 的 19%，而有 81% 是支票存款。此一變化顯示出，銀行與其他金融機構的支票存款其重要性逐漸降低。支票存款帳戶相當程度上已經被其他形式的金融資產所取代，如貨幣市場帳戶，它們都已經變得非常容易取得。

　　表 11.1 顯示 OECD 國家 (經濟合作暨發展組織中的富有國家) 以及中國大陸在 1960、1980、2000 與 2012 年時，通貨對名目 GDP 的比值。大部分的國家，其通

表 11.2　M1 對名目 GDP 的比值

國別	1960	1980	2000	2012
澳洲	0.228	0.126	0.211	0.181
奧地利	0.197	0.151	0.280	–
比利時	0.322	0.192	0.271	–
加拿大	0.152	0.112	0.213	0.343
中國	–	–	0.536	0.594
丹麥	0.246	0.201	0.291	0.445
歐元區	–	–	0.307	0.545
芬蘭	–	0.080	0.307	–
法國	0.468	0.280	0.224	–
德國	0.160	0.170	0.288	–
希臘	0.151	0.196	0.288	–
愛爾蘭	–	–	0.197	–
義大利	–	0.442	0.416	–
日本	0.265	0.286	0.582	1.149
荷蘭	0.274	0.187	0.367	–
紐西蘭	0.279	0.110	0.141	0.156
挪威	0.235	0.145	0.135	0.170
葡萄牙	–	0.390	0.427	–
南韓	0.104	0.102	0.286	0.322
西班牙	0.327	–	0.338	–
瑞典	–	–	0.324	0.459
瑞士	0.360	0.278	0.444	0.818
英國	–	–	0.448	0.695
美國	0.258	0.138	0.107	0.143

註：本表顯示 M1 (社會大眾持有的通貨加上支票存款) 對名目 GDP 的比值。資料來自 OECD 與國際貨幣基金的 *International Financial Statistics*。在 2000 年之後採用歐元的國家其 2012 年的資料包括在歐元區的比值之中。

貨對 GDP 的比值日趨下滑，法國是一個典型的例子，在 1960 年時是 0.133，到了 1980 年是 0.052，而 2000 年則是 0.035。在 2000 年之後採用歐元的國家其 2012 年的資料包括在歐元區之通貨對名目 GDP 的比值 0.095 之中。在某些國家，此一比值持平，甚或上升；此一型態見於加拿大、日本與美國。就那些在 2012 年有資料的國家而言，通貨比值最高的是日本的 0.187，而最低的則是瑞典的 0.025。美國的 0.065，則接近平均值的 0.069。表 11.2 則顯示當貨幣被定義為 M1 時的比值。

我們可以再加上金融機構其他種類的存款而得到更廣義的貨幣。例如，M2 (美國 2015 年 12 月的金額為 $122,290 億) 包括家戶的儲蓄存款、小額定期存款與貨幣市場共同基金。不過，M2 的定義已經超出貨幣為交易媒介的概念。在我們的模

型,使用狹義的貨幣會更好,例如,以社會大眾所持有的通貨為貨幣。

就台灣而言,貨幣存量(我國中央銀行稱貨幣總計數)共分為M1A、M1B與M2三種。其中,

$$M1A = 通貨淨額 + 企業及個人(含非營利團體)在貨幣機構之支票存款及活期存款$$

$$M1B = M1A + 個人(含非營利團體)在貨幣機構之活期儲蓄存款,$$

或

$$M1B = 通貨淨額 + 存款貨幣$$

因此,M1B與M1A的差別在於個人在貨幣機構之活期儲蓄存款餘額。

除了M1A與M1B之外,貨幣總計數還包括M2,其為:

$$M2 = M1B + 準貨幣$$

所謂準貨幣 (quasi-money) 是指一些流動性略低的金融資產,包括企業及個人在貨幣機構之定期存款、定期儲蓄存款、外匯存款(包括外匯活期與定期存款)以及郵政儲金(含劃撥儲金、存簿儲金及定期儲金);自2004年10月起還包括貨幣市場共同基金(其購買的金融商品為一年期以下之有價證券)。表11.3列出台灣部分年份各類貨幣總計數之金額與年增率。

表 11.3　我國各類貨幣總計數之金額與年增率

新台幣億元;%

年	M1A (期底) 金額	M1A (期底) 年增率	M1B (期底) 金額	M1B (期底) 年增率	M2 (期底) 金額	M2 (期底) 年增率
1961	77	—	77	—	174	—
1966	181	12.30	181	12.30	465	20.88
1971	399	24.85	457	30.63	1,205	28.15
1976	1,373	23.06	1,639	25.06	4,105	25.95
1981	3,320	8.93	4,505	13.71	11,191	19.05
1986	6,719	46.11	11,349	51.41	31,913	23.30
1991	12,474	6.59	21,584	12.09	74,030	19.37
1996	16,334	3.86	34,261	8.31	139,739	9.13
2001	19,187	0.84	50,259	11.88	197,369	4.44
2006	30,700	2.91	82,226	4.47	257,988	5.27
2011	45,292	5.73	118,302	3.26	324,519	4.84
2015	60,603	8.81	152,925	6.86	398,839	5.80

資料來源:中央銀行網站;首頁＞重要金融指標＞貨幣總計數。

在 2015 年年底，台灣 M1A 對名目 GDP 的比值為 0.363；在 1961、1981 與 2001 年年底，該比值分別為 0.108、0.184 與 0.189。

貨幣需求

我們現在要擴展模型的個體經濟基礎以考慮貨幣需求。由於我們以通貨來定義貨幣，因此，我們假設貨幣的利率為零。相較之下，我們假設債券與資本所有權的報酬率等於利率 i，其值大於零。從現在起，我們將債券與資本所有權統稱為**生息資產** (interest-bearing assets)，因為這些資產會讓其所有人有正的報酬。重點是這些資產的報酬率高於貨幣的，因此在長期的**價值儲藏** (stores of value) 上，優於貨幣。不過，由於家戶必須用貨幣來完成交易，因此會為了便利而持有一些貨幣，而不會在每次交易之前，才去把生息資產加以變現；也就是說，貨幣需求會大於零。

在第 7 章的式 (7.11)，我們寫了家戶的名目預算限制如下：

$$PC + \Delta B + P \cdot \Delta K = \Pi + wL + i \cdot (B + PK)$$

名目消費 + 名目儲蓄 = 名目所得 (11.1)

在等號的右邊，家戶所賺取的名目利潤 (Π；均衡時，其值為零)、名目工資所得 (wL) 與名目資產所得 $[i \cdot (B + PK)]$，都以貨幣的形式呈現。等號左邊則包括家戶用貨幣購買消費財所支付的名目金額 (PC)，及增加的生息資產 (即儲蓄) 其名目金額 ($\Delta B + P \cdot \Delta K$)。

雖然在式 (11.1) 中，所有的收入與支出項目都是使用貨幣，但家戶仍然有可能在每一個時點僅持有少量貨幣或根本沒有持有。如果每一所得的流入都同時伴隨等額的商品支出或生息資產的購買，則每一家戶的貨幣餘額可能會一直很接近零。不過，此一同時性需要很大的努力與計畫。我們假設家戶如果要降低其平均貨幣餘額，會招致一些**交易成本** (transaction costs)。所謂的交易成本，是指跟各種交易的時機與形式相關的任一時間或財貨的花費。現實世界中，交易成本的例子包括到銀行或自動櫃員機 (ATM) 所耗費的時間，以及仲介費用。

維持低水準的貨幣餘額的方法之一是，只要一拿到貨幣工資就立即趕往商店，將一整週或一整個月的工資全部花費在商品上。另一個方法則是立即前往金融機構，將所有的工資所得轉換成生息資產。比較接近實際的是，家戶可能會立即將其工資存入銀行帳戶 (或雇主直接匯入其薪資帳戶)。此外，如果勞工領取工資的頻率較高，例如，領週薪而非月薪，那麼勞工就比較能夠維持低水準的平均貨幣餘額。

基本的概念是，只要家戶願意多花心思在貨幣管理並面對更多的交易成本，則

貨幣 (M) 的平均持有量就能降低。給定名目總資產，$M + B + PK$，如果 M 的平均水準下降，則生息資產 ($B + PK$) 的平均持有量會提高。$B + PK$ 的提高增加了資產所得，$i \cdot (B + PK)$。因此，家戶面臨 M 與 $B + PK$ 之間的取捨問題。如果採取較頻繁的交易策略，M 會較低且資產所得會較高；不過，交易成本也跟著增加了。如果相反，則 M 會較高且資產所得會較低，同時，交易成本也會較低。因此，家戶在決定其平均貨幣持有量時，需在資產所得增加與交易成本增加之間，找出一個平衡點。

我們用「貨幣需求」(標示為 M^d) 一詞來描述家戶在貨幣管理的最適策略之下其平均貨幣持有量；為研究貨幣需求，經濟學家已發展出許多貨幣管理的模型。我們感興趣的是一些關鍵變數如何影響貨幣需求量 (M^d)。特別是，我們想要知道 M^d 如何決定於物價水準 (P)、利率 (i) 與實質 GDP (Y)。

利率與貨幣需求

較高的利率 (i)，提供更大的誘因來降低平均的貨幣持有量 (M)，以提高生息資產 ($B + PK$) 的持有量；也就是說，當利率 (i) 愈高時，家戶就更願意面對交易成本，以降低 M。例如，家戶對利率上升的反應是更頻繁地在貨幣與生息資產之間進行交易。因此，我們預測 i 的上升會降低名目貨幣的需求 (M^d)。給定物價水準 (P)，我們也可以說利率 i 的上升，降低了貨幣的實質需求，M^d/P。

物價水準與貨幣需求

假設物價水準 (P) 倍增，同時，名目工資率 w 與名目租用價格 R 亦倍增，因此，實質工資率 w/P 與實質租用價格 R/P 都沒有改變。此時，家戶的名目所得，$\Pi + wL + i \cdot (B + PK)$，即式 (11.1) 的預算限制式等號右邊，亦倍增。[3] 不過，此一所得的實質價值，$\Pi/P + (w/P) \cdot L + i \cdot (B/P + K)$，並沒有改變。因此，我們所考慮的是所有變數的名目價值都倍增，但實質價值都沒有改變的情形。在此情況下，家戶也會想要讓其所持有的平均名目貨幣數量 (M) 倍增。M 的倍增意味著平均實質貨幣餘額，M/P，不變。

為何 M/P 會不變？假設家戶的名目所得為每週 €500。再假設一開始家戶將每週所得的一半以貨幣的形式持有。因此，家戶持有的平均貨幣數量 (M) 為 €250。物價水準 P 倍增之後 (名目工資率 w 與租用價格 R 亦倍增)，家戶的名目所得變成每週 €1,000。不過，家戶並不會改變貨幣與生息資產之間的交易頻率，因為最適貨

---

[3] 我們假設 $\Pi = 0$ 且 L、K 與 i 都不變。另外，由於我們考慮的是平均家戶，所以 $B = 0$。

幣管理的取捨考量，即利息所得對交易成本，仍然跟以前一樣。因此，家戶仍會將其每週所得的一半，以貨幣形式持有；亦即當名目所得倍增時，家戶持有的貨幣數量也會倍增，不再是€250，而是€500。因此，貨幣的名目需求 (M^d) 倍增了。由於 M^d 與 P 都倍增了，因此，其比值，M^d/P，仍然不變。所以，當 P 變動時，**實質貨幣需求** (real demand for money)，M^d/P，並不會改變。

實質 GDP 與貨幣需求

再次假設家戶一開始的貨幣管理計畫是將每週所得的一半以貨幣的形式持有。因此，當名目所得為 €500 時，家戶的平均貨幣持有量 (M) 為 €250。假設現在名目所得倍增到 €1,000，而物價水準 (P) 沒有改變。因此，實質所得，$\Pi/P + (w/P) \cdot L + i \cdot (B/P + K)$，倍增。如果家戶的貨幣管理計畫沒變，仍然將每週所得的一半以貨幣的形式持有，則在每週所得的一半倍增時（亦即從 €250 倍增為 €500），家戶也會倍增其名目貨幣需求 (M^d)。由於 P 不變，因此，實質貨幣需求，M^d/P，亦倍增。

不過，此一結果還需修正，因為實質所得的增加會改變利息所得與交易成本之間的取捨關係。明確地說，實質貨幣餘額 (M/P) 愈高，意味著多一些努力在貨幣管理上，可以從實質資產 $[i \cdot (B/P + K)]$ 獲取更多的所得。其關鍵在於為減少貨幣持有所招致的實質交易成本並未改變，因此，當實質所得倍增時，家戶就有動機願意花更多的交易成本來降低其平均貨幣持有量。例如，家戶不再將其每週所得的 50% 以貨幣形式持有，而降為 40%。在此一情況下，名目貨幣需求 (M^d) 只能由 €250 增加到 €400，而非 €500；亦即實質所得倍增，會讓 M^d 增加，不過，增幅小於 100%。以比率而言，M^d 的反應小於實質所得的改變。此一結果稱為**現金管理的規模經濟** (economies of scale in cash management)，因為所得愈高的家戶，其所持有的貨幣占所得的比率愈低。由於物價水準 (P) 不變，所以實質貨幣需求 (M^d/P) 隨實質所得而增加，不過，增加的比率較小。

整體說來，家戶的實質所得與實質 GDP (Y) 同向變動。由第 8 章，家戶預算限制的總合形式為：

$$C + \Delta K = Y - \delta K$$

消費＋淨投資淨額＝實質 GDP－折舊

＝實質國內生產淨額 (8.13)

給定折舊 δK，家戶實質所得的總額由式 (8.13) 等號右邊的實質 GDP (Y) 所決定，從而實質貨幣總合需求 M^d/P 隨 Y 增加，但增加比率較小。

其他影響貨幣需求的因素

給定利率 i、物價水準 P 與實質 GDP (Y),貨幣需求決定於支付技術與交易成本的水準。例如,信用卡與其他電子支付系統使用的增加,以及支票存款愈趨便利,都降低了貨幣需求。隨處可見的 ATM 機器讓通貨容易取得,但這對通貨需求的影響卻不確定。這些機器讓通貨更容易成為支付工具,但同時也讓家戶想要持有的平均通貨餘額降低,因為只要多去幾次 ATM 就行了。

貨幣需求函數

由以上的分析可以得知,利率 i、物價水準 P 與實質 GDP (Y) 是影響貨幣需求的最主要因素,從而全體家戶的名目貨幣需求函數可以寫成:

關鍵方程式 (貨幣需求函數):
$$M^d = P \cdot D(Y, i) \tag{11.2}$$

經由加總個別家戶的需求,我們得到式 (11.2) 的貨幣總合需求函數。我們假設貨幣總合需求函數的形式來自等號右邊的每一個變數,如利率 i,對家戶的平均貨幣持有量的影響。

在式 (11.2),我們假設交易技術不變。因此,給定實質 GDP (Y) 與利率 i,名

經濟學小舖

付薪週期與貨幣需求

Irving Fisher (1926) 強調付薪週期對貨幣需求的影響。其概念是週期愈短,讓勞工愈容易維持低水準的平均貨幣餘額。這個影響在嚴重物價膨脹時其特別重要,例如,第一次世界大戰之後的德國的惡性物價膨脹。在此情況下,持有貨幣的成本變得非常高:在我們的模型,這個效果可以用高利率來代表。因為持有貨幣的成本很高,所以勞工和廠商都願意多花交易成本 (像縮短付薪週期的成本),來降低其平均的貨幣持有量。在 1923 年,即德國惡性物價膨脹的最後一年,有報導指出:「在週二預支部分薪水,在週五領取餘額,成為勞資雙方的默契。後來,部分廠商改為每週付薪三次,甚至改為日薪」 (Costantino Bresciani-Turroni, 1973, p. 303)。類似於此的是,第一次世界大戰之後的奧地利惡性物價膨脹:「公務員的薪水本來是在月底發放,但在 1922 年,則是每個月分三次發放」(J. van Walre de Bordes, 1927, p. 163)。

目貨幣需求 M^d 與物價水準 P 成同比例變動。給定 P，M^d 隨 Y 增加 (不過，增加比率較小)，且隨 i 減少。這些關係，我們以函數 $D(\cdot)$ 呈現。如果我們把式 (11.2) 等號的兩邊同除以 P，就會得到實質貨幣需求：

$$M^d/P = D(Y, i) \tag{11.3}$$

我們稱 $D(\cdot)$ 為實質貨幣需求函數。從此一角度看，式 (11.2) 講的是：

名目貨幣需求＝物價水準．(實質貨幣需求)

貨幣需求的實證結果

很多統計資料用於分析貨幣需求的決定因素。大部分的研究聚焦於 M1，此一貨幣總計數包括社會大眾所持有的通貨及支票存款。不過有些研究只分析通貨的需求。

不論是以 M1 或通貨來衡量貨幣，實證結果證實利率對貨幣需求的負向影響。例如，Steven Goldfeld (1973, 1976) 發現，利率增加 10% (如由 5% 上升到 5.5%)，在長期，會讓美國的 M1 需求減少約 3%。就一些 OECD 國家而言，Goldfeld and Daniel Sichel (1990) 以及 Ray Fair (1987) 得到類似的結果。Jack Ochs and Mark Rush (1983) 則發現，在美國，利率對 M1 需求的負向影響，反映利率對通貨及支票存款有相似比率的影響。

Casey Mulligan and Xavier Sala-i-Martin (2000) 指出，隨著利率水準的上升，貨幣需求對利率的變動更為敏感。當利率低時，如 2%，則利率增加 10% 到 2.2%，會讓貨幣需求減少 2%。不過，當利率為 6% 時，則增加 10% 到 6.6% 會讓貨幣需求減少 5%。

有強烈的證據顯示，實質 GDP 對實質貨幣需求具正向影響，不過，對兩者之間的規模經濟的證據則較弱。Goldfeld (1973, 1976) 發現實質 GDP 增加 10%，在長期，會讓 M1 的實質需求增加 7%。其中，可細分為支票存款增加約 6%，而通貨則增加約 10%。因此，M1 需求的規模經濟適用於支票存款，而非通貨。

我們的分析預測物價水準上漲會讓名目貨幣需求以相同的比率增加。此一命題得到很強的證據支持。例如，Goldfeld (1973, 1976) 發現，物價水準上漲 10% 會讓 M1 的名目需求增加 10%。

我們曾提到交易技術的改變，對貨幣需求有重要的影響。因為一連串的金融創新，所以自 1970 年代早期，此一影響在美國就一直很重要。這些金融創新包括信用卡的普及、貨幣市場帳戶的發展 (此一帳戶為支票存款以外的另一便利的選

擇)、ATM 機器的使用,以及電子資金轉帳。

在 1980 年代以前,經濟學家在推估貨幣需求時,都忽略了金融創新。在 1970 年代中期以前,實證模型對貨幣需求有較強的解釋能力;不過,在 1970 年代中期以後,因忽略金融創新,所以解釋力變差了。例如,社會大眾所持有的 M1 實際金額 (特別是支票存款) 遠低於根據早期實證模型所預測的金額。Michael Dotsey (1985) 指出,電子資金轉帳金額是衡量金融創新程度的一個良好指標。首先,他發現電子資金轉帳的廣泛使用,造成 M1 實質需求的明顯減少。第二,在電子資金轉帳金額不變下,M1 的需求變得穩定。在此一情況下,實證模型得出利率與實質 GDP 所造成的影響,類似於那些只包括至 1970 年代早期的資料,而忽略金融創新的實證研究,像 Goldfeld (1973, 1976)。

物價水準的決定因素

我們現在擴展均衡景氣循環模型來決定物價水準 (P)。中心概念就是加入一個新的均衡條件:名目貨幣供給量等於名目貨幣需求量。

名目貨幣供給量等於名目需求量

我們假設貨幣的形式為通貨,且貨幣的名目數量是由貨幣當局所決定的;例如,在美國是聯邦準備銀行,在歐元區是歐洲中央銀行。因此,名目的貨幣供給量 M^s,是一給定的數目,M。

名目貨幣總合需求,為我們前面所得出的函數:

$$M^d = P \cdot D(Y, i) \tag{11.2}$$

此一方程式決定家戶想要持有的名目貨幣數量 M^d,而 M^s 則代表實際流通中的名目貨幣數量。M^s 與 M^d 相等是我們模型中的另外一條均衡條件式:

$$M^s = M^d$$

名目貨幣供給量 = 名目貨幣需求量 (11.4)

如果將 M^d 代以 (11.2) 中的名目貨幣需求函數,則可將此一均衡條件式寫成:

> 關鍵方程式 (名目貨幣供給量等於名目需求量):
> $$M^s = P \cdot D(Y, i) \tag{11.5}$$

為何式 (11.4) 中的 $M^s = M^d$ 會成立?我們可以思考,如果給定的貨幣供給量 M^s 跟 M^d 不相等會發生什麼事。如果 M^s 大於 M^d,那麼家戶的貨幣持有量大於他

們想要持有的。因此，他們會嘗試將額外的貨幣花掉，例如，購買商品。[4] 我們預期購買商品的欲望增加會讓物價水準 (P) 上升。此一過程會一直持續到 P 上升到足以讓式 (11.4) 中等號右邊的名目貨幣需求量 M^d，等於等號左邊的名目貨幣供給量 M^s 為止。也就是，均衡物價水準高到足以讓家戶願意持有名目貨幣供給量 M^s。

相反的過程會發生在 M^s 小於 M^d 時。在此一情況下，家戶會嘗試增加他們的貨幣餘額，例如，減少對商品的花費。此時，P 會降到足以讓式 (11.4) 中等號右邊的貨幣需求量 M^d，等於等號左邊的名目貨幣供給量 M^s 為止。

一個重點是我們假設商品價格是可自由調整的，從而物價水準 (P) 可以快速調整到讓貨幣的名目供給量 M^s 等於名目需求量 M^d 的水準。這一個價格可自由調整的假設，等同於我們先前對勞動市場與資本服務市場之市場結清條件的假設。在勞動市場，我們假設實質工資率 w/P 可以調整到讓勞動供給量 L^s 等於需求量 L^d 的水準。在租用市場，我們假設實質租用價格 R/P 可以調整到讓資本服務的供給量 $(\kappa K)^s$ 等於需求量 $(\kappa K)^d$ 的水準。如果將這些等式放在一起，我們就有三個名目價格，P、w 與 R，可以快速調整到讓三個均衡條件同時成立：$M^s = M^d$，$L^s = L^d$，與 $(\kappa K)^s = (\kappa K)^d$。經濟學家將此一情形稱為**一般均衡** (general equilibrium)。其中「一般」指的是，均衡條件 (即供給等於需求的條件) 同時適用於所有市場。

圖 11.1 畫出名目貨幣需求量 M^d 與名目供給量 M^s 相等的情況。縱軸為物價水準 P。名目貨幣需求量 M^d 為 P 與實質貨幣需求 $D(Y, i)$ 的乘積，如式 (11.2)。給定交易技術，實質貨幣需求量 $D(Y, i)$ 決定於實質 GDP (Y) 與利率 i。因此，給定 Y 與 i (以及給定交易技術)，貨幣的名目需求 M^d 與 P 等比率變動。在圖 11.1，我們將 M^d 畫成以原點為起點的正斜率直線。這條線只適用於影響實質貨幣需求 $D(Y, i)$ 的各項因素均為給定的情況；當這些影響因素變動時，這條線也會跟著移動。名目貨幣供給量 M^s 則是圖中對應 M 的垂直線。

圖 11.1 中的均衡條件 $M^s = M^d$ 對應於式 (11.4) 與 (11.5)。M^d 線適用於影響實質貨幣需求 $D(Y, i)$ 的各項因素均為給定的情況，即實質 GDP(Y)、利率 i 與其他影響實質貨幣需求的因素均為給定。我們可以用圖 11.1 找出均衡物價水準，即縱軸所標示的 P^*。當 $P = P^*$，正斜率的 M^d 線與垂直的 M^s 線相交；亦即 P^* 是讓名目貨幣需求量 M^d 等於名目供給量 M^s 的物價水準。

名目貨幣數量的變動

我們現在要研究，名目貨幣供給量 M^s 發生一次性變動的影響。為更具體，假

---

[4] 另一種可能性是家戶購買債券，而影響利率，進而影響貨幣需求量。我們在第 17 章考慮此一可能性。

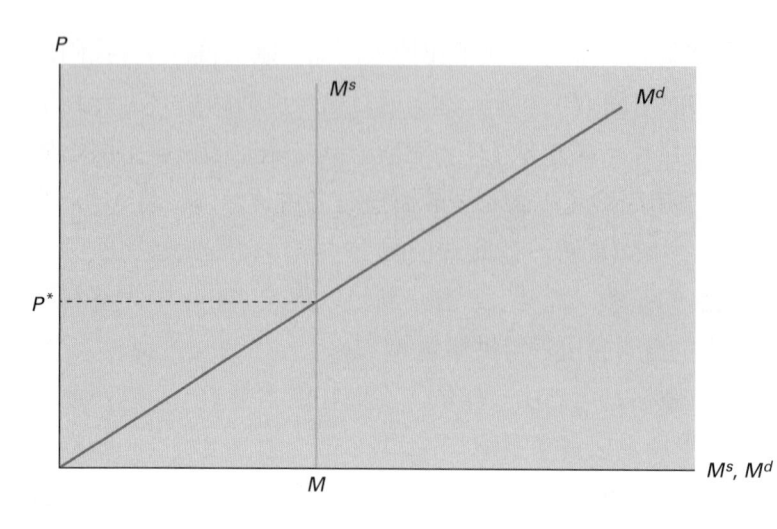

圖 11.1 名目貨幣供給量等於名目需求量

名目貨幣需求量為式 (11.2) 中的 $M^d = P \cdot D(Y, i)$。給定實質貨幣需求量 $D(Y, i)$，M^d 與 P 等比率變動，因此，名目貨幣需求量 M^d 為圖中以原點為起點的正斜率直線。名目貨幣供給量 $M^s = M$ 為常數，如圖中的垂直線。當物價水準是縱軸上的 P^* 時，均衡條件 $M^s = M^d$ 成立。因此，P^* 為 P 的均衡值。

設 M^s 由 M 倍增到 $2M$。此一情況會發生的最簡單方式是貨幣當局一次印很多通貨並將它們送給社會大眾。

圖 11.2 顯示名目貨幣供給量 M^s 由 M 增加到 $2M$ 的影響。假設貨幣需求曲線 M^d 不動。在此一情況下，只要觀察 M^d 曲線上的交點，就可以知道均衡物價水準 P^* 的變動。圖形顯示當 M^s 由 M 增加到 $2M$ 時，會讓縱軸上的均衡物價水準由 P^* 上升到 $2P^*$。

我們可以由式 (11.5) 證明此一結果：

$$M^s = P \cdot D(Y, i) \tag{11.5}$$

等號左邊的名目貨幣供給 M^s 倍增。如果實質貨幣需求 $D(Y, i)$ 沒有改變，則物價水

圖 11.2 名目貨幣數量的增加

圖中通過原點的斜線與圖 11.1 中的一樣，是名目貨幣需求 M^d。名目貨幣供給量 M^s，由 M (垂直的實線) 倍增到 $2M$ (垂直的虛線)。因此，均衡物價水準倍增，由縱軸上的 P^* 倍增到 $(P^*)' = 2P^*$。

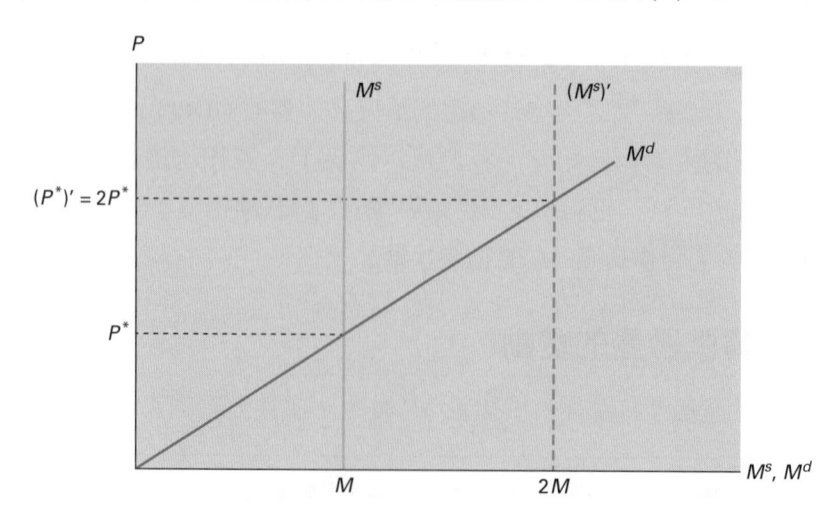

準倍增會讓等號右邊的貨幣名目需求 $M^d = P \cdot D(Y, i)$ 也倍增。因此，當 M^s 與 P 都倍增時，式 (11.5) 依然成立。

現在考慮 M^s 倍增對圖 9.13 中的勞動市場的影響。既然技術水準 A 沒有變動，實質工資率 w/P 與勞動投入 L 也不會變動。因此，當物價水準 P 倍增而 w/P 沒有變動時，那麼在一般均衡之下，名目工資率 w 會倍增。

接下來考慮 M^s 倍增對圖 10-5 中的資本服務的租用市場的影響。一如勞動市場，沒有發生變動的技術水準 A，意味著實質租用價格 R/P 與資本服務量 κK 都沒有變動。κK 之所以固定是因為資本存量 K 是給定的，且資本利用率 κ 沒有變動。因此，當物價水準 P 倍增而 R/P 沒有變動時，那麼在一般均衡之下，名目租用價格 R 會倍增。

回想一下，在第 9 章，利率 i 必須等於資本所有權的報酬率的結果：

利率 = 資本所有權的報酬率
$$i = (R/P) \cdot \kappa - \delta(\kappa) \tag{10.5}$$

由於 M^s 的倍增並沒有改變實質租用價格 R/P，與資本利用率 κ，所以式 (10.5) 等號右邊的資本所有權的報酬也不會改變。因此，等號左邊的利率 i 也不會改變。此一結果非常重要：在物價水準 (P) 可以完全調整的一般均衡之下，名目貨幣供給量 (M^s) 的一次性增加，並不會影響利率。

回想一下，在第 10 章中用以決定實質 GDP (Y) 的生產函數：
$$Y = A \cdot F(\kappa K, L) \tag{10.1}$$

由於技術水準 (A) 是固定的，且 M^s 倍增並不會影響資本服務 (κK) 與勞動 (L) 的數量，因此，式 (10.1) 意味著 Y 不會變動。換句話說，在一般均衡之下，名目貨幣供給量的一次性增加不會影響實質 GDP。

我們已證明 M^s 倍增不會影響實質 GDP (Y) 與利率 (i)。如式 (11.3) 所示，這兩個變數是實質貨幣需求 $D(Y, i)$ 的決定因素。此一結果意味著我們在圖 11.2 中所做的，當 M^s 倍增時，貨幣需求曲線 $M^d = P \cdot D(Y, i)$ 不會移動的假設是合理的。因此，我們先前 M^s 倍增讓物價水準 P 倍增的分析結果是正確的。

總之，當名目貨幣供給 M^s 倍增時，所有名目價格，包括物價水準 P、名目工資率 w 與名目租用價格 R，都會倍增。不過，實質貨幣餘額 M/P、實質工資率 w/P 與實質租用價格 R/P 都不會變動，同時影響實質貨幣需求 $D(Y, i)$ 的各項因素，也都保持不變，亦即 M^s 的增加，對實質 GDP (Y) 或利率 i 都沒有影響。不過，由於名目 GDP 等於 PY，且 P 倍增而 Y 不變，因此，名目 GDP 也倍增。

類似的結論在名目貨幣供給量 M^s 減少時也成立。如果 M^s 減半，由 M 減少到

$M/2$ 時，則 P 也會減半，且實質貨幣需求 M/P 仍不受影響。名目工資率 w 與名目租用價格 R，也都會減半，從而實質工資率 w/P 與實質租用價格 R/P 都保持不變。一如以往，M^s 的減少對實質 GDP (Y) 沒有影響，因此，名目 GDP (PY) 會降到其初始值的一半。

貨幣中立性

上一節結論所顯示的一個性質稱為**貨幣中立性** (neutrality of money)。名目貨幣供給量 (M^s) 的一次性變動只會影響名目變數，但實質變數仍保持不變。貨幣是中立的，意指它不會影響實質變數。實質變數包括實質 GDP (Y)、實質工資率 (w/P)、實質租用價格 (R/P) 與實質貨幣餘額 (M/P)；利率 (i) 也不會改變。我們應將 i 視為實質變數，因為它決定消費與工作的跨期替代效果。在第 12 章考慮進物價膨脹時，我們會區分名目利率與實質利率。

幾乎所有經濟學家都接受貨幣中立性在長期是成立的命題；亦即在長期，名目貨幣供給量 (M^s) 的增加或減少，只會影響名目變數，但不會影響實質變數。不過，很多經濟學家相信，在短期，貨幣並不是中立的。在短期，M^s 的增加被認為會增加實質 GDP (Y)，而 M^s 的減少被認為會減少 Y。結論之所以不同主要在於名目價格的自由調整程度，即物價水準 (P) 與名目工資率 (w) 的彈性。在長期，這些名目價格會隨 M^s 的增加或減少，而往上或往下調整。不過，P 與 w 被認為在短期是比較沒有彈性的，特別是當 M^s 減少時，P 與 w 不一定會下跌。在一些模型，價格可自由調整的假設，被 P 或 w 在短期是**僵固的** (sticky) 假設所取代。在第 17 章，我們將在均衡景氣循環模型中考慮進價格僵固性與工資僵固性。

貨幣需求的變動

我們曾提過，金融創新會影響實質貨幣需求。為研究此一影響，假設一開始的名目貨幣需求為：

$$M^d = P \cdot D(Y, i) \tag{11.2}$$

其中，$D(Y, i)$ 為實質貨幣需求。跟以前一樣，名目貨幣需求 M^d，為圖 11.3 中正斜率的實線。

假設現在發生金融交易技術的進步，例如，信用卡或 ATM 機器的使用量增加，讓實質貨幣需求降到 $[D(Y, i)]'$，從而名目貨幣需求變成：

$$(M^d)' = P \cdot [D(Y, i)]'$$

我們將此一新的名目貨幣需求，$(M^d)'$，畫為圖 11.3 中的正斜率虛線。在任何物價

水準 (P)，虛線的名目貨幣需求量小於實線的。

我們假設名目貨幣供給量 M^s 固定在 M，它對應圖 11.3 中的垂直線。一開始的均衡物價水準為縱軸上的 P^*；此時，M^s 等於名目貨幣需求量 M^d。在實質貨幣需求減少之後，均衡物價水準上升為 $(P^*)'$。此時，M^s 等於新的名目貨幣需求量 $(M^d)'$。因此，實質貨幣需求減少會導致更高的物價水準，即 $(P^*)'$ 高於 P^* (跟以前一樣，我們假設物價水準可以快速調整到其均衡水準)。

實質貨幣需求的減少，就像名目貨幣供給量增加一樣，會讓物價水準 (P) 上升。不過，不一樣的是，M^s 的變動是完全中立的，而實質貨幣需求的改變並非如此。這是因為當實質貨幣需求減少讓 P 上升時，由於 M^s 仍為常數 M，因此，實質貨幣數量 M/P 減少了。再者，讓實質貨幣需求減少的交易技術的改變，如信用卡或 ATM 機器的使用量增加，本身就會有實質影響。例如，交易成本中的資源耗用會改變。不過，在大多數的情況下，其對總體經濟變數 (如實質 GDP) 的影響小到可以忽略。

物價水準的循環表現

在第 9 章與第 10 章，我們用均衡景氣循環模型，研究技術水準 (A) 的變動，如何造成經濟波動。現在，我們可以用我們對貨幣需求的分析，探討在經濟波動的過程中，物價水準 (P) 是如何變動的。

回想一下，名目貨幣需求為：

$$M^d = P \cdot D(Y, i) \tag{11.2}$$

假設經濟發生衰退，即實質 GDP (Y) 下滑。Y 的減少降低了實質貨幣需求量，即式

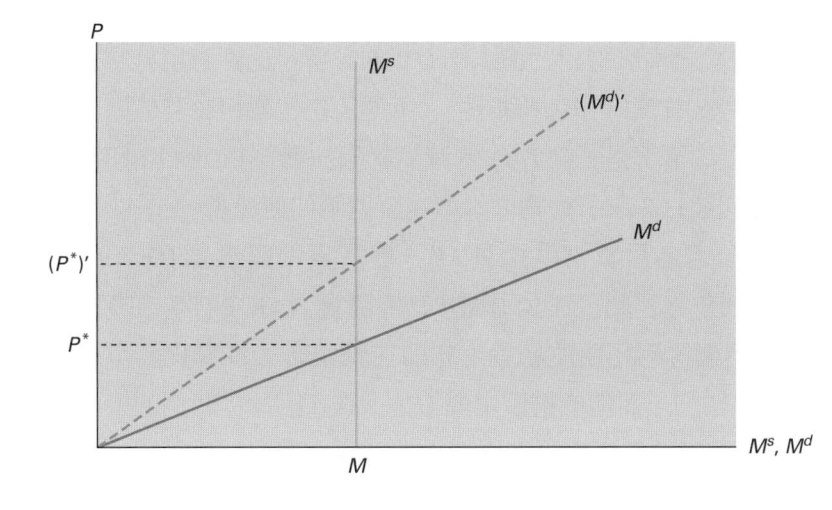

圖 11.3　實質貨幣需求的減少

名目貨幣需求原為正斜率實線 $M^d = P \cdot D(Y, i)$。當實質貨幣需求減少時，新的名目貨幣需求，$(M^d)'$，為圖中的正斜率虛線。名目貨幣供給量 M^s 固定為 M，對應圖中的垂直線。實質貨幣需求的減少，讓均衡物價水準由 P^* 上升到 $(P^*)'$。

經濟學小舖

貨幣數量理論

貨幣數量理論 (quantity theory of money) 是關於貨幣與物價之間關係的一套想法。其觀點可回溯至數百年前，比較重要的論述來自於 David Hume、Henry Thornton 與 Irving Fisher。他們的分析有兩個共同的要素。首先，名目貨幣數量的增加會讓一般物價水準上升。其次，名目貨幣數量的變動是長期物價水準變動的主因，這是一個實證問題。

有些經濟學家改良此一數量理論，將它應用到名目貨幣數量的變動相對於實質 GDP (即社會大眾花錢購買的商品與服務的數量) 的變動。不過，實質 GDP 只是會影響實質貨幣需求的變數之一。因此，數量學者進一步主張，當名目貨幣數量之於社會大眾想要持有的實質貨幣餘額增加的時候，物價才會上升。所以，如果名目貨幣數量的波動遠大於實質貨幣需求量的波動時，則物價水準的變動大部分反映的是名目貨幣數量的變動。Milton Friedman (1956) 強調，實質貨幣需求的穩定性是現代數量學者的共通點。

經濟學家有時候會以名目貨幣數量變動具中立性的命題來代表貨幣數量理論。此一中立性的概念，呼應我們前面名目貨幣的變動對實質變數沒有影響的結論。很多數量學者認為此一結論只在長期成立。因此，在貨幣理論的一些版本中，名目貨幣數量的變動對實質變數，如實質 GDP，有暫時性的影響。

(11.2) 等號右邊的 $D(Y, i)$。不過，利率 (i) 在衰退時也會降低，而使實質貨幣需求量 $D(Y, i)$ 增加。因此，$D(Y, i)$ 會如何變動決定於 Y 與 i 的減少幅度，以及 $D(Y, i)$ 對 Y 與 i 的敏感程度。典型的估測指出，實質貨幣需求量在經濟衰退時通常會減少；亦即 i 的下降幅度較小，且 $D(Y, i)$ 對 i 的變動比較沒反應。因此，我們假設在衰退時，實質貨幣需求量會減少。

我們可以用圖 11.3 來討論經濟衰退對物價水準 (P) 的影響。此圖應用於當交易技術變動造成實質貨幣需求，$D(Y, i)$，減少的時候。不過，它也適用於其他原因所造成的 $D(Y, i)$ 的減少。現在的情況是，$D(Y, i)$ 的減少起因於實質 GDP (Y) 與利率 (i) 的降低。所以我們可以用圖 11.3 來研究物價水準在衰退時如何變動。

由圖 11.3 可以得知，給定名目貨幣供給量 M^s，實質貨幣需求量 $[D(Y, i)]$，的減少會讓物價水準 (P) 上升。因此，在衰退時，P 會隨實質 GDP (Y) 的降低而上升。如果情況相反，我們會得到相反的結論；亦即在繁榮時，實質貨幣需求量 $D(Y, i)$，會隨實質 GDP (Y) 增加，而造成物價水準 (P) 下跌。因此，我們的模型有一個新的預測：如果名目貨幣供給量不變，則物價水準 (P) 在衰退時會相對地高，

且在繁榮時相對地低;也就是說,我們會預測 P 是逆循環的。

物價水準 (P) 是逆循環的結論,似乎違反直覺。有些人會猜測,由於在衰退時 GDP 比較低,且較低的實質所得會帶來較低的消費者需求,而造成 P 下跌。不過,在我們的均衡景氣循環模型,衝擊來自供給面,而非需求面。舉例來說,模型中的衰退來自技術水準 (A) 的降低,所以商品與服務的供給會減少。從這個角度看,P 在衰退時會比較高,就顯得合理多了。

現在我們要看模型對物價水準 (P) 的預測是否跟歐元區的資料相符。我們以 GDP 平減指數來衡量 P。我們以圖 9.2 中運用於實質 GDP 的相同方法,計算 P 的循環部分。其結果為圖 11.4 中淺色曲線。這條曲線顯示 P 偏離其趨勢值的百分比。我們同時也以深色曲線顯示實質 GDP 的循環部分 (來自圖 9.3)。由圖 11.4 可以得知,除了 2007–2008 年期間之外,P 通常與實質 GDP 呈反向變動。因此,如我們的模型所預測的,物價水準在衰退時高於趨勢值,且在繁榮時低於趨勢值。2008 年左右的大衰退主要源自於需求面的衝擊,而使得實質 GDP 平減指數的循環部分跟實質 GDP 的循環部分呈現正相關。此一期間所發生的金融危機,讓貨幣總計數 (如 M1) 和物價水準都隨實質 GDP 下滑。這點也見於 1931 到 1934 年的大蕭條期間。

圖 11.4　歐元區實質 GDP 與物價水準的循環表現

深色曲線顯示實質 GDP 偏離其趨勢值的部分;淺色曲線顯示實質 GDP 平減指數偏離其趨勢值的部分。這些偏離均以百分比的方式表達。整體而言,GDP 平減指數為非循環的,且波動幅度小於實質 GDP。如果我們移除 2007–2008 年 (大衰退初期) 的資料,則實質 GDP 平減指數的循環部分跟實質 GDP 的循環部分的相關係數為 –0.65。

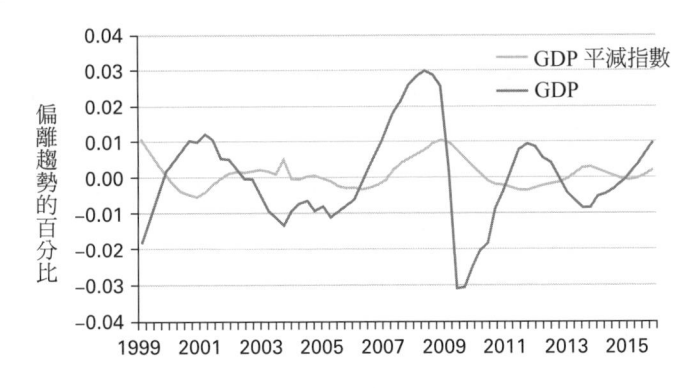

物價水準目標與內生貨幣

我們模型的一個關鍵假設是,名目貨幣供給量 M^s,不受名目貨幣需求量,$M^d = P \cdot D(Y, i)$,的影響。換句話說,不論名目貨幣需求 M^d 有什麼變動,貨幣

當局所決定的名目貨幣數量 M 都不會改變。比較正式的說法是,貨幣供給函數, $M^s = M$,不受貨幣需求函數的影響。

在討論名目貨幣供給量 M^s 的外生變動時,此一設定是有用的。所謂「外生」(exogenous) 是指變動是出乎意料的,或至少是來自模型外部。問題是,在現實世界中,大部分貨幣供給的改變並非如此。中央銀行總裁絕不會在早上醒來時,突然心血來潮認為,如果名目貨幣供給增加或減少 10% 會更好。通常 M^s 的變動是為了因應經濟事件;貨幣供給之所以變動是因為貨幣當局想要達成某一重要的經濟目標。一個常見的目標是要達成物價水準 (P) 的**目標**值。稍後的章節會討論相關的目標,包括物價膨脹率目標與名目利率目標。

當貨幣當局尋求達成某一特定的物價水準 (P) 時,它通常要調整名目貨幣數量 (M) 以因應名目貨幣需求量 (M^d) 的變動。此一敘述的另一個說法是,M 是內生的,即其水準是由模型內部決定的。我們因此有**內生貨幣** (endogenous money) 的設定。為了解它如何運作,我們現在假設貨幣當局想要讓物價水準 P 等於 $\bar{P}$ 的目標水準。此一目標稱為**物價水準目標** (price-level targeting)。

我們假設貨幣當局能夠決定名目貨幣數量 (M) 的時間路徑,這當中會有一些小小的隨機誤差。此一假設在我們的模型是合理的,因為我們狹義地以通貨代表貨幣。不過,如果我們對貨幣 (M) 採取一個廣義的定義,例如包括存款帳戶的 M1 與 M2,則此一假設就比較難令人滿意。另外一個合理的假設是,貨幣當局可以控制一個比通貨稍微廣義的貨幣總計數:貨幣基數。此一總計數是民間持有的通貨淨額再加上金融機構在中央銀行的準備金。

既然我們假設貨幣當局在控制名目貨幣數量上沒有任何技術問題,那麼 M 的變動就完全反映貨幣當局的政策企圖,而非技術上的差錯。明確地講,M 的變動純粹是要達成物價水準目標,$P = \bar{P}$。

我們仍然需要名目貨幣數量 (M) 在每個時點等於名目需求量 M^d:

$$M = P \cdot D(Y, i) \tag{11.6}$$

在之前,我們將 M 視為一個任意的供給量,M^s。不過,現在要讓 M 內生化,即由式 (11.6) 來決定其值。我們假設貨幣當局可以調整 M 以達成物價水準目標:

$$P = \bar{P} \tag{11.7}$$

如果將式 (11.7) 的 $P = \bar{P}$ 代入式 (11.6),就可以得到決定名目貨幣數量的條件:

關鍵方程式 (貨幣的內生決定):

$$M = \bar{P} \cdot D(Y, i)$$

名目貨幣數量 = 物價水準目標・實質貨幣需求量 (11.8)

式 (11.8) 的概念是，只要等號左邊的名目貨幣數量 M 的變動，足以抵銷等號右邊的實質貨幣需求 D(Y, i) 的變動，就可以讓物價水準 (P) 保持在其目標值 $\bar{P}$。例如，如果 D(Y, i) 倍增，但 M 保持不變，則 P 就必須下降以滿足式 (11.6)。再者，如果 D(Y, i) 保持不變，但 M 倍增，則 P 就必須上漲。為了保持 P 固定在 $\bar{P}$，當實質貨幣需求 D(Y, i) 變動時，M 就必須呈等比率變動。此一條件告訴我們，物價水準目標如何決定式 (11.8) 中 M 的表現。其通則是，名目貨幣數量 M 會內生化，且當影響實質貨幣需求量 D(Y, i) 的變數發生變動時，M 也會隨之變動。我們現在要將此一分析應用到以下三種情況下的 M 的決定：長期成長、循環波動，與季節性變動。

貨幣的成長趨勢

為找出名目貨幣數量 (M) 的趨勢，我們必須考慮式 (11.8) 右邊的實質貨幣需求量 D(Y, i) 其長期趨勢。此一趨勢的最重要決定因素是長期經濟成長，也就是實質 GDP (Y) 的向上趨勢。我們可以用第 5 章的 Solow 成長模型來了解此一趨勢。在長期，或恆定狀態下，實質 GDP (Y) 會因技術進步與人口成長而以一固定的比率成長。[5] Y 的成長，會讓實質貨幣需求量，D(Y, i)，持續增加。如果把貨幣定義為通貨，則貨幣需求的實證估測證實 D(Y, i) 的成長率約等於 Y 的成長率。[6]

考慮我們決定名目貨幣數量 (M) 的條件：

$$M = \bar{P} \cdot D(Y, i) \tag{11.8}$$

既然物價水準目標 $\bar{P}$ 是固定的，因此，等號左邊的 M 需跟等號右邊的實質貨幣需求量，D(Y, i)，以同一比率成長。由於 D(Y, i) 的成長率與實質 GDP (Y) 一樣，因此，M 必須與 Y 以同一比率成長。所以，名目貨幣數量 (M) 的成長率等於實質貨幣需求量 D(Y, i) 的成長率，而讓物價水準 P 得以維持在其目標水準 $\bar{P}$。

重要的結論是，如果貨幣當局尋求物價水準 (P) 的穩定，則一個成長中的經濟體系，其名目貨幣數量 (M) 也必須跟著成長。此一結果符合第 12 章中所考慮的資料。我們將看到 M 的持續成長幾乎適用於世界上的所有國家。不過在第 12 章，我們也會考慮物價膨脹，即考慮 P 的持續上漲。

貨幣的循環表現

為研究貨幣的循環表現，我們再次用決定名目貨幣數量 (M) 的條件：

---

[5] 在此情況下，利率 (i) 會是固定的，因為資本邊際產出 (MPK) 不變。因此，如果我們忽略金融創新，則實質貨幣需求量 D(Y, i) 只會因實質 GDP(Y) 成長而變動。

[6] 如果貨幣需求具規模經濟，則實質貨幣需求量的成長率低於實質 GDP。如之前所討論的，規模經濟對支票存款而言是重要的，但對通貨則不然。我們也忽略持續的金融創新影響實質貨幣需求的可能性。

$$M = \bar{P} \cdot D(Y, i) \tag{11.8}$$

我們知道實質貨幣需求量 $D(Y, i)$，在繁榮時較高，而在衰退時較低。這是因為實質GDP的變動，讓 $D(Y, i)$ 呈同方向變動。〔我們假設此一影響超越利率 (i) 變動所造成的影響〕我們同時也知道，如果 M 沒有波動，則物價水準 (P) 在繁榮時會下降，且在衰退時會上升。亦即，P 是逆循環的，即在繁榮時低於趨勢值，且在衰退時高於趨勢值。

如果貨幣當局想要在經濟波動中，讓物價水準 (P) 固定於其目標 $\bar{P}$，那就必須讓名目貨幣數量 (M) 具循環型態。明確地說，式 (11.8) 等號左邊的 M 的循環波動，必須要配合等號右邊實質貨幣需求量 $D(Y, i)$ 的循環波動。因此，M 必須在繁榮時增加〔與 $D(Y, i)$ 一起增加〕，且在衰退時減少〔與 $D(Y, i)$ 一起減少〕。換句話說，M 必須是順循環的。

回想一下，我們前面發現，歐元區的資料顯示物價水準 (P) 是逆循環的。如果我們假設名目貨幣數量 (M)，在景氣循環中並不會變動，那麼此一型態就符合我們的均衡景氣循環模型。換句話說，貨幣當局 (如歐洲中央銀行) 並沒有採行一個足以完全消除 P 的逆循環表現的貨幣政策：M 的順循環程度並沒有高到足以避免逆循環的物價水準。不過，我們仍想要知道貨幣當局是否採行順循環的政策，也就是說，名目貨幣數量 (M) 在繁榮時高於趨勢值，且在衰退時低於趨勢值。如果是這樣，此一政策可以減緩 P 的逆循環程度。

實證上，名目貨幣數量 (M) 是微弱地順循環。貨幣總計數的此一微弱順循環型態跟我們所發現的物價水準 (P) 為逆循環是一致的。貨幣總計數的順循環程度必須更高才能夠消除 P 的逆循環型態。

貨幣的季節性變動

我們曾討論過，為達成物價水準的穩定，貨幣當局必須變動名目貨幣數量 M，以配合因為經濟成長或波動所造成的實質貨幣需求量 $D(Y, i)$ 的變動。同樣的推論也可以適用在因為季節所造成的 $D(Y, i)$ 的變動。

因為美元是國際的主要準備通貨，且歷經明顯的季節性變動，我們在此討論美元通貨。一直到1980年代的中期，12月份的實質通貨需求量約高於年平均值2.6%，而在2月份，約低於平均值1.7%。如果貨幣當局讓名目通貨數量 (M) 在一整年內都很穩定，那麼物價水準 (P) 就會有相反的季節性型態，即在12月較低，而在2月較高。為了解貨幣當局如何避免此一情況，我們可以再次用決定名目貨幣數量 (M) 的條件：

$$M = \overline{P} \cdot D(Y, i) \tag{11.8}$$

為避免物價水準的季節性波動，聯邦準備銀行會在實質貨幣需求 $D(Y, i)$ 較高時，如 12 月，讓名目通貨數量 M 相對較高，且在 $D(Y, i)$ 較低時，如 2 月，讓名目通貨數量 M 相對較低。因此，名目通貨數量 M 有一個明顯的季節性型態，而物價水準 P 卻沒有顯著的季節性型態 (也就是在季節調整前，P 只有很小的季節性波動)。

不過，美國實質通貨需求的季節性變動在 1990 年代以後減緩。例如，在 1959–1984 年期間，12 月份的實質通貨平均超過年平均值 2.6%，不過，在 1990 年代上升至 3.6%，在 2000–2015 年期間則降到 2.4%。一項由聯邦準備銀行與美國財政部的研究指出，此一變動與其他國家增加美國通貨的使用有關。美國通貨的國外需求比起國內需求，較不具季節性型態。因此，整個季節性變動的幅度隨著外國人持有的通貨愈多而愈小。

如果看的是支票存款，即 M1 的另一個主要部分，則會有不一樣的型態。美國支票存款的實質需求在 1990 年之後減少，但在金融危機之後增加。例如，在 1959–1990 年期間，12 月份實質支票存款平均超過年平均值 3.2%，然後在 1990–2008 年期間下降至 2.0%，且在 2008–2015 年期間大幅上升至 6.9%。此一與通貨之間的差異，可能起因於外國對美國支票存款的需求並不像對美國通貨的需求來得那麼大。

總結

我們擴展我們的總體經濟模型，加入另一個均衡條件：名目貨幣供給量 (M^s) 等於名目貨幣需求量 (M^d)，而得到一個可以決定物價水準 P、名目工資率 w 與名目租用價格 P 的一般均衡模型。這三個名目價格都可以迅速調整，讓三條均衡條件式成立：$M^s = M^d$、$L^s = L^d$ (勞動市場結清) 與 $(\kappa K)^s = (\kappa K)^d$ (資本服務市場結清)。

我們擴展此一模型的個體經濟基礎，以考慮名目貨幣需求 $M^d = P \cdot D(Y, i)$ 的決定因素，其中函數 $D(Y, i)$ 為實質貨幣需求量 M^d/P。實質需求量 $D(Y, i)$ 隨實質 GDP (Y) 增加，且隨利率 i 下降。金融技術的變革也會影響 $D(Y, i)$。

名目貨幣供給量 M^s 的增加，會讓名目變數，如物價水準 P、名目工資率 w 與名目租用價格 R，以同比率上升。實質變數，如 w/P、R/P 與實質 GDP (Y)，則不會變動。此一性質稱為貨幣中立性。在 M^s 固定時，實質貨幣需求量 $[D(Y, i)]$ 的增加會讓 P 降低。因此，模型預測 P 是反循環的，一如資料所呈現的。

如果當貨幣當局尋求把物價水準 P 維持在固定的目標 $\bar{P}$，則名目貨幣數量 M 就變成內生的。明確地說，實質貨幣需求量 $[D(Y, i)]$ 的變動會讓 M 呈同向變動。我們將此一結果應用於三個情況：長期成長、經濟波動與季節性變動。實質 GDP 的長期成長會讓 M 有向上的趨勢。在循環部分，M 必須是順循環的，以避免物價水準 P 的反循環波動。不過，實證上，M 的順循環程度不足以消除 P 的逆循環表現。在季節性波動部分，M 必須隨季節變動，以避免 P 的季節性波動。我們發現支持 M 的此一季節性表現的證據。

習題

A. 複習題

1. 說明為什麼區分名目貨幣數量 M 的變動與名目貨幣需求量 M^d 的變動是很重要的。在兩種變動都發生的期間，物價水準 P 與實質 GDP (Y) 之間的關係為何？

2. 說明為什麼對生產函數的有利衝擊會讓物價水準 P 降低。貨幣當局如何可以避免物價水準 P 的降低？

3. 「內生貨幣」一詞的意義為何？在什麼情況下，內生貨幣會讓名目貨幣 M 與實質 GDP (Y) 之間有正向關聯？

4. 以下的變動會讓實質貨幣需求量增加、減少還是不變呢？

   a. 名目利率 i 上升。

   b. 實質交易成本增加。

   c. 在人口數不變下，每人實質 GDP 增加所造成的實質 GDP (Y) 的增加。

   d. 在每人實質 GDP 不變下，人口數增加所造成的實質 GDP (Y) 的增加。

   e. 物價水準 P 上升。

5. 貨幣與其他金融資產之間的交易成本為何？你可以列出一張表，包括像往返銀行及排隊等待所花費的時間等項目。自動櫃員機 (ATM) 的發展，對這些成本有何影響？

6. 假設名目貨幣數量 M 發生一次性的倍增。

   a. 物價水準 P 的上升，意味著勞工的日子會變差。此一說法是否正確？

   b. 名目工資率 w 的上升，意味著勞工的日子會變好。此一說法是否正確？

   c. 你的上述答案與貨幣中立性的概念有何關係？

7. 贊同貨幣數量理論的經濟學家相信，物價水準 P 的變動主要源自於名目貨幣數量 M 的變動。此一結論是否只立基於理論推導？

B. 討論題

8. 購物次數與貨幣需求

    假設某勞工的年收入為€60,000，且每月只領一次薪水。該勞工會進行週期性的購物。在每次的購物，他都會購足到下次購物之前所需的商品(如雜貨)。

    a. 如果該勞工每月購物四次，則其平均貨幣餘額為何？
    b. 如果該勞工每月只購物兩次，則答案有什麼不同？
    c. 購物次數的多寡與貨幣需求之間的一般性關係為何？
    d. 假設每次的購物成本上升了，例如汽油的價格上漲了。那麼購物次數的多寡會有什麼變動？貨幣需求又會有什麼變動？

9. 通貨的面額

    考慮人們如何將其通貨的持有分成大額鈔票(如€100美鈔)與小額鈔票。下列因素會對大額鈔票的持有比率造成什麼影響？

    a. 物價水準 P？
    b. 每人實質 GDP？
    c. 人口數？
    d. 避免留下交易紀錄的動機？例如，為了逃稅，或為了掩飾像毒品交易這樣的非法活動。

10. 交易成本與家戶的預算限制

    在我們的模型，我們忽略家戶因交易成本而耗費的資源。假設這些成本以商品與服務的購買的形式呈現(如付給銀行或仲介的費用)。再假設由於 ATM 的普及，讓這些實質交易成本降低。

    a. 此一變動如何顯現在家戶的預算限制？
    b. 消費與休閒的所得效果為何？
    c. 假設交易成本不是對商品與服務的購買，而是往返銀行所耗費的時間。a 與 b 兩小題的答案是否會有所不同？

11. 交易頻率與貨幣需求

    假設某家戶的消費支出為每年€60,000，而且是以每月自其儲蓄帳戶提領一次來支應。

    a. 以圖形說明，在一年內，該家戶貨幣持有的型態。平均貨幣餘額為何？我們能否從我們模型的貨幣需求量得出此一平均餘額？
    b. 現在假設自儲蓄帳戶提領的頻率增加到每月兩次。平均貨幣餘額有何變動？
    c. 回到 a 小題，但現在假設消費支出為每年€120,000。如果仍是每月自儲蓄帳戶提領一次，那麼平均貨幣餘額為何？此一平均餘額與 a 小題的平均餘額有何差異？當消費支出增加時，提領頻率維持不變是否是最適的？試說明之。

12. 幣制改革

假設政府將現行使用的貨幣單位代以一個新的單位。例如,現在的 1 英鎊等於以前的 10 英鎊。人們可以用 10 比 1 的比率,將其手中的舊通貨兌換新通貨。同時,任何以舊英鎊表示的契約,都可根據 10 比 1 的比率,以新英鎊重新表述。

    a. 物價水準 P 與利率 i 會有什麼變動?

    b. 實質 GDP (Y)、消費 C,與勞動 L 會有什麼變動?

    c. 這些結果是否呈現貨幣中立性?

13. 貨幣的流通速度

貨幣的流通速度,為交易總金額 (例如,名目 GDP) 除以名目貨幣數量所得到的比值。以下事件如何影響貨幣的流通速度?

    a. 名目利率 i 上升。

    b. 在人口數不變下,每人實質 GDP 增加所造成的實質 GDP (Y) 的增加。

    c. 在每人實質 GDP 不變下,人口數增加所造成的實質 GDP (Y) 的增加。

    d. 物價水準 P 上升。

    e. 為什麼名目 GDP 可能不是衡量交易總額的正確變數?

    f. 隨著經濟的發展,貨幣的流通速度會有什麼變動?

14. 其他變數對貨幣需求的影響

假設實質 GDP (Y)、人口數、名目利率 i 與實質交易成本均為給定的。如果這些變數均為給定,以下關於實質貨幣需求的敘述為真、為偽或不確定?

    a. 農業社會的實質貨幣需求低於工業社會的。

    b. 獨裁政治下的實質貨幣需求高於民主政治下的。

    c. 老年人占比較高的國家會有較高的實質貨幣需求。

    d. 識字率愈高的國家會有較低的實質貨幣需求。

15. 支薪週期與貨幣需求

假設某勞工的年所得為 €60,000。假設該勞工支薪週期為每月兩次。該勞工將所有的薪水以貨幣形式持有,而不持有任何其他金融資產。其每年 €60,000 的消費支出均由其所持有的貨幣支付。

    a. 該勞工的平均貨幣餘額為何?

    b. 如果該勞工的支薪週期不是每月兩次,而是每月一次,那麼其平均貨幣餘額為何?

    c. 支薪週期與貨幣需求的一般性關係為何?

    d. 如果該勞工將他/她的每月工資的一部分存入儲蓄帳戶,然後有需要再從該帳戶提領,則以上的答案會有何不同?

第 12 章

物價膨脹、貨幣成長與利率

在第 11 章,我們研究物價水準 (P) 的決定因素。現在我們要探討物價膨脹,其意為 P 持續上升。我們之前的分析說明物價膨脹的可能成因。我們由名目貨幣供給量 (M^s) 等於名目貨幣需求量 (M^d) 開始:

$$M^s = P \cdot D(Y, i)$$
名目貨幣供給量 = 名目貨幣需求量 (11.5)

我們再次假設 M^s 由貨幣當局外生決定,而為給定的數量 M。因此可將式 (11.5) 寫成:

$$M = P \cdot D(Y, i)$$
名目貨幣數量 = 名目貨幣需求量 (12.1)

我們可將等號兩邊同除以物價水準 P,而將等式以實質項表示:

$$M/P = D(Y, i)$$
實質貨幣數量 = 實質貨幣需求量 (12.2)

假設實質貨幣需求量 $D(Y, i)$ 減少。$D(Y, i)$ 的減少可能反映金融創新,如信用卡的大量使用,或實質國內生產毛額 (實質 GDP,Y) 減少。既然式 (12.2) 等號右邊的 $D(Y, i)$ 減少了,所以等號左方的 M/P 也必須減少。由於 M 是給定的,因此 M/P 的減少會讓 P 增加。所以,實質貨幣需求量的減少可能是物價膨脹的成因。

但要注意,實質貨幣需求量 $D(Y, i)$ 的每次減少,只會讓 P 一次性地增加,而不會持續增加。因此,在 M 不變下,物價膨脹的發生需要 $D(Y, i)$ 持續減少。雖然這在理論上是可能的,但卻不夠實際。大部分國家經歷實質 GDP (Y) 長期性的增加,而這會讓式 (12.2) 右邊的 $D(Y, i)$ 持續增加。因此,等號左邊的 M/P 呈向上趨勢,而且如果 M 不變的話,P 就有向下的趨勢,亦即不會有物價膨脹。

再看一下式 (12.2)。由於我們已經排除實質貨幣需求量的持續減少造成物價膨脹的可能,那麼就只剩下一種可能的解釋:名目貨幣數量 M 必須持續增加才能讓

P 持續上升。在第 11 章，我們提到名目貨幣數量 (M) 增加與物價水準 (P) 上升之間的關聯。實證上，不論是以通貨或是以範圍更廣的貨幣總計數，如 M1，來衡量的貨幣，通常都隨時間成長。此外，各國的貨幣成長率 (money growth rate)，即 M 的增加率，有很明顯的差異。因此，貨幣成長率的變動成為解釋物價膨脹的良好選項。為評斷兩者之間的關係，我們先看物價膨脹和貨幣成長的國際資料。

物價膨脹與貨幣成長的跨國資料

表 12.1 顯示在 1960–2011 年期間，共 57 個有資料的國家其物價膨脹率和貨幣成長率。我們以消費者物價指數 (CPI) 來衡量物價水準。我們用 CPI，而非 GDP 平減指數，是因為資料取得的限制。不過，對於有 GDP 平減指數資料的國家而言，不論用哪一個指數，其結果相似。

表 12.1 的第 2 欄「物價膨脹率」，是在 1960–2011 年期間，物價水準 (P) 的平均年成長率。表中的國家至少有 15 年的資料；第 1 欄顯示資料期間。各國依物價膨脹率由高至低排列。第 3 欄顯示以 M1 定義的名目貨幣 (M) 成長率。第 4 欄顯示名目貨幣成長率和物價膨脹率之間的差，即實質貨幣 (M/P) 成長率。第 5 欄為實質 GDP 的成長率。以下是表中所揭示的一些重點：

- 在 1960–2011 年期間，所有國家的物價膨脹率都大於零；亦即，所有國家都有某種程度的物價膨脹。**通貨緊縮** (deflation)，即物價水準持續下降的現象，並未出現在任何國家，至少自 1960 年以來，確是如此。最低的物價膨脹率是日本在 1991–2011 年期間的每年 1.7%。日本在 2000–2013 年期間，確實經歷了通貨緊縮，其物價變動率為每年 –0.14%；不過其物價水準在 2014 年又再度上升。
- 所有國家的名目貨幣成長率 (第 3 欄) 都大於零。
- 物價膨脹率的中位數為每年 7.3%，有 23 個國家超過 10%。就名目貨幣成長率而言，中位數是每年 13.6%，有 30 個國家超過 10%。
- 不論是物價膨脹率或貨幣成長率，國與國之間差距都非常大。物價膨脹率介於巴西的 83% 和新加坡 1.7% 之間。貨幣成長率則介於巴西的 87% 和盧森堡的 4.6% 及美國的 5.2% 之間。
- 在大多數的國家，名目貨幣 (M) 的成長率超過物價水準 (P) 的成長率 (物價膨脹率)。因此，在第 4 欄所列的實質貨幣餘額 (M/P) 的成長率，大多數國家是大於零的。在 1960–2011 年期間，實質貨幣成長率的中位數是每年 4.6%。
- 從跨國資料中，最重要的一項發現是物價膨脹率和名目貨幣成長率之間有強烈的

正相關。圖 12.1 用由 1960–2011 年的資料顯示此一關係。縱軸為一個國家的物價膨脹率 (表中第 2 欄)，而橫軸為名目貨幣成長率 (第 3 欄)。圖中的直線顯示一個物價膨脹比較高的國家，其貨幣成長率也比較高；這兩個變數之間的相關係數高達 0.92。該線的斜率接近 1，因此，名目貨幣成長率每年增加 1%，物價膨脹率每年也會增加約 1%。不過，此一強烈的關聯並未告訴我們物價膨脹和貨幣成長之間的因果關係；亦即，我們無法確知是貨幣的高成長率造成一國的高物價膨脹率，還是剛好相反。不過，我們可以確定一國除非有高的貨幣成長率，否則不會有超過 50 年的高物價膨脹率。

表 12.1　57 國的物價膨脹率與貨幣成長率

國別	期間 (1)	物價膨脹率 (2)	貨幣成長率 (3)	實質貨幣成長率 (4)	實質 GDP 成長率 (5)
巴西	1980–2011	0.852	0.871	0.018	0.025
烏克蘭	1992–2011	0.535	0.505	−0.029	−0.009
玻利維亞	1977–2011	0.406	0.452	0.046	0.024
烏拉圭	1972–2011	0.327	0.336	0.009	0.026
土耳其	1960–2011	0.279	0.319	0.041	0.045
保加利亞	1995–2011	0.260	0.306	0.046	0.024
以色列	1981–2011	0.229	0.304	0.075	0.041
墨西哥	1977–2011	0.228	0.273	0.045	0.029
蒙古	1992–2011	0.201	0.286	0.084	0.052
俄羅斯	1995–2011	0.178	0.269	0.091	0.037
聖多美與普林希比	1996–2011	0.172	0.214	0.042	0.042
坦尚尼亞	1967–2011	0.155	0.192	0.036	0.042
冰島	1960–2011	0.153	0.210	0.058	0.036
哥倫比亞	1960–2011	0.147	0.191	0.044	0.041
摩爾多瓦	1994–2011	0.132	0.206	0.074	0.025
波蘭	1990–2011	0.129	0.166	0.037	0.038
巴拉圭	1985–2011	0.128	0.190	0.063	0.030
哥斯大黎加	1987–2011	0.126	0.157	0.031	0.046
匈牙利	1990–2011	0.115	0.126	0.011	0.011
葡萄牙	1979–2011	0.114	0.141	0.028	0.031
宏都拉斯	1980–2011	0.104	0.136	0.032	0.032
史瓦濟蘭	1974–2011	0.102	0.139	0.037	0.041
印尼	1990–2011	0.101	0.163	0.062	0.047
愛沙尼亞	1993–2010	0.089	0.152	0.063	0.039
西班牙	1962–1998	0.088	0.126	0.039	0.037

(續)

國別	期間 (1)	物價膨脹率 (2)	貨幣成長率 (3)	實質貨幣成長率 (4)	實質GDP成長率 (5)
南非	1965–2011	0.087	0.139	0.051	0.028
波紮那	1994–2011	0.083	0.141	0.059	0.054
南韓	1966–2011	0.076	0.192	0.116	0.072
印度	1960–2011	0.073	0.126	0.053	0.051
克羅埃西亞	1993–2011	0.072	0.152	0.080	0.030
紐西蘭	1965–2011	0.063	0.082	0.019	0.022
千里達及托巴哥	1991–2011	0.061	0.136	0.075	0.048
法國	1977–1998	0.051	0.057	0.006	0.021
澳大利亞	1960–2011	0.050	0.084	0.034	0.035
丹麥	1970–2011	0.048	0.087	0.039	0.018
捷克	1993–2011	0.043	0.094	0.051	0.030
盧森堡	1974–1997	0.043	0.046	0.002	0.035
奧地利	1963–1997	0.041	0.068	0.027	0.032
加拿大	1960–2011	0.040	0.080	0.040	0.033
美國	1960–2011	0.040	0.052	0.012	0.030
約旦	1990–2011	0.038	0.077	0.039	0.052
馬來西亞	1969–2011	0.036	0.117	0.081	0.065
卡達	1982–2011	0.034	0.106	0.072	0.076
日本	1960–2011	0.033	0.090	0.058	0.040
立陶宛	1996–2011	0.033	0.144	0.111	0.044
聖克里斯多福及尼維斯	1984–2011	0.031	0.111	0.079	0.038
維德角	1995–2011	0.030	0.074	0.043	0.065
聖露西亞	1984–2011	0.029	0.090	0.061	0.036
瑞士	1960–2011	0.028	0.066	0.038	0.022
英國	1988–2011	0.028	0.093	0.065	0.020
聖文森及格瑞那丁	1984–2011	0.028	0.079	0.052	0.036
格瑞納達	1984–2011	0.025	0.078	0.052	0.033
多明尼加	1984–2011	0.025	0.068	0.043	0.028
馬爾他	1980–2007	0.025	0.069	0.044	0.037
挪威	1992–2011	0.020	0.078	0.058	0.024
沙烏地阿拉伯	1993–2011	0.020	0.102	0.082	0.030
新加坡	1991–2011	0.017	0.104	0.086	0.061

由跨國資料所學到的一堂課是，為了解物價膨脹，我們必須以貨幣成長為分析的核心；也就是說，我們必須嚴肅面對Milton Friedman (1968b, p.29) 的名言：「不論何時何地，物價膨脹都是一種貨幣現象」(Inflation is always and everywhere a

圖 12.1　57 國的物價膨脹與名目貨幣成長率，1960–2011

此圖使用表 12.1 的資料。縱軸為依消費者物價指數所計算的物價膨脹率，橫軸為名目貨幣成長率。這兩個變數有強烈的正相關，其相關係數為 0.92。圖中直線的斜率接近 1；也就是，名目貨幣成長率每年增加 1%，物價膨脹率每年也會增加約 1%。

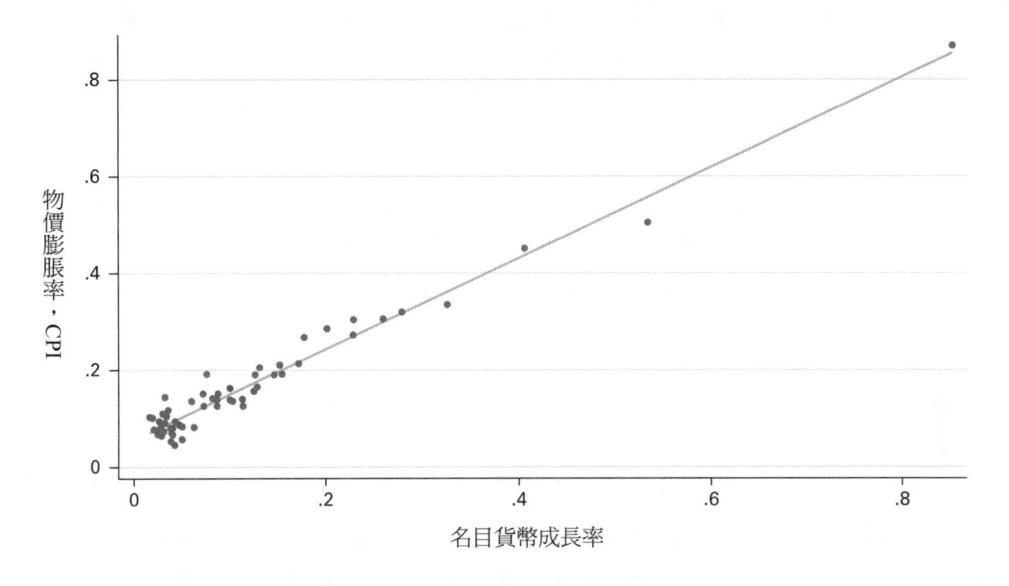

monetary phenomenon.)。我們現在將擴展均衡景氣循環模型來考慮物價膨脹和貨幣成長。

物價膨脹與利率

我們現在開始把物價膨脹併入均衡景氣循環模型中。我們從考慮實際的與預期的物價膨脹率開始。

實際與預期的物價膨脹

令第一年的物價水準為 P_1，第二年為 P_2。從第一年到第二年的物價水準的變動為 $\Delta P_1 = P_2 - P_1$。從第一年到第二年的物價膨脹率，π_1，是物價水準的變動對其初始物價水準的比值：

$$\pi_1 = (P_2 - P_1)/P_1$$
$$\pi_1 = \Delta P_1/P_1 \tag{12.3}$$

例如，如果 $P_1 = 100$ 而 $P_2 = 105$，則第一年到第二年的物價膨脹率為：

$$\pi_1 = (105 - 100)/100$$
$$= 0.05 \text{ 或每年 } 5\%$$

表 12.1 顯示物價膨脹率通常大於零。因此,我們通常考慮的是物價上漲的情況,即 $P_2 > P_1$,從而 $\pi_1 > 0$。不過,我們也可以考慮物價下跌的情況,此時 $P_2 < P_1$ 且 $\pi_1 < 0$。這種情況稱為**通貨緊縮**。經濟學家對通貨緊縮愈來愈有興趣,因為一些國家,特別是日本,其最近的經驗意味著通貨緊縮未來可能成為實證議題。

我們可以重整式 (12.3) 來解出第二年的物價水準 (P_2)。首先,將式 (12.3) 遍乘以 P_1,而得:

$$\pi_1 \cdot P_1 = P_2 - P_1$$

兩邊同加 P_1,並把等號左邊的兩項合併,再將等號兩邊對調,可得

$$P_2 = (1 + \pi_1) \cdot P_1 \qquad (12.4)$$

舉例來說,如果 $P_1 = 100$,且 $\pi_1 = 0.05$,那麼:

$$P_2 = (1.05) \cdot 100 = 105$$

家戶在做決策時,如要在今年消費還是明年消費,會想要知道在未來,物價水準會如何變動。由於未來是未知的,因此家戶必須要做預測或形成**物價膨脹預期** (expectations of inflation)。令 π_1^e 為對物價膨脹率 π_1 的預期。如果家戶知道第一年的物價水準 (P_1),則式 (12.3) 顯示,對 π_1 的預期對應對第二年物價水準 (P_2) 的預期。

既然未來的物價水準是未知的,因此對物價膨脹的預測就不可能完全正確。所以,實際的物價膨脹 π_1 通常會偏離其預測值 π_1^e;此一預測的誤差,或稱為**預期外的物價膨脹** (unexpected inflation),不會是零。有些時候,預期外的物價膨脹會大於零;有些時候,則小於零。儘管誤差是不可避免的,但家戶會設法讓它愈小愈好。因此,它們會用過去的物價膨脹及其他變數的可得資訊來避免系統性的錯誤。依這種方式形成的預期稱為**理性預期** (rational expectations)。在理性預期下,預期外的物價膨脹,隨時間經過,不會出現系統性的型態。例如,如果預期外的物價膨脹在今年大於零,那麼家戶在下一年進行計算時,會考慮這一點。

實質與名目利率

在前面各章,我們假設物價膨脹率為零,因此,我們不需要區分**實質利率**與**名目利率**。但如果物價膨脹率大於零,就需要區分。

令 i_1 為第一年的債券利率。如果 $i_1 = 0.05$ 或每年 5%,且家戶在第一年持有 €1,000 的債券,那麼在第二年時,其資產價值多少呢?首先,該家戶仍持有本金 €1,000。其次,該家戶的利息所得為 €1,000 · 0.05 = €50。因此,第二年的總資產為:

本金 (€1,000) + 利息 (€50) = 第 2 年資產 (€1,000 + €50) = €1,050

現在我們將它一般化以考慮任何水準的利率 (i_1)。在第二年仍有本金 €1,000，且利息所得為 €1,000 · i_1，因此，我們有：

本金 (€1,000) + 利息 (€1,000 · i_1) = 第二年資產 (€1,000 + €1,000 · i_1)
$$= €1,000 (1 + i_1)$$

因此，債券的名目價值在一年後變成原先的 $(1 + i_1)$ 倍。利率 i_1，稱為**名目利率** (nominal interest rate)，因為 i_1 決定了經過一段時間之後，以債券形式持有的資產其名目價值的變動。

我們現在知道家戶的名目資產如何隨時間變動。不過，家戶並不在意資產的名目價值，它們在意的是用這些資產可以購買多少商品，亦即資產的實質價值。因此，我們必須了解，隨著時間經過，資產的實質價值會如何變動。

假設物價膨脹率 $\pi_1 = 0.01$ 或每年 1%，如表 12.2 的第 1 列所示。式 (12.4) 顯示，第二年的物價水準是第一年的 $(1 + \pi_1)$ 倍。因此，物價水準由第一年的 $P_1 = 100$ 增加到第二年的 $P_2 = 100 \cdot (1.01) = 101$；這些數值出現在表中的第 2 列。如果名目利率 $i_1 = 0.05$ 或每年 5%，如表 12.2 的第 3 列所示，則名目資產會如第 4 列所示，由第一年的 €1,000 成長到第二年的 €1,050。

實質資產會發生什麼變化呢？在第一年，實質資產是：

第一年實質資產 = 1,000/100 = 10 單位商品

在第二年，實質資產為：

第二年實質資產 = 1,050/101 = 10.4 單位商品

(我們採取四捨五入法，取至小數點以下第一位，而得到 10.4 的近似值。) 這些數值出現在表 12.2 中的第 5 列。

實質資產的增加比率為：

$$(10.4 - 10)/10$$
$$= 0.4/10$$
$$= 0.04$$

實質利率 (real interest rate) 為以債券形式所持有的資產，隨著時間經過，其實質價值的變動率。因此，如第 6 列所示，本例中的實質利率為 0.04 或每年 4%。注意到實質利率 4% 低於名目利率 5%，其差恰為物價膨脹率 1%。

表 12.2　名目與實質利率

		第 1 年	第 2 年
(1)	物價膨脹率		0.01
(2)	物價水準	100	101.0
(3)	名目利率		0.05
(4)	名目資產	1,000	1,050.0
(5)	實質資產	10	10.4
(6)	實質利率		0.04

註：第 1 與第 2 列顯示物價膨脹率對物價水準的影響。第 3 與第 4 列顯示名目利率對資產的名目價值的影響。第 5 與第 6 列顯示名目利率與物價膨脹率對資產的實質價值的影響。資產的實質價值的變動決定於實質利率，其為名目利率與物價膨脹率的差。

現在，我們將此一結果一般化，以考慮任何水準的名目利率 (i_1) 與物價膨脹率 (π_1)。由於名目利率為 i_1，因此名目資產以 $(1 + i_1)$ 的倍數增加：

$$\text{第二年的名目資產} = \text{第一年的名目資產} \cdot (1 + i_1)$$

由於物價膨脹率為 π_1，因此物價水準以 $(1 + \pi_1)$ 的倍數上升〔參閱式 (12.4)〕：

$$P_2 = P_1 \cdot (1 + \pi_1)$$

由於實質資產為名目資產對物價水準的比值，我們可以把第一條方程式除以第二條方程式，而得到：

$$\frac{\text{第二年名目資產}}{P_2} = \left(\frac{\text{第一年名目資產}}{P_1} \right) \cdot \frac{1 + i_1}{1 + \pi_1}$$

$$\text{第二年實質資產} = (\text{第一年實質資產}) \cdot (1 + i_1) / (1 + \pi_1)$$

因此，實質資產以 $(1 + i_1)/(1 + \pi_1)$ 的倍數增加。

令 r_1 代表實質利率。由於實質利率為以債券形式持有的資產，其實質價值的變動率，因此：

$$(1 + r_1) = (1 + i_1)/(1 + \pi_1) \tag{12.5}$$

在表 12.2 的例子中，我們有：

$$1.04 \approx 1.05/1.01$$

因此，實際利率 $r_1 \approx 0.04$。

將式 (12.5) 等號兩邊同乘以 $(1 + \pi_1)$，可得：

$$(1+r_1)\cdot(1+\pi_1)=1+i_1$$

將等號左邊兩項乘開,可得:

$$1+r_1+\pi_1+r_1\cdot\pi_1=1+i_1$$

如果消去兩邊的 1,並把除了 r_1 以外的各項移到等號右邊,可得:

$$r_1=i_1-\pi_1-r_1\cdot\pi_1$$

等號右邊的乘積項 $r_1\cdot\pi_1$ 通常會很小。例如,如果 $r_1=0.04$ 且 $\pi_1=0.01$,則這一項就只有 0.0004。如果我們忽略此一乘積項,則可以得到一個比較簡單的實質利率公式:

> 關鍵方程式:
>
> **實質利率 = 名目利率 − 物價膨脹率**
>
> $$r_1=i_1-\pi_1 \tag{12.6}$$

爾後,我們會用式 (12.6) 來計算實質利率。

實質利率與跨期替代

在第 8 章,我們討論過消費的跨期替代效果。較高的利率 (i),會讓家戶降低第一年消費 (C_1) 之於第二年消費 (C_2) 的相對水準。如果物價膨脹率 π_1 不為零,則跟跨期替代有關的是實質利率 r_1 而非名目利率 i_1。

為了解其原因,假設 i_1 為每年 5%,而 π_1 為每年 2%,因此 r_1 為每年 3%。如果家戶減少一單位的 C_1,從而增加以債券或資本為形式所持有的實質資產一單位,則這個額外的實質資產會讓第二年的實質資產增加 1.03 單位 (因為 r_1 是 3%),從而家戶可以增加 1.03 單位的 C_2。因此,減少一單位的 C_1 可以轉換成增加 1.03 單位的 C_2。如果 r_1 上升,則延後消費的誘因也會增加,家戶會進一步減少 C_1 並增加 C_2。

名目利率 (i_1) 並不是決定跨期替代的正確變數。如果 i_2 為每年 5%,則家戶減少第一年的名目支出 €1.00,可以增加第二年的名目花費 €1.05。不過,第二年所增加的支出 €1.05,僅能購買 1.03 單位的商品 (因為物價膨脹率 π_1 = 每年 2%)。因此,決定跨期替代的正確變數是實質利率 r_1 = 每年 3%。同樣的結論在討論勞動供給的跨期替代效果時,也是成立的:有關係的變數是實質利率 r_1。

實際與預期的實質利率

當我們提到債券時,通常想到的是英國國庫券之類的資產,它事先載明名目利率 (i)。例如,新發行的 3 個月期英國國庫券其載明的名目利率,即保證期滿時的名目利率。國庫券的實質利率則決定於在這 3 個月內,物價膨脹率的高低。

舉例來說,在第 t 年時,3 個月期的國庫券的實質利率為:

$$r_t = i_t - \pi_t \tag{12.7}$$

我們可以把 i_t 想成是在第 t 年的 1 月 1 日所發行的 3 個月期國庫券的名目利率。i_t 是年利率,例如每年 0.02 或 2%。變數 π_t 是 1 月初到 3 月底的物價膨脹率,也表示成年率。問題是,當家戶在 1 月初購買國庫券時,物價膨脹仍是未知的。實質利率 r_t,必須要在 π_t 被觀察到之後才會知道。

假設,在 1 月初時,家戶預期 1 月初到 3 月底的物價膨脹率為 π_t^e。因此,由式 (12.7),預期的物價膨脹率可以決定國庫券的**預期的實質利率** (expected real interest rate) r_t^e:

$$r_t^e = i_t - \pi_t^e \tag{12.8}$$

預期的實質利率 = 名目利率 − 預期的物價膨脹率

例如,如果 $i_t = 0.03$ 而 $\pi_t^e = 0.01$,則 $r_t^e = 0.02$。精確地說,預期的實質利率是形成於第 t 年的開始,對一段時間之後,例如 3 個月後的實質利率的預期。

當家戶在選擇今天的消費與勞動供給時,它們想的實質利率是預期的實質利率 (r_t^e),而不是實際的實質利率 (r_t)。因此,跨期替代效果決定於 r_t^e。為了衡量 r_t^e,我們必須先估算預期的物價膨脹率,π_t^e。

衡量預期的物價膨脹

經濟學家用三種方法來衡量預期的物價膨脹率:

1. 從人群中抽樣,詢問他們的預期。
2. 用理性預期的假說,該假說是說,給定可得資訊,預期即是最適預測;然後,用統計方法來度量這些最適預測。
3. 用市場資料來推估物價膨脹預期。

第一個方法的主要缺點是樣本可能不足以代表整個經濟體系。此外,經濟學家對家戶行為有比較好的理論,但對家戶如何回答問卷調查的問題則沒有。不過,問卷調查仍然是有用的,我們在下節將討論對物價膨脹預期的應用。

第二個方法是基於理性預期,其結果有成功也有失敗。其中一個挑戰是要了解

當家戶形成預期時,其所擁有的資訊。另一個問題是要選擇哪一種統計模型來產生物價膨脹預測。

自 1980 年代與 1990 年代,很多先進國家的政府開始發行**指數型債券** (indexed bonds) 之後,第三個方法就變得非常有用。與常見的名目債券明定名目利率不同的是,指數型債券有確定的實質利率。例如,10 年期的指數型債券會根據物價膨脹調整其名目利息與本金,以確保其所承諾的 10 年的實質報酬率。我們稍後會討論如何用這些資料來推估預期的物價膨脹率,π_t^e。

預期的物價膨脹與利率

透過問卷調查來衡量物價膨脹預期的一個古典例子是,一位費城的新聞記者 Joseph Livingston 在 1946 年開始進行的調查。該問卷調查詢問大約 50 位經濟學家,關於他們對未來 6 個月與 12 個月的 CPI 的預測。這些預測讓我們可以建構預期的物價膨脹率。圖 12.2 中的深色曲線顯示對未來 6 個月的物價膨脹的預測。該圖也以淺色曲線顯示過去 12 個月的實際物價膨脹率;受訪者在做預測時已經知道這些物價膨脹率。

圖 12.2 顯示在 1950–2015 年期間,實際與預期的物價膨脹率有同向移動的傾向。物價膨脹率在 1950 年代中期到 1960 年代中期之間比較低,之後一直上升到 1980 年,然後在 1980 年代初期大幅下滑。在 1980 年代中期之後,物價膨脹率較低且相當穩定。在 2015 年 12 月,對未來 6 個月的預期的物價膨脹率為 1.6%。

圖 12.3 以淺色曲線顯示美國 3 個月期國庫券的名目利率,i_t。深色曲線則是預期的實質利率,r_t^e,其為 i_t 減去圖 12.2 Livingston 預期的物價膨脹率 π_t^e 的差,即:

$$r_t^e = i_t - \pi_t^e \tag{12.8}$$

自 1950 年代中期到 1980 年代初期,名目利率 i_t 向上移動。不過,因為預期的物價膨脹率 π_t^e 以類似的方式上升,所以預期的實質利率 r_t^e,並沒有這種向上趨勢。i_t 與 π_t^e 同向移動的傾向是一個典型的長期型態,因此,我們想要用我們的模型解釋此一型態。

自 1950 年代中期到 1970 年代初期,預期的實質利率 r_t^e,相當平穩地維持在 2% 至 3%。之後,r_t^e 在 1970 年代的大部分時間,降到接近零;然後在 1980 年代上升到大約 4%。在 1992–1993 年,r_t^e 再度接近零,且在 1990 年代其餘年間回升到 3% 至 4%;在 2001 年年中到 2004 年,又降到接近零,且在 2006 年年中回升到 2.4%。 在金融危機之後,名目利率降到接近零,在預期的物價膨脹率仍為正值之下,讓預期的實質利率降為 –1.5% 左右。

圖 12.2 實際與預期的物價膨脹率

淺色曲線顯示美國過去 12 個月以消費者物價指數 (CPI) 所計算的物價膨脹率。深色曲線顯示預期的 CPI 物價膨脹率。這些預期形成於 6 到 8 個月之前，資料來自費城聯邦準備銀行的 Livingston 問卷調查。

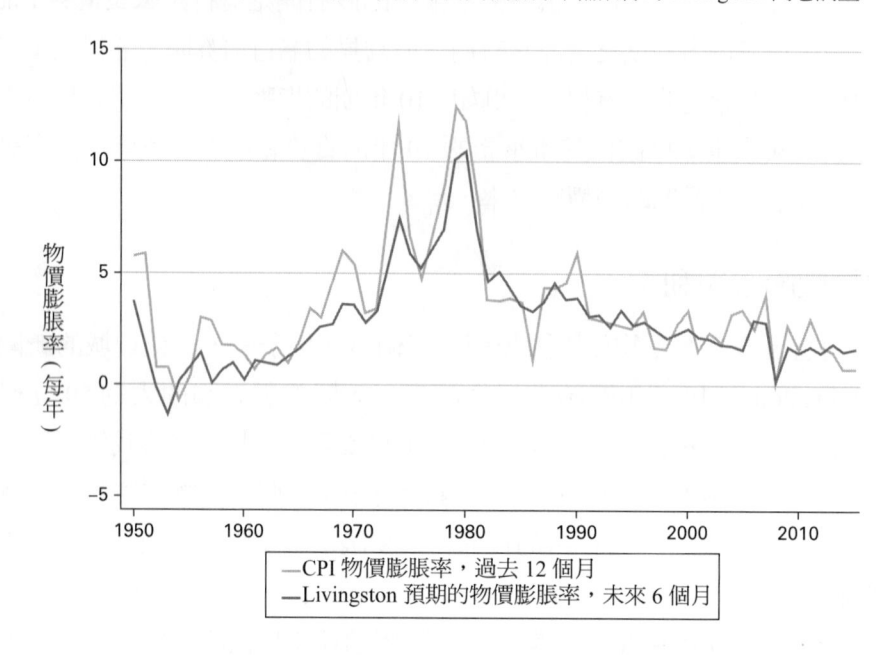

圖 12.3 名目與預期的實質利率水準

淺色曲線顯示美國 3 個月期國庫券的名目利率。深色曲線顯示預期的實質利率，其為美國 3 個月期國庫券的名目利率減去圖 12.2 Livingston 預期的物價膨脹率的差。

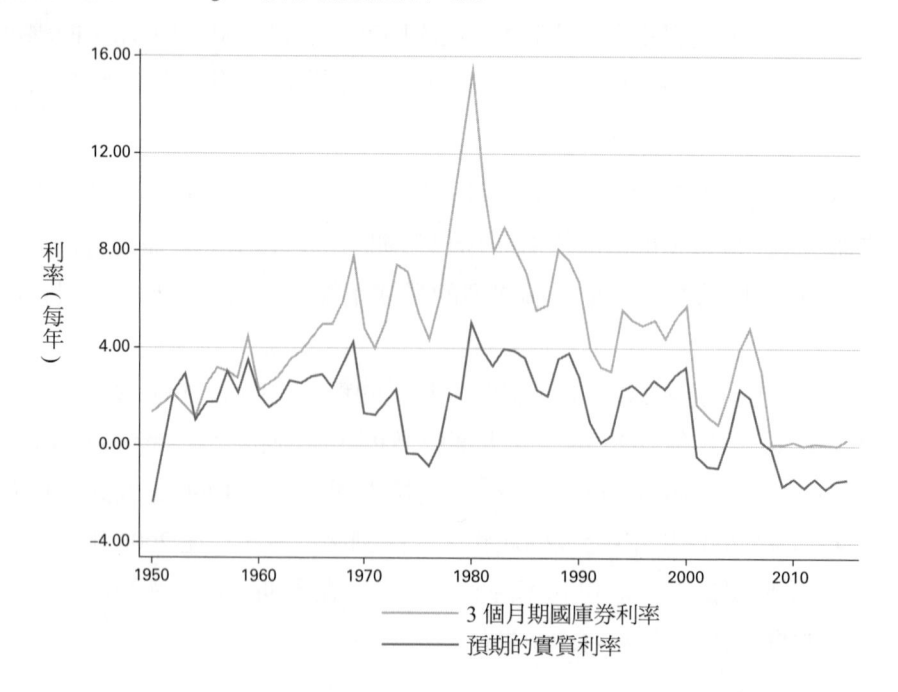

指數型債券、實質利率與預期的物價膨脹率

在 1980 年代與 1990 年代，有了指數型政府公債的資料之後，實質利率與預期的物價膨脹率的衡量變得比較可靠；這些債券會根據消費者物價指數的變動來調整利息與本金的支付金額。這些債券保證其到期時的實質利率水準。英國政府率先於 1981 年發行這種債券。之後，很多國家也都跟進，包括澳洲 (1985)、加拿大 (1991)、冰島 (1992)、紐西蘭 (1995)、以色列 (1995)、美國 (1997)、瑞典 (1997)、法國 (1998)、希臘與義大利 (2003)，以及日本 (2004)。

既然指數型債券保證實質利率的水準，因此，預期的實質利率等於實際的。圖 12.4 顯示美國各年期指數型債券的實質利率，顏色最深曲線是自 1998 年起的 30 年期，顏色次深曲線是自 2003 年起的 10 年期，而顏色最淺曲線自 2003 年起的 5 年期。以 10 年期債券而言，2003–2010 年的實質利率在 2% 上下波動，然後在 2011–2013 年滑落為負值，且自 2013 回升至 1% 左右。此一走勢類似於圖 12.3 中對 3 個月期國庫券預期實質利率的走勢。

我們現在要說明如何用指數型債券資料來衡量預期的物價膨脹率。基本的原理是，名目債券未來的實質報酬必須非常接近指數型債券所保證的實質報酬，否則家戶不會同時擁有這兩種債券。我們可以從圖 12.4 得到不同期限之指數型債券

圖 12.4 指數型債券的實質利率

圖中顯示免於物價膨脹威脅的美國公債 (即指數型債券) 的實質利率。顏色最深曲線是 30 年期的，顏色次深的是 10 年期的，顏色最淺的是 5 年期的。資料來自美國聯邦準備理事會。

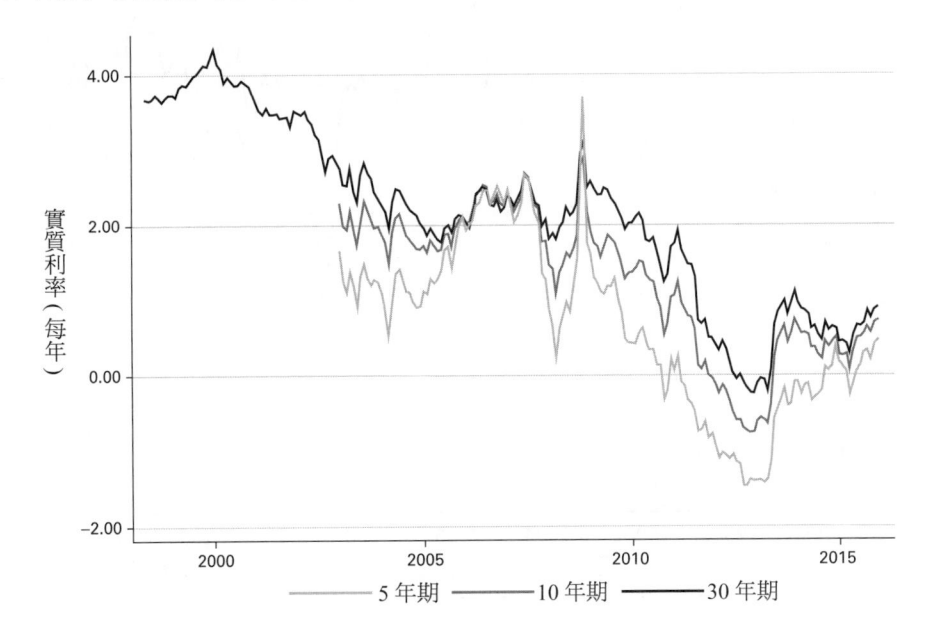

的實質利率 (r_t) 的時間序列，以及用相同期限的美國名目債券的資料來衡量名目利率 (i_t)。由式 (12.8) 可知名目債券的預期的實質利率為：

$$r_t^e (名目債券的) = i_t (名目債券的) - \pi_t^e$$

如果名目債券的預期的實質利率 r_t^e 等於指數型債券所保證的實質利率 r_t，則可將指數型債券的 r_t 代入名目債券的 r_t^e，而得到：

$$r_t (指數型債券的) = i_t (名目債券的) - \pi_t^e$$

重新整理後可得：

$$\pi_t^e = i_t (名目債券的) - r_t (指數型債券的) \tag{12.9}$$

因此，我們可以用等號右邊的利率資料來計算 π_t^e。

圖 12.5 顯示根據式 (12.9) 所計算的預期的物價膨脹率曲線，顏色最深的是 30 年期，次深的是 10 年期，最淺的是 5 年期。在 2015 年，π_t^e 介於 1% 與 2% 之間。這些衡量出來的 π_t^e 與圖 12.2 中的深色曲線，即根據 Livingston 問卷調查報告所

圖 12.5　基於指數型債券收益的預期的物價膨脹率

我們將美國公債的名目利率減去圖 12.4 中美國指數型公債的實質利率，得到預期的 CPI 物價膨脹率。參閱式 (12.9)。顏色最深的根據 30 年期，次深的是 10 年期，最淺的是 5 年期。因此，這些曲線分別衡量 30 年、10 年與 5 年的預期的 CPI 物價膨脹率。從 2002 年 2 月到 2006 年 2 月，並無 30 年期可比較的名目收益的衡量。

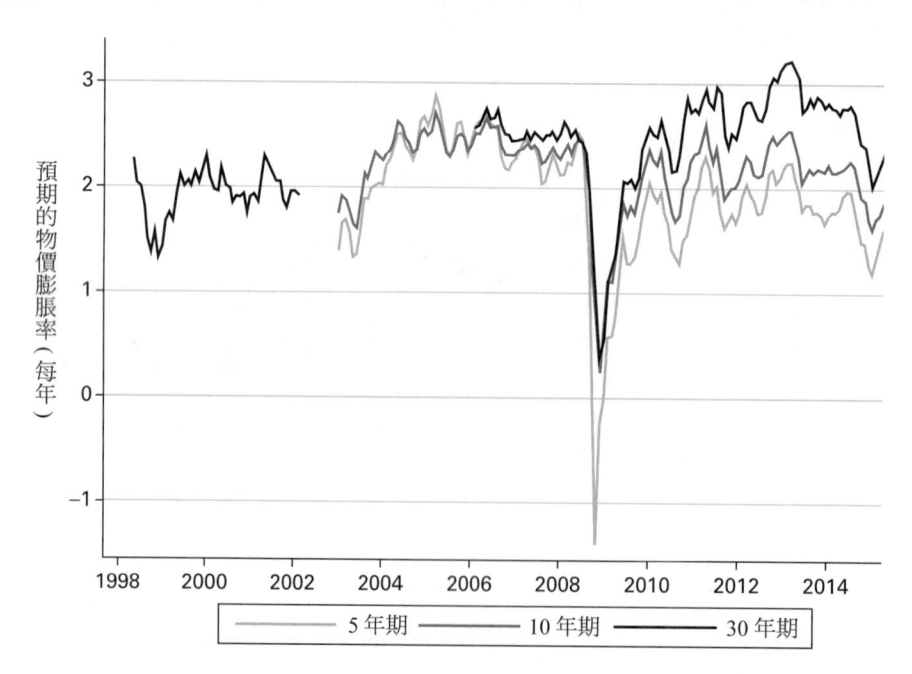

得到的 6 個月之前預期的物價膨脹率，相當吻合。圖 12.5 中的數值其波動幅度較 Livingston 數值來得大，且可能更為準確。不過，Livingston 問卷調查的優勢在於自 1940 年代末期以來就有資料。

貨幣的利率

我們對名目與實質利率的分析也可以應用在貨幣(通貨)上。由於貨幣的名目利率為零，因此，貨幣的實質利率為：

$$\text{貨幣的實質利率} = \text{貨幣的名目利率} - \pi_t$$
$$\text{貨幣的實質利率} = -\pi_t$$

所以，如果 π_t 大於零，那麼貨幣的實質利率就小於零；隨著時間經過，貨幣的實質價值會因物價水準上升而遭到侵蝕。

均衡景氣循環模型的物價膨脹

我們現在擴展均衡景氣循環模型，納入物價膨脹。針對此一擴展，我們有兩個目標。首先，我們想要了解物價膨脹如何影響關於實質變數之決定的結論；這些實質變數包括實質 GDP、消費與投資、勞動與資本服務數量、實質工資率與實質租用價格。這張名單可以再加上另一個實質變數，即實質利率。第二，我們想要了解物價膨脹的成因。

在本章後面，我們研究被完全預期到的物價膨脹，從而物價膨脹率 (π_t) 等於其預期值(π_t^e)。此一分析適用於物價膨脹率的長期變動，因為家戶可以隨物價膨脹的變動而作調整，並將這些變動考慮進它們的預期。當實際的物價膨脹率等於預期的物價膨脹率時，實質利率r_t等於預期的實質利率 r_t^e。在第16章，會考慮未被預期到的物價膨脹。

跨國資料顯示物價膨脹與貨幣成長緊密連結，因此，我們現在擴展均衡景氣循環模型，納入貨幣成長。最簡單的設定是，政府印製新的通貨並送給百姓。根據 Milton Friedman (1969) 所虛構的情景，政府官員會駕駛一架滿載紙鈔的直升機到處飛行，然後將鈔票隨機地灑在全國各地。撿到鈔票的人，就等於領到一筆來自政府的**移轉性支付** (transfer payment)。儘管這個故事不切實際，它卻提供一個將新貨幣引入經濟體系的方法。重要的假設是這些支付屬於**定額移轉** (lump-sum transfers)，意指每一家戶所拿到的金額，無關乎其消費量、工作量，或貨幣持有量的多寡…等等。因此，我們不必分析民眾會如何調整其行為以得到更多的移轉。我們會發現，

比較實際的**貨幣創造** (money creation) 形式，也會有相似的結果。

現在，我們考慮在均衡景氣循環模型中，物價膨脹影響實質變數的可能途徑。

跨期替代效果

給定名目利率 i_t，物價膨脹率 π_t 的變動會影響實質利率 $r_t = i_t - \pi_t$。此外，我們假設預期的物價膨脹率 π_t^e 等於其實際值 π_t，從而預期的實質利率 r_t^e，亦等於其實際值 r_t。我們知道預期的實質利率 r_t^e 對於消費與勞動供給會有跨期替代效果。因此，給定 i_t，π_t 的變動也會有這些跨期替代效果。

債券與資本

家戶仍擁有兩種可以獲利的資產：債券與資本所有權。由第 10 章可知這兩種資產的報酬率必須相等，否則家戶不會同時持有這兩種資產。因此，當物價膨脹率 π 為零時，我們可以得到以下的條件：

$$i = (R/P) \cdot \kappa - \delta(\kappa) \tag{10.5}$$

債券的報酬率 = 持有資本的報酬率

右邊的資本報酬率，$(R/P) \cdot \kappa - \delta(\kappa)$，決定於實質租用價格 R/P、資本利用率 κ 與折舊率 $\delta(\kappa)$。

當物價膨脹率 π 不等於零時，式 (10.5) 等號右邊的 $(R/P) \cdot \kappa - \delta(\kappa)$，仍然代表擁有資本的實質報酬率 (因為各項均為實質項)。不過，式 (10.5) 等號左邊必須加以修正，以實質利率 r 代替債券的名目利率 i，從而得到：

> 關鍵方程式 (實質報酬率均等)：
>
> $$r = (R/P) \cdot \kappa - \delta(\kappa)$$
>
> **債券的實質報酬率 = 擁有資本的實質報酬率** (12.10)

利率與貨幣需求

在第 11 章，我們討論過貨幣需求決定於交易成本與資產所得的高低。當交易成本較高時，家戶會持有較少的實質貨幣餘額 (M/P)，及較多的實質資產 ($B/P + K$)。這些資產的名目利率為 i，而貨幣的則為零。因此，i 決定了不持有資產而持有貨幣所失去的利息所得。i 的上升使此一利息所得的潛在損失更為顯著，而誘使家戶願意承擔更多的交易成本以降低 M/P。

在物價膨脹率 π 不為零時，以上的分析仍然成立。可以獲利的資產其實質利率

為 $r = i - \pi$，而貨幣的實質利率為 $-\pi$。此兩個實質利率的差為：

$$(i - \pi) - (-\pi) = i$$

因此，名目利率仍然決定了持有貨幣而不持有資產的成本。因此，我們仍然可以用第 11 章的函數來描述實質貨幣需求：

$$M^d/P = D(Y, i) \qquad (11.2)$$

所以，重點是：**會產生消費與勞動供給的跨期替代效果的是實質利率 r，不過，影響實質貨幣需求 M^d/P 的是名目利率 i。**

物價膨脹與實質經濟

在第 11 章，我們發現名目貨幣數量 (M) 的變動是中立的。M 倍增導致物價水準 P 倍增，但不會影響實質變數，如實質 GDP。如果讓 M 可以隨時間不斷成長，那麼 P 也會成長；亦即，貨幣成長創造物價膨脹，即物價膨脹率 π 會大於零。在本節，我們研究貨幣成長與物價膨脹對實質 GDP 與其他實質變數的影響。

第 10 章的圖 10.5，分析資本服務的需求與供給，$(\kappa K)^d$ 與 $(\kappa K)^s$，其中 κ 為資本利用率而 K 為資本存量。圖 12.6 顯示這些供給與需求曲線。π 的變動不會影 $(\kappa K)^d$，因為 π 不會影響資本服務的邊際產出 (MPK)〔我們稍後會說明，如果勞動投入 L 不變，則資本服務的需求 $(\kappa K)^d$ 也不會變動〕。π 的變動也不會移動 $(\kappa K)^s$，因為 K 在短期內為固定且 π 不會影響最適的 κ（只要實質租用價格 R/P 不變）。既然需求與供給曲線都不會移動，那麼，π 的變動就不會影響讓市場結清的實質租用價格 $(R/P)^*$ 與資本服務量 $(\kappa K)^*$。

第 9 章的圖 9.13，分析勞動的需求與供給，L^d 與 L^s。圖 12.7 顯示這些供給與需求曲線。π 的變動不會影響邊際勞動產出 (MPL)，所以也不會讓 L^d 移動。不過，如果 π 的變動有所得效果，則 L^s 就會移動。我們假設所得效果小到足以忽略，從而 π 的變動也不會移動 L^s，進而不會影響讓市場結清的實質工資率 $(w/P)^*$ 與勞動投入量 L^*。

為什麼物價膨脹率 π 的變動可能會有所得效果呢？其原因在於 π 最終會影響實質貨幣餘額 (M/P) 與管理貨幣所衍生的交易成本。不過，在正常狀況下，這些所得效果比較不重要，因此，忽略它們是一個合理的假設。在此情況下，我們在圖 12.7 中 π 的變動不會讓勞動供給曲線 (L^s) 移動的假設是可以接受的。我們的結論是，π 的變動不會影響勞動與資本投入 (L 與 κK)、實質工資率 w/P 與實質租用價格 R/P。

圖 12.6　資本服務市場的結清

物價膨脹率 π 的變動，並不會移動資本服務的供給與需求曲線。因此 $(R/P)^*$ 與 $(\kappa K)^*$ 都不會變動。

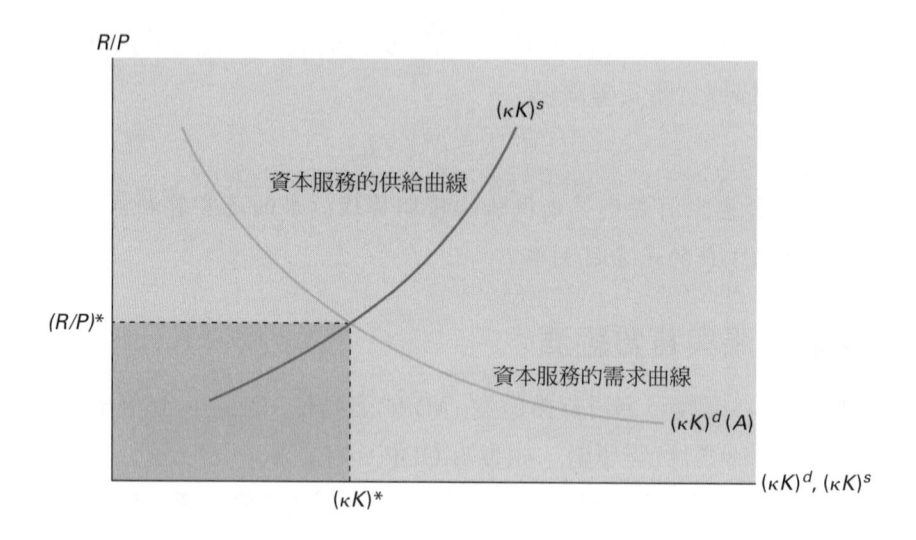

圖 12.7　勞動市場的結清

物價膨脹率 π 的變動，並不會移動勞動的需求或供給曲線。因此，$(w/P)^*$ 與 L^* 都不會變動。

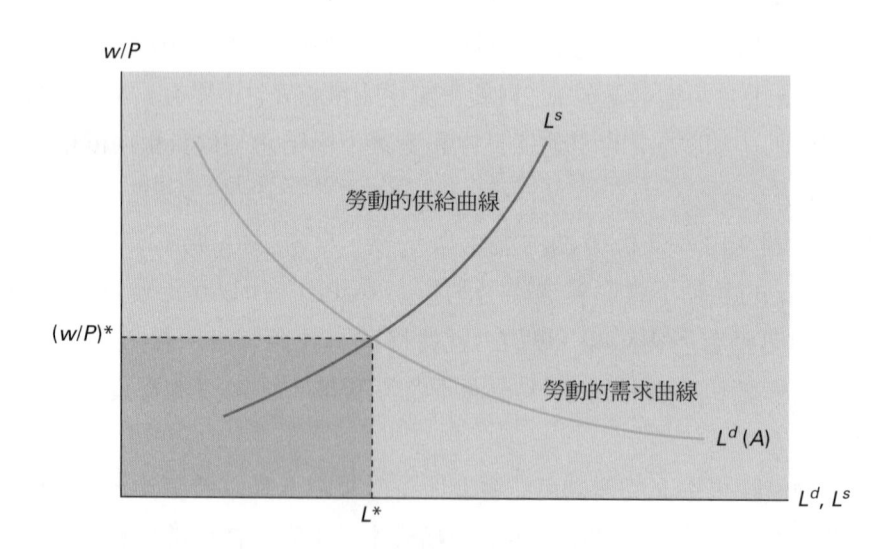

由第 10 章可知，GDP (Y) 是由生產函數決定的；

$$Y = A \cdot F(\kappa K, L) \tag{10.1}$$

由於物價膨脹率 π 的變動，不會影響資本服務與勞動投入，κK 與 L，從而在技術水準 A 固定的情況下，我們的結論是，π 的變動不會影響實質 GDP (Y)。

實質租用價格 R/P 與資本利用率 κ 決定擁有資本的實質報酬率 (R/P)·κ−δ(κ)，及實質利率 r，其公式如下：

$$r = (R/P) \cdot \kappa - \delta(\kappa) \tag{12.10}$$

由於 R/P 與 κ 都沒有變動，從而物價膨脹率 π 並不會影響實質利率 r。

最後，我們可以用第9章與第10章的分析來研究實質 GDP (Y) 如何分配在消費 (C) 與毛投資 (I) 上。如果我們繼續忽略物價膨脹 (π) 的所得效果，則 C 就不會變動〔因為實質利率 (r) 與實質工資率 (w/P) 都沒有變動，所以沒有替代效果〕。既然 Y 是固定的，所以 I 也不會變動。因此，不受物價膨脹影響的實質變數的名單，可以再加上 C 與 I。

如果忽略所得效果的話，我們已經發現貨幣成長與物價膨脹率不會影響一些實質變數的時間路徑。這些實質變數包括實質 GDP(Y)、勞動與資本服務的投入 (L 與 κK)、消費與投資 (C 與 I)、實質工資率 (w/P)、實質租用價格 (R/P) 與實質利率 (r)。因此，我們先前的貨幣中立性的結論，即名目貨幣數量 M 的一次性變動的結論，在相當程度上，仍適用於貨幣成長的整條路徑上。在相當程度上，實質變數獨立於貨幣成長是一個重要的結果。尤有進者，此一獨立性可以簡化我們的下一個主題，即貨幣成長、物價膨脹與名目利率之間關聯的分析。

貨幣成長、物價膨脹與名目利率

本節的目標是要分析名目貨幣數量 (M_t) 的時間路徑如何影響物價水準 (P_t) 與物價膨脹率 (π_t) 的時間路徑。我們用第 11 章的設定，其中，M_t 是由貨幣當局每年外生地決定。由上一節可知，在相當程度上，實質 GDP (Y_t) 與實質利率 (r_t) 的時間路徑不受貨幣成長與物價膨脹的影響。為進一步簡化，我們也假設 Y_t 與 r_t 都是不隨時間變動的常數。

令 M_t 為第 t 年的名目貨幣數量而 ΔM_t 為 M 由第 t 年到第 t + 1 年之間的變動量：

$$\Delta M_t = M_{t+1} - M_t$$

由第 t 年到第 t + 1 年，貨幣的成長率 μ_t，為貨幣的變動量對貨幣數量的比值：

$$\mu_t = \Delta M_t / M_t \tag{12.11}$$

例如，如果 $M_t = 100$ 且 $\Delta M_t = 5$，那麼貨幣的成長率為：

$$\mu_t = 5/100$$
$$= 0.05 \text{ 或每年 } 5\%$$

如果我們將式 (12.11) 遍乘以 M_t，可以得到：

$$\mu_t M_t = M_{t+1} - M_t$$

再將 M_t 由等號右邊移到左邊，且合併有 M_t 的兩項，再將左右對調，可得：

$$M_{t+1} = (1 + \mu_t) \cdot M_t \tag{12.12}$$

因此，第 $t+1$ 年的名目貨幣數量之於第 t 年的倍數為 $1 + \mu_t$。例如，如果 $M_t = 100$ 且 $\mu_t = 0.05$，那麼 $M_{t+1} = 1.05 \cdot 100 = 105$。

現在考慮物價膨脹。第 t 年的物價膨脹 π_t 為：

$$\pi_t = \Delta P_t / P_t$$
$$= (P_{t+1} - P_t) / P_t$$

如果遍乘以 P_t，可得：

$$\pi_t P_t = P_{t+1} - P_t$$

依循剛剛的步驟可得：

$$P_{t+1} = (1 + \pi_t) \cdot P_t \tag{12.13}$$

因此，第 $t+1$ 年的物價水準之於第 t 年的倍數為 $1 + \pi_t$。例如，如果 $P_t = 100$，$\pi_t = 0.05$，那麼 $P_{t+1} = 1.05 \cdot 100 = 105$。

我們現在建立物價膨脹與貨幣成長的關係。假設貨幣成長率為常數 $\mu_t = \mu$。在第 11 章，我們發現名目貨幣數量 M，一次且僅只一次的增加，會讓物價水準 P 等比率地上漲。根據此一結果，我們現在做一個關鍵性的猜測：**當 M_t 以比率 μ 穩定地成長時，物價水準 P_t 也會以 μ 的比率穩定地成長**；也就是物價膨脹率 π_t，會等於常數 $\pi = \mu$。隨著分析一步一步地推展，我們會證實這項猜測是正確的。

如果物價膨脹率 π，等於貨幣成長率 μ，那麼實質貨幣餘額 M_t/P_t，就不會隨時間變動。在第 11 章，我們用過貨幣供給量等於需求量的均衡條件。在這裡，我們用同樣的條件；不過，必須確定這個條件在每一年都成立。由於實質貨幣餘額 (M_t/P_t) 不會隨時間而變動，因此，均衡要求：

- 實質貨幣需求量，$D(Y, i)$，不隨時間變動。
- 實質貨幣需求的水準，$D(Y, i)$，等於不變的實質貨幣餘額，M_t/P_t。

第一個條件容易滿足，因為我們假設實質 GDP (Y) 是固定的。因此，我們僅需要名目利率 i 不變即可。而 i 是實質利率 r 與物價膨脹率 π 之合。此外，我們的猜測是 π 等於貨幣成長率 μ。因此，我們有：

$$i = r + \pi$$
$$i = r + \mu \tag{12.14}$$

由於 r 與 μ 被假設為固定，所以 i 也不會變動。既然 Y 與 i 都固定了，我們就證實了實質貨幣需求量 $D(Y, i)$，是不變的。

現在，我們必須要確定實質貨幣需求水準 $D(Y, i)$，每一年都等於實質貨幣餘額 M_t/P_t。已知 $D(Y, i)$ 與 M_t/P_t 在時間歷程中都是固定的。因此，如果這兩個變數的水準在第一年相等，那麼以後各年也必定會相等。所以，最後的均衡條件是第一年的實質貨幣數量 M_1/P_1 等於實質貨幣需求量 $D(Y, i)$：

$$M_1/P_1 = D(Y, i) \tag{12.15}$$

這個條件與我們在第 11 章所討論的一樣。其關鍵點在於，在均衡時，物價水準 P_1 必須調整到讓式 (12.15) 左邊的實質貨幣數量 M_1/P_1 等於右邊的實質需求量 $D(Y, i)$：

> 關鍵方程式 (物價水準的決定)：
> $$P_1 = M_1/D(Y, i)$$
> **物價水準 = 名目貨幣數量 / 實質貨幣需求量** $\tag{12.16}$

我們已知式 (12.16) 右邊的所有項目，因為，名目貨幣數量 M_1 是給定的，且 Y 與 i 是已知的。特別是，由式 (12.14) 可知 $i = r + \mu$。因此式 (12.16) 決定第一年的物價水準 P_1。

第一年之後，名目貨幣量 M_t 與物價水準 P_t 以相同的速率 μ 成長，因此，實質貨幣餘額 M_t/P_t 不會變動。所以，對任何一年而言，M_t/P_t 等於式 (12.15) 左邊的 M_1/P_1。等號右邊的 $D(Y, i)$ 則不隨時間變動。因此結論是，在任何一年，實質貨幣餘額 M_t/P_t 等於實質需求量 $D(Y, i)$。

此一結論證實我們的猜測，即物價膨脹率 μ_t 固定在 $\pi = \mu$ 上。所有的結果如下：

- 物價膨脹率 π 等於不變的貨幣成長率 μ。
- 實質貨幣餘額 M_t/P_t 在時間歷程中是固定的。
- 名目利率 i 等於 $r + \mu$，其中 r 是不變的實質利率，由第 10 章的均衡景氣循環模型所決定。
- 實質貨幣需求量 $D(Y, i)$ 在時間歷程中是固定的，其中 Y 是不變的實質 GDP，決定於第 10 章的模型。
- 第一年的物價水準 P_1 決定於式 (12.16)，它讓第一年的實質貨幣餘額 M_1/P_1 等於

實質需求量 $D(Y, i)$。

實質貨幣需求的趨勢

上一節的一個簡化的假設是實質貨幣需求量 $D(Y, i)$ 不隨時間變動。此一假設並不符合現實，因為實質 GDP (Y) 的成長會讓 $D(Y, i)$ 成長。在本節，我們說明 $D(Y, i)$ 會如何隨時間變動。

假設實質貨幣需求量 $D(Y, i)$ 以固定比率 γ 穩定地成長。此一成長可能是反映實質 GDP (Y) 的長期成長，例如在第 5 章考慮技術進步的 Solow 模型中，在恆定狀態下，Y 是以固定比率成長的。在均衡時，實質貨幣餘額的成長率 M_t/P_t 必須等於實質貨幣需求量的成長率 γ。為了用這個條件，我們必須再計算實質貨幣餘額的成長率。

我們仍然假設名目貨幣數量 M_t，以固定比率 μ 成長。如果實質貨幣需求量的成長率 γ 大於零，則物價膨脹率 π 最終會是一個小於 μ 的常數。π 小於 μ 的原因在於實質貨幣需求量的增加會讓物價膨脹率降低。此一結果跟我們在第 11 章中，實質貨幣需求一次性的增加會降低物價水準的發現相符。

實質貨幣餘額 M_t/P_t 會因分子 M_t 以 μ 的比率成長而增加，也會因分母 P_t 以 π 的比率成長而降低。我們可以用一點代數將 M_t/P_t 的成長率表示為：

$$M_t/P_t \text{ 的成長率} = \mu - \pi$$

$$\text{實質貨幣餘額的成長率} = \text{名目貨幣成長率} - \text{物價膨脹率} \tag{12.17}$$

因此，如果 μ 大於 π，則 M_t/P_t 會隨時間增加。

均衡條件仍然是每年的實質貨幣餘額 M_t/P_t 等於實質貨幣需求量 $D(Y, i)$。因此，如果 $D(Y, i)$ 以 γ 的比率成長，那麼 M_t/P_t 也必須以 γ 的比率成長。將此一結果代入式 (12.17) 的左邊，會得到：

$$\gamma = \mu - \pi$$

從而移項後可得物價膨脹率為：

$$\pi = \mu - \gamma \tag{12.18}$$

因此，如果 γ 大於 0，π 就會小於 μ。不過，給定 γ，μ 每年增加 1% 也會讓 π 每年增加 1%。因此，如圖 12.1 所示，跨國間的貨幣成長率的差異，仍然可以用來說明物價膨脹率的差異。由式 (12.18) 所得的新結果是，實質貨幣需求量的成長率 γ 的變動會影響貨幣成長率 μ 與物價成長率 π 之間的關係。比較高的 γ 會讓 $\mu - \pi$ 增加，從而讓實質貨幣餘額 M_t/P_t 的成長率上升。

圖 12.8 用表 12.1 中 57 個國家的資料，來檢定我們對於實質貨幣餘額成長率的預測。我們假設實質 GDP 的成長是實質貨幣需求量成長的主要來源。橫軸為實質 GDP 成長率，即該表的第 5 欄。縱軸是實質貨幣的成長率，即該表的第 4 欄。圖中顯示實質 GDP 的高成長率伴隨著實質貨幣的高成長率。兩個變數的相關係數高：0.60。此一關係的斜率接近 1，也就是如果實質 GDP 的成長率每年提高 1%，那麼實質餘額的成長率每年也約提高 1%。因此，如果實質 GDP 的成長率每年提高約 1%，那麼，給定貨幣成長率 μ，物價膨脹率每年會降低約 1%。

貨幣成長率的變動

在本節，我們探討貨幣成長率 μ 的變動對物價膨脹率 π 與名目利率 i 的影響。為了簡化起見，回到實質貨幣需求量 $D(Y, i)$ 沒有變動趨勢的設定，即實質 GDP (Y) 是固定的。假設名目貨幣數量 M_t 已經以固定的比率 μ 成長了一段很長的時間。圖 12.9 中垂直線左邊之上方直線代表 M_t。由於圖形用的是比例刻度，因此，該線的斜率等於 μ。

假設家戶一開始預期貨幣當局會把名目貨幣數量 M_t 的成長率一直保持在 μ。在此情況下，我們前面的分析就可以適用，從而物價膨脹率為常數 $\pi = \mu$。我們將

圖 12.8　57 國之實質貨幣成長率與實質 GDP 成長率，1960–2011

本圖使用表 12.1 的資料。橫軸為 1960–2011 年期間的實質 GDP 成長率，縱軸為 1960–2011 年期間的實質貨幣 (名目貨幣除以 CPI) 成長率。這兩個變數的相關係數為 0.60。

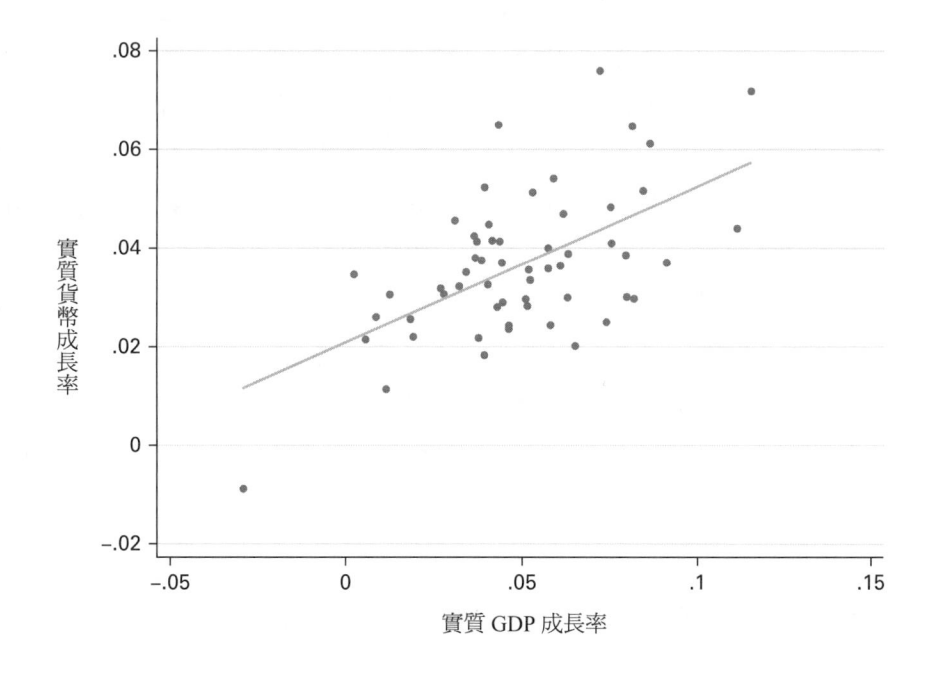

圖 12.9　貨幣成長率增加對物價水準的影響

左邊上方直線代表在第 T 年之前，名目貨幣數量 M_t 以固定比率 μ 成長。在第 T 年以後，M_t 循右邊上方直線以較高的比率 μ' 成長。左邊下方直線代表物價水準 P_t 在第 T 年之前，以跟貨幣相同的成長率 μ 成長。在第 T 年之後，P_t 循右邊下方直線以與貨幣相同的成長率 μ' 成長。在第 T 年，物價水準 P_t 發生向上跳躍的情況。此一跳躍讓實質貨幣餘額，由第 T 年之前的水準降到第 T 年之後的水準。

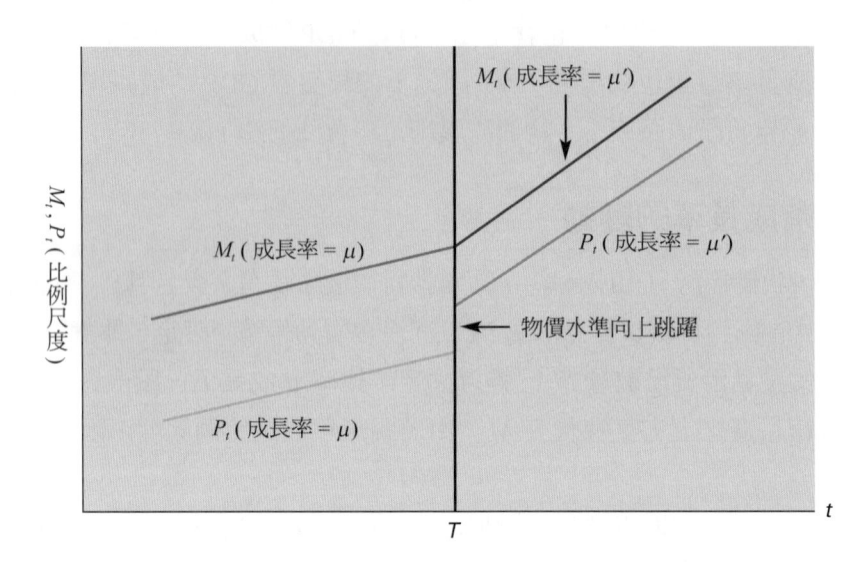

物價水準 P_t 繪於圖 12.9 中，垂直線左邊之下方直線。該線的斜率等於物價膨脹率 $\pi = \mu$，因此，亦等於其上方直線的斜率。

現在假設貨幣當局在第 T 年，把貨幣成長率由 μ 提高到 μ'。在圖 12.9 垂直線的右邊以上方直線表示名目貨幣數量 M_t 在第 T 年以後的時間路徑。這條線的斜率為 μ'，而且比左邊之上方直線來得陡。我們假設在 T 年時，貨幣成長率的變動是突發的。不過，一旦這個變動發生了，我們假設家戶會預期新的貨幣成長率 μ' 會永遠保持下去。因此，在第 T 年之後，除了貨幣成長率是 μ' 而不是 μ，且物價膨脹率 $\pi' = \mu'$ 之外，整個經濟體系還是跟以前一樣。圖 12.9 的右邊以下方直線代表物價水準 P_t，其斜率 $\pi' = \mu'$，等於其上方直線的斜率。

第 T 年之後的物價膨脹率 π' 大於第 T 年之前的物價膨脹率 π。因此，圖 12.9 中右邊下方直線比左邊下方直線來得陡。值得注意的是，**物價水準 P_t 在第 T 年時向上跳躍**。為了解其原因，我們必須考慮實質貨幣需求量。

在第 T 年之前，名目利率 i 是由 $i = r + \pi$ 決定，其中 r 是實質利率，而 π 是物價膨脹率。由於 $\pi = \mu$，因此：

$$i = r + \mu \tag{12.19}$$

回想一下，貨幣成長率的變動並不會影響實質利率，而仍保持為 r。因此，第 T 年

之後的名目利率為 $i' = r + \pi'$，其中 π' 為第 T 年之後的物價膨脹率。如果將 π' 代以 μ'，則有：

$$i' = r + \mu' \tag{12.20}$$

用式 (12.20) 減去式 (12.19)，可計算名目利率的增加幅度，即：

$$i' - i = \mu' - \mu$$

名目利率的增加 = 貨幣成長率的增加 (12.21)

貨幣需求 $D(Y, i)$ 的一個重要特質是名目利率 i 的增加，會降低實質貨幣需求量。因此，第 T 年之後的 $D(Y, i)$ 一定比之前的來得低。不過，實質貨幣數量 M_t/P_t 等於 $D(Y, i)$ 的均衡條件仍然要維持，因此，實質貨幣數量在第 T 年之後一定是比較低的。

圖 12.9 的左邊顯示在第 T 年之前，名目貨幣數量 M_t 與物價水準 P_t 以相同的比率 μ 成長。因此，實質貨幣數量 M_t/P_t 是固定的。而右邊顯示在第 T 年之後，M_t 與 P_t 以相同的速率 μ' 成長，從而 M_t/P_t 仍是常數。因此，我們得到以下三個結果：

- 在第 T 年之前，M_t/P_t 是常數。
- 在第 T 年之後，M_t/P_t 是常數。
- 在第 T 年之後的 M_t/P_t 小於第 T 年之前的 (因為名目利率由 i 上升到 i')。

為同時滿足這三個結果，在第 T 年時，物價水準 P_t 必須向上跳躍。P_t 的上升，讓實質貨幣餘額 M_t/P_t 從第 T 年之前的水準降到第 T 年之後的水準。

想像物價水準跳躍的一個方法是，在第 T 年時，物價膨脹率超乎尋常地高。明確地說，當貨幣成長率在第 T 年由 μ 增加到 μ' 時，物價膨脹率 π_t 在短期會上升到比 μ' 還高的水準。π_t 超過 μ'，意味著物價水準 P_t 以比名目貨幣數量 M_t 更快的速度上升，從而實質貨幣餘額 M_t/P_t 會下降。

在圖 12.9，超乎尋常的高物價膨脹集中在很短的期間，基本上是瞬間發生的。因此，由相對低的物價膨脹 $\pi = \mu$，到相對高的物價膨脹 $\pi' = \mu'$ 之傳遞過程，是在一夜之間完成的。

比較一般的結果是，實質貨幣餘額 M_t/P_t 在傳遞期間會減少，因為比較高的名目利率會降低實質貨幣需求。在傳遞過程中，物價膨脹率 π_t 會超過貨幣成長率 μ_t。不過，確切的傳遞過程則決於模型的細節，它不必然只發生在單一年度或一剎那。

這個模型的一個修正是，當名目利率 i_t 上升時，家戶只會逐漸降低其實質貨幣需求量。如果家戶必須改變其現金管理計畫，以持有較低的實質貨幣餘額，則這種緩慢的調整是合理的。在此情況下，達到一個較低的實質貨幣餘額 M_t/P_t，所需的

時間就拉長了。當實質貨幣需求的減少較緩慢時，M_t/P_t 也減少得較緩慢。M_t/P_t 減少期間就對應一個時間拉長的傳遞過程；在此過程中，物價膨脹率 π_t 大於貨幣成長率 μ_t。

另外一個例子是，家戶可能事先知道貨幣當局計畫從較低的貨幣成長 μ 轉換到較高的貨幣成長 μ'。在第 T 年之前，家戶會預期貨幣成長與物價膨脹，從第 T 年以後會比較高。在此情況之下，在第 T 年*之前*，會發生異常高的短期物價膨脹現象。也就是，對未來高物價膨脹的預期，導致今天的高物價膨脹，而此時的貨幣成長率尚未提高。短期高物價膨脹之所以會發生，是因為對未來物價膨脹的預期降低了第 T 年以前的實質貨幣需求量。

對未來貨幣成長率與物價膨脹的預期，有時會成為政治事件的核心。例如，在第一次世界大戰後的德國所發生的**惡性物價膨脹** (hyperinflation)，在以下專欄中的「德國惡性物價膨脹期間的貨幣與物價」會詳細說明。惡性物價膨脹結束於 1923 年的 11 月。不過，在 11 月之前，人們就預期將會有貨幣改革，且此一改革必然伴有較低的貨幣成長率 μ 與物價膨脹率 π。實證研究指出，此一預期，已經讓 1923 年 11 月之前的 π 降低了，雖然當時 μ 還沒降低。

政府印製貨幣的收入

到現在為止，我們假設貨幣當局印製新貨幣 (通貨) 並將之以移轉支付的方式交給家戶。更實際一點是，政府獲得**印製貨幣的收入** (revenue from printing money)，並可以用此一收入來支付各項支出。政府通常並不用此一收入來融通 Milton Friedman 所想像的直升機空投現金。

政府在 t 年與 $t+1$ 年之間，經由印製貨幣所得到的名目收入，等於名目貨幣數量的變動：

$$\text{印製貨幣的名目收入} = M_{t+1} - M_t$$
$$= \Delta M_t$$

為計算此一名目收入的實質價值，我們將 ΔM_t 除以 P_{t+1}，即 $t+1$ 年的物價水準：

$$\text{印製貨幣的實質收入} = \Delta M_t / P_{t+1}$$

我們想要建立此一實質收入與貨幣成長率 μ_t 之間的關係，其中 μ_t 為：

$$\mu_t = \Delta M_t / M_t \tag{12.9}$$

我們可以用 (12.9) 式，將 ΔM_t 表為 $\mu_t \cdot M_t$，並代入實質收入的公式，而得：

$$\text{印製貨幣的實質收入} = \mu_t \cdot (M_t/P_{t+1})$$

等號右邊的 M_t/P_{t+1} 大約是實質貨幣餘額 M_t/P_t 的水準。因此，印製貨幣實質收入為：

$$\text{印製貨幣的實質收入} \approx \mu_t \cdot (M_t/P_{t+1}) \qquad (12.22)$$
$$= \text{貨幣成長率} \cdot \text{實質貨幣餘額的水準}$$

我們知道較高的貨幣成長率 μ 帶來較高的物價膨脹率 π 與較高的名目利率 i。同時，我們也知道較高的 i 降低實質貨幣需求量 $D(Y, i)$，從而降低實質貨幣餘額 M_t/P_t。因此，μ 的增加對式 (12.22) 中印製貨幣的實質收入產生兩個相反的效果：μ_t 的增加會增加實質收入，不過，透過讓 M_t/P_t 降低，會使實質收入減少。淨效果取決於 $D(Y, i)$ 因 i 的上升而下降的幅度。

舉個例子，假設實質貨幣餘額 M_t/P_t 一開始等於 100，且 μ_t 由每年 5% 倍增到 10%。那麼，除非 M_t/P_t 滑落到低於 50，即減少超過 50%，否則印製貨幣的實質淨收入不會減少。更一般化地說，除非實質貨幣需求量減少的百分比大於貨幣成長率其增加的比率，否則實質收入會增加。除了極少數的極端情況，這個條件在實證上是成立的。例如，在德國惡性物價膨脹期間，這個條件只有在 1923 年的 7 月與 8 月之間，μ_t 逼近每月 100% 時，才沒有成立。在那之前，德國政府確實以一個較快的速度印製貨幣而獲得更多的實質收入。

大部分的國家在正常狀態下，政府經由印製貨幣而取得的收入，僅占其收入的一小部分。為因應金融危機而施行一連串的擴張性貨幣政策之後，美國聯邦準備體系在 2014 年經由此一來源獲得 $970 億，比金融危機之前的 2005 年，增加 $240 億。此一收入占當時聯邦政府總收入的 3.2%，且占 GDP 的 0.5%。就大部分已開發國家言而，這些數字通常低一點點。

在一些高物價膨脹國家，來自於印製貨幣的收入變得相當重要。例如，阿根廷在 1960–1975 年期間，貨幣創造帶來了政府的近一半收入，約占 GDP 的 6%。其他像這樣以印製貨幣為重要財源的國家包括智利 (在 1960–1977 年間，占 GDP 的 5%)、利比亞 (在 1960–1977 年之間，占 GDP 的 3%)，與巴西 (在 1960–1978 年之間，占 GDP 的 3%)。

John Maynard Keynes (1923) 觀察到，在第一次世界大戰之後，德國與俄國的惡性物價膨脹期間，貨幣創造變成政府收入的主要來源。他寫道：「政府可以藉由印製紙幣而撐得久一點，包括德國政府或俄國政府。也就是說，政府可以透過這種方法來確保其對實質資源的控制，這些資源跟由課稅所取得的是一樣的。」在某些惡性物價膨脹下，印製貨幣的收入逼近 GDP 的 10%，這可能就是上限了。德國在

數字會說話

德國惡性物價膨脹期間的貨幣與物價

惡性物價膨脹是一段超高物價膨脹率持續的期間。在第一次世界大戰之後,德國的惡性物價膨脹,為研究貨幣成長率與物價膨脹之間的相互影響,提供了很好的素材。在 1920–1923 年期間,德國每月物價膨脹率由接近 0 到超過 500%。儘管出現這麼極端的物價膨脹,實質 GDP 的變動卻是相對地小。

當物價膨脹率如第一次世界大戰之後的德國一般激烈變動時,那就不可能正確預測那些載明名目利率的借款其實質利率。因此,這一類的借款幾乎消失。因為這個原因,我們對德國惡性物價膨脹期間的名目利率,並沒有很好的衡量,且對持有貨幣的成本之最佳衡量是預期的物價膨脹率,π_t^e。這個比率決定了人們選擇持有貨幣而不消費或不保有足以保值的耐久財,會損失的所得。實證上,藉由假設 π_t^e 會緩慢地向實際物價膨脹率 π_t 的變動作調整,來推估 π_t^e。

表 12.3 顯示德國在 1920–1925 年期間的貨幣成長率 μ_t(通貨淨額成長率)、物價膨脹率 π_t 與實質貨幣餘額 M_t/P_t。在大部分的情況,表中的 μ_t 與 π_t 是以六個月為一期來計算,而 M_t/P_t 的水準則是各期期末的值。

在 1920 年一開始,每個月的貨幣成長率 μ_t 與物價膨脹率 π_t 都已達 6%。然後,μ_t 滑落到 1921 年早期每月低於 1% 的水準。如我們模型所預測的,π_t 降到比 μ_t 還低的水準,因此,實質貨幣餘額 M_t/P_t 由 1920 年的早期到 1921 年的早期約上揚 20%。

從 1921 年的後期到 1922 年結束,貨幣成長率增加到每月 30%。由於物價膨脹率 π_t 超過 μ_t,所以實質貨幣餘額 M_t/P_t 在 1922 年年底滑落到 1920 年年初的 25% 之水準。從 1922 年年底到 1923 年年中,貨幣成長率 μ_t 非常高,平均來說每月約為 40%,只是不再有向上的趨勢。由於物價膨脹率 π_t 大約也是每月 40%,所以實質貨幣餘額保持在 1920 年早期水準的 25%。不過,在 1923 年年末,惡性物價膨脹衝向它的最高點,同時 μ_t 在 10 月與 11 月達到每月 300%–600%。由於 π_t 超過 μ_t,所以 M_t/P_t 在 10 月份掉到它的低點,約為 1920 年水準的 3%。

在 1923 年 11 月出現貨幣改革,此一改革包括新通貨、承諾印製新貨幣來融通政府支出不能逾越某一特定上限、降低政府實質支出、改革租稅制度,以及承諾以黃金支持新通貨的價值。這些改變讓貨幣成長率 μ_t 與物價膨脹率 π_t 在 1923 年 12 月之後急轉直下。在 1924 年期間,μ_t 平均每月 5%,而 π_t 平均每月小於 1%。μ_t 超過 π_t 的結果,讓實質貨幣餘額 M_t/P_t 得以從 1923 年 10 月時僅達 1920 年早期水準的 3%,增加到 1924 年 12 月的 56%。雖然在 1920 年代剩下的時間,π_t 維持在很低的水準,但 M_t/P_t 並沒有回到 1920 年初期的水準。也許,這其間的差異反映惡性物價膨脹對實質貨幣需求的長期負向影響。

表 12.3　德國惡性物價膨脹期間的貨幣成長與物價膨脹

期間	μ_t	π_t	M_t/P_t（期末）
2/20–6/20	5.7	6.0	1.01
6/20–12/20	3.0	1.1	1.13
12/20–6/21	0.8	0.1	1.18
6/21–12/21	5.5	8.4	0.99
12/21–6/22	6.5	12.8	0.68
6/22–12/22	29.4	46.7	0.24
12/22–6/23	40.0	40.0	0.24
6/23–10/23	233.0	286.0	0.03
改革時期			
12/23–6/24	5.9	−0.6	0.44
6/24–12/24	5.3	1.4	0.56
12/24–6/25	2.0	1.6	0.57
6/25–12/25	1.2	0.4	0.60

資料來源：*Sonderhefte zür Wirtschaft und Statistik, Berlin*, 1929.

註：名目貨幣數量 M_t 是通貨淨額的估計值。在 1923 年後期之前，這個數字指的是法定貨幣總數，大部分為德國中央銀行 (Reichsbank) 所發行的鈔券。稍後，這個資料則包括德國國家銀行 (Rentenbank) 發行的鈔票、私人銀行鈔票與各式的「緊急貨幣」(emergency moneys)。不過，非官方的緊急貨幣及外國通貨都未納入。這些數字都被標準化，以 1913 年的 M_t 為 1.0。物價水準 P_t 為生活成本的指標，也讓 1913 = 1.0。第一欄為資料的期間。第二欄則是以百分比所表示的各期間內每月的貨幣成長率 μ_t。第三欄則是以百分比所表示的各期間內每月的物價膨脹率 π_t。第四欄則是各期期末的實質貨幣餘額的水準。由於 M_t/P_t 在 1913 年時是 1.0，第四欄的值是相對於 1913 年的水準。

1920–1923 年期間，實質政府支出與貨幣成長率存在緊密的關係。大部分的支出是對第一次世界大戰之戰勝國的賠償。因此，在 1923 年 11 月之後，這些賠償的減少，成為德國惡性物價膨脹結束的主要原因。

總結

持續性的物價膨脹需要持續的貨幣成長來支持；在跨國的資料中，確實有這個現象。貨幣成長率每年增加 1% 會伴隨物價膨脹率每年上升 1%。實質 GDP 的成長率每年增加 1% 會伴隨實質貨幣餘額的成長率每年增加 1%。因此，給定貨幣成長率，較高的實質 GDP 成長率會降低物價膨脹率。

名目利率超過實質利率的部分為物價膨脹率。傳統的名目債券會事先載明名目利率，而指數型債券則載明實質利率。指數型債券的資料讓我們可以衡量預期的實質利率與預期的物價膨脹率。

跨期替代效果取決於實質利率，而貨幣需求則取決於名目利率。我們擴展均衡

景氣循環模型，說明貨幣成長率的提高如何導致物價膨脹率與名目利率一對一的提高。在相當程度上，貨幣成長率的變動，並不會影響包括實質 GDP、消費、投資、實質工資率、實質租用價格與實質利率等實質變數。不過，較高的貨幣成長率會帶來較低的實質貨幣餘額，且通常會讓政府的實質收入增加。

習題

A. 複習題

1. 為什麼能對消費與儲蓄產生跨期替代效果的是實質利率，而非名目利率？同樣的結論是否也適用於勞動供給的跨期替代效果？
2. 什麼是 Livingston 物價膨脹預期的問卷調查？用此一種類的資訊來衡量預期的物價膨脹率 π_t^e，有什麼優缺點？
3. 下列敘述何者正確？
    a. 物價水準 P 以一個固定的比率上漲，會讓名目利率 i 持續上升。
    b. 物價膨脹率 π 持續上升，會讓名目利率 i 持續上升。
4. 為什麼實際的實質利率 r，通常跟預期的實質利率 r_t^e 不同？此一結果是否因債券所載明的利率，是名目利率還是實質利率，而有所不同？
5. 定義實質利率 r。為什麼當物價膨脹發生時，它跟名目利率 i 會有所不同？

B. 討論題

6. 貨幣成長與政府收入

    政府是否可以經常藉由提高貨幣成長率 μ，以提高由印製鈔票而來的實質收入？你的答案如何決定於實質貨幣需求 M^d/P 對名目利率 i 的敏感度？

7. 偽鈔

    在 1925 年，一個詐欺集團誘使一家英國的鈔券印刷公司，Waterlow 公司，印製並運送相當於 3 百萬英鎊的葡萄牙幣 (escudos)。由於該公司也替葡萄牙銀行印製合法的鈔券，因此除了鈔票上的流水號碼跟以前的合法鈔券有重複的情況外，偽鈔與真鈔根本無從分辨。在此一詐欺行為被揭發之前，已經有相當於 1 百萬英鎊的偽鈔在葡萄牙境內流通。此一行為被揭發之後 (起因於有人注意到鈔票上的流水號碼有重複的現象)，葡萄牙銀行以新印製的真鈔把流通中的偽鈔換回來。該銀行稍後對 Waterlow 公司所造成的損失提起訴訟。該公司被判要負起損失賠償責任；不過，關鍵的問題是損失金額的大小。該銀行認為是 1 百萬英鎊。不過，另一方則堅稱，葡萄牙銀行僅承受微不足道的實質成本，這些成本發生於印製額外 1 百萬英鎊的貨幣，以換回偽鈔 (注意：通貨就只是一張紙，無法用來兌換黃金或

其他的東西)。因此,其論點是,葡萄牙銀行的唯一真實成本是支付紙張與印刷的費用。你認為哪一方的說法才是正確的?為什麼?

8. 利率目標

假設貨幣當局想要維持固定的名目利率 i,且實質利率 r 是固定的。不過,貨幣的實質需求 M^d/P,卻時常大幅波動。

a. 如果實質貨幣需求 M^d/P 暫時性地增加,則貨幣當局應如何變動名目貨幣量 M?如果實質貨幣需求的變動是恆久的,則貨幣當局又當如何因應?

b. 在 a 小題的答案中,物價水準 P 會如何波動?如果貨幣當局除了要維持固定的名目利率 i 之外,也想要降低 P 的波動幅度,那麼它該怎麼做?

9. 指數型債券

a. 考慮價值為 €1,000 的 1 年期名目債券。一年之後,該債券會償付本金 €1,000 及利息 €50。此一 1 年期債券的名目利率為何?此一債券的一年實質利率的實際值與預期值分別為何?為何名目利率是已知的,但實質利率卻是不確定的?

b. 現在考慮 1 年期的指數型債券。假設其本金為 €1,000。一年以後,該債券的名目本金調整為 €1,000·(1+π),其中 π 是在這一年中的實際物價膨脹率。因此,該債券會償付調整後的本金,€1,000·(1+π),再加上依調整後本金及利率 (比方說為3%) 所計算的利息。此一指數型債券的一年實質利率為何?此一債券的一年名目利率的實際值與預期值各為何?為何實質利率是已知的,但名目利率卻是不確定的?

c. 你可以想出設計指數型債券的其他方法嗎?在什麼情況下,名目與實質利率都會是不確定的?

10. 對名目利率的影響

下列事件對物價水準 P 與名目利率 i 的影響各為何?

a. 名目貨幣數量 M 發生一次性的增加。

b. 貨幣成長率 μ 發生一次性的增加。

c. 中央銀行宣示,貨幣成長率 μ 會在一年之後提高,且該宣示是可信的。

11. 理性預期與預期的物價膨脹的衡量

理性預期假說如何有助於我們衡量預期的物價膨脹率 π_t^e?此一方法的優缺點各為何?

12. 貨幣的季節性波動

假設貨幣的實質需求在每年的第四季都相對地高,且在每年的第一季都相對地低。假設實質利率並沒有季節性型態。

a. 假設名目貨幣數量 M 沒有季節性波動。在此情況下,物價水準 P、物價膨脹率 π 與名目利率 i 的季節性型態各為何?

b. 如果要消除 P、π 與 i 的季節性波動，則名目貨幣數量 M 應該有什麼樣的季節性型態？

13. 貨幣成長與物價膨脹之間的統計關係

    研讀過計量經濟學，且有統計軟體可以用的學生，可以回答以下問題。

    a. 用表 12.1 中的資料，以物價膨脹率 π 對常數項及貨幣（通貨）成長率 μ 做迴歸。μ 的迴歸係數為何？其意義為何？常數項的意義又為何？

    b. 以實質貨幣餘額成長率，$\mu - \pi$，對常數項及實質 GDP 成長率 $\Delta Y/Y$，做迴歸。$\Delta Y/Y$ 的迴歸係數為何？其意義為何？

    c. 假設在 a 小題的迴歸式中加入另一變數 $\Delta Y/Y$。那麼，$\Delta Y/Y$ 的迴歸係數為何？其意義為何？

14. 貨幣成長與物價膨脹

    假設貨幣需求函數的形式為：

    $$M^d/P = D(Y, i) = Y \cdot \psi(i)$$

    也就是，給定名目利率 i，實質 GDP (Y) 倍增會讓實質貨幣需求 M^d/P 也倍增。

    a. 根據圖 12.1，實質 GDP 成長率 $\Delta Y/Y$ 會如何影響貨幣（通貨）成長率 μ 與物價膨脹率 π 之間的關係？

    b. 對一個名目利率 i 已經上升的國家而言，μ 與 π 之間的關係為何？

    c. 給定預期的實質利率 r_t^e。對一個預期的物價膨脹率 π_t^e 已經上升的國家而言，μ 與 π 之間的關係為何？

15. 抵押貸款的提前清償與債券的贖回

    抵押貸款通常允許借款人提前清償本金。一些抵押貸款契約會明訂提前清償的違約金，不過，有時候沒有違約金。同樣地，長天期債券有時也會允許發行者，在某一事先議定的日期之後，以議明的違約金，提前贖回債券。當債券發行者執行此一選擇權時，稱之為贖回債券。允許提前清償的債券，稱為可贖回的債券，或稱為有贖回條款的債券。

    a. 什麼時候借款人會想要提前清償（或贖回）其抵押貸款或債券？當名目利率 i 出現預期外的增加還是減少時，會有更多的清償行為？

    b. 自 1970 年代末期到 1982 年，美國的銀行與儲貸協會急切地希望消費者提前清償其抵押貸款。為什麼當時會這樣？之後，消費者決定提前清償。為什麼他們會願意這樣做？

    c. 假設名目利率的年波動程度變得比較劇烈(從1970 年代中期到1980年代早期，此一波動確實相當激烈)。由借款人的立場來看，此一變動會如何影響其抵押貸款提前清償選擇權或債券提前贖回選擇權的價值？

第 5 篇　政府部門

第 13 章　政府支出
第 14 章　稅
第 15 章　公債

第 13 章

政府支出

到現在為止，政府在我們模型中的功能非常有限。我們只考慮過以貨幣創造所融通的定額移轉。現在我們要考慮政府對商品與服務的購買。在國民所得帳中，這些購買稱為政府消費與投資。[1] 在本章，我們假設政府支出由**定額稅** (*lump-sum taxes*) 來融通，這類似我們之前考慮過的定額移轉。我們也繼續假設移轉性支付是定額的。在第 14 章，我們會考慮更實際的稅賦與移轉制度。在本章一開始，我們先看一下歐元區與其他國家政府支出的資料。

政府支出資料

政府總支出 (general government expenditure) 指的是各級政府購買商品與服務、移轉性支付 (包括支付給家戶與企業的)，與利息支出 (我們延到第 15 章再討論利息支出) 的總金額。圖 13.1 顯示歐元區的政府總支出對國內生產毛額 (GDP) 的比值。在 1999–2014 年期間，政府總支出約占 GDP 的一半。如圖所示，政府總支出中金額最大的兩個項目是對商品與服務的購買以及移轉性支付。在 1999–2014 年期間，政府總支出占 GDP 的 48%，其中，對商品與服務的購買占 23%，移轉性支付占 21% (利息支出占 3%)。

圖 13.2 將政府總購買區分為中央與州／地方政府的購買。在 1999–2014 年期間，中央政府的購買占 GDP 的 7%，而州與地方政府的購買則占 GDP 的 11%。自 2008–2009 年的大衰退之後，各級政府的購買呈現輕微的下降趨勢。

圖 13.3 將政府的移轉性支付區分為中央與州／地方政府的移轉性支付。在 1999–2014 年期間，中央政府的移轉性支付占 GDP 的 13%，而州與地方政府的移轉性支付則占 GDP 的 5%。自 2008–2009 年的大衰退之後，中央政府的移轉性支

---

[1] 政府消費與投資以及政府購買之間的差異在於前者包括政府資本存量的隱藏租用所得 (implicit rental income)。實務上，在國民所得帳中，此一租用所得被假設成等於政府資本其折舊的估計值。在本模型，政府不擁有資本，從而政府資本存量的折舊為零。因此，在本模型，政府購買等同於政府消費。

付占 GDP 的比率由 12% 增加為 14%。

政府總支出可以依功能別分成下列十項：一般公共服務、國防、公共秩序與安全、經濟事務、環境保護、住宅與社區設施、健康、教育、社會保護，以及育樂、

圖 13.1　總政府支出、購買、移轉性支付與利息支出

圖中呈現政府總支出與各項名目支出對名目 GDP 的比值。對商品與服務的購買即是消費與投資支出。在國民所得帳，購買等於政府消費與投資減去公共資本存量的折舊。資料來自歐元區：Government Finance Statistics。

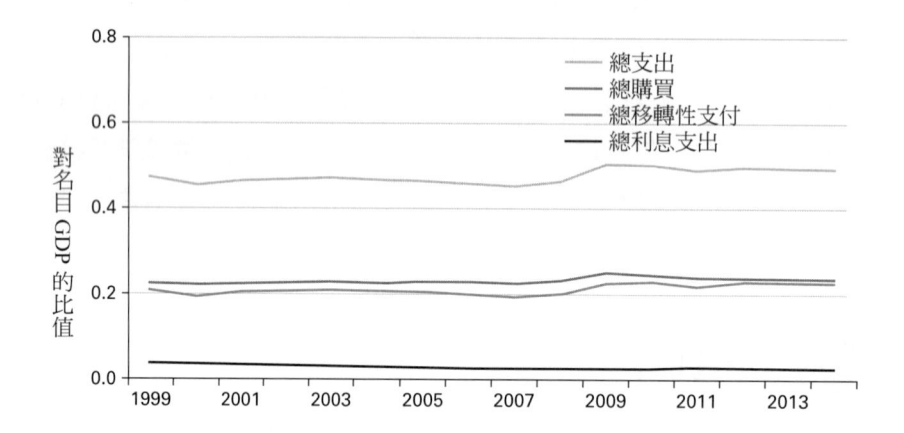

圖 13.2　政府購買的分項

圖形顯示不同層級的政府其購買對名目 GDP 的比值。政府購買分為中央政府的購買以及州與地方政府的購買。

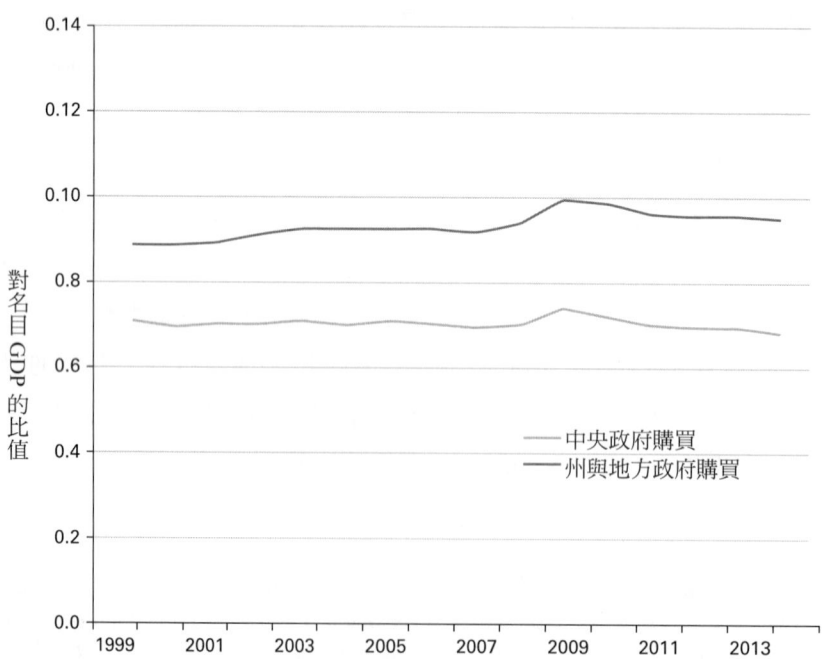

文化與宗教。圖 13.4 將歐元區在 2006–2013 年期間的政府總支出分成上述十項。最大的項目為社會保護、健康與一般公共服務。

表 13.1 顯示在 2013 年，部分國家其政府總支出對 GDP 的比值。表列的國家

圖 13.3　政府移轉性支付的分項

圖形顯示不同層級的政府其移轉性支付對名目 GDP 的比值。移轉性支付包括補貼。

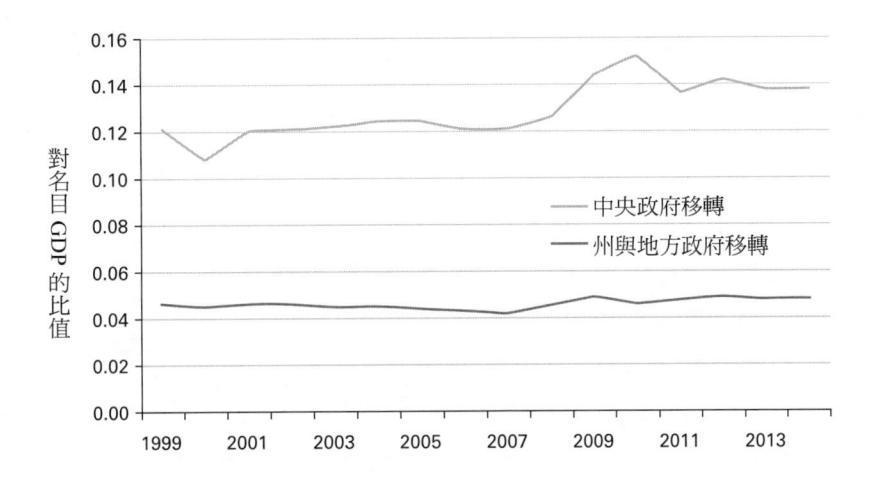

圖 13.4　政府支出依功能別，2006–2013

圖形顯示政府總支出依功能別分成的十個分項。

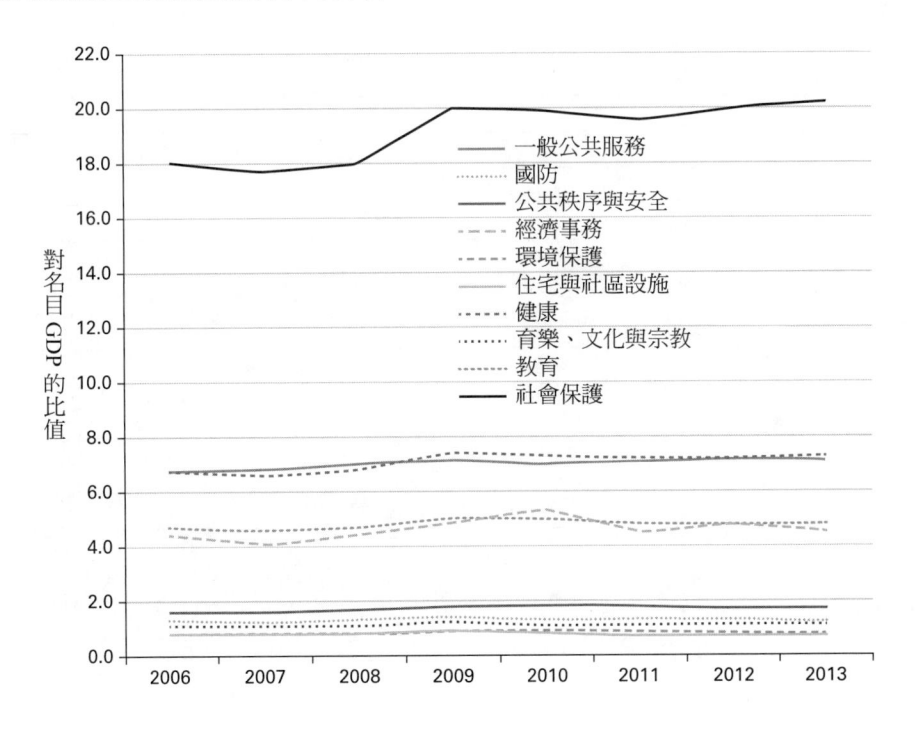

是那些有廣義概念的政府支出的資料的國家。此一概念包括各級政府的購買、移轉性支付與利息支出。這些比值從最低的幾內亞比索、奈及利亞與蘇丹的 13%，到最高的丹麥、芬蘭與法國的 57%–58%。中位數是 31%，大部分歐洲國家高於中位數。同樣地，大部分中東國家也高於中位數，伊朗的 15% 是顯著的例外。相形之下，很多非洲國家低於中位數。

表 13.1　部分國家政府總支出對 GDP 的比值，2013

國家	支出比值	國家	支出比值
阿富汗	0.25	黎巴嫩	0.28
阿爾巴尼亞	0.29	賴比瑞亞	0.33
阿爾及利亞	0.36	立陶宛	0.35
安哥拉	0.41	盧森堡	0.43
阿根廷	0.35	馬其頓	0.32
亞美尼亞	0.24	馬達加斯加	0.15
澳洲	0.37	馬拉威	0.35
奧地利	0.51	馬來西亞	0.28
亞塞拜然	0.38	馬利	0.24
孟加拉	0.15	茅利塔尼亞	0.29
白俄羅斯	0.42	墨西哥	0.28
比利時	0.54	摩爾多瓦	0.38
貝里斯	0.31	蒙古	0.40
貝南	0.22	蒙特內哥羅	0.47
不丹	0.33	摩洛哥	0.33
玻利維亞	0.38	莫三比克	0.35
波士尼亞與赫塞哥維納	0.47	緬甸	0.25
波紮那	0.32	納米比亞	0.35
巴西	0.39	尼泊爾	0.17
汶萊	0.34	荷蘭	0.46
保加利亞	0.36	紐西蘭	0.36
布吉納法索	0.28	尼加拉瓜	0.25
蒲隆地	0.31	尼日	0.28
柬埔寨	0.21	奈及利亞	0.13
喀麥隆	0.22	挪威	0.43
加拿大	0.41	阿曼	0.46
中非共和國	0.15	巴基斯坦	0.22
查德	0.23	巴拿馬	0.27
智利	0.24	巴布亞新幾內亞	0.36
中國	0.29	巴拉圭	0.24
哥倫比亞	0.29	秘魯	0.22
哥斯大黎加	0.19	菲律賓	0.19
象牙海岸	0.22	波蘭	0.42

表 13.1（續）

國家	支出比值	國家	支出比值
克羅埃西亞	0.48	葡萄牙	0.50
塞普勒斯	0.42	卡達	0.32
捷克	0.42	羅馬尼亞	0.34
丹麥	0.57	俄羅斯	0.38
吉布地	0.38	盧安達	0.28
多明尼加	0.18	沙烏地阿拉伯	0.36
厄瓜多爾	0.44	塞內加爾	0.28
埃及	0.37	塞爾維亞	0.43
薩爾瓦多	0.22	獅子山	0.16
赤道幾內亞	0.39	斯洛伐克	0.41
厄利垂亞	0.30	斯洛維尼亞	0.55
愛沙尼亞	0.38	所羅門群島	0.50
衣索比亞	0.18	南非	0.32
斐濟	0.29	南韓	0.21
芬蘭	0.58	南蘇丹	0.26
法國	0.57	西班牙	0.44
加彭	0.28	斯里蘭卡	0.18
喬治亞	0.29	蘇丹	0.13
德國	0.44	蘇利南莫河	0.31
迦納	0.28	史瓦濟蘭	0.29
希臘	0.49	瑞典	0.51
瓜地馬拉	0.14	瑞士	0.31
幾內亞	0.25	台灣	0.17
幾內亞比索	0.13	塔吉克斯坦	0.28
蓋亞那	0.30	坦尚尼亞	0.19
海地	0.28	泰國	0.22
宏都拉斯	0.31	巴哈馬	0.22
匈牙利	0.50	甘比亞	0.27
冰島	0.44	東帝汶	0.19
印度	0.27	多哥	0.26
印尼	0.19	千里達	0.35
伊朗	0.15	突尼西亞	0.30
伊拉克	0.48	土耳其	0.38
愛爾蘭	0.39	土庫曼	0.16
以色列	0.41	烏干達	0.17
義大利	0.51	烏克蘭	0.48
牙買加	0.27	阿拉伯聯合大公國	0.31
日本	0.41	英國	0.42
約旦	0.36	美國	0.36
哈薩克	0.20	烏拉圭	0.32
肯亞	0.25	烏茲別克斯坦	0.34

表 13.1 (續)

國家	支出比值	國家	支出比值
科索沃	0.28	萬那杜	0.22
科威特	0.38	委瑞內拉	0.38
吉爾吉斯坦	0.38	越南	0.30
寮國	0.30	葉門	0.31
拉脫維亞	0.37	尚比亞	0.25
		辛巴威	0.30

註：本表顯示 2013 年政府總支出對名目 GDP 的比值，只包括有政府總支出資料的國家。資料來自於國際貨幣基金。台灣資料來自於行政院財政部《財政統計年報》。

政府預算限制

現在，我們要擴展均衡景氣循環模型，以考慮政府對商品與服務的購買及移轉性支付。令 G_t 為第 t 年的實質政府購買。在先前的分析中，我們考慮民間部門對商品與服務的兩種支出形式，消費 C_t 與毛投資 I_t。$C_t + I_t + G_t$ 這三項的總合，為第 t 年時對商品與服務的實質總合支出。令 V_t 代表政府的實質移轉性支付。與 G_t 不同的是，V_t 並非對商品與服務的支出。移轉代表政府挪移所得，經由稅賦將一群人的部分所得移出，再透過移轉給另外一群人。

在第 12 章，政府唯一的收入來自印製貨幣。在第 t 年，這項收入的實際價值是 $(M_t - M_{t-1})/P_t$，其中 M_t 是第 t 年的名目貨幣數量，而 M_{t-1} 則是前一年的貨幣數量。在歐元區，印製貨幣的收入歸歐洲中央銀行。在我們的模型，中央銀行併入政府。現在，我們假設政府也對家戶課稅。這些稅也可能適用企業，但企業也是由家戶所擁有並經營。令 T_t 是政府在第 t 年所徵收的實質稅收總額。

政府預算限制 (governmental budget constraint) 要求政府經費使用的總額應等於經費來源的總額。經費用途包括商品與服務的購買，及移轉性支付，而其來源則包括稅收與貨幣創造。因此，我們可以將第 t 年的實質政府預算限制寫成：

> 關鍵方程式 (政府預算限制)：
>
> 經費使用總額 = 經費來源總額
>
> $$G_t + V_t = T_t + (M_t - M_{t-1})/P_t$$
>
> 實質購買 + 實質移轉 = 實質稅收 + 貨幣創造的實質收入 (13.1)

我們尚未在模型中加入政府債務。因此，在等號左邊的政府經費用途並未包括利息支出，且等號右邊的政府經費來源，並未加入發行公債的收入。第 15 章，我們會考慮利息支出與公債的發行。

在第 12 章,我們提過,印製貨幣的實質收入 $(M_t - M_{t-1})/P_t$,通常只占政府收入很小的一部分。為簡化分析,我們忽略印製貨幣的收入,而回到名目貨幣數量 (M_t) 為常數的情況。在此情況下,我們可以將 $M_t - M_{t-1} = 0$ 代入式 (13.1) 而得到:

$$G_t + V_t = T_t$$
實質購買 + 實質移轉 = 實質稅收 (13.2)

在第 12 章,移轉性支付以直升機空投給家戶撿拾的現金的形式出現。其中,最重要的假設是這些移轉是定額的,即家戶所收到的數量並不決定於其所得水準、貨幣持有量…等等因素。我們依然假設實質移轉 (V_t) 是定額的,亦即家戶所獲得的移轉與其決策無關。

在本章,我們假設稅也是定額的,即**定額稅** (lump-sum taxes);亦即家戶所繳的實質稅賦,T_t,與其所得、消費…等等均無關。這個假設當然是不切實際的。在現實中,稅法明訂家戶的稅賦如何決定於其所得、消費…等等的水準。不過,任何家戶都有很多方法來減輕其稅賦,包括僱用會計師、少工作些、漏列所得及鑽稅法漏洞。這些可能性意味著稅賦系統對勞動供給、消費,甚至子女數目都會產生替代效果。雖然,我們也想了解這些替代效果,不過目前先暫時忽略它們,可凸顯政府支出的影響。這就是為什麼我們在本章假設定額稅的原因。在第 14 章,我們會討論實際的稅賦型態的替代效果。屆時的分析也會考慮政府移轉的替代效果。

公共生產

我們假設政府用其對商品與服務的實質購買 (G_t) 提供服務給家戶與企業,且是免費提供的。在大多數國家,公共服務包括國防、執行法律及私人契約、治安與消防、國民義務教育及部分的高等教育、部分的健康服務、高速公路、公園…等等。雖然政府活動的範圍依各國風土民情而有所不同,但都是與日俱增的。

我們可以將政府服務設定為政府生產函數的產出。此一生產函數的投入包括政府擁有的資本存量、政府雇員的勞動投入,與政府購自民間部門的財貨。為簡化分析,我們忽略政府的生產而假設政府從民間部門購買最終商品與服務;亦即政府的購買,G_t,直接加到民間消費者與投資者對商品與服務的需求,即 C_t 與 I_t。

實際上,我們是假設政府將其生產委由民間完成。在此情況下,公共投資、公共資本與政府僱用均為零。除非政府的生產函數,即政府的技術及管理能力,與民間部門的不一樣,否則,政府購買最終商品與服務,跟政府購買資本及勞動投入而自行生產,這兩者之間並無差別。

公共服務

政府所提供的服務的一個可能用途是,這些服務帶給家戶效用。例如,公園、圖書館、學校營養午餐、對健康照護與交通的補貼…等等。這些公共服務可能替代民間消費。例如,政府所辦的營養午餐讓學生不必自己買午餐。

另一個可能是公共服務成為民間生產的投入。例如,法律及契約的提供及實施、政府資助的研發計畫、太空計畫中的技術移轉…等等。在某些情況下,政府的服務會取代勞動與資本服務的民間投入。例如,政府的警力可能代替民間公司所僱用的警衛。另外,像公共運輸等基礎建設,可以提高民間投入的邊際產出。

為簡化分析,我們先假設政府服務對效用與生產都沒有影響。這樣的假設,類似於政府購買商品與服務,然後將它們投入大海的假設。我們後面會討論,如果政府服務有實質效果時,結論會有什麼不同。

家戶預算限制

政府的稅收與移轉會影響家戶的預算限制。為了解其原因,我們由第 9 章的家戶預算限制開始:

$$C + (1/P) \cdot \Delta B + \Delta K = (w/P) \cdot L^s + i \cdot (B/P + K)$$
消費 + 實質儲蓄 = 實質所得 (9.6)

第 9 章的分析忽略通貨膨脹,亦即物價水準 (P) 是固定的。我們先回到此一情況。P_t 是固定的假設跟名目貨幣數量 M_t 是固定的假設相符。這兩個不切實際的假設都不會影響我們對政府購買的分析。

式 (9.6) 的右邊包括實質資產所得,$i \cdot (B/P + K)$,它決定於名目利率 i。不過,既然我們假設通貨膨脹率 π 為零,所以實質利率 r 等於名目利率 i。我們將以 r 取代 i,這是因為當我們考慮 π 不等於零的情況時,做此一取代後,分析仍是有效的。如果將式 (9.6) 應用到第 t 年,且以 r 取代 i,可得:

$$C_t + (1/P) \cdot \Delta B_t + \Delta K_t = (w/P)_t \cdot L^s_t + r_{t-1} \cdot (B_{t-1}/P + K_{t-1})$$
消費 + 實質儲蓄 = 實質所得 (13.3)

其中,$\Delta B_t = B_t - B_{t-1}$ 且 $\Delta K_t = K_t - K_{t-1}$。

政府的存在讓式 (13.3) 的家戶預算限制有兩項修正。首先,右邊的實質所得必須扣除第 t 年的實質稅收,T_t。實質稅收增加一單位則**實質可支配所得** (real disposable income)，即實質稅後所得，會減少一單位。其次，右邊的實質所得，還要再加上第 t 年的實質移轉，V_t。因此，家戶的預算限制變成：

$$C_t + (1/P) \cdot \Delta B_t + \Delta K_t = (w/P)_t \cdot L_t^s + r_{t-1} \cdot (B_{t-1}/P + K_{t-1}) + V_t - T_t$$
消費＋實質儲蓄＝實質可支配所得 (13.4)

在第 8 章與第 9 章，我們說明了如何將家戶一年期預算限制擴展到多年期的。以實質利率 r_t 代替名目利率 i_t，則式 (9.7) 變成：

$$C_1 + C_2/(1 + r_1) + C_3/[(1 + r_1) \cdot (1 + r_2)] + \cdots = (1 + r_0) \cdot (B_0/P + K_0)$$
$$+ (w/P)_1 \cdot L_1^s + (w/P)_2 \cdot L_2^s/(1 + r_1) + (w/P)_3 \cdot L_3^s/[(1 + r_1) \cdot (1 + r_2)] + \cdots$$
消費現值＝初始資產價值＋工資所得現值 (13.5)

如果我們考慮稅賦與移轉，則如我們從式 (13.3) 到式 (13.4) 所做的，式 (13.5) 的多年期預算限制可擴展成以下的方程式：

關鍵方程式 (包括移轉與稅賦的多年期家戶預算限制)：

$$C_1 + C_2/(1 + r_1) + \cdots = (1 + r_0) \cdot (B_0/P + K_0) + (w/P)_1 \cdot L_1^s + (w/P)_2 \cdot L_2^s/(1 + r_1) + \cdots$$
$$+ (V_1 - T_1) + (V_2 - T_2)/(1 + r_1) + (V_3 - T_3)/[(1 + r_1) \cdot (1 + r_2)] + \cdots$$
消費現值＝初始資產價值＋工資所得現值＋移轉扣除稅賦的現值 (13.6)

式 (13.6) 等號右邊比式 (13.5) 多出的新項目是實質移轉減去實質稅賦的現值，亦即：

$$(V_1 - T_1) + (V_2 - T_2)/(1 + r_1) + (V_3 - T_3)/[(1 + r_1) \cdot (1 + r_2)] + \cdots$$
$$= 移轉扣除稅賦的現值 \qquad (13.7)$$

實質移轉扣除實質稅賦之後的現值愈低，則家戶收入的總額也會愈低。在此情況下，根據第 8 章所提到的所得效果，我們會預測家戶每年的消費 C_t 與休閒都會減少。休閒的減少會讓每一年的勞動供給 L_t^s 增加。

第 8 章的分析指出所得效果的強度，決定於實質移轉扣除實質稅賦的淨額其變動是暫時性的還是恆久的。就暫時性的變動而言，我們可以考慮實質移轉扣除實質稅賦的淨額在第一年減少了，即 $V_1 - T_1$ 減少了，但其他各年的 $V_t - T_t$ 都沒有變動。在此情況下，式 (13.7) 中的實質移轉扣除實質稅賦的現值會減少，但幅度有限。因此，我們預測每一年的 C_t 會有小幅度的減少，而 L_t^s 會有小幅度的增加。相較之下，如果每一年 $V_t - T_t$ 都減少，則式 (13.7) 的實質移轉扣除實質稅賦的現值其減少的幅度較大。因此，我們預期每一年的 C_t 會有較大的減幅，而 L_t^s 有較大的增幅。

政府購買的恆久變動

我們現在將注意力轉向政府購買。我們先考慮政府購買恆久變動的經濟效果。回想一下圖 13.1 所顯示的政府購買占 GDP 比值的歐元區資料。目前的分析不適用於大幅且暫時性的變動，如戰爭期間國防支出的大幅增加，但適用於大部分政府購買的其他變動。實證上，政府購買占 GDP 比值的變動大部分是恆久的。

政府購買的恆久變動：理論

假設政府購買，G_t，每年增加一單位。由於我們所考慮的是每一年相同的變動，所以我們可以省略下標 t。在此情況下，由式 (13.2) 所得到的政府預算限制為：

$$G + V = T$$

從而可以得到實質移轉扣除實質稅賦之後的淨額的公式：

$$V - T = -G \tag{13.8}$$

如果 G 每年增加一單位，則 $V - T$ 每年就減少一單位。因此，代表性家戶的可支配所得每年會減少一單位，從而根據所得效果可以預測每年的消費 (C) 會減少，且每年的勞動供給 (L^s) 會增加。

我們可以先忽略勞動供給 L^s 的變動，即我們先假設每一年的 L^s 等於常數 L，以得到主要的結果。在本章後面，以及在第 14 章探討實際的稅賦形式所引發的替代效果時，會再省視此一假設。

考慮對消費 (C) 的所得效果。由於代表性家戶每年的可支配所得減少一單位，所以我們預測每年所減少的 C 也大約 1 個單位。此一預測係根據第 8 章的分析結果，即當所得恆久變動時，消費傾向會接近 1。

現在考慮政府購買的增加如何影響資本服務與實質 GDP 的供給與需求。回想一下第 10 章決定實質所得 Y 的生產函數：

$$Y = A \cdot F(\kappa K, L) \tag{10.1}$$

此一公式允許資本利用率 κ 的變動，所以 κK 為資本服務的數量。我們假設資本存量在短期內是固定的。我們也同時假設技術水準 A 與勞動投入的數量 L 是固定的。

如第 10 章，資本服務的需求量 $(\kappa K)^d$，來自於資本服務的邊際產出 MPK 等於實質租用價格 R/P 的等式。此一條件決定出如圖 10.5 所示的負斜率的資本服務需求曲線。我們複製這條負斜率曲線於圖 13.5。

由於資本存量 K 是給定的，所以資本服務的供給量 $(\kappa K)^s$ 之變動只來自於資

圖 13.5　資本服務市場的結清

本圖來自圖 10.5。資本服務的需求曲線 $(\kappa K)^d$ 來自資本服務的邊際產出 MPK 等於實質租用價格 R/P。當 R/P 上升時，資本服務的需求量會降低。資本服務的供給 $(\kappa K)^s$ 適用於資本存量 K 固定的情況。當 R/P 上升時，資本擁有者會提高資本利用率 κ，從而資本服務供給量會提高。當資本服務的供給量等於需求量時，市場便結清了。此時，R/P 等於縱軸的 $(R/P)^*$，κK 等於縱軸的 $(\kappa K)^*$。

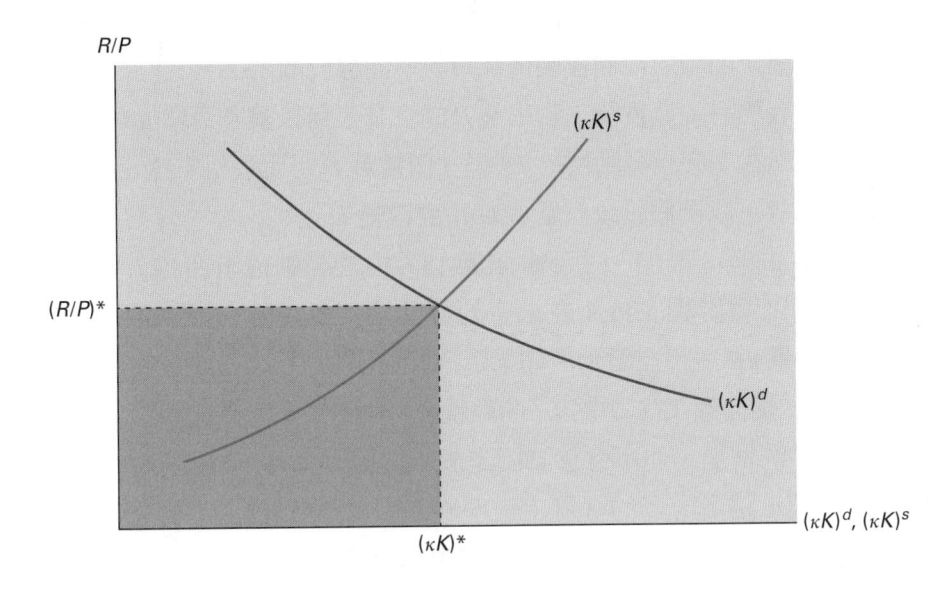

本利用率 κ 的變動。如第 10 章的圖 10.5，資本服務供給量 $(\kappa K)^s$ 是實質租用價格 R/P 的正函數。我們複製這條正斜率曲線於圖 13.5。

政府購買 (G) 的增加並不會讓資本服務的需求或供給曲線移動。需求曲線之所以不會移動是因為 G 的增加並不會影響 MPK (因為資本服務的投入不變)。而供給曲線之所以不會移動是因為，首先，K 是給定的；其次，G 的變動並不會影響資本利用率 κ 的選擇 (如第 10 章圖 10.3 所說明的)。由於圖 13.5 中的需求曲線與供給曲線都不會移動，因此，結清市場的實質租用價格 $(R/P)^*$ 與資本服務數量 $(\kappa K)^*$ 都不會變動。

實質 GDP (Y) 決定於式 (10.1) 的生產函數：$Y = A \cdot F(\kappa K, L)$。我們已經得到資本服務數量 κK 不變的結果，且假設技術水準 A 與勞動投入 L 都是固定的。因此，Y 不會變動。所以，一個重要的結論是，**政府購買的恆久增加並不影響實質 GDP**。

現在考慮實質利率 r。由第 12 章可知，r 決定於：

$$r = (R/P) \cdot \kappa - \delta(\kappa)$$

債券的實質報酬率 = 擁有資本的實質報酬率　　　　　　　　　(12.10)

其中，R/P 是實質租用價格，而 κ 則是資本利用率。所以，$(R/P) \cdot \kappa$ 是每單位資本

的實質租用所得。我們已經發現政府購買 G 的恆久增加,並不會影響 R/P 或 κ。因此,式 (12.10) 意味著實質利率 r 不會變動。所以,我們有另外一個重要的結論:**政府購買的恆久增加,並不會影響實質利率**。

現在我們轉到勞動市場。如第 7 章與第 9 章所討論的,勞動需求量 L^d 決定於勞動邊際產出 MPL 等於實質工資率 w/P。此一條件決定出如圖 7.4 與圖 9.5 所顯示的負斜率的勞動需求曲線。我們複製這條負斜率曲線於圖 13.6。

在第 9 章,我們討論過實質工資率 w/P 的上升,何以讓家戶增加勞動的供給量 L^s。不過,我們現在先假設勞動供給 L^s 是一個常數 L。因此,圖 13.6 將 L^s 畫成一條對應 L 的垂直線。我們假設政府購買 G 不會改變 L。

政府購買 G 的恆久增加,並不會讓圖 13.6 中的勞動需求曲線 L^d 移動。其原因是 G 的增加,不會影響 MPL (在給定的勞動投入 L 之下),且如圖 13.5 所顯示的,資本服務數量 κK 並沒有變動。如果資本服務變動了,則 MPL 就會不一樣 (在給定的 L 之下),從而圖 13.6 中的 L^d 曲線就會移動。

政府購買 G 的增加,並不會移動固定於 L 的勞動供給 L^s,也不會影響勞動需求曲線 L^d。因此,結清市場的實質工資率 $(w/P)^*$ 並不會變動。所以,**當勞動供給固定時,政府購買的恆久增加並不會影響實質工資率**。

接下來看消費 C 的表現。由前面所得效果的分析可以知道,政府購買 (G) 恆久

圖 13.6 勞動市場的結清

本圖來自圖 9.5。負斜率的線代表勞動需求曲線 L^d,它來自於勞動邊際產出 MPL 等於實質工資率 w/P。當 w/P 增加時,勞動需求量會下跌。我們在此假設垂直線所代表的勞動供給 L^s 固定於常數 L。市場結清於縱軸的 $w/P = (w/P)^*$,它讓勞動需求量等於 L。

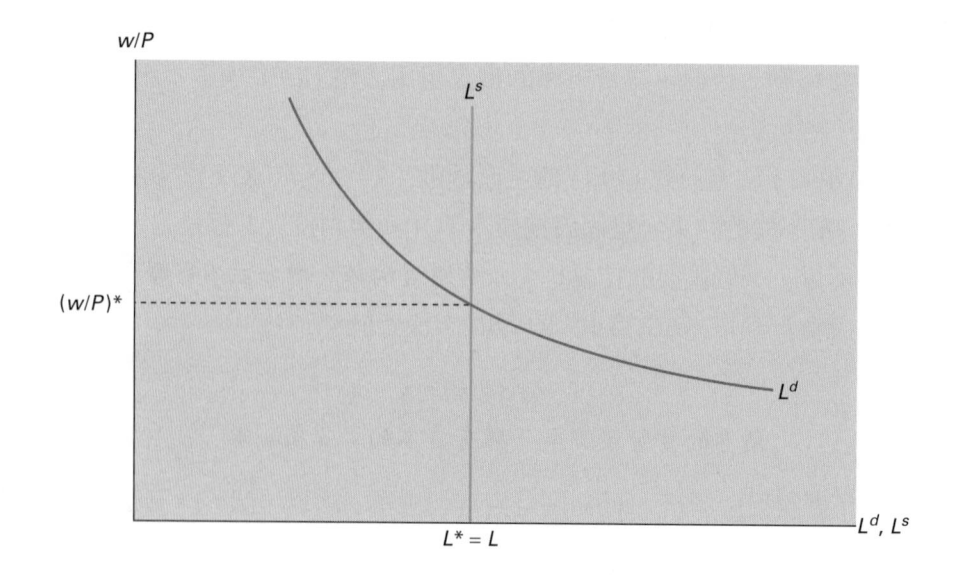

地增加一單位,會讓每年的消費 (C) 減少大約一單位。為找出對當期消費的全部效果,我們還要考慮是否有替代效果。跨期替代效果決定於實質利率 r。既然 r 沒有變動,跨期替代效果也就不存在。另一個替代效果涉及消費與休閒,但我們已經假設勞動數量是固定的,從而休閒數量也是固定的。無論如何,此一替代效果決定於實質工資率 w/P,而實質工資率並沒有變動。

由於沒有替代效果,所以我們可以完全由所得效果來決定當期消費 (C) 的變動。如上所述,所得效果造成 C 減少約一單位。因此,**當勞動供給固定時,政府購買恆久地增加一單位時,消費會減少約一單位**。

至於毛投資 (I) 的反應,回想一下實質 GDP (Y) 等於消費 C、毛投資 I 與政府購買 G 之總和:

$$Y = C + I + G \tag{13.9}$$

在目前的情況下,Y 不變,G 增加一單位且 C 減少一單位。因此,式 (13.9) 說明,C 與 G 的變動彼此完全抵銷,從而 I 會保持不變。所以,**政府購買的恆久增加,不會影響毛投資**。

總結而言,政府購買 (G) 的恆久增加會讓消費有大約等額的減少。不會變動的變數包括實質 GDP (Y)、毛投資 I、資本服務數量 κK、實質租用價格 R/P、實質利率 r 與實質工資率 w/P。

模型的擴展

有用的公共服務

我們並未考慮政府可以用其購買 (G) 提供有用的公共服務。我們在此研究可以提供家戶效用的公共服務。例如,政府提供免費或補助學校營養午餐、交通運輸或公園的音樂會。我們假設家戶的效用決定於其消費支出與政府提供的服務。例如,效用決定於交通運輸,其中一部分是政府提供的。

假設家戶將一單位的政府購買 G 所帶來的效用視同 λ 單位的個人消費 C 所帶來的效用。我們假設 λ ≥ 0。關於 λ 值大小的不同意見正是關於政府最適規模爭議的重點。當 λ = 1 時,一單位 G 所帶來的效用等於一單位 C。λ < 1 意味著一單位政府購買所提供的效用小於一單位私人消費支出所提供的。此一情況的發生,可能是政府的運作因缺乏市場誘因而相對無效率。但如果公共財的提供具規模效益,則也有可能 λ > 1。

回想一下式 (13.4) 的家戶預算限制 (沒標示下標的年別):

$$C + (1/P) \cdot \Delta B + \Delta K = (w/P) \cdot L^s + r \cdot (B/P + K) + V - T$$

$$消費 + 實質儲蓄 = 實質可支配所得$$

我們將等式的兩邊同時加上 λG 可得到：

$$(C + \lambda G) + (1/P) \cdot \Delta B + \Delta K = (w/P) \cdot L^s + r \cdot (B/P + K) + V - T + \lambda G$$

$$有效消費 + 實質儲蓄 = 有效實質可支配所得 \tag{13.10}$$

等號左邊的 $C + \lambda G$ 是**有效消費** (effective consumption)，即私人消費 C 與得自公共服務的效用 λG 之和。右邊的新項目 λG 是免費或獲補助的公共服務的隱藏價值 (implicit value)。因此，我們可以把右邊想成**有效實質可支配所得** (effective real disposable income)，即實質可支配所得與公共服務的隱藏價值 λG 之和。

考慮政府購買 (G) 每年增加一單位的情況。根據式 (13.8) 的政府預算限制，實質移轉扣除實質稅賦的淨額，$V - T$，也會每年減少一單位。因此 G 增加一單位會讓 (13.10) 式中右邊最後三項的總合變動，即：

$$\Delta(V - T + \lambda G) = \Delta(V - T) + \Delta(\lambda G)$$
$$= -1 + \lambda$$

其中，我們用了 $\Delta(V - T) = -1$ 與 $\Delta(\lambda G) = \lambda$ 的條件。因此，有效實質可支配所得的變動，決定於 λ 到底是小於、等於還是大於 1。如果 $\lambda < 1$，則當 G 增加一單位時，有效實質可支配所得會減少 $1 - \lambda$ 單位。但如果 $\lambda > 1$，則當 G 增加一單位時，有效實質可支配所得會增加 $\lambda - 1$ 單位。在正文中，我們假設 $\lambda = 0$，所以當 G 增加一單位時，有效實質可支配所得會減少一單位。

為明確說明對消費的影響，考慮 $\lambda < 1$ 的情況 (不過此一分析也適用 $\lambda = 1$ 或 $\lambda > 1$ 的情況)。由於有效實質可支配所得每年減少 $1 - \lambda$ 單位，我們預測家戶的有效消費 $C + \lambda G$ 每年約減少 $1 - \lambda$ 單位；也就是有效消費的變動很接近有效實質可支配所得的變動。為決定 C 的變動，使用以下條件：

$$\Delta(C + \lambda G) = -1 + \lambda$$

如果將等號左邊的兩個變動分開，可得：

$$\Delta C + \lambda \cdot \Delta G = -1 + \lambda$$

如果將 $\Delta G = 1$ 代入，並將等號兩邊的 λ 消去，可以得到：

$$\Delta C = -1$$

$\Delta C = -1$ 的結果，意味著 G 恆久地增加一單位，會排擠一單位的私人消費 C。我們發現不論 λ 值為何，此一結果仍成立。不論是正文中所提的公共服務是無用 ($\lambda = 0$) 的情況，或一單位公共服務所提供的效用少於一單位私人消費所提供的效用 ($0 < \lambda < 1$) 的情況，或公共與私人服務被視為相等 ($\lambda = 1$) 的情況，還是公共服務的評價比較高 ($\lambda > 1$) 的情況，上述結論都成立。在這些情況中，唯一且重要的差異是，當 λ 愈大時，政府擴大 G 會讓人民更快樂。

政府購買的循環表現

均衡景氣循環的一個預測是,實質政府購買的長期變動對實質 GDP 沒有很大的影響。我們提過大部分實質政府購買的變動符合恆久性的假設。最重要的反例是戰爭時期的軍事購買。因此,本模型預測實質政府購買的波動與實質 GDP 的波動之間沒有多大的關係。

為檢驗此一命題,圖 13.7 用我們的標準方法,比較歐元區實質政府購買的循環部分與實質 GDP 的循環部分。在 1999–2015 年期間,實質政府購買的波動大約是實質 GDP 的一半。圖 13.7 顯示,實質政府購買的循環部分與實質 GDP 的循環部分有時呈同向變動,有時呈反向變動;整體的相關係數為 –0.21。此一結果跟我們的均衡景氣循環模型不符。在本章後面與第 14 章,我們會將我們的模型一般化,以產生圖 13.7 所顯示的不同關係。我們在本章後面會看到,引進可變動的勞動供給,可以讓均衡景氣循環模型,如同 IS–LM/AD–AS 模型,得到實質 GDP 與政府購買之間呈正相關的結果,不過是經由不同的管道。在第 14 章,藉由考慮工資所得稅 (而非定額稅),可以讓模型得到實質 GDP 與政府購買之間呈負相關的結果。注意,實質政府購買的型態跟消費與投資的型態 (圖 9.8 與 9.9) 非常不一樣,它們都是強烈順循環的。

圖 13.7 歐元區實質 GDP 與政府購買的循環表現

深色曲線顯示實質 GDP 偏離其趨勢的情況。淺色曲線顯示政府購買偏離其趨勢的情況 (我們用國民所得帳的政府消費資料來衡量政府購買;這樣的做法與模型一致;參閱附註 1)。偏離的程度以百分比衡量。GDP 與政府購買的資料都是季資料且經季節調整。政府購買的波動大約是實質 GDP 的一半。實質政府購買的循環部分與實質 GDP 的循環部分之間的整體相關係數為 – 0.21。

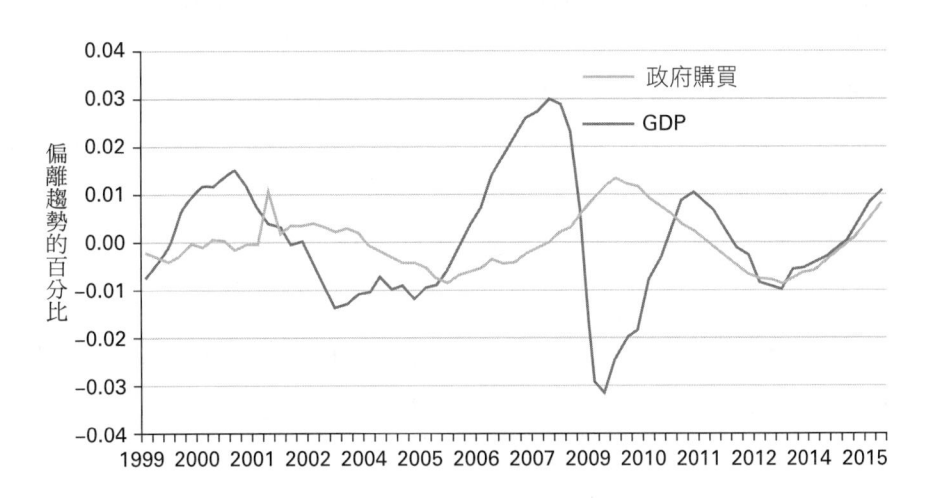

政府購買的暫時性變動

我們現在分析實質政府購買的暫時性變動。我們先將政府購買的暫時性變動導入均衡景氣循環模型，然後，將此一擴展後的模型應用到戰時的經驗。

政府購買的暫時性變動：理論

現在假設第一年的實質政府購買 G_1 增加一單位，而其他各年的 G_t 則不變動；也就是每一個人都預期未來各年的 G_t 會回到原先的水準。我們可以把此一情況想成在第一年的一開始，發生了一場戰爭，且預期將只持續一年。當然，這只是一個簡化的描述，企能掌握政府購買暫時性提高的主要特質。在現實中，戰爭持續的時間長短不一，且政府購買持續維持高水準的時間，有時超過一年，有時短於一年。

式 (13.8) 的政府預算限制意味著在第 t 年：

$$V_t - T_t = -G_t \tag{13.11}$$

因此在第一年，實質移轉扣除實質稅賦的淨額，$V_1 - T_1$，會減少一單位，也因此家戶的實質可支配所得會減少一單位。在往後的各年，$V_t - T_t$ 與實質可支配所得都回到其原先的水準。因此，與政府購買恆久增加的情況相較，最大的不同在於預期的實質可支配所得在未來各年是不會變動的。第 8 章的分析預測，家戶會將它們第一年所減少的可支配所得，分散到每一年的消費 (C_t) 的減少之上。

為節省符號，我們將代表時間的下標省略，每一變數都適用於當期，即第一年。政府購買暫時性變動的分析，大都跟恆久變動的分析相同。一如以往，我們忽略勞動供給的變動，所以 $L^s = L$。在圖 13.5，給定資本服務數量 κK，政府購買的變動並不會影響 MPK，所以也不會影響資本服務的需求曲線 $(\kappa K)^d$。在任一給定的實質租用價格 R/P 之下，政府購買的變動不會影響資本服務供給者所選擇的資本利用率 κ。因此，在固定的資本存量 K 之下，資本服務的供給曲線 $(\kappa K)^s$ 不會移動。既然在圖 13.5，沒有任何一條曲線會移動，所以跟以前一樣，實質租用價格 R/P 與資本服務數量 κK 都不會變動。

既然資本服務 κK 不會變動，且勞動固定在 L，所以從生產函數：

$$Y = A \cdot F(\kappa K, L) \tag{10.1}$$

可以得知實質 GDP (Y) 不會變動。既然實質租用價格 R/P 與資本利用率 κ 都沒有變動，所以實質利率 r 也不會變動。此一結果來自以下的公式：

$$r = (R/P) \cdot \kappa - \delta(\kappa)$$

債券的實質報酬率 = 擁有資本的實質報酬率 $\tag{12.10}$

在圖 13.6，給定勞動投入 L，政府購買的變動不會影響 MPL，因此也不會讓勞動需求曲線 L^d 移動。此外，由於勞動供給 L^s 固定在 L，所以政府購買的變動也不會讓勞動供給曲線移動。既然兩條曲線都沒有移動，實質工資率 w/P 也就沒有變動。

不一樣的結果，發生在消費與投資。再看一次實質 GDP 的等式：

$$Y = C + I + G \tag{13.9}$$

實質 GDP (Y) 沒有變動，且實質政府購買 (G) 在第一年時增加一單位；而消費 C 雖然減少，但卻遠少於一單位。因此，由式 (13.9) 可知，毛投資 (I) 一定會減少。而

模型的擴展

對利率期限結構的效果

我們已經發現政府購買 (G) 的暫時性增加，不會影響實質利率 (r)，且投資 (I) 會減少。例如，在戰時，投資會下降，且可能持續多年。隨著時間經過，投資的減少意味著資本存量 (K) 會低於其原先可能的水準；特別是，當戰爭結束時，K 會降低。K 的降低會讓資本服務的供給減少，從而提高結清市場的實質租用價格 (R/P)。根據式 (12.10)，$r = (R/P) \cdot \kappa - \delta(\kappa)$，所以 R/P 的增加會讓 r 提高。因此，儘管當期實質利率不會變動，但未來的實際利率卻會上升。

我們的模型中的實質利率 (r) 是短期實質利率。在現實世界中，債券有各種不同的到期期限。例如，一年期的債券所支付的實質報酬率為 $r(1)$，而五年期的債券的實質報酬率為 $r(5)$…等等。**實質利率的期限結構 (term structure of real interest rates)** 是實質報酬率 $r(j)$ 與其到期期限 j 之間的關係。如果 $r(j)$ 隨 j 增加，則期限結構為上升型的，否則就是水平或下降型的。

如果我們考慮比方說五年的時間，那麼一個代表性個人可以選擇持有五年期指數型的政府債券，也可以選擇連續持有五張一年期的指數型債券。在第一種情況，實質報酬率為 $r(5)$；在第二個情況，則為五個一年期報酬率 $r(1)$ 的平均值。金融市場的競爭會讓這兩種選擇的預期報酬率相等。所以 $r(5)$ 會是未來五年的 $r(1)$ 的平均值。

在政府購買暫時增加的情況下，短期的實質利率，如 $r(1)$，一開始並不會變動；但 $r(1)$ 的未來預期值會增加。因此，未來五年 $r(1)$ 的平均值就提高了。既然 $r(5)$ 等於 $r(1)$ 預期值的平均數，那麼 $r(5)$ 就會因為政府購買的增加而立即上揚。換句話說，此一模型預測實質利率的期限結構會受到影響。短期的利率不會有立即的變動，但長期利率會上升。因此，期限結構會有較為明顯的上升型態。

且,由於 C 的減少幅度相對有限,所以 I 的減少幅度相對較大;也就是說,G 在第一年的額外增加,主要來自 I 的減少,而非 C。相較之下,當 G 的變動是恆久的時候,我們預測 G 的額外增加,大部分甚或全部來自 C 的減少。

戰爭時期政府購買與實質 GDP:實證

我們現在要評估均衡景氣循環模型對實質政府購買的暫時變動之影響所作的預測。我們藉由研究整個經濟體系對伴隨戰爭而來的政府購買暫時性變動的反應來檢驗模型。為確保這些戰時購買是經濟波動的主要成因,我們考慮上個世紀的重要戰爭。因為資料的取得問題,我們以美國為例。

表 13.2 涵蓋第一次世界大戰、第二次世界大戰、韓戰與越戰。我們以實際的購買與估計的趨勢值之間的差異,來衡量實質國防購買的暫時性變動的部分。趨勢的計算是用我們慣用的方法,其為配適歷史資料而得的一條直線。我們聚焦在戰時購買的高峰期:1918 年、1943–1944 年、1952–1953 年與 1967–1968 年。我們以 1996 年的價格,計算暫時性實質購買的值,分別是:1918 年的 $840 億(占實質 GDP 趨勢值的 16%),1943–1944 年的 $5,370 億(占實質 GDP 趨勢值的 44%),1952–1953 年的 $560 億(為實質 GDP 趨勢值的 3%),及 1967–1968 年的 $460 億(為實質 GDP 趨勢值的 1%)。根據這些數字,我們有信心認為,在第一次與第二次世界大戰時期,戰時購買,及其他因戰爭所造成的影響,是當時經濟波動的主要成因。也就是說,我們不用擔心我們假設其他因素是固定的。在韓戰時期,戰時購買也是重要的影響因素,但不見得是最主要的因素。在越戰時期,暫時性軍事購買僅占實質 GDP 的 1.4%,所以不太可能是一個重要的因素;其他的干擾可能有足以匹敵甚或更大的影響力。

為說明主要結果,我們聚焦在表 13.2 的第二次世界大戰與韓戰。在這兩場戰爭中,實質 GDP 均超過其趨勢值,但幅度小於實質國防購買超過其趨勢值的幅度。例如,在 1943–1944 年,實質國防購買的超過幅度為 $5,370 億,而實質 GDP 的超過幅度為 $4,330 億。在 1952–1953 年,這兩個數值分別為 $560 億及 $490 億。

既然實質 GDP 的增幅小於國防購買的增幅,那麼 GDP 的部分組成項就必定低於其趨勢值。在 1943–1944 年,毛投資低於趨勢值 $580 億,政府非國防形式的消費及投資低於趨勢值 $200 億。消費水準大約等於其趨勢值,而商品與服務的出口淨額則低於趨勢值 $230 億(我們會在第 18 章討論出口淨額)。在 1952–1953 年,毛投資與消費均約等於其趨勢值,政府非國防消費則超過趨勢值 $50 億,但出口淨額則低於趨勢值 $110 億。

表 13.2　美國戰爭時期的支出、實質 GDP 與就業

I：實質 GDP 及其組成項。每筆數字均為以 1996 年價格計算下，偏離其趨勢值的金額，單位是十億美元。括弧內的值則是偏離其趨勢的百分比。

	戰爭時期			
	1918 第一次世界 大戰	1943–1944 第二次世界 大戰	1952–1953 韓戰	1967–1968 越戰
GDP 類別：				
國防購買	84 (679)	537 (317)	56 (25)	46 (15)
占實質 GDP 趨勢值的 %	16	44	3	1
實質 GDP	42 (8)	433 (36)	49 (3)	81 (2)
消費	–21 (–5)	–1 (0)	0 (0)	31 (1)
毛投資	–21 (–28)	–58 (–51)	0 (0)	5 (1)
政府非國防支出	0 (0)	–20 (–19)	5 (3)	5 (1)
出口淨額	0	–23	–11	–5

II：就業。每筆數字均為偏離趨勢的數量，單位是百萬人。括弧內的值是偏離趨勢的百分比。

就業類別：				
就業總數	3.0 (8)	9.1 (17)	0.9 (1)	1.0 (1)
民間就業	0.5 (1)	1.5 (3)	0.2 (0)	0.4 (1)
軍事人員	2.5 (566)	7.7 (296)	0.7 (24)	0.6 (19)

註：在第 I 部分，每筆數字顯示以 1996 年價格計算之實質支出項每年偏離其估算之趨勢值的情況，單位為十億美元。括弧內的值則顯示偏離值占趨勢值的百分比。例如，就 1943 與 1944 年的平均值而言，國防購買超出其趨勢值 $5,370 億或 317%，而實質 GDP 則超越其趨勢值 $4,330 億或 36%，以此類推。每一個實質支出項為名目值除以 GDP 平減指數（實質 GDP 的趨勢值為 GDP 各組成項之推估的趨勢值之總和）。在第 II 部分，就業總數是民間就業與軍事人員之總和。每筆資料顯示就業的分項偏離其自身趨勢值的狀況，單位是百萬人。例如，就 1943 與 1944 年的平均值而言，就業總數超過其趨勢值 9.1 百萬人，或 17%；民間就業則超出其自身趨勢值 1.5 百萬人，或 3%；而軍事人員則超出其自身趨勢值 7.7 百萬人，或 296%（就業總數的趨勢值為民間就業趨勢與軍事人員趨勢，兩者的推估值之和）。表中最後三次戰爭的資料來自 Bureau of Economic Analysis (http://www.bea.gov)。1918 年的資料來自 John Kendrick (1961)、Christina Romer (1988) 與 U.S. Department of Commerce (1975)。

接下來考慮均衡景氣循環模型的預測與這些戰時資料的關係。主要的差異在於模型預測實質 GDP 不會變動，但資料卻顯示實質 GDP 有可觀的增加。資料也顯示實質 GDP 的增幅小於政府購買的增幅；也就是說，除了軍事購買之外，實質 GDP 的其他項目的總和，在戰爭期間是下滑的。模型與此一型態相符合。不過，除了軍事購買之外的其他實質 GDP 項目，其減幅不如模型所預測的。

戰爭對經濟體系的影響

以上模型的主要問題，非常令人吃驚的是，它預測實質 GDP 在戰爭期間不會變動。此一預測源自我們假設勞動投入 (L) 是固定的，因此，我們將重新考慮此一假設。我們先看看戰爭期間的就業資料。

戰爭期間的就業

我們看第二次世界大戰的就業型態。在 1943–1944 年，軍事人員的數量大幅增加，超過其推估的趨勢值高達 7.7 百萬人。但令人吃驚的是，民間就業也增加了，超過其推估的趨勢值約 3%，達 1.5 百萬人。把這兩個部分放在一起，就業總數 (民間的加軍事的) 超過趨勢值達 9.1 百萬或 17%。為了讓模型有更好的預測，我們需解釋為什麼勞動的總供給量會增加這麼多。

戰爭對勞動供給的影響

經濟學家之間對於了解戰爭期間的勞動供給之最佳方法，並沒有一致的見解。因此，我們只能考慮一些可能性，但無法獲致一個確定的解釋。以下是一些被提及的概念。

- 實質政府購買 (G) 大幅擴張，意味著家戶的實質可支配所得變少了。負的所得效果預測消費與休閒都將減少，從而勞動供給 (L^s) 就增加了。有一些因素會影響所得效果的大小。一方面，我們強調過 G 的增加很可能是暫時的，起碼在戰爭沒有持續太多年且沒有太大的資本存量被毀損及太多人死亡時，是如此。此一考慮，讓其對消費與休閒的所得效果相對地小。另一方面，在提供效用上，軍事支出無法代替私人消費，也就是在標題為「有用的公共服務」的專欄中，所提及的參數 λ 是零。此一考量讓所得效果比政府非軍事購買的所得效果來得大。總的說來，所得效果預測勞動供給 (L^s) 會增加。不過，問題在於上述推論也預測消費 (C) 會減少。此一預測與表 13.2 的發現相左；在表中，C 在戰爭期間並沒有減少很多。

- Casey Mulligan (1998) 主張，戰爭期間勞動供給 (L^s) 的增加是源自於愛國心；也就是說，給定實質工資率 w/P 與實質總所得，戰爭讓人們願意多工作。此一主張吸引人的地方，在於它毋須倚賴負的所得效果，而可以解釋為什麼在戰爭期間，消費沒有減少太多。不過，愛國心的影響在像第二次世界大戰這樣的戰爭，要比在其他衝突中，更為重要。

- 從家戶的角度來看，我們想要了解，軍隊招募的行動迫使很多男性離開勞動市場，會如何影響未被招募者 (特別是女性) 的勞動供給。此一分析的一部分牽涉到先生被徵召入伍的夫妻，他們會延後生小孩，而提高婦女參與勞動市場的可能性。另一個考慮涉及延後結婚。經由此一管道，軍隊的招募會影響單身婦女的勞動供給；也就是那些本來會結婚、生小孩的女性，會發現投入勞動市場是一個暫時且具吸引力的選擇。

圖 13.8　戰時勞動供給增加對勞動市場的影響

負斜率的曲線為勞動需求曲線 L^d，繪自圖 13.6。我們現在允許實質工資率 w/P 對 L^s 有正影響，如淺色正斜率曲線所示。假設戰爭的發生讓勞動供給曲線由 L^s 右移到深色正斜率曲線 $(L^s)'$。橫軸上的勞動投入由 L^* 增加到 $(L^*)'$，縱軸上的實質工資率則由 $(w/P)^*$ 降到 $[(w/P)^*]'$。

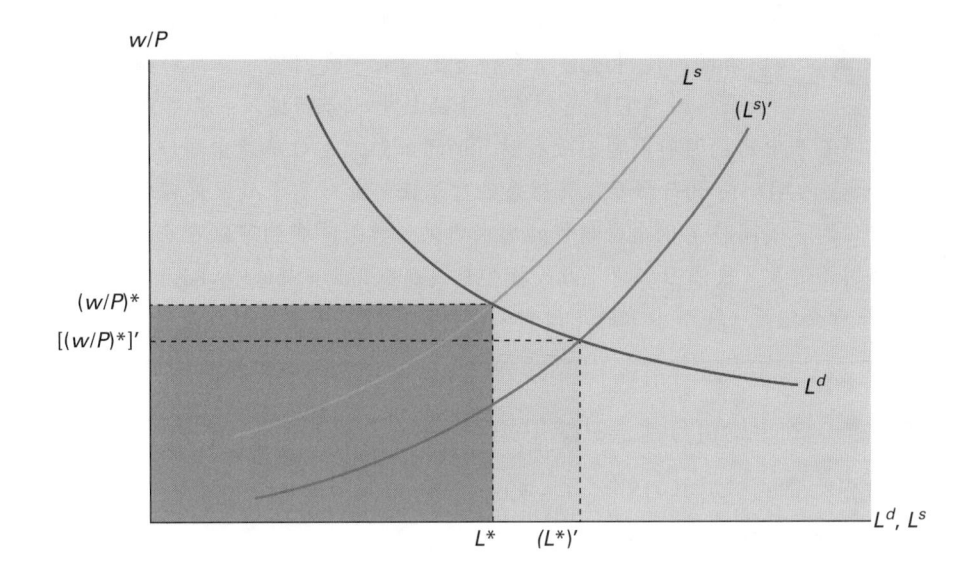

以上這些論點的結論是戰爭很可能造成勞動供給 (L^s) 增加。因此，我們現在假設戰爭的發生會讓勞動供給曲線 (L^s) 移動，如圖 13.8 所示。與圖 13.6 不同的是，我們現在允許實質工資率 w/P 對 L^s 有正影響。因此，在戰前，勞動供給曲線為圖中淺色正斜率曲線。戰爭的發生讓這條曲線右移到深色正斜率曲線的位置，即被標示為 $(L^s)'$ 的線。在任一 w/P 之下，深色曲線上的勞動供給量比淺色曲線的來得大。

在圖 13.8，勞動需求曲線為標示為 L^d 的負斜率曲線。這條曲線與圖 13.6 中的一樣。我們仍然假設戰爭的發生，不會影響勞動需求曲線〔因為政府購買 (G) 的變動不會影響 MPL〕。

在戰前，如圖 13.8 所示，勞動市場結清於勞動量 L 與實質工資率 $(w/P)^*$。在戰時，勞動數量增加到橫軸上的 $(L^*)'$，實質工資率則降到縱軸上的 $[(w/P)^*]'$。因此，如果勞動供給曲線可以移動，則此一模型就能解釋表 13.2 所觀察到的就業總數的增加。新出現的一個預測是，戰爭的發生讓實質工資率 w/P 下降。

戰爭對實質工資率的影響

我們現在要檢視圖 13.8 所做的預測，即戰爭會讓實質工資率 (w/P) 降低。在美國的主要參戰經驗中，此一命題不一定成立。如果我們計算主要戰爭期間實質工資

> ### 模型的擴展
>
> #### 在均衡景氣循環模型中加入政府購買的需求效果
>
> 在我們的均衡景氣循環模型，政府購買的增加藉由讓勞動供給增加使得經濟體系的產出增加。我們稱此為政府購買的供給效果，因為它藉由影響生產函數中的勞動投入而影響經濟體系的供給面。在第 6 章中的凱因斯模型，政府購買的增加雖然也會讓產出增加，不過是藉由影響總合需求 (AD) 曲線而影響經濟體系的需求面。此一需求效果仰賴物價及／或工資的名目僵固。為同時呈現政府購買的需求與供給效果，我們可以在均衡景氣循環模型加進僵固物價及／或僵固工資。此一模型稱為新凱因斯 (New Keynesian) 模型；我們在第 17 章會介紹此一模型，不過是用它來探討貨幣政策，而非財政政策。

率偏離其趨勢值的平均百分比，其結果如下：[2]

- 第一次世界大戰 (1917–1918 年)：－4.0%
- 第二次世界大戰 (1942–1945 年)：＋3.1%
- 韓戰 (1951–1953 年)：0.0%

因此，對 w/P 所預測的負效果僅出現在第一次世界大戰。在第二次世界大戰期間，w/P 超過其趨勢值的結果則與我們的預測不符。至於韓戰，w/P 幾乎沒有偏離其趨勢值。

更進一步的分析可以說明為何預測會不準。在第二次世界大戰期間，美國政府實施價格管制與實物配給的政策 (在韓戰期間，也有這些政策，不過強度比較沒那麼大)。因此，呈現出來的物價水準 (P) 會低估真實的物價水準，即家戶無法僅支付規定的價格就得以購買更多的商品。例如，在價格管制與實物配給期間，家戶如果要多買商品，就必須以比規定價格更高的黑市價格來購買。由於 P 被低估，所以衡量到的實質工資率 (w/P) 會高估真實的實質工資率；亦即，因為配給的關係，家戶不能以額外一小時的勞動換取額外 w/P 單位的商品。原則上，我們可以把 P 往上調 (以一個未知的幅度調整)，以計算真實的物價水準；此一水準即是家戶在黑市購買商品時，所須支付的真正價格。把 P 往上調，意味著調整後的實質工資率會低於在第二次世界大戰與韓戰所衡量到的實質工資率。此一修正會讓模型有更好的解釋能力，因為調整後的實質工資率可能會低於第二次世界大戰與韓戰時期的趨

---

[2] 名目工資為製造業勞工的平均時薪，實質薪資等於名目薪資除以 GDP 平減指數。實質薪資的趨勢值用我們常用的方法計算而得。

勢值。

戰爭對租用市場的效果

由圖 13.8，我們學到戰爭會增加勞動供給 L^s，而帶動勞動投入 L 的增加。此一變動會影響租用市場，因為 L 的增加會提高 MPK (在給定的資本服務數量 κK 之下)。

在戰前，如圖 13.9 所示，資本服務需求 $(\kappa K)^d$ 為淺色的負斜率曲線。戰爭會讓此一需求曲線右移到深色曲線 $[(\kappa K)^d]'$。需求曲線之所以右移是因為勞動數量 (L) 的增加，會讓 MPK 提高。資本服務的供給曲線 $(\kappa K)^s$，如圖中的正斜率曲線，則不會因戰爭而移動。

在圖 13.9，我們看見實質租用價格 R/P 與資本服務數量 κK 都會增加。給定資本存量 K，κK 的增加來自資本利用率 κ 的增加。回想一下實質利率決定於：

$$r = (R/P) \cdot \kappa - \delta(\kappa) \tag{12.10}$$

R/P 與 κ 的增加意味著 r 會增加。因此，對於戰爭的影響，有兩個新的預測，亦即資本利用率 κ 與實質利率 r 都會增加。

我們曾看過資本利用率的資料。數字顯示利用率 (κ) 在韓戰期間明顯地高於趨

圖 13.9 戰時勞動投入增加對資本服務市場的影響

如圖 13.8所示，就業從 L^* 增加 $(L^*)'$，這會提高 MPK (給定資本服務數量 κK)。因此，資本服務的需求曲線會由淺色負斜率的 κK^d 右移到深色負斜率的 $[(\kappa K)^d]'$。結清市場的實質資本租用價格，由縱軸上的 $(R/P)^*$ 上升到 $[(R/P)^*]'$，資本服務數量則從橫軸上的 $(\kappa K)^*$ 增加到 $[(\kappa K)^*]'$。給定資本存量 K，資本服務的增加，會提高資本利用率 κ。

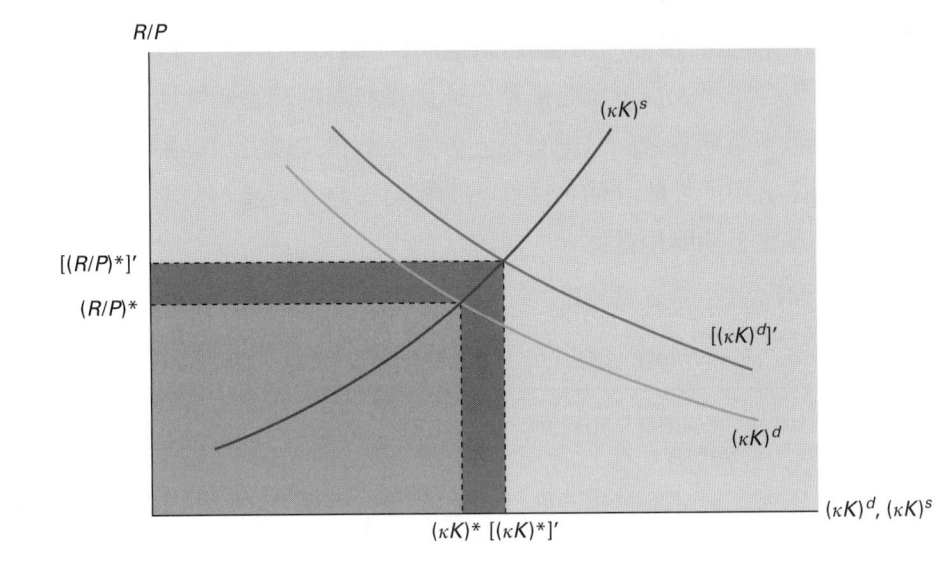

勢值，高出的值在 1952–1953 年平均為 0.025。不過，1948 年之前並沒有類似的資料，但有時間序列資料顯示在第二次世界大戰期間，製造業的資本利用率顯著地上升。[3] 所以資料支持模型所做在戰爭期間有較高資本利用率的預測。

但在戰爭期間，實質利率較高的預測與實際資料不符。在韓戰期間 (1951–1953 年)，3 個月期的美國國庫券的實質利率，平均而言，約等於其趨勢值。在第二次世界大戰期間 (1942–1945 年)，3 個月期美國國庫券的名目利率非常低，小於 1%，而物價膨脹率平均約 5%，從而實質利率為負。[4] 在第一次世界大戰，短期名目利率從 1916 年的 3% 上升到 1918 年的 6%，但物價膨脹率高達 16%，從而實質利率還是負的。

在戰爭期間，實質利率為什麼會那麼低，尚未被完全了解。一個可能可以解開此一謎團的概念牽涉到各種不同形式資產其報酬的不確定程度。戰爭可能提高人們對全球性災難之可能性的評估，因此，會增加相對安全的資產 (如政府公債) 的需求。需求的增加也許可以解釋為什麼這類資產的實質利率在戰爭期間會相當低。

總結

我們擴展均衡景氣循環模型，以考慮政府對商品與服務的購買。這些購買會出現在政府的預算限制中，且以定額稅賦扣除定額移轉之後的餘額來融通。

政府購買的恆久增加，會帶來稅賦扣除移轉之後的淨額之持久性的增加，從而讓家戶的實質可支配所得有持久性的減少。強烈的所得效果造成消費約一對一的減少。相較之下，政府購買的暫時性增加只會有微弱的所得效果，從而消費只微幅減少，但投資顯著減少。我們經由研究美國在上世紀的重要戰爭期間，其軍事購買的暫時性擴張來檢驗模型的預測。但證據卻帶來了一連串未解的謎團，包括戰爭期間，就業總數 (包含軍事人員) 大幅攀升，及實質利率無法系統性地上升。前者可以用愛國情操對戰爭時期的勞動供給有正向影響來解釋；後者可以用戰爭可能提高人們對全球性災難之可能性的評估，從而增加相對安全的資產的需求，進而讓這類資產的實質利率在戰爭期間相當低。

---

[3] 此一時間序列資料由聯邦準備與經濟分析局建構，其為製造業每單位已裝置設備的產出。資料始自 1925 年，因此沒有第一次世界大戰的資料。

[4] 物價膨脹率平均約 5% 是立基於消費者物價指數。因為物價管制，所以戰時的真實物價膨脹率很有可能更高，從而真實的實質利率很有可能負更多。

習題

A. 複習題

1. 導出式 (13.6) 的多年期家戶預算限制。說明實質移轉與實質稅賦如何進入此一預算限制式。
2. 政府對商品與服務的購買與政府的移轉性支付之間有什麼經濟上的差異？

B. 討論題

3. 公共服務的角色

    在題為「有用的公共服務」的專欄中，我們討論過公共服務在提供家戶效用上所扮演的角色。我們假設，家戶將一單位的政府購買 G 所帶來的效用視同 λ 單位的個人消費 C 所帶來的效用。

    a. 考慮政府支出有許多不同的類型，例如軍事支出、警力、高速公路、公共運輸及研究與發展。你認為係數 λ，在這些不同類型的政府支出會有何差異？

    b. 假設 G 恆久增加一單位。實質 GDP (Y)、消費 C 與投資 I 會有什麼反應？這些反應如何受到 λ 大小的影響？

4. 資本的公共所有權與國民所得帳

    在以前的國民所得帳，GDP 僅包括政府對商品與服務的購買，但並不包括政府所擁有的資本其提供的服務流量。此外，國民所得帳在計算國內生產淨額時，也未扣除公共資本的折舊。

    a. 就此一以前的系統而言，如果政府將其資本給予民間企業，然而再自該企業購入最終商品的話，GDP 會有什麼變化？

    b. 在國民所得帳現行系統中，GDP 包括對公共資本所產生的隱藏租用所得之流量的估計。不過，此一所得流量被假設成等於公共資本的折舊。根據此一系統，重新回答 a 小題。

5. 國民所得帳中的政府消費

    國民所得帳將政府對商品與服務的所有購買 G，視為實質 GDP 的一部分。如果由政府購買衍生而來的公共服務是民間生產的投入要素之一，即

    $$Y = F(\kappa K, L, G)$$

    在此情況下，公共服務就成為一種中間財，亦即將用於下一階段生產的財貨。像這樣的服務，我們不應該在實質 GDP 中重複計算：政府買時算一次，變成中間財而對民間生產有所貢獻時再算一次。

a. 假設一開始民間企業僱用私人警衛。但現在，政府提供免費的警力保護，而可用以代替私人警衛。假設私人警衛與警察具相同效率並領取相同的工資率。以警察代替私人警衛，對實質 GDP 會有何影響？

b. 為了要更正確地處理政府對商品與服務的購買，你認為國民所得帳應如何修訂？你的提議是否可行？

6. 政府購買的預期變動

假設人們在今年得知，政府購買 G_t 將會在未來的某一年增加，但今年的政府購買 G_1 沒有變動。

a. 今年的實質 GDP (Y)、消費 C 與投資 I 會有何變化？

b. 你能想出一些合乎題意的現實情況嗎？

第 14 章

稅

在第 13 章，我們擴展均衡景氣循環模型以包括政府支出。不過，我們對政府做了一個比較不符實際的假設，即假設定額稅與移轉；家戶所繳的稅及收到的移轉並不決定於家戶的所得或其他特徵。在現實世界中，政府課徵不同種類的稅並支付不同種類的移轉，但沒有任何一種像我們模型中的定額稅與移轉。

通常，家戶所面對的稅及移轉會影響其決策。例如，勞動所得稅會打擊家戶工作與賺取所得的意願；對失業者的移轉會影響他們的就業意願；資產所得稅會打擊儲蓄意願。整體而言，稅與移轉會產生替代效果，而影響勞動供給、生產、消費與投資。在本章，我們擴展均衡景氣循環模型以涵蓋部分這些效果。不過，在我們擴展模型之前，我們先綜覽一下政府收入。

歐元區的政府收入

圖 14.1 中的上方曲線顯示在 1999–2014 年期間，歐元區政府總收入對國內生產毛額 (GDP) 的比值；中間曲線是中央政府的，下方曲線則是州與地方政府的。在大部分年間，政府總收入的比值維持在 45% 左右的水準，然後在上述期間的末期，微幅上升至 47%。中央政府收入的比值很穩定地維持在 20%。同樣地，州與地方政府收入的比值也很穩定地維持在 16%。剩下的政府總收入來自於社會安全 (social security) 基金。

圖 14.2 將政府稅收 (約占政府總收入的 90%) 分成一些主要項目。第一項是對生產與進口課徵的稅，包括對產品/服務的生產或交易所課的稅，以及其他生產稅。這個項目中最重要的稅是加值型 (value–added–type) 營業稅。生產與進口稅約占總稅收的 32%。

第二項是所得與財富的經常稅，包括個人所得稅與營利事業所得稅(即公司利潤稅)。這個項目中最重要的稅是個人所得稅。所得與財富的經常稅約占總稅收的 30%。

第三項是社會貢獻淨額 (net social contributions)，其中最主要的細項是實際的社會貢獻。實際的社會貢獻包括由雇主、雇員、自我僱用及非受僱者所支付的強制與志願的貢獻。社會貢獻淨額約占總稅收的 38%。

最後一項是資本稅，占總稅收不到 1%。資本稅為對資產淨值或遺贈所課的稅，其稅期是不規則的。

圖 14.1　歐元區的政府收入

上方曲線顯示政府總收入對國內生產毛額 (GDP) 的比值；中間曲線是中央政府的，下方曲線則是州與地方政府的。

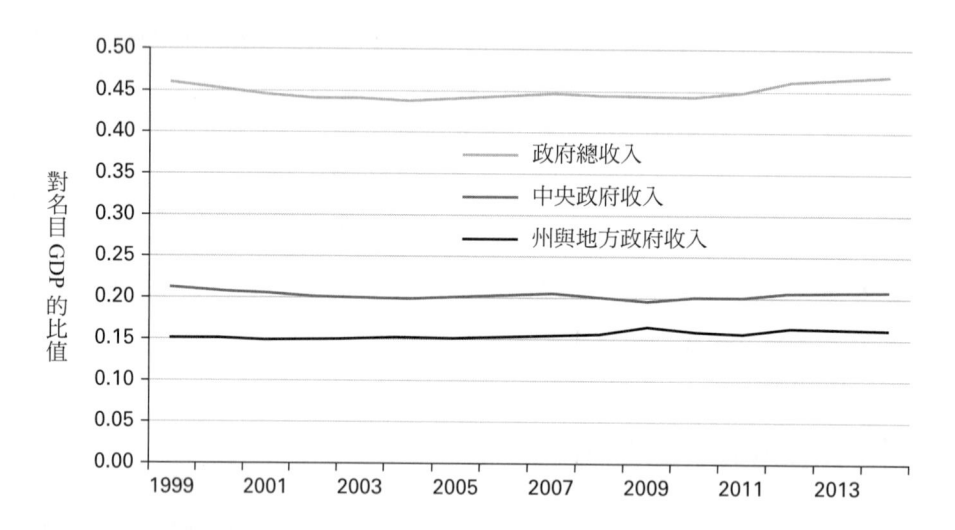

圖 14.2　歐元區總稅收的分項

本圖顯示總稅收的四個分項對總稅收的比值。這四個分項包括生產與進口稅、所得與財富的經常稅、社會貢獻淨額與資本稅。

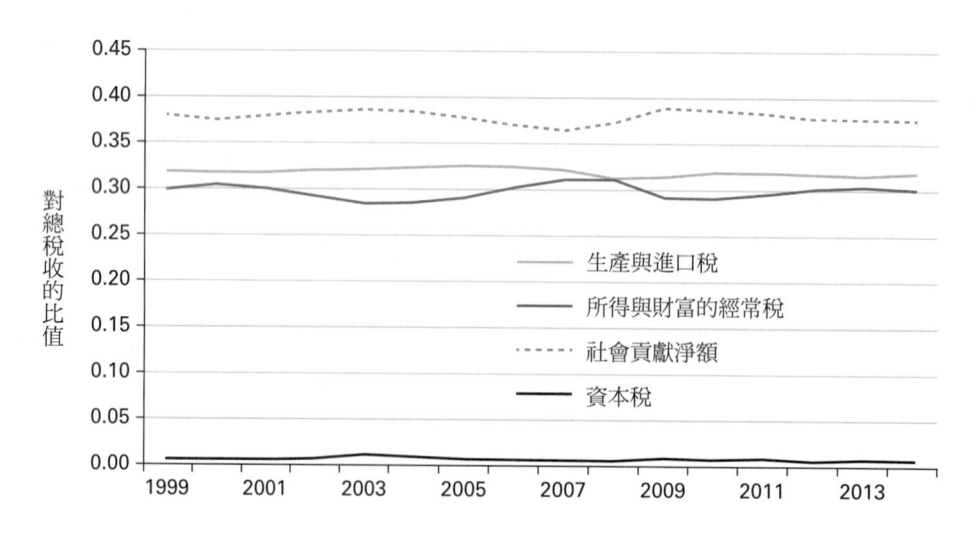

稅的種類

一些稅的標的落在各類型的所得：個人所得稅、營利事業所得稅，與社會安全捐 (貢獻)。社會安全捐來自於薪資稅。其他稅則落在支出上面：銷售稅、貨物稅與關稅。很多國家使用加值稅(VAT)，它類似銷售稅，不過，是在生產過程的不同階段課徵的。還有一些稅是以財產所有權為標的，因此是一種財富稅。重點是，對所有這些稅而言，家戶或企業所支付的數額決定於其經濟活動。沒有任何一種稅像是我們模型中的定額稅。

由於所得稅非常重要，因此，值得將所得稅納入我們的均衡景氣循環模型。一個要點是區分**邊際稅率** (marginal tax rate) 與**平均稅率** (average tax rate)。邊際稅率是指額外一單位所得所付的額外稅。平均稅率則是總稅賦對總所得的比值。邊際效率會產生影響家戶與企業行為的替代效果。平均稅率則決定政府的收入，它等於平均稅率乘上所得。

個人所得稅的一個重要性質是邊際稅率通常會隨所得上升。表 14.1 以英國 2015 年個人所得稅制說明邊際與平均所得稅率的本質。前 £10,600 的所得是免稅的，它稱為個人免稅額。所得介於 £10,600 與 £42,385 之間的稅率為 20%。因此，所得為 £10,600 時，邊際稅率為 20%。不過，平均稅率仍為 0，因為並沒有付任何的稅。當所得為 £42,385 時，稅賦為 £6,357，因此，平均稅率為 15% (6,357/42,385)。接下來的 £118,215 的所得，邊際稅率增加到 40%。因此，在所得為 £160,600 時，稅賦為 £53,643，且平均稅率為 33%。然後，邊際稅率增加到 45%。當所得超過 £160,600 時，邊際所得稅率就不再隨所得增加。

表 14.1 說明了英國個人所得稅的兩個重點，且這兩個重點適用於很多其他國家。首先，邊際所得稅率隨所得增加，直到所得到達 £160,600 為止。這就是為什麼這個稅制稱為**累進稅率** (graduated-rate or progressive-rate tax) 結構。不過，超過 £160,600 以上，邊際稅率就變成**單一的** (flat)，而非累進的。其次，邊際稅率恆大於平均稅率。這是因為平均稅率的計算會包括前面所得所付的較少的稅，如所得的前 £10,600 是免稅的。不過，當所得變得很高，如表中超過 £1,000,000 以上，平均稅率會逼近 45% 的邊際所得稅率的上限。

表 14.1 簡化了英國複雜的個人所得稅制。例如，它忽略很多稅法上可以降低家戶稅賦的規定。這些規定包括扣除額 (如慈善捐款、贍養費) 及各種寬減額 (撫養子女、暖器與房屋、低收入…等等)。某些由雇主所提供的額外福利，特別是子女照護與退休金，也是可以免稅或緩課。

表 14.1 英國 2015 年的累進所得稅

所得水準 (£)	稅額 (£)	邊際稅率	平均稅率
0	0	0	0
10,600	0	0.20	0
42,385	6,357	0.40	0.15
160,600	53,643	0.45	0.33
1,000,000	431,373	0.45	0.43

註：本表適用於英國 2015 年採標準個人免稅額的個人。前 £10,600 的所得其所得稅率為 0；接下來的 £31,785 的所得，稅率為 0.2；再接下來的 £118,215 的所得，稅率為 0.4；之後所有的額外所得，稅率為 0.45。

所得稅的另一種重要形式是國家保險捐，它被用來融通州退休金及其他免稅額/寬減額，如尋職者與產婦免稅額。雖然政府這稱這些課徵為捐，但它們比較像稅，因為個人所得到的寬減額並非決定於個人所繳金額的多寡。因此，這些支付部分為稅、部分為捐。

國家保險稅比個人所得稅來得簡單。在 2015 年，當週所得少於 £155 時，國家保險稅的稅率為零，接下來的 £660 的週所得其稅率為 12%，之後所有的額外週所得其稅率為 2%。因此，週所得少於 £155 的邊際稅率為 0%，週所得介於 £155 與 £815 之間的邊際稅率為 12%，再上去的為 2%。雇主繳相同金額。

當週所得介於 £0 到 £155 時，平均稅率等於零的邊際稅率。這個性質適用於**單一稅率** (flat-rate tax) 體系。不過，在 £155 時，這個體系的邊際稅率大幅上升到 12%。當所得超過 £815 時，平均稅率會從 9.7% 慢慢下降到 2%。因此，在這個級距，邊際稅率小於平均稅率。此一型態跟個人所得稅的相反。

實證上，一個經濟體系其平均的邊際所得稅率非常難衡量，因為這些稅率會隨著個人與所得的種類而有所不同。圖 14.3 畫出英國不同期間個人所得稅的最高邊際所得稅率。如圖所示，在 1978 年，英國的最高邊際所得稅率高達 83%。接下來，在 1979–1988 年期間，英國政府將最高邊際所得稅率從 83% 大幅調降到 40%。雖然所得稅制仍是累進的，但累進程度大不如前。40% 的最高邊際所得稅率一直維持到 2010 年；之後，先調高到 50%，再於 2013 年降至 45%。

模型中的稅

為能把稅納入均衡景氣循環模型中，讓我們先看式 (13.4) 的家戶預算限制。如果省略標示時間的下標，則預算限制為：

圖 14.3　英國的最高邊際所得稅率

圖形顯示英國個人所得稅的最高邊際所得稅率。

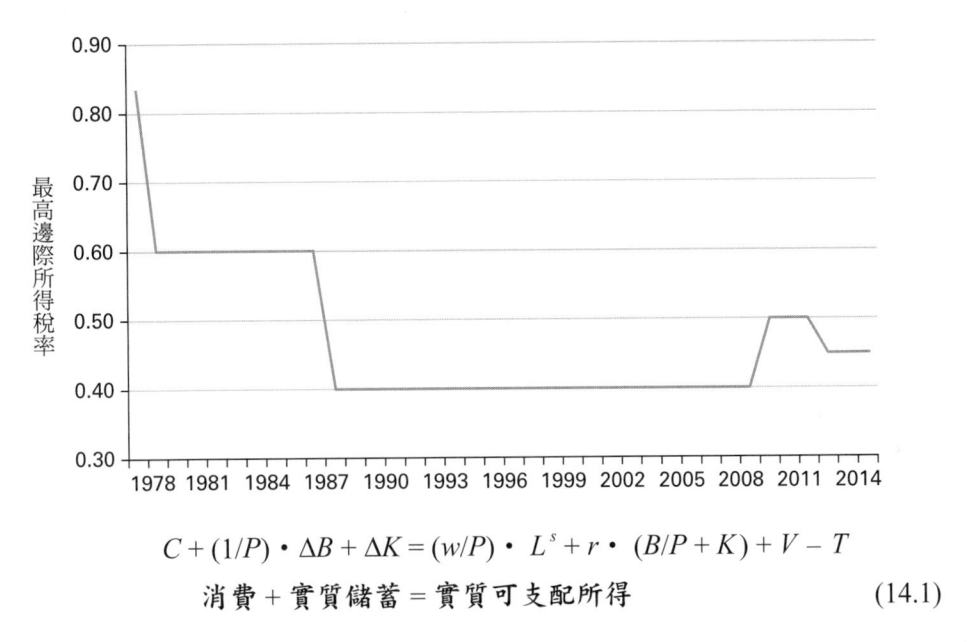

$$C + (1/P) \cdot \Delta B + \Delta K = (w/P) \cdot L^s + r \cdot (B/P + K) + V - T$$
$$\text{消費} + \text{實質儲蓄} = \text{實質可支配所得} \tag{14.1}$$

到目前為止，我們一直都假設實質移轉 (V) 與實質稅賦 (T) 是定額的，因此，家戶的實質移轉扣除實質稅賦之淨額，$V-T$，並不決定於家戶的特徵，如所得與消費。我們現在讓家戶的實質稅賦決定於家戶的某些特徵。類似的考量也適用於實質移轉 (V) 的分析。

各種不同種類的稅，可以式 (14.1) 兩邊的各項變數為稅基。銷售稅、貨物稅與加值稅決定於消費 C。勞動所得稅，如個人所得稅與社會安全捐，決定於實質勞動所得，$(w/P) \cdot L^s$。資產所得稅，其為個人所得稅的一部分，則決定於實質資產所得，$r \cdot (B/P + K)$。[1] 在現實世界中，資產所得稅的稅基包括利息、股利與資本利得。[2]

我們現在要評估課稅的經濟效果。如果一種稅能影響實質 GDP，它就必須先能影響生產要素的僱用量，即勞動或資本服務的僱用量。因此，我們可以用會不會

---

[1] 資產所得稅通常以名目利息收入，$i \cdot B/P$，為稅基，它是由名目利率 (i)，而不是由實質利率，計算來的。這樣的利息所得計算方式讓物價膨脹率 (π) 也可以影響實質稅賦。另外，家戶的利息支出有時可以從應稅所得中扣除。

[2] 為考慮公司利潤稅，我們可以讓家戶所得再包括實質企業利潤 (Π)。我們之前會將 Π 去掉是因為在均衡時它等於零。不過，在大多數的稅制裡，利潤的定義與我們模型中的不同。最主要的差異是，在我們的定義，實質資本租用支出 $[(R/P) \cdot K]$ 列為減項，但在現實世界中的公司利潤稅，此一租用支出 (包括折舊與利息支出) 只有部分可以扣除。根據此一現實世界的利潤定義，公司利潤稅也有課到資本所得，從而資本所得會有被重複課稅 (double taxation) 的問題。

影響勞動或資本服務,或同時影響,將稅加以分類。接下來我們考慮兩種稅,一種決定於勞動所得,另一種則決定於資產所得。

勞動所得稅

我們先考慮對勞動所得所課的稅,如個人所得稅。令 τ_w 為勞動所得的邊際稅率。為簡化分析,就不考慮像大多數國家的個人所得稅那樣的累進稅率結構,我們假設 τ_w 對所有的所得水準都一樣。如果把 τ_w 想成所有家戶的邊際所得稅率的平均值,那麼我們的主要結果就可以應用到實際世界。

我們假設邊際所得稅率 τ_w 並不隨著時間改變,或至少家戶並沒有預期未來的稅率跟眼前的有任何不同。任何對今天稅率與未來稅率有差異的預期,會讓家戶在稅率相對較低的年度多工作,且相對較高的年度少工作;亦即,對 τ_w 的預期的變動,會對勞動供給產生跨期替代效果。因為我們假設 τ_w 不變,所以我們忽略這些跨期替代效果。

家戶有時享有扣除額或寬減額,使其應納稅額得以降低。這些部分會造成平均與邊際稅率之間的差距,使得平均稅率小於邊際稅率。如果所有人的扣除額都相等,那麼低所得家戶的平均稅率會小於高所得的(回想一下我們假設所有家戶的邊際稅率 τ_w 都相等)。在某些情況下,家戶應納稅額是負的,相當於收到來自政府的移轉。在現實世界中,之所以會有負的稅是因為稅賦優惠是**可以退還的**(*refundable*);這些優惠不僅可以減稅,在應納稅額為負值時,還可以現金方式退還給家戶。

家戶所繳的實質稅賦等於平均稅率乘以勞動所得。平均稅率決定於邊際所得稅率 (τ_w) 與扣除額的大小。如果扣除額的結構保持不變,則 τ_w 愈高意味著平均稅率愈高。因此,給定扣除額,除非勞動所得下降太多,否則,τ_w 愈高,政府的稅收就愈多。

為評估對勞動所得課稅的經濟效果,我們必須擴展對家戶勞動供給的分析。最重要的是休閒與消費之間的替代效果。如果沒有勞動所得稅,則替代效果決定於實質工資率 (w/P)。如果家戶增加一單位時間的勞動供給 L^s,則其實質勞動所得,$(w/P) \cdot L^s$,會增加 w/P 單位。此一額外的所得讓家戶得以增加 w/P 單位的消費。在 L^s 增加一單位時間的同時,休閒時間就減少一單位。因此,家戶可以用 w/P 單位的消費代替一單位的休閒時間。如果 w/P 上升,則對家戶更有利,從而我們預測家戶會增加勞動供給量,減少休閒時間並增加消費。

新的考量是額外一單位的勞動所得會被課以 τ_w 的邊際所得稅率。如果家戶提

高一單位時間的勞動供給 (L^s)，可以讓其稅前實質勞動所得，$(w/P) \cdot L^s$，增加 w/P 單位。此一額外的所得是式 (14.1) 的家戶預算限制中，等號右邊的第一項：

$$C + (1/P) \cdot \Delta B + \Delta K = (w/P) \cdot L^s + r \cdot (B/P + K) + V - T \qquad (14.1)$$

額外的勞動所得會讓家戶的實質稅賦 (T) 增加 τ_w 單位。這個稅也出現在等式的右邊，不過，是帶有負號的。整體而言，等式的右邊會增加 $(1 - \tau_w) \cdot (w/P)$ 單位。這即是稅後實質勞動所得增加的量。由等式也可以看出，家戶可以使用這個額外的實質稅後所得，來增加 $(1 - \tau_w) \cdot (w/P)$ 單位的消費。

我們發現，家戶可以多工作一單位時間以增加 $(1 - \tau_w) \cdot (w/P)$ 單位的消費 C。而增加一單位勞動時間意味著休閒減少一單位。因此，家戶可以用 $(1 - \tau_w) \cdot (w/P)$ 單位的 C 代替一單位的休閒時間。所以，當有勞動所得稅時，勞動供給的替代效果決定於**稅後實質工資率** (after-tax real wage rate)，$(1 - \tau_w) \cdot (w/P)$，而非稅前實質工資率，w/P。因此，給定 w/P，如果邊際稅率 τ_w 提高，那麼 $(1 - \tau_w) \cdot (w/P)$ 會減少。所以，我們預測家戶會降低勞動供給量，增加休閒時間且減少消費。

在之前，我們強調勞動供給也決定於所得效果。我們曾預測當家戶所得增加時，它會增加消費與休閒，從而減少工作時間。當邊際所得稅率 τ_w 提高時，所得效果會產生什麼影響？式 (14.1) 顯示，等號右邊的家戶實質所得決定於實質移轉扣除實質稅收的淨額 ($V - T$)。回想一下，第 13 章曾提到政府的預算限制為：

$$V - T = - G \qquad (13.8)$$

因此，如果政府購買 (G) 不變，則式 (13.8) 意味著實質移轉減去實質稅賦的淨額 ($V - T$) 也是不變的。因此，給定 G，$V - T$ 並不會給家戶實質所得帶來任何的變動。換句話說，如果 G 固定的話，τ_w 的變動並不會產生任何所得效果。

我們需要進一步探究這個結果，因為邊際所得稅率 τ_w 的提高，應該會帶來負的所得效果。這個結果決定於當邊際所得稅率 τ_w 提高時，會有什麼其他變動。一個可能性是，政府會調整稅賦體系的其他部分，讓實質總稅收 (T) 不變。例如，當個人所得稅的邊際所得稅率 τ_w 提高時，政府可能提高扣除額以維持 T 固定。

另一個可能是政府的稅源，會從邊際所得稅率相對較低的 (如社會安全捐) 移向相對較高的 (如個人所得稅)。給定總稅收 (T)，這樣的移動，會提高勞動所得的邊際稅率(τ_w)。

另一個可能是，用因 τ_w 的提高而增加的實質稅收 (T)，增加實質移轉 (V)。在此情況下，$V - T$ 仍然不變，因此也沒有所得效果。

最後，我們也可能用因 τ_w 的提高而增加的實質稅收 (T)，支付額外的政府購買 (G)。在此情況下，會有兩股力量：即 τ_w 的增加 (這是我們現在正在研究的)，與 G

的增加(這是我們在第 13 章所討論的)。回想一下，G 的增加會有負的所得效果。為單純起見，我們現在所要分析的是，在給定的 G 之下，τ_w 的提高所造成的影響。在此情況下，對勞動供給並沒有所得效果。因此，給定實質工資率 w/P，τ_w 的提高，會透過稅後實質工資率 $(1-\tau_w)\cdot(w/P)$ 的降低，產生替代效果，讓勞動供給量 L^s 減少。

圖 14.4 顯示勞動所得的邊際稅率 τ_w 提高，對勞動市場的影響。如第 13 章的圖 13.6，圖中的縱軸變數是稅前實質工資率，w/P。負斜率的曲線顯示 w/P 的降低會增加勞動需求量 L^d。不過，跟第 13 章不同的是，現在 w/P 對勞動供給量 L^s 有正影響，如正斜率曲線所示。這背後隱含 w/P 增加後的替代效果大於所得效果。

給定稅前實質工資率 w/P，較高的 τ_w 意味著稅後實質工資率，$(1-\tau_w)\cdot(w/P)$，會較低。因此，在圖 14.4，τ_w 的提高讓勞動供給曲線由 L^s 左移至 $(L^s)'$。此一勞動供給的減少，反映勞動所得稅率 τ_w 提高所帶來的替代效果。

在圖 14.4，勞動所得稅並不會影響勞動需求曲線 L^d。這是因為，由家戶所經營的企業，仍然是透過讓勞動邊際產出 (MPL) 等於實質工資率 (w/P) 來極大化利潤。因此，給定 w/P，勞動所得稅率 (τ_w) 並不會影響利潤極大化下的勞動投入量 (L^d) 的選擇。

由圖 14.4 可以看到，縱軸所標示的結清市場的實質工資率由 $(w/P)^*$ 增加到 $[(w/P)^*]'$；結清市場的勞動數量，則如橫軸所示，由 L^* 降到 $(L^*)'$。

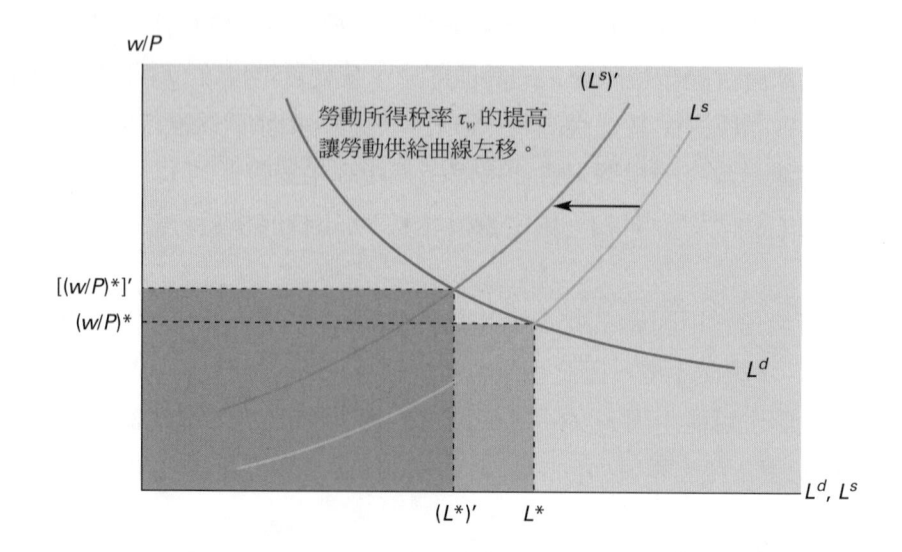

圖 14.4　勞動所得稅率提高對勞動市場的影響

負斜率的勞動需求曲線 L^d 來自圖 13.6。正斜率的勞動供給曲線 L^s 隱含 w/P 增加後的替代效果大於所得效果。勞動所得稅率 τ_w 的提高讓勞動供給曲線由 L^s 左移至 $(L^s)'$。在此情況下，結清市場的實質工資率由縱軸的 $(w/P)^*$ 增加到 $[(w/P)^*]'$；結清市場的勞動數量，則由橫軸的 L^* 降到 $(L^*)'$。

圖 14.5　勞動所得稅率提高對資本服務市場的影響

本圖來自圖 13.5。如圖 14.4 所示，就業量由 L^* 降到 $(L^*)'$。給定資本服務數量 κK，這會讓 MPK 降低，從而讓資本服務需求曲線由 $(\kappa K)^d$ 左移至 $[(\kappa K)^d]'$。正斜率的資本服務供給曲線 $(\kappa K)^s$，並不受影響。結清市場的實質租賃價格，由縱軸的 $(R/P)^*$ 降到 $[(R/P)^*]'$，資本服務數量則由橫軸的 $(\kappa K)^*$ 降到 $[(\kappa K)^*]'$。給定資本存量 K，此一資本服務數量的降低是因為資本利用率 κ 下降。

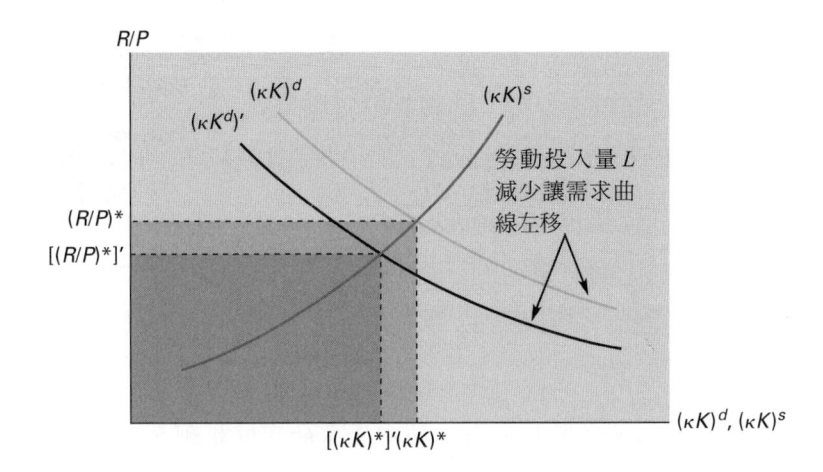

我們也知道稅後實質工資率，$(1 - \tau_w) \cdot (w/P)$，一定會降低；也就是 w/P 的增幅不足以涵蓋因 τ_w 增加所造成 $1 - \tau_w$ 的降幅。這是因為 L^* 降低了，而為了讓 L^* 降低，勞動供給量 L^s 必須下降；而要讓 L^s 下降的唯一方法是讓 $(1 - \tau_w) \cdot (w/P)$ 降低。

從我們對勞動市場的分析可以發現，勞動所得的邊際稅率 (τ_w) 提高，會讓勞動投入量 (L) 降低。這個效果會外溢到資本服務市場，因為 L 的下降會降低資本服務的邊際產出 (MPK)。

圖 14.5 顯示對資本服務市場的影響。如同圖 13.5，縱軸變數為實質租賃價格，R/P。給定資本服務數量 κK，勞動投入 L 的下降，會讓 MPK 降低，從而讓資本服務需求曲線由 $(\kappa K)^d$ 左移至 $[(\kappa K)^d]'$。正斜率的資本服務供給曲線 $(\kappa K)^s$，並不受影響；亦即，給定資本存量 K 與實質租賃價格 R/P，資本服務的供給者沒有理由改變資本利用率 κ。

圖 14.5 顯示結清市場的實質租用價格，由縱軸的 $(R/P)^*$ 降到 $[(R/P)^*]'$，資本服務數量則由橫軸的 $(\kappa K)^*$ 降到 $[(\kappa K)^*]'$，這是因為資本利用率 κ 下降。因此，雖然勞動所得的稅率 τ_w 並不會直接影響資本服務市場，但還是有間接影響。透過讓勞動

投入減少，進而降低 MPK，τ_w 的提高會讓資本服務量 κK 降低。[3]

回想一下第 10 章中實質 GDP 的生產函數：

$$Y = A \cdot F(\kappa K, L) \tag{10.1}$$

現在，技術水準 (A) 並沒有變動。不過，我們已知道勞動所得稅率 τ_w 的提高，會讓勞動數量 L 與資本服務量 κK 都減少，所以 Y 就減少了。因此，我們的結論是較高的勞動所得邊際稅率 τ_w 會降低以實質 GDP (Y) 衡量的整體市場活動。

資產所得稅

我們現在考慮對資產所得課稅。回到家戶預算限制：

$$C + (1/P) \cdot \Delta B + \Delta K = (w/P) \cdot L^s + r \cdot (B/P + K) + V - T \tag{14.1}$$

假設實質稅賦 T 決定於家戶資產所得 $r \cdot (B/P + K)$。此一部分的所得等於債券的實質利息所得 $r \cdot (B/P)$ 加上擁有資產的報酬 rK。rK 這一項等於資本的淨實質收入，$[(R/P) \cdot \kappa - \delta(\kappa)] \cdot K$，因為，根據第 12 章，債券與資本的實質報酬率相等：

$$r = (R/P) \cdot \kappa - \delta(\kappa) \tag{12.10}$$

債券的實質報酬率 = 擁有資本的實質報酬率

令 τ_r 為資產所得的邊際稅率。假設所有形式的資產所得，都被課以相同的稅率。實務上，稅制對於不同形式的資產所得，包括利息、股利、資本利得與自營業者的部分所得，有不同的處理方式。不過，簡單假設所有形式的資產所得都被同等對待，有助於得到資產所得稅所造成的主要影響。由於利息所得與資本所有權的所得適用相同的稅率 τ_r，因此，代表這兩類所得的報酬率相等的式 (12.10) 依然成立。

我們知道實質利率 (r) 對消費有跨期替代效果。第一年的消費 C_1 減少 1 單位時，可以讓家戶第二年的消費 C_2 增加 $1 + r$ 個單位。因此，r 的增加讓家戶減少 C_1，並增加 C_2。現在不同的是，第二年額外 r 單位的資產所得，會被課以稅率 τ_r。此稅意味著家戶增加 r 單位的所得，會被課 $\tau_r \cdot r$ 單位的稅，亦即式 (14.1) 中的 T 會增加 $\tau_r \cdot r$ 單位。因此，如果家戶減少一單位的 C_1，則 C_2 可以增加的幅度為：

$$\Delta C_2 = 1 + r - \tau_r \cdot r$$
$$\Delta C_2 = 1 + (1 - \tau_r) \cdot r$$

所以，影響 C_1 與 C_2 的因素是**稅後實質利率** (after-tax real interest rate)，$(1-\tau_r) \cdot r$。給定 r，τ_r 的提高會降低 $(1-\tau_r) \cdot r$，因此，家戶就比較沒有延後消費的誘因，從而

---

[3] κK 的減少會讓 MPL 降低，而讓圖 14.4 中的勞動需求曲線 L^d 左移，這會讓勞動投入量 (L) 進一步減少。

C_1 會增加，且 C_2 會減少。給定第一年的實質所得，τ_r 的提高會讓家戶在第一年時多消費，且少儲蓄。

如果將式 (12.10) 的兩邊同乘以 $(1 - \tau_r)$，就可以連結稅後實質利率與資本所有權的稅後報酬率：

$$(1 - \tau_r) \cdot r = (1-\tau_r) \cdot [(R/P) \cdot \kappa - \delta(\kappa)] \tag{14.2}$$

稅後實質利率 = 資本所有權的稅後報酬率

因此，只要知道式 (14.2) 等號右邊的實質租用價格 R/P 與資本利用率 κ，就可以計算 $(1 - \tau_r) \cdot r$。R/P 與 κ 的值都是由資本服務市場的結清決定的。

回想一下圖 14.5 中的資本服務的需求與供給。資本所得的邊際稅率 τ_r，並不會影響負斜率的資本服務需求曲線 $(\kappa K)^d$。這是因為企業利潤 (Π) 並未被課稅，因此，這條曲線依然來自於 MPK 等於 R/P 的條件。[4] 所以，τ_r 的變動並不會讓需求曲線 $(\kappa K)^d$ 移動。

在第 10 章，我們推導出資本服務的供給曲線 $(\kappa K)^s$。給定資本存量 K，資本所有者選擇利用率 κ，以極大化租用所得淨額：

$$[(R/P) \cdot \kappa - \delta(\kappa)] \cdot K$$

我們假設 κ 愈高，折舊率會愈高，如 $\delta(\kappa)$ 所呈現的。根據此一設定，實質租用價格 R/P 的上升，會讓利用率 κ 增加，從而讓資本服務的供給量 $(\kappa K)^s$ 增加。這就是為什麼圖 14.5 中的 $(\kappa K)^s$ 曲線是正斜率的原因。

當資本所得稅的稅率為 τ_r 時，資本主會尋求極大化其稅後租用所得淨額：

$$(1-\tau_r) \cdot [(R/P) \cdot \kappa - \delta(\kappa)] \cdot K$$

就任一 τ_r 而言，此一極大化的目標，就等於極大化 $[(R/P) \cdot \kappa - \delta(\kappa)] \cdot K$，跟以往的目標一樣。因此，給定租用價格 R/P，利用率 κ 的選擇，並不受稅率影響。既然資本存量 K 為固定且 τ_r 不影響 κ，因此，τ_r 不會影響資本服務的供給 $(\kappa K)^s$，也因此，τ_r 的變動不會造成圖 14.5 中的供給曲線 $(\kappa K)^s$ 的移動。

既然 τ_r 的變動不會影響圖 14.5 中的需求與供給曲線，那就不會影響結清市場的實質租用價格 $(R/P)^*$ 與資本服務數量 $(\kappa K)^*$。因此，在資本存量固定下，資本利用率 κ 也不會變動。

由於資本服務數量 κK 沒有變動，那就不會影響圖 14.4 中負斜率的勞動需求曲

---

[4] 對企業利潤課稅會影響資本服務的需求。例如，在我們之前提過的對公司利潤課稅的稅制下，公司利潤稅率的提高會讓資本服務的需求減少。

線 L^d。而正斜率的勞動供給曲線 L^s 本來就不受影響,因此,結清市場的實質工資率 $(w/P)^*$ 與勞動數量 L^* 都不會變動。由於 κK 與 L 都保持一樣,那麼由生產函數 $Y = A \cdot F(\kappa K, L)$ 可知實質 GDP (Y) 也保持不變。因此,我們的結論是,資本所得邊際稅率 τ_r 的變動並不會影響實質 GDP。不過,要強調的是,此一結論僅適用於短期資本存量 K 固定的情況。

模型的擴展

消費稅

我們在此說明,消費稅的影響跟正文所提到的勞動所得稅的影響是一樣的。假設實質勞動所得 $(w/P) \cdot L^s$ 是免稅的,不過,當消費 C 增加一單位時,家戶的實質稅賦 (T) 會增加 τ_c 單位。這種稅,可能是銷售稅、貨物稅或加值稅。我們假設消費稅跟 C 成正比,因此,邊際稅率 τ_c 等於平均稅率。我們也假設,所有的家戶面對一樣的 τ_c,且 τ_c 不隨時間變動。

如果家戶多工作一小時,會讓實質勞動所得增加 w/P 單位。根據我們的假設,此一額外的勞動所得是免稅的。假設現在家戶會增加 ΔC 單位的消費。此一變動讓消費稅增加 $\tau_c \cdot \Delta C$ 單位。因此,所得的增量,必須足以涵蓋消費的增量 ΔC 與稅的增量 $\tau_c \cdot \Delta C$:

$$w/P = \Delta C + \tau_c \cdot \Delta C$$
$$w/P = \Delta C \cdot (1 + \tau_c)$$

如果等號兩邊同除以 $1 + \tau_c$,則可以解出消費增量為:

$$\Delta C = (w/P)/(1 + \tau_c) \tag{14.3}$$

因此,家戶每多一單位時間的勞動(即減少一單位休閒時間),可以讓消費增加 $(w/P)/(1 + \tau_c)$。例如,如果 $\tau_c = 0.10$,則家戶可以讓消費增加約 $0.9 \cdot (w/P)$ 單位。重點是 τ_c 愈高,消費增量就愈少,亦即對家戶愈不利。因此,如果 τ_c 提高,則我們預測家戶會少工作,多休閒,且少消費。

當勞動所得稅的邊際稅率為 τ_w 時,家戶的勞動供給 L^s 決定於稅後實質工資率 $(1-\tau_w) \cdot (w/P)$。當消費稅的邊際稅率為 τ_c 時,式 (14.3) 顯示,以消費增量來衡量的額外一單位勞動可得的稅後實質工資率為 $(w/P)/(1 + \tau_c)$。因此,L^s 決定於 $(w/P)/(1 + \tau_c)$。所以,τ_w 與 τ_c 的提高對 L^s 有相似的負效果。結論是,對消費課稅跟對勞動課稅,有相同的經濟效果。

不過,如果稅率會隨時間變動,則結果會不一樣。如果消費稅率 τ_c 的變動是可預測的,則家戶會在 τ_c 相對較低的年度中,多消費。相較之下,如果勞動所得稅率 τ_w 的變動是可預測的,那麼家戶會在 τ_w 相對較低的年度中會多工作。

既然實質租用價格 R/P 與資本利用率 κ 都沒有變動,那麼擁有資本的稅前報酬,$(R/P)\cdot\kappa-\delta(\kappa)$,也沒有變動。因此,$\tau_r$ 的提高意味著稅後報酬率,$(1-\tau_r)[(R/P)\cdot\kappa-\delta(\kappa)]$,降低。式 (14.2) 說明稅後實質利率 $(1-\tau_r)\cdot r$ 等於擁有資本的稅後報酬率:

$$(1-\tau_r)\cdot r = (1-\tau_r)\cdot[(R/P)\cdot\kappa-\delta(\kappa)] \qquad (14.2)$$

因此,τ_r 的提高會讓稅後實質利率 $(1-\tau_r)\cdot r$ 降低。

我們知道 $(1-\tau_r)\cdot r$ 的降低對消費有跨期替代效果。相較於第二年的消費 (C_2),家戶會增加第一年的消費 (C_1)。因此,給定第一年的實質所得,家戶在第一年會多消費,且少儲蓄。不過,第一年的實質 GDP (Y_1) 並未變動。由於 $Y_1 = C_1 + I_1 + G_1$,且我們假設政府購買 G_1 不變,因此,C_1 的增加一定會造成第一年的毛投資 I_1 的等量減少。所以,主要的結果是,資本所得稅率的提高,會讓 C_1 增加且讓 I_1 減少。

在長期,毛投資 (I) 的減少意味著資本存量 K 會低於其原有的水準。K 的下降會讓實質 GDP (Y) 降低。因此,雖然資本所得稅率 τ_r 的提高,在短期內不會影響實質 GDP,不過,在長期,會讓它降低。

以勞動所得稅融通政府購買的增加

在第 13 章,我們討論過政府購買 (G) 恆久增加的影響。當時,我們不切實際地假設 G 的增加是以定額稅來融通。我們的結論是當 G 增加一單位時,實質 GDP (Y) 不受影響,不過,消費 (C) 會減少約一單位,因此,毛投資 (I) 不會變動。不會變動的,還包括實質工資率 (w/P)、實質租用價格 (R/P) 與實質利率 (r)。

以上的結果是基於勞動供給量 (L^s) 固定的假設。現在,我們要重新考慮此一假設,而假設政府購買 G 的增加是以實質勞動所得 $(w/P)\cdot L$ 的課稅收入來支應。明確地說,我們假設,G 的恆久增加,伴隨勞動所得其邊際所得稅率 τ_w 的提高。

如果 G 的恆久增加,加上邊際所得稅率 τ_w 的提高,會影響勞動供給量 L^s,那麼我們的結論會異於第 13 章的結論。因此,我們要討論可能影響 L^s 的各種因素。

- 由第 13 章的政府預算限制可以知道,如果政府購買 (G) 每年都增加一單位,則實質稅賦扣除實質移轉的淨額 $(T-V)$,每年也都必須增加一單位。因此,家戶的每年可支配所得會減少一單位。家戶會以增加每一年的勞動供給量 (L^s) 來回應此一負的所得效果。
- 在第13章的「有用的公共服務」專欄中,我們假設政府購買(G)提供能為家戶創

造效用的公共服務。我們假設每一單位的 G，以效用衡量的話，相當於 λ 單位的消費，且 λ 大於零。如果將政府購買 (G) 所產生的服務價值計入家戶的有效可支配所得，則 G 每增加一單位，會讓有效可支配所得增加 λ 單位〔參見第13章中的式 (13.10)〕。把此一效果加上實質稅賦扣除實質移轉的淨額 (T−V) 所減少的一單位，會讓家戶的有效可支配所得減少 1 − λ 單位。如果 λ 小於 1.0，則當 G 增加時，有效可支配所得會下降。因此，根據負的所得效果，我們可以預測，每年的勞動供給量 (L^s) 都會增加。不過，λ 愈高，此一效果就愈弱。

- 在本章，我們發現，來自勞動所得邊際稅率 (τ_w) 提高的替代效果，會讓勞動供給量 (L^s) 下降。圖 14.4 顯示此一效果。不過，此一分析忽略任何的所得效果。

因此，政府購買 (G) 的增加對勞動供給量 (L^s) 的總效果決定於兩股相反的力量 (所得效果與替代效果)。所得效果預測 L^s 會增加，而替代效果預測 L^s 會下降。因此，對 L^s 的總效果並不確定，從而對實質 GDP 的總效果也無法確定。

第 13 章的圖 13.7 顯示，政府購買 (G) 的恆久增加，對實質 GDP 的總效果並不確定。政府購買的波動與實質 GDP 的波動可能同向，也可能反向。因此，理論上，政府購買 (G) 對實質 GDP 的影響並不確定的結論，與圖 13.7 相符。我們發現，只有在重大戰爭期間，特別是第一次及第二次世界大戰與韓戰，G 的暫時性增加，才會對實質 GDP 有明確的正效果。

經濟學小舖

Laffer 曲線

政府購買 (G) 的恆久增加，需要實質稅收 (T) 的恆久增加來配合。在上一節，我們假設 T 的增加來自勞動所得的邊際所得稅率 τ_w 的提高。我們可以將 τ_w 的提高想成是個人所得稅中，所有勞動所得的邊際稅率都提高。在此，我們要探究 T 與 τ_w 之間的關係。此一關係稱為 Laffer 曲線 (Laffer curve)，是以經濟學家 Arthur Laffer 命名的。

由勞動所得稅所課徵的實質稅收 T，可寫成：

$$T = \left[\frac{T}{(w/P) \cdot L}\right] \cdot (w/P) \cdot L$$

實質稅收 = 平均稅率 · 實質稅基

勞動所得稅的實質稅基就是實質勞動所得，$(w/P) \cdot L$。平均稅率則是 T 對 $(w/P) \cdot L$ 的比值。

　　給定扣除額與稅制中的其他特點，當邊際所得稅率 τ_w 愈高時，平均稅率也會愈高。因此，實質稅收 T 因 τ_w 提高而發生的變動，決定於稅基 $(w/P) \cdot L$ 會如何變動。在上一節我們所討論的例子中，當 G 恆久增加且 τ_w 提高時，$(w/P) \cdot L$ 並沒有變動多少。其原因是 τ_w 提高所造成的替代效果(讓勞動供給減少)，大部分被 G 增加所造成的所得效果(讓勞動供給增加)給抵銷了。

　　Laffer 曲線的基本想法是，邊際稅率 τ_w 提高後所造成的替代效果，會隨 τ_w 提高而增強。因此，當 τ_w 夠高時，τ_w 再進一步提高會讓 $(w/P) \cdot L$ 下降（即對勞動供給的替代效果大過所得效果）。尤有甚者，替代效果最終可能會強到讓 T 因 τ_w 提高而減少。

　　為了解這些論述，假設稅率 τ_w 由零開始。如果對各水準的所得，τ_w 均為零，則實質稅收 T 也必為零。因此，Laffer 曲線，如圖 14.6 所示，是由原點開始的。當 τ_w 開始提高時，T 會變成正的。因此，Laffer 曲線在 τ_w 不大時，是正斜率的。

　　τ_w 對勞動供給的替代效果來自稅後實質工資率 $(1-\tau_w) \cdot (w/P)$ 的變動。考慮 $1-\tau_w$。如果 $\tau_w = 0$，則 τ_w 提高 0.1，對 $1-\tau_w$ 的影響很小。這一項由 1 減為 0.9 或減少 10%。不過，如果 $\tau_w = 0.5$，則 τ_w 提高 0.1，會讓 $1-\tau_w$ 由 0.5 降到 0.4，或減少 20%。如果 $\tau_w = 0.8$，則相同的增幅，會讓 $1-\tau_w$ 減少 50%（由 0.2 到 0.1）；而如果 $\tau_w = 0.9$，則是 100%（由 0.1 到 0）。因此，τ_w 對勞動供給所產生的替代效果會隨 τ_w 的增加而增強，也因此，隨著 τ_w 愈來愈高，勞動供給量 L^s 最終會下降。此一結果意味著稅基 $(w/P) \cdot L$ 最終也會降到足以抵銷平均稅率提高的水準。到了那一點以後，實質稅收 T 反而會隨 τ_w 的提高而下降。

　　圖 14.6 的圖形反映上述的說明。實質稅收 T 與邊際稅率 τ_w 之間的關係，在原點時其斜率為正，不過，隨 τ_w 的提高而愈見平坦。最後，當 τ_w 等於橫軸上的 $(\tau_w)^*$ 時，T 會達到頂點。圖形假設，當稅率是 100% 時，實質勞動所得 $(w/P) \cdot L$ 會是零（至少向稅捐機關申報的部分是如此），因此 T 等於零。

　　Charles Stuart (1981) 推估瑞典在平均邊際稅率為 70% 時，實質稅收會達到最大，亦即他估計圖 14.6 中的 $(\tau_w)^*$ 約為 70%。瑞典的實際平均邊際稅率在 1970 年代早期達到 70%，之後又上升到約 80%（這些邊際稅率的推估值包括消費稅與所得稅）。因此，瑞典在 1970 年代，處於 Laffer 曲線的下降部分。A. Van Ravestein and H. Vijlbrief (1988) 對荷蘭做了類似的研究，推估 $(\tau_w)^*$ 約為 70%。他們也發現，荷蘭在 1985 年的實際邊際稅率為 67%，非常接近他們所推估的 $(\tau_w)^*$。

圖 14.6　實質稅收與邊際所得稅率之間的關係 (Laffer 曲線)

橫軸顯示勞動所得的邊際稅率 τ_w，縱軸為實質稅收 T。從零開始，T 隨 τ_w 增加。不過，當 τ_w 提高時，曲線斜率變小。當 τ_w 提高到 $(\tau_w)^*$ 時，T 達到頂點。之後，T 開始下滑；當 τ_w 提高到 100% 時，T 降為零。

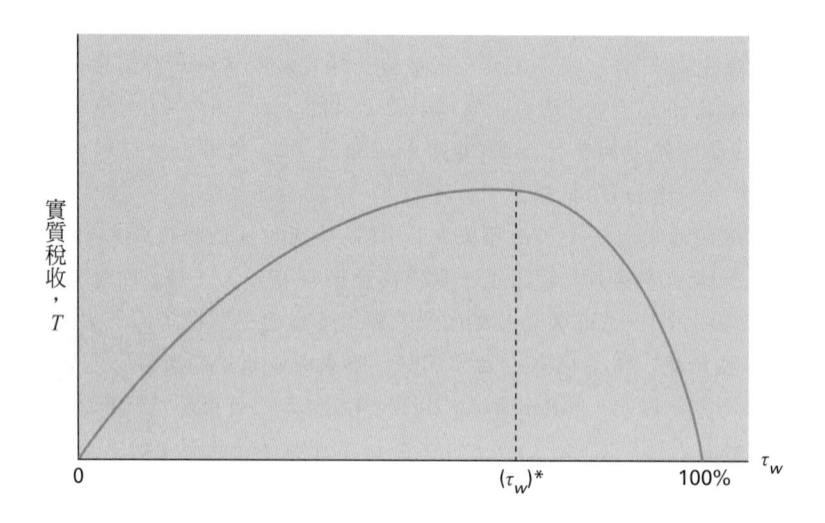

移轉性支付

直到現在，我們仍假設實質移轉支付 (V) 是定額的。不過，跟稅一樣，在現實世界中，移轉並不是定額的。相反地，在大部分的移轉計畫，對個人的支付決定於該人的相關特點。例如，福利計畫會給予窮人金錢或服務 (如健康照護)；不過，當所得增加時，這類的移轉會降低甚至取消。另外，為了能合乎領取失業保險給付的資格，領取人必須沒有工作。同樣地，對老人的年金給付會因他的勞動所得超過某一特定水準而減少。

重點是，一個以所得篩檢的移轉計畫 (即當勞動所得增加時，移轉會跟著降低的計畫)，對勞動所得有效地加徵一個正的邊際所得稅率。移轉計畫規模的擴大，例如福利體系的擴張，會提高此一計畫所隱含的邊際所得稅率 τ_w。因此，為分析實質移轉 V 的增加所帶來的經濟效果，就必須考慮 τ_w 的增加。

假設政府增加實質移轉 (V)，並以提高勞動所得稅所增加的實質稅收 (T) 來融通此一支出。在此一情況下，邊際所得稅率 τ_w 會因為兩個原因而提高。首先，為增加 T，繳納個人所得稅的家戶會面對更高的 τ_w。其次，對獲得移轉 (如低收入戶補貼) 的家戶而言，移轉計畫的擴大會提高隱含的邊際稅率 τ_w，因為移轉是透過所得篩檢的。換句話說，不論哪一群人，其適用的 τ_w 都是增加的。因此，我們預測移轉性支付增加的影響比圖 14.4 與圖 14.5 所分析的更強。特別是，勞動投入 L、資本服務 κK 與實質 GDP (Y) 都會下降。

總結

　　本章介紹更實際的稅賦形式，它們會影響工作與儲蓄的誘因。勞動所得稅的替代效果不利於勞動供給。勞動所得邊際稅率的提高會讓稅後實質工資率及勞動數量下降，因此，實質 GDP 會減少。資產所得邊際稅率的提高，在短期內，不會影響實質 GDP；不過，稅後實質利率的降低，會讓消費增加且投資減少。因此，在長期，資本存量與實質 GDP 會下降。

　　我們研究了伴隨政府購買的恆久增加而提高的勞動所得邊際稅率。其對勞動供給的總效果並不確定，因為所得效果會讓勞動供給增加，但來自稅率提高的替代效果會讓勞動供給減少。此一不確定結果跟圖 13.7 所顯示的政府購買的波動與實質 GDP 的波動可能同向，也可能反向的結果相符。

習題

A. 複習題

1. 勞動所得稅率 τ_w 的提高，所造成的所得效果為何？為什麼在我們的分析中，有時候會假設沒有所得效果？
2. 說明平均稅率與邊際稅率之間的差異。在單一稅制下，這兩者一定會相等嗎？
3. 勞動所得稅率的提高可不可能讓實質稅收減少？此一答案如何決定於勞動供給對稅後實質工資率的敏感度？

B. 討論題

4. 物價膨脹與資產所得稅

　　假設資產所得稅率為 τ_r，且該稅不單適用於名目利息所得，也適用於資本的實質報酬。
　a. 債券的稅後實質稅率為何？考慮在第 12 章所提到的，貨幣成長率由 μ 到 μ' 的恆久且沒預期到的增加。假設 τ_r 不變。
　b. 對通貨膨脹率 π 的影響為何？
　c. 對資本的稅後實質報酬的影響為何？
　d. 對債券的稅後實質利率的影響為何？名目利率 i 會有什麼變化？它是否跟 π 呈一對一的變動？

5. 物價膨脹對累進所得稅的影響

　　考慮一個有很多不同課稅級距的個人所得稅制。一對已婚配偶根據下表繳納勞動所得的個人所得稅。

a. 假設每人的實質所得不隨時間變動。因此，物價膨脹穩定地增加每人的名目所得。如果表中所列的課稅級距與稅率不變，則隨著時間經過，每對夫妻的邊際所得稅率會如何變動？

b. 假設表中左欄的所得級距的上下限，均隨物價水準的變動而等比例調整（即指數化）；也就是，如果物價水準上升 5%，則所得級距的上下限也都上調 5%。在此情況下，物價膨脹對每對夫妻的邊際所得稅率的影響為何？

課稅所得級距 (€)	邊際所得稅率 (%)
3,540–5,719	11
5,720–7,919	12
7,920–12,389	13
12,390–16,649	16
16,650–21,019	18
21,020–25,599	22
25,600–31,119	25
31,120–36,629	28
36,630–47,669	33
47,670–62,449	38
62,450–89,089	42
89,090–113,859	45
113,860–169,019	49
169,020–	50

6. 消費稅

   假設消費稅每年的稅率為 τ_c。

   a. 家戶的預算限制為何？

   b. τ_c 的提高對勞動市場的影響為何？這些影響，相較於圖 14.4 中，勞動所得稅率 τ_w 的提高所造成的影響，彼此之間的異同為何？

   c. τ_c 的提高對資本服務市場的影響為何？這些影響，相較於圖 14.5 中，勞動所得稅率 τ_r 的提高所造成的影響，彼此之間的異同為何？

   d. 假設 τ_c 在第一年下降，不過，在往後各年沒有變動。此一變動對消費的跨期選擇有何影響？這些影響跟資產所得稅率 τ_r 提高所造成的影響，有何相似與相異之處？

7. 單一稅

   一些經濟學家主張，以單一稅取代個人累進所得稅。在單一稅制下，課稅所得的扣除額較少且邊際稅率是固定的。由於扣除額變少了，所以單一稅制下的平均邊際稅率會比目前制度下的平均邊際稅率來得低。對勞動所得而言，改採單一稅的經濟影響為何？

第15章

公債

最具爭議的經濟議題之一是政府的**預算赤字**。新聞媒體常評論，政府的預算赤字不利於整個經濟體系。本章最重要的目的就在於評斷此一觀點。我們將會看到，根據均衡景氣循環模型所得到的結論，跟新聞媒體的觀點有極大的差異。

當政府的稅收小於其支出時，就會有**預算赤字** (budget deficit)。通常政府以發行帶息的政府債券，即**公債** (public debt)，來融通此一短絀。當預算赤字大於零時，公債的餘額會增加。

我們先回顧英國的公債史。根據這些背景資料，我們擴展均衡景氣循環模型，以研究公債。我們用此一模型來評估預算赤字與公債對經濟變數的影響；這些變數包括實質國內生產毛額 (GDP)、儲蓄、投資與實質利率。

英國的公債史

表15.1顯示英國的公債史。表中包括帶息公債的名目金額與此一金額對名目GDP的比值(在比較早的年代，是用國民生產毛額GNP)。圖15.1則顯示美國1790–2004年期間的比值。

英國的資料顯示，公債對GDP比值的高點落在戰爭時期。在西班牙與奧地利王位繼承戰爭之後的1722年是0.50；在七年戰爭之後的1764年是1.1；在美國獨立戰爭之後的1785年是1.2；在拿破崙戰爭之後的1816年是1.3；在第一次世界大戰之後的1919年是1.4；在第二次世界大戰之後的1946年是2.6。英國的公債對GDP比值的高點，超過美國的兩倍。值得注意的是在1760年代，英國的公債就曾經超過GDP的100%。很顯然地，龐大的政府公債並非現代的創舉。

有些學者認為，1688年的光榮革命之後，隨著議會角色的擴大，英國的公債管理令人信任。公債融通的可行性，可能讓英國在跟拿破崙的大小戰役中，占有優勢。

衰退也讓英國的公債對GDP比值上升，例如在1920–1923年與1929–1933年期間。在沒有戰爭也沒有衰退的期間，通常公債對GDP比值是下降的。例如，此

一比值由 1946 年的 2.57 降到 1990 年的 0.35。

政府債券的特徵

我們現在要擴展均衡景氣循環模型，允許政府可以發行帶息債券。我們假設政府公債支付利息與本金的方式與民間債券一樣。我們假設所有債券的期限都很短,[1] 而且載明名目本金與利息；亦即，我們不考慮第 12 章所討論的指數型債券。[2]

為簡化分析，我們假設債券持有人 (在我們的模型中是家戶) 認為政府債券無異於民間債券。明確地說，我們不考慮民間債券的倒帳風險大於政府的。在此假設下，只有在這兩種債券的名目利率 (i) 相等時，家戶才會同時持有這兩種債券。因此，我們的模型只有一種名目利率 (i)。

圖 15.1　美國公債對 GDP 的比值，1790–2004

圖形顯示美國的名目公債對名目 GDP 或 GNP 的比值。

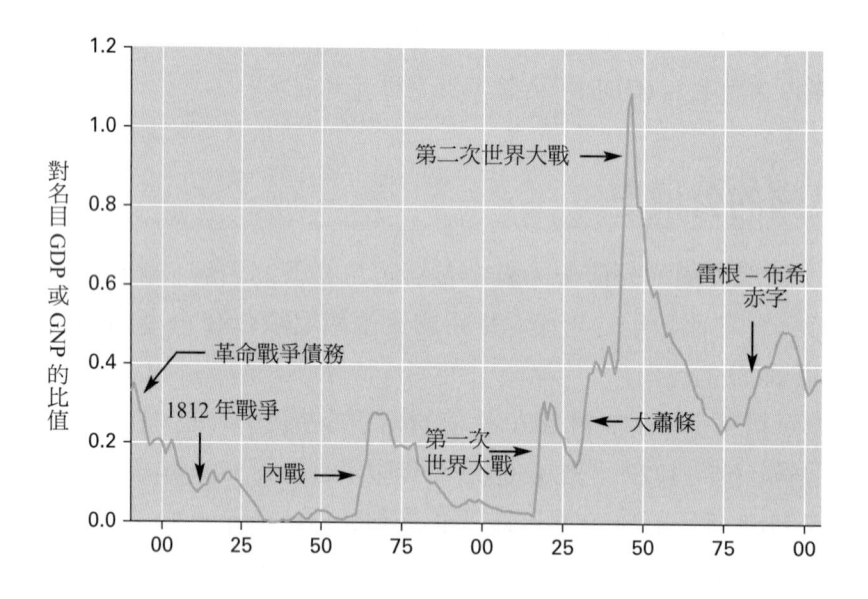

---

[1] 在 2003 年的英國，可在市場交易的英國政府債券有 36% 的到期日在 5 年之內，35% 在 5 到 15 年之間，29% 在 15 年以上。

[2] 在 2004 年的英國，指數型債券占在外流通的英國中央政府債券的 18%。

表 15.1　英國的公債

年份	英國公債(十億英鎊)	英國的公債對GDP的比值
1700	0.014	0.20
1710	0.030	0.31
1720	0.039	0.49
1730	0.037	0.49
1740	0.033	0.40
1750	0.059	0.68
1760	0.083	0.79
1770	0.106	1.01
1780	0.135	1.01
1790	0.179	1.05
1800	0.304	0.79
1810	0.436	0.96
1820	0.568	1.37
1830	0.544	1.12
1840	0.562	1.01
1850	0.557	0.94
1860	0.589	0.69
1870	0.593	0.51
1880	0.591	0.43
1890	0.578	0.37
1900	0.628	0.31
1910	0.665	0.28
1920	7.620	1.22
1930	7.580	1.55
1940	10.500	1.37
1950	26.100	1.77
1960	28.400	1.09
1970	33.400	0.64
1980	113.000	0.49
1990	190.000	0.35
2000	369.000	0.39
2005	473.000	0.41

註：英國在1917年之後的公債，是以十億英鎊為單位計算的中央政府公債名目面值毛額。1917年以前的數字則是中央政府預算赤字的累計金額。資料來自於英國中央統計局相關年度的統計年報、Mitchell and Deane (1962)，及Mitchell and Jones (1971)。名目GDP或GNP的資料來自上述來源、Deane and Cole (1969)，及Feinstein (1972)。1830年之前，GNP為實質GNP的粗略估計值乘上一個以躉售物價為基礎的物價指數。

> **經濟學小舖**
>
> **歐洲主權債務危機**
>
> 歐洲主權債務危機始於2009年。在那時候，一些歐元區的國家(塞普勒斯、希臘、葡萄牙、愛爾蘭與西班牙)無法償還她們的政府債務，或重新發行公債，或對陷入金融困境的銀行紓困。此一債務危機的起因包括：第一，一些歐元區的國家對因不動產泡沫破滅而受困的銀行紓困，導致鉅額的民間債務轉換成政府債務。第二，由於歐元區並不是一個財政聯盟(亦即每個國家有她自己的財政預算，且須對自己的財政收入與支出負責)，歐盟領導人協助陷入金融困境的成員國的能力有限。第三，歐洲銀行持有鉅額的主權債務，讓危機蔓延到很多歐洲國家。為解決危機，歐盟施行一連串的措施，如2010年的歐洲金融穩定措施(European Financial Stability Facility, EFSF)，及2012年的歐洲穩定機制(European Stability Mechanism, ESM)。此外，歐洲中央銀行調降利率，提供低利貸款給歐洲銀行，並宣布對那些在EFSF/ESM紓困或預警計畫內的所有成員國無限制的支持。這些政策措施有助於穩定金融市場。在2014年之前，愛爾蘭與葡萄牙脫離紓困計畫，且希臘與塞普勒斯有限度重返金融市場。

令 B_t^g 為第 t 年期末，在外流通的政府債券的名目金額。我們仍用 B_t 標示民間債券(在我們模型中，為家戶所發行)。故家戶在第 t 年期末，所持有的債券總額為：

$$債券總持有量 = B_t + B_t^g$$
$$債券總持有量 = 民間債券 + 政府債券$$

所有家戶持有的民間債券總量仍為零，因為某一家戶所持有的債券數量必對應於另一家戶的債務。故總的來看，$B_t = 0$ 仍成立。此一結果意味著所有家戶持有的債券總量等於公債餘額，B_t^g：

$$所有家戶的債券總持有量 = B_t^g$$

政府通常為民間部門的淨債務人，因此 B_t^g 大於零。不過，政府也可能是債權人，在此情況下，B_t^g 會小於零。

預算限制與預算赤字

為考慮預算赤字與公債，我們必須了解如何把它們放進政府的預算限制。我們先擴展政府的預算限制。

政府預算限制

第 13 章曾介紹政府的預算限制：

$$G_t + V_t = T_t + (M_t - M_{t-1})/P_t \tag{13.1}$$

實質購買 + 實質移轉 = 實質稅收 + 貨幣創造的實質收入

首先要加進去的是政府的利息支出，其名目值為 $i_{t-1} \cdot B_{t-1}^g$。實質利息支出為 $i_{t-1} \cdot (B_{t-1}^g/P_t)$，加在式(13.1)等號左邊的政府支出或資金用途。

第二個新項目是第 t 年所發行的債券，其名目值為 $B_t^g - B_{t-1}^g$。當債券到期時，政府再重新發行債券，並不構成政府資金的淨來源。真正有關的是，年底時在外流通的債券餘額 B_t^g，減去前一年年底時在外流通餘額 B_{t-1}^g 後的差額。因此，實質公債增量，$(B_t^g - B_{t-1}^g)/P_t$，加在式(13.1)等號右邊的政府資金來源。

當我們把這兩個新項目加到式 (13.1) 時，就得到擴展後的政府預算限制：

> 關鍵方程式(擴展的政府預算限制)：
>
> $$G_t + V_t + i_{t-1} \cdot (B_{t-1}^g/P_t) = T_t + (B_t^g - B_{t-1}^g)/P_t + (M_t - M_{t-1})/P_t$$
>
> **實質購買 + 實質移轉 + 實質利息支出**
> **= 實質稅收 + 實質債務發行 + 貨幣創造的實質收入** (15.1)

兩個新項目是左邊的實質利息支出，$i_{t-1} \cdot (B_{t-1}^g/P_t)$，以及右邊的實質債務發行，$(B_t^g - B_{t-1}^g)/P_t$。

為簡化預算赤字的分析，我們要再介紹第 13 章與第 14 章所做的兩個假設。首先是假設名目貨幣數量 M_t 等於常數 M。在此情況下，式 (15.1) 等號右邊的貨幣創造的實質收入 $(M_t - M_{t-1})/P_t$ 為零。其次，不考慮物價膨脹，因此物價水準 P_t 等於常數 P，從而，名目利率 i_t 等於實質利率 r_t。這些假設會讓我們的分析變得很簡單，但又不會影響與公債及預算赤字有關的主要結論。

當名目貨幣 (M_t) 與物質水準 (P_t) 都不會隨時間變動時，政府的預算限制由式 (15.1) 簡化成：

$$G_t + V_t + r_{t-1} \cdot (B_{t-1}^g/P) = T_t + (B_t^g - B_{t-1}^g)/P \tag{15.2}$$

由式 (15.1) 開始，我們將 P_t 代以 P，且將 i_{t-1} 代以 r_{t-1}，並消去 $(M_t - M_{t-1})/P_t$。

預算赤字

為定義並計算政府的預算赤字，需先了解政府的儲蓄或負儲蓄有多少。我們定義政府實質儲蓄的方式跟定義家戶的一樣。如果政府有正儲蓄，則其實質資產淨額

會增加;如果政府有負儲蓄,則其實質資產淨額會減少。接下來,我們先定義政府的實質資產淨額。

實質公債 B_t^g/P 是政府的負債。當 B_t^g/P 增加時,政府所欠的債更多了,從而其負債增加,且實質資產淨額減少。因此,實質公債 $(B_t^g - B_{t-1}^g)/P$ 增加意味著政府實質儲蓄減少,或政府的實質負儲蓄增加了。

如果政府擁有資本,則其實質資產淨額會包括此一資本。在此一情況下,政府所擁有的資本存量的增加〔稱為**公共投資** (public investment) 淨額〕,意味著政府有更多的實質資產淨額。因此,公共投資淨額增加意味著政府的實質儲蓄變多或實質負儲蓄變少。不過,在我們的模型,政府並沒有擁有資本,且公共投資淨額為零。

由於貨幣存量為常數且政府不擁有資本,因此,政府的實質儲蓄或負儲蓄等於實質公債變量的負值。如果實質公債增加,則政府的實質儲蓄小於零,或稱政府有負儲蓄。如果實質公債減少,則政府的實質儲蓄會大於零,因此我們得到:

$$政府實質儲蓄 = -(B_t^g - B_{t-1}^g)/P \tag{15.3}$$

我們可以重新整理式 (15.2) 的政府預算限制,以建立實質政府儲蓄,$-(B_t^g - B_{t-1}^g)/P$,跟實質支出與稅收之間的關係:

$$-(B_t^g - B_{t-1}^g)/P = T_t - [G_t + V_t + r_{t-1} \cdot (B_{t-1}^g/P)]$$
$$政府實質儲蓄 = 實質稅收 - 實質政府支出 \tag{15.4}$$

實質政府支出為實質購買 G_t、實質移轉 V_t 與實質利息支出 $r_{t-1} \cdot (B_{t-1}^g/P)$ 的和。當實質稅收大於實質政府支出時,實質政府儲蓄會大於零,從而實質公債會減少。

如果式 (15.4) 的右邊大於零,則政府的收入超過其支出,我們稱政府有**預算剩餘** (budget surplus)。因此,實質剩餘等於政府的實質儲蓄。相反地,如果式 (15.4) 的右邊小於零,則政府有預算赤字。實質赤字就等於政府的實質負儲蓄。如果式 (15.4) 的右邊等於零,則政府有**平衡預算** (balanced budget),且其實質儲蓄為零。

公共儲蓄、民間儲蓄與國民儲蓄

為評估預算赤字的經濟效果,可將我們的討論圍繞在三個儲蓄概念上。這三個概念分別為:政府(或公共)儲蓄、家戶(或民間)儲蓄及國民(或總)儲蓄。實質政府儲蓄為式(15.3):

$$政府實質儲蓄 = -(B_t^g - B_{t-1}^g)/P \tag{15.3}$$

如果政府有實質預算赤字,則 $(B_t^g - B_{t-1}^g)/P$ 大於零,從而實質政府儲蓄小於零。如果政府擁有資本,則政府儲蓄增加可讓其資本存量增加。

由第 7 章,我們知道家戶的實質儲蓄等於家戶實質資產的變動。在先前的分析中,這些實質資產的組成包括民間債券 B_t/P_t、貨幣 M_t/P_t 與資本 K_t。現在,還要包括政府債券的持有量 B_t^g/P_t。整體經濟的民間債券總合 (B_t) 仍然為零。因此,如果我們加總所有的家戶,則這些債券的變量等於零。此外,我們假設 M_t 與 P_t 並不隨時間變動,因此,所有家戶的實質總儲蓄等於資本存量的變動與實質政府債券的變動的和,即:

$$\text{實質家戶儲蓄(整體經濟的)} = K_t - K_{t-1} + (B_t^g - B_{t-1}^g)/P \quad (15.5)$$

實質政府儲蓄與全經濟所有家戶實質儲蓄的和等於實質**國民儲蓄** (national saving)。由式 (15.3) 與式 (15.5) 可看出,當加總政府與家戶儲蓄時,實質政府債券的變動,$(B_t^g - B_{t-1}^g)/P$,會對消。實質政府債券的增加意味著政府的儲蓄減少,而家戶的儲蓄增加了。因此,我們得到

$$\text{實質國民儲蓄} = K_t - K_{t-1} \quad (15.6)$$

實質國民儲蓄等於資本存量的變動,亦即淨投資。如果政府擁有資本,此一結果仍然成立。在此情況下,K_t 是經濟體系的總資本存量,即公共資本與民間資本的和,而 $K_t - K_{t-1}$ 則是民間與公共投資淨額的和。

公債與家戶的預算限制

在第 13 章,我們發現多年期的家戶預算限制包括實質移轉扣除實質稅收的淨額 ($V_t - T_t$) 的現值:

$$\begin{aligned}
C_1 + C_2/(1+r_1) + \cdots &= (1+r_0) \cdot (B_0/P + K_0) \\
&+ (w/P)_1 \cdot L_1^s + (w/P)_2 \cdot L_2^s/(1+r_1) + \cdots \\
&+ (V_1 - T_1) + (V_2 - T_2)/(1+r_1) + (V_3 - T_3)/[(1+r_1) \cdot (1+r_2)] + \cdots
\end{aligned}$$

$$\text{消費現值} = \text{初始資產價值} + \text{工資所得現值}$$
$$+ \text{移轉扣除稅收的淨額的現值} \quad (13.6)$$

現在,我們要修正式 (13.6) 以包括家戶在期初所持有的實質政府債券 B_0^g/P。當面對此一變化時,多年期的家戶預算限制成為

$$\begin{aligned}
C_1 + C_2/(1+r_1) + \cdots &= (1+r_0) \cdot (B_0/P + B_0^g/P + K_0) + (w/P)_1 \cdot L_1^s \\
&+ (w/P)_2 \cdot L_2^s/(1+r_1) + \cdots + (V_1 - T_1) \\
&+ (V_2 - T_2)/(1+r_1) + (V_3 - T_3)/[(1+r_1) \cdot (1+r_2)] + \cdots \quad (15.7)
\end{aligned}$$

如果政府預算要對家戶產生任何所得效果，就必須涉及期初實質政府債券，B_0^g/P，或實質移轉扣除實質稅收的淨額的現值，$(V_1-T_1) + (V_2-T_2)/(1 + r_1) + (V_3-T_3)/[(1 + r_1) \cdot (1 + r_2)] + \cdots$。為說明結果，我們先做一些簡化的假設。

💰 李嘉圖均等的一個簡單情況

先由一些比較不切實際的假設開始，稍後再放寬：

- 實質利率 r_t 每年都一樣：$r_0 = r_1 = r_2 = \cdots = r$。
- 貨幣存量 M_t 與物價水準 P_t，並不隨時間變動。當物價膨脹率為 $\pi = 0$ 時，實質利率 r 等於名目利率 i。
- 每年的實質移轉 V_t 都是零。
- 政府一開始並沒有負債，因此 $B_0^g = 0$。
- 最後，也是最重要的假設，**政府購買 G_t 的計畫是給定的**。我們並非假設 G_t 不會隨時間變動，而是假設不論 G_t 的路徑有多複雜，當我們考慮不同預算赤字的選擇或不同的期初公債水準時，整條路徑會一直保持不變。

既然實質移轉 V_t 每年都是零，則式 (15.2) 的政府預算限制，可以簡化成：

$$G_t + r \cdot (B_{t-1}^g/P) = T_t + (B_t^g - B_{t-1}^g)/P \tag{15.8}$$

因為政府從零負債開起，即 $B_0^g/P = 0$，因此，在第一年時，政府的實質利息支出 $r \cdot (B_0^g/P)$ 為零，也因此，預算限制成為：

$$G_1 = T_1 + B_1^g/P$$

第一年政府購買 = 第一年實質稅收 + 第一年年底的實質負債 (15.9)

假設，一開始，政府每一年都維持預算平衡。因此，在第一年，實質購買 G_1 等於實質稅收 T_1。在此一情況下，式 (15.9) 意味著實質公債在第一年年底維持在零，亦即，$B_1^g/P = 0$。接下去，如果政府每一年的預算都維持平衡，則每年的實質公債 B_t^g/P 都為零。

如果政府在第一年並沒有維持預算平衡，而是有一單位的預算赤字，則會發生什麼事呢？由於我們假設政府的購買計畫維持不變，因此第一年的實質購買 G_1 並沒有變動，也因此，赤字必定來自實質稅收 T_1 減少一單位。式 (15.9) 意味著一單位的實質赤字讓政府必須在第一年的年底發行一單位的實質公債，因此 $B_1^g/P = 1$。

假設現在政府決定，在第二年以後，讓公債降回到零，即 $B_2^g/P = B_3^g/P \cdots = 0$。我們必須知道第二年的實質稅收 T_2 要如何配合此一政策。為計算 T_2，我們用第二年的政府預算限制。根據式 (15.8)，此一限制為：

$$G_2 + r \cdot (B_1^g/P) = T_2 + (B_2^g - B_1^g)/P$$

第二年的政府購買 + 第二年的實質利息支出
= 第二年的實質稅收 + 第二年的實質預算赤字 (15.10)

如果將 $B_1^g/P = 1$ 與 $B_2^g/P = 0$ 代入式 (15.10)，則此一限制簡化為：

$$G_2 + r = T_2 - 1$$

重新整理各項，可以算出第二年的實質稅收：

$$T_2 = G_2 + 1 + r$$

此一等式說明政府必須提高第二年的實質稅收 T_2，讓它超過第二年的政府購買 G_2，以支付第一年所發行的一單位公債 B_1^g/P 其本金與利息，合計 $1 + r$ (我們假設 G_2 並沒有變動)。

因此，結果是，第一年的實質稅收 T_1 減少一單位，第二年的實質稅收 T_2 增加 $1 + r$ 單位。這些變動會如何影響家戶所繳的實質稅額的現值呢？回想一下家戶多年期的預算限制：

$$\begin{aligned}C_1 + C_2/(1 + r_1) + \cdots &= (1 + r_0) \cdot (B_0/P + B_0^g/P + K_0) \\ &\quad + (w/P)_1 \cdot L_1^s + (w/P)_2 \cdot L_2^s/(1 + r_1) + \cdots + (V_1 - T_1) \\ &\quad + (V_2 - T_2)/(1 + r_1) + (V_3 - T_3)/[(1 + r_1) \cdot (1 + r_2)] + \cdots \end{aligned} \quad (15.7)$$

根據此一方程式，我們必須將第二年的實質稅收 T_2，除以折現因子 $1 + r$，以得到現值。因此 T_1 與 T_2 的變動，對實質稅額的總效果為：

第一年實質稅收的減少 + 第二年稅收增加的現值
$$= -1 + (1 + r)/(1 + r)$$
$$= -1 + 1$$
$$= 0$$

因此，如果政府在第一年有預算赤字，且在第二年以必要的預算剩餘支付此一債務，則家戶的實質稅額的現值並沒有任何變動。

在我們簡單的例子，政府的預算赤字並不影響實質稅收的現值。另外，我們假設每年的實質移轉 V_t 都是零。因此，預算赤字不會影響式 (15.7) 等號右邊的實質移轉扣除實質稅收的淨額的現值。因此，結論是，上述的預算赤字對家戶不會有所得效果。

我們可以將此一結果說明如下。由於第一年的實質稅收 T_1 減少一單位，家戶在第一年獲得額外一單位的實質可支配所得；但同時，家戶在第二年會減少 $1 + r$

單位的實質可支配所得,因為實質稅收在這二年增加 $1 + r$ 單位。如果家戶將第一年的額外一單位的實質可支配所得,用來購買一單位的債券,就可以在第二年時有足夠的資金來支付額外的實質稅額 $1 + r$ 單位。因此,第一年所減的稅,提供家戶足夠(但不會更多)的資源,來支付第二年較高的稅額。這就是沒有所得效果的原因:沒有剩下任何資源足以在任何年度增加消費或降低勞動供給。

我們可以將這些結果描述成家戶認定第一年的實質稅收 T_1 等同於第一年的實質預算赤字 $(B_1^g - B_0^g)/P$。如果政府以一單位的實質預算赤字代替一單位的實質稅收,家戶知道明年實質稅額的現值將增加一單位。因此,實質預算赤字與實質稅額的總現值相等。此一發現為針對公債的**李嘉圖均等定理** (Ricardian equivalence theorem) 的最簡單形式(此一定理是以著名的英國經濟學家 David Ricardo 命名的,因為他早在十九世紀初,就已經闡述此一概念)。

我們可以用儲蓄的概念來說明這些結果。在第一年,一單位實質預算赤字意味著實質政府儲蓄為負一單位。由於家戶並未變動消費,它們將第一年額外一單位的實質可支配所得用來購買債券。因此,家戶的實質儲蓄在第一年增加一單位。所以,額外的家戶實質儲蓄剛好抵銷政府的負儲蓄,從而家戶及政府實質儲蓄的和,即實質國民儲蓄,並沒有變動。因此,另一個表達此一結果的方式是,預算赤字並不會影響實質國民儲蓄。

李嘉圖均等的另一種情況

我們的基本結果是,如果第一年實質稅收減少一單位以赤字融通,會讓未來實質稅收的現值增加一單位。在我們簡單的例子,未來稅收的增加全部出現在第二年。一般而言,實質稅收的增加會分散在未來年間。

為得到更一般化的結果,我們可以放棄政府在第二年就有足夠的預算剩餘以償付第一年所發行的債券的假設。跟以前一樣,假設政府在第一年年底發行一單位的實質債券,B_1^g/P。回想一下,政府第二年的預算限制為:

$$G_2 + r \cdot (B_1^g/P) = T_2 + (B_2^g - B_1^g)/P \tag{15.10}$$

假設政府並未在第二年償還第一年所發行的一單位公債,B_1^g/P。政府背負此一公債的本金一直到第三年,因此:

$$B_2^g/P = B_1^g/P = 1$$

將 $B_1^g/P = 1$ 與 $B_2^g/P = 1$ 代入式(15.10),可得:

$$G_2 + r = T_2$$

因此，第二年的實質稅收 T_2，能夠涵蓋利息支出 r，但不能涵蓋第一年所發行的實質公債 B_1^g/P 的本金，1。換句話說，政府在第二年維持預算平衡，即實質稅收等於實質購買加上實質利息支出。

如果政府在第三年再度維持預算平衡，則基於同樣的理由，第三年的稅收 T_3，可以支付一單位實質公債的利息 r。如果政府每年都維持預算平衡，則實質稅收 T_t，可支付第 t 年的利息 r。實質稅收變動的情況為：

- 第一年：T_1 減少 1。
- 第二年：T_2 增加 r。
- 第三年：T_3 增加 r。

以此類推。因此第一年之後的每一年的 T_t 都增加 r 單位。

接下來我們考慮每年實質稅收增加 r 單位的影響。家戶在第一年的期末要有多少數量的實質債券才足以支付額外的稅額呢？如果家戶多持有一單位的實質債券，則第二年的實質利息所得為 r，且此一所得剛好足以支付第二年所增加的稅額。然後，如果此一債券的本金 (一單位) 繼續持有到第三年，則實質利率所得 (r) 就可以用來支付第三年所增加的稅額。這樣繼續下去，我們可以發現每一年的實質利息所得可以讓家戶能夠支付各年的額外實質稅額。

那麼，實質稅收從第二年起增加 r 單位的現值為何？此一現值必須要等於足以支付往後各年額外實質稅額所需的額外一單位的第一年實質債券。但，很明顯的，第一年的一單位實質債券的現值就是一單位。因此，這些未來額外實質稅額的現值的總和為一。[3]

根據以上關於未來實質稅額提高的現值的結果，可知實質稅額現值的整體變動來自兩個項目：

---

[3] 我們可以藉由加總所有的利息所得的現值來證明此點：

$$\frac{r}{1+r} + \frac{r}{(1+r)^2} + \frac{r}{(1+r)^3} + \cdots = \left(\frac{r}{1+r}\right) \cdot \left[1 + \left(\frac{r}{1+r}\right) + \left(\frac{r}{1+r}\right)^2 + \cdots\right]$$

中括號內中的無窮等比級數其公比為 $1/(1+r)$，因此可得：

$$\frac{r}{1+r} + \frac{r}{(1+r)^2} + \frac{r}{(1+r)^3} + \cdots = \left(\frac{r}{1+r}\right) \cdot \left(\frac{1}{1-\left(\frac{1}{1+r}\right)}\right)$$

$$= \left(\frac{r}{1+r}\right) \cdot \left(\frac{1+r}{1+r-1}\right)$$

$$= \left(\frac{r}{1+r}\right) \cdot \left(\frac{1+r}{r}\right)$$

$$= 1$$

- −1：第一年的實質稅額減少。
- +1：未來各年實質稅額提高的現值。

由於這兩項的和為零，因此，結論跟第一個例子一樣，第一年實質稅收減少以赤字融通，並不會影響實質稅收的總現值。因此，我們再次發現，在第一年以赤字融通的減稅對家戶沒有所得效果。

更為一般化的李嘉圖均等

我們現在已經有兩個例子，可以說明以赤字融通的減稅並不會影響家戶所負擔的實際稅額的現值。為得到此一答案，我們做了一些不切實際的假設。不過，如果我們放寬大部分的假設，此一結果依然成立。

我們可以讓初始的實質政府公債 (B_0^g/P) 大於零。B_0^g/P 出現在家戶多年期預算限制式的右邊，其為家戶的資金來源的一部分：

$$C_1 + C_2/(1+r_1) + \cdots = (1+r_0) \cdot (B_0/P + B_0^g/P + K_0) + (w/P)_1 \cdot L_1^s \\ + (w/P)_2 \cdot L_2^s/(1+r_1) + \cdots + (V_1 - T_1) \\ + (V_2 - T_2)/(1+r_1) + (V_3 - T_3)/[(1+r_1) \cdot (1+r_2)] + \cdots \quad (15.7)$$

不過，如果政府購買 (G_t) 的時間路徑是給定的〔且實質移轉 (V_t) 為零〕，則比較高的 B_0^g/P，政府需徵收的實質稅收的現值也會比較多，以融通此一債務。比較高的實質稅收的現值，剛好抵銷式(15.7)右邊較高的 B_0^g/P。因此，對家戶依然沒有所得效果。

如果讓實質移轉 (V_t) 大於零，則以赤字融通的減稅，並不會影響式 (15.7) 右邊的實質移轉扣除實質稅收之淨額 ($V_t - T_t$) 的現值。因此，對家戶依然沒有所得效果。

我們也可以考慮貨幣存量 (M_t) 與物價水準 (P_t) 的變動。在此情況下，新的項目來自貨幣創造的收入，它可視為另一種形式的稅，通常稱為物價膨脹稅 (inflation tax)；亦即，實質稅收 (T_t) 必須包括物價膨脹稅。在此情況下，我們仍可發現，以赤字融通的減稅，並不影響家戶所繳的實質稅額的現值。

我們也可以考慮未來年度的減稅與預算赤字，不一定要侷限在第一年。這些赤字意味著未來年度的實質稅收會提高。不過，不論是哪一個情況，未來實質稅收現值的增加都剛好可以抵銷減稅的現值。因此，家戶所繳的稅額的現值依然沒有變動。不論預算赤字與減稅的時間型態為何，此一結論都成立。

如果政府採取以赤字融通的減稅，且不斷以發行新公債來融通額外的債務，則

會有什麼結果？在此情況下，看起來未來實質稅收永遠不會增加。不過，此一融通的方式最終會讓公債呈現爆炸性的增加，就好像是連鎖信 (chain letter) 或金字塔式騙局 (pyramid scheme，台灣俗稱老鼠會) 一樣，實質公債最終會以一個無法持久的速度增加。我們假設是政府不會發行此一連鎖信形式的公債。

在所有的這些情況，所得效果都不存在。此一結果一直出現的原因是我們維持政府實質購買 (G_t) 的時間路徑不變。這些購買遲早要以實質稅收 (T_t) 來支付。政府變動預算赤字，雖能改變課稅的時間，但政府終究得在某一時點課稅。此一結論，印證了經濟學的格言之一：天下沒有白吃的午餐。如果政府想要改變實質稅收的現值，就必須改變其實質購買 (G_t) 的現值。這就是為什麼 G_t 路徑固定的假設是真正重要的假設的原因。

預算赤字的經濟效果

如果是在均衡景氣循環模型，政府在第一年降低實質稅收而有預算赤字的話，會發生什麼事？經濟學家通常將這一類型的變動稱為擴張性財政政策 (fiscal policy)。我們知道，如果政府購買 (G_t) 的路徑沒有變動，則預算赤字對家戶的消費與勞動供給的選擇，並沒有所得效果。今天實質稅收的降低必定伴隨未來實質稅收其現值的提高。不過，此一稅收的變動可能會有替代效果。這些效果 (我們已在第 14 章討論過) 決定於今天減稅以及未來增稅的形式。跟第 13 章一般，我們先假設稅是定額的。儘管這並不切合實際，但這是總體經濟學教科書通常考慮的情況。在稍後各節，我們會考慮更為實際的稅賦形式。

定額稅

假設第一年所減少的實質稅收 (T_1) 與未來增加的實質稅收 (T_t)，都是定額稅。此稅的重要特質是它們對消費與勞動供給都不會有替代效果。因此，給定實質利率 (r) 與實質工資率 (w/P)，以赤字融通的減稅，不會影響消費 (C) 與勞動供給 (L^s)。(為方便說明，我們省略變數的時間下標。)

以赤字融通的減稅並不會影響勞動與資本的邊際產出 (MPL 與 MPK)，因此赤字不會移動勞動需求曲線 (如圖 14.4 中的) 及資本勞務的需求曲線 (如圖 14.5 中的)。此外，勞動供給曲線也不受影響，因此，結清市場的質質工資率 (w/P)* 與勞動數量 L^* 都不會變動 (圖 14.4)。另外，資本服務供給曲線也沒有移動，因此，結清市場的實質租用價格 (R/P)* 與資本服務數量 (κK)* 也都沒有變動。R/P 沒有變動，意味著實質利率 r 也沒有變動。

既然勞動數量 (L) 與資本服務數量 (κK) 都沒有變動，則由生產函數 Y= A·F(κK, L) 可知，實質 GDP (Y) 也一定不變。如同往常，實質 GDP 為消費、毛投資與政府購買的和：

$$Y = C + I + G$$

我們剛剛已經發現 Y 保持不變。我們有一個重要的假設是，政府購買 (G) 沒有變動。此外，因為沒有所得或替代效果讓家戶變動 C，所以 C 也沒有變動。因此，毛投資 (I) 也不變。此一結果說明今天的預算赤字不會影響未來的資本存量。

我們也可以從儲蓄的角度看這些結果。由於預算赤字既沒有所得效果，也沒有替代效果，所以家戶不會變動 C。不過，在第一年，實質稅收減少一單位會讓家戶的可支配所得增加一單位。但由於 C 保持不變，所以家戶會在第一年增加一單位實質儲蓄。因此，家戶有意願持有政府為涵蓋其預算赤字而額外發行的一單位債券。或如我們前面所提的，家戶所增加的一單位實質儲蓄足以完全抵銷政府實質儲蓄所減少的那一單位。因此，第一年的國民儲蓄並沒有變動。

在均衡景氣循環模型，以赤字融通的減稅無法刺激經濟活動。明確地說，實質 GDP (Y)、毛投資 (I) 與實質利率 (r) 都沒有變動。由於這些結果很重要且具爭議性，我們想要知道對模型的修正會如何影響結論。我們從比較實際的稅收形式著手。

勞動所得稅

假設政府課的是勞動所得稅，而非定額稅。如同在第 14 章，令 τ_w 為勞動所得的邊際效率。再次考慮在第一年時，以預算赤字來融通的實質稅收減少的情況。我們假設 T_1 的減少，是透過邊際所得稅率 $(\tau_w)_1$ 降低。

由於政府購買 (G_t) 的路徑沒有變動，第一年的實質赤字需要在未來的年度中提高實質稅收 T_t 來因應。為讓事情簡單且又能帶出重要的結果，我們假設第二年所增加的實質稅收 T_2，剛好足以支付第一年所額外發行的實質債務。因此，第二年以後的實質稅收都沒有變動。我們假設 T_2 的增加，係來自第二年邊際所得稅率 $(\tau_w)_2$ 的提高。

邊際所得稅率，$(\tau_w)_1$ 與 $(\tau_w)_2$，其變動會影響第一年與第二年的勞動市場。圖 15.2 顯示對第一年的影響 (除了我們現在考慮的是 τ_w 的減少，而非增加之外，其餘跟圖 14.4 一樣)。圖 15.2 顯示 $(\tau_w)_1$ 的減少會讓第一年的勞動供給增加。當勞動市場結清時，此一勞動供給的增加，會讓勞動數量增為 $(L_1)'$，從而造成第一年實質 GDP (Y_1) 的增加。

圖 15.2　第一年勞動所得稅率的降低對勞動市場的影響

圖中負斜率的勞動需求曲線 L^d，與正斜率的勞動供給曲線 L^s，都來自圖 14.4。在第一年時，勞動所得邊際稅率 $(\tau_w)_1$ 的降低，會讓勞動供給曲線右移到 $(L^s)'$ 的位置。其結果是，第一年結清市場的稅前實質工資率，如縱軸所示，由 $(w/P)_1$ 下降到 $[(w/P)_1]'$，而結清市場的勞動數量則如橫軸所示，由 L_1 上升到 $(L_1)'$。

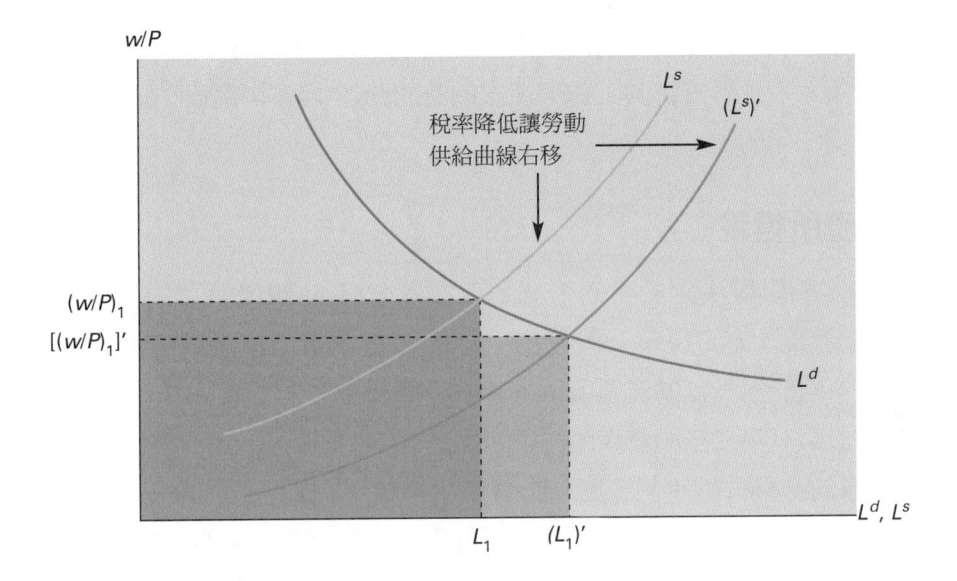

圖 15.3　第二年勞動所得稅率的提高對勞動市場的影響

圖中負斜率的勞動需求曲線，L^d，與正斜率的勞動供給曲線，L^s，都來自圖 14.4。在第二年時，勞動所得邊際稅率 $(\tau_w)_2$ 的提高，會讓勞動供給曲線左移到 $(L^s)'$ 的位置。其結果是，第二年結清市場的稅前實質工資率，如縱軸所示，由 $(w/P)_2$ 上升到 $[(w/P)_2]'$，而結清市場的勞動數量則如橫軸所示，由 L_2 下降到 $(L_2)'$。

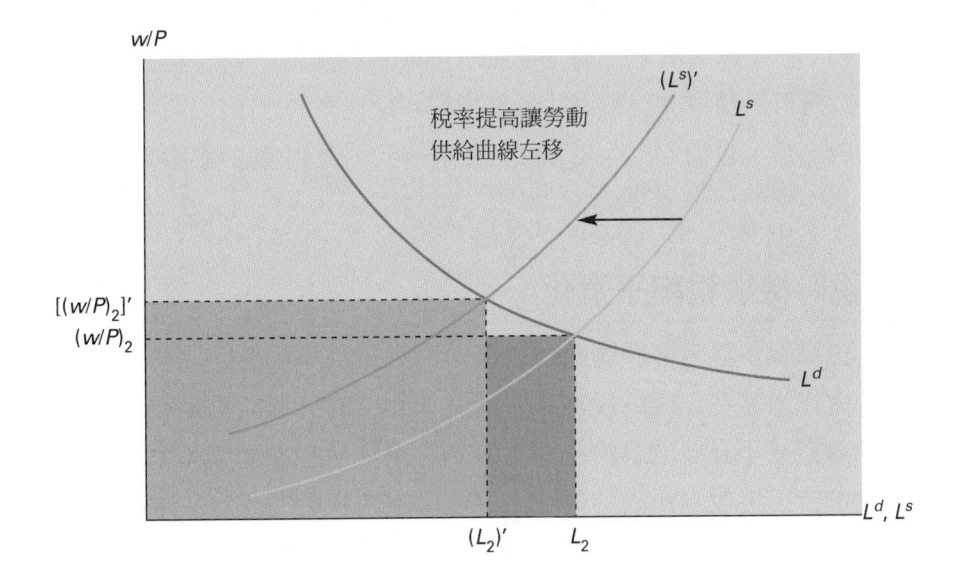

對第二年的影響則繪於圖 15.3，結果剛好與第一年相反。$(\tau_w)_2$ 的提高，會讓第二年的勞動供給減少。當勞動市場結清時，此一勞動供給的減少，會讓勞動數量減為 $(L_2)'$，從而造成第二年實質 GDP (Y_2) 的減少。

我們的主要發現是，預算赤字讓政府可以改變各期間的勞動所得稅率，進而影響各期間的勞動投入與產出。明確地說，用於融通第一年赤字預算的勞動所得稅率的降低，會讓家戶重新安排其工作與產出的時間路徑；以本情況而言，即增加第一年的且減少第二年的。

資產所得稅

預算赤字的影響決定於稅的形式。現在考慮第 14 章所討論的另一種形式的稅，即對資產課以 τ_r 的稅率。假設第一年的預算赤字用來融通資產所得稅的減少，其減少來自於第一年的資產所得稅率 $(\tau_r)_1$ 降低。再一次地，未來的稅收必須增加。我們假設只有第二年的資產所得稅增加。

第 14 章的結果告訴我們，第一年資產所得稅率 $(\tau_r)_1$ 降低，會提高第一年稅後實質利率，$[1-(\tau_r)_1] \cdot r_1$。家戶的反應是多儲蓄，且少消費。儲蓄的增加，會提高第一年的毛投資 (I_1)。因此，給定實質 GDP (Y_1)，第一年的消費 (C_1) 一定會減少。在第二年，資產所得稅率，$(\tau_r)_2$，會提高。而其影響剛好跟第一年的相反，即家戶會少儲蓄，且多消費。因此，第二年的毛投資 (I_2) 會減少，且第二年的消費 (C_2) 會增加。所以，我們看到主要的影響是家戶會調整投資與消費：投資會由第二年移向第一年，而消費則相反。

在前面的例子，我們可以發現勞動所得稅率的變動會改變動勞動投入 (L) 與實質 GDP (Y)；在剛剛的例子，則是資產所得稅率的變動，會改變消費 (C) 與投資 (I)。因此，政府可以藉由改變預算餘額來調整各種稅率的水準，進而對經濟體系的不同層面造成影響，包括 L、Y、C 與 I。在下一節，我們會討論這樣的結果，好還是不好。

課稅時機與稅率平滑化

我們已經發現預算赤字與剩餘可以讓政府進行稅率的跨時調整。不過，對政府而言，任意提高某些年度的稅率且降低其他年度的，可能不是一個好的做法。稅率的波動會造成不必要的經濟扭曲，因為它讓家戶在做勞動、生產、消費與投資的跨時決策時，接收到錯誤的信號。好在，絕大多數的政府並未這樣做，其公債的管理通常能夠讓稅率的時間路徑相當穩定。此一作為稱**稅率平滑化** (tax-rate smoothing)。此詞意味著,即使經濟性的干擾出現,政府仍要保持稅率結構的穩定。

稅率平滑化的一個例子是關於所得稅率對經濟波動的反應。實質政府支出通常不會像實質GDP那樣,在繁榮時大增,在衰退時大減。事實上,某些實質移轉,如失業保險給付與家庭扶助,通常在繁榮時減少,且在衰退時增加。因此,如果政府要維持預算平衡,則必須在經濟繁榮時降低稅率,且在衰退時提高。不過,通常的情況是,政府在繁榮時會有實質預算剩餘,且在衰退時會有實質預算赤字。

很多稅制,像個人所得稅,在繁榮時會讓稅收占GDP的比例自動地提高,且在衰退時自動地降低。之所以會有這樣的結果,是因為在繁榮時,稅法會讓納稅人適用較高的所得級距稅率,且扣除額並未隨GDP增加;在衰退時,正好相反。由於此一在繁榮時預算會有剩餘,且在衰退時預算會有赤字的自動調整,經濟學家有時會推估經濟體系在「產能滿載」或「充分就業」下的預算赤字水準。

另外一個例子則是在戰時,政府購買會大幅超過正常水準。如果要維持平衡預算,則稅率在戰時就會很高。為避免戰時不尋常的高稅率,政府的實質預算通常會出現赤字。此一做法可以讓不得不提高的稅率,平均分散在各年度。在戰時,稅率會高一些,但在之後,也會提高,以融通戰時所累積的公債。戰時的赤字融通可以說明圖15.1中,英國公債的長期演變。

策略性預算赤字

政府規模的縮小要求財政支出與稅收同時減少。不過,人們通常會喜歡政府減稅,但不喜歡政府減少跟與自己有關的財政支出。政府在減稅的同時維持支出不變,會讓預算赤字增加。有些經濟學家主張,這些赤字,以及隨之而來的債務累積,會形成抑制財政支出增長的政治壓力。因此,在長期,降稅可能可以有效降低政府總支出占GDP的比值。

此一關於預算赤字的觀點,產生一個稱為*策略性預算赤字*(strategic budget deficits) 的新理論。會用到「策略性」一詞,是因為模型中的政治策略,類似於賽局理論所分析的策略。為了解其基本概念,假設一個執政團隊偏好小型政府,且此一行政團隊相信繼任者會比較偏好大型政府。現任執政團隊要如何影響未來團隊去選擇水準相對較低的實質購買與移轉?一個答案是,以預算赤字留下一個很高的公債對GDP的比值。為融通此一高額的公債,未來的政府就難以選擇高水準的購買與移轉。

對預算赤字的標準觀點

均衡景氣循環模型獲致李嘉圖均等命題，它意味著以赤字融通的減稅不會影響實質 GDP 與其他總體經濟變數。很多經濟學家不同意此一命題，且預測預算赤字會提高實質利率並降低投資。我們是否能夠對均衡景氣循環模型做一些合理的修正，而得到這樣的預測？本節會探討這些必要的修正，但不去回答哪個預算赤字理論才是正確的問題。讀者必須權衡理論與實證結果，來決定哪一種說法最具說服力。

為帶出主要的議題，我們再回到定額稅的簡單假設。均衡景氣模型的重點是，以赤字融通的減稅對家戶的選擇沒有所得效果。既然沒有所得效果，那麼，在第一

經濟學小舖

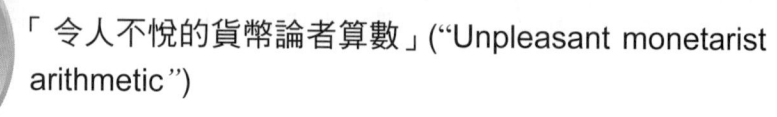

「令人不悅的貨幣論者算數」("Unpleasant monetarist arithmetic")

Thomas Sargent and Neil Wallace (1981) 分析物價膨脹稅其時間路徑變動所造成的影響；物價膨脹稅是政府經由印製貨幣所獲得的收入。他們的分析特別適用於通常高度仰賴印製貨幣收入的國家，像阿根廷與巴西。

假設政府想要透過降低當下的貨幣成長率降低物價膨脹 (參見第12章所討論的貨幣成長與物價膨脹)。不過，假設政府並未變動現在與未來的實質購買與移轉，且政府沒有變動來自所得稅或其他任何稅的現在或未來的實質稅收。在此情況下，來自印製貨幣的當期收入減少會造成實質預算赤字 (假設原先預算平衡)，進而造成公債實質餘額的增加。如正文所討論的，實質公債的增加意味著政府未來實質收入的現值必須增加。不過，由於實質稅收是固定的，因此，未來的實質收入必定來自未來的貨幣創造。換句話說，政府只是變動物價膨脹稅的時間路徑，讓現在徵收得少，以後徵收得多。來自未來貨幣創造的實質收入提高，意味著未來貨幣成長率必須提高，也就是必須比原先的水準高。

因為未來的貨幣成長率會提高，因此，現在的貨幣成長率的降低，不足以造成長期物價膨脹率的下降。在長期，物價膨脹率會隨貨幣成長率增加；甚至，如果人們預期未來的物價膨脹率會更高，則當期貨幣成長率的下降，可能都無法讓短期的物價膨脹降低。對物價膨脹率上升的預期，會使現在的實質貨幣需求量減少，而使短期的物價膨脹率上升。Sargent and Wallace 用此一分析來論證，一個單靠降低貨幣成長來控制物價膨脹的計畫，是無法成功的。這類計畫必須搭配降低現在或未來的政府支出，或增加現在或未來的實質稅收的財政計畫。

年以赤字融通的實質稅收 (T_1) 的減少，並不會改變消費 (C_1)。因此，家戶會把第一年所增加的實質可支配所得都儲蓄起來。此外，因為實質 GDP (Y_1) 沒有變動 (因為勞動投入與資本服務投入都維持不變)，且政府購買 (G_1) 也沒有變動，所以毛投資 (I_1) 也沒有變動。

而標準分析的起點是，以赤字融通的減稅會讓家戶覺得更富有，因此會有正的所得效果。我們先看這些所得效果如何修正我們對預算赤字的結論，然後再討論經濟學家用來解釋為什麼以赤字融通的減稅會讓家戶覺得更富有的理由。

在標準分析中，既然以赤字融通的減稅會讓家戶覺得更富有，因此消費 (C_1) 會增加。為簡化分析，假設勞動供給數量是固定的；換句話說，我們忽略任何對勞動供給的所得效果。在此情況下，第一年的勞動與資本服務的投入維持不變，因此實質 GDP (Y_1) 也沒有變動。既然 C_1 增加了，那麼在給定的政府購買 (G_1) 之下，毛投資 (I_1) 一定會減少。因此，**一個新的重要結論是預算赤字會讓投資減少**。

另一個看待此一結果的方法是，家戶在第一年的實質可支配所得增加之後，除了會增加消費外，也會增加儲蓄。最重要的是，家戶儲蓄的增幅小於稅收的降幅，因此，國民儲蓄會減少，從而造成毛投資 (I_1) 下滑。

長期的影響決定於政府是否在第二年全額償還第一年增加的實質公債，還是讓債務一直維持在較高的水準。就第一種情況而言，我們假設第二年的實質稅收 (T_2) 提高到足以支付第一年增加的實質公債。因此，第二年的影響跟第一年的剛好相反。明確地說，第二年的投資會提高。在第二年之後，實質公債水準恢復到原先的水準，因此對資本存量沒有長期效果。

至於第二個情況，我們假設每一年的實質稅收僅增加到足以支付利息的水準。因此，實質公債存量一直維持在較高的水準，且資本存量 K 會一直低於其原先的水準，也因此，未來的資本服務 (κK) 及實質 GDP (Y) 都會低於其原先的水準。所以，在長期，實質公債的增加會讓經濟體系收縮。此一對資本存量與實質 GDP 的長期負向影響，有時稱為**公債的負擔** (burden of the public debt)。

在此一標準分析中，長期資本存量 (K) 愈小，意味著 MPK 愈高 (在給定的勞動投入 L 之下)。較高的 MPK 導致較高的實質租用價格 (R/P)，從而較高的實質利率 (r)。因此，在長期，公債餘額愈大，實質利率 (r) 愈高。

為得到關於預算赤字影響的標準結論，我們必須假設減稅讓家戶覺得更富有。我們接下來要探討兩個對此一假設比較具說服力的說法。第一個是關於生命期限的長短，第二個涉及信用市場的不完全性。

有限的一生

假設政府在第一年其實質稅收 (T_1) 減少一單位而有預算赤字。我們知道未來所增加的實質稅收的現值也是一單位，剛好等於一開始所減的稅。不過，現在假設，有一些為融通第一年新增公債的未來稅收，要在很久以後的未來才會發生，而發生的時候，第一年活著的人已經過世。在此情況下，在第一年活著的人，其未來要多繳的稅的現值小於一單位。因此，這些人其實質稅額總現值是減少的。

為什麼當人們的生命是有限時，預算赤字會讓他們覺得更富有了呢？這一世代所經歷的實質稅收現值的減少相當於未來世代實質稅收現值的增加。有一些人一出生就背負著，其所繳稅收的一部分要用來支付較高公債餘額的利息與本金的責任。不過，這些人並未能享受到先前減稅的利益。如果現在的納稅人，將其子孫必須承擔的稅額現值完全考慮在內，那他們就不會覺得更富有了。

實際上，預算赤字讓當前世代的人過世的時候，是處於破產狀態，因為他們留下公債給他們的後代，亦即債留子孫。因此，如果一個人會因政府對所得所做的代間移轉而感到滿意，則他就會因為預算赤字而覺得更富有。不過，大部分人都已經有機會進行代間移轉，且做到他們感到滿意的程度。例如，父母會花費教育投資等支出在子女身上，也會留遺產給他們；而子女也會在父母年老時照顧他們，特別是社會福利計畫成長以前。只要這類的移轉是順暢的，政府的預算赤字就不至於有債留子孫的問題。因此，公債增加的影響是改變動民間部門的代間移轉，且其變動幅度剛好足以回復公債未增加之前，已經達到的最適代間所得分配。在此情況下，即使人們不能永生，預算赤字也不會讓當前世代的家戶覺得更富有。因此，我們又回到預算赤字對家戶沒有所得效果的情況。

想像一個具體的例子。假設一對夫妻決定留給其子女現值為 £50,000 的遺產。現在，假設政府有赤字預算，讓該對夫妻的稅額現值減少 £1,000，不過也讓其子女的稅額現值提高 £1,000。我們的預測是父母親會將少繳的稅，用於提高其代間移轉的現值，達到 £51,000。多增加的 £1,000，會讓其子女剛好有足夠的資源來支付較高的稅額。最後，父母親及其子女的消費水準跟政府沒有預算赤字之前是一樣的。

有個問題是，這類的計算假設每一個人都有足夠的資訊與計算能力。實際上，預算赤字可能會讓家戶無法掌握他們及其子女未來將負擔的稅額的確切數字。不過，此一不確定性是否會讓家戶系統性地低估預算赤字對未來稅額的影響，仍不明確。事實上，家戶對所得不確定性提高的典型反應是增加儲蓄 (在本例中，所得的不確定性源自未來稅收的不確定性)。此一**預防性儲蓄** (*precautionary saving*)，用於防範未來可能會出現比預期差的情況。此一行為意味著，當預算赤字增加一單位

時，民間部門的儲蓄可能增加超過一單位；亦即，國民儲蓄可能會因預算赤字而增加，這剛好跟標準觀點相反。

信用市場的不完全性

到現在為止，我們假設民間債券的實質利率 (r) 等於政府債券的利率。由於家戶可以發行民間債券，也可以持有它們，我們的模型假設家戶可以跟政府一樣，以相同的實質利率 (r) 借到錢。不過，在現實中，信用市場並非如此完美。很多想借錢的家戶，必須支付比政府所支付的實質利率還要高的利率。當家戶沒有擔保品時，如房屋或汽車，借款利率會特別高。

當信用市場不完全時，有些家戶用來計算其未來實質稅額現值的實質利率會高於政府的。在前面的分析中，我們發現以赤字融通的第一年的實質稅收降低一單位，會讓未來實質稅收增加的現值也剛好是一單位。不過，我們之所以獲得此一結論，是因為我們在計算稅收現值時，是用政府所支付的實質利率 (r)。就那些面對比較高的實質利率的家戶而言，其未來實質稅額的現值會小於一單位。

為說明起見，假設政府在第一年時，減少實質稅收一單位，而有一單位的預算赤字，且政府會在第二年增加實質稅收以償付公債的本金與利息。如果政府的實質利率是 2%，則第二年的實質稅收會增加 1.02 單位。家戶如果要計算這些稅額的現值，不能用政府的利率，來貼現 1.02 單位，而要以家戶所支付的實質利率來計算。假設是 5%，則結果是：

$$第二年實質稅額增加的現值 = 1.02/1.05 \approx 0.97$$

因此，家戶實質稅額的現值的總變動為：

$$\begin{aligned}&實質稅額的現值的變動\\&= 第一年所減的稅 + 第二年增加的實質稅額的現值\\&= -1 + 0.97\\&= -0.03\end{aligned}$$

所以，政府在第一年所減的一單位稅收，讓實質稅收現值的總和減少 0.03 單位。如果政府償付公債的時間愈往後移，此一效果就會愈大。

現在，假設某些家戶 (或企業) 信用夠好，所以可以用跟政府一樣的實質利率來計算未來實質稅額的現值。對這些家戶而言，以赤字融通的減稅不會改變實質稅額的總現值。在經濟體系中，有一部分的家戶面對跟政府一樣的實質利率，不過有一部分的家戶要面對較高的實質利率。在此一情況下，以赤字融通的減稅，不會改

變第一群家戶的實質稅額的現值,不過會降低第二群家戶所面對的現值。因此,整體而言,減稅會讓家戶覺得更富有了。

為什麼信用市場的不完全性,會在政府有預算赤字時,讓家戶覺得更富有了呢?當政府有赤字時,就好像政府借錢給家戶一樣:如果第一年的實質稅收降低一單位,則借款就是一單位。當政府在未來的年度中提高實質稅收時,就好像政府收回放款。這隱含這些款項的實質利率是政府支付其債券的實質利率。如果政府支付的實質利率小於家戶直接借款所支付的利率,則就家戶而言,這是一個好交易。這就是為什麼用較高實質利率來計算現值的家戶,其實質稅額的總現值是下降的。

關於這點,背後隱含的假設是,政府把錢貸放給某些家戶是稅制的一種有效率的運用;也就是說,政府在貸放資金(經由減稅)與在未來回收這些貸款(經由提高未來稅收)上,做得要比民間機構(如銀行)好。如果政府在此一貸放過程確實做得比較好,則當政府提供更多的信用時(也就是更多的預算赤字時),經濟體系會運作得更有效率。所謂運作得更有效率,是指可用的資源會被引導到更優先的用途。這些用途可能是,那些不易取得信用的家戶其第一年的消費或投資。

因此,信用市場的不完全性可以解釋為什麼預算赤字會影響經濟體系。不過,其結果跟傳統分析的結果不同;傳統的分析認為,在長期,公債餘額愈高,資本存量與實質 GDP 的水準會愈低。當信用市場不完全時,預算赤字之所以有關係,是因為它可以改善信用的配置,亦即,可以降低民間信用市場的不完全性。換句話,預算赤字有其作用,而且是正面的。所以我們不能用此一理由來論證預算赤字與公債是經濟體系的負擔。

社會安全

在大多數已開發國家,經由社會安全計畫所支付的退休金金額非常龐大。一些經濟學家主張,公共退休金計畫會降低儲蓄與投資。我們可以用均衡景氣循環模型來檢視此一主張。

當社會安全不是一個**全額準備制** (fully funded system) 時,此一對儲蓄影響的主張成立。在全額準備制之下,勞工所繳的退休準備金累積在一個信託基金,屆時會提供勞工退休金。另一個選擇是**隨收隨支制** (pay-as-you-go system)。在此一制度下,對退休人員的給付是由現在年輕人所繳的稅來融通。所以,當此一制度開始施行或適用範圍擴大時,在退休年紀或接近退休年紀的人,毋須支付相稱的稅額現值就可以獲得給付。因此,年輕世代的成員所支付的稅額會超過他們預期收到的給付的現值。大部分國家的社會安全制度是隨收隨支制。

接下來我們考慮在隨收隨支制下，社會安全的經濟影響。在此，我們聚焦在所得效果，而忽略我們在第四章所討論的來自稅收與移轉的替代效果。一般的論述如下。當社會安全制度開始或擴張時，老年人就會經歷到其社會安全給付扣除稅額的

數字會說話

預算赤字的總體經濟效果的實證證據

傳統分析的一個重要預測是，實質預算赤字會增加消費，並降低國民儲蓄與投資。而且，隨著時間過去，投資的減少會導致較低的資本存量；較低的資本存量意味著較高的 MPK，而導致較高的實質利率 (r)。

很多經濟學家相信預算赤字會降低國民儲蓄與投資，並提高實質利率。不過實證證據並未完全支持這一點。Charles Plosser (1982, 1987) 與 Paul Evans (1987a, 1987b) 針對一些已開發國家的預算赤字對利率的影響進行統計分析。他們的主要發現是，預算赤字對實質利率及名目利率均無明顯的影響。

儘管有很多的實證研究，但對於預算赤字對消費、國民儲蓄與投資的影響，並無確定的結論。一個困難在於它們之間的因果關係。如同正文所討論的，預算赤字的出現，通常反映經濟波動與暫性時的政府購買 (例如戰時)。既然當經濟波動時，消費、國民儲蓄與投資也會跟著變動，在戰時也是如此，所以很難隔離預算赤字對這些變數的影響。

Chris Carroll and Lawrence Summers (1987) 藉由比較美國與加拿大的儲蓄率以避免上述的一些難題。一直到1970 年代早期，這兩個國家的民間儲蓄率非常接近，不過，之後就開始有差異。到了1983–1985年 (他們研究的最後幾年)，加拿大的儲蓄率高了6 個百分點。在控制總體經濟變數與稅制的影響後，Carroll and Summers 的結論是，預算赤字不會影響國民儲蓄；也就是，加拿大較高的民間儲蓄率抵銷其國內較高的預算赤字。此一發現符合李嘉圖均等命題。

以色列在 1983–1987 年的經驗，也許可以對預算赤字與儲蓄之間的相互影響，提供一個自然實驗。在 1983 年，民間部門儲蓄率為 17%，而公共部門儲蓄率為 –4% (公共儲蓄中包括公共投資)，因此國民儲蓄率為 13%。在 1984 年，預算赤字戲劇性地提高，使得公共儲蓄降低到 –11%。有趣的是，民間儲蓄率提高到 26%，國民儲蓄率也因此由 13% 上升到 15%，僅有些微的變動。然後，1985 的一個穩定計畫消除了預算赤字，讓政府儲蓄率在 1985–1986 年期間上升到 0%。在同一時間，民間儲蓄率也戲劇性地降低，由 1985 年的 19% 降為 1986 年的 14%。所以，國民儲蓄率還算穩定，由 1984 年的 15% 到 1985 年的 18%，再到 1986 年的 14%。因此，民間儲蓄的變動，大約可以抵銷政府儲蓄的波動，而讓國民儲蓄接近穩定的狀態。此一經驗與李嘉圖均等命題相符。

現值淨額的增加。此一現值淨額的增加，意味著對這群人的消費有正的所得效果。

年輕人會面對較高的稅額，但可由未來較高的退休金抵銷。不過這群人的實質移轉扣除實質稅額的現值淨額仍然是下降的；但下降的幅度，不如老年人現值淨額增加的幅度。為什麼呢？因為當代年輕人可以經由增加未出生世代成員的稅額來融通他們未來的退休金。因此，現在年輕人消費的減少幅度會小於現在老年人的增加幅度。所以，我們預測當期總消費會增加，或者以另一個方式來說，民間總儲蓄會減少。由於政府的儲蓄沒有變動，因此國民儲蓄會減少。國民儲蓄的減少，在短期會造成投資的減少，從而在長期會讓資本存量降低。

對於社會安全的經濟影響的分析，類似於先前我們對預算赤字的傳統分析。兩個情況都顯示，只有在人們忽略對後世子孫的負面效果，則總消費才會出現增加的現象。明確地說，隨收隨支的社會安全制度其規模的擴大，意味著一個典型的未來世代出生時，其背負的實質稅額超過其實質退休金的現值。不過，如果現在活著的人完全考慮到對未來世代的影響，則社會安全制度的所得效果就會變零。

如同以赤字融通的減稅，社會安全制度讓老年人能自其後代獲取資源。不過，跟以前一樣，老年人只有在不給其子孫任何移轉且無法自其子孫處獲得任何東西的時候，此一制度才有價值；否則，再多的社會安全給付，只是讓人們進行世代間的實質移轉，而非消費更多。在很多已開發國家，社會安全制度的擴張，已經弱化子女照護其年老父母的趨勢。

就實證而言，自 1970 年代起，社會安全制度與儲蓄及投資之間的關聯就出現很大的爭議。Martin Feldstein (1974) 發現，社會安全制度對資本的累積有很強的負效果。不過，其後的研究並無法保證這樣的結論。大規模的跨國實證研究並未得到社會安全制度會壓抑儲蓄與投資的有力的證據。

公開市場操作

加入公債之後的均衡景氣循環模型讓我們可以分析**公開市場操作**(open-market operations)。當中央銀行，如英格蘭銀行，以新創造的貨幣購買債券(通常是政府債券)時，公開市場買進就發生了(在此一情況下，貨幣指的是強力貨幣，即通貨淨額及存款機構在中央銀行的準備金的和)。公開市場賣出，則發生於中央銀行出售債券，收回貨幣時。公開市場操作是中央銀行用來控制貨幣數量的主要方法。我們想要知道此一實際上用於變動貨幣數量的方法，跟我們在第 11 章與第 12 章中，不切實際的「直升機空投」的貨幣數量變動，其結果有何不同。

考慮貨幣數量 (M) 增加 £1，而政府公債存量 (B^g) 減少 £1 的公開市場買進。假設貨幣數量沒有後續的變動發生，也就是，我們考慮 M 一次性的增加。

表 15.2 顯示購買政府公債的公開市場操作，相當於我們所討論過的兩種政策的結合。首先，假設政府印製 £1 的額外貨幣 (M)，且將它用於削減定額稅 £1，或增加定額移轉 £1。例如，如第 11 章與第 12 章所考慮的不切實際的情節一樣，政府用直升機空投 £1 的貨幣。此一變動在表中標示為政策 1。接著，假設政府提高定額稅 £1 或減少定額移轉 £1，且將它用來購買 £1 的政府債券 (B^g)；亦即政府增加稅收扣除移轉的淨額，或有預算剩餘。這在表中標示為政策 2。如果把這兩個政策加總起來，可以發現，貨幣數量增加 £1，稅收與移轉沒有變動，而政府債券數量 (B^g) 減少 £1。因此，我們得到表中標示為政策 3 的購買政府公債的公開市場操作。

表 15.2　購買政府公債的公開市場操作

政府政策	貨幣 (M) 的變動	政府債券 (B^g) 的變動	稅收 (T) 的變動
1. 印製更多的貨幣且減稅	+ £1	0	− £1
2. 增稅且降低公債	0	− £1	+ £1
3. 購買政府公債的公開市場操作	+ £1	− £1	0

註：政策 3，即購買政府公債的公開市場操作，為我們已經討論過的政策 1 與政策 2 的結合。

由第 11 章我們知道，政策 1，即貨幣數量 M 一次性的增加，並用於削減定額稅或提高定額移轉的政策，會讓物價水準 P 跟 M 有相同的增加率，而且對各實質變數，包括實質 GDP (Y) 與實質利率 (r) 都沒有影響。另外，由本章前面的分析可以知道，政策 2，即以增加稅收扣除移轉的淨額所創造的預算剩餘的政策，對前述的實質變數也沒有任何影響，且預算剩餘也不會影響物價水準 (P)，這是因為名目貨幣數量 M 不受影響。因此，政策 3，即購買政府公債的公開市場操作，所產生的總效果是 P 與 M 以同比例上升，且實質變數都不受影響；也就是公開市場買進跟第 11 章及第 12 章所考慮的，以直升機空投貨幣的不切實際的情況，有相同的效果。因此，我們的結論是，此一不切實際的情節，給了我們一個合理且簡單的方法來了解貨幣與物價水準之間的連結。

總結

在本章，我們讓政府可以借錢，即經由發行債券來支持預算赤字。政府的預算限制包括二個新的項目：公債的利息支出與發行新公債的收入。

在均衡景氣循環模型，預算赤字的變動沒有所得效果。其理由是，如果政府購買的計畫沒有變動，則以赤字融通的減稅會創造出現值等於所減稅收的未來實質稅額。如果討論的是定額稅，則沒有所得效果意味著預算赤字的變動對一些實質變數，如實質 GDP、消費、投資與實質利率，都沒有影響。此一結果即是李嘉圖均等命題，即稅與預算赤字對經濟體系有相同的影響。

預算赤字會影響稅收的時間路徑，且當稅不是定額稅時，稅收的時間路徑會有影響。例如，透過預算赤字，政府可以降低今天的勞動所得稅率，且提高未來的勞動所得稅率。此一變動會影響實質 GDP 與勞動投入的時間路徑。在大部分的情況下，稅率的跨時變動會造成經濟體系內的不必要扭曲。因此政府應該遵循稅率平滑化的政策，以避免這些扭曲。此一政策，是不管經濟的波動及政府購買暫時性的變動(如在戰時)，都要保持稅率(如勞動所得稅率)的穩定。為讓稅率平滑化，政府在衰退及戰爭時期，應採預算赤字。

偏離稅率平滑化的一個情況是，政府採預算赤字或剩餘來影響未來執政團隊其政府支出的選擇，這稱為策略性預算赤字。經由留下較大的公債存量，一個政府可以讓未來的執政團隊比較難選擇較高水準的政府購買與移轉。

預算赤字的標準觀點假設以赤字融通的減稅對消費有正的所得效果。因此預算赤字會提高消費，且降低投資。在長期，公債愈多，資本存量會愈低且實質利率水準會愈高。預算赤字的所得效果，通常可以用有限的一生與民間信用市場的不完全性來解釋。

我們分析了隨收隨支的社會安全制度與貨幣當局的公開市場操作。社會安全制度的擴張類似於以赤字融通的減稅。公開市場操作與第 11 章及第 12 章所考慮的不切實際的直升機空投貨幣的情節，有相同的影響。

習題

A. 複習題

1. 簡要比較傳統上對政府債務的觀點與李嘉圖的觀點。它們在假設與結論方面，有什麼重要的差異？
2. 在什麼樣的情況下，公開市場操作是中立的？
3. 假設政府宣布，調降明年的勞動所得稅率。此一宣示會對今年的勞動供給量產生什麼樣的跨期替代效果？

B. 討論題

4. 社會安全與資本存量

    假設政府建立新的社會安全計畫，對計畫所涵蓋的人們提供退休金。

    a. 你認為此舉對資本存量 K 的長期效果為何？

    b. 社會安全計畫可能採取全額準備制，也可能採用隨收隨支制。不同的制度會不會影響 a 小題的答案？(在全額準備制之下，勞工所繳的退休準備金累積在一個信託基金，它屆時會提供勞工退休金。在隨收隨支制之下，對退休人員的給付是由現在年輕人所繳的稅來融通。)

5. 預算赤字的所得效果

    假設在第一年，政府調降當期的定額稅，並造成預算赤字，且實質政府公債在未來的年度中保持不變。此外，政府購買 (G) 及實質移轉 (V) 都沒有變動。分析政府減稅所造成的所得效果。此一效果如何受下列事件影響？

    a. 有限的一生？

    b. 有人沒有子女？

    c. 對未來由誰繳稅的不確定性？

    d. 政府可能在未來增印貨幣而非加稅？

    e. 民間信用市場的不完全性？

第 6 篇
貨幣與景氣循環

第 16 章　貨幣與景氣循環 I：價格錯誤認知模型

第 17 章　貨幣與景氣循環 II：僵固物價與名目工資率

第 **16** 章

貨幣與景氣循環 I：價格錯誤認知模型

到目前為止，我們的總體經濟模型強調實質因素（如技術變動）是經濟波動的來源。政府可以改變其商品與服務的購買及稅率來影響實質變數，但並沒有證據支持政府的財政行動是經濟波動的主要成因。很多經濟學家相信貨幣性衝擊(monetary shocks)（主要是貨幣當局所創造的），是造成經濟體系波動的主要原因。我們以價格錯誤認知模型分析貨幣影響作為本章的起點。

均衡景氣循環模型的貨幣影響

我們先回想一下，在均衡景氣循環模型中，名目變數與實質變數之間的關係。第 11 章的結果之一是，貨幣名目數量 M（在我們模型中為通貨）的一次性變動是中立的。這個變動造成名目變數，如物價水準 (P) 與名目工資率 (w) 的等比例變動。實質變數，包括實質 GDP (Y)、就業 (L) 與實質利率 (r)，則沒有改變。

我們在第 12 章發現，名目貨幣數量的持續變動會影響物價膨脹率 (π)，從而影響名目利率 (i)；而 i 的變動會影響實質貨幣需求量 [$D(Y, i)$]，從而影響實質貨幣數量 (M/P)。這些變動是有實質影響的，因為 π 與 i 的上升，誘使人們花費更多的時間與其他資源來降低實質貨幣持有量 (M/P)。物價膨脹愈高，會導致更多資源耗費在交易成本上。如果我們將模型擴展到包括物價變動的成本，則物價膨脹愈高，這些成本也會愈高。但在正常情況下，交易成本與物價變動成本並沒有重要到足以對實質 GDP 產生顯著影響。

儘管貨幣是中立的，或至少大約是中立的，但我們仍然可以從第 11 章的模型，推導出實質變數與名目變數之間關係的實證意涵。在我們的均衡景氣循環模型，技術衝擊會影響實質 GDP (Y) 與名目利率 (i)，從而影響實質貨幣需求量 [$D(Y, i)$]。在一般情況下，由於 Y 的影響超過 i 的影響，所以實質貨幣需求量在繁榮時會比較高，且在衰退時會比較低。如果貨幣的名目數量 (M)，並未因實質需求量的變動而變動，則物價水準 P 會與 $D(Y, i)$ 呈反向變動。因此，我們的模型預測，P 會是逆循環的，即在繁榮時較低，且在衰退時較高。如果貨幣當局想要讓物

價水準 (P) 穩定，就必須調整名目貨幣數量 (M)，以抵銷實質貨幣需求量 [$D(Y, i)$] 的變動。在此情況下，M 會是順循環的。

價格錯誤認知模型

實證證據顯示，貨幣並不如均衡景氣循環模型所預測的那麼中立。**價格錯誤認知模型** (price-misperceptions model) 提供貨幣非中立的一個可能的解釋。在這個模型，家戶有時會將名目價格與工資率的變動誤判為相對價格與實質工資率的變動。因此，由於貨幣性衝擊本來就會影響名目價格與工資率，所以最終也會影響實質變數，像實質 GDP 與就業。

貨幣影響非中立的模型

這個模型保留我們的均衡景氣循環模型的大部分特徵。我們仍保留勞動與資本服務其供給與需求函數的個體經濟基礎，並繼續假設包括商品價格、工資率與租用價格在內的價格，都能快速調整以結清市場。而跟以前最大的不同是，家戶所擁有的經濟體系是**不完整的當前價格資訊** (incomplete current information)。例如，勞工知道他當期的名目工資率以及最近所購買的商品的價格，但他對於其他工作的工資率，跟更早以前的物價的資訊，就比較不正確，甚或欠缺。

價格錯誤認知模型通常聚焦在勞動市場。我們在第 9 章的圖 9.13 分析過此一

圖 16.1　勞動市場的結清

這個圖重製第 9 章的圖 9.13 的分析。實質工資率 (w/P) 的下降，會讓勞動需求量 (L^d) 增加；而 w/P 的提高會讓勞動供給量 (L^s) 增加。當實質工資率為縱軸的 $(w/P)^*$ 時，市場會結清；此時，勞動數量是橫軸的 L^*。

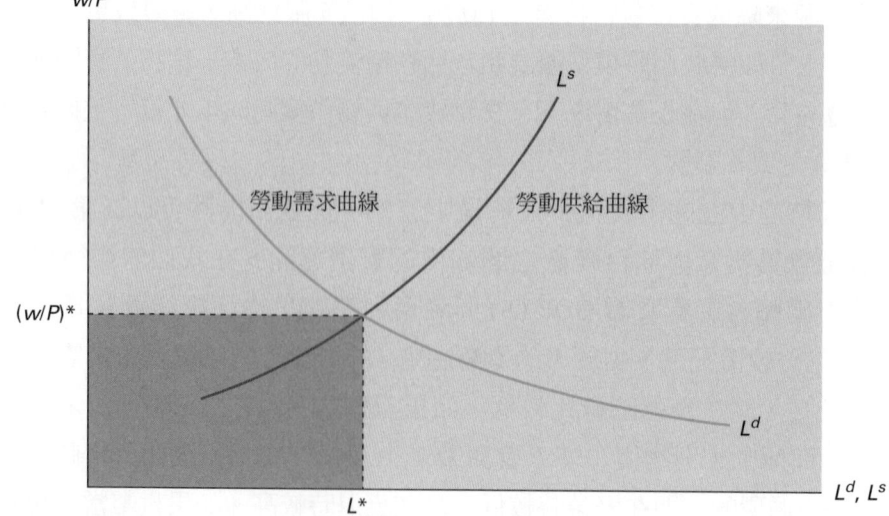

市場，圖 16.1 重製此一分析的主要部分。回想一下，實質工資率 (w/P) 上升，會讓勞動需求量 (L^d) 減少。勞動需求來自生產者 (擁有並經營企業的家戶)，他支付名目工資率 (w) 給勞工，並以價格 P 銷售商品。

實質工資率 (w/P) 的增加會讓工作對家戶更具吸引力。因此，在圖 16.1，w/P 的提高會讓勞動供給量 (L^s) 增加；更精確地說，我們在第 9 章曾說明，勞動供給曲線的斜率決定於替代效果與所得效果的大小。來自 w/P 提高的替代效果，會讓休閒時間減少 (從而多工作)，且消費增加；而來自 w/P 提高的所得效果，會讓休閒時間增加 (從而少工作)，且消費增加。因此，如果替代效果大於所得效果，則勞動供給曲線就會像圖 16.1 一樣，是正斜率的。

現在，我們考慮家戶所擁有的經濟體系的當前價格資訊是不完整的情況。先看勞動需求。勞動的需求者是雇主。我們可以合理假設雇主對於他支付給職工的名目工資率 (w) 有正確的資訊；同樣地，我們也可以合理假設雇主對於其產品的價格 (P) 也有正確的資訊。雇主會比較實際的勞動名目成本 (w) 與其實際的產品價格 (P)，[1] 因此，決定勞動需求量 (L^d) 的實質工資率是實際的 w/P。所以，我們不必對圖 16.1 的勞動需求曲線作任何的修正。

現在考慮跟勞動供給 (L^s) 有關的實質工資率。勞動的供給者是勞工。對勞工而言，相關的名目工資率 (w) 即是由雇主處得到的金額。我們可以再次合理假設勞工對其自身的 w 有正確的資訊。不過，跟勞工有關的物價水準 (P) 是市場一籃子商品的價格。這些商品是在不同的時間跟不同的地方買的。因此，勞工通常無法掌握某些商品其當前價格的正確資訊。為考慮這一點，我們以 P^e 代表勞工預期他將支付的一籃子商品的價格。在此情況下，用來決定勞動供給量 (L^s) 的實質工資率為 w 對預期價格的比值，即 w/P^e。

再次考慮名目貨幣數量 (M) 增加的影響。在第 11 章，我們發現，名目工資率 (w) 與物價水準 (P) 的上升比率與 M 的相同。特別是，在圖 16.1，M 的增加並不會改變結清市場的實質工資率 $(w/P)^*$ 與勞動投入量 L^*。$(w/P)^*$ 與 L^* 不變符合第 11 章所得到的貨幣中立性的結果；亦即貨幣數量的增加不會影響任何實質變數。

想像一下，如果勞工並未了解到其名目工資(w)的增加，是來自讓所有名目變數 (包括物價水準 P)，都上漲的貨幣擴張時，會發生什麼事？勞工可能會把 w 的上升視為其實質工資率 w/P 的上升。勞工其**認知的實質工資率**(perceived real wage rate)是 w 對預期物價水準 P^e 的比值。如果 P^e 上升的比例小於 w 上升的比例，則 w/P^e 增加。如果 w/P^e 增加，則勞工會增加勞動供給量 L^s。

---

[1] 雇主也會在意其他生產投入的價格，包括付給資本服務的名目租用價格 (R)。在一個更一般化的模型，另一個重要的生產投入是能源。我們假設雇主有所有這些投入價格的正確資訊。

舉例來說，如果名目工資率 w，原為每小時 \$10，而物價水準 $P=1$，則實質工資率 w/P 為每小時勞動 10 單位的商品。現在假設 w 倍增到每小時 \$20。身為一個勞工，你如何回應這個變化呢？如果 P 仍是 1，那麼 w/P 就增加到每勞動小時 20 單位的商品，從而多工作就顯得很誘人。不過，如果 P 也倍增，即 $P=2$，則實質工資率 w/P 仍為每勞動小時 10 單位商品。在此情況下，就沒有理由多工作。

如果勞工無法立即觀察到實際的物價水準 P，則可能會以預期物價水準 P^e 的變動來評估上升的名目工資率 w。如果 P^e 由 1 增加到小於 2，則認知的實質工資率 w/P^e 就會增加，從而勞工會增加勞動供給。如果 P^e 上升到 2，亦即勞工將 w 的提高視為物價膨脹的訊號，則 w/P^e 不會變動，從而勞動供給保持不變。

圖 16.2 顯示未認知到的物價膨脹的影響。勞動需求線 L^d 跟以前一樣，因為雇主根據實際的實質工資率決定勞動需求量。圖中的勞動供給曲線則跟以前的不同，因為現在決定勞動供給量的是認知的實質工資率 w/P^e。我們可以用下式來了解這條新的勞動供給線：

$$w/P^e = (w/P) \cdot (P/P^e) \tag{16.1}$$

此式意味著，給定實際的實質工資率 w/P，P/P^e 的增加會提高認知的實質工資率 w/P^e。換句話說，如果勞工低估物價水準，即 $P^e < P$，就會高估其實質工資率，即 $w/P^e > w/P$。

圖 16.2　未認知到的物價膨脹對勞動市場的影響

給定 w/P，勞動供給者（即受僱人員）其 P/P^e 的上升，會讓 w/P^e 提高，而讓勞動供給曲線由 L^s 右移到 $(L^s)'$。結論是，未認知到的物價膨脹，會讓勞動投入由 L^* 增加到 $(L^*)'$，且讓實質工資率由 $(w/P)^*$ 下降到 $[(w/P)^*]'$。

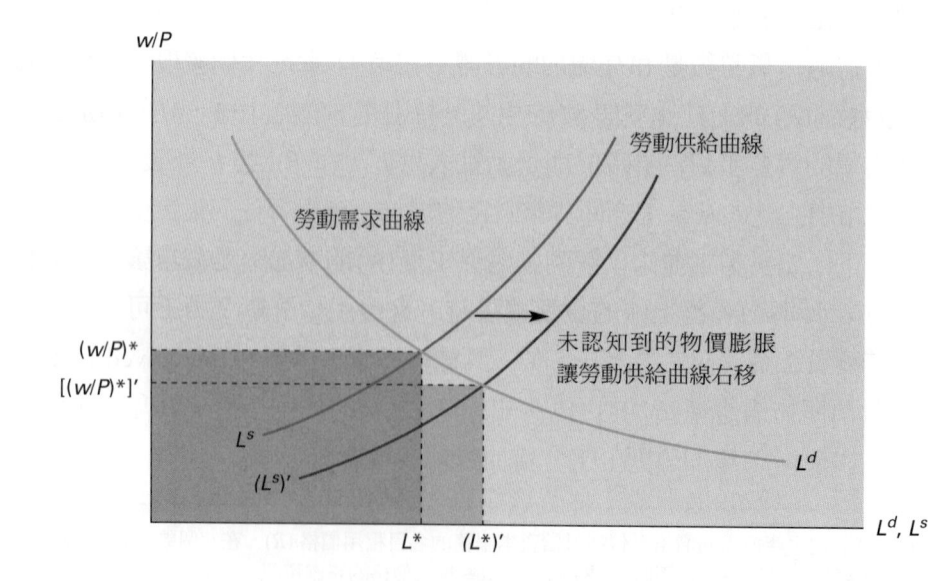

為了解價格認知錯誤如何影響勞動市場，假設在一開始，$P = P^e$ 成立，從而 $w/P^e = w/P$。在此情況下，勞動供給曲線為圖 16.2 中標示為 L^s 的淺色正斜率曲線。一如往常，w/P 的增加會提高勞動供給量 L^s。

假設，如第 11 章，名目貨幣數量 M 增加會提高物價水準 P。如果家戶未完全認知到 P 的上升，則 P^e 上升的百分比會低於 P 的，從而 P/P^e 會增加。給定 w/P，根據式 (16.1)，這意味著 w/P^e 會提高；亦即，給定 w/P，勞動供給量會比以前高。我們將此一結果以圖 16.2 中，標示為 $(L^s)'$ 的深色正斜率勞動供給曲線來表示。這條曲線在原先的曲線 L^s 的右方。**給定 w/P，因為價格的錯誤認知，P 的提高會增加勞動供給量。**

在一開始，即 $P = P^e$ 時，圖 16.2 中的勞動市場結清於實質工資率 $(w/P)^*$ 與勞動投入 L^*。如果有未認知到的物價上漲，則市場結清於較低的實質工資率 $[(w/P)^*]'$ 與較高的勞動投入 $(L^*)'$。因此，名目貨幣數量 (M) 增加，會因為未認知到的物價上漲，而影響實質的經濟活動，從而不再具中立性。明確地說，M 的增加提高了勞動投入 L。

勞動投入 L 的增加會讓產出擴張；根據以下的生產函數，實質 GDP (Y) 也會增加：

$$Y = A \cdot F(\kappa K, L) \tag{16.2}$$

其中，κK 是資本服務的數量（為資本利用率 κ 與資本存量 K 的乘積）。給定 κK，L 的增加意味著 Y 也會增加。

一如往常，我們假設資本數量 K 在短期內是固定的。不過，在價格錯誤認知模型，貨幣數量 (M) 的增加會提高資本利用率 (κ)。這是因為，勞動投入 (L) 的增加，會提高資本服務的邊際產出 (MPK)，從而提高資本服務的需求。如第 10 章，需求的增加會提高實質租用價格 R/P 與資本服務數量 κK（經由提高 κ）。κK 的增加，透過式 (16.2)，會讓實質 GDP (Y) 進一步增加。

貨幣在長期是中立的

在價格錯誤認知模型，長期跟短期的差別在於，在長期，預期的物價水準 (P^e) 會往實際的物價水準調整。在圖 16.2，在短期，名目貨幣數量 (M) 增加會提高勞動投入 L，這是因為 P^e 上漲的幅度小於 P，從而讓勞動供給曲線右移。不過，隨著時間的過去，家戶會知道他們低估了 P 的上漲，所以，P^e 會因此提高。P^e 的提高會讓圖中的勞動供給曲線往反方向移動；亦即，給定 w/P，w/P^e 會降低，而讓勞動供給曲線會往左回移。

最後，當 P^e 與 P 增加的幅度一樣時，勞動供給曲線就會回到它一開始的位置，即圖 16.2 中，標示為 L^s 的淺色正斜率曲線。因此，實質工資率 w/P 與勞動投入量 L 會回到它們一開始的值，$(w/P)^*$ 與 L^*。所以結論是，名目貨幣數量 (M) 的增加，對實質變數的影響，只是暫時的。在長期，M 的增加不會影響實質變數。在此情況下，物價水準 P 與名目工資率 w 會與 M 以相同的比例上升。因此，跟第 11 章一樣，在長期，貨幣是中立的。

只有未認知到的物價膨脹會影響實質變數

價格錯誤認知模型的一個重要結論是，只有未認知到的物價水準 (P) 的變動，才會影響勞動投入 (L) 與實質 GDP (Y)。此一短期的非中立性，源自於實際對預期物價之比值 (P/P^e) 的增加。此一變動讓勞工所認知實質工資率，即 w/P^e，提高了，從而如圖 16.2 所示，勞動供給曲線會右移。

但如果貨幣數量 M 的增加，在短期，讓預期物價 P^e 與實際物價 P 有相同的上漲幅度，則跟我們的長期分析結論一樣，貨幣仍是中立的。其理由在於，當 $P = P^e$ 時，勞工明白其名目工資率 w 增加，是因為名目貨幣數量 M 與一般物價水準 P 增加，而非其實質工資率 w/P 增加。

以第 12 章所分析的長期物價膨脹為例，物價水準 P 會隨時間增加。在第 12 章，預期到的物價膨脹即為隨 P 同步增加的 P^e。因此，在價格錯誤認知模型，此一預期到的物價膨脹不會影響勞動供給 (L) 與實質 GDP (Y)。

在系統性貨幣政策之下，也會有類似的結果。假設貨幣當局企圖在經濟衰退時，印製很多的貨幣來緩和景氣的波動。在價格錯誤認知模型，這個政策如果要發揮作用，就必須要讓實際的物價水準 (P) 系統性地高於其預期水準 (P^e)。此一政策很難執行，它需要貨幣當局在衰退時期能夠持續愚弄人們，讓他們一直相信物價 (P) 低於其實際的水準，也就是預期值 P^e 必須系統性地落後 P 的變動。此一系統性的欺瞞，跟第 12 章所介紹的理性預期之概念並不一致。如果人們理性地形成對價格水準的預期 (P^e)，那麼就會考慮顯而易見的態勢，如名目貨幣數量 (M) 與物價水準 (P)，在經濟衰退期間，都有上升的趨勢。此一預期的調整會抵銷系統性貨幣政策的實質影響。[2] 因此，我們還是回到，即使是在短期，名目貨幣數量變動還是中立的情況。

除了難以系統性地愚弄勞工之外，還有一個問題是，為什麼貨幣當局會想要以此方式欺騙勞工。一個可能性是，中央銀行有與眾不同的偏好，亦即它想要的結果

---

[2] 此一結果稱為系統性貨幣政策的無作為結果 (irrelevance result for systematic monetary policy)。

跟具完全資訊的家戶在自由意志下所選的不同。不過,我們並不是一定要仰賴中央銀行此一奇特的偏好不可。在某些情況下,如果每一個人都能被巧妙地引誘多工作及多生產,則整個經濟體系可能會運作得更好。為得到這個結果,我們必須假設,從社會的角度看,勞動投入 (L) 與實質 GDP (Y) 通常都偏低。經濟體系內的扭曲,像所得稅與福利計畫,會導致此一結果。在此情況下,貨幣當局如果能愚弄所有的勞工與生產者,讓他們提高 L 與 Y,那就可能讓大家都變得更好。因此,即使貨幣當局的偏好是正常的,它仍有動機讓 P 大於 P^e。不過,即使讓未認知到的價格水準持續上升有此合理的基礎,但仍有一個問題,那就是此一欺瞞是否能成為持續的政策。

相較於系統性政策,貨幣當局當然可以用不規則的政策來創造物價水準 (P) 未被認知到的變動。經由隨機地在某些時候多印製貨幣,而在另一些時候少印製貨幣,貨幣當局可以創造物價水準 (P) 的波動。在此情況下,實際對預期價格的比值很可能有大幅的波動。有些時候,P 會比 P^e 來得高;有些時候,則來得低。此一變動會造成勞動收入 (L) 與實質 GDP (Y) 的波動。因此,不規則的貨幣政策會有實質影響,因此不具中立性。不過,這類型的貨幣政策通常不會讓經濟體系運作得更好。

Robert Lucas (1973) 主張,對貨幣性衝擊(即名目貨幣數量 M 的變動)的反應程度,決定於該國的貨幣政策歷史是穩定的還是波動的。在不穩定的貨幣環境裡,像很多拉丁美洲國家,家戶通常將所觀察到的名目工資率與價格 (w 與 P) 的變動,視為反映物價膨脹,因此,貨幣擴張通常無法愚弄勞工,讓他們誤以為他們的實質工資率 (w/P) 上升。因此,在一個拉丁美洲型的環境,貨幣性衝擊對勞動投入 (L) 與實質 GDP (Y) 的影響不大。

相較之下,在一個穩定的貨幣環境,像 1980 年代中期之後的美國與其他很多先進國家,家戶就比較可能將觀察到的名目工資率與價格 (w 與 P) 的變動,視為實質工資率與相對價格的變動。因此,貨幣性衝擊就通常會對勞動投入 (L) 與實質 GDP (Y) 有顯著的影響。總結來說,此一結果為**對貨幣性衝擊之 Lucas 假說 (Lucas hypothesis on monetary shocks),即給定貨幣性衝擊的規模,基本的貨幣環境愈穩定,則其所造成的實質影響愈大。**

針對第二次世界大戰之後所做的跨國實證研究,支持 Lucas 假說。首先,在很多國家,以貨幣總計數未預期到的變動所衡量的貨幣性衝擊,跟實質 GDP 有正相關。其次,如同理論所預測的,此一關係的強度會因一國的貨幣成長率與物價膨脹率變得較不易預測而減弱。在貨幣成長與物價膨脹都相當穩定的國家,其貨幣性衝擊對實質 GDP 有顯著的正相關。而貨幣成長與物價膨脹波動很劇烈的國家,像阿

根廷與巴西,其貨幣性衝擊與實質 GDP 就幾乎沒有關係。

經濟波動的預測

在我們的均衡景氣循環模型,經濟波動來自於技術水準 (A) 的衝擊。然後,我們預測一些總體經濟變數的循環型態。表 16.1 的第一行列出要做預測的五個變數:名目貨幣數量 M、物價水準 P、勞動投入量 L、實質工資率 w/P 與勞動平均產出 Y/L。根據第 11 章的討論,由於名目貨幣數量的內生變動,所以 M 是順循環的;且在給定的 M 之下,物價水準 P 是逆循環的。而 L、w/P 與 Y/L 的逆循環型態來自第 9 章與第 10 章。我們對這五個變數的波動型態所做的預測與表 16.1 中第三行所列的實證觀察相符。不過,由資料來看,M 與 Y/L 只是微弱的順循環。

表 16.1　兩個模型的總體經濟變數的循環型態

	名目貨幣數量 (M)	物價水準 (P)	勞動投入 (L)	實質工資率 (w/P)	勞動平均產出 (Y/L)
1. 均衡景氣循環模型	順循環	逆循環	順循環	順循環	順循環
2. 價格錯誤認知模型	順循環	順循環	順循環	逆循環	逆循環
3. 實證觀察	順循環 (弱)	逆循環	順循環	順循環	順循環 (弱)

註:表中每一格顯示,各總體經濟變數在三個情況下的循環型態。第一個情況是均衡景氣循環模型,如第 9 至第 11 章所討論的,經濟波動來自於技術水準 (A) 的衝擊。第二個情況是本章所討論的價格錯誤認知模型,經濟波動來自於對名目貨幣數量 (M) 的衝擊。第三個則是第 9 至第 11 章所呈現的實證型態。

現在我們可以用價格錯誤認知模型,對總體經濟變數之循環型態做預測。在此一模型,經濟波動來自於貨幣性衝擊,亦即名目貨幣數量 (M) 的外生變動。

在價格錯誤認知模型,名目貨幣數量 (M) 的增加會提高物價水準 (P) 與名目工資率 (w)。P 對預期物價水準 P^e 的比值提高時,就如圖 16.2 所示,會讓勞動供給曲線右移。此一移動,讓勞動投入 (L) 增加且讓實質工資率 (w/P) 降低。L 的增加會提高 MPK。MPK 提高之後,資本服務投入 (κK) 就會因資本利用率 (κ) 增加而增加。

生產函數仍是:

$$Y = A \cdot F(\kappa K, L) \tag{16.2}$$

技術水準 (A) 並未變動。因此,L 與 κK 的增加會讓實質 GDP (Y) 增加。給定生產函數與 κK,L 的增加會讓勞動邊際產出 (MPL) 下降。勞動平均產出 Y/L 也傾向會隨 L 的增加而下降。因此,我們預測 Y/L 的下降會伴隨著 Y 的增加。[3]

---

[3] κK 的增加會抵銷 MPL 的降低。不過,實質工資率 (w/P) 要降低才能讓勞動需求量增加。因此,MPL (在均衡時等於 w/P) 必須降低。很典型地,勞動平均產出 (Y/L) 會伴隨 MPL 降低。

表 16.1 的第二行，列出價格錯誤認知模型對五個總體經濟變數的預測。名目貨幣數量 (M) 與勞動投入 (L) 的順循環型態與均衡景氣循環模型的預測相同，並與實際的資料相符。跟均衡景氣循環模型不同的是物價水準 (P)、實質工資率 (w/P) 與平均勞動產出 (Y/L)。價格錯誤認知模型做出跟事實相反的預測：P 為順循環，而 w/P 和 Y/L 則為逆循環。這些跟事實相反的預測意味著，價格認知錯誤模型中的貨幣性衝擊不可能是經濟波動的主因。

我們可以同時考慮對技術水準 (A) 的衝擊與對名目貨幣數量 (M) 的衝擊。在此一設定下，如果 A 的變動是經濟波動的主因，那麼物價水準 (P) 會是逆循環，且實質工資率 (w/P) 及平均勞動產出 (Y/L) 都是順循環的。不過，貨幣性衝擊也會發生。更重要的是，此一複合模型預測貨幣不具中立性。

從資料上看，名目貨幣 (M) 是弱順循環的 (如果以廣義的貨幣總計數 M1 與 M2 來看，順循環型態比較顯著；而較狹義的總計數，如通貨與強力貨幣，則比較不明顯)。均衡景氣循環模型與價格錯誤認知模型對此一型態，提供不同的解釋。均衡景氣循環模型認為 M 之所以是順循環，是因為中央銀行想要讓物價水準 (P) 穩定。這個目標會讓 M 內生地跟實質貨幣需求 $D(Y, i)$ 呈同向變動，而 $D(Y, i)$ 又跟實質 GDP (Y) 同向變動。而價格錯誤認知模型則認為外生且未預料到的 M 的增加，會讓 P 超過預期的水準，從而讓實質 GDP (Y) 增加。

雖然貨幣名目數量 (M) 在兩個模型中都是順循環的，不過其因果關係是相反的。在均衡景氣模型，實質 GDP (Y) 是因，而 M 是果；換句話說，貨幣是內生的。不過，在價格錯誤認知模型，外生 (且未預期到) 的 M 之變動是因，而 Y 是果。因此，為辨別這兩個情況，我們必須在名目貨幣與實質 GDP 兩者循環部分的正相關之外，再做其他觀察。由於此一正相關跟兩個模型的預測相符，因此無法用以區分兩者的差異。

貨幣衝擊實質影響的實證證據

Friedman and Schwartz 的貨幣史

Friedman and Schwartz 的《美國貨幣史：1867–1960》是探討貨幣與產出之間關係最經典的研究，Milton Friedman and Anna J. Schwartz (1963) 對美國在 1867–1960 年期間的貨幣政策所做的分析。Friedman and Schwartz (1982) 也研究英國在 1875–1975 年期間的貨幣政策。他們的研究首先考慮名目貨幣數量變動的歷史根源，然後再考慮這些變動與經濟活動的變化之間的關係。他們的主要結論為 (p. 676)：

「經過詳細檢視近一世紀的歷史，我們發現：

1. 貨幣存量的變動與經濟活動、貨幣所得及物價水準的變動有緊密的關聯。
2. 貨幣性變動與經濟變動之間的關係非常穩定。
3. 貨幣性變動通常有獨立的緣由，並非只是簡單反映經濟活動的變化。」

前面兩點，基本上就是宣告名目貨幣總計量是順循環的。我們也發現這個性質，雖然在我們的模型，名目貨幣數量與實質 GDP (Y) 之間的關係並不像 Friedman and Schwartz 所說的那樣強烈與穩定。不過，最重要的是第三點，該點宣稱貨幣總計數的順循環型態，無法僅以內生的貨幣來解釋。Friedman and Schwartz 做出此一論點，是因為他們濾析出，名目貨幣數量的變動主要導因於外生因素的歷史事件。整體而言，Friedman and Schwartz 提出一個頗具說服力的論證，即 M 的外生變動有時會對實質經濟活動造成顯著影響。這些發現支持價格錯誤認知模型。

未預期到的貨幣成長

Barro (1981) 試圖藉由建構**未預期到的貨幣成長** (unanticipated money growth) 的衡量，以濾析貨幣性衝擊對實質經濟活動的影響。第一個步驟是估計預期的貨幣成長，此時是用一組過去具解釋力的變數，包括聯邦支出與景氣循環的指標 (立基於失業率)，來推估預期的貨幣 (M1) 成長率。然後計算實際值與預期值的差異來決定未預期到的貨幣成長。Barro (1981) 發現，未預期到的貨幣成長之提高會讓實質 GDP 增加，時間達到一年或更久。在另一個相關的研究中，Ben Broadbent (1996) 觀察到，未預期到的貨幣成長與實質 GDP 之間的正向關聯，是透過物價水準 (P) 的意外走勢而來的。此一途徑是價格認知錯誤模型所濾析出來的。

未預期到的貨幣成長之影響與我們在第 11 章的發現相類似，即名目貨幣總計量之循環部分至少是弱順循環的；亦即，未預期到的貨幣成長類似於貨幣成長的循環部分。問題在於未預期到的貨幣成長，或是貨幣的循環部分，與實質 GDP 的正向關係，並不足以讓我們確定名目貨幣 (M) 與實質 GDP (Y) 之間的因果關係。即使像某些經濟學家所發現的，M 的變動發生於 Y 的變動之前，我們仍然不能確定哪個是因，哪個是果，因為，貨幣當局可能會為了因應預期未來 Y 的變動而調整 M；也就是說貨幣的變動仍可能是內生的。

Romer and Romer 對貨幣政策的研究

受到 Friedman 與 Schwartz (1963) 之歷史分析的啟發，Christina Romer and David Romer (2004) 提出所謂的「敘述法」("narrative method")，嘗試濾析出外生的貨幣

性衝擊。他們衡量這些衝擊的方法是觀察聯邦準備的**聯邦公開市場委員會**(FOMC)對**聯邦資金利率**(Federal Funds rate)目標值的調整。聯邦資金利率是隔夜名目利率(i),為聯邦準備所嚴密監控。在短期,聯邦資金利率的上升伴隨著貨幣緊縮。此一緊縮通常呈現在貨幣總計數(如通貨、強力貨幣與M1)成長率的下降。Romer and Romer 先推估聯邦準備之聯邦資金利率目標值的變動,跟聯邦準備對物價膨脹與實質GDP的預測之間的關係。然後,他們以聯邦資金利率目標的實際變動跟由他們的推定關係中所預測的變動,兩者之間的差異,來衡量貨幣性衝擊。他們發現,聯邦資金利率未預期到的上升通常會讓實質GDP下降,而未預期到的降低則會讓實質GDP增加。Cloyne and Hürtgen (2016) 將此一敘述法運用到英格蘭銀行的資料,發現貨幣政策對英國經濟有類似的影響。

Romer and Romer 的分析之缺點在於,它並未清楚地濾析出貨幣政策的外生部分;其新的衡量(基本上是未預期到的利率走勢),跟 Barro (1981) 所建構的未預期到的貨幣成長一樣,看的可能是貨幣政策對過去或預期的實質經濟變數的變動之反應。因此,貨幣政策的衝擊與實質 GDP 的正向關係,反映的仍可能是經濟活動為因,而貨幣性變數為果的情況。

簡短的概述

至此,實證證據指出,正向的貨幣性衝擊傾向讓實質經濟擴張,而負向的貨幣性衝擊則傾向讓實質經濟收縮。不過,這些證據並不是 100% 的定論,我們還欠缺對此一關係強度的可靠估計。

實質衝擊

現在要討論價格錯誤認知如何影響我們之前對技術水準 (A) 衝擊的分析。在均衡景氣循環模型,對 A 的衝擊被視為是主要的干擾。由第 9 至第 11 章可知,A 的提升會提高實質 GDP (Y) 並降低物價水準 P (至少,在當貨幣當局維持名目貨幣數量 M 時,是如此)。相反地,A 的降低則會讓 Y 下滑且 P 上升。

在均衡景氣循環模型,我們假設家戶對物價水準 (P) 有正確的資訊。我們現在,如同在價格錯誤認知模型,假設預期的物價水準 P^e 在時間上落後於實際的物價水準 (P)。例如,在繁榮時期,當 P 下降時,P^e 下降的幅度小於 P。因此,P/P^e 會下降,也就是說勞工在繁榮時,會高估 P。對 P 的高估意味著勞工會低估他們的實質工資率 (w/P),亦即其所認知的實質工資率 w/P^e 會低於 w/P。因此,給定 w/P,勞動供給量 (L^s) 會減少。

經濟學小舖

物價的不完全資訊：它是否顯著呢？

價格錯誤認知模型的一個關鍵假設是家戶無法立即觀察到經濟體系整體的物價水準 (P)。如果家戶能夠隨時知道當期的 P (可能是因為他們定期檢視有用的指標，如消費者物價指數 CPI)，那麼就不會搞混實質工資率的走勢。明確地說，認知的物價水準 P^e 會跟實際值 P 非常接近，從而認知的實質工資率 w/P^e 會跟實際值 w/P 也非常接近。在此情況下，模型預測貨幣性衝擊會幾近中立。

事實上，家戶可以很快觀察到消費者物價指數，僅有一個月的時間落差。大部分的人都可以定期檢視這個指標。不過，當經濟體系很穩定時，人們有可能會忽略這項資訊，因為密切觀察一般物價水準並不是很重要。

可取得的物價指數並不是那麼有用的一個理由是，每一個家戶所關心的一籃子商品不同，而且也都不同於用來建構指數的那一籃子商品。因此，為確實掌握物價，家戶必須從不同的地方，找出詳細的樣本。由於此一過程成本很高，所以家戶在解讀他們所看到的物價與工資率時可能會發生錯誤。不過，這樣的論述，無法解釋為什麼一般物價水準會重要到足以造成勞動供給決策的重大錯誤。畢竟，只要小小的投資 (看已揭露的物價指數)，就可以消除因為名目價格與工資率的上漲所造成的錯誤。

雖然忽略一般物價水準可能會造成對相對價格與實質工資率微小且短暫的混淆，不過卻不可能造成巨大且持續的混淆。畢竟，資訊不完全 (及因此而做成錯誤的勞動供給之決策) 所造成的成本，遠超過蒐集跟一般物價水準相關資訊所需的成本。

此一觀點意味著，價格錯誤認知模型中的貨幣性衝擊只能解釋我們觀察到經濟波動中的一小部分。此一結論，強化了我們關於某些重要的總體經濟變數，特別是物價水準 (P) 與實質工資率 (w/P)，其循環性質的發現。如果貨幣性衝擊與價格認知錯誤相當重要的話，我們就會有 P 為順循環，而 w/P 為逆循環的預測。不過，如表 16.1 所示，證據顯示 P 為逆循環，而 w/P 為順循環。

此一價格認知錯誤對 L^s 曲線的影響與圖 16.2 所畫的，除了方向相反以外，其餘的都很類似。在任一實質工資率 (w/P) 之下，勞動供給量減少了。在圖 16.3，我們畫出此一移動。一開始，勞動供給曲線為標示 $L^s(A)$ 的正斜率曲線，其中，A 為原先的技術水準。新的曲線為標示 $L^s(A')$ 的正斜率曲線，其中 A' 為較高的技術水準。技術水準由 A 提升到 A' 讓物價水準 (P) 下降，從而讓 L^s 曲線左移。

根據第 9 章圖 9.13 的分析，技術水準的提升也會影響勞動需求曲線。技術水準由 A 提升到 A' 會讓 MPL 提高，因此提高任一 w/P 之下的勞動需求量。在圖 16.3，L^d 的移動畫成淺色負斜率曲線右移到深色負斜率曲線之位置。由於我們假設

雇主知道實質工資率,因此勞工的價格認知錯誤並不會影響 L^d 曲線。

圖 16.3 顯示技術水準 (A) 的提升會提高勞動投入 (L) 與實質工資率 (w/P)。其變動與圖 9.13 所畫的變動是同方向的。圖 16.3 出現的新變化,來自勞動供給曲線 L^s 的左移。由圖形可看出,此一移動讓 L 的增幅小於沒有此一移動的情況。[4] 因此,價格認知錯誤減弱了技術水準 (A) 的變動對 L 與實質 GDP (Y) 的影響。

來自價格錯誤認知所造成的新變化,只存在於短期,亦即在認知的物價水準 P^e 落後於實際的物價水準 (P) 的時候。在圖 16.3,當 P^e 向下調整到較低的 P 時,勞動供給曲線就會右移,回到它一開始的位置。最後,實質工資率 (w/P) 與勞動投入量 (L) 的變動會跟圖 9.13 中均衡景氣循環模型的原始版本一樣。

如果我們合併實質衝擊與貨幣性衝擊的發現,則可將價格錯誤認知模型的結果摘錄如下:

• 由於價格錯誤認知,未預期到的名目貨幣數量的增加,會在短期內提高 GDP (Y) 與勞動投入 (L)。由於在沒有價格錯誤認知的模型,貨幣具中立性,因此,錯誤

圖 16.3　勞動市場對技術衝擊的反應:價格錯誤認知的影響

技術水準,由 A 上升到 A'。勞動需求曲線來自圖 9.13。在任一實質工資率 w/P 之下,$L^d(A')$ 曲線上的勞動需求量都會高於 $L^d(A)$ 曲線上的。A 的提升同時也讓物價水準 P 下跌。因為價格的錯誤認知,在任一 w/P 之下,勞動供給量 L^s 下降了,從而 $L^s(A')$ 曲線落在一開始的曲線,$L^s(A)$,的左方。L 由 L^* 增加到 $(L^*)'$,其增幅小於 $L^s(A)$ 曲線沒有移動下的情況。因此,價格認知錯誤削弱了 L 對技術衝擊的反應程度。

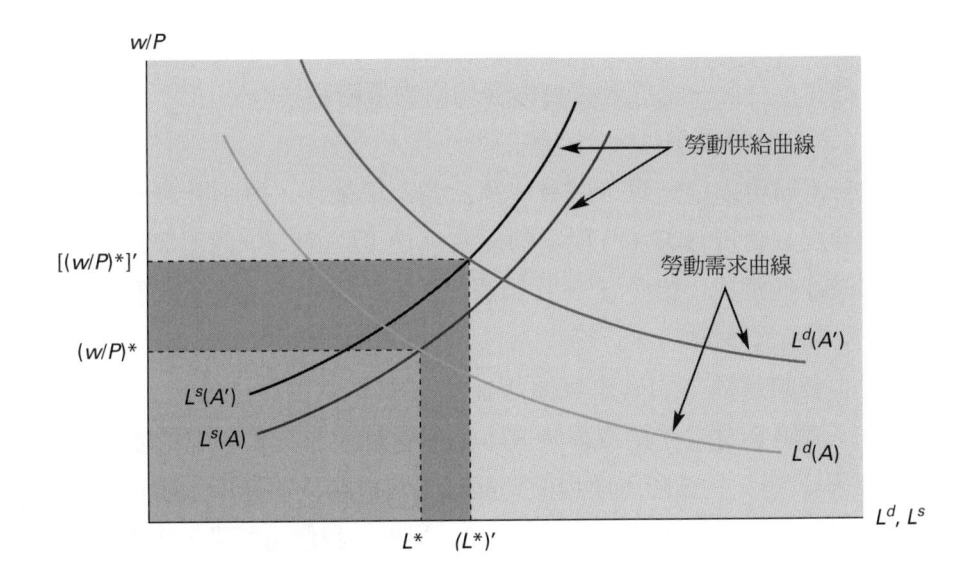

---

[4] 整體而言,勞動投入 (L) 仍必須增加。如果 L 減少了,則實質 GDP (Y) 會下滑。然後,物價水準 (P) 會上升,且 L^s 曲線的移動方向會跟圖 16.3 所假設的相反。

認知凸顯了貨幣性衝擊的實質影響。
- 價格錯誤認知減弱了實質衝擊的短期實質影響。技術水準 (A) 的有利衝擊仍會提高 Y 與 L，但其增幅較之前來得小。

法則對權衡

我們已討論過未預期到貨幣衝擊，在短期內會影響實質經濟活動。既然有這樣的結果，那麼貨幣當局就可能會想要施展其權力，以創造貨幣衝擊來影響實質變數。不過，經濟學家早就發現，如果貨幣當局果真受到這樣的誘惑，則會導致壞的經濟結果。其原因涉及到法則與權衡的區別。在**貨幣法則** (monetary rule) 之下，中央銀行承諾其以一套事先選定的模式來執行政策。但在權衡之下，貨幣當局不排除有令人驚奇的可能性，亦即有貨幣性衝擊的可能性。在本節，我們尋求了解為什麼經濟體系在一個承諾的、法則式的環境之下，會運作得比較好。

正在持續中的關於權衡與法則的論辯是一個令人興奮的研究主題，它涉及將策略分析 (為賽局理論的一部分) 應用在政府政策。一開始的靈感是來自於，要區分本章模型中的認知與錯誤認知的物價水準的變動。在本章模型，實質經濟活動只有在名目貨幣數量的變動沒有被預期到的情況下，特別是只有在貨幣衝擊造成物價水準 (P) 偏離人們認知的水準 (P^e) 的情況下，才會對名目貨幣數量的變動有反應。因此，貨幣當局有動機，以創造價格驚奇來影響實質經濟活動。不過，在理性預期之下，系統性的驚奇通常是無法達成的。雖然會有這樣的困難，不過想要創造驚奇的誘惑仍然存在，且此一誘惑最終會影響均衡物價膨脹率 (π)。接下來，我們介紹決定 π 的簡單策略性互動模型。

假設貨幣當局可以用其政策工具，像公開市場操作，達到計畫的物價膨脹率 (π)。當局想要提高實質 GDP (Y) 與勞動投入 (L)，但只有在 π 超過家戶的預期物價膨脹率 (P^e) 時才能達成。給定 π^e，我們假設 Y 與 L 隨 π 增加 (如我們在前面物價錯誤認知模型裡所討論的)。

我們假設貨幣當局，因其自身原因並不喜歡物價膨脹。如果 π 與 π^e 同時提升，那麼，經濟體系會遭受物價膨脹成本 (可能是因為交易成本或變動價格的成本)。我們的假設是，物價膨脹與物價緊縮都是有成本的；亦即，當物價水準為常數時，物價膨脹的成本會最小，因此，$\pi = 0$。另外，我們也假設，物價膨脹的社會邊際成本隨 π 提升。

給定物價膨脹預期 (π^e)，貨幣當局在思考是否要使用其政策工具以提高物價膨

脹率 (π) 時，會面臨一個取捨。提高 π 的益處在於可以提高未預期到的物價膨脹，$\pi-\pi^e$，從而可以擴張實質 GDP (Y) 與勞動投入 (L)。我們假設 Y 與 L 的提高都具有吸引力。[5] 不過，如果 π 已經大於零，則 π 的提升會提高物價膨脹的社會成本。

物價膨脹的益處與成本之間的取捨，決定貨幣當局所選擇的物價膨脹率，將之標示為 $\hat{\pi}$。通常，$\hat{\pi}$ 會決定於家戶的預期物價膨脹率 π^e。舉例來說，家戶預期零物價膨脹，即 $\pi^e = 0$，而當局所選擇的最適物價膨脹水準為 5%，即 $\hat{\pi} = 5$。如果預期的物價膨脹率上升 (比方說 $\pi^e = 5$)，則當局仍可能會選擇一個比預期值更高的物價膨脹率，以繼續刺激實質 GDP 與勞動投入。所以決策者可能選擇 $\hat{\pi} = 8$。通常，π^e 愈高會讓 $\hat{\pi}$ 愈高。不過，當 $\hat{\pi}$ 提升時，物價膨脹對經濟體系所造成的負擔會提升得更快。這層考量讓貨幣當局對於 π^e 的提升不會有太強的回應。我們明確假設 $\hat{\pi}$ 的增幅永遠小於 π^e 的增幅。例如，當 π^e 由 0 到 5 提升 5 個百分點時，$\hat{\pi}$ 只由 5 升到 8，提升 3 個百分點。

在圖 16.4，深色直線代表 $\hat{\pi}$ 對 π^e 的反應。這條線的重要性質包括，第一，當 $\pi^e = 0$ 時，$\hat{\pi}$ 大於零；其次，其斜率大於零；及第三，其斜率小於 1。

接下來考慮在這個模型，家戶如何形成對物價膨脹的理性預期。一個關鍵的假設是家戶知曉貨幣當局的目標。每一個家戶都知道，當所有家戶對物價膨脹率的預期是圖 16.4 中橫軸上的某一個 π^e 時，貨幣當局就會根據深色的直線在縱軸上選出一個 $\hat{\pi}$。例如，如果家戶預期零物價膨脹，即 $\pi^e = 0$，則貨幣當局會選擇 $\hat{\pi} = 5$。不過，這樣一來，零物價膨脹就不是一個理性的預期，沒有任何一個明智的家戶會預期零物價膨脹。同樣地，如果家戶預期 5% 的物價膨脹，即 $\pi^e = 5$，則貨幣當局會設定 $\hat{\pi} = 8$。因此，$\pi^e = 5$ 仍舊不是一個理性的預期。在這個模型，理性的 π^e 只發生於貨幣當局有動機讓其成真，亦即讓 $\hat{\pi} = \pi^e$。因此，在圖 16.4，這個被選定的 $\hat{\pi}$ 必定落於淺色的 45° 線之上，該線顯示 $\hat{\pi} = \pi^e$。

在圖 16.4，兩條線的交點即為均衡物價膨脹率 π^*。π^* 的值滿足兩個條件。首先，如果橫軸上的 π^e 滿足 $\pi^e = \pi^*$ 時，則貨幣當局會根據深色的直線，在縱軸上選擇物價膨脹率 $\hat{\pi} = \pi^*$；亦即，給定物價膨脹預期值 π^e，貨幣當局的最適選擇是 π^*。其次，預期值 $\pi^e = \pi^*$ 是理性的，因為它是所有可能的物價膨脹預期中最正確的一個。

在這個模型，家戶對於物價膨脹有**完全預期** (perfect foresight)；亦即預測誤差在均衡時為零。在這類模型的更複雜版本裡，物價膨脹的預期仍然是對物價膨脹的

---

[5] 如之前所討論的，因為經濟體系中的既有扭曲，所以貨幣當局誘使所有家戶多工作跟多生產，可能對整個社會是有利的。

最適預測，不過預期的誤差通常不是零。例如，如果貨幣當局隨機設定異於 $\hat{\pi}$ 的 π，而發生不可避免且無法預測的錯誤，則家戶就會有預測誤差。

圖 16.4　權衡制度下的物價膨脹

深色直線顯示最適物價膨脹選擇 $\hat{\pi}$ 是家戶預期物價膨脹率 π^e 的函數。淺色45°線顯示被選擇的物價膨脹率 $\hat{\pi}$ 等於家戶預期的物價膨脹率 π^e。在理性預期之下，數對 $(\hat{\pi}, \pi^e)$ 一定落在淺色曲線上。π^* 為權衡制度下的均衡物價膨脹率。給定預期，π^* 是決策者的最適選擇，且預期是理性的。

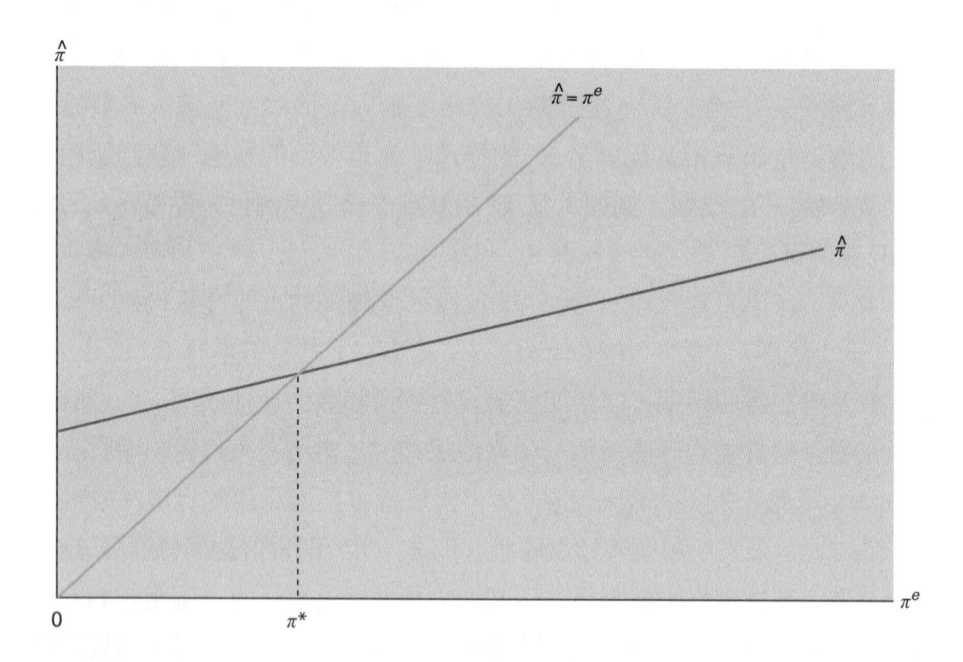

圖 16.4 中的均衡，比較令人不能接受的是，它有一個高物價膨脹率 π^*，不過卻沒有任何因高物價膨脹的驚奇而帶來的利益。也就是預期的物價膨脹率 π^e 等於 π^*。回想一下，在這個模型，只有當物價膨脹率 π 超過其預期值 π^e 時，貨幣成長與物價膨脹才能刺激實質 GDP (Y) 與勞動投入 (L)。因此，在圖 16.4 的均衡裡，Y 與 L 並未能因高物價膨脹而提升。

如果實際的與預期的物價膨脹都低於圖中均衡的值，例如，$\pi = \pi^e = 0$，則其結果會更為有利。在此情況下，預測誤差，$\pi - \pi^e$，仍然是零，因此，無法刺激實質 GDP (Y) 與勞動投入 L。不過，由於 π 很低 (明確地說，是零)，因此經濟體系不必承受物價膨脹的成本。不過，在圖 16.4，可以明顯地看出 $\pi = \pi^e = 0$ 並不是模型內的一個均衡。如果貨幣當局能說服家戶而有零物價膨脹的預期，即 $\pi^e = 0$，那麼當局實際上會選擇正的物價膨脹。亦即如果 $\pi^e = 0$，則根據圖中深色直線，$\hat{\pi}$ 會是大於零的。既然如此，家戶一開始就不會選擇 $\pi^e = 0$，因為他們知道那樣的預期是不理性的。

圖 16.4 的高物價膨脹均衡，即 $\pi = \pi^e = \pi^* > 0$，通常是在**權衡政策** (discretionary policy) 之下會發生的結果。當貨幣當局不能，或至少並未對未來的行動做出承諾時，此一均衡就會出現。相較之下，如果當局做出這樣的承諾，就會被視為是在言明或不言明的**政策法則** (policy rule) 之下運作。貨幣當局所能承諾的一個簡單法則是，調整其工具以盡量達成**價格穩定** (price stability)；也就是讓每期都是 $\pi = 0$。另一個法則是貨幣當局以正的但低的物價膨脹率為目標。在我們目前的設定之下，承諾維持零物價膨脹 (如果能夠的話)，是貨幣當局的最佳選擇。

圖 16.4 說明當採取零物價膨脹 (或廣義地說，低物價膨脹) 的法則時，會出現的緊縮情況。當 $\pi^e = 0$ 時，決策者會違背承諾，而從深色直線上選定 $\pi = \hat{\pi} > 0$。不過，之後的結果會傾向是高物價膨脹率 π^* 的權衡均衡。因此，法則的一個重要面向是，貨幣當局要堅定地信守它。貨幣當局必須要確保在事後，它不會利用機會創造出令人意想不到的高物價膨脹。

在某些情況下，低物價膨脹的承諾並不需要一個正式的法則 (甚至形諸法律條文)，而是貨幣當局要有能力建立維護低物價膨脹的信譽。由於維護低物價膨脹的信譽是難能可貴的，所以中央銀行官員可能有能力讓家戶相信，央行不會利用短期的機會，以高於家戶所預期的物價膨脹率來創造貨幣衝擊。這一類型的信譽性均衡，比較可能發生於欺騙家戶 (即在短期內創造意想不到的高物價膨脹) 的益處不大，或欺騙會造成信譽的顯著損失的狀況。

在過去的二十年間，大部分先進國家的中央銀行都願意承諾低且穩定的物價膨脹。在很多國家以正式的法律明定中央銀行的經營目標是穩定物價，而強化了上述承諾。愈來愈多的國家，以**物價膨脹目標化** (inflation targeting) 一詞來陳述此一目標。在物價膨脹目標化制度下，中央銀行承諾在一段事先敘定的期間內，像是一年，用其政策工具，通常是公開市場操作，維持物價膨脹率於一個特定的區間；而且透過中央銀行其目標及作業程序的透明化，包括定期發行物價膨脹報告，可以強化此一承諾。表 16.2 列出 20 個正式採用物價膨脹目標化政策的國家，第一個採用該政策的國家是 1989 年的紐西蘭。在歐元區，歐洲中央銀行也是藉由將中期的物價膨脹率設定在接近且低於 2%，以達成其穩定物價的主要目標。在其他國家，特別是日本跟美國，雖未正式採用物價膨脹目標化的政策，但已建立維持低且穩定的物價膨脹的信譽。不過，這些國家最終可能無法抗拒而必須建立一個正式的物價膨脹目標化政策。無論如何，自 1980 年代起，中央銀行政策的演變是持續向低且穩定的物價膨脹之承諾靠攏。

表 16.2　中央銀行採用正式物價膨脹目標化的國家

國別	採用物價膨脹目標化的時間
紐西蘭	1989
加拿大	1991
英國	1992
澳洲	1993
芬蘭	1993（於 1999 年改採歐元時放棄）
瑞典	1993
西班牙	1995（於 1999 年改採歐元時放棄）
捷克	1997
以色列	1997
巴西	1999
智利	1999
波蘭	1999
哥倫比亞	2000
南非	2000
南韓	2000
泰國	2000
匈牙利	2001
冰島	2001
墨西哥	2001
挪威	2001

註：表中所列各國，其中央銀行都有正式的程序，以維持物價膨脹率的目標。這張表來自 Frederic Mishkin and Klaus Schmidt-Hebbel (2001) 及 Alina Carare and Mark Stone (2003)。

在很多其他領域，如果決策者覺得可以從讓社會大眾出乎意料之外而獲益，則就會有類似貨幣政策的策略性互動發生。舉例來說，債務國家可能以不履行國際債務，讓國外債權人大吃一驚，政府對已經存在的國內資本，突然課以高稅率〔此即所謂**資本徵收 (capital levy)**〕，而讓資本所有主大為驚訝，稅賦徵收機關可能以租稅大赦讓納稅人出乎意料，或政府在創新完成之後，不再提供專利權的保護。在所有這些情況之下，事後違背承諾是誘人的。不過，如果大眾在形成預期時，考慮到這些誘惑，那麼均衡下的結果就可能是不利的；如低國際借貸、低投資水準、低租稅遵從性與低量的創新。為避免這些現象，政府會被要求承諾在事後要抗拒背信的誘惑，其方法包括訴諸法律與憲法條文。不過，承諾的可信度是關鍵所在。我們可以說，富裕國家與貧窮國家的一個主要差別在於，整個國家在處理承諾問題時有多成功。

總結

實證證據顯示，貨幣的變動並不是中立的；貨幣性擴張在短期似乎會讓實質 GDP 增加。在本章，我們嘗試用價格錯誤認知模型來解釋貨幣的非中立性。在這個模型，名目貨幣數量的增加會讓物價水準與名目工資率提高。不過，在短期，家戶所認知到的物價水準的上漲幅度小於實際物價水準的上漲幅度，從而認知的實質工資率是上漲的。此一認知，讓勞動供給提高，從而使得結清市場的勞動數量增加且結清市場的實質工資率下降。勞動數量增加意味著實質 GDP 提高。

考慮貨幣性衝擊的價格認知錯誤模型可以導出名目貨幣、物價水準與就業水準的順循環型態。此一模型也得到實質工資率與勞動生產力是逆循環的結果。因此，有關物價水準、實質工資率與勞動生產力的預測都跟實證證據牴觸。因此，至少在價格錯誤認知模型，貨幣性衝擊可能不是一個影響經濟波動的主要原因。不過，把這類衝擊加到以技術衝擊為經濟波動主因的均衡景氣循環模型中，是有用的；特別是，價格錯誤認知模型可以解釋為什麼貨幣在短期不是中立的。

我們也討論了貨幣政策的權衡與法則模型。在權衡政策下，決策者對未來政策不做任何承諾。在此情況下，為擴張實質經濟而創造的未預期到的物價膨脹，會導致高物價膨脹均衡。此外，此一物價膨脹終將會被預期到，因此最後並無法刺激產出與就業。對於低且穩定的物價膨脹之可信承諾，可以產生更好的結果。

習題

A. 複習題

1. 何謂相對價格？實質工資率 w/P，是否是相對價格的一個例子？
2. 當勞工觀察到其名目工資率 w 上升時，他們對其實質工資率 w/P 會如何認知？在什麼情況之下，勞工會對其實質工資有錯誤的認知？
3. 說明為什麼假設經濟個體對於整個經濟體系的物價水準沒有充分資訊是合理的？蒐集及處理跟價格有關的資訊其成本為何？
4. 即使人們都有理性預期，名目貨幣數量 M 是否還會有沒被預期到的變動？如果有，則政策制定者是否可以透過非預期到的 M 的變動，來緩和經濟波動？

B. 討論題

5. 貨幣與產出的前後順序

假設資料顯示名目貨幣的走勢跟實質 GDP 稍後的走勢成正相關。此一發現是否就證明

了是貨幣影響實質經濟，而非相反？如果不是，舉一些內生貨幣的例子，說明名目貨幣的走勢先於實質 GDP 的。

6. 對產出的持續影響

如果預期是理性的，則對物價水準的錯誤預測不會持續發生。那麼，價格認知錯誤如何能說明實質 GDP 持續超過或低於其趨勢值？

7. 貨幣成長的可預測性

假設貨幣成長率變得一年比一年難預測。在下列情況下，會發生何事：

a. 規模固定的貨幣衝擊，對實質 GDP (Y) 的影響？

b. 規模固定的貨幣衝擊，對物價水準 P 的影響？

8. 法則對權衡

假設貨幣當局偏好零物價膨脹，不過，也想藉由讓物價膨脹率出乎意料地高，來降低失業。

a. 說明在什麼樣的情況下，均衡時的物價膨脹率會是高的。此一膨脹率是否是出乎意料地高？此一結果是決定於貨幣當局的目標錯誤，還是能力不足？

b. 如果政策制定者事先被約束須堅持一個特定的物價膨脹率，那麼結果是否會改善？如果是，說明為什麼此一限制 (或法則) 可以讓結果更好？

c. 正式法則可以規範未來的政策。政策制定者的信譽是否是一個足以替代正式法則的選項？

d. 除了降低失業之外，有沒有其他裡由可以說明為什麼政策制定者可能喜歡讓物價膨脹率出乎意料地高？

9. 貨幣政策的無作為結果

a. 在什麼情況之下，系統性的貨幣政策不會影響經濟波動？

b. 你的 a 小題的答案是否意味著，貨幣成長沒被預期到的部分不會影響實質 GDP？

c. 你的 a 小題的答案，是否可以一般化為，所有政府政策中的系統性部分，都跟實質 GDP 無關，這樣的概念？根據下列的情況，說明你的答案：

i. 在衰退時，降低勞動所得稅率的政策。

ii. 在衰退時，提高政府對商品與服務之購買的政策。

iii. 在衰退時，提高失業保險給付標準的政策。

第17章

貨幣與景氣循環Ⅱ：僵固的物價與名目工資率

在第16章，我們發展出一個模型，在其中，因為對價格的錯誤認知，所以貨幣性衝擊並不是中立的。在本章，我們介紹用來解釋貨幣不具中立性的其他經濟模型。在這些模型，物價水準與名目工資率是僵固的，兩者都無法迅速調整以結清所有市場。市場無法結清，顯然背離我們的均衡景氣循環模型。在均衡景氣循環模型 (與價格錯誤認知模型)，物價水準與名目工資率能夠迅速調整，讓每個市場的供需數量達到平衡。因此，到目前為止，我們假設所有市場都結清。現在，我們要放寬此一假設。

凱因斯 (John Maynard Keynes) 在其《就業、利息與貨幣的一般理論》一書中強調名目價格與工資之僵固性的重要；而且特別強調名目工資率的僵固性。他認為，名目工資率能迅速調整而讓勞動需求量與勞動供給量持續維持平衡之假設，是不切實際的。現代的凱因斯學派經濟學家則通常聚焦在商品名目價格的僵固性。我們將會看到，此一焦點轉移讓模型比較能符合經濟波動的一些特質。我們先介紹一個考慮僵固名目商品價格的均衡景氣循環模型。

新凱因斯模型

僵固價格 (sticky prices) 係指商品的名目價格不會因周遭環境的變化而迅速反應；其成因通常仰賴兩個主要因素。首先，典型的生產者會主動地設定其在市場上所銷售的商品的價格；而此一價格決策的行為與我們前面的分析不同，當時，生產者 (家戶或企業) 是完全競爭的，所以是市場價格的接受者。其次，在設定價格時，每一個生產者都會考慮更動價格的成本；這個成本有時稱為**菜單成本** (menu cost)，它就像餐廳要更動其菜單上的價格時，所招致的支出。

我們之前關於完全競爭的設定，主要適用於交易標準化商品之大規模且有組織的市場。例子包括股票交易 (交易的是金融請求權) 與大宗商品交易 (交易的是像原油或穀物之類的商品的請求權)。在這些有組織的市場，每一個交易者都是市場

價格的接受者；亦即，在大部分的情況下，每一個參與者的行為對市場價格的影響都小到可以忽略。

當市場的買家及賣家的數量目都很小時，情況就會有所不同。例如，美國的汽車市場與電腦市場的生產者相當少，且這些市場所交易的商品並未完全標準化。每一種類型的汽車或電腦都有不同的特點，且有自己的品牌。這些市場雖然競爭激烈，但不像完全競爭市場那樣，每一個參與者都是市場價格的接受者。相反地，每個生產者或多或少都可以決定其產品的售價。經濟學者稱此一情況為**不完全競爭**(imperfect competition)。

在完全競爭的市場，如果生產者要價高過市場價格，將會發現市場對其產品的需求量為零。相反地，如果其要價低於市場價格，則將發現市場對其產品的需求量會飆到無限大。但在不完全競爭市場，當賣方調降價格時，市場對其產品需求量的增加是有限的。同樣地，當賣方調高價格時，其面對的需求減少量也是有限的。因此，每個生產者都可以選擇如何訂價。此一觀點固然適用於很多大型公司，像汽車的生產者，但也適用於小企業，像街角的雜貨店。像雜貨店這樣的零售商之所以有訂價能力，是因為其位置對於街坊鄰里或熟客來說相當方便。因此，當其商品售價略高於其他商店時，並不會馬上讓需求量降到零。

不完全競爭下的訂價

本節探討在不完全競爭的環境下，生產者如何選擇其商品的價格。下一節則討論生產者為因應環境的變化(像貨幣性衝擊)而調整價格時，會如何將菜單成本納入考量。

為說明主要論點，我們考慮一個正式的模型。令 $P(j)$ 為廠商 j 對某一商品的要價。根據之前的模型，我們可以把每一個企業想成由經濟體系內的一個家戶所擁有並經營。對廠商 j 其商品之需求量，$Y^d(j)$，決定於跟其他生產者要價相比，$P(j)$ 有多高。例如，廠商 k 是一個競爭者，也許它就是下一個街角的另一個店家，那麼，k 的價格 $[P(k)]$ 如果下跌，就會讓 $Y^d(j)$ 減少。

一般而言，如果變動的是附近的相似商品的價格，而不是隔很遠或很不一樣的商品的價格，則 $Y^d(j)$ 會比較敏感。不過，如果我們企圖追蹤所有這些價格，則模型就會變得無法處理。所以我們假設廠商 j 的顧客，只比較 $P(j)$ 跟其他所有廠商的平均要價。如果令此一平均價格為 P，則 $Y^d(j)$ 就會決定於價格比值，$P(j)/P$。$P(j)/P$ 的提高會讓 $Y^d(j)$ 減少，而 $P(j)/P$ 的下降，則會讓 $Y^d(j)$ 增加。

$Y^d(j)$ 也決定於廠商 j 的現在以及潛在顧客的所得水準。例如，如果整個經濟

第 17 章　貨幣與景氣循環 II：僵固的物價與名目工資率

體系的實質所得提高，則每一個廠商 j 的 $Y^d(j)$ 就會增加。

討論過對廠商的商品之需求後，接下來我們要討論這些商品的生產。廠商 j 的生產函數與我們前面所討論的生產函數一樣，而為：

$$Y(j) = F[\kappa(j) \cdot K(j), L(j)] \tag{17.1}$$

其中，$\kappa(j) \cdot K(j)$ 與 $L(j)$ 分別是廠商 j 所使用的資本服務與勞動之數量。為求簡化，我們忽略資本利用率 $\kappa(j)$ 的變動，且假設在短期資本存量 $K(j)$ 是固定的。我們也忽略中間財的投入，像原料及其他廠商所生產的產品。考慮可變動的資本利用率及中間投入當然是有用的，但不會改變基本的結論。

假設經濟體系內的所有廠商面對相同的名目工資率 w；換句話說，我們假設勞動市場是完全競爭的。更明確地說，當我們考慮僵固的名目價格時，我們忽略僵固的名目工資率；亦即 w 會調整到讓經濟體系內的勞動需求量等於勞動供給量。此一關於勞動市場的假設是可被質疑的，當然也不是凱因斯 Keynes (1936) 在他的《一般理論》一書中所想像的情況。我們稍後會討論**僵固的名目工資率**。

我們由每家廠商的名目價格 $[P(j)]$ 都可瞬間調整的情況開始；亦即我們先忽略菜單成本。給定名目工資率 w 與其他的競爭者所訂的平均名目價格 P 之下，每家廠商都將 $P(j)$ 訂在讓其利潤極大的水準。

為決定利潤極大化的價格，$P(j)$，我們先考慮生產額外一單位商品的名目成本，即**邊際生產成本** (marginal cost of production)。為了建立此一概念與第 7 章所討論的勞動需求之間的關聯，先回想一下，勞動邊際產出 (MPL) 為額外的產出 ΔY 與額外的勞動 ΔL 的比值。因此，就廠商 j 而言：

$$MPL(j) = \Delta Y(j)/\Delta L(j) \tag{17.2}$$

如果將此一條件重新編排，則可以得到如果要提高 $\Delta Y(j)$ 單位的產出，所需要的勞動增量為：

$$\Delta L(j) = \Delta Y(j)/MPL(j) \tag{17.3}$$

當 $MPL(j)$ 愈高時，則用來增加 $\Delta Y(j)$ 單位產出所需的勞動增量 $\Delta L(j)$ 愈低。如果令 $\Delta Y(j) = 1$，則要增加一單位產出所需的勞動增量為：

$$\Delta L(j) = 1/MPL(j)$$

每一單位勞動的名目成本為名目工資率 w。因此，為增加一單位產出所必須增加的名目成本為 $w \cdot [1/MPL(j)]$。換句話說，廠商 j 的名目邊際生產成本為：

廠商 j 的名目邊際成本 $= w/MPL(j)$

$$= \text{名目工資率對勞動邊際產量的比值} \tag{17.4}$$

因此,給定 $MPL(j)$,w 愈高,則名目邊際成本愈高。

在完全競爭之下,利潤極大化會引導每家廠商讓其名目邊際成本,即 (17.4) 式中的 $w/MPL(j)$,等於其產品的價格 $P(j)$。[1] 不過,在不完全競爭之下,每家廠商可能設定一個高於名目邊際成本的 $P(j)$。$P(j)$ 對名目邊際成本的比值,稱為**加成率** (markup ratio):

$$\text{廠商 } j \text{ 的加成率} = P(j)/\text{廠商 } j \text{ 的名目邊際成本}$$
$$= P(j)/[w/MPL(j)] \tag{17.5}$$

其中,廠商 j 的名目邊際成本代以式 (17.4) 的公式。一家廠商所選擇的加成率決定於其產品的需求 $Y^d(j)$ 對 $P(j)$ 的變動有多敏感。市場力量愈強 (亦即競爭愈弱),通常意味著需求對價格比較不敏感,從而加成率會愈高。如果需求的敏感度極高 (由於競爭較為激烈),則加成率會趨近 1;亦即愈接近 $P(j)$ 等於名目邊際成本的完全競爭狀況。在我們的分析中,我們假設每家廠商的加成率都是一個給定的常數。

我們可以重新編排加成率的公式,而得出每一家廠商的價格公式:

$$P(j) = (\text{廠商 } j \text{ 的加成率}) \cdot (\text{廠商 } j \text{ 的名目邊際成本}) \tag{17.6}$$

因此,給定加成率,廠商 j 其名目邊際成本的增加,會讓 $P(j)$ 提高相同的百分比。例如,如果名目邊際成本倍增,則 $P(j)$ 也會倍增。如果將名目邊際成本,代以式 (17.4) 的公式,則可得:

$$P(j) = \text{加成率} \cdot [w/MPL(j)] \tag{17.7}$$

因此,給定加成率,名目工資率的增加,會讓名目價格 $P(j)$ 以相同的百分比增加。例如,當 w 倍增時,會讓經濟體系內的所有廠商其名目價格倍增,從而這些價格的平均水準 (P) 也會倍增。

在我們的模型,不用擔心在均衡時,所有的 $P(j)$ 其水準為何。重點在於,在不完全競爭下,所有廠商其利潤極大化的決策會產生 $P(j)$ 的分布。以雜貨店為例,某些店家會有比較高的 $P(j)$,而其他的店家會有比較低的 $P(j)$。

每個廠商都有其勞動需求,而這些需求的總和決定整體經濟的勞動需求,L^d。跟之前的模型一樣,勞動市場的均衡會讓總合勞動需求量 L^d 等於總合供給量,L^s。此一條件決定了經濟體系的實質工資率 (w/P) 及勞動總量 (L)。最後,如果我們知道 w/P 及 P,則我們可將兩者相乘以求出經濟體系的名目工資率 w。

---

[1] 如果我們重新編排,該條件變成 $MPL(j) = w/P(j)$。除了編號 j 之外,此一等式跟第 7 章所得到的完全競爭下的利潤極大化條件一樣。

對貨幣性衝擊的短期反應

考慮當貨幣性衝擊發生時，會有什麼影響。為了具體起見，想像一下名目貨幣數量 (M) 倍增。在第 11 章，我們發現貨幣的變動是中立的。物價水準 (P) 與名目工資率 (w) 都會倍增。實質變數，包括實質貨幣餘額 (M/P) 與實質工資率 (w/P) 則不會改變。

在物價及工資都可瞬間調整時，即使模型中存在不完全競爭的廠商，貨幣仍具中立性。這是因為每一個名目價格 [P(j)] 都會因 M 倍增而倍增，從而平均價格 (P) 與整個經濟體系的名目工資率 (w)，也都跟第 11 章一樣，會倍增。這些變動，讓經濟體系內的實質變數都保持不變。這些實質變數不僅包括實質工資率，w/P，也包括每一個廠商的價格對平均價格的比值，P(j)/P。

不過，當我們允許每家廠商所訂的名目價格 P(j) 是僵固的時候，就會產生新的結果。如前所述，由於菜單成本，所以價格不會常常變動。為說明價格僵固的影響，我們可以先考慮一個極端的例子，即所有的 P(j) 在短期內都是僵固的，從而平均價格 (P) 也是固定的。如果 P 為定數，則當名目貨幣數量 M 倍增時，每個家戶的實質貨幣餘額 M/P 也會倍增。不過，並沒有任何變化讓家戶持有更多的實質貨幣。因此，每個家戶就會嘗試把多餘的貨幣花掉，其中一部分用以購買各廠商所生產的產品。[2] 在此情況下，每一個廠商 j 會感受到市場對其產品的需求 $Y^d(j)$ 增加。

當一個企業，在其產品售價 P(j) 固定之下，如果看到其產品需求 $Y^d(j)$ 增加，會有什麼反應？如前所述，在不完全競爭之下，加成率會大於 1。既然產品的售價 [P(j)] 大於名目邊際成本，則產出及銷售 [Y(j)] 的增加，會提高廠商 j 的利潤。例如，如果 Y(j) 增加一單位，則名目收益會增加 P(j)；而增加的名目成本，是名目邊際成本，其值小於 P(j)。因此，在 P(j) 固定時，追求利潤極大的廠商會在某一限度內，增加產出 [Y(j)] 以滿足需求的增加。

為增加產出 [Y(j)]，廠商 j 勢必要增加勞動投入 [L(j)] 的數量。因此，勞動需求量 $L^d(j)$ 的增幅是：[3]

$$\Delta L^d(j) = \Delta Y(j)/MPL(j) \tag{17.3}$$

---

[2] 家戶也可能購買生息資產，亦即債券。如果我們允許這個管道，最後也會得到相同的結果。

[3] L(j) 的增加會降低勞動的邊際產量 MPL(j)，從而根據式 (17.4)，生產的名目邊際成本會上升。在產品價格固定為 P(j) 之下，追求利潤極大的廠商會增加產出以滿足新增的需求，直到名目邊際成本上升到等於 P(j) 為止。

重點在於,在固定的價格 $P(j)$ 之下,名目貨幣數量 (M) 的增加,會讓每家廠商提高其勞動需求。

圖 17.1　新凱因斯模型之貨幣擴張的影響

當名目貨幣數量是 M 時,勞動需求為標示為 $L^d(M)$ 的淺色負斜率曲線,它隨實質工資率 w/P 的增加而下降。當物價水準 P 固定,且名目貨幣數量增加到 M' 時,則在任一給定的 w/P 之下,勞動需求是標示為 $L^d(M')$ 的深色負斜率曲線。勞動供給 L^s 是正斜率曲線。名目貨幣數量由 M 增加到 M' 會讓實質利率由縱軸上的 $(w/P)^*$ 上升到 $[(w/P)^*]'$,且讓勞動投入由橫軸上的 L^* 增加到 $(L^*)'$。

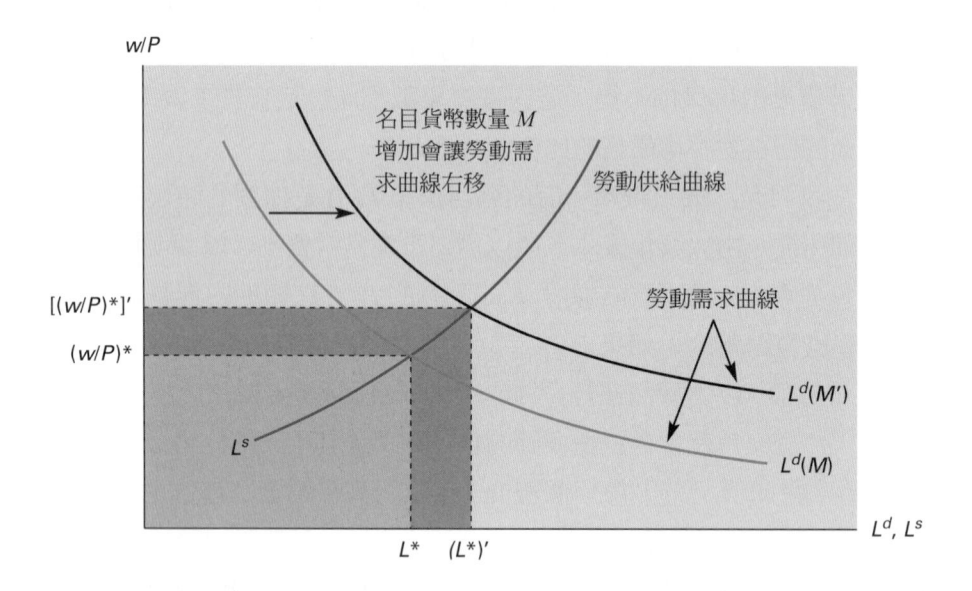

名目貨幣數量 (M) 的增加如何影響經濟整體的勞動市場?既然每一家廠商 j 提高了它的勞動需求 $L^d(j)$,則給定整體經濟體系的實質工資率 (w/P),總合勞動需求量 L^d 就會增加。圖 17.1 顯示此一影響。名目貨幣數量由其一開始值 M 增加到 M' 會讓勞動需求由淺色負斜率曲線右移到深色負斜率曲線。

如同第 9 章的圖 9.13,我們假設實質工資率 w/P 的提高,會讓勞動供給量 L^s 增加。因此,L^s 為圖 17.1 中的正斜率曲線。

由圖 17.1 可知,名目貨幣數量由 M 增加到 M',會讓結清市場的勞動投入,由橫軸上的 L^* 增加到 $(L^*)'$。勞動投入增加之後,根據生產函數,每家廠商都會生出產更多的商品:

$$Y(j) = F[\kappa(j) \cdot K(j), L(j)] \tag{17.1}$$

因此,實質國內生產毛額 GDP(Y) 會提高。[4] 此外,勞動投入 (L) 隨 Y 增加,因此是

---

[4] 我們沒有考慮實質國內生產毛額 GDP (Y) 提高會讓名目貨幣需求量 (M^d) 增加的效果。考慮此一效果會弱化名目數量貨幣擴張對 Y 的影響。

順循環的。總之，我們得到，在新凱因斯模型，貨幣性擴張在短期不是中立的；亦即，名目數量貨幣的增加會讓實質 GDP 暫時提高。此一理論預期跟第 6 章 IS-LM 模型的預期一樣。因此，新凱因斯模型可以說是現代版的 IS-LM 模型；它加入了均衡景氣循環所強調的個體經濟基礎。

新凱因斯學派的預測

到目前為止，新凱因斯模型的預測跟第 16 章所討論的價格認知錯誤模型類似。該模型也得到貨幣擴張會提高實質 GDP (Y) 與勞動投入 (L) 的結論。不過，這兩個模型對實質工資率 w/P 的預測是不同的。在價格認知錯誤模型，L 的增加必須併同 w/P 的下降，才能誘使雇主使用更多的勞工。因此，該模型預測 w/P 是逆循環的。不過，此一預測跟事實牴觸。現在，我們說明了新凱因斯模型沒有這個問題。

圖 17.1 顯示貨幣擴張會讓結清市場的實質工資率上升，由縱軸的 $(w/P)^*$ 上升到 $[(w/P)^*]'$。因此，模型產生順循環的 w/P。所以，新凱因斯模型正確預測 w/P 會是順循環的。該模型之所以得到這個結果是因為，雇主即使在 w/P 上升之後，仍願意僱用更多的勞動。其關鍵在於，在不完全競爭之下，加成率大於 1，從而在固定的商品價格之下，廠商即使面對實質生產成本的上升 (因為 w/P 增加了)，仍然可以藉由透過僱用更多的勞動來提高獲利。貨幣性擴張確實讓廠商的加成率降低，但只要加成率仍大於 1，廠商就願意增加勞動投入及產出。

如同第 9 章所討論的均衡景氣循環模型一樣，新凱因斯模型所做之勞動投入是順循環的預測決定於圖 17.1 中，勞動供給曲線 L^s 是正斜率的。也就是，此一分析仰賴家戶會因實質工資率 (w/P) 的上升而多工作的假設。

關於勞動平均產出 (Y/L)，新凱因斯模型的預測就沒有均衡景氣循環模型來得準。在第 9 章，我們發現 Y/L 是順循環的，起因於技術水準 (A) 的變動對生產函數的直接影響。此一勞動生產力是順循環的預測與第 9 章所討論的實證證據相符。

相較之下，新凱因斯模型假設技術水準 (A) 是固定的。因此，由生產函數可知，L 的增加會降低 MPL 與勞動平均產出 (Y/L)。所以，在經濟繁榮時，L 的增加會讓勞動平均產出 (Y/L) 下降；在經濟衰退時，L 的減少則會讓 Y/L 增加。因此，新凱因斯學派模型做了一個與事實不符的預測，亦即 Y/L 是逆循環的。

新凱因斯學派的經濟學家使用**勞動窖藏** (labor hoarding) 的概念，來改善模型對勞動生產力的預測。因為有僱用與解僱勞工的成本，所以雇主有可能在經濟短暫衰退時，仍留住員工。因此，企業可能會在衰退時「窖藏勞工」，然後在經濟復甦時

有勞動可用；這樣的做法可省下解僱與新僱勞動的成本。儘管勞動投入 (L) 在衰退時仍然是減少的，但其幅度會小於沒有窖藏勞動下的情況。在衰退時，這些「超額的」勞動，實際上可能沒生產出多少的產出。這些工人可能並未全力投入工作，也可能投入不會立即在產出上顯現成果的維修工作。不管是哪一種情況，每位勞工的產出 (Y/L) 在衰退時，會相對偏低。因此，我們能夠用勞動窖藏的概念來解釋為什麼勞動平均產出 (Y/L) 是順循環的。[5]

長期的價格調整

新凱因斯模型的分析，可應用於短期，亦即各廠商 j 所訂的價格 P(j) 不進行調整的時期。在長期，價格可以調整，且此一調整會消除名目貨幣數量 (M) 變動所造成的實質影響。

為研究長期的動態演變，讓我們再次檢視廠商 j 的加成率公式：

$$\text{廠商 } j \text{ 的加成率} = P(j)/\text{廠商 } j \text{ 的名目邊際成本}$$
$$= P(j)/[w/MPL(j)] \tag{17.5}$$

到目前為止，我們一直假設每家廠商 j 的 P(j) 是固定的，因此，整體的物價水準 P 也是固定的。然後，我們得到圖 17.1 的結果，亦即名目貨幣數量 (M) 的增加會提高實質工資率 (w/P) 與勞動投入量 (L)。由於 P 是固定的，因此 w/P 的增加對應到名目工資率 w 的增加。由式 (17.5) 可知，在固定的 P(j) 之下，w 的增加會提高廠商 j 的名目邊際成本，因此降低其加成率。另一方面，L(j) 的增加會降低勞動邊際產量，MPL(j)。式 (17.5) 顯示，MPL(j) 的下降會讓廠商 j 的名目邊際成本進一步提高，並因此讓加成率進一步降低。

舉例來說，假設廠商 j 所偏好的 (利潤極大化的) 加成率是 1.2，也就是說廠商想要將售價 P(j)，訂在超過其名目邊際成本 w/MPL(j) 之上的 20%。當 P(j) 固定時，名目工資率 w 的增加以及勞動邊際產出 MPL(j) 的減少，會讓加成率降低，比方說，降為 1.1。既然加成率依舊大於 1，廠商仍然會在固定的價格 P(j) 之下，增加產量以滿足市場對其產品的額外需求。不過，廠商 j 還是想要一個 1.2 的加成率。因此，廠商 j 最後會提高其售價 P(j) 以回復到此一加成率。

當每一家廠商都提高其售價 P(j) 時，一般物價水準 P 就會上漲。因此，給定

---

[5] 新凱因斯學派的經濟學家也從另一個角度說明為何平均勞動產出 (Y/L) 是順循環的。模型的新特點是，廠商所生產的商品不單可以作為最終財，也可能作為其他廠商的中間投入。貨幣性擴張會降低加成率，從而降低中間投入的實質成本。因此，廠商會用更多的中間投入，從而可能提高 MPL 與勞動平均產出 (Y/L)。因此，在繁榮時，Y/L 可能提高，即使 L 是增加的。

名目貨幣數量 M，實質貨幣餘額 M/P 會減少。此一變動會讓一開始的影響反轉。一開始的影響是在給定的 P 之下，M 的增加會讓 M/P 增加。在圖 17.1，勞動需求曲線之所以右移是因為 M/P 的增加會讓每一廠商其產品的需求 $Y^d(j)$ 增加。而當 P 提高且 M/P 下降時，每家廠商產品的需求 $Y^d(j)$ 會降回來，從而勞動需求曲線會左移，趨向一開始的位置。在長期，P 所增加的比例與 M 一樣，因此，勞動需求曲線會回到一開始的位置。所以，在長期，我們又回到我們熟悉的結論，也就是名目貨幣數量 M 的變動是中立的，對於包括實質工資率 w/P、勞動投入 L 與實質 GDP (Y) 在內的實質變數，並不會造成任何影響。

我們的結論是，在新凱因斯模型，貨幣性衝擊所造成的實質影響是一個短期現象，僅存在於價格無法調整到其均衡水準的時期。從這個角度看，此一結果與第 16 章中，價格錯誤認知模型所得到的結果類似。在那個模型，貨幣性衝擊的實質影響也僅存在於短期，那是因為家戶對整體物價水準的變動沒有充分認知。因此，價格錯誤認知模型的一個關鍵問題是，價格預期的調整速度是否真的很緩慢。在新凱因斯模型，類似的問題是，價格的調整速度是否真的很緩慢。

在標題為「價格僵固的證據」的下面專欄，討論到最近的可用資料，提供我們許多在個體經濟層面之價格調整頻率上的資訊。這些資料揭露部分價格的確具僵固性；亦即某些產品的價格通常在幾個月的時間內都不會變動。不過，根據這些新資料所做的實證研究的結論是，價格僵固性並不足以解釋經濟波動的主要部分。因此，此一實證證據意味著，新凱因斯學派模型儘管有用，但不能解釋大部分的經濟波動。

我們可以用我們的價格調整的分析來看新凱因斯模型對於物價水準 (P) 其循環表現的預測。當名目貨幣數量 (M) 增加時，P 一開始的反應會相當小，因此，實質 GDP (Y) 的增加會伴隨著 P 的微小變動。當 P 緩慢下跌時，Y 會減少，不過，仍保持在其一開始的水準之上。最後，P 會有和 M 一樣的增加百分比，屆時，Y 會回到其一開始的水準。以上討論的要點在於，當 P 相對低時，Y 相對高。

我們也可以進行反向分析，其中，名目貨幣數量 (M) 的減少導致實質 GDP (Y) 的暫時性減少。在此情況下，我們會得到當 P 相對高時，Y 會相對低 (例如，在 M 剛減少之後)。

整體而言，新凱因斯學派預測，在實質 GDP (Y) 相對高的經濟繁榮時期，物價水準 (P) 會相對地低；而在實質 GDP 相對低的經濟衰退期時，P 會相對地高；換句話說，模型預測 P 是逆循環的。此一預測與均衡景氣循環模型所做的預測是一樣的。在第 11 章中，我們也看到 P 是逆循環的預測與資料相符。

數字會說話

價格僵固的證據

Luis Álvarez et al. (2006) 量化包括在歐元區消費者物價指數 (CPI) 與生產者物價指數 (PPI) 中的商品與服務其價格的僵固性。這些價格其僵固程度隨商品或服務的類型不同而有很大的差異。就 CPI 所包括的價格而言,最常變動的是能源與未加工食物的價格,最不常變動的是服務價格。就 PPI 所包括的價格而言,最常變動的是能源與食物的價格,最不常變動的資本財價格。整體而言,歐元區的廠商平均每年變動一次價格。Mark Bils and Peter Klenow (2004) 量化包括在美國消費者物價指數 (CPI) 中的商品與服務其價格的僵固性,且發現美國廠商平均每 4–5 個月就變動一次價格。

Mikhail Golosov and Robert Lucas (2006) 利用 Bils and Klenow 的發現,估計價格僵固性對美國經濟波動的重要性。在 Golosov-Lucas 的模型,廠商會更動價格的一個理由是會影響特定廠商其需求或技術的個別衝擊。例如,個別廠品需求的增加會讓每個廠商調高其相對價格〔即在我們之前模型裡提到的 $P(j)/P$〕。廠商會更動價格的第二個理由是整個經濟的貨幣性干擾。例如,名目貨幣數量 (M) 增加讓每個廠商調高其名目價格 $[P(j)]$。

這兩種價格的調整都會有菜單成本。由於有這些價格調整的成本,個別廠商不會每次遇到個別的衝擊或貨幣性干擾,就會調整其價格 $[P(j)]$。假設 $[P(j)]^*$ 代表廠商 j 的「理想價格」("ideal price"),亦即在菜單成本為零時,廠商會訂的價格。每家廠商都會發現,當 $P(j)$ 偏離 $[P(j)]^*$ 的幅度非常明顯時,更動價格才是明智之舉。因此,當價格變動發生時,通常其調整幅度相當明顯。Nakamura and Steinsson (2006) 發現其平均調整幅度 (向上或向下) 為 7% 至 8%。

在 Golosov and Lucas 建構的模型中,有一連串的個別廠商,它們在更動價格時,會面對相同的菜單成本 (即使考慮不同的菜單成本,主要的結論仍然不受影響)。較高的菜單成本,會讓更動價格的頻率較低。Golosov and Lucas 對菜單成本所做的數值假設,讓模型內廠商其價格更動頻率等於 Bils and Klenow 根據資料所發現的平均頻率。因此,在 Golosov-Lucas 的模型,個別廠商平均每 4–5 個月,會調整一次售價。

模型的一個發現是,就模型內的經濟體系而言,個別的衝擊是造成價格變動的主要原因;也就是,大部分的價格更動是為回應個別需求與技術水準的變動,而不是整體經濟的貨幣性衝擊。但就一個物價膨脹率高且波動幅度大的經濟體系而言,情況剛好相反。Golosov and Lucas 舉 1970 年末期與 1980 年初期的以色列為例。在那樣的高物價膨脹的環境之下,大部分的價格變動起因於整體經濟的貨幣性衝擊。

在 Golosov-Lucas 的模型,貨幣性衝擊,跟我們討論過的新凱因斯模型一樣,會影響勞動投入與產出。不過,就一個物價膨脹率低且穩定的經濟體系而言,觀察到的貨幣性波動只能解釋一小部分觀察到的實質 GDP 的波動。Golosov and Lucas 的結論是,儘管貨幣並不是中立的,但其衝擊在經濟波動中只扮演一個次要角色。

經濟波動預測的比較

表 17.1 擴充第 16 章的表 16.1，加入新凱因斯模型對於五個總體經濟變數的循環預測。我們可以用表 17.1，將這些預測與另外兩個模型 (即第 9 至第 11 章的均衡景氣循環模型與第 16 章的價格錯誤認知模型) 的預測，還有實證結果做比較。

表 17.1 顯示，跟價格錯誤認知模型相比，新凱因斯模型正確地預測實質工資率 w/P 的順循環型態與物價水準 P 的逆循環型態。新凱因斯模型對於勞動平均產出 Y/L 的預測不僅異於均衡景氣循環的預測，也偏離實證的型態。新凱因斯模型錯誤預測 Y/L 具逆循環型態，雖然勞動窖藏的概念或可解決此一問題。

表 17.1　總體經濟變數在三個不同模型裡的循環型態

	名目貨幣數量，M	物價水準，P	勞動投入，L	實質工資率，w/P	勞動平均產出，Y/L
1. 均衡景氣循環模型	順循環	逆循環	順循環	順循環	順循環
2. 價格錯誤認知模型	順循環	順循環	順循環	逆循環	逆循環
3. 新凱因斯模型	順循環	逆循環	順循環	順循環	逆循環
4. 實證觀察	順循環 (弱)	逆循環	順循環	順循環	順循環 (弱)

註：本表係根據第 16 章表 16.1 所作的延續。表中各小格顯示，在四種不同的情境下，五個總體經濟變數的循環型態。第一個情況是，第 9 至第 11 章所描述的，對技術水準 (A) 的衝擊為經濟波動原因的均衡景氣循環模型。第二個是，第 16 章所描述的，名目貨幣數量 (M) 的衝擊為經濟波動原因的價格錯誤認知模型。第三個則是本章所討論的新凱因斯模型，經濟波動亦源自於 M 的衝擊。第四個則是第 9 與第 11 章所呈現的實證型態。

總合需求衝擊

我們所討論的新凱因斯模型，聚焦在經濟體系對於名目貨幣數量 (M) 增加的反應。分析中的一個關鍵部分是，當每一家廠商 j，經歷到其產品需求 $Y^d(j)$ 的增加時，其價格 $P(j)$ 是固定的。不過，同樣的結果也適用在當廠商 j 因為其他與貨幣無關的理由而讓 $Y^d(j)$ 增加的時候。其基本的因素是商品的**總合需求** (aggregate demand) 增加。

讓總合需求增加的方法之一是家戶外生地將其儲蓄移往消費 (C)；亦即，家戶因模型未說明的理由，而變得比較不節儉。消費者其需求的增加，意味著典型的廠商 j 會看到其商品的需求 $Y^d(j)$ 增加。如果物價水準 (P) 在短期內是固定的，我們就可以用圖 17.1 的分析，而得到勞動投入總量 (L) 增加的結論。因此，商品總合需求的增加會導致實質 GDP (Y) 的增加。

另一種可能是政府增加其實質購買 (G)，而讓總合需求增加。典型的廠商 j，

也會因此而看到其產品需求 $Y^d(j)$ 的增加。跟以前一樣，如果物價水準 (P) 固定，則勞動投入 (L) 與實質 GDP (Y) 也都會增加。

新凱因斯模型的一個性質是商品總合需求的增加，不僅會讓實質 GDP (Y) 增加，且其最後增加的幅度，超過一開始的幅度；亦即，這個模型有可能存在**乘數** (multiplier)，即 Y 的增加幅度是總合需求一開始增加幅度的某一個大於 1 的倍數。

其理由在於，在固定的物價水準 (P) 之下，商品總合需求一開始的變動會造成產出 Y 等幅的增加。這是因為所有廠商的加成率都明顯地大於 1，因此願意在固定的價格之下，滿足所有額外的需求。Y 的擴張會帶來實質所得的增加，特別是實質勞動所得，$(w/P) \cdot L$，的增加。此一額外的所得會讓消費增加，從而讓每家廠商的商品需求 $[Y^d(j)]$ 再進一步增加。因這些額外的需求，產出 Y 會進一步提高，而有了乘數。

凱因斯學派的乘數是一個有趣的理論結果；不過，經濟學家未曾在實證上證明其存在。例如，在第 13 章我們發現，很難證明政府購買 (G) 的變動對實質 GDP (Y) 有正向影響。它們之間的正向關係，只存在於重要戰爭期間，G 暫時且鉅額增加之際。不過，即使在那樣的情況下，Y 的反應幅度小於 G 的增幅；亦即乘數小於 1。

貨幣與名目利率

實務上，中央銀行，如英格蘭銀行，通常以短期名目利率的目標值，而不是以貨幣總計數的目標值，來表達其貨幣政策。在英國，英格蘭銀行聚焦在官方銀行利率 (official bank rate)，其為英格蘭銀行放款給商業銀行的隔夜名目利率。英格蘭銀行的貨幣政策委員會 (Monetary Policy Committee, MPC) 每年開會 12 次，每次決定官方銀行利率的目標值。雖然貨幣政策不是以貨幣總計數來表達，但名目利率的調整仍可以轉化成貨幣總計數的變動。

實務上，中央銀行透過公開市場操作來達成利率目標。我們在第 15 章曾說明，公開市場操作是貨幣基數 (通貨淨額加上存款貨幣機構所保有的準備金) 與生息資產之間的交換。這些資產對應到我們模型中的債券。當中央銀行進行擴張性操作時，它創造新的貨幣基數來購入債券。當中央銀行進行緊縮性操作時，它自其資產組合中賣出債券，且用賣出金額來降低貨幣基數。

核心的概念是，在短期，如果價格是僵固的，則公開市場操作會影響名目利率，即英格蘭銀行的官方銀行利率與我們模型中的名目利率 (i)。我們可以由第 11 章中的均衡條件，來思考貨幣與名目利率之間的關係。該均衡條件為名目貨幣數量 M 等於名目需求量 $P \cdot D(Y, i)$：

$$M = D \cdot L(Y, i) \tag{17.8}$$

在過去，我們將 M 視為名目通貨。現在，我們應該將 M 擴大為貨幣基數，即直接受到公開市場操作影響的貨幣總計數。經由公開市場操作，中央銀行就能逐日控制貨幣基數的數量。

式 (17.8) 的均衡條件說明名目貨幣基數 M 與名目貨幣需求量的影響因素，即物價水準 P、實質 GDP (Y) 與名目利率 i，之間的關係。在新凱因斯模型，P 在短期內是固定的，因此，在短期，如果 M 增加，則要達到新的均衡，必須要有較高的 Y 或較低的 i 的一些新組合，讓名目貨幣需求量與 M 有相同的增量。給定 Y，式 (17.8) 指出，如果 M 愈高，則 i 會愈低。

在之前的分析當中，我們將擴張性的貨幣性衝擊視為名目貨幣數量 (M) 的增加。現在，我們可將擴張性的貨幣行動想成名目利率 (i) 的降低。

如果式 (17.8) 是一個固定的關係，則中央銀行可藉由變動名目貨幣 M 或名目利率 i 而得到相同的結果。不過，實務上，實質貨幣需求量 D(Y, i) 的波動幅度較大。[6] 這些波動讓中央銀行幾乎不可能事先規劃好貨幣基數或其他貨幣總計數的時間路徑，以達成計畫的 i 的路徑。這類的規劃需要知道未來的實質貨幣需求量 D(Y, i)。所以，中央銀行在處理貨幣政策時，通常不會明確說明名目貨幣總計數的路徑。特別是，中央銀行已經否決由 Milton Friedman (1960, pp.90–93) 所倡導的政策建議，該建議要求對指定的貨幣總計數施以**固定成長率法則** (constant-growth-rate rule)；Friedman 偏好以 M1 或 M2 為對象。此一貨幣成長法則需要 i (或 P 或 Y) 回應實質貨幣需求量的每一個變動。

因為以貨幣總計數為基礎的法則存在有一些缺點，因此大多數中央銀行傾向以名目利率 (i) 其目標值的調整作為政策的架構。經由設定 i 的目標值，中央銀行會自動執行公開市場操作，讓其買賣的總額達成貨幣基數 (M) 的必要變動。例如，如果中央銀行想要降低 i，就會透過公開市場操作來提高 M，直到聯邦資金市場的名目利率 (美國) 或官方銀行利率 (英國) 與目標值相符。根據式 (17.8)，給定 P 與 Y，我們知道，M 所必須增加的金額恰等於 i 的降低所造成的實質貨幣需求 D(Y, i) 的增加。不過，重點在於中央銀行不需要知道 D(Y, i) 的切確函數形式為何。中央銀行只要讓 M 一直增加，直到看到它所想要的名目利率出現為止。

考慮另一個例子。假設中央銀行不想要變動名目利率 (i)，但實質貨幣需求量

---

[6] 舉例來說，我們在第 11 章曾提到，實質貨幣需求量有大幅的季節性變動。中央銀行可以藉由讓 M 有適量的季節性變動來調合貨幣需求的季節性變動。在此情況下，貨幣基數雖然會有季節性變動，但也消弭了名目利率 (i) 的季節性變動。

$D(Y, i)$ 增加。如果中央銀行維持 M 不變,則 i 勢必要升高以讓 $D(Y, i)$ 下降。不過,中央銀行也可提高 M 以平衡 $D(Y, i)$ 的增加〔此一調整有時稱為貨幣需求的**調合** (accommodation)〕。此外,如同前面的例子,中央銀行根本不需要知道 $D(Y, i)$ 到底發生了什麼變動。中央銀行只需要經由公開市場操作,讓 M 不斷地提高,直到金融市場上所出現的名目利率是中央銀行想要的為止;在此一情況,是不變的 i。

如我們在第 16 章所討論以及表 16.2 所顯示的,自 1990 年起,很多國家,如匈牙利、冰島、以色列、挪威、波蘭、南非、瑞典與英國,其中央銀行都已經採用正式的物價膨脹目標化政策。在此一政策下,名目利率會隨物價膨脹率變動;亦即高物價膨脹誘發高名目利率,而低物價膨脹誘發低名目利率。

目前,經濟學者相信,貨幣政策對物價膨脹的反應是有助益的;亦即當物價膨脹率上升時,大幅提高名目利率,而在物價膨脹率下跌時,大幅降低名目利率的政策,可以成功地抑制物價膨脹。此一政策也可以說成,當物價膨脹率上升時,採緊縮性公開市場操作,而在物價膨脹率下降時,採擴張性公開市場操作。

中央銀行因其他經濟變數的變動而調整名目利率 (i) 的效益,就不是那麼清楚;也就是,當中央銀行根據實質經濟(特別是勞動市場)的強弱來調整名目利率時,我們並不知道經濟體系的表現是更好還是更差。

凱因斯模型:僵固名目工資率

如本章一開始所提到的,凱因斯 (1936) 在其著作《一般理論》中的模型依仗**僵固名目工資率** (sticky nominal wage rates);亦即,名目工資率無法快速地回應經濟環境的變動。為聚焦於僵固名目工資率的後果,我們很簡單地假設商品價格可自由迅速調整。因此,我們可以回到前面各章所用的模型,即商品的需求者與供給者都是完全競爭的。在此情境下,單一的名目價格水準 (P) 適用於所有商品。

凱因斯假設名目工資率 (w) 是僵固的,亦即他假設 w 無法快速調整而結清勞動市場。此外,凱因斯聚焦在 w 高於市場結清水準的情況。此一假設意味著〔當我們討論物價水準 (P) 如何決定時〕,實質工資率 (w/P) 會高於其市場結清水準。

在凱因斯模型,勞動市場就像圖 17.2 所顯示的。在圖中,勞動需求與供給曲線跟均衡景氣循環模型是一樣的(參見第 9 章圖 9.13)。實質工資率 (w/P) 的上升會降低勞動需求量 L^d,不過,會提高勞動供給量 L^s。此圖跟以前的唯一差別在於,名目工資率 w 現在被假設無法調整到足以平衡勞動需求與勞動供給的實質工資率 $(w/P)^*$ 水準。市場上普遍存在的實質工資率 $(w/P)'$ 要高於 $(w/P)^*$。

圖 17.2　名目工資率具僵固性的凱因斯模型其勞動市場

在凱因斯模型，名目工資率 w' 固定在市場結清值 w* 之上。因此，在縱軸上可見，實質工資率 (w/P)' 會高於市場結清值 (w/P)*。在 (w/P)'，L^s 曲線的勞動供給量超過 L^d 曲線的勞動需求量。在橫軸上可見，勞動數量 L' 等於需求量，且小於市場結清的數量 L*。

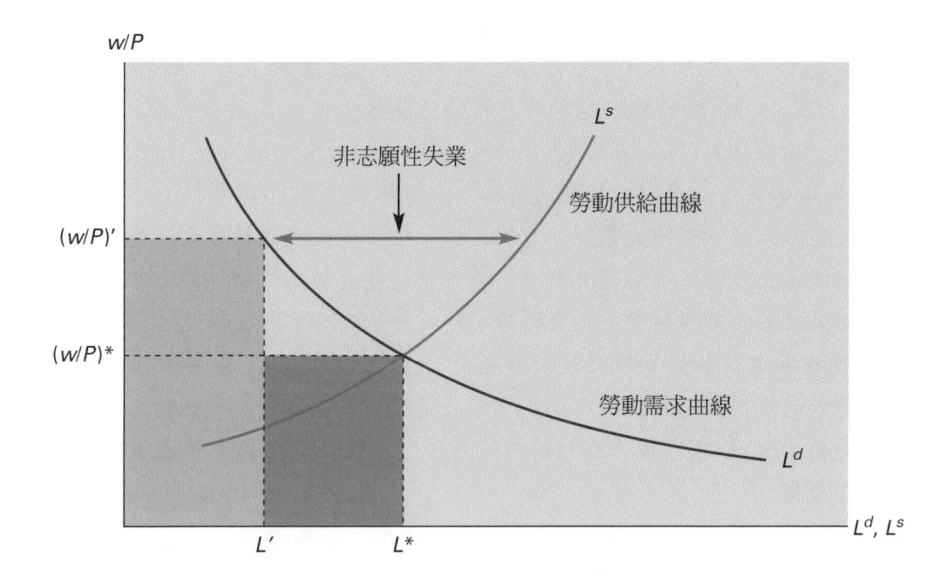

在圖 17.2，如果實質工資率為縱軸上所示的 (w/P)'，則勞動供給量大於需求量。由於供給量與需求量不相等，我們必須考慮勞動數量 L 是如何決定的。

我們用的原理是 L 等於需求量與供給量中較小的那一個；在本例，為需求量 L^d。因此，在橫軸上，L = L'。勞動投入不可能高於此一數量，否則，某些勞動需求者，會被迫在給定的實質工資率 (w/P)' 之下，僱用超過他們想要的勞動數量。換句話說，我們假設勞動市場遵守**自願交換** (voluntary exchange) 的法則。在市場的實質工資率之下，沒有任何參與者會被迫僱用超過他們想要的勞動數量，或提供超過他們想要的勞動數量。

由圖 17.2 可以看到，給定實質工資率 (w/P)'，勞動供給量 L^s 大於勞動需求量 L^d，而後者等於勞動數量 L'。關於市場的一般假設是，在此情況下，名目工資率 w 會下降；也就是焦急的勞動供給者會降低 w 以利競爭工作機會。不過，在凱因斯模型，經由假設，至少在短期內，排除了此一反應。給定實質工資率 (w/P)'，勞動供給量超過 L' 的部分被稱為**非自願性失業** (involuntary unemployment)；其大小在圖 17.2 以帶箭頭的直線顯示。非自願性失業即是在 (w/P)' 之下，家戶願意提供的勞動數量 L^s 與真正獲得的數量 L' 之間的差距。

經濟學小舖

凱因斯與傅利曼

凱因斯為英國著名經濟學家並曾任教於劍橋大學。在1919–1923年期間的重要著作，主要與第一次世界大戰之後，德國的戰爭賠款與惡性物價膨脹有關。其不朽巨作，《就業、利息與貨幣的一般理論》(*The General Theory of Employment, Interest, and Money*) 刊行於1936年。這本書精心規劃一個新的架構，希能拯救陷於1930年代全球性蕭條的經濟。他的模型雖未解釋經濟大蕭條的起因，但主張市場經濟的特質之一是，通常會有持續性的低總產出及持續性的高失業率。他主張這些疲弱的總體現象，可以透過積極的財政政策來改善。確切地說，在衰退時，可以增加政府支出跟減稅。

雖然凱因斯也討論過貨幣政策，不過，他在《一般理論》中並未強調貨幣性衝擊是景氣波動的成因，而且他也不認為貨幣政策可用來作為對抗衰退的工具。相較之下，特別是自1980年代以後，新凱因斯經濟學家主張以積極的貨幣政策作為主要的反景氣循環政策。

不論《一般理論》中的凱因斯模型其優點為何，不容否認的是它在智識上的影響。《一般理論》基本上確立總體經濟學作為經濟學的一個次領域的地位。尤有甚者，**凱因斯經濟學** (*Keynesian Economics*) 是經濟學文獻上最被廣泛使用的詞彙之一。該詞指的是政府在總體經濟層面的介入，有助於改善運作欠佳的市場經濟其表現的模型。凱因斯學派的模型，通常或至少隱含地假設，就個體經濟決策而言，如工作多久、消費多少，以及要購買或生產多少…等等，民間市場是可信賴的。在這些模型，市場失靈主要涉及總體層面，如實質GDP與整體就業。因此，所謂政府的介入，並不是個體經濟層次的，像管制個別商品的價格，或對廠商與家戶的詳細規定，而是總體經濟政策。

我們在本章及之前章節中曾討論傅利曼(Milton Friedman)這位經濟學家的研究成果，他是二十世紀唯一一位在經濟政策的影響上，足以跟凱因斯相抗衡的經濟學家。傅利曼的主要貢獻出現於他在芝加哥大學的年代；他被視為芝加哥派的領袖之一。跟凱因斯不同的是，傅利曼認為1929–1933年的大蕭條，應歸咎於政府失靈，特別是聯邦準備的貨幣政策。聯邦準備並未對銀行失靈，及因此而造成的貨幣總計數與一般物價水準的大幅下挫，給予足夠積極的回應。此一觀點見諸於Friedman and Schwartz (1963)所著《貨幣史》一書。對於這些事件的解釋，讓傅利曼堅定支持小型政府，而且他以聯邦準備無力阻止物價緊縮來論說貨幣性法則的好處。

即使在今天，經濟學家對於大蕭條的成因仍沒有完全的共識。不過，一般都同意貨幣性崩潰是整個事件的核心(這是凱因斯所忽略的)。很多經濟學家認為貨幣總計數的下降特別重要，因為隨之而來的金融部門情勢惡化，會造成信用崩潰以及破產的急速增加。前任聯邦準備主席Ben Bernanke在其早期的研究(Bernanke, 1983)強調，信用管道在解釋大蕭條的規模與持續期間的重要性。

圖 17.3　貨幣性擴張在名目工資率具僵固性的凱因斯模型的影響

在凱因斯模型，名目工資率 w 固定在大於其市場結清值 w* 之上。因此，在縱軸，實質工資率 (w/P)' 大於市場結清值 (w/P)*。在橫軸，勞動投入 L' 等於在 (w/P)' 下的勞動需求量。貨幣性擴張會提高物價水準，因此讓實質工資率下降到 (w/P)"。同時，勞動投入也會增加到 L"，即在 (w/P)" 下的勞動需求量。因此，充分的貨幣性擴張會讓 L 提高到其市場結清值 L*。

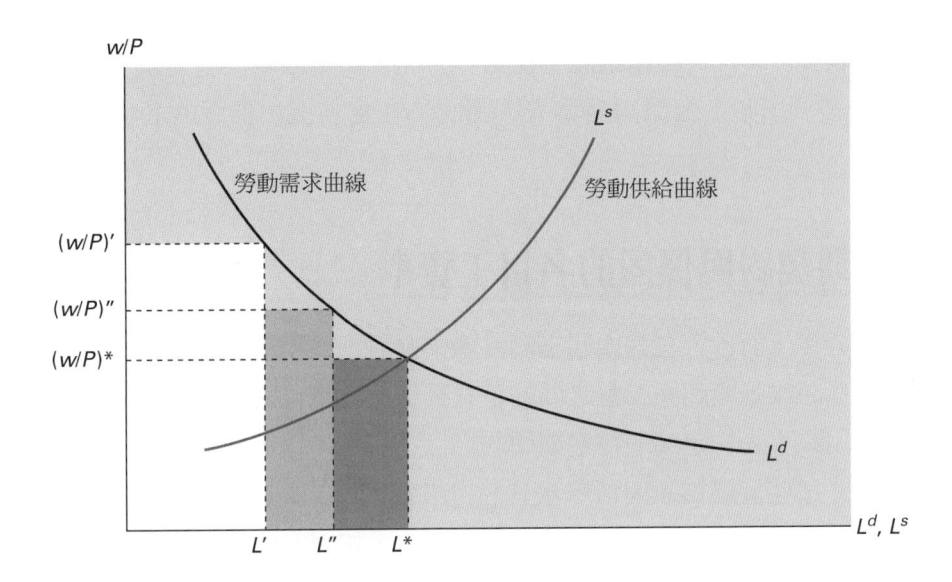

　　假設現在貨幣性擴張讓物價水準 P 提高。如果名目工資率 w 沒有變動，則 P 的上升會讓實質工資率 w/P 下降。如圖 17.3 所示，我們假設 P 的上升讓縱軸所表示的實質工資率，由 (w/P)' 下降到 (w/P)"。w/P 的下降讓勞動需求量 L^d 增加，並且讓橫軸所表示的勞動投入由 L' 增加到 L"。因此，在名目工資率僵固的模型，貨幣性擴張會提高勞動投入 L。經由生產函數，此一 L 的提高會讓實質 GDP (Y) 增加。

　　只要名目工資率 (w) 是固定的，則貨幣性擴張就會經由圖 17.3 的機制，降低實質工資率 (w/P)，並提高勞動投入 (L)。此一過程可以一直持續到 w/P 下滑到市場結清值，(w/P)*，為止。屆時，L 達到市場結清水準，L*。[7]

　　由圖 17.3 可以看到，經由降低實質工資率 (w/P)，貨幣擴張會提高勞動投入 (L) 與實質 GDP (Y)。凱因斯模型與新凱因斯模型一樣，都預測名目貨幣 (M) 與勞動 (L) 都是順循環的。不過，跟新凱因斯模型不同的是，凱因斯模型預測 w/P 會是逆循環的。亦即當 L 與 Y 的水準高時，w/P 的水準低；而當 L 與 Y 的水準低時，w/P 的水準高。我們曾強調過 w/P 通常是順循環的，因此，凱因斯模型無法解釋 w/P

---

[7] 當 w 仍固定時，進一步的貨幣性擴張會讓 w/P 下滑到 (w/P)* 之下。在此情況下，勞動需求量 L^d 會大於勞動供給量 L^s。根據自願交換的原理，此時的勞動投入 (L) 會等於勞動供給量 L^s，同時小於 L*。因此，在凱因斯模型，太多的貨幣性擴張反而會有不利的後果。

的循環特徵。就此一層面而言，此一模型跟第 16 章所介紹的價格錯誤認知模型有相同的缺點。

凱因斯自己也承認他的模型對實質工資率 (w/P) 的循環表現的預測會有困難。不過，他並未對此一問題提出令人信服的解答。本章早先所介紹的新凱因斯模型的主要動機的一，就是要消除對 w/P 所做的違反事實的預測；亦即如表 17.1 所示，在新凱因斯模型，w/P 是順循環的。在另一方面，新凱因斯模型倚仗僵固的名目價格，但很多經濟學家，像凱因斯本人，都認為在實務上，僵固的名目工資比較重要。

長期契約與僵固的名目工資率

就大部分勞工而言，在其與雇主的協議中會訂出一年或多年的名目工資率。這些協議，有些時候是廠商與工會之間的正式契約；更常見的是，廠商與勞工之間的隱性契約，用來事先約定某一特定期間的名目工資率，這期間通常是一個會計年度或一個曆年。這些協議為凱因斯學派其名目工資率 (w) 僵固的假設提供了辯護。此一契約研究法，也用於解釋為什麼某些名目價格，如固定的供應商售予企業的中間財的價格，是僵固的。

還有很多好理由可解釋為什麼交易雙方會事先訂明工資率或價格。事先訂定工資率與價格，可以避免買賣的任一方在**事後**提出「不合理」("unreasonable") 的要求；也就是說，工資與價格的協議可以減輕經濟學家所謂的「挾持問題」("hold-up problem")。例如，如果沒有契約的話，雇主可能在員工為工作搬家而付出很大的成本之後，降低名目工資率。同樣地，供應商可能會在營建工程延誤會有很高的成本時，抬高其原料價格。所以，事先談定的工資率或價格可以避免類似的問題發生。

假設勞資雙方協商出固定的名目工資率 (w)。[8] 一個自然的選擇是，假設 w 等於下一年度會結清市場的名目工資率 w^* 平均水準的最佳估計值。雖然所選定的 w 是對 w^* 的理性預期，但仍可能會有未意料到的事件造成預期上的錯誤。例如，如果物價膨脹率 (π) 出乎意料地高，則下一年度的平均物價水準就會高於預期。如果經濟體系中沒有其他的變動，則結清市場的名目工資率 w^* 會隨 P 增加以維持結清市

---

[8] 契約研究法激發事先訂定實質工資率(w/P)，而非名目工資率(w)。不過，在先進經濟體大部分的勞動協議沒有明確地「指數化」("indexed")；亦即不包括名目工資率隨物價水準(P)變動自動調整的內容。很顯然地，勞資雙方發現，即使未來的物價水準是不確定的，用標準的名目計價單位 (如歐元) 來簽訂協議內容有其便利之處。

場的實質工資率 $(w/P)^*$。如此一來，事先約定的名目工資率 w 就會低於這一年的平均 w^*。相反地，如果 π 出乎意料地低時，則固定的 w 會大於這一年的平均 w^*。

當契約到期時，勞資雙方會協商出下一年度的新的名目工資率 w。新的 w 會考慮在過去這一年所發生的事件，包括物價膨脹率 (π)。因此，如果預期是理性的，則過去在約定 w 時所犯的錯誤 (例如，低估物價膨脹率)，就不至於在下一年再度發生。理性預期也意味著 w 偏離 w^* 的程度，不會系統性地大於零或小於零。因此，契約研究法並不支持凱因斯學派所強調的 w 大於 w^* 的情況；在契約研究法的場景中，w 大於 w^* 與 w 小於 w^*，約各占一半的時間。

在任一時點上，經濟體系中會存在各類型的勞動契約；每一個都明訂名目工資率 w，且可能偏離市場結清值 w^*。在某些協議，w 會大於 w^*；在其他的協議，則是 w 小於 w^*。不過，總合衝擊會造成經濟體系的 w 的平均值與 w^* 之間的落差。例如，未預料到的低物價膨脹會讓經濟體系的 w 全面高於 w^*。一些總體經濟學家利用此一結果解釋為什麼貨幣性緊縮會降低就業與產出。也就是說，契約研究法被用來填補凱因斯模型中的一個缺口，亦即解釋為什麼在面臨貨幣性緊縮時，名目工資率 (w) 會是僵固的。

不幸的是，契約研究法此一運用會遭遇邏輯上的困難。只有在名目工資率 (w) 設定得太高且自願交易的原則應用於決定勞動數量 (L) 時，才會有凱因斯學派的結果。例如，假設 w 與 w/P 都太高了，讓勞動供給量 L^s 大於勞動需求量 L^d。在此一情況下，自願交易原則讓 L 等於勞動需求量。此一方法僅在不具人格的市場才說得通。不過，此一概念通常不適用於長期契約，而長期契約是僵固的名目工資率的基本原因。

不論是在顯性或隱性契約下所產生的持續關係中，交易的雙方並不需要隨時變動價格或工資率以得到「正確的」("right") 數量。例如，勞工會事先同意當有更多的工作要做時 (即當廠商產品的市場需求比較高時) 會工作久些，而當工作量少時，會少做一些。跟不具人格的拍賣市場不同的是，即使工資率沒有逐日調整，此一勞動與產出的有效率調整仍然會發生。[9] 重點是，根據勞動契約的內容，僵固的名目工資率不必然會造成勞動投入與產出的錯誤決策。

考慮一個具體的例子，假設物價膨脹有時會低於預期，有時則高於預期。理性的廠商與勞工知道，物價膨脹 (如果經濟體系沒有伴隨發生任何實質變動)，並不會影響勞動投入與產出的效率水準。因此，接受一個將勞動投入與產出水準的選擇

---

[9] 不過，就勞動投入的大幅短期的增加而言，契約通常會規定加班溢酬或其他紅利。

隔離於物價膨脹率之外的契約,是合理的。在經過多年之後,未預料到的物價膨脹對實質工資率的影響,平均下來會互相抵銷之下,簽訂契約的雙方都會因此一契約而受益。不過,在一個物價膨脹率高且不可預料的經濟環境下,廠商與勞工會希望將名目工資率依物價水準指數化,或增加重啟契約談判的頻率。

數字會說話

契約研究法的實證證據

很多實證研究提供契約研究法的總體經濟意涵的相關證據。Shaghil Ahmed (1987) 用加拿大境內 19 個產業在 1961–1974 年期間的資料。他用這組資料的原因是,David Card (1980) 在更早的研究中,計算出每個產業的勞動契約指數化 (indexation) 的程度。指數化是指名目工資率隨物價水準的自動調整。Card 發現指數化程度由 0 到接近 100%。根據以勞動契約作為凱因斯模型的基礎的理論,指數化程度愈低的產業,其實質工資率、就業及產出對名目衝擊的反應會愈顯著;而指數化程度較高的產業,則較不受名目干擾的影響。

Ahmed 發現,在 19 個產業中,大部分的工時對貨幣性衝擊都有正向反應。不過,各產業對於貨幣性衝擊的反應,跟其指數化的程度並沒有關係。那些指數化程度高的產業對貨幣性衝擊的反應,跟指數化程度低的產業,非常類似。此一發現重傷了以長期契約作為凱因斯僵固工資模型的基礎的理論。

Giovanni Olivei and Silvana Tenreyro (2007) 的研究認為,契約研究法可能對了解貨幣政策的實質影響很重要。首先,他們觀察到大部分的廠商,在訂定工資率後,會一直維持到曆年終了時;任何的變動會等到下一年的元月才會生效。以契約分析法來看,此一調整時機意味著,在接近曆年結束時,才發生的貨幣性干擾,會在短短的幾個月內,因為工資率的年度調整而失效。相較之下,在曆年初期所發生的貨幣性干擾,其影響有時會持續 12 個月,直到下一次的調整發生時,才會失效。

利用此一概念性的架構,Olivei and Tenreyro 研究實質 GDP 對貨幣性衝擊的反應,是否會因衝擊發生的季節不同而有所不同。他們是以聯邦資金利率 (其為包括商業銀行等金融機構的聯邦資金市場其隔夜名目利率) 的不尋常走勢來衡量貨幣性衝擊。所謂的不尋常走勢是指無法用先前實質 GDP、GDP 平減指數與商品價格來加以解釋的走勢。他們主要的發現是,在 1966–2002 年期間,只有在聯邦資金利率衝擊發生於第一季或第二季時,實質 GDP 才會有明顯的反應。利率下降 0.25% 時,會讓其後兩年的實質 GDP 增加 0.2%。不過,如果聯邦資金利率的衝擊發生於第三季或第四季,則實質 GDP 的反應會比較小。在此情況下,聯邦資金利率下降 0.25%,只能讓其後兩年的實質 GDP 增加不到 0.1%。Olivei and Tenreyro 認為,此一反應上的差異是因為名目工資率在曆年之內是比較僵固的,但在跨年時,是比較有彈性的。

契約研究法的一個重要啟示是，名目工資率 (w) 的僵固性，不必然導致凱因斯模型中的失業與產能閒置。在長期協議中，w 並不一定總是往讓經濟體系內的勞動 (L) 趨向市場結清水準的方向調整。因此，契約研究法不僅沒支持凱因斯學派的觀點，反而說明我們所觀察到的名目工資率的僵固性，可能對總體經濟體系的運作沒有多大的影響。同樣地，如果我們嘗試不從菜單成本，而是以契約協議 (如生產者與其供應商的協議) 來解釋新凱因斯模型的物價僵固性時，此一推論也適用。

總結

在第 16 章，我們聚焦在價格的錯誤認知，以討論貨幣的非中立性。在本章，我們討論貨幣非中立性的另一個來源，即名目價格與工資率的僵固性。此一僵固性反映變動價格與工資的成本。

新凱因斯模型以商品價格的僵固性為其特色。在不完全競爭的設定下，個別廠商將其生產的名目邊際成本加成後作為其產品的售價。如果價格在短期內固定，則廠商在某個範圍內，會以勞動投入與產出的增加來滿足需求的擴張。因此，貨幣性擴張會增加整個經濟體系的勞動需求量。勞動需求的增加會提高實質工資率，且如果勞動供給曲線為正斜率的話，則勞動投入量也會提高。勞動的擴張帶來實質 GDP 的增加。因此，此一模型預測名目貨幣、勞動與實質工資率都是順循環的。實質工資率是順循環的預測，不僅跟資料一致，而且讓此一模型與價格錯誤認知模型有所區分。不過，新凱因斯模型也有一個與事實相反的預測，那就是勞動的平均產出是逆循環的；但勞動窖藏的概念有助於消弭此一錯誤。

老式的凱因斯模型強調名目工資率的僵固性。如果名目工資率太高的話，勞動供給量會超過需求量。由於就業量等於需求量，所以它跟供給量的差距就等於非自願性失業的數量。在此情況下，貨幣性擴張會降低實質工資率，從而提高勞動需求量及就業水準。不過，此一模型預測實質工資率是逆循環的，這與事實不符。

習題

A. 複習題

1. 說明在新凱因斯模型，名目貨幣數量 M 的增加，如何讓名目利率 i 降低？為何此一效果不會在市場結清模型中出現？
2. 何謂非自願性失業？

B. 討論題

3. 僵固工資模型

    僵固名目工資率模型與新凱因斯模型有什麼不同？這兩種模型的相對優勢為何？為什麼凱因斯強調的是僵固名目工資，而不是僵固物價水準？

4. 新凱因斯模型中的財富認知

    假設一項研究發現，我們都比我們想像的來得富有。如果我們都相信此一發現，則新凱因斯模型對實質 GDP (Y) 及勞動 L 的變動有何預測？我們最後是否真的變得「更富有」？將這些預測跟均衡景氣循環的預測相對照。

5. 節儉的矛盾

    假設家戶變得更為節儉，也就是家戶決定提高當期儲蓄且降低當期消費者需求。

    a. 在新凱因斯模型，實質 GDP (Y) 與勞動 L 會有什麼變動？

    b. 儲蓄量會有什麼變動？如果是減少的話，就出現**節儉的矛盾** (paradox of thrift)。

    c. 在均衡景氣循環模型，會不會發生節儉的矛盾呢？

6. 新凱因斯模型

    a. 新凱因斯模型與均衡景氣循環模型的主要差異為何？

    b. 在新凱因斯模型，名目貨幣數量 M 的變動會不會有實質影響？在此一模型，生產者之間的不完全競爭，是否足以產生貨幣的非中立性？

    c. 新凱因斯模型如何說明僵固的物價？

    d. 新凱因斯模型對於實質工資率與勞動平均產出的循環表現有何預測？這些預測是否與資料所呈現的一致？

    e. 在新凱因斯模型，貨幣供給衝擊是否是唯一有實質影響的衝擊？在此一模型，有無其他的衝擊會造成實質影響？

    f. 新凱因斯模型與均衡景氣循環模型的相對優勢為何？

7. 凱因斯學派乘數

    說明為什麼在新凱因斯模型，會有乘數效果。乘數效果的大小，會受到下列事項如何影響：

    a. 物價水準 P 的調整？

    b. 加成率超過 1 的程度？

    c. 名目貨幣需求量 M^d 對實質 GDP (Y) 的反應？

    均衡景氣循環模型會不會有乘數效果？

第 7 篇　國際總體經濟學

第 18 章　商品與信用的世界市場

第 19 章　匯率

第 18 章

商品與信用的世界市場

到現在為止,我們的分析一直侷限於單一且封閉的經濟體系。因此,忽略了在國際市場中,國與國之間的互動。很多總體經濟學家,特別是美國的,都聚焦在封閉體系的架構。理由之一是美國經濟體系是全世界最大的,且在整個世界經濟體系中占有很高的比率。如果我們忽略與火星之間的貿易,那麼世界經濟體系是一個封閉的經濟體系。另一個忽略世界市場的理由是,有各種不同的限制,阻礙了商品與信用在國與國之間流通,特別是在 1950 年代與 1960 年代。此外,對美國而言,國際貿易占國內生產毛額 (GDP) 的份額也不大。

在過去五十年,稱為**全球化** (globalization) 的國際市場開放,讓忽略世界其他各國的處理方法,愈來愈令人難以滿意,就算是美國也是如此。美國進口總值占 GDP 的百分比,由 1960 年的 4.2% 上升到 2013 年的 16.5%,而同期間的出口總值占 GDP 的百分比也由 5% 上升到 13.5%。同時,自 1980 年代中期到 2013 年,美國向外國人借了大量借款。

為研究國際貿易,我們必須擴展我們的模型到包括很多國家的世界經濟體系。我們以本國的觀點進行分析。為簡化起見,我們將世界其他各國視為一個單一的實體,稱之為**外國** (不過,即使考慮很多個外國,也不會影響我們的主要結果)。本國居民自外國購買商品與服務 (進口),且將商品或服務售予外國人 (出口)。本國居民也可向外國人借入或貸放資金。

有些時候,我們假設本國對世界其他各國的均衡沒有影響力。如果本國只是世界經濟體系的一小部分,則這個假設是合理的。而歐盟與美國是介於小型開放經濟體系與封閉的世界經濟體系之間的經濟體;亦即,她們大到足以對世界市場的均衡產生顯著的影響。

我們先從一些不切實際的假設開始,不過稍後我們會放寬這些假設。首先,假設每個國家所生產的商品是同質的。此外,假設運輸成本及國際間的貿易障礙都小到可以忽略。最後,假設所有的國家都不使用其本國貨幣,而是使用一個共同的貨幣,如美元或歐元。共同貨幣的概念是每一個國家的家戶與企業使用單一種類的貨

幣，並以該貨幣衡量所有的價格。明確地說，我們假設每個國家的居民都持有歐元，並以歐元為計價單位。

在這些假設之下，商品在所有國家的售價 (P) 都是一樣的。如果售價不一樣，則家戶會在價格最低處買進所有商品，且在價格最高處賣出所有商品，從而在均衡時，所有地方的商品交易價格，一定是相同的。這個結果是**單一價格法則** (law of one price) 的最簡單形式。這個法則的概念是，市場的運作讓所有地方的所有買方與賣方都以相同的價格，買賣相同的商品。為求簡化，我們也先忽略物價膨脹，從而物價水準 (P) 不隨時間變動。

假設本國在第 t 年的名目利率為 i_t。在不考慮物價膨脹率之下，實質利率 r_t 等於 i_t。另假設世界世界其他各國其名目利率為 i_t^f。同樣地，在不考慮世界其他各國的物價膨脹之下，國外實質利率 r_t^f 等於 i_t^f。在我們之前的分析，我們忽略借款人信譽的差異。現在，我們要更進一步忽略本國家戶與外國家戶在信譽上的差異。此外，我們假設跨國的金融交易沒有交易成本。在這些假設之下，世界信用市場，就好像一個單一市場，以單一的名目利率，非常有效率地運作。亦即：

$$i_t = i_t^f$$

本國名目利率 = 外國名目利率

且

$$r_t = r_t^f$$

本國實質利率 = 外國實質利率

不論在本國或外國，借貸雙方都面對相同的名目利率與實質利率。

國際收支餘額

跟以前一樣，本國的商品與服務的總產出為實質 GDP (Y_t)。當一個國家完全不跟世界其他各國交易時，Y_t 一定等於國內對商品與服務的實質總支出，亦即消費 (C_t)、毛投資 (I_t) 與實質政府購買 (G_t) 的總和：

封閉經濟體系：

$$Y_t = C_t + I_t + G_t$$

實質 GDP = 實質國內支出 (18.1)

想像本國一開始時是封閉的，因此滿足式 (18.1)。如果本國對世界其他各國開放，則實質 GDP (Y_t) 可能不等於實質國內支出，$C_t + I_t + G_t$。Y_t 超過 $C_t + I_t + G_t$ 的部

分會增加本國對世界其他各國的請求權；而 Y_t 小於 $C_t + I_t + G_t$ 的部分則會增加本國對世界其他各國的負債。

令 B_t^f 為本國在第 t 年年底所持有的國外資產的名目淨額。這些資產或負債可能為本國家戶或政府所持有。我們可以把這些資產想成債券，但它們也可能是資本的所有權。本國所擁有的位於世界其他各國境內的資本稱為**國外直接投資** (foreign direct investment)。

在國民所得帳，B_t^f 稱為本國的**淨國際投資部位** (net international investment position)。注意，B_t^f 是一個存量變數，與政府債券存量 B_t^g 類似。第 t 年的實質 GDP (Y_t) 超過第 t 年實質國內支出 $C_t + I_t + G_t$ 的部分，成為前一年實質淨國際投資部位 B_{t-1}^f /P 的加項；反之，則成為 B_{t-1}^f /P 的減項。

本國以其淨國際投資部位賺取資產所得。由於所有資產均以相同的實質利率計息，因此第 t 年的國外實質資產所得淨額為：[1]

$$\text{獲自國外的實質資產所得淨額} = r_{t-1} \cdot B_{t-1}^f /P \quad (18.2)$$

其中，r_{t-1} 為全世界對第 $t-1$ 年年底的資產所支付的實質利率。第 t 年國內居民的實質總所得為實質 GDP (Y_t) 與獲自國外的實質資產所得淨額 $r_{t-1} \cdot B_{t-1}^f /P$ 的和。此一總額稱為**實質國民生產毛額** (real gross national product, real GNP)：

$$\text{實質 GNP} = Y_t + r_{t-1} \cdot B_{t-1}^f /P$$
$$\text{實質 GNP} = \text{實質 GDP} + \text{獲自國外的實質資產所得淨額} \quad (18.3)$$

實質 GNP ($Y_t + r_{t-1} \cdot B_{t-1}^f /P$) 決定了本國在第 t 年的總資金來源。這些資金的用途包括對商品與服務的實質國內支出 ($C_t + I_t + G_t$)，與實質淨國際投資部位的變動，$(B_t^f - B_{t-1}^f)/P$。最後一項稱為**國外投資淨額** (net foreign investment)，代表本國對世界其他各國之請求權的淨增加。因此，一個開放經濟體系其預算限制為：[2]

> **關鍵方程式 (開放經濟體系的預算限制式)：**
> $$C_t + I_t + G_t + (B_t^f - B_{t-1}^f)/P = Y_t + r_{t-1} \cdot B_{t-1}^f /P$$
> **實質國內支出 + 國外投資淨額 = 實質 GNP** $\quad (18.4)$

---

[1] 在國民所得帳，此一項目是實質**國外要素所得淨額** (net factor income from abroad) 的一部分；亦即，$r_{t-1} \cdot B_{t-1}^f /P$ 相當於本國所擁有的國外資產淨額的實質租用所得減去折舊。國外要素所得淨額還包括勞動所得，即本國國民國外的工資所得減去外國國民在本國的工資所得。在我們的模型，我們假設所有的本國國民都在本國工作，且外國國民都在外國工作。就美國而言，國外勞動所得淨額占 GDP 的比例不大。就那些出口很多勞工到外國的國家 (像薩爾瓦多、墨西哥與土耳其) 而言，其國外勞動所得淨額占 GDP 的比例就比較大。就德國與波斯灣那些從其他國家進口很多外勞的國家而言，其國外勞動所得淨額為負值且金額較大。

[2] 我們忽略了國際間的移轉支付，如國際援助。如果本國對世界其他國家有正的移轉，則這些移轉的實質金額是資金的用途之一，會加到式 (18.4) 的左邊。

為方便以後的討論，我們可以將開放經濟體系的預算限制以另一種形式表達。如果我們將式 (18.4) 等號左邊的實質國內支出，$C_t + I_t + G_t$，移到等號的右邊，就可以得到**國際收支餘額** (balance of international payments)：

> 關鍵方程式 (國際收支餘額)：
>
> $$(B_t^f - B_{t-1}^f)/P = Y_t + r_{t-1} \cdot B_{t-1}^f /P - (C_t + I_t + G_t)$$
>
> 國外投資淨額 = 實質 GNP − 實質國內支出
>
> 國外投資淨額 = 實質經常帳餘額 (18.5)

式 (18.5) 等號的右邊是實質 GNP 與實質國內支出的差額，稱為實質**經常帳餘額** (current-account balance)。如果經常帳餘額大於零，則稱本國有**經常帳盈餘** (current-account surplus)；如果此一餘額小於零，則稱本國有**經常帳赤字** (current-account deficit)；如果此一餘額等於零，則稱本國**經常帳平衡** (balance on current account)。

式 (18.5) 說明實質經常帳餘額等於國外投資淨額。因此，如果經常帳有盈餘，則國外投資淨額大於零，且本國的淨國際投資部位會隨時間增加。相反地，如果經常帳為赤字，則國外投資淨額小於零，且本國的淨國際投資部位會隨時間降低。要注意的是，經常帳餘額與國外投資淨額都是流量；這些流量決定淨國際投資部位這個存量變數，如何隨時間變動。

我們連結國際收支餘額與進出口。出口是本國所生產的商品與服務，賣到世界其他各國的部分，而進口是本國購自世界其他各國所生產的商品與服務。出口與進口的差額，或出口淨額，稱為**貿易餘額** (trade balance)。[3] 貿易餘額等於本國所生產的商品與服務，即實質 GDP (Y_t)，減去對國內商品與服務的實質總支出 ($C_t + I_t + G_t$)。如果 Y_t 大於 $C_t + I_t + G_t$，即本國所生產的商品與服務超過本國的購買，則其差額會以出口淨額的方式賣到世界其他各國。同樣地，如果 Y_t 小於 $C_t + I_t + G_t$，即本國所購買的商品與服務超過本國所生產的，則其差額會由來自世界其他各國的進口來滿足；此時，出口淨額小於零。因此，貿易餘額，即出口減進口，可表為：

$$貿易餘額 = Y_t - (C_t + I_t + G_t)$$

$$貿易餘額 = 實質GDP - 實質國內支出 \quad (18.6)$$

---

[3] 貿易餘額的一些定義只考慮商品的貿易。不過，實務上，就經濟而言，商品與服務之間的區分並不重要。舉例來說，就經濟而言，運輸、電腦軟體與金融諮商這些服務的出口，跟鋼鐵或小麥的出口並沒有太大的差別。

如果出口大於進口,則貿易餘額為正值,即有盈餘;如果進口大於出口,則貿易餘額為負值,即有赤字。

我們可以重新安排式 (18.5) 的各項,而用另一種方式來表示經常帳餘額:

關鍵方程式 (經常帳餘額與貿易餘額):

$$(B_t^f - B_{t-1}^f)/P = Y_t - (C_t + I_t + G_t) + r_{t-1} \cdot (B_{t-1}^f/P)$$

實質經常帳餘額 = 貿易餘額 + 獲自國外的實質資產所得淨額 (18.7)

因此,實質經常帳餘額與貿易餘額之間的差額為獲自國外的實質資產所得淨額。

假設本國經歷一段長時間的經常帳盈餘,從而在世界其他各國有正的淨國際投資部位,B_{t-1}^f/P。因此,本國獲自國外的實質資產所得 $r_{t-1} \cdot (B_{t-1}^f/P)$ 大於零。根據式 (18.7),此時,經常帳餘額大於貿易餘額。換句話說,就算本國的出口小於進口,使得貿易餘額呈現赤字,本國的經常帳仍可能是平衡的。本國可以用獲自國外的實質資產所得來支付超額的進口。

英國經常帳餘額的歷史

圖 18.1 顯示,在 1772–2014 年期間,英國的名目經常帳餘額對名目 GDP 的比值。主要的長期型態為,在第一次世界大戰之前的大多數年間有經常帳盈餘,第一次與第二次世界大戰期間則有赤字。大戰結束之後到 1985 年左右,經常帳大約維持平衡;之後,就有持續的赤字。從 1985 到 2014 年,赤字占 GDP 比率的平均值為 2.4%。

圖 18.2 的上半部顯示商品與服務的名目出口值與進口值對名目 GDP 的比值。這些比值說明國際貿易對英國經濟之重要性的演變。這些比值在拿破崙戰爭開始之後到十九世紀中葉,其平均值超過 15%;在 1850–1914 年期間,超過 30%;在兩次大戰之間 (1921–1940),只有 20% 到 26%。第二次世界大戰結束之後,出口與進口對 GDP 的比值回升到之前的水準,然後保持得相當穩定。

圖 18.2 的下半部則顯示貿易餘額,即名目出口值減去名目進口值,對 GDP 的比值。此一比值的變化足以說明圖 18.1 中的經常帳餘額對 GDP 比值的主要走勢。特別是,大量的貿易赤字可以說明第二次大戰期間及 1990 年代末期的大量經常帳赤字。

如前面所討論的,經常帳餘額決定淨國際投資部位的演變。圖 18.3 顯示美國與英國從 1966 到 2014 年,此一部位對 GDP 比值的估計值。英國的資料始自 1966

圖 18.1　英國經常帳餘額對 GDP 的比值，1772–2014

圖形顯示名目經常帳餘額對名目 GDP 的比值。經常帳餘額的資料來自英格蘭銀行的 Three Centuries of Macroeconomic Data (2015)。

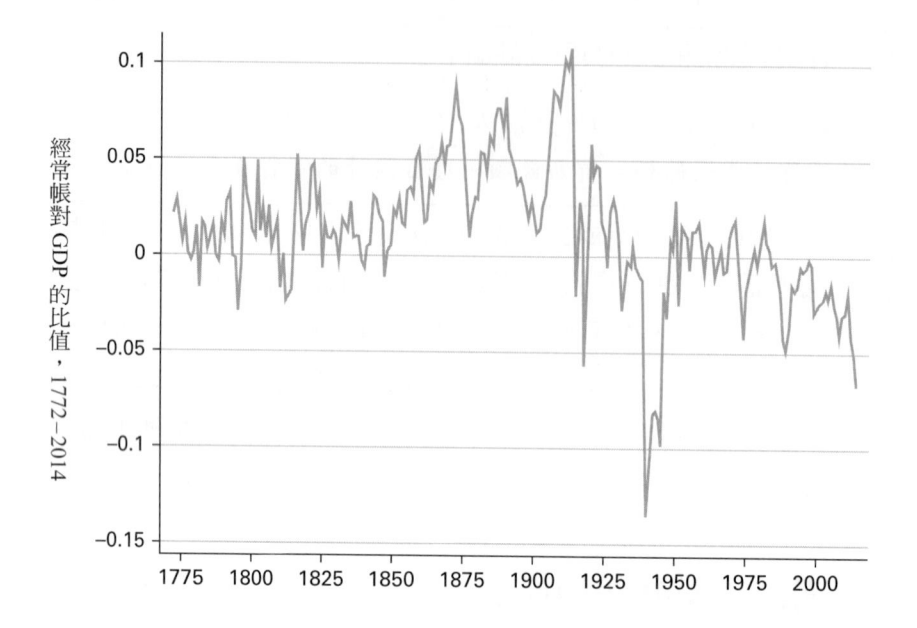

圖 18.2　英國出口與進口對 GDP 的比值，1816–2014

上方的兩條曲線分別顯示商品與服務的名目出口與進口對名目 GDP 的比值。下方的曲線顯示貿易餘額（名目出口扣除名目進口）對名目 GDP 的比值。資料來自英格蘭銀行的 Three Centuries of Macroeconomic DataData (www.bankofengland.co.uk)。

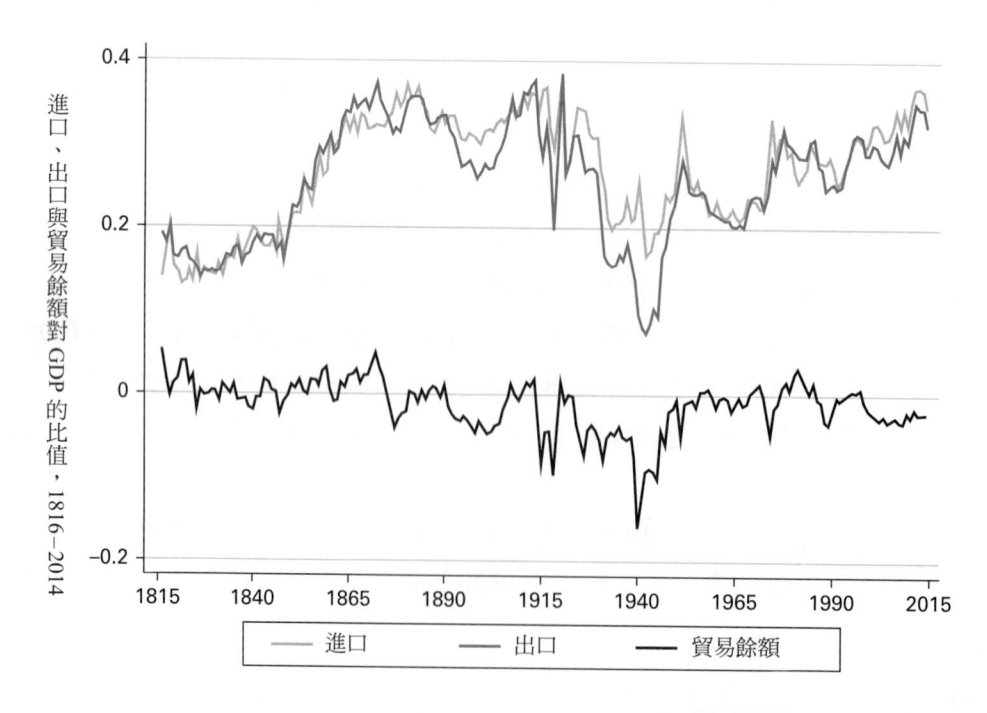

圖 18.3 美國與英國淨國際投資部位對 GDP 的比值

英國與美國的資料分別來自 Office for National Statistics 與 Bureau of Labor Statistics。兩國的淨國際投資部位的變動，反映其經常帳餘額及這兩國與外國所持有的資產與負債其美元或英鎊價格的變動。

年 (美國始自 1976 年)。這是因為淨國際投資部位的變動，不單涉及圖 18.1 中的經常帳餘額，也涉及這兩國與外國所持有的資產與負債其價格的變動。這些價格的變動又有一大部分涉及匯率的波動 (我們會在第 19 章討論)。

這兩國的走勢非常相似。美國的淨國際投資部位對 GDP 的比值在 1976 年為 4.5%，然後上升到 1980 年的高峰 10.6%，再一路下滑到 2014 年的 -40.7%。在英國，淨國際投資部位對 GDP 的比值在 1976 年為 3.2%，然後上升到 1986 年的頂點 21.1%，之後就下滑。儘管其波動受資產與負債的價格變動影響，但長期的影響主要還是來自經常帳赤字 (參閱圖 18.1)。英國的淨國際投資部位在 1990 年代滑落到負值，在 2014 年，更達到 -24.1%。

在我們的模型，來自國外的資產所得淨額為實質利率 (r) 與淨國際投資部位的乘積。因此，給定 r，當淨國際投資部位比較高時，資產的淨實質所得也會比較高；反之，亦然。

圖 18.4 顯示英國來自國外的資產所得淨額對 GDP 的比值 (不過圖中所使用的變數為來自國外的要素所得淨額，它包括金額不大的勞動所得淨額)。此一比值在 2005 年達到高峰，剛好對應圖 18.3 中淨國際投資部分對 GDP 比值的高峰。圖 18.4 中的資產所得淨額的比值從 1955 年上升到 1980 年，達到 -1%。但在 1999–2005 年期間，卻出現了一個難以理解的現象：儘管淨國際投資部分為很高的負值，但資

產所得淨額對 GDP 的比值，卻在 0% 到 2.5% 之間波動。特別是，資產所得淨額仍能每年保持為正值。另一個難以理解的現象出現在 1980 年代：儘管 1986 年的淨國際投資部分對 GDP 的比值在 20% 左右，但國外要素所得淨額對 GDP 的比值保持在 0 與 –1% 之間。技術上來說，2000 年代出現的現象的一個原因是，英國所持有的外國資產之報酬率超過外國所持有的英國資產的報酬率。不過，在 2013 年就不再出現這樣的現象；當年的國外要素所得淨額變為負值。

美國從 1987 年起也出現類似的現象。外國所持有的美國資產之報酬率較低的原因之一是，這些資產有很大的比例是低報酬的美國國庫券，且此一比例還在提高中。持有者大部分是世界其他各國的中央銀行，特別是亞洲的。相較之下，美國所持有的外國資產，主要是股票與對外國公司的直接投資；這些資產有較高的報酬。這種情況看起來對美國有利。但問題是，為什麼外國人願意在其資產組合中，持有這麼高比率的低報酬的美國債券？他們會永遠這樣做嗎？

圖 18.5 顯示英國經常帳餘額的最後一部分，即英國對外國人的移轉支付淨額對 GDP 的比值。這些移轉支付並未出現在式 (18.7) 中，其為經常帳的減項。自 1955 年以後的大部分年間，英國的對外移轉小於零，平均約為 GDP 的 –0.6%。最高值出現在 1940 年代末期，超過 GDP 的 1%，反映英國對第二次世界大戰盟國的贈與。

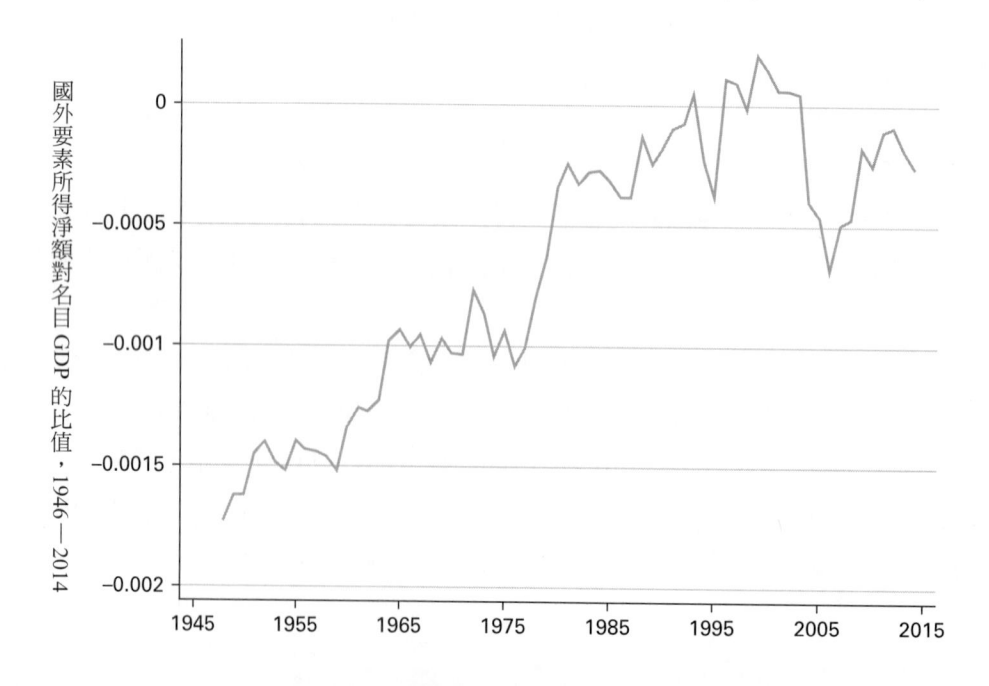

圖 18.4　英國國外要素所得淨額對 GDP 的比值，1946–2014

要素所得淨額是外國人支付給本國資本與勞動的所得扣除本國人支付給外國資本與勞動的所得。本圖顯示國外要素所得淨額對名目 GDP 的比值。資料來自 Office for National Statistics (http://www.ons.co.uk)。

圖 18.5 英國對外移轉淨額對 GDP 的比值，1946–2014

本圖顯示名目對外移轉淨額對名目 GDP 的比值。最高值出現在 1940 年代末期，反映英國對第二次世界大戰盟國的大量移轉。資料來自 the Office for National Statistics (http://www.ons.co.uk)。

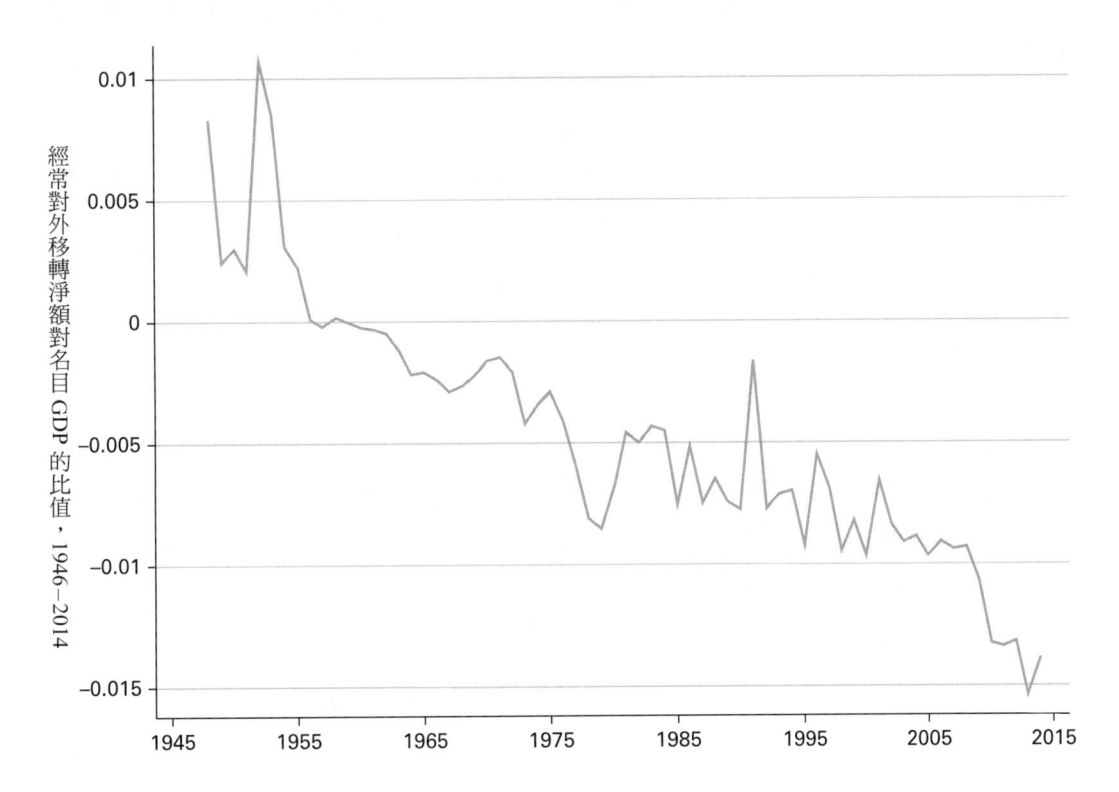

經常帳餘額的決定因素

我們考慮世界經濟體系的主要目的之一是要了解經常帳餘額的變化。我們以擴展我們的均衡景氣循環模型到開放經濟體系作為我們分析的起點。為了簡化起見，我們不考慮第 10 章所討論的變動的資本利用率 (κ)。因此，我們以資本存量 (K) 代替資本服務的投入 (κK)，從而生產函數為：

$$Y_t = A \cdot F(K, L_t) \tag{18.8}$$

一如以往，K 在短期內是固定的。

為建立比較的基準，我們先假設本國並不對世界其他各國開放。由於這個經濟體系是封閉的，所以我們可以用先前對於均衡景氣循環模型的分析來決定實質 GDP (Y_t)、消費 (C_t) 與國內毛投資 (I_t)。實質 GDP (Y_t) 必須等於商品與服務的實質總支出，如式 (18.1)：

$$Y_t = C_t + I_t + G_t \tag{18.1}$$

由於資本服務的市場結清,因此,實質租用價格 $(R/P)_t$ 等於資本邊際產出 MPK (在給定的資本存量 K 之下取值)。資本的實質報酬率等於 $(R/P)_t$ 減去折舊率 δ。此外,由於債券的實質利率 r_t 必須等於資本的實質報酬率,因此:

$$r_t = MPK - \delta$$
債券的實質利率 = 擁有資本的實質報酬率 (18.9)

如果這個封閉經濟可以加入世界的信用市場,那麼會發生什麼事呢?我們先前曾假設世界信用市場就如同一個單一市場那樣有效率地運作,因此,本國的實質利率必須等於世界其他各國的實質利率。

先假設世界的實質利率 r^f 為常數,而且剛好等於由式 (18.9) 所決定的實質利率 r_t。也就是,即使本國不對世界開放,其實質利率仍然滿足 $r_t = r^f$。在此情況下,對世界開放,並不會改變本國家戶所面對的實質利率水準。因此,消費、儲蓄、勞動供給與其他的決策都不會變動,也因此,本國的實質 GDP (Y_t)、消費 (C_t)、國內毛投資 (I_t)⋯等等,最後都會跟以前一樣。所以,式 (18.1) 中的 $Y_t = C_t + I_t + G_t$ 的條件會一直成立,從而貿易餘額會是零:

$$\text{貿易餘額} = Y_t - (C_t + I_t + G_t)$$
$$\text{貿易餘額} = 0 \tag{18.6}$$

回想一下,我們將獲自國外的實質資產所得淨額加上貿易餘額,而得到實質經常帳餘額:

$$(B_t^f - B_{t-1}^f)/P = Y_t - (C_t + I_t + G_t) + r_{t-1} \cdot (B_{t-1}^f/P)$$
實質經常帳餘額 = 貿易餘額 + 獲自國外的實質資產所得淨額 (18.7)

由於本國一開始是封閉的,因此,淨國際投資部位一開始為零,即 $B_{t-1}^f = 0$。所以,獲自國外的實質資產所得淨額為零。此外,由於貿易餘額也是零,因此,經常帳餘額亦為零。因此,雖然本國有機會在世界信用市場進行借貸,但在均衡時,這個選擇並未真的被執行。不過,此一結論完全來自我們假設本國在封閉時的實質利率 r_t 等於 r^f。

為了解世界信用市場的重要性,我們由剛剛所描述的情形開始。現在假設本國的技術水準 (A) 提高,而世界其他各國的技術水準沒有變動。A 的提高會在任一給定的資本存量 K 之下,讓本國的 MPK 提高。因此,如果本國為封閉體系,則根據式 (18.9),實質利率 r_t 會上升。如果本國是世界經濟體系中可忽略的一個部分,則

國外的實質利率 (r^f) 不會變動。因此，本國在封閉情況下的實質利率 r_t 大於 r^f。

如果本國的實質利率 (r_t) 大於國外的實質利率 (r^f)，則會發生什麼事呢？由於我們假設家戶與政府將所有資產的請求權視為一樣，所以外國人會想把所有資金貸放到本國，而本國居民則會想到國外借款。很明顯地，這個反應不會是一個均衡。為了解市場如何達成均衡，我們必須在模型中加入一些東西。

式 (18.9) 說明本國的實質利率 (r_t) 一定等於本國的資本報酬率，MPK$-\delta$。本國技術水準 (A) 的提高，會讓 MPK 增加，從而讓 r_t 提高到 r^f 之上 (因為一開始 $r_t = r^f$)。在此情況下，如果 r^f 沒有變動 (因為本國很小) 且 $r_t = r^f$ 仍然成立，則本國的資本報酬率，MPK$-\delta$，必須降回到它原來的水準。問題是，如果本國的資本存量 (K_t) 在短期內是固定的，則沒有任何方法可以讓 A 的增加不提高 MPK。

經濟學家解決這個問題的方法之一是考慮**投資的調整成本** (adjustment costs for investment)。國內投資淨額的流量 (等於毛投資，I_t，扣除折舊，δK_{t-1})，會讓資本存量 (K_t) 增加，其形式為新的工廠商與設備。企業在擴充用於生產的廠房與設備時會招致成本，即所謂的調整成本。這些成本實際上從投資的報酬率中扣除。因此，足夠大的毛投資 (I_t) 流量，會讓本國境內的投資報酬率下降到等於給定的國外實質利率 (r^f)。經由這個機制，本國技術水準的提高會讓本國從國外借入有限的資金，以融通國內大量但有限的毛投資 (I_t)。為研究對經常帳餘額的主要影響，我們不必討論分析的細節。重點是，本國 MPK 的增加會帶來大量但有限的本國毛投資流量 (I_t)。

為了解技術水準 (A) 的提高對經常帳餘額的影響，先回到以下的定義：

$$(B_t^f - B_{t-1}^f)/P = Y_t - (C_t + I_t + G_t) + r_{t-1} \cdot (B_{t-1}^f/P)$$

實質經常帳餘額 = 貿易餘額 + 獲自國外的實質資產所得淨額 (18.7)

在等號的右邊，實質資產所得淨額，$r_{t-1} \cdot (B_{t-1}^f/P)$，是給定的。例如，如果本國一開始的淨國際投資部位 (B_{t-1}^f/P) 為零，則實質資產所得淨額亦為零。實質政府購買 (G_t) 也是給定的。A 提高之後，MPK 也會提高，從而國內毛投資 (I_t) 會增加。此一變動讓經常帳餘額降低，亦即讓它變成赤字。現在問題是，實質 GDP 與消費之間的差異，即 $Y_t - C_t$，會有什麼變動？

我們知道技術水準 (A) 的提高，會增加實質 GDP (Y_t)。此一變動，部分反映 A 對生產函數的直接影響，部分是勞動投入 (L_t) 增加所帶來的影響。此外，由第 8 章可知，C_t 的反應決定於所得影響的強度。如果 A 的變動是恆久的，則 C_t 增加的幅度大約等於 Y_t 的增加幅度，使得 $Y_t - C_t$ 沒有任何變動。在此情況下，由式 (18.7) 可知，I_t 的增加會讓整個經常帳餘額降低。

我們也可以經由考慮實質國民儲蓄來了解這個結果。本國實質總所得為實質 GNP，$Y_t + r_{t-1} \cdot (B_{t-1}^f/P)$，減去資本折舊，$\delta K_{t-1}$；亦即實質所得等於實質國民生產淨額。實質國民儲蓄等於實質 NNP 減去實質消費支出與政府購買，$C_t + G_t$：

$$實質國民儲蓄 = Y_t + r_{t-1} \cdot (B_{t-1}^f/P) - \delta K_{t-1} - (C_t + G_t)$$
$$實質國民儲蓄 = 實質NNP - 實質消費支出與政府購買 \qquad (18.10)$$

重新排列式 (18.7) 等號右邊的各項，可以得到經常帳餘額為：

$$(B_t^f - B_{t-1}^f)/P = Y_t + r_{t-1} \cdot (B_{t-1}^f/P) - (C_t + G_t) - I_t$$

在等號右邊加跟減折舊 δK_{t-1}，再根據式 (18.10)，可以得到經常帳餘額的另一種表達方式：

關鍵方程式 (經常帳餘額、儲蓄與投資)：

$$(B_t^f - B_{t-1}^f)/P = Y_t + r_{t-1} \cdot (B_{t-1}^f/P) - \delta K_{t-1} - (C_t + G_t) - (I_t - \delta K_{t-1})$$
$$實質經常帳餘額 = 實質國民儲蓄 - 國內投資淨額 \qquad (18.11)$$

因此，實質國民儲蓄與國內投資淨額之間的差就等於實質經常帳餘額。

如果技術水準 (A) 的增加是恆久的，則實質 GDP (Y_t) 與消費 (C_t) 同幅增加。因此，式 (18.10) 中的實質國民儲蓄不會變動，從而，根據式 (18.11)，國內投資淨額 $I_t - \delta K_{t-1}$ 的增加，會導致實質經常帳餘額的下降。

總結來說，當本國對世界信用市場開放之後，會有以下的結果：

- 如果本國在封閉時的實質利率 (r_t) 比世界利率 (r^f) 來得高，則開放本國加入世界信用市場會造成經常帳赤字。本國會從世界其他各國借入資金以融通較高的國內投資淨額，$I_t - \delta K_{t-1}$。
- 如果本國在封閉時的實質利率 (r_t) 比世界利率 (r^f) 來得低，則開放的結果剛好相反。本國將會有經常帳盈餘，即本國會將資金貸放給世界其他各國，並降低國內投資淨額，$I_t - \delta K_{t-1}$。
- 最後一個可能，也就是我們一開始就考慮的，亦即本國在封閉時的實質利率 (r_t) 剛好等於世界利率 (r^f)。在此情況下，經常帳正好平衡，開放經濟並不會影響 $I_t - \delta K_{t-1}$。

這些結果可能讓人驚訝，因為常見的看法是經常帳赤字是經濟狀況不佳的徵兆。看待經常帳餘額的一個比較好的方法是，根據式 (18.11)，它等於實質國民儲蓄與國內投資淨額的差。因此，給定實質國民儲蓄，較高的國內投資淨額 (通常視為是好事) 會伴隨較低的經常帳餘額，可能是赤字。另一方面，給定國內投資淨額，較高

的國民儲蓄(通常這也被視為是好事)，會伴隨較高的經常帳餘額，可能是盈餘。更一般性地說，經常帳赤字不必然是壞事，且經常帳盈餘也不必然是好事。如我們在本章後面所說明的，我們需要更多關於整個經濟體系的狀況的資訊，才能下類似的判斷。

經濟波動

在本節中，我們將用開放經濟版本的均衡景氣循環模型，來預測經常帳餘額會如何隨經濟的波動而變動。我們假設本國加入世界信用市場，而且小到對世界市場的實質利率 (r^f) 沒有影響力。我們將 r^f 視為一個常數，同時也假設本國經濟波動來自對技術水準 (A) 的衝擊。根據第 9 章與第 10 章所分析的均衡景氣循環模型，我們假設對 A 的衝擊雖非恆久但可持續一段時間。

回想一下，實質經常帳餘額為

$$(B_t^f - B_{t-1}^f)/P = Y_t + r_{t-1} \cdot (B_{t-1}^f/P) - \delta K_{t-1} - (C_t + G_t) - (I_t - \delta K_{t-1})$$

實質經常帳餘額 = 實質國民儲蓄 − 國內投資淨額 (18.11)

我們知道 A 的提高會讓國內投資淨額，$I_t - \delta K_{t-1}$，增加。此外，由於 A 的提高並不是恆久的，所以消費 (C_t) 雖然也會增加，但幅度小於實質 GDP (Y_t) 的增加。因此，實質國民儲蓄會增加。式 (18.11) 中的實質經常帳餘額的增減，決定於 $I_t - \delta K_{t-1}$ 的增加幅度高於或低於實質國民儲蓄的。一般而言，對實質經常帳餘額的整體影響是不明確的。不過，一般對均衡景氣循環模型的實證結果顯示，國內投資淨額，$I_t - \delta K_{t-1}$，對資本報酬率 $MPK - \delta$ 的變動是很敏感的。因此，國內投資淨額的增加會比實質國民儲蓄的增加來得多，從而實質經常帳餘額會減少。因此，**均衡景氣循環模型預測實質經常帳餘額會是逆循環的；亦即在繁榮時較低，而在衰退時較高**。

為了檢驗這個預測，圖 18.6 用英國的資料來比較經常帳餘額對 GDP 比值的循環表現與實質 GDP 的循環表現。經常帳餘額對 GDP 的比值是弱逆循環的，其與實質 GDP 循環部分的相關係數，在 1955–2014 年期間是 −0.32。因此，如模型所預測的，經常帳餘額在繁榮時往赤字移動，在衰退時則往盈餘移動。

舉例來說，考慮 1980 年代末期的繁榮。在 1987–1990 年期間，實質 GDP 上升到趨勢之上 (圖 18.6 中的深色線)；在同一期間，經常帳赤字擴大了 (如圖中的淺色線)。以式 (18.11) 的觀點而言，國內投資淨額 $I_t - \delta K_{t-1}$ 的增加，在這段期間超過實質國民儲蓄的增加。超額的投資淨額，是由世界信用市場所借入的資金來融通，這反映在經常帳赤字的擴大。這個結果是經常帳赤字反映經濟狀況良好的一個例子，因為國內投資飆高。

圖 18.6　英國實質 GDP 與經常帳餘額的循環表現

深色曲線顯示實質 GDP 偏離其趨勢的百分比。淺色曲線顯示名目經常帳餘額對名目 GDP 的比值偏離其趨勢的百分比。GDP 與經常帳餘額的資料均為季資料且經季節性調整。經常帳餘額對 GDP 的比值是弱逆循環的,;亦即其波動的方向與實質 GDP 的相反。

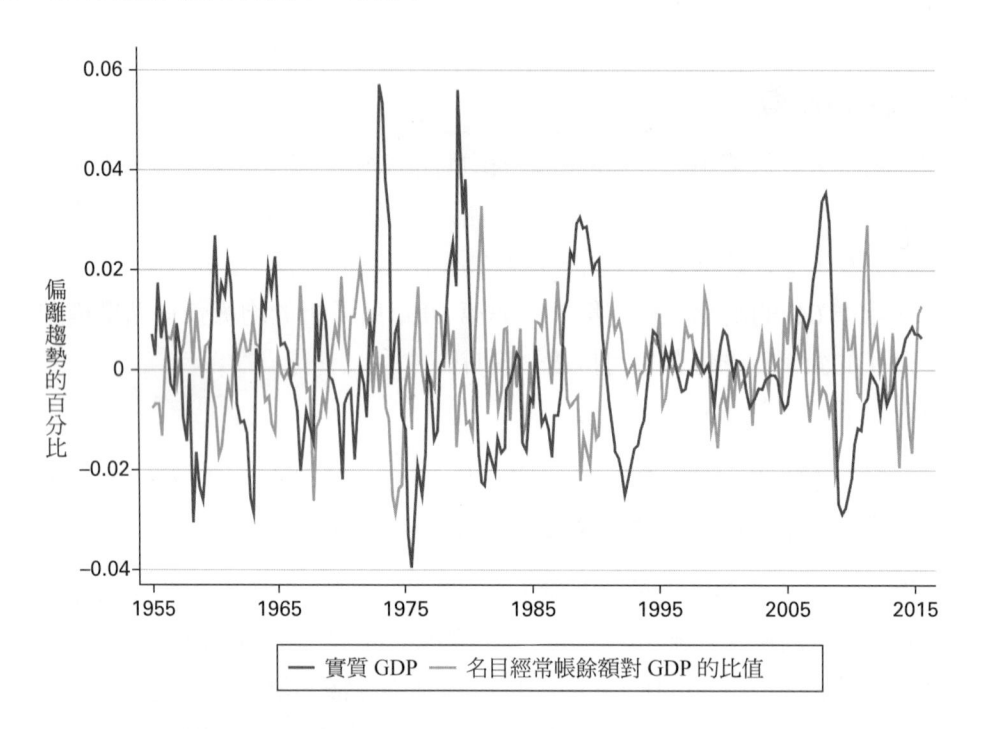

農產歉收、政府購買與開發中國家

在討論經濟波動時,我們預測經常帳餘額在繁榮時通常會往赤字移動,在衰退時則往盈餘移動。不過,我們不應就此斷言,經常帳餘額永遠是在經濟表現好時往赤字移動,而在經濟表現差時往盈餘移動。

為說明此點,考慮農產歉收的情況,它導致本國實質 GDP (Y_t) 下降。如果農產歉收是暫時的,例如只有今年的穀物歉收,則所得效果弱,從而消費 (C_t) 的變動小。因此,$Y_t - C_t$ 就會大幅減少,而讓本國的實質國民儲蓄的減少幅度幾乎跟 Y_t 的一樣。此外,雖然農產歉收意味著今年的實質 GDP 比較少,不過,對 MPK 的衝擊並不大,從而國內投資淨額,$I_t - \delta K_{t-1}$,不會有太大的變動。因此,根據式 (18.11),我們預測農產歉收會導致經常帳赤字。本國必須從國外借入資金來維持大致上不變的消費,C_t,與國內投資淨額,$I_t - \delta K_{t-1}$。在此情況下,經常帳赤字是經濟狀況不佳的徵兆。

我們也可用式 (18.11) 來評估實質政府購買 (G_t) 的變動,對經常帳餘額的影

響。由第 13 章與第 14 章可知，本國的 G_t 恆久性的增加，會讓本國的消費 C_t，大約成一對一的減少，從而實質國民儲蓄不會變動，我們也因此預測對經常帳餘額沒有任何影響。

相較之下，如果本國政府購買 (G_t) 暫時性地增加，就像戰爭時期，則消費 C_t 的減少會比較小，從而實質國民儲蓄會減少，進而根據式 (18.11) 可知，經常帳餘額會向赤字移動。換句話說，如果本國的 G_t 暫時性地提高 (可能由於參戰)，則大部分的購買就必須以借自外國人的資金來融通。再一次，經常帳赤字是經濟狀況不佳的徵兆。

此一關於戰爭時期政府購買之影響的預測，只有在世界的實質利率 (r^f) 能夠保持固定時，才會成立。如果所有國家同時涉入一場世界大戰，每一個國家都暫時性地提高 G_t，則所有的參戰國都沒辦法自國外借入資金，因為沒有任何一個國家不參戰。此時，其影響就如同第 13 章對封閉體系的分析一樣：給定實質 GDP (Y_t)，C_t 與 I_t 都會減少，以提供 G_t 暫時性提高的空間。投資淨額的下降，意味著隨時間的過去，每個國家的資本存量都會小於其原本可有的水準。因此，每個國家的 MPK 都會提高，且世界信用市場的實質利率水準 (r^f) 也會隨著時間上升。

最後，我們也可以對經常帳餘額跟一國的長期成長潛能之間的關聯，做一些預測。假設本國是一個發展中國家，有低資本存量 K_{t-1} 與高 MPK。如果本國有取得現代科技的良好管道，有相當健全的司法及其他制度，同時也有豐沛且具生產力的勞動供給，則就會有高 MPK。高 MPK 意味著該國的國內投資淨額，$I_t - \delta K_{t-1}$，會很高。如果該國的信用評等良好，則可以在世界信用市場中，以 r^f 的實質利率水準，獲得大筆貸款，以融通其大量的國內投資，而創造高經濟成長。相反地，如果本國不具備上述的良好條件，則我們預測本國會有偏低的國內投資淨額，$I_t - \delta K_{t-1}$，及經常帳盈餘。在這些情況下，經常帳赤字反而是高成長潛能的徵兆，而經常帳餘額卻是經濟前景不佳的徵候。

國際借貸的例子

我們可以藉由考慮實證上不同國家的例子來檢視我們對經常帳餘額的預測。就農產歉收而言，一項針對 1931–1985 年期間，澳洲小麥收成的研究，可以支持我們的分析。當小麥歉收時，澳洲的實質 GDP 會下降，但對世界其他各國及對澳洲的國內投資淨額的影響非常小。因此，一如我們的預測，農產歉收讓澳洲的經常帳赤字增加。收成不佳讓澳洲人向外國人借錢以維持其消費水準。

同樣的分析也適用於波蘭在 1978–1981 年期間，嚴重的農產歉收。為因應實

質 GDP 暫時性的下滑，波蘭的外債在 1981 年時，達到 $250 億，大約是該國 GDP 的一半。就像澳洲一樣，農產歉收讓波蘭人向外國人借錢以維持其消費水準。

就暫時性的政府購買，我們可以考慮戰爭與圖 18.1 中的英國經常帳餘額之間的關係。在 1914–1918 年英國涉入第一次世界大戰，而美國尚未參戰的期間，英國大舉向美國借款，以融通其暫時高漲的政府購買。在 1918 年時，英國的經常帳赤字達 GDP 的 6%。不過，當這場戰爭在 1917 年演變成世界大戰時，可借錢給英國、美國與其他參戰國的中立國家，已經寥寥可數。同樣地，在戰火蔓延歐洲的 1939 年、英國也有龐大的經常帳赤字。在 1940 年，英國的經常帳赤字達 GDP 的 14%。

就政府購買的恆久性變動，我們可以考慮歐元區政府購買的循環部分 (圖 13.7) 與英國的經常帳餘額對 GDP 比值的循環部分 (圖 18.6)，兩者之間的關係。在 1955–2014 年期間，除了重要的戰爭之外，政府購買的循環部分與經常帳餘額對 GDP 比值的循環部分之間的相關係數不大。此一結果與我們的模型相符，因為在這段期間，大部分政府購買的變動可視為是恆久性的。

墨西哥在 1970 年代初期發現原油，讓我們可以將模型應用到會影響國際借貸的其他事件。到 1974 年，墨西哥原油的蘊藏量相當大，但開採有限。不過，原油及相關產業的預期投資報酬率非常高。另外，由於預期實質所得會提高，所以家戶與政府的消費都增加了。不過，實質 GDP 並未提高，所以墨西哥的實質國民儲蓄就減少了。因此，墨西哥向外國人借款，來支付其國內高額的毛投資與消費，從而墨西哥的外債，從 1971 年的 $35 億 (GDP 的 9%)，增加到 1981 年的 $610 億 (GDP 的 26%)。

我們也預測，有高 MPK 的發展中國家，會有經常帳赤字來融通其國內的高投資與快速經濟成長。舉例來說，從 1971 到 1980 年，巴西的每人實質 GDP 每年成長 5%。在此期間，巴西的外債，從 $60 億 (GDP 的 11%) 增加到 $550 億 (GDP 的 22%)。另外一個前景看好且向外大舉借款的發展中國家，是早些時候的美國。在 1890 年，美國的外債為 $29 億，是 GNP 的 21%。

經常帳赤字與預算赤字

在第 15 章，我們討論過預算赤字如何影響經濟體系。假設政府在第 t 年削減實質稅收 (T_t)，而有對應的實質公債的增加，其為 $(B_t^g - B_{t-1}^g)/P$。我們假設稅是定額的，且更重要地，我們假設政府購買 (G_t) 的時間路徑沒有變動。

在第 15 章所討論的李嘉圖方法中，以赤字融通的第 t 年的實質稅額減少，並

不會影響家戶所繳的實質稅額的現值。因此，家戶並不會改變消費 (C_t)。由於 T_t 的減少會提高實質可支配所得，且 C_t 不會變動，所以第 t 年的實質民間儲蓄會上升，且其幅度等於減稅的幅度。因此，實質民間儲蓄的增加完全被實質政府儲蓄的減少所抵銷，從而實質國民儲蓄不會變動。

現在考慮開放體系的情況，重點仍是預算赤字會不會影響實質國民儲蓄。實質經常帳餘額仍是：

$$(B_t^f - B_{t-1}^f)/P = Y_t + r_{t-1} \cdot (B_{t-1}^f/P) - \delta K_{t-1} - (C_t + G_t) - (I_t - \delta K_{t-1})$$

實質經常帳餘額 = 實質國民儲蓄 − 國內投資淨額 (18.11)

在李嘉圖均等成立時，預算赤字不會變動實質國民儲蓄。因此，式 (18.11) 意味著實質經常帳餘額不會變動。其原因是，本國家戶會把所有減下來的稅儲蓄起來，且全部用在購買本國政府所增加發行的政府債券。因此，本國不必從世界其他各國借錢來融通其預算赤字，從而實質經常帳餘額不會變動。因此，**在李嘉圖均等成立的情況下，預算赤字並不會創造經常帳赤字**。

不過，如果家戶沒有把所有減下來的稅儲蓄起來，也就是預算赤字會讓實質國民儲蓄減少時，結論就會不一樣。例如，我們在第 15 章曾提過，當政府減稅而有預算赤字時，生命有限的家戶也許會覺得變富了。在此情況下，消費 (C_t) 增加了，且實質國民儲蓄減少了。根據式 (18.11)，實質經常帳餘額會往向赤字方向移動；亦即本國會向外借款，來支付增加的消費。在此情況下，預算赤字會導致經常帳赤字。

當預算赤字與經常帳赤字同時發生時，我們稱此一經濟體系會有**雙赤字** (twin deficits) 問題。經濟學家將此一標籤應用於 1980 年代中期的美國經濟，當時預算赤字很大，且經常帳赤字對 GDP 的比值也逐漸擴大。不過，在 1990 年代的初期，雖然預算赤字持續出現，但經常帳赤字消失了。在 2002–2006 年期間，雙赤字又再度出現。因此，實證上的觀察是雙赤字有時候會發生，但經常帳赤字與預算赤字同時出現，並不是美國經濟或其他經濟體的一個常有特質。

即使預算赤字不會造成經常帳赤字，雙赤字還是可能會因為其他事件而出現。例如，考慮戰時政府購買 (G_t) 暫時性的擴張。之前，我們已經發現 G_t 的暫時性增加，會讓實質經常帳餘額往向赤字方向移動。此外，由第 15 章，我們知道 G_t 的暫時性增加，會讓政府選擇預算赤字，以避免暫時性的大幅增稅。因此，在此情況下，經常帳赤字與預算赤字會同時增加。不過，我們不會說，是預算赤字造成經常帳赤字；而是認為這兩種赤字在面對同一個衝擊時，有相同的移動方向。在本例，此一衝擊是政府的購買因戰爭而暫時增加。

經濟學小舖

為什麼美國經常帳赤字在 2000–2014 年會那麼大？

由圖 18.3 可知，自 2000 年起，美國的負國際投資部位對 GDP 的比值已經非常大了。自 2000 年之後，美國的經常帳赤字對 GDP 比值的平均值為 4%。這跟 1820 年以後的歷史相比是很不尋常的 (跟圖 18.1 中 1999 年之後的英國經常帳赤字一樣大)。一個很重要的問題是：為什麼經常帳赤字會變得這麼大？我們不確定答案是什麼？不過，我們可以提供一些臆測。

我們可以從 1991 年開始，當時美國有小幅的經常帳盈餘。美國經常帳赤字對 GDP 的比值在 1990 年代開始上升，特別是後半期；在 2000 年，此一比值達到 4%。一個關鍵因素是經濟的強勁表現，最明顯的是，國內投資毛額對 GDP 的比值提高了 4 個百分點，由 1991 年的 13.4% 增加到 2000 年高峰的 17.7%。大部分的投資激增反映高科技部門的成長，特別是通訊與網路。由於投資的增加超過一般繁榮時期實質國民儲蓄的增加，因此大部分增加的投資必須由借自外國人的資金來融通。所以，投資的增加，在相當程度上，解釋了 2000 年的經常帳赤字占 GDP 4% 的現象。

整個經濟體系在 2001–2002 年陷入衰退，部分是因為技術榮景在 2000 年年中結束，部分是因為 2001 年的 911 恐怖攻擊事件。在 2002 年，毛投資對 GDP 的比值掉到 15%，這個變動本身降低了經常帳赤字對 GDP 的比值。不過，美國聯邦政府大幅擴大其購買，部分是因為國防與其他國家安全的考量，部分是因為其他的計畫。此一政府購買的增加，有助於解釋為什麼經常帳比值在 2001–2002 年時相當穩定，然後在 2003–2006 年上升到 5%，之後，再下修到 2% 左右。

有些經濟學家認為，在 2003–2006 年期間，持續的預算赤字是經常帳赤字的主要原因。此一說法並不能完全令人信服，因為 2003–2006 年期間的實質預算赤字對實質 GDP 的比值，要比 1980 年代中期及 1990 年代初期來得小。但在這些時期，經常帳赤字對 GDP 的比值要比 2003–2006 年時小很多。因此，預算赤字不可能是主要的因素。

經濟體系強勁復甦，且毛投資對 GDP 的比值由 2003 年的 15% 上升到 2006 年的 17%，都對經常帳赤字有所貢獻；不過，這段期間的一些特殊因素也有關係。其中一個因素是原油價格的飆漲，金融市場將此視為暫時現象。另一個因素則是本章一開始時曾提到的，美國所持有的外國資產之報酬率遠超過外國所持有的美國資產的報酬率。因此，雖然估計出來的美國淨國際投資部位已是相當高的負值 (圖 18.3)，但流向美國的淨報酬流量仍為正值，從 2000 到 2014 年，平均約占 GDP 的 1%。整個 2014 年，美國實際上不需要償付其對世界其他各國的負債。這些來自國外的慷慨，讓美國經濟無法正常地往經常帳平衡的方向調整。

貿易條件

到目前為止,我們一直假設全世界只有一種商品。當我們考慮異質商品時,則只要本國所生產與購買的商品組合跟世界其他各國所生產與購買的類似,那麼上述關於經常帳餘額的分析仍然適用。不過,此一條件不一定成立的原因之一是,一些國家,特別是小型國家,會專業化生產某些商品。例如,智利盛產銅,巴西盛產咖啡,沙烏地阿拉伯盛產原油。給定這些專業化的生產型態,當一國的主要產品之於其他產品的相對價格變動時,這個國家就會受到影響。在世界經濟體系中,一個特別重要的價格是原油的價格。所有的國家都會用到原油,不過,原油的生產只集中在少數幾個地方。當原油價格相對於其他價格上漲時,少數幾個產油國家會受惠,但對其他國家是不利的。

為以簡單的方法研究相對價格的變動,假設本國生產某一種商品,且以價格 P 行銷全世界;而世界其他各國則生產另一種商品,且以價格 P^f 賣到每個地方。當本國出口時,每單位出口品可獲得 P 元的收入;當本國進口時,就要支付每單位的進口品 P^f 元。

考慮 P/P^f 這個比值,此一比值稱為**貿易條件** (terms of trade)。貿易條件的單位是:

本國商品的單位售價 / 外國商品的單位售價 = 每單位本國商品之外國商品數量

因此,貿易條件就是每出口一單位本國商品,所能換取的外國進口品的數量。如果貿易條件改善,即 P/P^f 上升,則本國福利會提高,因為每單位本國商品可以換到更多的外國商品。如果 P/P^f 下滑,即貿易條件惡化,則本國福利會降低,因為每單位本國商品,可以換到的外國商品數量變少了。

在我們的均衡景氣循環模型,經濟波動源自於對技術水準 (A) 的衝擊。對任一國家而言,貿易條件的變動所產生的影響與 A 變動所造成的影響類似。貿易條件的改善就好像 A 的增加,而貿易條件的惡化就好像 A 的減少。為了解為何會有這樣的結果,我們必須把貿易條件考慮進經常帳餘額的等式中。

貿易條件與經常帳餘額

式 (18.7) 呈現實質經常帳餘額,其中所有商品均以單一價格 P 出售。如果將等式左右兩方均乘以 P,則可得到以名目項表達的經常帳餘額:

$$B_t^f - B_{t-1}^f = PY_t + r_{t-1} \cdot B_{t-1}^f - P \cdot (C_t + I_t + G_t)$$

名目經常帳餘額 = 名目 GNP − 名目國內支出

我們必須修正此一方程式,以考慮本國商品與外國商品的不同價格。最簡單,而又可以得出主要結果的設定是,本國出口所有的產出,也就是本國的實質 GDP,沒有任何部分成為本國的消費、國內投資與政府購買;本國進口外國商品來提供本國的消費、國內投資與政府購買。

在這些假設下,實質 GDP (Y_t) 所帶來的名目所得仍為 PY_t,其中 P 為本國產品的售價;而消費、國內投資與政府購買的名目支出為 $P^f \cdot (C_t + I_t + G_t)$,其中 P^f 為外國產品的售價。因此,名目經常帳餘額變成:

$$B_t^f - B_{t-1}^f = PY_t + r_{t-1} \cdot B_{t-1}^f - P^f \cdot (C_t + I_t + G_t)$$

名目經常帳餘額 = 名目GNP − 名目國內支出 (18.12)

如果將 (18.12) 式的兩邊同除以 P^f,我們得到實質經常帳餘額:

$$(B_t^f - B_{t-1}^f)/P^f = (P/P^f) \cdot Y_t + r_{t-1} \cdot (B_{t-1}^f/P^f) - (C_t + I_t + G_t)$$

實質經常帳餘額 = 實質GNP − 實質國內支出 (18.13)

式 (18.13) 中的每一項都是實質的,因為都是以外國商品為單位來衡量的。一個新的重要特色是,等號右邊的第一項是以本國產品為單位衡量的實質 GDP (Y_t),乘以貿易條件,P/P^f。如果 P/P^f 上升,而 Y_t 沒有變動,則以外國產品為單位衡量的本國實質所得就會增加;也就是,當貿易條件改善時,以所能購買的外國商品數量來衡量的本國實質 GDP 其購買力提高了。跟以前一樣,我們可以用實質國民儲蓄與國內投資淨額來呈現實質經常帳餘額。如果重新整理式 (18.13) 中的各項,可得:

$$(B_t^f - B_{t-1}^f)/P^f = (P/P^f) \cdot Y_t + r_{t-1} \cdot (B_{t-1}^f/P^f) - \delta K_{t-1} - (C_t + G_t) - (I_t - \delta K_{t-1})$$

實質經常帳餘額 = 實質國民儲蓄 − 國內投資淨額 (18.14)

貿易條件 (P/P^f) 的改善會如何影響本國呢?生產函數仍然是:

$$Y_t = A \cdot F(K, L_t)$$ (18.8)

我們假設資本存量 (K) 與技術水準 (A) 都是固定的。為了很快得到重要結論,我們現在也假設勞動數量 (L_t) 等於一個定值。在此情況下,式 (18.8) 的實質 GDP (Y_t) 不會有變動。不過,記住 Y_t 是以本國產品為單位衡量的。

式 (18.13) 顯示,給定實質 GDP (Y_t),貿易條件 (P/P^f) 的提高,會讓以外國產品為單位衡量的實質 GNP 增加。家戶會因實質 GNP 增加,而增加消費 (C_t)。P/P^f 的提高能維持得愈久,則 C_t 的增幅就會愈大。只要此一變動不是恆久的,則 C_t 的增幅會小於實質 GNP 的增幅,從而式 (18.14) 中的國民儲蓄就會增加。在此情況下,實質經常帳餘額會往盈餘移動。

貿易條件與投資

我們必須要考慮貿易條件 (P/P^f) 的提升,是否會影響國內投資淨額,$I_t - \delta K_{t-1}$。為研究此一影響,我們必須重新計算資本在本國的實質報酬率。跟以前一樣,本國資本存量 (K) 增加一單位,會讓實質 GDP (Y) 增加 MPK 個單位。不過,K 的價格現在是 P^f 的國外價格;這是因為我們假設本國國內投資來自進口的外國產品。Y 的價格仍是本國的物價水準 P,因為本國產品的售價是 P。因此,以 P^f 價格購買一單位資本,可獲得 $P \cdot MPK$ 的報酬毛額。資本的毛實質報酬率為 $P \cdot MPK$ 對 P^f 的比值,亦即 $(P/P^f) \cdot MPK$。為得到淨報酬率,要先扣除折舊率 δ:

$$\text{資本的淨實質報酬率} = (P/P^f) \cdot MPK - \delta \tag{18.15}$$

跟以前不同的是,MPK 要乘以貿易條件,P/P^f。

給定 MPK,式 (18.15) 顯示貿易條件 (P/P^f) 的提升會提高資本在本國的淨實質報酬率。例如,假想本國是智利,且考慮由於世界銅價上漲,讓 P/P^f 上升所造成的影響。智利人會發現資本在銅產業的淨實質報酬率上升,而增加這個產業的投資。

貿易條件 (P/P^f) 提升對國內投資淨額 ($I_t - \delta K_{t-1}$) 的影響,跟我們前面所討論過的技術水準 (A) 提高所造成的影響類似。當 A 提高時,MPK 也會隨著增加,而讓資本的淨實質報酬率增加。我們提過,$I_t - \delta K_{t-1}$ 的反應會很大,通常大過國民儲蓄的增加。相同的結論也適用於貿易條件 (P/P^f) 提升的時候。根據式 (18.14),在我們預測 $I_t - \delta K_{t-1}$ 的增幅超過實質國民儲蓄的增幅之下,實質經常帳餘額會往赤字移動。

如果貿易條件 (P/P^f) 的提升被預期是暫時的,那麼結論會有所不同。在此情況下,所得效果會弱,消費 (C_t) 的反應會比較小,從而實質國民儲蓄的增幅會比較大。尤有甚者,如果投資有調整成本,則投資淨額 ($I_t - \delta K_{t-1}$) 對資本的淨實質報酬率的暫時性增加只會有微幅的反應。這是因為企業會發現,若因暫時性的貿易條件改善讓報酬增加而擴充資本存量,會因為必須支付大額的調整成本,而顯得無利可圖。例如,如果銅金屬的相對價格上漲被視為是暫時的,那麼智利就不會投資太多在採礦設備上。因此,在式 (18.14),$I_t - \delta K_{t-1}$ 的增幅會小於實質國民儲蓄的,而讓經常帳餘額往盈餘移動。

總結來說,我們預測,如果貿易條件 (P/P^f) 的提升被視為是恆久的,則經常帳餘額會往赤字移動。原因是國內投資淨額 ($I_t - \delta K_{t-1}$) 的增幅會大於實質國民儲蓄的。相反地,如果 P/P^f 的提升被視為是暫時的,則經常帳餘額會往盈餘移動。在此情況下,$I_t - \delta K_{t-1}$ 的增幅會小於實質國民儲蓄的。

來自原油生產者的實證證據

評估我們關於貿易條件的預測,可以用的一個有趣的方法是觀察原油價格的變動對主要原油出口國其經常帳餘額的影響。我們可以把**原油出口國家想成本國,同時把其他國家想成外國**。表 18.1 的第一欄列出從 1972 到 2005 年,每桶原油以美元計算的平均世界價格。[4] 第二欄則是將前述價格除以美國的 GDP 平減指數(令 2000 年時為 1),所得到的實質價格。此一價格約等於原油出口國的貿易條件。

表 18.1　原油價格與原油出口國的經常帳餘額

年份別	(1) 原油價格 (美元)	(2) 原油價格 (2000 年的美元)	(3) 經常帳餘額 (2000 年的十億美元)	(4) 進口 (2000 年的十億美元)
1972	2.44	8.08	10	46
1974	11.50	33.14	193	92
1976	11.55	28.73	95	159
1978	12.78	27.90	−4	207
1980	35.71	66.01	189	231
1982	31.54	50.30	−21	199
1984	28.55	42.17	−15	185
1986	14.17	19.87	−41	129
1988	14.77	19.51	−26	137
1990	22.98	28.16	17	147
1992	19.04	22.04	−28	177
1994	15.95	18.66	−10	146
1996	20.37	21.69	20	165
1998	13.07	13.54	−20	169
2000	28.23	28.23	81	179
2002	24.95	23.94	32	185
2004	37.76	34.61	91	260
2005	53.35	47.57	172	300

註:資料來自 International Monetary Fund, *International Financial Statistics,* and Economist Intelligence Unit, *Country Data*。原油價格是以美元計價之每桶原油的平均世界價格。將此一價格除以美國的 GDP 平減指數 (2000 年 = 1) 可得以 2000 年美元表示的價值。經常帳餘額是以 2000 年美元計價之主要原油出口國的經常帳餘額的總和(自 1996 年起,這些金額並不包括伊拉克的)。進口是主要原油出口國以 2000 年美元計價的進口總值。

原油價格在 1973–1974 年與 1979–1980 年期間,因石油輸出國家組織 (OPEC) 的運作而上漲。之後,價格上漲的期間包括 1990 年(因波灣戰爭而起)、2000 年

---

[4] 石油輸出國家組織 (OPEC) 的原油都是以美元報價。

與 2004–2006 年。表 18.1 的第三欄顯示，原油價格的上漲通常會讓原油出口國有經常帳盈餘；例如，1974、1980、1990、2000 與 2004–2005 年。此一型態符合我們模型中，貿易條件的提升被認為是暫時性的情況。由表中第四欄也可見，當原油價格保持在上漲以後的水準時，如 1974–1978 那幾年，原油出口國其進口反應就很強烈，而讓經常帳盈餘消失；例如，1978、1982 與 1992 年。此一型態符合我們模型中，貿易條件的提升被視為是長久持續的情況。

我們也可用表 18.1 來研究原油價格下跌，如 1986、1992–1994 與 1998 年，會造成的影響。在短期，這些變動容易造成經常帳赤字 (見第三欄)。不過，當這些低水位的原油價格持續一段時間後，如 1980–1986 年期間，向下調整的進口值，也傾向讓經常帳赤字跟著下調。

國際貿易量

貿易餘額等於：

$$\text{貿易餘額} = Y_t - (C_t + I_t + G_t)$$
$$\text{貿易餘額} = \text{出口} - \text{進口}$$
$$\text{貿易餘額} = \text{出口淨額} \tag{18.6}$$

我們的模型將貿易餘額，或稱出口淨額，視為經常帳餘額分析的一部分〔參見式 (18.7)〕。當我們探討本國技術水準(A)與其他變數對經常帳餘額的衝擊時，其影響是透過出口淨額的變動。不過，這個模型對國際貿易量，即出口與進口的絕對水準，沒有任何的討論。

以美國為例，在 2014 年，其商品與服務的出口總值為 $2.3 兆，而進口總值為 $2.9 兆。如果出口與進口都分別增加 $1.0 兆，也就是出口總值變成 $3.3 兆，而進口總值變成 $3.9 兆，則會有什麼不同呢？在本模型，這個變動不會有任何影響；因為進口與出口增加的金額一樣，所以出口淨額與經常帳餘額都沒有變動。在本模型，如果美國多出口 $1 兆的商品與服務，然後再以增加進口的方式，把這些商品與服務買回來的話，並不會產生任何影響。

這點是本模型的缺點，因為在實務上，進口與出口的絕對水準都是很重要的。不幸的是，會有什麼影響，無法用一個假設所有商品都是一樣的模型來研究。單一商品的假設對於許多總體經濟議題，包括經常帳餘額的決定是一個很有用的簡化。不過，如果要探討貿易變動的影響，則我們必須讓模型更為實際，亦即假設本國與外國生產不同種類的商品。換句話說，如果要了解擴大國際貿易 (即更大的出口量

與進口量)的效益，我們必須進一步考慮異質的商品與服務。

在現實環境中，有各種形式的商品與服務。由生產效率的觀點來看，把某些商品與服務集中在特定區域來生產是有益的。集中生產的效益之所以出現，是因為各個國家及各個地理位置其相對的生產要素數量不同。這些生產要素包括高技能勞動、低技能勞動、機器、土地…等等。擁有相對豐富之高技能勞動的國家，應該專業化生產大量使用這一類型勞動的產品；例如，精密電子儀器與電腦軟體。擁有相對豐富之低技能勞動的國家，就應專業化專業化生產大量使用這一類型勞動的產品；例如，農業品與紡織品。而擁有大量肥沃土地的國家，就應該專業化於農業生產。這些專業化生產的型態，要靠國際貿易以及國境內的區域貿易來實現。

政府通常會用**關稅**(tariff，對進口所課的稅)或**配額**(quota，對進口數量的設限)來限制國際貿易。如果用這些或其他方法來限制貿易，則經濟的表現會是無效率的，其結果跟世界的技術水準下降一樣。換句話說，如果各國沒有好好利用專業化生產的機會，則整個世界的總產出就會比較低。或者，以相反的角度來講，藉由降低貿易障礙，擴大國際貿易的開放程度，其結果會跟 A 增加一樣。給定全世界的高技能勞動、低技能勞動、土地…等等投入的數量，更自由的國際貿易，可以讓每一種商品的世界產出同時增加。

我們可以用這個分析，擴大我們對技術水準(A)變動之影響所做的闡釋。我們可以將 A 的提升，視為是因為政府降低貿易障礙(如關稅與配額)，所造成的世界貿易擴張。反之，我們也可以把 A 的減少，視為是因為新貿易障礙之建立所造成的世界貿易萎縮。我們的分析預測，愈自由的貿易愈能促進繁榮，而限制愈多的貿易愈會帶來衰退。我們在第 5 章曾討論過，關於經濟成長的決定因素之實證研究支持，國際貿易的開放程度愈高，愈能提高一國的經濟成長率之假說。

總結

本章擴展均衡景氣循環模型以考慮商品與服務的國際貿易及國際借貸。因此，我們得到一個開放經濟版本的均衡景氣循環模型。

本國經常帳餘額決定本國的國外資產淨額會如何隨時間變動。如果實質 GDP 大於國內消費、毛投資與政府購買之實質支出，則經常帳會有盈餘；否則，會有赤字。GNP 等於 GDP 加上國外資產的實質所得淨額(國外要素所得淨額)。我們可以將經常帳餘額表示為貿易餘額(出口減進口)與國外資產的實質所得淨額的和。也可將之表示為實質國民儲蓄扣除國內投資淨額的差。

在均衡景氣循環模型，有利的技術衝擊通常會讓國內投資淨額的增幅大過實質國民儲蓄的，從而經常帳餘額會往赤字移動。因此，經常帳餘額是逆循環的。如果一個干擾會影響實質國民儲蓄，但不影響資本邊際產出，則前述的預測正好相反。例如，農產歉收或政府購買暫時性的增加(像戰爭時期)，會讓經常帳餘額往赤字移動。

如果預算赤字讓實質國民儲蓄減少，則經常帳餘額會往赤字移動。不過，如果李嘉圖均等成立，則預算赤字不會影響實質國民儲蓄，從而經常帳餘額不會變動。

貿易條件是出口價格對進口價格的比值。貿易條件變動所產生的影響與技術衝擊所產生的影響類似。貿易條件的恆久改善，容易創造經常帳赤字，因為國內投資淨額的增幅通常會大於實質國民儲蓄的。貿易條件的暫時改善，容易導致經常帳盈餘，因為國內投資淨額的增幅通常小於實質國民儲蓄的。

消除貿易障礙(像是關稅與配額)會擴大國際貿易量。其經濟影響類似於技術水準提升。因此，我們預測自由貿易會創造繁榮，而貿易限制會帶來衰退。

習題

A. 複習題

1. 如果一國有預算赤字，是否就也會有經常帳赤字？這兩種赤字之間的關聯，如何決定於預算赤字與國民儲蓄之間的關係？
2. 為什麼所有國家在同一個時間都有經常帳赤字是一件不可能的事？

B. 討論題

3. 貿易條件的變動

    假設本國是生產大量咖啡並出口的巴西。在正文中，我們考慮的貿易條件的變動，源自世界其他各國的干擾。現在假設，暫時性的衝擊發生在本國；例如，巴西咖啡收成不佳，讓咖啡在世界的相對價格上揚。在此情況下，此一衝擊會如何影響巴西的經常帳餘額？

4. 單一國家的技術衝擊

    考慮本國的技術水準 A 的暫時提高。

    a. 本國的勞動 L、資本利用率 κ 與實質 GDP (Y)，會有何變動？

    b. 本國的消費 C 與經常帳餘額又會有何變動？

5. 稅額與經常帳餘額

    討論當下列事件發生時，會對一國的經常帳餘額造成什麼影響？(參考第 14 章中關於

稅率的分析。)

 a. 勞動所得稅率 τ_w 出現恆久性的增加。

 b. 勞動所得稅率 τ_w 出現暫時性的增加。

 c. 資產所得稅率 τ_r 出現恆久性的增加。

 d. 消費稅率 τ_c 出現暫時性的增加。

第 19 章

匯率

在前一章,我們討論了商品與信用的國際市場,但並未談到匯率。我們沒有討論匯率是因為我們假設所有的國家使用共同的貨幣,如美元,且所有的價格都以此一貨幣計價。如果要分析匯率,我們必須考慮不同種類的貨幣,如美元、歐元、英鎊、日圓…等等,且允許價格用不同的貨幣單位計價。本章會做必要的擴展,以討論這些情況。

不同的貨幣與匯率

現在,我們假設每個國家都各自發行且使用自己的貨幣,而不是使用一個共同的貨幣。為求簡化,假設全世界只有兩個國家。我們可以把本國想成是美國,而把外國想成是英國。美國的名目貨幣數量 (M) 是以美元衡量,而英國的名目貨幣數量 (M^f) 則是以英鎊衡量。

我們現在引進一個新的市場,即所謂的**外匯市場**(exchange market)。在這個市場,參與者以某一國的貨幣交換另一國的貨幣。在我們的模型,交易者以美元交換英鎊。因此,家戶與政府可以透過外匯市場,將美元轉換成英鎊或將英鎊轉換成美元。我們將**匯率**(exchange rate),或更精確地說,**名目匯率**(nominal exchange rate) 定義為每一美元所能換得的英鎊數目。我們使用「名目」一詞,以便跟稍後要介紹的**實質匯率**(real exchange rate) 作區分。舉一個名目匯率的例子,在 2016 年 2 月 17 日,每一元美元可以兌換 0.69 英鎊或 £0.69。因此,每一英鎊可兌換 1/0.69 = 1.45 美元,或 $1.45。表 19.1 列出在 2016 年 2 月 17 日的《華爾街日報》所刊載的美元與主要貨幣之間的匯率。

令 ε (希臘字母,讀為 epsilon) 代表英鎊與美元之間的名目匯率。因此,在 2016 年 2 月 17,ε = 0.69 英鎊 / 美元。**當 ε 愈大時,代表美元愈有價值**,因為每一美元可以換取更多的英鎊。[1] 就英國的角度來看,名目匯率為 $1/\varepsilon$ = 1.45 美元 / 英

---
[1] 有些經濟學家其定義的匯率剛好相反,亦即每一英鎊所能換得的美元數目,而不是每一美元所能換得的英鎊數目。

圖 19.1　對加拿大、中國、日本與英國的名目匯率

本圖顯示美元對加拿大幣、人民幣、日圓與英鎊的名目匯率偏離其 1950 年數值的百分比。在 1950 年，這些名目匯率分別是 1 美元兌 1.09 加幣，1 美元兌 2.46 人民幣，1 美元兌 361.1 日圓，跟 1 美元兌 0.357 英鎊。資料來自 Penn World Table, 8.1 from Feenstra, Inklaar and Timmer (2015)。

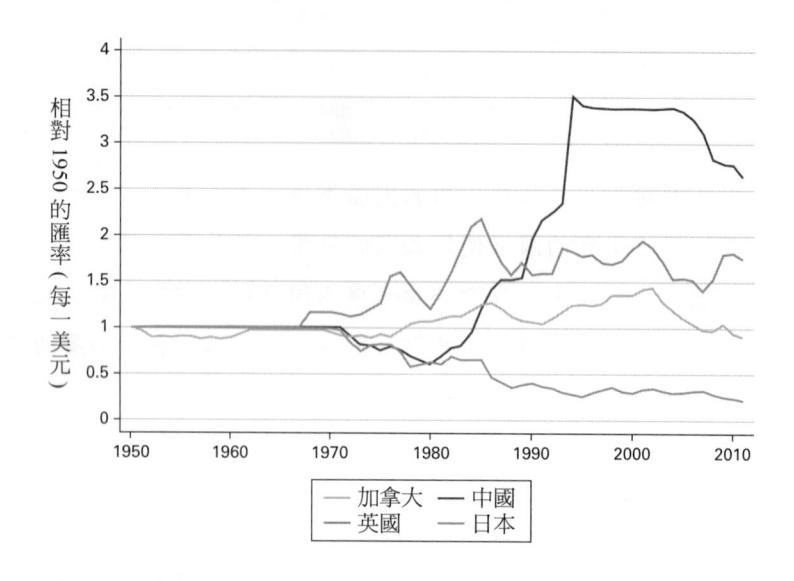

圖 19.2　對法國、德國與義大利的名目匯率

本圖顯示美元對法國法郎、德國馬克與義大利里拉的名目匯率偏離其 1950 年數值的百分比。在 1950 年，這些名目匯率分別是 1 美元兌 3.5 法國法郎，1 美元兌 4.2 德國馬克與 1 美元兌 625 義大利里拉。在 1999–2001 年期間，這些個別的貨幣被歐元取代。它們與歐元的轉換率固定在 1999 年年初的值，分別為 1 歐元兌換 6.56 法國法郎，1 歐元兌 1.96 德國馬克，跟 1 歐元兌 1936.3 義大利里拉。資料來自 Penn World Table, 8.1 from Feenstra, Inklaar and Timmer (2015)。

鎊。因此，ε 愈大，代表以美元衡量的英國貨幣的價值愈低，因為每一英鎊所能換取的美元變少了。

圖 19.1 與圖 19.2 顯示在 1950–2011 年期間，美元與 7 個主要國家 (分別是英國、加拿大、中國、日本、法國、德國與義大利) 其貨幣之間的名目匯率。[2]

舉例來說，在 1950 年，1 美元兌換 0.36 英鎊。如圖 19.1 所示，此一名目匯率一直維持到 1968 年都沒有變動，然後在當時上升到 0.42，高過 1950 年水準 17%；亦即，以英鎊所衡量的美元增值了 17%。美元兌英鎊的名目匯率，最高值是 1985 年的 0.77，高過 1950 年水準 120%。在 2011 年，美元兌英鎊的比率滑落到 0.62。此一數值比 1985 年低了 20%，但仍比 1950 年高 75%。

圖 19.1 也同時顯示美元對加拿大幣、人民幣與日圓的名目匯率。注意到自 1971 年以來，美元與日圓之間的兌換比率明顯下滑；也就是以日圓所衡量的美元的價值大幅縮水。在 1950 年，1 美元兌換 361 日圓，但到了 2011 年時，1 美元只能兌換 80 日圓；亦即，以日圓衡量，美元的價值損失了 78%。

圖 19.2 則顯示美元對法國法郎、德國馬克與義大利里拉的名目匯率。其個別的匯率值只存在於 1950–1998 年期間；在那之後，三種貨幣皆為歐元所取代。[3] 因此，在 1999 年之後，美元對這三個國家貨幣的名目匯率是完全一樣的。

購買力平價

有些國家允許她們的名目匯率因應市場力量而自由波動。這種制度稱為**浮動匯率** (flexible exchange rates) 制度。有些國家則會企圖固定其本國貨幣與另一種貨幣，通常是美元，之間的名目匯率。這種制度稱為**固定匯率** (fixed exchange rates) 制度。我們先從國際金融的基礎理論命題介紹起；這些命題，不管匯率是浮動的還是固定的，都成立。第一個命題連結兩國之間的名目利率與兩國的物價水準。在我們的模型，我們考慮的是美元與英鎊之間的名目匯率及美國與英國的物價水準。

PPP 條件與實質匯率

美國的物價水準，P，是美國所生產的商品其每單位的美元價格，而英國的物

---

[2] 在此，我們討論美元與這些國家貨幣之間的匯率，因為美元是全世界外匯市場交易量最大的貨幣。

[3] 它們與歐元的轉換率固定在 1999 年年初的值，分別為 1 歐元兌換 6.56 法國法郎，1 歐元兌 1.96 德國馬克，跟 1 歐元兌 1936.3 義大利里拉。這三種貨幣在 2001 年之前都還繼續存在，之後，就只有歐元在流通。

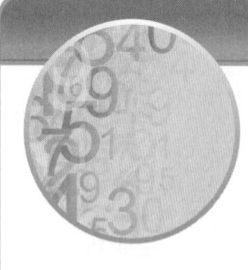

數字會說話

世界各國的匯率

財經類報紙會刊載美元與外國貨幣之間的兩種名目匯率。第一種是**即期匯率**，其為每一美元現在能換到的外國貨幣數量。第二種是**遠期匯率**，雖然它也是每一美元能換到的外國貨幣數量，但此一兌換比率只適用於未來的某一特定時點。遠期匯率適用於兩種貨幣在未來某一時點相互兌換的契約，該時點通常為 1 個月、3 個月或 6 個月。藉由遠期契約，市場參與者可以確定他們在未來兌換貨幣的比率。

表 19.1 是《華爾街日報》在 2016 年 2 月 17 日所刊載的美元與主要貨幣之間的匯率。雖然該日報只刊載少數幾個主要貨幣的遠期匯率，但其他貨幣的遠期匯率可獲自 2016 年 2 月 18 日的 fxstreet.com。下表顯示英鎊、歐元與瑞士法郎的遠期匯率，隨未來日期下跌。此一型態意味著金融市場預期美元對這些貨幣的即期匯率會隨時間下跌；也就是市場預期，美元對英鎊、歐元與瑞士法郎，未來會貶值。不過，加幣與日圓的遠期匯率幾乎持平，這意味著市場認為美元對加幣與日圓的即期匯率，未來不太會變動。

表 19.1 《華爾街日報》所刊載的 2016 年 2 月 17 日之名目匯率 (每一美元能兌換的外幣)

國別 (幣別)	匯率	國別 (幣別)	匯率
阿根廷 (披索)	14.922	紐西蘭 (紐元)	1.507
澳洲 (澳元)	1.392	挪威 (克朗)	8.543
巴林 (第納爾)	0.377	波蘭 (茲羅提)	3.953
巴西 (雷尼爾)	3.985	俄羅斯 (盧布)	75.110
加拿大 (加幣)	1.367	巴基斯坦 (盧比)	104.750
1 個月遠期	1.367	秘魯 (新索爾)	3.504
3 個月遠期	1.365	菲律賓 (披索)	47.577
6 個月遠期	1.360	沙烏地阿拉伯 (利雅)	3.751
智利 (披索)	700.700	新加坡 (新元)	1.403
中國 (人民幣)	6.524	南非 (蘭特)	15.471
哥倫比亞 (披索)	3,359.320	南韓 (韓圓)	1,224.740
丹麥 (克朗)	6.708	瑞典 (克朗)	8.516
厄瓜多爾 (美元)	1.000	瑞士 (法郎)	0.992
埃及 (埃鎊)	7.830	1 個月遠期	0.980
歐元區 (歐元)	0.899	3 個月遠期	0.950
1 個月遠期	0.893	6 個月遠期	0.901
3 個月遠期	0.876	泰國 (泰銖)	35.610

6 個月遠期	0.851	土耳其 (新里拉)	2.956
印度 (盧比)	68.329	英國 (英鎊)	0.700
印尼 (盾)	13,431.000	1 個月遠期	0.698
日本 (日圓)	114.100	3 個月遠期	0.680
1 個月遠期	114.025	6 個月遠期	0.647
3 個月遠期	113.791	烏拉圭 (披索)	31.900
6 個月遠期	113.407	委內瑞拉 (博利瓦)	6.305
墨西哥 (披索)	18.363		

價水準 (或外國物價水準)，P^f，是英國所生產的商品其每單位的英鎊價格。先假設兩國所生產及消費的商品均為同質。我們也忽略在兩國買賣商品的任何運輸或其他交易成本。因此，中心的概念是，對兩國的家戶而言，不管是在哪一個國買賣商品，都必須具有相同的吸引力。

為了解其意義，考慮一個持有 \$1 的家戶 (可能居住在美國或英國)。此一家戶可以在美國購買單價為 \$$P$ 的商品，從而該家戶可以用 \$1 購買 $1/P$ 單位的商品。現在假設，該家戶透過外匯市場以 \$1 兌換 ε 英鎊。此時，該家戶可以在英國，用這筆 ε 英鎊購入 $\varepsilon \cdot (1/P^f)$ 單位的商品。如果 $\varepsilon \cdot (1/P^f)$ 大於 $1/P$，則該家戶會在英國購買。相反地，如果 $\varepsilon \cdot (1/P^f)$ 小於 $1/P$，則該家戶會在美國購買。如果要該家戶不管在哪一國購買都一樣時，這兩個數量就必須相等，即

$$1/P = \varepsilon \cdot (1/P^f)$$

可以在美國購得的商品數量 = 可以在英國購得的商品數量 (19.1)

如果式 (19.1) 不成立，則兩國的家戶會想要在賣得比較便宜的國家購買所有的商品。我們感興趣的情形是兩國都有商品的購買與銷售；也就是美國與英國都有經濟活動。因此，在我們假設所有商品都是同質且運輸成本可忽略下，式 (19.1) 一定成立。

我們可以重新整理式 (19.1) 而得：

關鍵方程式 (購買力平價)：

$$\varepsilon = P^f/P$$

名目匯率 = 外國物價對本國物價的比值 (19.2)

名目匯率與商品價格比值的方程式，稱為**購買力平價** (purchasing-power parity, PPP)。這個條件是說，不管家戶在美國或在英國購買商品，美元 (或英鎊) 以商品

數量衡量的購買力是一樣的。

舉一個具體的例子。假設你有 $100，且想要把它全部用來購買披薩。如果每個美製披薩要價 $10，則你可以購買 10 個。另一個選擇是，把 $100 兌換成 £70，(即假設匯率 ε 為每 1 美元兌換 0.70 英鎊)。你在英國能購買的披薩數量決定於其在英國的售價。如果每個披薩的售價為 £7，則你可以購買 10 個，剛好等於在美國所能購買的數量。但如果英國的單價超過 £7，則你在英國能購買的數量就比較少；而如果價格低於 £7，則在英國可購買較多的披薩。在沒有交通運輸成本與所有披薩都是相同品質的假設下，如果要讓你不管在哪裡所購得的披薩數量都一樣，則匯率 (即每 1 美元兌換 0.7 英鎊) 必須等於披薩在英國售價對其在美國售價的比值。在這個例子，0.7 要等於披薩在英國的售價 £7 除以其在美國的售價 $10。此一「披薩平價」條件跟式 (19.2) 更一般化的 PPP 條件是一樣的。

式 (19.2) 的 PPP 條件適用於當物價水準，P^f 與 P，講的是兩國的相同商品時。但在實務上，我們通常將 P^f 與 P 解釋成這兩個國家所生產或消費的一籃子商品的物價指數。例如，我們可以用國內生產毛額 (GDP) 平減指數或消費者物價指數來衡量 P^f 與 P。

如果我們把物價水準想成廣義一點的指數，則 PPP 條件就不見得成立。理由之一是，各國都專業化生產不同的商品。這些商品的相對價格的變動，也就是第 18 章中所討論的貿易條件的變動，會讓 PPP 條件不成立。另一個讓 PPP 條件不成立的理由是，各國都會生產與消費**非貿易財** (non-tradable goods)，例如無法進行國際貿易的個人服務與房地產。由於非貿易財無法由一國移動到另一國，所以，以非貿易財數量所衡量的貨幣購買力，決定於在哪裡購買這些財貨。

為思考 PPP 條件的偏離情況，我們考慮另一個匯率概念，稱為**實質匯率** (*real exchange rate*)。相較於名目匯率 (ε) 講的是，每一家戶以每一美元所能換到的英鎊數量，實質匯率講的是，每一家戶以每一單位的美國**商品**所能換到的英國**商品**的數量。當式 (19.2) 中的 PPP 條件成立時，實質匯率等於 1。但如果 PPP 不成立，則實質匯率不等於 1 且會隨時間變動。在任一時點，實質匯率是一個反映 PPP 條件之偏離程度的一個有用指標。

正式地說，實質匯率是式 (19.2) 等號左邊之於右邊的比值：

$$實質匯率 = \frac{\varepsilon / P^f}{1/P} \tag{19.3}$$

在等號右邊，分母 $1/P$，是 $1 在美國所能購買的商品數量；分子則是 ε/P^f 在外匯市場轉換成英鎊之後，在英國所能購買的商品數量。因此，**實質匯率**是 $1 在英國 (外國) 所能購買的商品數量對 $1 在美國 (本國) 所能購買的商品數量的比值。

再回到前面披薩的例子,如果 P 為 \$10,則式 (19.3) 等號右邊的分母是 0.1;也就是你可以用 \$1 在美國購得 1/10 塊的披薩。如果 ε 為 0.7 且 P^f 為 £7,則分子也為 0.1;也就是你可以用 \$1,在外匯市場兌換成英鎊之後,在英國購得 1/10 塊的披薩。在此情況下,披薩的實質匯率為 1。

如果讓名目匯率 (ε) 固定,則英國物價對美國物價的比值的提高,意味著在英國購買商品變相對貴了。因此,式 (19.3) 中的實質匯率下跌了;這表示在英國所能買到的商品數量相對於在美國所能買到的,變少了。如果保持 P^f/P 固定,則名目匯率 (ε) 的上升,意味著在英國買東西變相對便宜了。因此,實質匯率提高了。

表 19.2 列出一些國家,在 2014 年時,對美國的實質匯率。實質匯率的定義是根據式 (19.3);而物價水準,P 與 P^f,指的是 GDP 所包含的一籃子商品,一個接近 1.0 的值,意味著該國之一籃子商品,以美元計價的金額約等於同樣一籃子商品在美國 (基準國) 的金額。[4] 該值愈高,意味著該國商品比美國來得便宜;該值愈低,意味著該國商品比美國來得貴。

由表 19.2 可知,大部分富國的實質匯率都與 1.0 相去不遠。在 2014 年,最貴的幾個國家包括,瑞士的 0.70、澳洲的 0.74、丹麥的 0.75 及瑞典的 0.77。比美國便宜的富國則是新加坡的 1.47、香港的 1.37、日本的 1.01、義大利的 1.01、西班牙的 1.13 及南韓的 1.19。其他富國的實質匯率些微小於但接近 1.0。很多中所得與低所得國家的實質匯率都明顯地高於 1。例如,印度為 3.61、泰國為 2.63、南非為 2.01 及瓜地馬拉為 2.03。這些實質匯率偏高的原因是,貧窮國家的非貿易財 (特別是勞動與房地產) 的價格通常都相當低。此一型態稱為 Balassa-Samuelson 假說 (Balassa-Samuelson hypothesis),是以 Bela Balassa (1964) 與 Paul Samuelson (1964) 的研究成果命名的。

表 19.2 的結果顯示,式 (19.2) 的 PPP 條件,在跨國之間並不成立,更不用談高所得國家與中所得或低所得國家之間的比較。不過,在先進經濟體系當中,如美國、加拿大、大部分西歐國家、日本…等國,PPP 比較行得通。

經濟學家之間的共識是,對富國而言,式 (19.2) 中的 PPP 條件,作為一個短期的命題時,並不是很正確;但對長期的比較而言,是一個好的指南。亦即,富國之間的實質匯率存在一個趨勢,即在長期會趨向離 1.0 不遠的值。此一結果意味著,我們可以用某一時點的實質匯率,像是表 19.2 中的 2014 年的實質匯率,來預測實質匯率的長期變動。考慮瑞士或澳洲這樣的國家,在 2014 年時,比美國來得貴;其實質匯率分別為 0.70 與 0.74。我們的預測是這些實質匯率,在長期會增加,

---

[4] 在此,我們不再將外國侷限於英國,但仍以美國為基準國。

表 19.2　2014 年一些國家的實質匯率

國別	實質匯率	國別	實質匯率
新加坡	1.471	俄羅斯	1.805
香港	1.372	波蘭	1.761
瑞士	0.695	智利	1.520
美國	1.000	土耳其	1.883
澳洲	0.741	伊朗	3.175
荷蘭*	0.925	墨西哥	1.678
愛爾蘭*	0.909	南非	2.012
瑞典	0.769	哥斯大黎加	1.433
丹麥	0.750	巴西	1.355
比利時*	0.917	泰國	2.632
加拿大	0.897	哥倫比亞	1.689
德國*	0.971	中國	1.742
英國	0.869	烏克蘭	2.808
法國*	0.921	埃及	3.125
日本	1.012	印尼	3.012
義大利*	1.007	瓜地馬拉	2.028
西班牙*	1.131	越南	2.740
南韓	1.193	印度	3.610
以色列	0.906	奈及利亞	1.845
希臘*	1.239	巴基斯坦	3.650
捷克	1.600	孟加拉	2.874
匈牙利	1.786		

註：在國別一欄，國家是按 2011 年每人實質 GDP 的水準，由高到低依序排列 (Penn World Table, 8.1 from Feenstra, Inklaar and Timmer [2015])。這些實質 GDP 的數值，依包含在 GDP 中的一籃子商品其成本的跨國差異，(亦即依 PPP) 進行調整。根據這些商品價格所得到的實質匯率，相當於式 (19.3) 中的概念。所有的實質匯率均以美國為基準國。一個接近 1.0 的值意味著，該國一籃子商品以美元計價的成本，約等於美國的。數值愈高意味著，該國的一籃子商品比美國的來得便宜。資料來自世界銀行的 World Development Indicators。

* 使用的名目匯率為歐元名目匯率。

而向 1.0 靠近。根據式 (19.3) 的實質匯率公式，此一預測意味著，如果不是名目匯率 (ε) 會上升，就是外國對本國的物價水準的比值 (P^f/P) 會下滑。亦即，給定 ε，瑞士與澳洲的貨幣膨脹率 (π^f) 會低於美國的貨幣膨脹率 (π)。

我們可以大膽地把此一推論應用於美國與中國之間的比較。在 2004 年，中國仍是一個相對貧窮的國家；其相對美國的實質匯率高達 4.3。在 2014 年，中國已經是一個中所得國家，其相對美國的實質匯率已降到 1.7；這意味著中國的商品 (相對於美國)，跟過去比起來，已經變貴了。不過，如第 3 章所討論的，中國經濟已

快速成長一段時間；如果此一高成長持續下去，則中國大陸在 20 到 30 年之內一定變成富國。在此情況下，我們可以預測，其實質匯率將從 2014 年的 1.7 下降到接近 1.0 的水準。根據式 (19.3) 的實質匯率的公式，這意味著，如果不是名目匯率 ε 大幅下降，就是中國對美國物價的比值，P^f/P，會大幅上揚。具體來說，假設 ε 沒有變動，且中國與美國之間的實質匯率會在 20 年內達到 1.0。在此情況下，P^f/P 必須在未來 20 年變成 2014 年的 1.7 倍。這也意味著，中國的平均物價膨脹率 (π^f)，必須超過美國的平均貨幣膨脹率 (π)，每年約達 2.7%。

相對 PPP 條件

現在，我們考慮實質匯率的變動，而不是其水準值。PPP 條件說明名目匯率 ε 等於物價比值 P^f/P：

$$\varepsilon = P^f/P \tag{19.2}$$

我們提過，這個條件等同於實質匯率：

$$實質匯率 = \frac{\varepsilon}{P^f/P} \tag{19.3}$$

等於 1。

式 (19.3) 意味著實質匯率的成長率，等於名目匯率的成長率 (標示為 $\Delta\varepsilon/\varepsilon$)，減去外國對本國物價水準比值 P^f/P 的成長率；而 P^f/P 的成長率是兩國之間物價膨脹率的差：

$$P^f/P \text{ 的成長率} = \Delta P^f/P^f - \Delta P/P$$
$$P^f/P \text{ 的成長率} = \pi^f - \pi$$

從而，我們有：

$$實質匯率的成長率 = \Delta\varepsilon/\varepsilon - (\pi^f - \pi) \tag{19.4}$$

當式 (19.2) 的 PPP 條件成立時，實質匯率等於 1.0，從而其成長率為零。因此，式 (19.4) 等號右邊的值為零。將此一條件的各項重新整理，可以得到國際金融的另一個關鍵條件：

> 關鍵方程式 (相對形式的購買力平價)：
>
> $$\Delta\varepsilon/\varepsilon = \pi^f - \pi$$
>
> **名目匯率的成長率 = 外國物價膨脹率 − 本國物價膨脹率** (19.5)

式 (19.5) 稱為**相對形式的 PPP** (relative form of PPP)，而式 (19.2) 則稱為**絕對形式的 PPP** (absolute form of PPP)。相對形式涉及名目匯率與物價的**成長率**，而絕

對形式涉及名目匯率與物價的**水準值**。相對形式的 PPP 比絕對形式更為一般。絕對形式要求實質匯率等於 1.0；相對形式則要求實質匯率為常數，從而式 (19.4) 的實質匯率成長率為零。當相對形式的 PPP 成立時，實質匯率的水準值不必然等於 1.0。

大量的研究指出，在短期，相對 PPP 條件與先進經濟體系的資料並不相符；也就是，在短期，實質匯率可以有很大的變動，所以確定不是常數 (當然更不可能為 1.0)。不過，對先進經濟體系而言，在長期，相對 PPP 條件成立的可能性非常高。

在說明此點之前，我們先介紹實質匯率常用的另一個衡量：實質有效匯率 (the real effective exchange rate)，它以主要貿易對手國的加權平均物價為式 (19.3) 中的 P^f，且以主要貿易對手國的加權平均物價膨脹率為式 (19.4) 中的 π^f。接近 1.0 的值意味著，基準國的物價跟其主要貿易對手國的物價約略相同。[5] 較高 (低) 的值意味著，基準國的商品比其主要貿易對手國的來得貴 (便宜)。

表 19.3 顯示圖 19.1 與圖 19.2 所考慮的七國集團 (G-7) 其每一個經濟體 (在表中分別都是基準國)，在 1960–2015 年期間的物價膨脹率與名目及實質**有效**匯率的變動率。我們可發現一個趨勢，如果一國其主要貿易對手國的平均物價膨脹率與該國的差異愈大 (第 2 欄)，則其名目有效匯率的成長率也愈高 (第 3 欄)。不過，此

表 19.3 美國與其他六個主要經濟體的物價膨脹率與名目及實質有效利率，1960–2015

國別	(1) 物價膨脹率，π_i	(2) 物價膨脹率的差異，$\pi^f - \pi_i$	(3) 名目有效匯率的成長率，$\Delta\varepsilon^i/\varepsilon^i$	(4) 實質有效匯率成長率 [(3) – (2)]
美國	3.78	3.12	3.07	−0.05
加拿大	3.79	0.93	0.40	−0.53
法國	4.22	0.92	0.73	−0.19
德國	2.23	2.77	2.95	0.18
義大利	5.92	−0.76	−0.76	0.00
日本	3.10	2.66	3.77	1.11
英國	5.80	−0.22	−0.19	0.04

註：所有變數的單位都是每年百分比。期間為 1960–2015 年。第 i 國的物價膨脹率 π_i 係根據 CPI 計算而得。物價膨脹率的差異 $\pi^f - \pi_i$ 是主要貿易對手國的平均物價膨脹率 π^f 與基準國的物價膨脹率 π_i 之間的差距。名目匯率成長率 $\Delta\varepsilon^i/\varepsilon^i$ 是第 i 國的名目有效匯率之成長率。負值意味著該國貨幣相對於主要貿易對手國貨幣的價值下跌。實質有效匯率的成長率等於名目匯率的成長率 (第 3 欄)，減去物價膨脹率的差異 (第 2 欄)。負值代表，與主要貿易對手國所生產的商品相較，該國所生產的商品，隨時間的過去變得愈來愈便宜。資料來自 Real Effective Exchange Rates for 178 Countries: A New Database (bruegel.org) and the International Monetary Fund's *International Financial Statistics*.

---

[5] 在此，我們不再將基準國侷限於美國。

一趨勢仍不足以讓第 4 列的實質有效匯率成長率等於零。就德國、義大利與英國而言，其實質有效匯率每年成長 0 – 1%；亦即相對於其主要貿易對手國，這些國家的商品只是稍微變貴。日本的實質有效匯率成長率每年成長 1.11%。就加拿大、法國與美國而言，其實質有效匯率每年下跌 0–1%。

表 19.4 檢視，一群在 1960–1996 年期間，經歷高平均物價膨脹率的國家 (大部分是中所得國家) 其物價膨脹率與名目及實質有效匯率。就這些國家而言，相對 PPP 條件大多成立，因為物價膨脹率的差異 (第 1 欄) 與名目匯率的成長率 (第 2 欄) 配合得很好。與名目匯率的成長率相較，第 3 欄的實質有效匯率的變動率小得多。

表 19.4　高通膨國家的物價膨脹率與名目及實質有效匯率

國別	(1) 物價膨脹率的差異，$\pi^f - \pi_i$	(2) 名目有效匯率的成長率，$\Delta \varepsilon^i / \varepsilon^i$	(3) 實質有效匯率的成長率，[(2) – (1)]
阿根廷	–68	–67	1
巴西	–76	–74	1
智利	–25	–29	–4
哥倫比亞	–7	–8	–1
冰島	–25	–26	–1
印尼	–25	–28	–3
以色列	–25	–26	–1
秘魯	–49	–45	4
烏拉圭	–20	–19	1

註：資料期間為 1960–1996 年的高物價膨脹期間。第 i 國的物價膨脹率 π_i 係根據 CPI 計算而得。物價膨脹率的差異 $\pi^f - \pi_i$ 是主要貿易對手國的平均物價膨脹率 π^f 與基準國的物價膨脹率 π_i 之間的差距。名目匯率成長率 $\Delta \varepsilon^i / \varepsilon^i$ 是第 i 國對主要貿易對手國的名目有效匯率之平均成長率。負值意味著該國貨幣相對於主要貿易對手國貨幣的價值下跌。實質有效匯率的成長率等於名目匯率的成長率 (第 2 欄)，減去物價膨脹率的差異 (第 1 欄)。負值代表，與主要貿易對手國所生產的商品相較，該國所生產的商品，隨時間的過去變得愈來愈便宜。資料來自 Real Effective Exchange Rates for 178 Countries: A New Database (bruegel.org)。

利率平價

現在我們要檢視各國之間的利率的關聯。假設各國的名目利率都不同。再一次，我們把美國想成本國，把英國想成外國。美國的名目利率，標示為 i，為每年支付給每一美元美國債券的利息。英國的名目利率，標示 i^f，為每年支付給每一英鎊英國債券的利息。

假設有一家戶，在 t 年時有 \$1，且正要選擇購買美國債券或英國債券 (該家戶可能住在任一國)。第一個選擇是持有美國債券，且在 $t + 1$ 年能獲得的美元利息，

決定於美國的利率：

第一個選擇：持有美國債券
$$\text{在 } t+1 \text{ 年獲得的美元金額} = 1 + i \tag{19.6}$$

另一個選擇是，透過外匯市場兌換英鎊，然後購買英國債券。在一年之後，再透過外匯市場換回美元。如果採這個選擇，則英鎊與美元之間的名目匯率，會如何隨時間變動，就非常重要。我們用下標 t 來標示第 t 年的名目匯率 ε_t。在第 t 年，該家戶可以用 1 美元兌換 ε_t 英鎊。經由持有名目利率為 i^f 的英國債券，該家戶可在 $t+1$ 年時，獲得 $\varepsilon_t \cdot (1+i^f)$ 英鎊。在第 $t+1$ 年時，每一英鎊可以兌換 $1/\varepsilon_{t+1}$ 美元。因此，該家戶可在 $t+1$ 年將英鎊換回美元，共可獲 $\varepsilon_t(1+i^f)/\varepsilon_{t+1}$ 美元。因此，第二個選擇可獲得：

第二個選擇：使用外匯市場且持有英國債券
$$\text{在 } t+1 \text{ 年獲得的美元金額} = \varepsilon_t \cdot (1+i^f)/\varepsilon_{t+1} \tag{19.7}$$

如果使用外匯市場及持有英國債券都沒有成本，則在均衡時，這兩個選擇在第 $t+1$ 年時所獲得的美元報酬一定是一樣的。否則，所有家戶都會只持有獲利較高的那一國債券，而且只會在獲利較低的那一國借款。因此，式 (19.6) 與式 (19.7) 決定了均衡條件，其為：

$$1 + i = \varepsilon_t \cdot (1+i^f)/\varepsilon_{t+1}$$

持有美國債券的報酬 = 使用外匯市場且持有英國債券的報酬 (19.8)

在進一步說明式 (19.8) 之前，可以先用一些代數來簡化此一結果。首先，先重新安排各項，而得到：

$$1 + i^f = (1+i) \cdot (\varepsilon_{t+1}/\varepsilon_t)$$

名目匯率的成長率為：

$$\Delta\varepsilon_t/\varepsilon_t = (\varepsilon_{t+1} - \varepsilon_t)/\varepsilon_t$$
$$\Delta\varepsilon_t/\varepsilon_t = \varepsilon_{t+1}/\varepsilon_t - 1$$

因此，可將上式的 $\varepsilon_{t+1}/\varepsilon_t$ 代以 $(1 + \Delta\varepsilon_t/\varepsilon_t)$，而得到：

$$1 + i^f = (1+i) \cdot (1 + \Delta\varepsilon_t/\varepsilon_t)$$

如果將等號右邊的兩項乘開，可得：

$$1 + i^f = 1 + i + \Delta\varepsilon_t/\varepsilon_t + i \cdot \Delta\varepsilon_t/\varepsilon_t$$

最後一項，$i \cdot \Delta\varepsilon_t/\varepsilon_t$，通常很小。事實上，如果我們考慮非常短的期間，而不是一年，則這一項可以忽略。因此，我們忽略這一項。如果我們把等號兩邊的 "1" 消掉，並將 i 由等號的右邊移到等號的左邊，則可以得到我們要的結果：

$$i^f - i = \Delta\varepsilon_t/\varepsilon_t$$

利率差 = 名目匯率的成長率 (19.9)

為了解式 (19.9)，想像美元與英鎊之間的匯率 ε_t，隨時間上升，也就是美元相對英鎊愈來愈有價值，其增加的速率為 $\Delta\varepsilon_t/\varepsilon_t$。為讓美國債券與英國債券所提供的以美元衡量的報酬一樣，則英國的名目利率 i^f 一定要超過美國的名目利率 i，且其差距剛好是名目匯率的成長率；也就是英國債券以利(率)差來補償英鎊名目匯率的下跌(亦即美元名目匯率的上升)，後者讓美國債券較具吸引力。

實務上，名目匯率的變動無法事先確知。因此，式 (19.9) 中的成長率 $\Delta\varepsilon_t/\varepsilon_t$ 必須代以預期成長率 $(\Delta\varepsilon_t/\varepsilon_t)^e$。經過這樣的調整，我們得到一個重要的結果，稱為**利率平價** (interest-rate parity)：

關鍵方程式(利率平價)：

$$i^f - i = (\Delta\varepsilon_t/\varepsilon_t)^e$$

利差 = 預期的名目匯率成長率 (19.10)

式 (19.10) 的基本概念是，為了讓兩國利率提供一樣的條件，亦即讓兩個債券提供一樣的報酬，則名目利率的利差，$i^f - i$，必須能補償預期的名目匯率成長率，$(\varepsilon_t/\varepsilon_t)^e$。[6]

一些現實世界的因素阻礙利率平價的成立。這些因素包括，對於資產報酬與匯率走勢的不確定性、各國利息所得稅制的差異，與政府對外匯交易及資金跨國移動的限制。以主要的已開發國家而言，利率平價的偏離情況，在短期間有時很顯著，但在長期，通常不大。

我們可以利用利率平價的結果，來比較各國之間的實質利率。為做此一比較，我們要借助相對形式的購買力平價：

$$\Delta\varepsilon_t/\varepsilon_t = \pi^f - \pi \qquad (19.4)$$

我們可以用各項的預期變動率來修正此一條件：

---

[6] 雖然名目匯率成長率事先無法確定，但債券持有人可以像數字會說話專欄「世界各國的匯率」內所描述的，利用遠期外匯合約來確定未來的匯率。在此情況下，式 (19.10) 等號右邊的 $(\Delta\varepsilon_t/\varepsilon_t)^e$，可代以外匯市場的遠期溢價，其為 (遠期匯率－即期匯率)/即期匯率。式 (19.10) 等號左邊的利差等於此一遠期溢價的條件稱為**已避險利率平價** (covered interest-rate parity)。

$$(\Delta \varepsilon_t / \varepsilon_t)^e = (\pi^f)^e - \pi^e \tag{19.11}$$

如果我們將式 (19.11) 中的 $(\Delta \varepsilon_t / \varepsilon_t)^e$ 的表達方式代入式 (19.10) 的利率平價條件，則可得：

$$i^f - i = (\pi^f)^e - \pi^e$$

利差 = 預期物價膨脹率的差 (19.12)

如果重新整理各項，則可得到一個與實質利率相關的重要結果：

> 關鍵方程式 (國際間實質利率均等)：
>
> $$i^f - (\pi^f)^e = i - \pi^e$$
>
> **外國的預期實質利率 = 本國的預期實質利率** (19.13)

因此，合併利率平價條件〔式(19.10)〕與相對形式的 PPP 條件〔式(19.11)〕，可以得到外國(英國)與本國(美國)有一樣的預期實質利率。

實務上，就先進國家而言，各國政府債券的預期實質利率並不相等，但差異通常並不大。此一差異的原因之一是前面所提過的，相對形式的 PPP 條件〔式 (19.11)〕並不是總是成立；也就是，實質匯率並不是經常固定。我們提過，先進國家的實質匯率，隨著時間過去，會往接近於 1.0 的數值調整。舉例來說，在 2014 年時，瑞士與澳洲的商品，相對美國而言，都比較貴，其實質匯率，如表 19.2 所示，分別為 0.70 與 0.74。我們的預測是這些實質匯率在長期上會往 1.0 調升。

回想一下，實質匯率的公式是：

$$\text{實質匯率} = \frac{\varepsilon}{P^f / P} \tag{19.3}$$

有關於瑞士與澳洲的實質匯率會持續調升的預測，意味著預期名目匯率的成長率 $(\Delta \varepsilon_t / \varepsilon_t)^e$，必須大於 P^f/P 的預期成長率。後者等於預期物價膨脹率的差，即 $(\pi^f)^e - \pi^e$。因此，式 (19.11) 中的等號必須改為不等號，即：

$$(\Delta \varepsilon_t / \varepsilon_t)^e > (\pi^f)^e - \pi^e \tag{19.14}$$

如果將此一不等式，代入式 (19.10) 的利率平價條件，則可得：

$$i^f - i > (\pi^f)^e - \pi^e$$

移項整理後，可得：

$$i^f - (\pi^f)^e > i - \pi^e$$

外國的預期實質利率 > 本國的預期實質利率 (19.15)

因此，如果一國在一開始時比美國來得貴，例如，在 2014 年時有低實質匯率的瑞士與澳洲，則我們預測這些國家的預期實質利率會比美國高。另一個思考此一結果的方式是，相對比較貴的國家會愈見便宜；為達成這樣的調整，這些國家必須有相對較低的物價膨脹率，此對應於相對較高的實質利率。

固定匯率

除了大型戰爭期間之外，直到 1970 年代初期，經濟先進國家彼此之間的貨幣，通常維持固定的名目匯率。圖 19.1 與圖 19.2 顯示，從 1950 到 1970 年代初期，6 種主要貨幣與美元之間的名目匯率不太變動；即使有，變動幅度也較之後的來得小。就這 6 個國家而言，這段期間內的例外包括，加幣匯率直到 1960 年代初期之前的波動，以及法國法郎、德國馬克與英國英鎊的名目匯率的一些調整。

在第 18 章，我們假設一種固定名目匯率的極端形式，即所有國家都使用一個共同貨幣的情況。由於只有一種貨幣，因此，名目匯率一定是固定的。在同一國境內，使用一樣的貨幣是理所當然的；例如，麻州與加州使用一樣的美元，因此可以維持固定的名目匯率。不過，直到最近，常見的情況是每個國家都有其自身的貨幣。自 1999–2001 年以後，一個重要的例外是歐元。歐元現在通行於 19 個歐洲國家，而且很可能擴展到其他的歐洲國家。在更早的時期，共同貨幣的主要例子是小型國家使用另一個國家的貨幣或共用同一種貨幣。例如，巴拿馬與厄瓜多爾使用美元；非洲 12 個國家使用非洲金融共同體法郎，它聯繫法國法郎（自 1999 年之後，則是歐元），以及七個加勒比島國使用加勒比幣，它聯繫美元。

自第二次世界大戰之後到 1970 年代初期，適用大部分先進國家的固定匯率制度，稱為**布列頓森林體系** (Bretton Woods System)。[7] 在此一體系，參與國可以在其貨幣與美元之間所釘住的名目匯率 (ε)，建立微幅的調整區間。例如，德國中央銀行 (Bundesbank)，在家戶（或更有可能的是金融機構）想要降低馬克的持有量時，會提供美元以供兌換；反之，如果家戶想要增加馬克的持有量，則提供馬克。為了應付這類的交易，每一個中央銀行都會維持部分的資產存量作為**國際準備** (*international reserves*)。例如，美元或黃金，或更有可能的是帶息資產，如可以立即轉換為美元的美國國庫券。在那時，美國隨時準備好因應外國官方機構以固定的價格將美元換成黃金的要求；此一價格在當時為每盎斯 $35。因此，經由維持對美元的固定名目匯率，每個國家都間接地將其貨幣釘住黃金。

---

[7] 此一體系以會議地點，Bretton Woods, New Hampshire，命名。

另外一個固定匯率的歷史例子是**金本位** (gold standard) 制度。在這個制度之下，每一個中央銀行都將其貨幣以固定的兌換比例，直接釘住黃金。英國從十八世紀初期到第一次世界大戰，除了 1797–1821 年期間，因拿破崙戰爭而中斷之外，都一直有效地維持金本位制度。在第一次世界大戰期間，英國又暫時放棄金本位制度，而在 1926 年又再度回到此一制度，但又在 1931 年的大蕭條期間放棄。美國則是從 1879 到 1933 年的大蕭條谷底，採用金本位制度；在 1933 年，金價由每盎斯 $20.67 上升到 $35。在更早期，白銀則在美國扮演重要的角色。以全球的角度來看，金本位的高峰位在 1890–1914 年期間。

在金本位 (或其他的商品本位) 制度下，每個中央銀行將其貨幣的價值釘住黃金 (或其他商品)。例如，一盎斯黃金在紐約值 $20，同時在倫敦值 £4 (這大約就是 1914 年的價值)。在此情況下，英鎊與美元之間的名目匯率，就必須接近每一美元兌換 0.2 英鎊。否則，在考量黃金的運送成本之後，就有可能透過在某一國家購買黃金而在另一個國家出售來獲利。如同布列頓森林體系一樣，如果所有參與者都堅守金本位制度，則各個貨幣之間就可維持固定的名目匯率。

在一個不靠黃金或其他商品的制度下，各國之間仍然可以維持固定的名目匯率。例如，在 1979–1992 年期間，七個西歐國家讓她們之間的貨幣保持在一個相當小的固定區間內。這個被稱為**歐洲貨幣體系** (European Monetary System, EMS) 的約定，有效發展為歐元。在 1999–2001 年的過渡期，歐元成為 12 個西歐國家的共同貨幣。儘管大部分的西歐國家都已經使用歐元，但仍有一些重要的國家，如英國、瑞典、丹麥與瑞士，尚未採用。

固定匯率之下的購買力平價

為了解固定名目匯率制度如何運作，再一次考慮把美國視為本國，而把英國視為外國的情況；不過要拉到 1971 年以前，當時英鎊與美元的匯率大致上是固定的。

假設絕對 PPP 條件成立，從而名目匯率 ε 等於英國物價水準 P^f 對美國物價水準 P 的比值：

$$\varepsilon = P^f/P \tag{19.2}$$

移項之後，可以得到英國的物價水準為：

$$P^f = \varepsilon P \tag{19.16}$$

因此，如果名目匯率 ε 固定，則 P^f 的走勢會跟 P 的走勢亦步亦趨。此一條件意味著英國的物價膨脹率 π^f 等於美國的物價膨脹率 π：

在固定匯率之下：
$$\pi^f = \pi \tag{19.17}$$

如果 PPP 條件不成立，則物價膨脹率就不會相等。不過，我們知道，在長期，PPP 條件很可能成立。因此，**如果一國固定其對美元的名目匯率，則在長期，該國的物價膨脹率大致跟美國的一樣。**

利率平價條件為：
$$i^f - i = (\Delta \varepsilon_t / \varepsilon_t)^e \tag{19.10}$$

在固定的名目匯率之下，預期的名目匯率成長率，$(\Delta \varepsilon_t / \varepsilon_t)^e$，等於零。因此，式 (19.10) 意味著英國的名目利率 i^f 等於美國的名目利率 i，即：

在固定匯率之下：
$$i^f = i \tag{19.18}$$

如果我們考慮利率平價條件不成立的情況，則兩國的名目利率就不會相等。不過，我們知道，至少在先進經濟體之間，這個條件很可能成立。因此，如果一國，特別是先進經濟體，固定其對美元的名目匯率，則該經濟體的名目利率大致跟美國的一樣。

固定匯率下的名目貨幣數量

現在，我們探討在固定匯率下，名目貨幣數量的決定因素。為得到相關的結果，我們將外國視為相對於美國而言是一個經濟小國。明確地說，我們假設，外國的經濟變動對美國經濟變數沒有影響。因此，我們的結論較適用於比英國小的經濟體。

在第 11 章的封閉經濟，我們強調一國的名目貨幣數量 (M) 與其物價水準 (P) 之間的關係。一如以往，我們把貨幣想成是流通中的通貨，或更廣義些，想成是強力貨幣，它包括金融機構在中央銀行的存款。問題是，我們現在對於固定匯率的分析，如何跟第 11 章的討論建立關係？我們在式 (19.16) 討論英國物價水準 (P^f) 的決定時，對於英國的名目貨幣存量 (M^f) 隻字未提。

如同在第 11 章所討論的，英國的家戶會根據英國的實質 GDP(Y^f) 與名目利率 (i^f)，決定實質貨幣需求量 $[(M^f)^d/P^f]$。此外，根據式 (19.18)，英國的名目利率 (i^f) 等於美國的名目利率 (i)。因此，M^f 等於名目需求量的條件，可寫成：
$$M^f = P^f \cdot D(Y^f, i) \tag{19.19}$$

一如在第 11 章，函數 $D(\cdot)$ 決定英國的實質貨幣需求。此一實質需求隨實質

GDP(Y^f) 增加，且隨名目利率 (i) 減少。

如果絕對 PPP 條件成立，則英國的物價水準為：

$$P^f = \varepsilon P \tag{19.16}$$

如果將式 (19.16) 中的 P^f 代入式 (19.19)，則可得：

$$M^f = \varepsilon P \cdot D(Y^f, i) \tag{19.20}$$

名目匯率 (ε) 為一固定值。我們假設美國的物價水準 (P) 與名目利率 (i) 的決定，都不受英國國內的條件所影響。因此，給定英國實質 GDP(Y^f)，式 (19.20) 限制了必須在英國國內流通的名目貨幣數量，M^f；也就是英國的中央銀行，即英格蘭銀行，無法自由地選擇 M^f。

為了解這些結果，假設英國的物價水準 (P^f) 一開始符合式 (19.16) 的絕對 PPP 條件。更進一步假設英國的名目貨幣數量，為被式 (19.20) 所給定的數量，因此等於名目需求量。

假設英格蘭銀行透過公開市場購買英國政府公債 (這是第 15 章所介紹的公開市場操作之一種形式)，以增加名目貨幣數量 M^f。表 19.5 是一個簡化的中央銀行資產負債表。以我們所考慮的公開市場操作而言，資產負債表左邊的中央銀行以英國債券所持有的資產數量增加了，從而在資產負債表右邊的以流通中的英國通貨 (M^f) 為負債的金額也增加了。

我們在第 11 章中關於封閉經濟的分析，說明 M^f 的增加會讓英國的物價水準 (P^f) 上升。因此，給定名目匯率 ε，現在在英國所購買的商品會比在美國所購買的更貴。面對這樣的狀況，英國的家戶會從英國轉向美國購買商品，而增加對美元的需求；亦即家戶 (或更為實際些，金融機構) 會把它們過多的英鎊跟英格蘭銀行兌換美元。如果英格蘭銀行固定住名目匯率，那就要準備好以每英鎊兌換 $1/\varepsilon$ 美元的比率，釋出美元給家戶，並因此回收英鎊。但如此一來，英國的名目貨幣數量 (M^f) 會減少，直到回其原來的水準為止。在表 19.5，資產負債表右邊的 M^f 下降；而在左邊，英格蘭銀行所減少的資產是美元，或更有可能是美國國庫券。這些資產與其他外幣及黃金，稱為**國際準備** (international reserves)，因為它們可以立即作為對其他金融機構 (包括其他國家的中央銀行) 的支付工具。

表 19.5　簡化的中央銀行 (英格蘭銀行) 資產負債表

資產	負債
國際準備 (美國貨幣與國庫券、其他外幣、黃金)	英國貨幣，M^f
英國債券	

最終，在表 19.5 的資產負債表的左邊，英格蘭銀行有更多的以英國債券持有的資產 (即原先公開市場操作所購入的) 與更少的國際準備；而在右邊的名目貨幣數量，M^f，並沒有變動。M^f 一開始的增加完全被回流到英格蘭銀行的貨幣所抵銷。只有如此，英國的名目貨幣數量才會像式 (19.20) 所描述的那樣，等於名目需求量。不變的 M^f 跟不變的英國物價水準 P^f 相符，從而 P^f 符合式 (19.16) 中的 PPP 條件。

為了讓整個說明更為完整，我們必須評估英格蘭銀行對於其國際準備之流失的反應。一個可能性是英格蘭銀行放任名目貨幣數量 (M^f)，降回到與式 (19.20) 相一致的水準。在此情況下，英格蘭銀行最後會持有更多的英國債券與更少的國際準備，但名目貨幣數量 (M^f) 則沒有變動。這種名目貨幣數量的自動反應是金本位與其他固定匯率制度的關鍵要素。這種機制意味著，只要中央銀行固定名目匯率 (ε)，就將失去對名目貨幣數量 (M^f) 的控制力。

當自動機制使得名目貨幣數量 (M^f) 降低時，英格蘭銀行的另外一個可能反應是，再進行一次公開市場操作，買進英國債券以對抗此一趨勢。這個過程稱為**沖銷操作 (sterilization)**，因為央行試圖沖銷因國際準備的流失所造成的名目貨幣數量 (M^f) 的減少。在目前的情況，央行想要讓貨幣擴張，即使這樣的擴張與固定名目匯率並不相符。沖銷政策最終會帶來國際準備的大量流失，讓央行不願或無力維持名目匯率。換句話說，在國際準備短缺的情況下，英格蘭銀行可能不再願意或能夠在固定的兌換率，即每英鎊兌換 $1/\varepsilon$ 美元之下，提供美元以供兌換。接下來**降值 (devaluation)** 可能會發生，亦即英鎊相對美元的價值降低了。在現在的例子，英鎊降值意指匯率降低到小於每鎊 $1/\varepsilon$ 美元的水準；也就是每一美元能兌換的英鎊數 ε 增加了。所以，當央行傾向於沖銷國際準備的流動時，恐會危及固定匯率制度。

面對國際準備的流失，英國還有另外一個可能的政策反應。國際準備的外流起因於英格蘭銀行過度的貨幣創造。這個政策會讓英國的物價水準 (P^f) 高於式 (19.16) 中絕對 PPP 所給定的數值。為了遏止國際準備的外流，英國政府可能對貿易設限，如此可以人為地提高美國商品對英國家戶的成本。更一般性的說法是，英國政府可能干預國際自由貿易，以避免絕對 PPP 條件無法成立。因此，在固定匯率制度下，過度的貨幣擴張會產生兩種類型的不利影響。其一是國際準備的流失，這個現象最終可能會造成降值。第二是政府可能為避免降值或貨幣緊縮，而干預自由貿易。在第二次世界大戰之後，這類干預的頻頻發生，成為反對固定匯率的主要論點。

降值與增值

在剛剛討論的情況下，英國損失國際準備，從而有降低其貨幣價值的壓力。在相反的情況下，英國獲得國際準備，而有提高其貨幣價值的壓力。英國貨幣的升值，即每英鎊所能兌換的美元，$1/\varepsilon$，增加，稱為**增值** (revaluation)。

在固定匯率制度下，增值與降值的壓力並不是對稱的。降值通常起因於國際準備的流失。耗盡國際準備的威脅直接產生降值的壓力；例如，英格蘭銀行可能不再有能力，在每英鎊兌換 $1/\varepsilon$ 美元的比率下，提供美元以供英鎊兌換。在相反的情況下，英格蘭銀行會累積國際準備。在此情況下，增值的壓力比較不那麼直接；主要是因為央行要先決定持有大量的國際準備是否妥適。在 2006 年，日本、中國大陸與其他亞洲國家的央行都持有大量的美國國庫券。增值是避免累積龐大國際準備的一個方法。

圖 19.1 與圖 19.2 提供 1970 年代之前的固定匯率時期，一些增值與降值的例子。在 1957–1958 年，法國法郎降值 40%，德國馬克分別在 1961 年與 1969 年各增值 5% 與 7%，而英鎊則在 1967 年降值 14%。此外，在 1971–1972 年，布列頓森林體系走入歷史的同時，也發生多次的增值，如日圓增值 16%，德國馬克與瑞士法郎也分別增值 13%。

世界歷史提供了許多固定匯率制度最後終結於劇烈降值的例子。不過，除了剛剛所提在 1970 年代初期以前的例子之外，很難找到固定匯率制度因大幅增值而終結的例子。在 2004–2011 年，當中國大陸結束其釘住美元的固定匯率制度時，其貨幣 (人民幣) 共增值了近 22%。固定匯率制度最終結束於大幅降值的例子，包括英國 (在 1992 年降值 32%，之後有一段時間固定其與歐洲貨幣體系下的主要歐洲貨幣之間的匯率)、墨西哥 (在 1994–1995 年降值 97%)、南韓 (在 1997–1998 年降值 91%)、馬來西亞 (在 1997–1998 年降值 67%)、泰國 (在 1997–1998 年降值 109%)、印尼 (在 1997–1998 年降值 495%)、俄羅斯 (在 1998 年降值 266%)、巴西 (在 1999 年降值 71%)，與阿根廷 (在 2002 年降值 280%)。

我們現在要探討外生性降值的影響。假設英格蘭銀行正常地維持其與美元的固定名目匯率 (就如同 1971 年以前的情況)。突然間，在沒有特殊的原因之下，英格蘭銀行決定降低每一英鎊所能兌換的美元數目，$1/\varepsilon$；也就是提高每一美元所能兌換的英鎊數目，ε。

再度考慮實質匯率：

$$實質匯率 = \frac{\varepsilon}{P^f/P} \tag{19.3}$$

它說明 $1 在英國所能購買的商品數量與在美國所能購買的數量的比值。如果英國讓其貨幣降值，即提高名目匯率 ε，則在給定的英國物價對美國物價的比值 P^f/P 之下，實質匯率會提高，從而對英國商品的需求會增加。需求的增加會提高英國的物價水準 P^f。最後，P^f 會提高到足以讓實質匯率回復其均衡水準，其值接近 1.0。主要的論點是，英國的降值會創造其國內物價膨脹的壓力。

經濟學小舖

亞洲金融風暴

第 3 章提過，自 1960 年代以後，世界上成長最快的國家，很多是位於東亞。但這些國家中，很多都遭受 1997-1998 年的亞洲金融風暴的衝擊。這個風暴肇始於 1997 年 7 月，泰國貨幣，即泰銖，改採浮動匯率之際。泰銖自 1980 年代早期，即對美元採固定匯率。這個風暴迅速擴散到菲律賓披索 (自 1990 年以後，對美元相當穩定)、馬來西亞林吉特 (自 1980 年代中期以後，對美元的匯率幾乎固定)、印尼盾 (自 1980 年末期以後，對美元逐漸貶值)，與南韓韓圜 (自 1980 年代中期以後，對美元相當穩定)。自 1997 年夏季到 1998 年最糟的時候 (約在 1 月到 9 月期間，視個別國家而定)，泰國、菲律賓、馬來西亞與南韓貨幣的降值幅度介於 60% 到 110% 之間，而印尼約 400%。由於物價水準的變動不大，因此名目匯率的大幅降值也意味著實質匯率的大幅降值。其他東亞經濟體 (如新加坡與台灣) 則經歷較溫和的降值或根本沒有降值 (如香港與中國)。

到底是什麼原因造成亞洲金融風暴呢？當時，很多觀察家認為這些亞洲的成長之星，是被非理性的世界貨幣市場不公平地懲罰。但接續的分析卻發現，問題來自於政府政策與誘因結構，特別是其國內的金融體系。當時的環境鼓勵 (特別是銀行及金融機構) 自國際市場大幅舉債以投資於營建及其他計畫。儘管很多投資計畫都是高度投機的，但關鍵的決策者，如金融家及企業家，所負擔的風險卻是有限的，從而導致過度的舉債與投資。此外，很多資金受政府壓力的影響，而直接貸放給政治上正確的公司；而這些公司通常都不賺錢。

隨著市場愈來愈了解這些亞洲國家的投資與貸放結構，其股票、債券、房地產市場中的資產價值就跟著下挫。這些調整與投資的減少，造成金融風暴及大規模的破產，特別是銀行業與營建業。金融危機也導致實質經濟活動的大幅萎縮。例如，泰國在 1998 年的實質 GDP 下滑是 1950 年代以後的第一遭。

到了 1999 年，受害於金融風暴的東亞國家又恢復到正的經濟成長，不過成長率低於風暴之前的水準。國內的金融法規與政府政策都已獲得改善，促進基於健全的商業原則之放款，而不是基於微弱的個別誘因或政府壓力。因此，雖然亞洲金融風暴帶來痛苦，但也學到了一些長期有用的教訓。

降值與物價膨脹之間有雙向的因果關係。我們在前面曾提過,擴張性的貨幣政策,即增加 M^f 與 P^f,會創造降值的壓力;亦即,國內的物價膨脹會造成降值。而現在,我們了解到外生性的降值會讓 P^f 增加。在這層意義之下,降值本身具物價膨脹效果。

浮動匯率

以美元為中心的國際固定名目匯率制度在 1970 年代初期瓦解。理由之一是,美元的過度創造及其在 1960 年代中期之後,所造成的美國物價水準之上揚。物價膨脹讓美國愈來愈難以維持先前所設定的美元對黃金之兌換比率,該比率為每盎斯 $35。在 1971 年,尼克森總統提高黃金的美元價格,以阻止黃金由美國流向外國的中央銀行。這些動作象徵布列頓森林體系的結束。在該體系下,各國貨幣透過美元與黃金聯繫。

自 1970 年代初期,大部分先進國家已經允許其貨幣能夠或多或少自由變動,以結清外匯市場。由圖 19.1 與圖 19.2,我們可以發現,自 1970 年代初期,六個主要貨幣對美元的名目匯率已經開始大幅波動。很多中所得與低所得的國家,特別是表 19.4 中所涵蓋的高物價膨脹國家,也已經讓匯率浮動。表中顯示,這些高物價膨脹國家其名目匯率大幅上升。

有很多群國家,其貨幣彼此之間,維持固定的匯率。例如,1979–1992 年的歐洲貨幣體系,以及自 1999 年以後的歐元國家。在 1991–2001 年期間,阿根廷維持對美元的固定匯率,中國在 1994–2005 年期間也維持對美元的固定匯率。事實上,在不同的時期,其他亞洲國家也曾維持對美元的固定匯率。儘管如此,自 1970 年代初期以來,最重要的發展是增加對浮動匯率的信心。為探討這個體系,我們必須擴展模型以考慮浮動匯率制度下的匯率決定。

我們還是一樣把英國視為外國,而把美國視為本國。絕對 PPP 條件仍限定了英國物價水準 (P^f) 與美國物價水準 (P) 之間的關係:

$$P^f = \varepsilon P \qquad (19.16)$$

跟固定匯率不同的是,名目匯率 (ε) 現在不是一個定值。因為在浮動匯率制度之下,ε 是可以調整的,所以即使絕對 PPP 隨時可以成立,P^f 也不必跟 P 亦步亦趨地變動。

英格蘭銀行現在可以用其政策工具來達成其想要的物價水準 (P^f) 的路徑。如第 11 章與第 12 章對封閉體系的分析,此一過程涉及英國的名目貨幣數量 (M^f) 與

名目利率 (i^f) 的調整。給定 P^f 的路徑，英國可以讓名目匯率 (ε) 自由調整 (或浮動)，以滿足式 (19.16) 的絕對 PPP 條件。因此，重點是英國可以選擇其貨幣政策，而不受美國的貨幣政策影響。

固定與浮動匯率制度的比較

每個國家都可以選擇，要採取浮動匯率或跟美元 (或歐元，或一籃子貨幣) 綁在一起的固定匯率。每一個制度都有其優點與缺點，我們不能說某一個制度會對每個國家在任何時刻都比另一個制度更為優越。不過，我們可以列出這兩個制度的優缺點。

- 固定匯率制度的極端形式就是共同貨幣。這種情況適用於一國境內，例如加州與麻州使用一樣的貨幣，即美元。這種結構非常便利，能讓跨州的商品與資產之交易順利進行。而同樣的便利也適用於跨國使用共同貨幣的情況。因此，當 12 個西歐國家在 1999–2001 年，採用一個共同貨幣 (即歐元) 的決定，大大地鼓勵了這些國家之間的商品與資產的交易。就交易的便利性而言，不同貨幣之間的固定匯率要比用共同貨幣來得差，但會比浮動匯率來得好。

- 浮動匯率的一個優點是，它提供另一個途徑以滿足式 (19.16) 的 PPP 條件，$P^f = \varepsilon P$。給定美國的物價水準 P，固定的名目匯率 ε 意味著外國的物價水準 P^f 必須要自行調整以滿足 PPP 條件。但如果像第 17 章所介紹的新凱因斯模型中，某些價格的調整是很慢的，則 P^f 的調整就可能變得很困難。在此情況下，在 P^f 邁向其新的均衡值的過程中，整個經濟體系會遭受產出水準的下降與失業的提高。但在浮動匯率制度下，藉由名目匯率 (ε) 的快速調整，可以避免此一不順利的過程。經濟學家相信，此一價格僵固的論點，對於以下的情況顯得特別重要：國家之間的差異很大、國家之間的貿易很少，以及國家之間的勞動及資本不太移動。因此，這個論點意味著，包括共同貨幣在內的固定匯率制度，在根本上相似、貿易量大，且勞動與資本的移動頻繁的經濟體系之間，會運作得比較好。

- 與前一點相關的是，至少在長期，固定匯率制度排除獨立的貨幣政策。相反地，在任一時點，浮動匯率制度允許獨立的貨幣政策。貨幣政策的獨立性，在貨幣當局能夠明智地運用政策工具，提升經濟體系的運作效率下，可能會是有用的。例如，在第 17 章所假設的僵固物價下，貨幣政策可用來避免低產出與高失業的情況。固定匯率制度會阻礙這類型的有用貨幣政策。

- 浮動匯率制度下的貨幣政策獨立性並不是常常令人滿意的。例如，在第 16 章所

介紹的價格錯誤認知模型中，產出與就業會因未預料到的物價水準與貨幣總計數的走勢而變動。在此情況下，貨幣當局可能會想要用未預料到物價膨脹，讓家戶出乎意料；而這種誘惑通常會導致一個起伏很大的高物價膨脹均衡。固定匯率的優點之一是，它讓貨幣當局無法採取這一類的貨幣政策；亦即，如果中央銀行承諾維持固定的名目匯率，那就無法同時創造出大幅且出乎意料的物價水準與貨幣總計數的波動。由此一角度來看，固定匯率制度會比浮動匯率制度產生更好的結果。不過，這個結論的效度會因為政府與中央銀行違背維持固定匯率的承諾而減弱。舉例來說，在 1991 年，阿根廷採用釘住美元的強力固定匯率制度。此一承諾是一個大型的經濟改革計畫之一部分，而且一直到 1998 年，這個固定匯率制度對改善阿根廷經濟卓有貢獻。但在 1999–2001 年的經濟危機之後，阿根廷政府與中央銀行不願意再履行 1 披索兌 1 美元的承諾。一個猛烈的降值，讓披索與美元的名目匯率變成約 3 披索兌換 1 美元。阿根廷經濟在 2002 年因此一匯率制度的改變而陷入蕭條。

總結

在上一章，所有的國家都使用一種共同的貨幣。本章則考慮不同的貨幣，以及貨幣之間的匯率。名目匯率指明每一美元所能兌換的外幣數量，例如英鎊的數量。相較之下，實質匯率則指明每單位美國 (或本國) 的**商品**所能兌換的英國 (或外國) **商品**的數量。

絕對 PPP 條件說明名目匯率，例如每一美元所能兌換的英鎊數，等於英國 (或外國) 的物價水準對美國 (或本國) 的物價水準的比值；這相當於實質匯率等於 1.0。這個條件並不會剛好成立，因為一方面各經濟體系會專業化生產不同的商品，另一方面，非貿易財與服務的成本決定於購買地點。就先進的經濟體系而言，實質匯率雖不等於 1，但也相去不遠。就中所得與低所得國家而言，實質匯率通常大於 1.0，也就是其一籃子的商品與服務遠比美國的便宜。

PPP 條件的相對形式則說明，名目匯率的成長率等於英國 (或外國) 與美國 (或本國) 的物價膨脹率之差；這相當於實質匯率的成長率等於零。對先進國家來說，這個條件在長期要比短期容易成立。另外，這個條件也適用於有高物價膨脹的中所得國家。

利率平價條件指出英國 (或外國) 與美國 (或本國) 名目利率的差等於預期的名目匯率成長率。結合相對形式的 PPP 條件與利率平價條件，可得兩國的預期實質利率是相等的。利率平價條件可以解釋很多利率的跨國表現，特別是跟富國有關

的。不過,這個條件不必然完全成立,特別是在國際間稅制不同、資產報酬與匯率的變動不確定,以及政府對外匯交易與跨國資產流動設限的情況下。

自第二次世界大戰後到 1970 年代初期,先進國家在布列頓森林體系下,採用固定匯率制度。固定匯率也適用於共同貨幣體系,像是 12 個西歐國家在 1999–2001 年期間所採用的歐元體系。在固定匯率制度下,英國(或外國)的物價膨脹率必須接近美國(或本國)的物價膨脹率。因此,採行固定匯率的國家,無法實施獨立的貨幣政策。在固定匯率制度下,實施獨立的貨幣政策,會導致國際準備的流失,從而造成貨幣降值。

在浮動匯率下,一國可以有獨立的貨幣政策。此一政策可用來達成央行想要的物價水準。名目匯率會調整到與該物價一致的水準。

固定或浮動匯率制度的選擇,決定於很多因素。固定匯率制度,特別是共同貨幣,可以降低商品與資產貿易的交易成本。在浮動匯率制度下,才會有獨立的貨幣政策;只要能善加運用就能避免低產出與高失業。固定匯率制度有助於讓央行承諾維持低且穩定的物價膨脹。不過,政府與央行可以藉由降值來打破維持固定匯率的承諾。

習題

A. 複習題

1. 在浮動匯率制度下,像巴西這樣有持續性高物價膨脹率 π 的國家,其對美元的名目匯率也會持續貶值。說明何以如此。為什麼巴西政府會喜歡這樣的制度?
2. 說明式 (19.11) 的利率平價條件。說明這個條件如何導致式 (19.14) 中,跨國間預期實質利率相等的結果。
3. 我們曾以傳統的金本位制度、布列頓森林體系與共同貨幣的組織作為固定匯率制度的例子。說明這些制度如何運作,以維持名目匯率固定。
4. 說明式 (19.2) 的絕對購買力平價條件與式 (19.5) 的相對購買力平價條件。
5. 說明名目匯率與實質匯率的差異。在固定匯率制度下,是要釘住哪一個匯率?
6. 在固定匯率制度下,中央銀行是否能控制本國的貨幣數量?說明一個想要執行獨立貨幣政策的企圖會如何導致降值或增值。為什麼這種企圖會帶來貿易限制?

B. 討論題

7. 外匯的遠期契約

如果一個人購買歐元的 1 月期遠期契約,則他即同意在下個月以今天所設定的美元匯

率購買歐元。契約的買方即擁有歐元的多倉部位；如果在未來一個月內歐元升值 (超過預期的幅度)，則對買方有利。同樣地，遠期契約的賣方同意在下個月，以今天所設定的美元匯率賣出歐元。賣方擁有歐元的短倉部位；如果在未來一個月內歐元貶值 (超過預期的幅度)，則對賣方有利。

另外，考慮一個月期的歐元債券。該債券以一議定的歐元金額在今天賣出，而在一個月後支付載明的歐元金額。一個人如何用遠期外匯市場來保證，購買歐元債券並持有一個月的美元報酬率？

8. 金本位制度下的黃金運送

假設 (用一個不切實際的數字) 每盎斯黃金的價格在紐約是 \$5，在倫敦則是 £1。先假設黃金在紐約與倫敦之間的運送成本為零。

a. 假設美元與英鎊的匯率是每英鎊 \$6。如果住在紐約的某人擁有 \$1,000，則他如何獲利？假設黃金在紐約與倫敦之間的運送成本是運送金額的 1%，則匯率要從每英鎊 \$5 上升多少，才能讓此一行動有利可圖？

b. 現在以住在倫敦的某人之角度回答 a 小題。他有 £200，且匯率是每英鎊 \$4。

c. 你的前兩小題的答案決定出，在每英鎊 \$5 的匯率上下的一個特定區間內，不管是由倫敦運送黃金到紐約或相反，都無利可圖。此一特定區間的上下界都稱為**黃金點** (*gold points*)。如果匯率超過這兩個點，則運送任何數量的黃金都是有利潤的。試說明運送黃金的可能性保證匯率會維持在黃金點之間。

9. 浮動匯率與物價膨脹率

式 (19.5) 說明，本國貨幣兌外國貨幣的匯率其成長率與兩國物價膨脹率之差的關係。用國際貨幣基金的 International Financial Statistics，計算一些國家的匯率成長率與物價膨脹率 (用那些並未出現在表 19.2 與表 19.3 的國家)。計算的結果是否符合式 (19.5)？

10. 貨幣需求的變動

考慮中國其實質貨幣需求 M^d/P 的增加。

a. 在跟美國的固定匯率下，中國的物價水準 P 與名目貨幣數量 M 會有什麼變動？

b. 在浮動匯率與 M 固定下，中國的物價水準 P 與匯率 ε 會有什麼變動？

11. 尼克森總統在 1971 年放棄金本位制度

在布列登森林體系下，美國釘住黃金價格為每盎斯 \$35。

a. 為何要煩惱黃金價格在 1971 年時上漲？

b. 尼克森總統放棄美國以固定價格跟國外官方機構買賣黃金之承諾，是否正確？法國曾建議將黃金的價格上調一倍。如果照做是否有幫助？

參考文獻

Abraham, Katharine. 1987. 'Help-Wanted Advertising, Job Vacancies, and Unemployment', *Brookings Papers on Economic Activity* 1, 207–243.

Acemoglu, Daron, Gallego, Francisco A., and Robinson, James A. 2014. 'Institutions, Human Capital and Development', *Annual Reviews of Economics* 6 (January): 875–912.

Acemoglu, Daron, Johnson, Simon, and Robinson, James A. 2001. 'The Colonial Origins of Comparative Development: An Empirical Investigation', *American Economic Review* 91 (December): 1369–1401.

Acemoglu, Daron, Naidu, Suresh, Restrepo, Pascual, and Robinson, James A. 2015. 'Democracy Does Cause Growth', Working Paper, MIT Department of Economics.

Ahmed, Shaghil. 1987. 'Wage Stickiness and the Nonneutrality of Money: A Cross-Industry Analysis', *Journal of Monetary Economics* 20 (July): 25–50.

Alesina, Alberto, and Tabellini, Guido. 1990. 'A Positive Theory of Fiscal Deficits and Government Debt', *Review of Economic Studies* 57 (July): 403–414.

Alogoskoufis, George S. 1987a. 'Aggregate Employment and Intertemporal Substitution in the U.K.', *Economic Journal* 97 (June): 403–415.

Alogoskoufis, George S. 1987b. 'On Intertemporal Substitution and Aggregate Labor Supply', *Journal of Political Economy* 95 (October): 938–960.

Álvarez, Luis J., Dhyne, Emmanuel, Hoeberichts, Marco, Kwapil, Claudia, Bihan, Hervé Le, Lünnemann, Patrick, Martins, Fernando, Sabbatini, Roberto, Stahl, Harald, Vermeulen, Philip, and Vilmunen, Jouko. 2006. 'Sticky Prices in the Euro Area: A Summary of New Micro-evidence', *Journal of the European Economic Association* 4, (April-May): 575–584.

Ando, Albert, and Modigliani, Franco. 1963. 'The "Life-Cycle" Hypothesis of Saving: Aggregate Implications and Tests', *American Economic Review* 53 (March): 55–84.

Attfield, Cliff, and Duck, Nigel. 1983. 'The Influence of Unanticipated Money Growth on Real Output: Some Cross-Country Estimates', *Journal of Money, Credit, and Banking* 15 (November): 442–454.

Azariadas, Costas. 1975. 'Implicit Contracts and Underemployment Equilibria', *Journal of Political Economy* 83 (December): 1183–1202.

Baily, Martin N. 1974. 'Wages and Employment under Uncertain Demand', *Review of Economic Studies* 33 (January): 37–50.

Balassa, Bela. 1964. 'The Purchasing Power Parity Doctrine: A Reappraisal', *Journal of Political Economy*, 72 (December): 584–596.

Barro, Robert J. 1974. 'Are Government Bonds Net Wealth?' *Journal of Political Economy* 82 (November/December): 1095–1118.

Barro, Robert J. 1978. 'Comment from an Unreconstructed Ricardian', *Journal of Monetary Economics* 4 (August): 569–581.

Barro, Robert J. 1981. 'Unanticipated Money Growth and Economic Activity in the United States', in R. Barro (ed.) *Money, Expectations, and Business Cycles*, New York: Academic Press.

Barro, Robert J. 1987. 'Government Spending, Interest Rates, Prices and Budget Deficits in the United Kingdom, 1730–1918', *Journal of Monetary Economics* 20 (September): 221–247.

Barro, Robert J. 1989. 'The Ricardian Approach to Budget Deficits', *Journal of Economic Perspectives* 3 (Spring): 37–54.

Barro, Robert J., and Gordon, David B. 1983a. 'A Positive Theory of Monetary Policy in a Natural Rate Model', *Journal of Political Economy* 91 (August): 589–610.

Barro, Robert J., and Gordon, David B. 1983b. 'Rules, Discretion and Reputation in a Model of Monetary Policy', *Journal of Monetary Economics* 91 (August): 101–121.

Barro, Robert J., and Sahasakul, Chaipat. 1983. 'Measuring the Average Marginal Tax Rate from the Individual Income Tax', *Journal of Business* 56 (October): 419–452.

Barro, Robert J., and Sahasakul, Chaipat. 1986. 'Average Marginal Tax Rates from Social Security and the Individual Income Tax', *Journal of Business* 59 (October): 555–566.

Barro, Robert J., and Sala-i-Martin, Xavier. 1990. 'World Real Interest Rates', in *NBER Macroeconomics Annual 1990*. Cambridge, MA: MIT Press.

Barsky, Robert B., and Miron, Jeffrey A. 1989. 'The Seasonal Cycle and the Business Cycle', *Journal of Political Economy* 97 (June): 503–534.

Beaulieu, Joseph J., and Miron, Jeffrey A. 1992. 'A Cross-Country Comparison of Seasonal Cycles and Business Cycles', *Economic Journal* 102 (July): 772–788.

Bernanke, Ben S. 1983. 'Nonmonetary Effects of the Financial Crisis in the Propagation of the Great Depression', *American Economic Review* 73 (June): 257–276.

Bernheim, B. Douglas, Shleifer, Andrei, and Summers, Lawrence H. 1985. 'The Strategic Bequest Motive', *Journal of Political Economy* 93 (December): 1045–1076.

Bils, Mark. 1989. 'Testing for Contracting Effects on Employment', Working Paper no. 174, Rochester Center for Economic Research, January.

Bils, Mark, and Klenow, Peter. 2004. 'Some Evidence on the Importance of Sticky Prices', *Journal of Political Economy* 112 (October): 947–985.

Bird, Roger C., and Bodkin, Ronald G. 1965. 'The National Service Life Insurance Dividend of 1950 and Consumption: A Further Test of the "Strict" Permanent Income Hypothesis', *Journal of Political Economy* 73 (October): 499–515.

Blinder, Alan S., Canetti, Elie R. D., Lebow, David E., and Rudd, Jeremy B. 1998. *Asking About Prices: A New Approach to Understanding Price Stickiness*, New York: Russell Sage Foundation.

Bloom, Murray T. 1966. *The Man Who Stole Portugal*, New York: Charles Scribner's Sons.

Board of Governors of the Federal Reserve System. 2003. *The Use and Counterfeiting of United States Currency Abroad*, Part II, Washington, DC: U.S. Government Printing Office.

Bolt, Jutta, and van Zanden, Jan Luiten. 2014. 'The Maddison Project: Collaborative Research on Historical National Accounts', *Economic History Review* 67 (3): 627–651.

Bomberger, William A., and Makinen, Gail E. 1983. 'The Hungarian Hyperinflation and Stabilization of 1945–1946', *Journal of Political Economy* 91 (October): 801–824.

Boskin, Michael J., with Dulberger, Ellen R., Griliches, Zvi, Gordon, Robert J., and Jorgenson, Dale. 1996. *Toward a More Accurate Measure of the Cost of Living*, Advisory Commission to Study the Consumer Price Index, Washington, DC: U.S. Government Printing Office.

Bresciani-Turroni, Costantino. 1937. *The Economics of Inflation*, London: Allen & Unwin.

Broadbent, Ben. 1996. 'Monetary Policy Regimes and the Costs of Discretion', unpublished Ph.D. dissertation, Harvard University.

Brown, E. Cary. 1956. 'Fiscal Policy in the Thirties: A Reappraisal', *American Economic Review* 46 (December): 857–879.

Browning, Martin, and Collado, M. Dolores. 2001. 'The Response of Expenditures to Anticipated Income Changes: Panel Data Estimates', *American Economic Review* 91 (June): 681–692.

Buchanan, James M. 1958. *Public Principles of Public Debt*, Homewood, IL: Irwin.

Cagan, Phillip D. 1956. 'The Monetary Dynamics of Hyperinflation', in Milton Friedman (ed.) *Studies in the Quantity Theory of Money*, Chicago: University of Chicago Press.

Carare, Alina, and Stone, Mark R. 2003. 'Inflation Targeting Regimes', Working Paper, International Monetary Fund, January.

Card, David. 1980. 'Determinants of the Form of Long-Term Contracts', Working Paper no. 135, Princeton University, June.

Carlson, John A. 1977. 'A Study of Price Forecasts', *Annals of Economic and Social Measurement* 6 (Winter): 27–56.

Carlton, Dennis. 1986. 'The Rigidity of Prices', *American Economic Review* 76 (September): 637–658.

Carroll, Chris, and Summers, Lawrence H. 1987. 'Why Have Private Savings Rates in the United States and Canada Diverged?', *Journal of Monetary Economics* 20 (September): 249–279.

Caselli, Francesco, and Coleman, J Wilbur. 2001. 'Cross-Country Technology Diffusion: The Case of Computers', *American Economic Review* 91 (May): 328–335.

Caselli, Francesco, and Feyrer, James. 2007. 'The Marginal Product of Capital', *Quarterly Journal of Economics* 122 (2): 535–568.

Cass, David. 1965. 'Optimum Growth in an Aggregative Model of Capital Accumulation', *Review of Economic Studies* 32 (July): 233–240.

Cecchetti, Stephen G. 1986. 'The Frequency of Price Adjustment: A Study of the Newsstand Prices of Magazines', *Journal of Econometrics* 31 (April): 255–274.

Central Statistical Office. *Annual Abstract of Statistics*. London, various issues.

Clark, Truman A. 1986. 'Interest Rate Seasonals and the Federal Reserve', *Journal of Political Economy* 94 (February): 76–125.

Cloyne, James, and Hürtgen, Patrick. 2016. 'The Macroeconomic Effects of Monetary Policy: A New Measure for the United Kingdom', *American Economic Journal: Macroeconomics*, forthcoming.

Coe, David T., and Helpman, Elhanan. 1995. 'International R&D Spillovers', *European Economic Review* 39: 859–887.

Cole, Harold L., and Ohanian, Lee E. 2004. 'New Deal Policies and the Persistence of the Great Depression: A General Equilibrium Analysis', *Journal of Political Economy* 112 (August): 779–816.

Council of Economic Advisers. 1962. *Economic Report of the President*: 78–82.

Cumby, Robert, and Obstfeld, Maurice. 1984. 'International Interest Rate and Price Level Linkages Under Flexible Exchange Rates: A Review of Recent Evidence', in John F. O. Bilson and Richard C. Marston (eds) *Exchange Rate Theory and Practice*, Chicago: University of Chicago Press.

Darby, Michael R. 1976. 'Three-and-a-Half Million U.S. Employees Have Been Mislaid: Or an Explanation of Unemployment, 1934–1941', *Journal of Political Economy* 84 (February): 1–16.

Darby, Michael R., Haltiwanger, John C., Jr, and Plant, Mark W. 1985. 'Unemployment Rate Dynamics and Persistent Unemployment under Rational Expectations', *American Economic Review* 75 (September): 614–637.

Deane, Phyllis, and Cole, W. A. 1969. *British Economic Growth, 1688–1959*. 2nd edn, Cambridge: Cambridge University Press.

DeLong, J. Bradford. 1998. 'Estimating World GDP, One Million B.C. – Present', Working Paper, University of California, Berkeley, Department of Economics.

Dotsey, Michael. 1985. 'The Use of Electronic Funds Transfers to Capture the Effect of Cash Management Practices on the Demand for Demand Deposits', *Journal of Finance* 40 (December): 1493–1503.

Easterly, William M. 2001. *The Elusive Quest for Growth: Economists' Adventures and Misadventures in the Tropics*, Cambridge, MA: MIT Press.

Esposito, Louis. 1978. 'Effect of Social Security on Saving: Review of Studies Using U.S. Time Series Data', *Social Security Bulletin* 41 (May): 9–17.

Evans, Paul. 1987a. 'Interest Rates and Expected Future Budget Deficits in the United States', *Journal of Political Economy* 95 (February): 34–58.

Evans, Paul. 1987b. 'Do Budget Deficits Raise Nominal Interest Rates? Evidence from Six Industrial Countries', *Journal of Monetary Economics* 20 (September): 281–300.

Fair, Ray C. 1979. 'An Analysis of the Accuracy of Four Macroeconometric Models', *Journal of Political Economy* 87 (August): 701–718.

Fair, Ray C. 1987. 'International Evidence on the Demand for Money', *Review of Economics and Statistics* 69 (August): 473–480.

Fay, Jon A., and Medoff, James L. 1985. 'Labor and Output over the Business Cycle: Some Direct Evidence', *American Economic Review* 75 (September): 638–655.

Feenstra, Robert C., Inklaar, Robert, and Timmer, Marcel P. 2015. 'The Next Generation of the Penn World Table', *American Economic Review* 105 (October): 3150–3182.

Feinstein, C. H. 1972. *National Income, Expenditures, and Output of the United Kingdom, 1855–1965*. Cambridge: Cambridge University Press.

Feldstein, Martin S. 1974. 'Social Security, Induced Retirement, and Aggregate Capital Accumulation', *Journal of Political Economy* 82 (September/October): 905–928.

Ferguson, James M. (ed.). 1964. *Public Debt and Future Generations*, Chapel Hill: University of North Carolina Press.

Fischer, Stanley. 1977. 'Long-Term Contracts, Rational Expectations, and the Optimal Money Supply Rule', *Journal of Political Economy* 85 (February): 191–206.

Fisher, Irving. 1926. *The Purchasing Power of Money*, 2nd edn, New York: Macmillan.

Fleisher, Belton M., and Kniesner, Thomas J. 1984. *Labor Economics: Theory, Evidence, and Policy*, 3rd edn, Englewood Cliffs, NJ: Prentice-Hall.

Flood, Robert P., and Garber, Peter M. 1980. 'An Economic Theory of Monetary Reform', *Journal of Political Economy* 88 (February): 24–58.

Friedman, Milton. 1956. 'The Quantity of Money – A Restatement', in Milton Friedman (ed.) *Studies in the Quantity Theory of Money*, Chicago: University of Chicago Press.

Friedman, Milton. 1957. *A Theory of the Consumption Function*, Princeton, NJ: Princeton University Press.

Friedman, Milton. 1960. *A Program for Monetary Stability*, New York: Fordham University Press.

Friedman, Milton. 1968a. 'Free Exchange Rates', in *Dollars and Deficits*, Englewood Cliffs, NJ: Prentice-Hall.

Friedman, Milton. 1968b. 'Inflation: Causes and Consequences', in *Dollars and Deficits*. Englewood Cliffs, NJ: Prentice-Hall.

Friedman, Milton. 1968c. 'The Role of Monetary Policy', *American Economic Review* 58 (March): 1–17.

Friedman, Milton. 1969. *The Optimum Quantity of Money and Other Essays*, Chicago: Aldine.

Friedman, Milton, and Schwartz, Anna J. 1963. *A Monetary History of the United States, 1867–1960,* Princeton, NJ: Princeton University Press.

Friedman, Milton, and Schwartz, Anna J. 1982. *Monetary Trends in the United States and the United Kingdom: Their Relation to Income, Prices, and Interest Rates, 1867–1975*, Chicago, IL: University of Chicago Press.

Fullerton, Don. 1982. 'On the Possibility of an Inverse Relationship Between Tax Rates and Government Revenues', *Journal of Public Economics* 19 (October): 3–22.

Galí, Jordi, López-Salido, J. David, and Vallés, Javier. 2007. 'Understanding the Effects of Government Spending on Consumption', *Journal of the European Economic Association*, 5 (March): 227–270.

Garber, Peter M. 1982. 'Transition from Inflation to Price Stability', *Carnegie-Rochester Conference Series on Public Policy* 16 (Spring): 11–42.

Goldfeld, Steven M. 1973. 'The Demand for Money Revisited', Brookings Papers on Economic Activity, no. 3, 577–638.

Goldfeld, Steven M. 1976. 'The Case of the Missing Money', Brookings Papers on Economic Activity, no. 3, 683–730.

Goldfeld, Steven M., and Sichel, Daniel E. 1990. 'The Demand for Money', in Benjamin M. Friedman and Frank H. Hahn (eds) *Handbook of Monetary Economics*, vol. 1, Amsterdam: North Holland.

Golosov, Mikhail, and Lucas, Robert E., Jr. 2006. 'Menu Costs and Phillips Curves', unpublished, MIT, March, National Bureau of Economic Research, December.

Gordon, Donald F. 1974. 'A Neo-Classical Theory of Keynesian Unemployment', *Economic Inquiry* 12 (December): 431–459.

Gort, Michael, and Klepper, Steven. 1982. 'Time Paths in the Diffusion of Product Innovations', *Economic Journal* 92 (September): 630–653.

Gray, Jo Anna. 1976. 'Wage Indexation: A Macroeconomic Approach', *Journal of Monetary Economics* 2 (April): 221–236.

Greenwood, Jeremy, Hercowitz, Zvi, and Huffman, Gregory. 1988. 'Investment, Capacity Utilization, and the Real Business Cycle', *American Economic Review* 78 (June): 402–417.

Griliches, Zvi. 1957. 'Hybrid Corn—An Exploration in the Economics of Technological Change.', *Econometrica* 25 (October): 501–522.

Griliches, Zvi. 1998. *R&D and Productivity: The Econometric Evidence*, Chicago: University of Chicago Press.

Hahm, Joon-Ho. 1998. 'Consumption Adjustments to Real Interest Rates: Intertemporal Substitution Revisited', *Journal of Economic Dynamics & Control* 22 (February): 293–320.

Hall, Robert E. 1979. 'A Theory of the Natural Unemployment Rate and the Duration of Unemployment', *Journal of Monetary Economics* 5 (April): 153–170.

Hall, Robert E. 1989. 'Consumption', in Robert J. Barro (ed.) *Modern Business Cycle Theory,* Cambridge, MA: Harvard University Press.

Hall, Robert E. 2005. 'Employment Efficiency and Sticky Wages: Evidence from Flows in Labor Market', Working Paper no. 11183, National Bureau of Economic Research, March.

Havránek, Tomáš. 2015. 'Measuring Intertemporal Substitution: The Importance of Method Choices and Selective Reporting', *Journal of the European Economic Association* 13 (December): 1180–1204.

Hawtrey, Ralph G. 1932. 'The Portuguese Bank Notes Case', *Economic Journal* 42 (September): 391–398.

Heckscher, Eli. 1919. 'The Effect of Foreign Trade on the Distribution of Income', *Ekonomisk Tidskrift*.

Helpman, Elhanan, and Krugman, Paul R. 1985. *Market Structure and Foreign Trade*, Cambridge, MA: MIT Press.

Hercowitz, Zvi. 1981. 'Money and the Dispersion of Relative Prices', *Journal of Political Economy* 89 (April): 328–356.

Heston, Alan, Summers, Robert, and Aten, Bettina. 2002. *Penn World Table Version 6.1*. Center for International Comparisons at the University of Pennsylvania (CICUP), October.

Hsieh, Chang-Tai. 2003. 'Do Consumers React to Anticipated Income Changes? Evidence from the Alaska Permanent Fund', *American Economic Review* 93 (March): 397–405.

Hubbard, R. Glenn. 2002. 'Tax Notes 30th Anniversary', unpublished Working Paper, Columbia University, December.

International Monetary Fund. *International Financial Statistics*, various issues.

Jappelli, Tullio, and Pistaferri, Luigi, 2010. 'The Consumption Response to Income Changes', *Annual Review of Economics* 2 (September): 479–506.

Jaumotte, Florence. 2000. 'Technological Catch-up and the Growth Process', unpublished Ph.D. dissertation, Harvard University, November.

Jones, Charles I. 1995. 'Time Series Tests of Endogenous Growth Models', *Quarterly Journal of Economics* 110 (May): 495–525.

Jones, Charles I. 2005. 'Growth and Ideas', in Philippe Aghion and Steven Durlauf (eds) *Handbook of Economic Growth*, Amsterdam: Elsevier.

Jovanovic, Boyan, and Lach, Saul, 1997. 'Product Innovation and the Business Cycle', *International Economic Review* 38 (February): 3–22.

Judson, Ruth. 2012. 'Crisis and Calm: Demand for U.S. Currency at Home and Abroad from the Fall of the Berlin Wall to 2011', Board of Governors of the Federal Reserve System International Finance Discussion Paper 1058.

Kashyap, Anil K. 1995. 'Sticky Prices: New Evidence from Retail Catalogs', *Quarterly Journal of Economics*, 110, 245–274.

Kendrick, John W. 1961. *Productivity Trends in the United States*, Princeton, NJ: Princeton University Press.

Kenny, Lawrence W. 1991. 'Cross-Country Estimates of the Demand for Money and Its Components', *Economic Inquiry* 29 (October), 696–705.

Keynes, John Maynard. 1923. *A Tract on Monetary Reform*, Macmillan: London.

Keynes, John Maynard. 1936. *The General Theory of Employment, Interest, and Money*, New York: Harcourt Brace.

Koopmans, Tjalling C. 1965. 'On the Concept of Optimal Growth', in *The Economic Approach to Development Planning*, Amsterdam: North Holland.

Kormendi, Roger C., and Meguire, Phillip G. 1984. 'Cross-Regime Evidence of Macroeconomic Rationality', *Journal of Political Economy* 92 (October): 875–908.

Kreinin, Mordechai E. 1961. 'Windfall Income and Consumption—Additional Evidence', *American Economic Review* 51 (June): 388–390.

Kuznets, Simon. 1948. 'Discussion of the New Department of Commerce Income Series', *Review of Economics and Statistics* 30 (August): 151–179.

Kydland, Finn E., and Prescott, Edward C. 1977. 'Rules Rather than Discretion: The Inconsistency of Optimal Plans', *Journal of Political Economy* 85 (June): 473–491.

Kydland, Finn E., and Prescott, Edward C. 1982. 'Time to Build and Aggregate Fluctuations', *Econometrica* 51 (November): 1345–1370.

Kydland, Finn E., and Prescott, Edward C. 1990. 'Business Cycles: Real Facts and a Monetary Myth.' *Federal Reserve Bank of Minneapolis, Quarterly Review* (Spring): 3–18.

Lahaye, Laura. 1985. 'Inflation and Currency Reform', *Journal of Political Economy* 93 (June): 537–560.

Landsberger, Michael. 1970. 'Restitution Receipts, Household Savings, and Consumption Behavior in Israel', unpublished Working Paper, Research Department, Bank of Israel.

Lane, Philip R. 2012. 'The European Sovereign Debt Crisis', *Journal of Economic Perspectives* 26 (Summer): 49–67.

Leimer, Dean, and Lesnoy, Selig. 1982. 'Social Security and Private Saving: New Time Series Evidence', *Journal of Political Economy* 90 (June): 606–629.

Lindsey, Lawrence B. 1987. 'Individual Taxpayer Response to Tax Cuts, 1982–1984', *Journal of Public Economics* 33 (July): 173–206.

Lucas, Robert E., Jr. 1973. 'Some International Evidence on Output-Inflation Trade-offs', *American Economic Review* 63 (June): 326–334.

Lucas, Robert E., Jr. 1977. 'Understanding Business Cycles', *Carnegie-Rochester Conference on Public Policy* 5: 7–29.

Lucas, Robert E., Jr. 1981. *Studies in Business-Cycle Theory*, Cambridge, MA: MIT Press.

Lucas, Robert E., Jr. 1988. 'On the Mechanics of Economic Development', *Journal of Monetary Economics* 22 (July): 3–42.

Maddison, Angus. 2003. *The World Economy: Historical Statistics*, Paris: OECD.

Malthus, Thomas R. 1798. *An Essay on the Principal of Population*, London: W. Pickering, 1986.

McCallum, Ben T. 1979. 'The Current State of the Policy Ineffectiveness Debate', *American Economic Review* 69 (proceedings, May): 240–245.

McClure, Alexander K. 1901. *Abe Lincoln's Yarns and Stories*, New York: W. W. Wilson.

Miron, Jeffrey A. 1986. 'Financial Panics, the Seasonality of the Nominal Interest Rate, and the Founding of the Fed', *American Economic Review* 76 (March): 125–140.

Mishkin, Frederic S. 1984. 'Are Real Interest Rates Equal Across Countries? An Empirical Investigation of International Parity Conditions', *Journal of Finance* 39 (December): 1345–1357.

Mishkin, Frederic S., and Schmidt-Hebbel, Klaus. 2001. 'One Decade of Inflation Targeting in the World: What Do We Know and What Do We Need to Know?', Working Paper no. 8397, National Bureau of Economic Research, July.

Mitchell, B. R., and Deane, Phyllis. 1962. *Abstract of British Historical Statistics*, Cambridge: Cambridge University Press.

Mitchell, B. R., and Jones, H. G. 1971. *Second Abstract of British Historical Statistics.* Cambridge: Cambridge University Press.

Modigliani, Franco, and Brumberg, Richard. 1954. 'Utility Analysis and the Consumption Function: An Interpretation of Cross-Section Data', in Kenneth Kurihara (ed.) *Post-Keynesian Economics*, New Brunswick, NJ: Rutgers University Press.

Morgan Guaranty Trust. 1983. *World Financial Markets*, New York, February.

Mulligan, Casey B. 1995. 'The Intertemporal Substitution of Work – What Does the Evidence Say?' Population Research Center Discussion Paper Series no. 95-11, July.

Mulligan, Casey B. 1998. 'Pecuniary and Nonpecuniary Incentives to Work in the United States during World War II', *Journal of Political Economy* 106 (October): 1033–1077.

Mulligan, Casey B. 2001. 'Capital, Interest, and Aggregate Intertemporal Substitution', unpublished Working Paper, University of Chicago.

Mulligan, Casey B., and Sala-i-Martin, Xavier. 2000. 'Extensive Margins and the Demand for Money at Low Interest Rates', *Journal of Political Economy* 108 (October): 961–991.

Mundell, Robert A. 1968. *International Economics*, New York: Macmillan.

Mundell, Robert A. 1971. *Monetary Theory*, Pacific Palisades, CA: Goodyear.

Musgrave, Richard. 1959. *Theory of Public Finance*, New York: McGraw-Hill.

Muth, John F. 1961. 'Rational Expectations and the Theory of Price Movements', *Econometrica* 29 (July): 315–335.

Nakamura, Emi and Steinsson, Jon. 2006. 'Five Facts about Prices: A Reevaluation of Menu Cost Models', unpublished, Harvard University, August.

North, Douglas, and Weingast, Barry. 1989. 'Constitutions and Commitment: The Evolution of Institutions Governing Public Choice in Seventeenth Century England', *Journal of Economic History* (December): 803–832.

Nuvolari, Alessandro, Verspagen, Bart, and von Tunzelmann, Nick. 2011. 'The Early Diffusion of the Steam Engine in Britain, 1700–1800: A Reappraisal', *Cliometrica* 5 (October): 291–321.

Obstfeld, Maurice, and Rogoff, Kenneth. 2004. 'The Unsustainable U.S. Current Account Position Revisited', unpublished Working Paper, Harvard University, October.

Ochs, Jack, and Rush, Mark. 1983. 'The Persistence of Interest Rate Effects on the Demand for Currency', *Journal of Money, Credit, and Banking* 15 (November): 499–505.

O'Driscoll, Gerald P., Jr. 1977. 'The Ricardian Nonequivalence Theorem', *Journal of Political Economy* 85 (February): 207–210.

Ohlin, Bertil. 1933. *Interregional and International Trade*, Cambridge MA: Harvard University Press.

Olivei, Giovanni, and Tenreyro, Silvana. 2007. 'The Timing of Monetary Policy Shocks', *American Economic Review American Economic Review* 97(3) (June): 636–663.

Organization of American States. *Statistical Bulletin of the OAS*, various issues.

Parker, Jonathan A. 1999. 'The Reaction of Household Consumption to Predictable Changes in Social Security Taxes', *American Economic Review* 89 (September): 959–973.

Persson, Torsten, and Svensson, Lars E. O. 1989. 'Why a Stubborn Conservative Would Run a Deficit: Policy with Time-Inconsistent Preferences', *Quarterly Journal of Economics* 104 (May): 325–345.

Phelps, Edmund S. 1970. 'The New Microeconomics in Employment and Inflation Theory', in Edmund S. Phelps (ed.) *Microeconomic Foundations of Employment and Inflation Theory*, New York: Norton.

Pinera, Jose. 1996. *Empowering Workers: The Privatization of Social Security in Chile*, Washington, DC: Cato Institute.

Pinkovskiy, Maxim and Sala-i-Martin, Xavier. 2009. 'Parametric Estimations of the World Distribution of Income', NBER Working Paper no. 15433.

Plosser, Charles I. 1982. 'Government Financing Decisions and Asset Returns', *Journal of Monetary Economics* 9 (May): 325–352.

Plosser, Charles I. 1987. 'Fiscal Policy and the Term Structure', *Journal of Monetary Economics* 20 (September): 343–367.

Porter, Richard D., and Judson, Ruth A. 2001. 'Overseas Dollar Holdings: What Do We Know?', *Wirtschaftspolitische Blatter* 48: 431–440.

Radford, R.A. 1945. 'The Economic Organisation of a P.O.W. Camp', *Economica* 12 (November): 189–201.

Ramaswami, Chitra. 1983. 'Equilibrium Unemployment and the Efficient Job-Finding Rate', *Journal of Labor Economics* 1 (April): 171–196.

Ricardo, David. 1819. *Principles of Political Economy and Taxation*. 2nd edn, London: John Murray.

Ricardo, David. 1846. 'Funding System', in J. Ramsey McCulloch (ed.) *The Works of David Ricardo*, London: John Murray.

Rogoff, Kenneth S. 1989. 'Reputation, Coordination, and Monetary Policy', in Robert J. Barro (ed.) *Modern Business Cycle Theory*, Cambridge, MA: Harvard University Press.

Romer, Christina D. 1986. 'Spurious Volatility in Historical Unemployment Data', *Journal of Political Economy* 94 (February): 1–37.

Romer, Christina D. 1988. 'World War I and the Postwar Depression: A Reinterpretation Based on Alternative Estimates of GNP', *Journal of Monetary Economics* 22 (July): 91–115.

Romer, Christina D. 1989. 'The Prewar Business Cycle Reconsidered: New Estimates of Gross National Product, 1869–1908', *Journal of Political Economy* 97 (February): 1–37.

Romer, Christina D., and Romer, David H. 2004. 'A New Measure of Monetary Shocks: Derivation and Implications', *American Economic Review* 94 (September): 1055–1084.

Romer, David. 2011. Advanced Macroeconomics. 4th edn, New York: McGraw-Hill Education.

Romer, Paul M. 1990. 'Endogenous Technological Change', *Journal of Political Economy* 98 (October): S71–S102.

Rotwein, Eugene, (ed.). 1970. *David Hume – Writings on Economics*, Madison: University of Wisconsin Press.

Runkle, David E. 1991. 'Liquidity Constraints and the Permanent Income Hypothesis: Evidence from Panel Data', *Journal of Monetary Economics* 27: 73–98.

Sala-i-Martin, Xavier. 2006. 'The World Distribution of Income: Falling Poverty and . . . Convergence, Period', *Quarterly Journal of Economics* 121 (May): 351–397.

Samuelson, Paul A. 1964. 'Theoretical Notes on Trade Problems', *Review of Economics and Statistics* 46 (May): 145–154.

Samuelson, Paul A., and Stolper, Wolfgang F. 1941. 'Protection and Real Wages', *Review of Economic Studies* 9 (November): 58–73.

Sargent, Thomas J. 1982. 'The Ends of Four Big Inflations,' in Robert E. Hall (ed.) *Inflation: Causes and Effects*, Chicago: University of Chicago Press.

Sargent, Thomas J., and Velde, Francois R. 1995. 'Macroeconomic Features of the French Revolution', *Journal of Political Economy* 103(3) (June): 474–518.

Sargent, Thomas J., and Wallace, Neil. 1975. 'Rational Expectations, the Optimal Monetary Instrument, and the Optimal Money Supply Rule', *Journal of Political Economy* 83 (April): 241–254.

Sargent, Thomas J., and Wallace, Neil. 1981. 'Some Unpleasant Monetarist Arithmetic', *Federal Reserve Bank of Minneapolis, Quarterly Review* (Fall): 1–17.

Scoggins, John F. 1990. 'Supply Shocks and Net Exports', unpublished Working Paper, University of Alabama at Birmingham.

Shimer, Robert. 2003. 'The Cyclical Behavior of Equilibrium Unemployment and Vacancies: Evidence and Theory', Working Paper no. 9536, National Bureau of Economic Research, February.

Solow, Robert M. 1956. 'A Contribution to the Theory of Economic Growth', *Quarterly Journal of Economics* 70 (February): 65–94.

Solow, Robert M. 1957. 'Technical Change and the Aggregate Production Function', *Review of Economics and Statistics* 39 (August): 312–320.

Sonderhefte zur Wirtschaft und Statistik. 1929. Berlin: R. Hobbing.

Souleles, Nicholas S. 1999. 'The Response of Household Consumption to Income Tax Refunds', *American Economic Review* 89 (September): 947–958.

Stuart, Charles E. 1981. 'Swedish Tax Rates, Labor Supply, and Tax Revenues', *Journal of Political Economy* 89 (October): 1020–1038.

Taylor, Alan M., and Taylor, Mark P. 2004. 'The Purchasing Power Parity Debate', *Journal of Economic Perspectives* 18 (Fall): 135–158.

Taylor, John B. 1980. 'Aggregate Dynamics and Staggered Contracts', *Journal of Political Economy* 88 (February): 1–23.

Thornton, Henry. 1802. *An Enquiry into the Nature and Effects of the Paper Credit of Great Britain*, London: J. Hatchard.

U.S. Department of Commerce. 1975. *Historical Statistics of the U.S., Colonial Times to 1970*, Washington, DC: U.S. Government Printing Office.

U.S. President. 1962. *Economic Report of the President*, Washington, DC: U.S. Government Printing Office.

Van Ravestein, A., and Vijlbrief, H. 1988. 'Welfare Cost of Higher Tax Rates: An Empirical Laffer Curve for the Netherlands', *De Economist* 136: 205–219.

Walre de Bordes, J. van. 1927. *The Austrian Crown*, London: King.

Warren, George F., and Pearson, Frank A. 1933. *Prices*, New York: Wiley.

World Bank. 1994. *Averting the Old Age Crisis*, Oxford: Oxford University Press.

World Bank. 2006. *World Development Indicators*, Washington, DC: IBRD, World Bank.

索引

Ak 模型　*Ak* model　99
Balassa-Samuelson 假說　Balassa-Samuelson hypothesis　447
Cobb-Douglas 生產函數　Cobb-Douglas production function　66
IS-LM 模型　IS-LM model　119
Laffer 曲線　Laffer curve　336
Solow 成長模型　Solow growth model　52
Solow 殘差　Solow residual　65
TFP 成長　TFP growth　65

一劃
一般均衡　general equilibrium　247
一般物價水準　general price level　3

二劃
人力資本　human capital　46
人口成長　population growth　56

三劃
三方程式凱因斯模型　three-equation Keynesian model　127
大衰退　Great Recession　5
工資率　wage rate　3

四劃
不均　inequality　41
不完全競爭　imperfect competition　392
不完整當前價格資訊　incomplete current information　372
中間財　intermediate goods　18
互斥財　rival good　109
內生成長理論　endogenous growth theory　101
內生貨幣　endogenous money　254
公共投資　public investment　346
公債　public debt　341
公債的負擔　burden of the public debt　359
支票存款　checkable deposits　237
毛投資　gross investment　55
以實質項表示的家戶預算限制　household budget constraint in real terms　145

五劃
世界生產毛額　gross world product (GWP)　4
以名目項表示的家戶預算限制　household budget constraint in nominal terms　144
出口淨額　net exports　25
加成率　markup ratio　394
加權連鎖實質 GDP　chain-weighted real GDP　20
古典經濟學　classical economics　119
外生的技術進步　exogenous technological progress　101

外生變數　exogenous variables　9
外匯市場　exchange market　441
失業　unemployment　3
失業保險　unemployment insurance　218
失業持續期間　duration of unemployment　220
失業率　unemployment rate　5
失衡　disequilibrium　15
市場結清　market-clearing approach　205
市場結清條件　market-clearing conditions　132
布列頓森林體系　Bretton Woods System　455
平均稅率　average tax rate　325
平衡預算　balanced budget　346
未預期到的貨幣成長　unanticipated money growth　380
本金　principal　138
生命循環模型　life-cycle models　179
生活水準　standard of living　35
生息資產　interest-bearing assets　241
生產力　productivity　47
生產力減緩　productivity slowdown　45
生產函數　production function　46

六劃

交易成本　transaction costs　241
交易媒介　medium of exchange　135
全球化　globalization　415
全額準備制　fully funded system　362
共同貨幣　common currency　135
印製貨幣的收入　revenue from printing money　286
名目 GDP　nominal GDP　17
名目工資率　nominal wage rate　137
名目利率　nominal interest rate　122
名目的　nominal　136
名目租用價格　nominal rental price　137
名目匯率　nominal exchange rate　441
名目儲蓄　nominal saving　144
多年期預算限制　multiyear budget constraint　171
存量變數　stock variable　24
成長會計　growth accounting　50
收斂　convergence　77
有限的時間長度　finite horizon　179
自願交換　voluntary exchange　405

七劃

利率　interest rate　3
利率平價　interest-rate parity　453
利潤　profit　140
均衡　equilibrium　13
均衡景氣循環模型 (EBC 模型)　equilibrium business-cycle model　184
完全預期　perfect foresight　385
完全競爭　perfect competition　10
技術水準　technology level　47
技術進步　technological progress　101
技術擴散　diffusion of technology　112
投資的調整成本　adjustment costs for investment　425
投資者情緒　investor sentiment　125
投資–儲蓄線　investment-saving curve　119
折現　discounted　165

折現因子　discount factor　165
折舊　depreciation　24
李嘉圖均等定理　Ricardian equivalence theorem　350
沖銷操作　sterilization　459
系統性貨幣政策的無作為結果　irrelevance result for systematic monetary policy　376

八劃

事求人廣告　help-wanted advertising　215
使用者成本　user costs　210
供給曲線　supply curve　12
供給法則　the law of supply　10
兩年期預算限制　two-year budget constraint　165
到期日　maturity　138
固定成長率法則　constant-growth-rate rule　403
固定規模報酬　constant returns to scale　48
固定匯率　fixed exchange rates　445
固定價格 GDP　GDP in constant prices　20
季節調整資料　seasonally adjusted data　30
定額稅　lump-sum taxes　303
怯志勞工　discouraged workers　223
所得效果　income effects　167
版權　copyright　110
物價水準　price level　136
物價水準目標　price-level targeting　254
物價膨脹目標化　inflation targeting　387
物價膨脹率　inflation rate　7
物價膨脹預期　expectations of inflation　266
社會安全　social security　323
空缺　vacancies　214
股票市場　stock market　132
金本位　gold standard　456
附加價值　value added　26
附加價值毛額　gross value added (GVA)　28
非互斥財　non-rival good　109
非自願性失業　involuntary unemployment　405
非循環的　acyclical　192
非貿易財　non-tradable good　446

九劃

封閉經濟體系　closed economy　25
恆定狀態成長　steady-state growth　102
恆常所得　permanent income　172
指數化　indexation　410
指數型債券　indexed bonds　271
政府預算限制　governmental budget constraint　302
政策法則　policy rule　387
流動性–貨幣線　liquidity-money curve　121
流動性陷阱　liquidity trap　126
流量變數　flow variable　17
相對形式的 PPP　relative form of PPP　450
研究發展　research and development (R&D)　107

計畫時間長度　planning horizon　179
重複課稅　double taxation　327
降值　devaluation　459
風險溢酬　risk premium　143

十劃

乘數　multiplier　402
個體經濟基礎　microeconomic foundations　9
家戶消費支出　household consumption expenditure　23
效用　utility　166
效用函數　utility function　166
浮動匯率　flexible exchange rates　443
消費者物價指數　consumer price index (CPI)　30
消費者非耐久財與服務　consumer non-durables and services　23
消費者準耐久財與耐久財　consumer durables semi-durables and durables　23
消費傾向　propensity to consume　172
租用市場　rental market　134
租用價格　rental price　3
缺工率　vacancy rate　215
衰退　recession　4
逆循環的　countercyclical　192
配額　quota　438

十一劃

商品市場　goods market　133
商品貨幣　commodity money　235

國內生產毛額　gross domestic product (GDP)　3
國內投資毛額　gross domestic investment　24
國內所得毛額　gross domestic income (GDI)　26
國外投資淨額　net foreign investment　417
國外直接投資　foreign direct investment　417
國外要素所得淨額　net factor income from abroad　28, 417
國民所得　national income　27
國民所得毛額　gross national income (GNI)　28
國民所得淨額　net national income (NNI)　28
國民所得會計帳　national-income accounting　4
國民儲蓄　national saving　347
國際收支餘額　balance of international payments　418
國際準備　international reserves　458
基礎設施資本　infrastructure capital　98
專利權　patent　110
強力貨幣　high-powered money　236
強制貨幣　fiat money　235
條件收斂　conditional convergence　86
淨投資　net investment　55
淨國際投資部位　net international investment position　417
現金管理的規模經濟　economies of scale in cash management　243

現值　present value　165
理性預期　rational expectations　266
移轉性支付　transfer payment　275
累進稅率　graduated-rate or progressive-rate tax　325
設算租用所得　imputed rental income　17
貧窮　poverty　37
貨幣　money　136
貨幣中立性　neutrality of money　250
貨幣同盟　currency union　135
貨幣成長率　money growth rate　262
貨幣法則　monetary rule　384
貨幣基數　monetary base　236
貨幣創造　money creation　276
貨幣需求　demand for money　235
貨幣數量理論　quantity theory of money　252
貨幣總計數　monetary aggregate　237
通貨　currency　136
通貨緊縮　deflation　262

十二劃

凱因斯 IS-LM 模型　Keynesian IS-LM model　16
凱因斯經濟學　Keynesian economics　119
勞動　labor　46
勞動力　labor force　47
勞動市場　labor market　133
勞動參與率　labor-force participation rate　52
勞動窖藏　labor hoarding　397
勞動邊際產出　marginal product of labor (MPL)　47

勞動邊際產出遞減　diminishing marginal product of labor　48
單一稅率　flat-rate tax　326
單一價格法則　law of one price　416
就業　employment　3
就業率　employment rate　214
景氣循環　business cycle　4
智慧財產權　intellectual property rights　110
最終商品與服務　final goods and services　18
無限的時間長度　infinite horizon　179
無限期預算限制　infinite-horizon budget constraint　179
稅後實質工資率　after-tax real wage rate　329
稅後實質利率　after-tax real interest rate　332
稅率平滑化　tax-rate　356
策略性預算赤字　strategic budget deficits　357
絕對收斂　absolute convergence　86
絕對形式的 PPP　absolute form of PPP　450
菜單成本　menu cost　391
貿易條件　terms of trade　433
貿易餘額　trade balance　418
進口　imports　25
開放經濟體系　open economy　25
順循環的　procyclical　191

十三劃

傳遞路徑　transition path　60

債券　bond　138
債券市場　bond market　135
匯率　exchange rate　3, 441
新古典成長模型　neoclassical growth model　53
新凱因斯模型　new Keynesian model　16
當期價格 GDP　GDP in current prices　20
經常帳平衡　balance on current account　418
經常帳赤字　current-account deficit　418
經常帳盈餘　current-account surplus　418
經常帳餘額　current-account balance　418
經濟大蕭條　Great Depression　15
經濟成長率　rate of economic growth　35
經濟波動　economic fluctuations　4
資本平均產出　average product of capital　57
資本平均產出遞減　diminishing average product of capital　58
資本存量　capital stock　46
資本利用率　capital utilization rate　205
資本徵收　capital levy　388
資本邊際產出　marginal product of capital　47
資本邊際產出遞減　diminishing marginal product of capital　47
資金用途　uses of funds　139
資金來源　sources of funds　139
跨期替代效果　intertemporal-substitution effect　168
零售物價指數　retail price index (RPI)　30

預期外的物價膨脹　unexpected inflation　266
預期的實質利率　expected real interest rate　270
預算赤字　budget deficit　341
預算限制　budget constraint　139
預算剩餘　budget surplus　346
預算線　budget line　145

十四劃

實質 GDP 的循環部分　cyclical part of real GDP　181
實質 GDP 趨勢　trend real GDP　181
實質工資率　real wage rate　137
實質世界生產毛額　real gross world product (real GWP)　4
實質可支配所得　real disposable income　304
實質利率　real interest rate　120, 268
實質利率的期限結構　term structure of real interest rates　313
實質保留工資　reservation real wage　218
實質租用價格　real rental price　138
實質國內生產毛額　real gross domestic product (real GDP)　4
實質國民生產毛額　real gross national product (real GNP)　417
實質貨幣供給　real money supply　122
實質貨幣需求　real demand for money　243
實質貨幣需求　real money demand　122
實質景氣循環模型 (RBC 模型)　real business-cycle model　184

實質項目　real terms　137
實質匯率　real exchange rate　446
實質儲蓄　real saving　145
認知的實質工資率　perceived real wage rate　373
需求曲線　demand curve　10
需求法則　law of demand　10
僵固名目工資率　sticky nominal wage rates　122, 404
僵固價格(物價)　sticky prices　122, 391

十五劃
價值儲藏　stores of value　241
價格接受者　price taker　10
價格錯誤認知模型　price-misperceptions model　372
價格穩定　price stability　387
增值　revaluation　460
標準差　standard deviation　183
衝擊　shocks　184

十六劃
隨收隨支制　pay-as-you-go system　362

十七劃
儲蓄　saving　54
儲蓄傾向　propensity to save　172
獲職率　job-finding rate　220

總工時　total hours worked　197
總合供給　aggregate supply　119
總合需求　aggregate demand　119, 401
總要素生產力成長　total factor productivity growth　65
繁榮　boom　4
聯邦公開市場委員會　Federal Open Market Committee (FOMC)　381
聯邦資金利率　Federal Funds rate　381
購買力平價　purchasing-power parity (PPP)　445
隱含GDP平減指數　implicit GDP deflator　22

十八劃
雙赤字　twin deficits　431

十九劃
離職率　job-separation rate　222
邊際生產成本　marginal cost of production　393
邊際消費傾向　marginal propensity to consume　120
邊際稅率　marginal tax rate　325
關稅　tariff　438

二十二劃
權衡政策　discretionary policy　387